OUSADIA E TRANSFORMAÇÃO

OUSADIA E TRANSFORMAÇÃO

Apostas para incrementar as capacidades do Estado e o desenvolvimento no Brasil

José Celso Cardoso Jr. & Leandro Freitas Couto
organizadores

CONTRACORRENTE

FUNDAÇÃO
Perseu Abramo
Partido dos Trabalhadores

097 Ousadia e transformação : apostas para incrementar as capacidades do Estado e o desenvolvimento do Brasil / José Celso Cardoso Jr e Leandro Freitas Couto (orgs.) – São Paulo : Fundação Perseu Abramo ; Contracorrente, 2023.

520p.
ISBN 978-65-5626-096-9 (Fundação Perseu Abramo)
ISBN 978-65-5396-142-5 (Contracorrente)

1. Planejamento governamental 2. Gestão pública 3. Orçamento público 4. Finanças públicas I. Cardoso Jr., José Celso (org.) II. Couto, Leandro Freitas (org.)

Fundação Perseu Abramo
Rua Francisco Cruz, 234 – Vila Mariana
04117-091 • São Paulo • SP • Brasil
Fone: (11) 5571 4299
www.fpabramo.org.br

Editora Contracorrente
Alameda Itu, 852 • 1º andar |
CEP 01421 002
www.loja-editoracontracorrente.com.br
contato@editoracontracorrente.com.br

Sumário

Prefácio

O velho ainda não morreu, mas o novo já está entre nós!

Ronaldo Coutinho Garcia

Significativos atores sociais reclamam que o governo não oferece uma visão clara e abrangente dos caminhos que pretende seguir e aonde quer chegar, sendo isso necessário para se posicionarem e mobilizarem os recursos que controlam, seja para reforçar a caminhada e validar os objetivos, seja para alterar o roteiro e fazê-lo mais próximo dos seus interesses.

No interior do aparato da administração pública federal, é facilmente reconhecível que a extrema segmentação setorial da estrutura organizacional do governo produz ineficiências e ineficácias. Não se produz sinergia, não é permitido o surgimento de qualidade, capacidade e aumento da potência realizadora/transformadora possibilitada pela conjugação programada e coordenada de múltiplas e diversas competências.

Ademais, o Brasil se posiciona no cenário econômico e político internacional com um peso tal que não admite falta de clareza sobre qual nação quer ser em um futuro não longínquo. O estágio socioeconômico alcançado nos coloca em encruzilhadas que requerem projeto nacional e capacidade de construí-lo, ou seja, requerem planejamento estratégico de alto nível, praticado cotidianamente e reconhecido e tratado como o principal sistema de direção e coordenação governamental. Não se deve esquecer, ainda, a complementariedade necessária ao planejamento de uma política nacional de ordenamento do território, que pode exigir, pela sua importância, um órgão específico, mas que opere em estrito diálogo com o planejamento. Além de necessário, isso pode ser inovador e complementar a um poderoso instrumento de planejamento.

A discussão apresentada neste livro dá vazão a um entendimento por muitos compartilhado e, principalmente, a uma comprometida vontade de ver o governo galgar estágios superiores de direcionalidade e eficácia global. Acreditamos que o momento é oportuno, tendo em vista que é no período de transição entre projetos tão díspares entre si, como o sejam o do governo Bolsonaro (2019/2022) em contraposição ao do governo Lula (2023/2026), que apostas de transformação do Estado encontram ambiente mais propício para obterem a consideração dos dirigentes de alto e médio escalões.

Há aqui, também, um conjunto de propostas críveis a mostrar a viabilidade e pertinência para transformações do Sistema Federal – e mesmo Nacional – de Planejamento. Os meios e recursos para tanto estão, no fundamental, sob controle e direcionalidade do Poder Executivo Federal. Mesmo algumas mudanças legais necessárias apresentam (como mostra a história mais ou menos recente) tramitação legislativa factível. Reforça-se, desse modo, a própria oportunidade das mudanças, ao mesmo tempo que é viabilizada a introdução progressiva de melhorias no funcionamento do sistema.

São essas as apostas dos autores deste belíssimo livro organizado por José Celso Cardoso Jr. e Leandro Couto, sem dúvida dois dos melhores quadros da administração pública brasileira para tratar desses temas.

Apresentação

Ousadia para reconstruir

Gilberto Maringoni

Foi preciso uma pandemia e a eclosão de uma guerra de repercussões globais para que uma ilusão aparentemente sólida, construída ao longo de meio século, se desmanchasse no ar. Trata-se da conhecida ideia de que a partir da desvinculação entre os valores de ouro e dólar, promovida pelo governo dos Estados Unidos no início dos anos 1970, as economias nacionais deveriam descartar planejamentos estatais e ter nos mercados desregulados seu polo dinâmico. O senso comum de que seria essencial haver liberdade para crescer – generalização vazia – se disseminou por toda parte, após a queda dos regimes socialistas do Leste europeu, duas décadas depois. A fase coincidiu com a consolidação do poder unilateral dos Estados Unidos.

A dupla crise atual – pandemia e guerra – mostrou a inconsistência dessas molas mestras da globalização neoliberal. Embora sejam fenômenos distintos, a doença e o conflito têm gerado consequências semelhantes: destruição de vidas, erosão de pactos de convivência, mudanças na organização do espaço urbano e rural e turbulências fundas na sociedade. Diante da hecatombe, os países ricos aceleradamente abandonam dogmas impostos pelos arautos da alta finança, recuperam o papel planejador de seus Estados e aumentam o protecionismo e a autarquização de suas economias.

Onde foi parar o mundo sem fronteiras e caudatário de um novo tipo de internacionalização? Onde foi parar o dinamismo infinito que viria com a privatização de bens públicos? Onde foi parar o mercado como organizador universal da vida humana?

Em março de 2020, no início da pandemia, o presidente francês Emmanuel Macron fez um pronunciamento televisivo de pouco mais de 20 minutos. Por seis vezes, a pontuar o ritmo da fala, o chefe do palácio do Eliseu repetiu: "Estamos em guerra".

O mote da guerra, a partir daí, disseminou-se pelo planeta, sendo reproduzido por governantes, políticos, gestores, médicos e outros profissionais de saúde. O tema belicista, usado em sentido figurado para explicar o combate à infecção viral, se tornou dolorosamente literal a partir da invasão da Ucrânia pela Rússia e permeia todas as controvérsias políticas e econômicas de grande envergadura, na terceira década do século.

O combate à pandemia só obteve êxito quando adquiriu dinâmica de defesa nacional contra um agressor externo, o vírus, e gerou iniciativas universais, planejadas e capazes de mobilizar e coordenar ações institucionais nas áreas de informação, redes de saúde, educação, pesquisa, assistência social, forças armadas e financiamento, estendendo suas dinâmicas coletivas à sociedade organizada. Algo aparentado a tais iniciativas ocorre quando governos se defrontam com aumento de migrações, elevações de preços de energia e insumos e queda da atividade econômica resultantes da guerra real.

As duas crises tiraram do limbo conceitual e prático as palavras *Estado* e *Planejamento*. A vida mostrou que o poder público só pode exercer plenamente suas funções se houver projeto, coordenação e sinergias entre suas diversas instâncias e em sua relação com a sociedade, o que inclui a iniciativa privada.

Não à toa, este livro tem por título uma quase convocação: *Ousadia e Transformação: apostas para incrementar as capacidades do Estado e o desenvolvimento no Brasil.*

É uma obra sobre planejamento no sentido clássico da Economia Política. Os capítulos, agrupados em quatro partes, além das conclusões, foram produzidos entre 2018 e 2023, à exceção do primeiro, escrito em 2011. Ao analisar os anos mais dramáticos de nossa história recente, a obra se abre para o futuro, esboçando "O difícil caminho da reconstrução institucional no Brasil", título do último capítulo.

Nos esforços a serem concentrados para se vencer a trilha da reconstrução e do desenvolvimento, vale a pena relembrarmos as palavras de Roberto Simonsen (1889-1948), o pioneiro do planejamento econômico no Brasil, escritas no último ano da II Guerra Mundial:

> O planejamento adotado nos países em guerra tem que ser substituído por outro que permita um razoável reajustamento às solicitações da paz. Se não forem tomadas a tempo as necessárias providências, verificar-se-ão, dentro em pouco, inevitáveis crises de proporções assustadoras (Simonsen, Gudin, 2010, p. 134).

O alerta é incisivo e seu prazo de validade segue em vigor. Este livro traz importantes roteiros para saídas possíveis num regime democrático e participativo.

Boa leitura e reflexão crítica!

Gostaríamos de agradecer a todos e todas que colaboraram ao longo dos anos na produção dos textos que agora compõem o corpo vivo deste livro. Este tipo de trabalho, além de nunca ser um feito apenas individual, contou com o engajamento e a competência de pessoas muito dedicadas a seus afazeres, a maior parte delas, servidoras públicas que honram com sua energia e inspiração o que o Estado brasileiro tem de melhor: pessoas que se preocupam com a sociedade na qual vivem e que investem grande parte de seu tempo de vida a torná-la mais igualitária, humana, democrática e sustentável.

José Celso Cardoso Jr.

Introdução

A necessidade de remontar e empoderar o sistema nacional de planejamento

José Celso Cardoso Jr.

Este livro é uma reunião de textos e documentos que, há vários anos, no âmbito do IPEA, vêm sendo produzidos, de modo individual ou coletivo, pelos autores desta versão.

Em comum, esses trabalhos apontam para a necessidade, cada vez mais imperiosa, de se conferir centralidade política e capacidade institucional à *função planejamento*, caso contrário, o próprio processo de governar estará em risco no governo Lula (2023-2026) e além. Apesar de a função planejamento constar dos arranjos institucionais do que passou a ser chamado de Centro de Governo (CdG), destacamos aqui que a centralidade política e a capacidade estatal de planejamento superam o conceito de centro ou núcleo de governo, basicamente, por duas razões.

A primeira delas é que, ao contrário da ideia de ativismo presente na tradição e em teorias de planejamento governamental, a ideia de centro de governo possui implicitamente uma visão estática ou acomodatícia do processo de governar. Isso porque, tendo se desenvolvido, conceitualmente, ao longo das últimas duas décadas, a partir de estudos realizados pela Organização para a Cooperação e o Desenvolvimento Econômico (OCDE), a ideia de centro de governo remete não tanto às transformações necessárias no arranjo central do Poder Executivo, responsáveis pela coordenação e execução das políticas públicas, mas sobretudo a um conjunto de procedimentos de gestão que, aplicados de forma racional (eficiente e eficaz) na interação entre determinados órgãos considerados essenciais ao centro de governo, fariam aumentar a capacidade e a qualidade do processo de governar, tanto do ponto de vista da interlocução política como da coordenação das políticas públicas.

Daí o caráter estático ou acomodatício que a ideia de centro de governo traz consigo. Em vez de concebido como um arranjo institucional dinâmico ou maleável às necessidades do momento situacional do país e do tamanho da ambição transformadora do projeto político vencedor das eleições, o centro de governo, tal qual vem sendo defendido pelos governos brasileiros recentes e por organismos autointeressados – como o Tribunal de Contas da União (TCU), a Controladoria-Geral da União (CGU), a Secretaria do Tesouro Nacional (STN), a Secretaria de Orçamento Federal (SOF), a própria OCDE etc. –, representa mais um *modismo gerencialista* e um arranjo formal de empoderamento adicional dessas organizações, com baixa possibilidade, de fato, de incrementar a capacidade de governo diante do mundo de problemas complexos da atualidade.

A segunda das razões pelas quais o planejamento supera a noção de centro de governo é que, historicamente, foi a *função planejamento estratégico público* que, dotada de centralidade política e capacidade institucional, no Brasil e alhures, conseguiu de fato promover transformações na estrutura de Estado, no arco de políticas públicas, nos métodos e técnicas de governo, na capacidade de imprimir coerência, sinergia e, principalmente, direcionalidade ao conjunto das ações estratégicas, rumo aos objetivos delineados. Além de ampliar a governabilidade, com competente análise de situações, ousadia política e visão de futuro (aliás, três atributos ausentes na ideia de centro de governo), também foi possível promover mudanças estruturais (quantitativas e qualitativas) no processo de governar em si e, mais importante, nas dimensões econômica, territorial e social associadas às políticas públicas. Em outras palavras, enquanto a visão de *centro de governo* está dotada de natureza estática, presa no curto/médio prazo e dominada quase que exclusivamente pela noção de eficiência econômica dos atos de governo, a visão de *planejamento estratégico público* está associada a uma função intrínseca e indelegável do processo de governar, que é teórica e historicamente dinâmica, voltada ao processo de construção de capacidades estatais para a transformação econômica, territorial e social do país, confundindo-se ela própria com partes relevantes do processo decisório de governo.

Assim, ainda que o planejamento possa estar inscrito no centro de governo, esse conceito pode implicar a sua limitação funcional a atividades relacionadas ao equilíbrio fiscal e à eficiência do gasto público, descartando elementos ligados à efetividade da ação pública e à construção de condições situacionais favoráveis a mudanças na sociedade e no corpo institucional do Estado. Conferir centralidade política ao planejamento supera, portanto, sua localização no centro de governo, enquanto origina uma ênfase profundamente diversa – e mais proativa – no que diz respeito às possibilidades concretas da ação pública.

Em suma, entendemos o planejamento como um processo cotidiano e dinâmico de condução do governo; não se confunde com documentos, livros e planos, ainda que estes, se bem elaborados, ajudem como parte necessária ao registro documental, bem como na comunicação interna e externa ao governo. Antes de tudo, planejamento é a arte da política e de sua prática coerente ao longo do tempo. Logo, planejamento é o processo tecnopolítico – sistêmico, contínuo e cumulativo – por meio do qual se dá concretude tanto ao programa de governo quanto às demandas, propostas e projetos oriundos da sociedade, canalizados por grupos que disputam, de forma legítima e democrática, a incorporação de programas ou ações ao plano de governo.

Por isso, tanto melhor quanto mais republicanos e democráticos forem os critérios de organização institucional do Estado e os valores e normas de funcionamento das instituições e das próprias políticas públicas, sendo o planejamento governamental o centro irradiador desse processo.

Plano de organização do livro

Em função do exposto acima, para além desta introdução geral de contexto, o livro se organiza em quatro partes complementares.

A Parte I trata de fundamentos e atributos de uma *função planejamento estratégico público* revigorada e necessária aos desafios brasileiros no século XXI.

O Capítulo 1 revisita a discussão sobre planejamento e gestão no Brasil contemporâneo e reflete sobre as possibilidades atuais de reconciliação entre essas funções contemporâneas do Estado na promoção do desenvolvimento nacional. A partir de um resgate histórico da atuação do Estado no Brasil, conforma-se a percepção de dissociação e primazia historicamente alternada entre planejamento e gestão no país. Por um lado, durante grande parte do século XX, teria predominado o "planejamento sem gestão" e a busca de objetivos estratégicos sem a devida constituição de aparato administrativo para tal. Por outro, durante a década de 1990, ganha primazia a gestão e a construção de suas instituições, desprovidas, porém, de sentido estratégico ou prospectivo para a atuação estatal.

Desta maneira, com vistas à atualização e compreensão mais aprofundada deste tema, o capítulo também lança mão de entrevistas semiestruturadas junto a dirigentes do alto escalão do governo federal à época do segundo governo Lula (2007/2010), que falam sobre como se colocavam naquele momento as possibilidades para uma articulação sinérgica entre o aprimoramento da administração pública e a construção de visões estratégicas para capacitar o Estado na promoção do desenvolvimento, envolvendo avaliações sobre o "ciclo de planejamento e gestão" do governo federal. Hoje, passados mais de dez anos desde a publicação original desse texto, estamos finalmente diante da possibilidade real de avançarmos, institucionalmente, rumo a um desenho mais adequado e profícuo entre ambas as funções públicas, pois com a especialização e complementariedade de atribuições entre os novos Ministério do Planejamento e Orçamento (MPO) e o Ministério da Gestão e Inovação em Serviços Públicos (MGISP), estão abertas as portas do experimentalismo e do aprendizado para a transformação do Estado.

O Capítulo 2 demonstra, teórica e empiricamente, com base num confronto entre as experiências de planejamento derivadas dos PPAs 2004/2007 e 2012/2015, que a famosa figura-síntese *do triângulo de governo* de Carlos Matus possui de fato grande aderência e muito potencial explicativo sobre realidades de governo tais quais as do Brasil. Isso porque aqui se entende que o governante é eleito para a condução de processos que viabilizem o alcance do seu projeto de governo. Projeto este que deve ser escolhido e alterado de acordo com a governabilidade política e com as capacidades governativas (ou governança) disponíveis ou passíveis de construção. A promoção do equilíbrio dinâmico e ascendente entre as três dimensões do triângulo constitui-se, portanto, no principal desafio dos governantes eleitos democraticamente.

No Brasil, como o Plano Plurianual busca ser o principal instrumento formal de planejamento governamental, faz-se necessário compreender como atributos essenciais ao governante, quais sejam: projeto de governo, governança (ou capacidade governativa) e governabilidade, se interrelacionam e se (re) articulam ao longo do tempo. Desta feita, a pesquisa sumarizada neste capítulo comprova que, apesar de não ser possível afirmar haver causalidade estrita entre os processos de elaboração, monitoramento e avaliação do PPA e o desempenho global de governo em cada período estudado, também é certo afirmar não ter havido mera casualidade entre os fenômenos. Há correlação positiva entre as políticas públicas executadas nos intervalos de cada PPA e as transformações socioeconômicas apresentadas pelos relatórios de avaliação da dimensão estratégica dos planos, dentre outras muitas evidências empíricas disponíveis.

Tais constatações recolocam em primeiro plano, agora por ocasião do PPA 2024/2027, a necessidade de novamente repensarmos o potencial e alcances desse instrumento, não apenas em termos de seu formato, metodologias, atores e conteúdos, mas sobretudo em termos de seu peso e espaço institucional frente à função planejamento governamental de modo geral no país, condição esta indispensável para que o PPA possa cumprir os objetivos organizacionais e finalísticos para os quais foi concebido desde a CF-1988.

No Capítulo 3, também ancorado nos ensinamentos teóricos e práticos de Carlos Matus, constata-se que a formulação e manutenção de uma visão de longo prazo, tão necessária ao país, precisa ser viabilizada e integrada aos demais instrumentos de planejamento estratégico e orçamentário, por meio de um sistema de planejamento governamental robusto e coerente, para que o Brasil alcance seus objetivos constitucionais.

De acordo com a pesquisa empírica empreendida neste capítulo, as chamadas *disjuntivas críticas* mais relevantes da função planejamento dizem respeito a lacunas de cooperação entre os atores, ausência de convergência entre competências de *jure* e competências de *facto* que inibem a otimização das estruturas existentes, ausência de integração das instâncias decisórias, falhas de comunicação entre funções do núcleo de governo e indefinições que cercam os processos de gestão estratégica. Isto posto, as recomendações para tratar essas disjuntivas envolvem propostas de aproximação e intercâmbio entre os atores, criação de instâncias decisórias para integrar estruturas que ainda hoje deliberam de forma apartada sobre o planejamento federal, e um modelo eficaz para a gestão estratégica do governo federal.

O Capítulo 4, para encerrar a primeira parte do livro, traz à baila uma discussão que nos instiga a pensar, prospectivamente, a função planejamento público no Brasil. Isso porque, como se percebe, o século XXI vem apresentando processos acelerados de complexificação das tendências sociais, econômicas e políticas, várias delas de natureza disruptiva, tais como as engendradas pelas sucessivas crises financeiras e ambientais em âmbito internacional, situação essa agravada pela profunda crise decorrente da pandemia de Covid-19 entre 2020 e 2022 ao redor do mundo. Em paralelo, há grandes repercussões sobre as trajetórias nacionais e as capacidades dos respectivos governos em lidar com tais fenômenos. Neste cenário, aprofundam-se os paradoxos relativos à dominância do modo de produção capitalista, cada vez mais global e financeirizado, ao mesmo tempo que cada vez mais insustentável dos pontos de vista ambiental, produtivo e humano. Da perspectiva das capacidades governativas, quanto menos se valoriza ou se estrutura a função planejamento governamental, mais as economias e as sociedades parecem dela precisar.

Tudo somado, as primeiras impressões sobre o mundo pós-pandêmico parecem indicar, portanto, a necessidade de retomada dos estudos e aprimoramento das técnicas relativas ao planejamento e à prospecção estratégica, tanto em nível organizacional nos setores público e privado, como em nível das políticas públicas e do próprio desenvolvimento nacional delas derivado. Isso já era uma exigência antes da crise pandêmica, por decorrer da imensa heterogeneidade estrutural e crescente complexificação dos processos decisórios e das próprias sociedades contemporâneas, mas ficou ainda mais patente desde então, diante da notória insuficiência e parcos resultados das ações estatais contra a somatória de crises em curso na maioria dos países.

Desta feita, com o intuito de contribuir para esta reflexão e aportar proposições práticas a dirigentes públicos da política e da alta burocracia estatal brasileira, este capítulo traz considerações prospectivas acerca da importância da retomada do planejamento governamental de médio e longo prazos e sua imperiosa necessidade para a recuperação das condições mínimas de funcionamento do Estado que se volta ao desenvolvimento brasileiro ainda no século XXI.

A Parte II do livro, por sua vez, apresenta críticas e defende propostas para combater e superar o regime de *dominância financeira e privatização das finanças públicas* que veio se consolidando no Brasil, de modo geral, desde a Constituição Federal de 1988 (CF-1988), mas com maior ímpeto desde a Lei de Responsabilidade Fiscal (LRF) de 2000 e a Emenda Constitucional do teto de gastos (EC 95) de 2016.

No Capítulo 5 encontram-se algumas das razões históricas mais recentes, vale dizer, desde o Plano Diretor da Reforma do Aparelho de Estado (PDRAE) de 1995, que ajudam a explicar o distanciamento havido entre as funções de planejamento e orçamento no Brasil. É forçoso reconhecer que o planejamento ocupou um lugar menor no PDRAE, mas foi a partir dele, e do próprio Plano Plurianual (PPA), que se processaram muitas das inovações no campo orçamentário. A reestruturação do PPA, a partir do Decreto 2.829/1998, e sua ligação com o orçamento para o período 2000/2003, seria o primeiro movimento que ensejaria mudanças no orçamento, em linha com a reforma gerencial do Estado, à época.

Em síntese, desde o PDRAE, instaura-se um processo gradativo por meio do qual um movimento de quatro passos pode ser observado nas formas de organização e destinação/apropriação do fundo público no Brasil, que desconfiguram o arranjo de governança orçamentária previsto na Constituição de 1988. Primeiro, a fragilização do planejamento, que já havia sido, em grande medida, desconsiderado na proposta inicial do PDRAE. Em segundo lugar, uma flexibilização limitada – e apenas dentro dos limites impostos às despesas primárias – da execução orçamentária, em particular na simplificação e agregação do orçamento e na flexibilização das transferências e da contabilidade com o PAC, facilitando a execução da despesa. Terceiro, como resposta, houve um movimento de blindagem – sem limite superior – do gasto financeiro, elevado à prioridade máxima e subordinando os demais direitos constitucionais – conforme a EC 95/2016 foi um exemplo maior, mas não sem antes o próprio Legislativo garantir a impositividade dos gastos que ele próprio destina. Por fim, a agenda pautada pelo TCU, que impõe nova tentativa de "desamarrar" o orçamento tanto do planejamento como das despesas obrigatórias e mínimos constitucionais. Em seu lugar, oferecem-se frágeis mecanismos de liderança, estratégia e controle, com foco especial em gestão de riscos, elementos ilustrados na agenda e no decreto de governança pública publicado em 2014.

Por isso, urge um trabalho de reconexão do gasto financeiro a projetos de inversão real, o único caminho para um Estado complexo e uma economia dinâmica como a brasileira se livrarem das amarras teóricas anacrônicas e das regras fiscais esterilizadoras que castram o potencial produtivo e inventivo dos agentes e atores sociais relevantes ainda presentes na realidade nacional.

O Capítulo 6, praticamente em continuação ao anterior, avalia o quanto o Plano Plurianual (PPA) tem conseguido – ou não! – cumprir sua missão constitucional de orientar as decisões alocativas por meio do processo orçamentário. Para tanto, este capítulo discute as funções do planejamento governamental e algumas de suas relações com o mundo das finanças públicas no Brasil. Assim, a partir das trajetórias e resultados dos PPAs desde o ano 2000, incluindo considerações sobre o PPA 2020/2023, buscamos demonstrar como o regime de governança orçamentária – inclusive o quadro geral da política fiscal e o da proteção das despesas financeiras – influencia as possibilidades de realização da conexão entre plano e orçamento no Brasil.

Fica evidente que abordagens e funções do PPA precisam estar alinhadas para que se potencializem as capacidades do instrumento no campo da orientação e execução do orçamento. Considerando as funções e abordagens distintas que assumiram no decorrer do tempo, o capítulo revela que os PPAs foram se afastando da sua missão constitucional de orientar o orçamento, mas isso devido não apenas ao formato dos próprios planos, como também dos demais instrumentos que compõem o arranjo de governança orçamentária no país. Nesse aspecto, a LRF conferiu importantes funções à LDO, inclusive no tocante à avaliação das políticas públicas, que restringiram o alcance do PPA.

Ainda assim, enquanto adotou abordagem de planejamento por problemas, com identificação e gestão de investimentos e programas prioritários, o PPA teve mais incidência sobre o orçamento. A partir de 2004 e, principalmente, nos PPAs 2008/2011 em diante, essa característica foi se perdendo, em detrimento de outros arranjos de gestão de prioridades – tais como o Programa de Aceleração do Crescimento (PAC), que apesar dos êxitos, viabilizou-se por meio de ritos próprios de planejamento, orçamento e gestão. Foi-se cristalizando, então, uma inversão prática na lógica constitucional que previa papel estratégico e direcionador do PPA em relação ao orçamento, fenômeno este que culminaria com o intento do governo Bolsonaro – felizmente fracassado – de esvaziar o PPA, com a retirada da obrigatoriedade da apresentação dos investimentos plurianuais, como também propôs – por meio da PEC 188/2019 – a extinção do Plano Plurianual.

Caso não houvesse sido barrada, essa proposta de emenda constitucional teria feito aumentar a instabilidade do regime de governança orçamentária no país, pois ainda que o orçamento passasse a ter caráter plurianual, a disputa pelos recursos públicos poderia ter se acentuado e, como consequência, os riscos de desestruturação das políticas públicas passariam a ser ainda maiores. Por outro lado, conclui o capítulo, os instrumentos de planejamento de mais longo prazo não serão capazes de mediar esse conflito sem que sejam revistos os processos de elaboração, implementação, monitoramento, revisão e avaliação dos gastos e das políticas públicas, que envolvam planejamento e orçamento como partes indissociáveis de um mesmo macroprocesso estruturante das ações de governo.

O Capítulo 7 denuncia a montagem de um arranjo normativo e institucional de índole fiscalista e financista no Estado brasileiro, arranjo este responsável pelos fenômenos da financeirização e privatização das finanças públicas nacionais. Por *índole fiscalista* entendemos o conjunto de medidas legais que vai consolidando um arranjo que engendra, fundamentalmente, um processo simultâneo de enrijecimento do gasto público real e criminalização da sua gestão/execução orçamentária. De sua parte, por *índole financista* ou *rentista* entendemos o conjunto de medidas que protegem, judicial e politicamente, o sistema financeiro brasileiro, tanto do controle social público, como da punição criminal contra ilícitos financeiros cometidos, tais como evasão de divisas, fraudes e remessas a paraísos fiscais.

Ambos os processos fazem com que o Estado brasileiro venha sendo historicamente conduzido e constrangido a atuar mais perfilado a atender aos interesses empresariais imediatos e do processo de acumulação financeira do que aos interesses diretos e prementes de sua população, a grande maioria, aliás, ainda distante da cidadania efetiva e do desenvolvimento integral da nação. Assim, o capítulo demonstra que vem se desenvolvendo no Brasil um processo contínuo e cumulativo de institucionalização, de cunho ao mesmo tempo fiscalista e financista, e um enrijecimento jurídico-normativo, das funções de orçamentação e controle interno dos gastos públicos, tudo isso a partir de uma contradição associada à retórica da transparência das contas e da responsabilização dos agentes públicos.

O período recente demonstra que o ritmo das alterações normativas foi acelerado e novas modificações continuam em pauta, mas com lacunas relevantes. Em especial, a relação do planejamento com o orçamento, com foco nos resultados das políticas públicas à sociedade, fragiliza-se em sintonia com a ênfase eminentemente fiscal/financeira do gasto público. Mas a situação atual de desequilíbrios e disfuncionalidades é também derivada de eventos cumulativos prévios que, desde as décadas de 1980 e 1990, ajudaram a condicionar a primazia das dimensões fiscal e financeira das finanças públicas sobre as dimensões do planejamento e da implementação das políticas de governo.

Todos os dados oficiais disponíveis mostram haver um grande comprometimento anual de recursos públicos destinados ao gerenciamento (leia-se: garantia de liquidez e solvabilidade) da dívida pública federal brasileira. Significa que a captura da gestão da dívida pública pela lógica das finanças especulativas continua sendo um dos principais entraves ao crescimento econômico e um constrangimento inaceitável ao cumprimento dos direitos sociais no país. Diante disso, torna-se imperativo deslocar a alienação e a resignação impostas pela teoria ruim e por práticas nefastas de política econômica, substituindo-as por uma orientação geral capaz de levar o Brasil a processos consistentes e decididos de *desfinanceirização* e *desprivatização* das suas finanças públicas nacionais.

O Capítulo 8, finalizando a parte segunda do livro, sinaliza para a importância da retomada e empoderamento da participação social como elemento central para o país enfrentar o rentismo e o fiscalismo que se apoderaram da gestão das finanças públicas nacionais. Para tanto, é preciso entender que o gasto público real (ou primário) não só estimula como complementa o gasto privado. Essa é a verdade empírica, histórica, da relação entre finanças públicas e desenvolvimento em todos os países capitalistas do mundo. Isso para dizer que é impossível avançar para o tema da participação no orçamento, se não mudarmos a nossa compreensão de finanças e da relação das finanças com o desenvolvimento nacional.

Nós estamos vivendo uma situação no Brasil que requer uma mudança de paradigma e uma mudança de postura do governo, da sociedade, do congresso em relação a essa temática. O orçamento participativo, nesse contexto, ganha uma importância adicional ao de simplesmente formalizar canais de interação da sociedade na definição das prioridades de sua alocação. Ele ganha um peso estratégico diferenciado e ainda mais importante na medida em que passa a ser um componente necessário para contestar justamente os dois pilares da lógica atual vigente, ou seja, o fiscalismo e o rentismo incrustrados nas concepções teórica e política dominantes.

Nós precisamos de participação no Orçamento, inclusive, para demonstrar que é possível modificar as prioridades subterrâneas e fazer com que as finanças se voltem para o desenvolvimento da sociedade e do país, em vez de a sociedade viver em função de gerar superávits primários, que favorecem apenas setores e atores privilegiados da economia. Desta perspectiva, o orçamento participativo tem diante de si um desafio adicional àqueles tradicionais em termos da sua operacionalização. Vale dizer, fazer com que essa participação seja qualificada por uma perspectiva transformadora do arranjo institucional macroeconômico e normativo de finanças públicas, numa perspectiva de contestar a dominância financeira, a privatização das finanças, em suma, o fiscalismo e o rentismo, que estão na base da lógica esterilizante da capacidade de agir do Estado.

A Parte III trata de aspectos cruciais às relações entre *gestão pública, controle e implementação* de políticas públicas.

O Capítulo 9 perpassa cinco aspectos, dentre outros certamente relevantes, que ajudam a explicar – e a explicitar – traços histórico-estruturais que estão na raiz dos recorrentes problemas de organização e funcionamento do Estado brasileiro, notadamente da sua administração pública federal. São eles: o *burocratismo*, o *autoritarismo*, o *fiscalismo*, o *privatismo* e o *corporativismo*, aspectos importantes para fundamentar a crítica à superficialidade e insuficiência dos diagnósticos liberais acerca do Estado nacional, bem como para justificar propostas alternativas de enfrentamento dos problemas de fato relevantes.

Todos os cinco fenômenos se referem a dimensões qualitativas profundas da cultura política e institucional do país, os quais nem de perto seriam afetados pelas medidas sugeridas pela proposta de reforma constitucional (PEC 32/2020) congelada no Congresso Nacional. O capítulo aponta que, de modo geral, uma das razões pelas quais é infrutífero tentar identificar virtudes ou acertos nas propostas de reformas administrativas de índole liberal é que todas elas partem de diagnósticos equivocados acerca da natureza e das formas de funcionamento dos Estados contemporâneos. Tais propostas se perfilam a uma visão econômica liberal-fundamentalista do mundo e por isso sugerem medidas que visam, essencialmente, à redução do peso e dos papéis do setor público em suas relações com a sociedade e o mercado. Suas ênfases recaem, basicamente, sobre a dimensão fiscal do problema, como se de mais eficiência (o mantra de fazer mais com menos recursos disponíveis) fosse possível obter, automaticamente, mais eficácia e efetividade da ação estatal. A ampliação do desempenho institucional agregado do setor público se converte, portanto, numa promessa irrealizável do mero corte de gastos e de pessoal, objetivo esse indisfarçável da PEC 32/2020 e suas congêneres.

O Capítulo 10 enfoca como diferentes modelos de gestão organizacional – modelo gerencialista e modelo experimentalista – podem ampliar ou restringir a discricionariedade de servidores públicos na implementação de políticas e projetos de governo. Em outras palavras, trata-se de explicitar as bases do dilema democrático entre o controle da atuação do Estado e a expansão da sua capacidade de ação, explorando possibilidades e alternativas de superação.

Para tanto, tomamos a primeira década de 2000 no Brasil como uma encruzilhada entre a retomada de um padrão desenvolvimentista de atuação do Estado e o fortalecimento substancial dos mecanismos de controle sobre sua atuação. A caracterização deste cenário permite uma melhor compreensão das tensões e fricções que caracterizam a relação entre controle e gestão.

O Capítulo 10 não só provê uma compreensão ampliada do problema, mas também oferece alternativas possíveis para a superação das tensões mais evidentes. São sugeridas propostas de articulação e coordenação entre gestão e controle que o planejamento governamental poderia vir a assumir, como novas modalidades de controle, com a ênfase preventiva e capacitadora que já vem sendo empregada por alguns setores de fiscalização. Em particular, cabe destacar a necessidade de fomentar instrumentos de cooperação entre as agências de controle burocrático-administrativo e os gestores públicos, *pari passu* às políticas que visam estimular e fortalecer a efetividade dos mecanismos de controle social sobre o ciclo completo de políticas públicas, e não apenas sobre sua expressão orçamentária.

O Capítulo 11 procura fazer avançar as questões trazidas pelo capítulo anterior, no sentido de tentar relacionar alguns dos dilemas atuais entre as dimensões da gestão pública, da implementação, monitoramento e participação social no ciclo ou circuito de políticas públicas federais. Para tanto, por meio de uma matriz de transformações recentes na administração pública federal, que correlaciona, de um lado, sete dimensões relevantes de análise e, de outro, quatro grandes áreas programáticas permanentes de atuação estatal no Brasil, o capítulo resume o momento situacional geral das políticas públicas que emanam do governo federal.

As sete dimensões relevantes estudadas são as seguintes: i) estrutura, organização e marcos legais; ii) seleção e formação de pessoal; iii) interfaces socioestatais; iv) interfaces federativas; v) interfaces entre poderes; vi) financiamento e gastos públicos; e vii) planejamento, regulação, gestão e controle da atuação governamental, das quais as atividades de coordenação, articulação, monitoramento e avaliação de políticas públicas são consideradas subfunções da função planejamento público. Por sua vez, as quatro grandes áreas programáticas permanentes de atuação governamental são: a) proteção social, direitos e oportunidades; b) infraestrutura econômica, social e urbana; c) inovação, produção e proteção ambiental; e iv) soberania, defesa e território.

Além disso, o mesmo capítulo também destaca as principais tendências, significados e tensões estruturais das dimensões relevantes de análise para a implementação e a gestão de políticas públicas federais. No que toca às tendências em curso, pergunta que peso e papel parecem ter desempenhado cada uma das dimensões relevantes no processo de transformações da administração pública federal brasileira no período recente. Sobre os sentidos e significados das mudanças observadas, quer saber se é possível identificar um movimento geral ou coerente das dimensões em questão no que toca ao aperfeiçoamento da capacidade de governar do Estado brasileiro. Por fim, procura identificar, em relação a cada uma das dimensões de análise, qual a tensão estrutural ou fundamental em pauta, bem como qual parece ser a sua situação atual e quais as perspectivas a curto, médio e longo prazos em cada caso específico.

O Capítulo 12 destaca o tema do *assédio institucional* no setor público federal brasileiro, como forma tanto de denunciar possíveis crimes de responsabilidade – contra servidores e a própria ordem pública – praticados pelo governo Bolsonaro ao longo do seu mandato presidencial (2019/2022), como para alertar para os riscos à democracia e à efetivação de direitos e políticas públicas que tal fenômeno enseja.

Se o assédio moral é estudado há muito tempo e é objeto de forte regulação jurídica, o assédio institucional, por sua vez, embora não seja um fenômeno inédito, ainda é objeto de pouco interesse analítico e interpretativo. Como existe um descasamento estrutural entre política, direito como legalidade e Constituição, há também uma ampla zona de opacidade na atuação do Poder Executivo, suas escolhas, ascendência sobre a administração e de ambos com os princípios impressos na Constituição. Essas relações têm que ser constantemente reinterpretadas, sendo que os limites nem sempre estão positivados ou visibilizados nos códigos estabelecidos, exigindo a mobilização de múltiplos valores e atores políticos e morais.

Desta maneira, as evidências trazidas neste capítulo reforçam a tese de que o que estava também em jogo durante o governo Bolsonaro era o apagar de memórias e a recontagem da história oficial segundo a visão de mundo então instalada no poder. Neste sentido, o Capítulo 12 pode ser entendido, ao mesmo tempo, como registro teórico e empírico acerca do assédio institucional, mas também como comprovação fática dos malfeitos e crimes de dito (des)governo contra a administração pública federal, servidores públicos e contra a população em geral. Ele torna público e notório os processos concretos – e algumas de suas mais graves consequências e implicações – por meio dos quais o bolsonarismo – e a extrema direita que o engendra – precisam ser barrados. Barrados nas urnas, nas ruas, nas casas e nas organizações, sob o risco de, em conseguindo fazer avançar seus métodos fascistas e objetivos de destruição, colocar em perigo a tênue unidade social e territorial brasileira, bem como em modo irreversível as chances de enfrentamento coerente e eficaz das mazelas que costumam deixar pelo caminho.

Por fim, o Capítulo 13, que encerra a Parte III do livro, apresenta evidências empíricas e uma interpretação geral acerca do processo de desmonte do Estado nacional posto em marcha forçada desde o golpe contra a presidenta Dilma Rousseff em 2016, mas sobretudo ao longo do governo Bolsonaro entre 2019 e 2022.

O desmonte do Estado brasileiro seguiu um método e perpassou várias dimensões e áreas de atuação governamental, de modo que em todas as áreas setoriais investigadas pelos grupos de trabalho durante a transição de governo, ocorrida nos meses de novembro e dezembro de 2022, constataram-se processos abrangentes, profundos e velozes de desconstrução institucional. As consequências foram bastante perniciosas não apenas no que se refere às estruturas organizacionais e formas consagradas de funcionamento dos aparatos de Estado, mas sobretudo no que respeita à efetivação de direitos e políticas públicas de modo geral.

Para exemplificar, o Capítulo 13 demonstra, como aproximação ao complexo e multifacetado tema do desempenho institucional agregado do setor público federal brasileiro, que uma visão de conjunto dos quatro últimos governos (Lula, Dilma, Temer e Bolsonaro) conformam um processo de perda de densidade, entre os governos Lula e Dilma, e de verdadeiro desmonte, na passagem dos governos Lula para Temer e Bolsonaro, no que diz respeito à tríade República, Democracia e Desenvolvimento.

Ao fim desse tenebroso período, constata-se, como consequência direta da tentativa de destruição dos aparatos e institucionalidades de Estado, imensa fragilização político-institucional e um quase colapso das condições econômicas e sociais de vida para imensos contingentes populacionais e regiões do país. Assim, diante desse quadro de terra arrasada é que desafios imensos se colocam para o terceiro mandato presidencial de Lula (2023/2026). Para enfrentá-los, praticamente tudo, em âmbito estatal, precisará passar por processos profundos de recriação ou reconstrução, inovação e experimentalismo institucional. Dentre esses, o capítulo enfatiza a necessidade de se conferir centralidade política à reconstrução institucional do Estado, sem o que o próprio processo de governar estará em risco neste governo.

Por fim, mas não menos importante, na Parte IV estão transcritas entrevistas e palestras que, juntas, articulam e sintetizam praticamente todos os temas do livro de forma menos acadêmica e mais fluida. Apesar de terem feito parte de encontros e debates centrados em aspectos da conjuntura, acredito que em todos os casos conseguimos destacar a essencialidade de cada assunto, preservando com isso a perenidade e robustez dos argumentos.

Tudo somado, a partir dos pilares estruturantes da ação governamental retratados nesse livro, oportunidades concretas para a transformação progressiva e progressista do Estado estão dadas. O caminho se faz ao caminhar-se, e o sinal de partida já foi dado pelo resultado eleitoral recente que afastou, ao menos em parte ou provisoriamente, as ameaças de autoritarismo, barbárie e desconstrução da nação.

Então, mãos à obra para a reinvenção e reconstrução do país!

Boa leitura, aprendizado e ação a todas e todos!

Parte I
Planejamento governamental

Planejamento governamental e gestão pública no Brasil:
elementos para ressignificar o debate e capacitar o Estado[1]

José Celso Cardoso Jr.

Introdução

Planejamento governamental e gestão pública constituem, a bem da verdade, duas dimensões cruciais e inseparáveis da atuação dos Estados contemporâneos. Embora este aspecto não seja nem óbvio nem consensual no debate sobre o assunto, defender-se-á neste artigo a ideia de que isto se deve à forma como, historicamente, cada uma dessas dimensões de atuação do Estado se estruturou e se desenvolveu, ao longo, sobretudo, de meados do século XX e início do século XXI. Dado este escopo geral, a ênfase do presente artigo recairá apenas sobre o Brasil, que inclusive pode ser visto como um caso paradigmático da tese que aqui se procurará demonstrar.

Em linhas gerais, tem-se que, ao longo do período citado, o Estado brasileiro que se vai constituindo, sobretudo a partir da década de 1930, está fortemente orientado pela missão de transformar as estruturas econômicas e sociais da Nação no sentido do desenvolvimento, sendo a industrialização a maneira historicamente preponderante de se fazer isso. Ocorre que em contexto de desenvolvimento tardio, vale dizer, quando as bases políticas e materiais do capitalismo já se encontram constituídas e dominadas pelos países

---

[1] Este capítulo foi originalmente publicado como: CARDOSO JR, J. C. Planejamento Governamental e Gestão Pública no Brasil: elementos para ressignificar o debate e capacitar o Estado. Brasília: *Texto para Discussão IPEA n. 1584*, março 2011.

ditos centrais – ou de capitalismo originário –, a tarefa do desenvolvimento com industrialização apenas se torna factível a países que enfrentam adequadamente as restrições financeiras e tecnológicas que então dominam o cenário mundial.[2] Isso, por sua vez, apenas se faz possível em contextos tais que os Estados nacionais consigam dar materialidade e sentido político à ideologia do industrialismo, como forma de organização social para a superação do atraso, sendo, portanto, inescapável a montagem de estruturas ou sistemas de planejamento governamental por meio dos quais a missão desenvolvimentista se possa realizar naquele espaço-tempo nacional.

O sentido de urgência que está associado à tarefa anteriormente referida faz com que o aparato de planejamento, ainda que precário e insuficiente, organize-se e avance de modo mais rápido que a própria estruturação dos demais aparelhos estratégicos do Estado, dos quais aqueles destinados à gestão pública propriamente dita – com destaque óbvio aos sistemas destinados à estruturação e ao gerenciamento da burocracia, bem como às funções de orçamentação, implementação, monitoramento, avaliação e controle das ações de governo –, vêm apenas a reboque, tardiamente frente ao planejamento.

Em outras palavras, a primazia do planejamento frente à gestão, ao longo praticamente de quase todo o século XX, decorreria, em síntese, do contexto histórico que obriga o Estado brasileiro a correr contra o tempo, superando etapas no longo e difícil processo de montagem das bases materiais e políticas necessárias à missão de transformação das estruturas locais, visando ao desenvolvimento nacional. Basicamente, fala-se neste contexto da montagem dos esquemas de financiamento e de apropriação tecnológica – isto é, suas bases materiais – e da difusão da ideologia do industrialismo e da obtenção de apoio ou adesão social ampla ao projeto desenvolvimentista – ou seja, suas bases políticas.

A estruturação das instituições – isto é, estruturação das instâncias, das organizações, dos instrumentos e dos procedimentos –, necessárias à administração e à gestão pública cotidiana do Estado, atividades estas tão cruciais quanto as de planejamento para o movimento de desenvolvimento das nações, padeceu, no Brasil, de grande atavismo, a despeito das iniciativas deflagradas tanto por Getúlio Vargas, com o Departamento Administrativo do Serviço Público (DASP),

---

[2] Este enquadramento teórico e histórico está bastante bem desenvolvido em Cardoso de Mello (1998), Oliveira (1985), Aureliano (1981) e Draibe (1985), entre tantos outros autores.

pelos militares, por meio do Plano de Ação Econômica do Governo (PAEG), como ainda pelas inovações contidas na Constituição Federal de 1988 (CF/88).

É apenas durante a década de 1990 que a primazia se inverte, em contexto, de um lado, de esgotamento e desmonte da função e das instituições de planejamento governamental, tais quais haviam sido constituídas ao longo das décadas de 1930 a 1980 e, de outro, de dominância liberal, tanto ideológica como econômica e política. Nesse período, alinhada ao pacote mais geral de recomendações emanadas pelo Consenso de Washington, surge e ganha força uma agenda de reforma do Estado que tem na primazia da gestão pública sobre o planejamento um de seus traços mais evidentes.

No contexto de liberalismo econômico da época, de fato, o planejamento no sentido forte do termo passa a ser algo não só desnecessário à ideia de Estado mínimo, como também prejudicial à nova compreensão de desenvolvimento que se instaura, vale dizer, uma concepção centrada na ideia de que desenvolvimento é algo que acontece a um país quando movido por suas forças sociais e de mercado, ambas reguladas privadamente.

Em lugar, portanto, de sofisticar e aperfeiçoar as instituições de planejamento – isto é, instâncias, organizações, instrumentos e procedimentos –, faz-se justamente o contrário, em um movimento que busca reduzir tal função – como se isso fosse possível – a algo meramente técnico-operacional, destituído de sentido estratégico ou mesmo discricionário. A função planejamento passa a ser uma entre tantas outras funções da administração e da gestão estatal, algo como cuidar da folha de pagamento dos funcionários ou informatizar as repartições públicas.

Agendas de gestão pública, voltadas basicamente à racionalização de procedimentos relativos ao gerenciamento da burocracia e das funções de orçamentação, implementação, monitoramento, avaliação e controle das ações de governo, porquanto relevantes, passam a dominar o debate, a teoria e a prática da reforma do Estado, como se apenas da eficiência – fazer mais com menos – fosse possível chegar à eficácia e à efetividade das políticas públicas. Por meio deste expediente, planejar passa a ser compreendido, frequentemente, apenas como processo por meio do qual são compatibilizadas as ações a serem realizadas com os limites orçamentários previstos.[3]

---

[3] Não que as concepções e as práticas de planejamento experimentadas ao longo, sobretudo, da segunda metade do século XX, no Brasil e alhures, tivessem sido perfeitamente bem-

Em suma, o que este texto reivindica, portanto, são duas coisas:

- Reafirmar a ideia de que ao Estado cabe não apenas fazer as coisas que já faz de modo melhor e mais eficiente – ainda que se reconheça ser isso nada trivial e, em si mesmo, meritório; a ele cabe – como em outros momentos históricos ficou demonstrado – a tarefa de induzir, fomentar ou mesmo produzir as condições para a transformação das estruturas econômicas e sociais do país, algo que se justificaria quase que exclusivamente frente ao histórico e à contemporaneidade das heterogeneidades, desigualdades e injustiças – em várias de suas dimensões – que marcam a Nação brasileira.
- Para tanto, torna-se imprescindível reequilibrar e ressignificar ambas as dimensões – planejamento governamental e gestão pública –, tratando-as como unidade de análise e de reconstrução das capacidades do Estado para o desenvolvimento nacional. Seja em termos analíticos, seja em termos práticos, de definição estratégica das políticas ou de condução cotidiana das ações, o binômio *planejamento* e *gestão*, até então tratado separadamente, precisa agora – e a conjuntura histórica é bastante propícia a isso – ser colocado em outra perspectiva e em outro patamar de importância pelos que pensam o Estado brasileiro e as reformas de que este necessita para o cumprimento de sua missão supostamente civilizatória.

A fim de enfrentar as questões já referidas, este artigo está organizado em duas partes, além desta introdução e das considerações finais. Na seção 2, busca-se recuperar, de maneira não exaustiva, o movimento que se chamará de *o longo século XX do planejamento governamental e da gestão pública no Brasil*, como forma de aprofundar e detalhar um pouco mais o argumento central an-

---

-sucedidas. Tanto que, em trecho retirado de Cardoso Jr., Pinto e Linhares (2010, cap. 6) lê-se que: "O autor que mais trabalhou neste tema insistiu, desde o início, em considerar 'normativo' um antônimo de 'estratégico' (Matus, 1972, 1977). Críticas elaboradas ao longo de sua extensa obra figuram em sua lista de atributos – condenáveis – do planejamento normativo: i) um único sujeito planifica: o Estado; ii) com foco em um único objeto: a realidade nacional; iii) decidindo unilateralmente qual era o diagnóstico: o seu próprio; iv) facilitado pela crença de que seu 'objeto' obedecia a leis – relações constantes ou altamente prováveis entre causas e efeitos; v) assim, seguir-se-ia com fluidez rumo à situação desejada; pois vi) o poder do sujeito (Estado) bastaria para assegurar sua plena execução; e vii) o plano era autossuficiente: uma vez executado seu objetivo seria atingido".

tecipado nesta introdução. Na seção 3, por sua vez, a ideia é rever e atualizar o debate em torno do referido binômio *planejamento e gestão* para este início de século XXI no Brasil. Isto será feito a partir de um trabalho de organização e síntese – trabalho este de caráter ainda inicial e incompleto, mas que se encontra em andamento no IPEA – de entrevistas individuais realizadas ao longo do segundo semestre de 2009 com gestores públicos de alto escalão do governo federal, em torno justamente do entendimento que possuem sobre as dimensões e as funções atuais do planejamento governamental e da gestão pública no país. A *visão de gestores públicos federais acerca de seus próprios problemas*, obtida por meio de entrevistas abertas semiestruturadas, foi alternativa metodológica encontrada tanto para superar a precariedade ou mesmo a insuficiência de informações existentes sobre o assunto – já que trabalhos publicados a respeito trazem muito pouco sobre isso –, como para obter, sistematizar e analisar isso que poderá ser considerada a "visão de dentro" do Estado brasileiro em sua configuração atual de cargos, visão esta quanto às virtudes, aos sucessos, às dificuldades e aos impasses que rondam a tarefa institucional de integração dos macroprocessos que comporiam o chamado ciclo de gestão das políticas públicas federais ou, dito de outro modo, que rondam o esforço de articulação intragovernamental e de coordenação institucional das funções de planejamento e gestão no país.

O longo século XX do planejamento governamental e da gestão pública no Brasil

Ao longo dos capítulos da obra editada por Cardoso Jr., Pinto e Linhares (2010), reconstituiu-se a trajetória do planejamento governamental na América Latina e no Brasil, evidenciando-se grandes similitudes em termos das três principais fases ali consideradas: auge (décadas de 1940 a 1970), declínio (décadas de 1980 e 1990) e retomada (primeira década do século XXI) da função planejamento estatal, tanto aqui como alhures.

Não se trata, pois, de refazer o mesmo percurso com outras palavras, mas tão somente de elencar aspectos não abordados nesses capítulos, aspectos estes considerados importantes para a tarefa colocada neste artigo, de mostrar que, embora tenha havido, primeiro, desmesurada primazia da função planejamento sobre a função gestão e, depois, primazia igualmente desmesurada da função gestão sobre a função planejamento, se está agora diante de momento histórico ímpar – e sob condições objetivas favoráveis – para reequilibrar, tanto quanto ressignificar, as dimensões do planejamento e da gestão como funções cruciais e inseparáveis da ação do Estado em sua missão de autocapacitação para o desenvolvimento. Oportunidade e necessidade são as premissas deste movimento.

Estado, planejamento e gestão no desenvolvimento nacional: viagem panorâmica pelo longo século XX brasileiro

Tanto nos capítulos da obra editada por Cardoso Jr., Pinto e Linhares (2010) como em vasta bibliografia existente sobre o assunto se fala muito da trajetória e das especificidades da experiência do planejamento governamental brasileiro, mas muito pouco – ou quase nada – sobre o árduo processo correlato de montagem dos aparatos burocráticos destinados à gestão pública.[4] Não que não existam bons trabalhos também sobre o tema da gestão ou administração pública referentes ao mesmo período histórico, mas, em quase todos, alusão pouca ou nenhuma é feita, por sua vez, à dimensão do planejamento governamental.[5]

Ocorre que, de um lado, planejamento é atividade altamente intensiva em gestão, daí que planejamento sem gestão adequada é processo especialmente sujeito a fracassos e descontinuidades de várias ordens, a ponto de parte da literatura sobre o assunto lançar mão da expressão "administração paralela" para designar soluções comumente adotadas por governantes ávidos por implementar e ser capazes de coordenar ações planejadas de investimento etc., valendo-se para tanto, não da estrutura já instalada de gestão, mas simplesmente criando estruturas paralelas de gerenciamento dos referidos planos de ação considerados mais estratégicos a cada momento ou situação.[6] Ou seja,

---

[4] Ver, por exemplo, Draibe (1985), Lafer (1970) e Kon (1999), além dos capítulos sobre planejamento na América Latina e no Brasil presentes em Cardoso Jr., Pinto e Linhares (2010).

[5] Ver, por exemplo, Enap e Mare (1995) e Abrucio (2007), além dos capítulos sobre burocracia e gestão pública presentes em Cardoso Jr., Pinto e Linhares (2010).

[6] O Plano de Metas, implementado durante a gestão do então presidente Juscelino Kubitscheck (1956-1961), talvez seja o exemplo mais notório desse fenômeno, presente também em outras experiências similares de planejamento governamental amplo. O Programa de Aceleração do Crescimento (PAC), lançado pelo governo federal em 2007, guardadas as proporções, talvez possa ser enquadrado nessa categoria.

planejamento descolado da gestão corre o risco de tornar-se um conjunto de estudos, diagnósticos e proposições de objetivos sem eficácia instrumental, atividade incapaz de mobilizar os recursos necessários de forma racional, na direção pretendida pelo plano.

De outro lado, a gestão, embora seja atividade de gerenciamento cotidiano da máquina pública, é algo que apenas pode fazer sentido estratégico – vale dizer, ser portadora de conteúdos e de orientações que de fato impactem positivamente tanto os processos cotidianos de trabalho como os produtos e os resultados finais da ação estatal – se acoplada ou referenciada adequadamente a diretrizes gerais e atividades concretas emanadas do planejamento governamental. Dito de outro modo, gestão pública sem planejamento superior que a envolva, por mais que possa estruturar "modos de fazer" que consigam racionalizar procedimentos básicos do Estado e, com isso, obter resultados em certa medida mais eficientes para o conjunto da ação estatal, dificilmente conseguirá – apenas com isso – promover mudanças profundas em termos da eficácia e da efetividade das políticas públicas em seu conjunto. Em suma, sem planejamento no sentido forte do termo – a cujas características o texto se voltará mais adiante – e que implica, fundamentalmente, transformação dos aparelhos e das políticas do Estado para a transformação das estruturas econômicas e sociais da Nação, a gestão pública se converte "apenas" em manual de racionalização de procedimentos burocráticos do Estado.[7]

Enfim, na literatura pesquisada sobre o assunto, esse descasamento entre as dimensões do planejamento e da gestão parece apenas desnudar o ponto que se está a sublinhar: o da primazia historicamente alternada entre ambas as funções contemporâneas do Estado. Diante disso, os quadros a seguir procuram combinar as dimensões do planejamento e da gestão em perspectiva de longa duração, com o intuito de reforçar a ideia de que talvez se esteja diante, hoje, de momento histórico e maturação teórica ímpares para aproximar ambas as dimensões de análise, rumo a uma compreensão mais abrangente do Estado e de suas capacidades e possibilidades de ação.

---

[7] Alerta-se para o fato de que a palavra "apenas" está colocada entre aspas porque certamente não se considera pequena a tarefa primordial da gestão pública, que é mesmo a de racionalizar procedimentos da administração cotidiana do Estado.

Quadro 1. Periodização para o estudo conjunto do planejamento governamental e da gestão pública no Brasil – 1889-2010

Ciclos econômicos e políticos	Padrão de Estado	Contexto econômico-estrutural	Contexto político-institucional	Dimensões do planejamento governamental	Dimensões da gestão pública
1889-1930 Primeira República – desenvolvimento para fora	Dominância liberal-oligárquica	Economia cafeeira voltada para o exterior	Montagem do aparato estatal-burocrático	Ausência de planejamento: • Convênio de Taubaté • Crise de 1929	Patrimonialista
1933-1955 Era Getúlio Vargas – nacional-desenvolvimentismo	Dominância nacional-populista	Industrialização substitutiva de importações: bens de consumo não durável Dependência financeira e tecnológica	Montagem do sistema corporativista	Planejamento não sistêmico: • primeiras estatais • Plano Salte	Patrimonial-burocrática – DASP (1938)
1956-1964 Era Juscelino Kubitschek – internacionalização econômica	Dominância estatal-democrática	Industrialização pesada I: • bens de consumo durável • montagem do tripé do desenvolvimento	Acomodação e crise do modelo	Planejamento discricionário: • pensamento cepalino • ideologia desenvolvimentista • Plano de Metas (1956-1961)	Patrimonial-burocrática
1964-1979 Regime Militar – crescimento com piora distributiva	Dominância estatal-autoritária	Industrialização pesada II: • milagre econômico (1968-1973) • endividamento externo (1974-1989)	Consolidação institucional-autoritária	Planejamento burocrático-autoritário: • Escola Superior de Guerra (ESG): ideologia Brasil-Potência • PAEG (1964-1967) • II PND (1974-1979)	Patrimonial-burocrática – PAEG (1967)
1980-1989 Redemocratização – crise do desenvolvimentismo	Dominância liberal-democrática	Estagnação econômica: • inflação • endividamento externo (1974-1989)	Redemocratização Reconstitucionalização	Planos de estabilização: • Plano Cruzado (1986) • Plano Bresser (1987) • Plano Verão (1988) • Plano Maílson (1989)	Patrimonial-burocrática – CF (1988)
1990-2010 Consolidação democrática – reformas estruturais	Dominância liberal-democrática	Reformas econômicas liberais: • estabilização monetária • endividamento interno (1995-2006) • reformas estruturais	Consolidação democrática Reforma gerencialista Experimentalismo societal	Planos de estabilização: • Plano Collor (1990) • Plano Real (1994) • Planos Plurianuais (PPAs) (2000-2011)	Patrimonial-burocrática Gerencialista Societal

Elaboração do autor.

Quadro 2. Tipos de planos econômicos e principais características no Brasil

Tipos de planos	Principais características
Planos setoriais e de metas: Plano Salte, Plano de Metas JK e Plano Trienal (CF)	Planejamento burocrático, discricionário, vertical e de médio a longo prazo
Planos Nacionais de Desenvolvimento (PNDs): PAEG e PNDs ao longo dos anos 1970	Planejamento burocrático, autoritário, impositivo, vertical e de médio a longo prazo
Planos de estabilização monetária: Plano Cruzado (1986), Plano Bresser (1987), Plano Verão (1988), Plano Maílson (1989), Plano Collor (1990) e Plano Real (1994)	Planejamento de curto prazo, focalizado/ conjuntural e vertical
Planos Plurianuais (PPAs): PPAs 1991-1995, 1996-1999, 2000-2003, 2004-2007 e 2008-2011	Planejamento de médio prazo, amplo/abrangente e de transição vertical/ horizontal

Elaboração do autor.

Box 1. Cronologia básica do planejamento estatal no Brasil

1890: Rui Barbosa reorganiza as finanças nacionais com a nova legislação financeira.

1909: Nilo Peçanha cria a Inspetoria de Obras contra as Secas (IOCS).

1920: Bulhões Carvalho realiza o primeiro censo nacional com valor real.

1934: Getúlio Vargas cria o Conselho Nacional de Comércio Exterior.

1936: Macedo Soares é o primeiro presidente do Instituto Nacional de Estatística.

1938: Criação do Conselho Nacional do Petróleo e do DASP, por Vargas.

1939: Vargas lança o Plano Especial, marco inicial do planejamento no Brasil.

1943: Plano de Obras e Equipamentos, por Vargas.

1947-1948: Eurico Dutra lança o Plano Salte e cria a comissão do Vale do São Francisco.

1952: Vargas cria o Banco Nacional de Desenvolvimento Econômico (BNDE), atual Banco Nacional de Desenvolvimento Econômico e Social (BNDES).

1953: Criação da Superintendência do Plano de Valorização Econômica da Amazônia (SPVEA).

1956: Juscelino Kubitschek (JK) cria o Conselho de Desenvolvimento e lança o Plano de Metas.

1962: Celso Furtado torna-se o primeiro ministro do Planejamento do Brasil.

1962: João Goulart lança o Plano Trienal de Desenvolvimento Econômico e Social.

1964: João Goulart cria a Associação Nacional de Programação Econômica e Social (Anpes).

1964: Castelo Branco lança o PAEG.

➔

1964: Criação do Instituto de Pesquisa Econômica Aplicada (IPEA).

1967: Formulado o primeiro planejamento de longo prazo no Brasil, o Plano Decenal.

1968: Artur Costa e Silva lança o Programa Estratégico de Desenvolvimento.

1970: Emílio Garrastazu Médici lança o Programa de Metas e Bases para a Ação de Governo.

1972, 1974 e 1979: I, II e III Planos Nacionais de Desenvolvimento.

1975-1976: Planos regionais brasileiros.

1990: Fernando Collor de Mello cria a Secretaria de Assuntos Estratégicos da Presidência da República (SAE/PR).

1988: A Constituição Federal (Art. 165) torna obrigatório o planejamento plurianual.

1991-2011: PPAs.

2007 e 2010: I e II PACs.

2004: Luiz Inácio Lula da Silva cria o Núcleo de Assuntos Estratégicos da Presidência da República (NAE/ PR) e o Projeto Brasil 3 Tempos.

2008: Lula restabelece a SAE/PR. 2010: Projeto Brasil 2022.

Fonte: Brasil (2009c).

Sem a pretensão de fazer com que os quadros apresentados possam ser capazes de bem resumir – para não falar em consensuar – pouco mais de um século de história republicana no Brasil –1889 a 2010, daí se falar em *longo século XX do planejamento e da gestão* no país –, acredita-se que seja possível, por meio deles, a explicitação de alguns pontos que parecem importantes para o debate.

No longo período republicano em questão, tem-se, durante praticamente toda a Primeira República, ausência quase que completa de planejamento governamental, entendido como a atividade ou o processo consciente que antecede e condiciona a ação estatal. Exceção feita a intervenções como as decorrentes do Convênio de Taubaté em 1906 e da grande crise econômica de 1929, situações estas que na verdade revelam o caráter prioritariamente reativo do Estado a eventos que comprometem a rentabilidade da economia cafeeira voltada à exportação – por tratar-se, como se sabe, de setor carro-chefe da acumulação de capital no país, bem como de sustentáculo político da oligarquia liberal que comandava o Estado –, o fato é que, nas primeiras estruturas estatais em montagem no período, inexistia a perspectiva planejadora em sua configuração. Mas não só isso: a incipiente gestão pública de então estava dominada por traços tipicamente patrimonialistas, herdados da cultura autoritária ibérica, porém incrementados localmente pelo longo período de dominação e exploração colonial no Brasil. Típica do patrimonialismo aplicado à gestão pública – traço este que, aliás, reproduz-se e mantém-se presente até hoje – é a ausência de separação nítida entre as esferas pública e privada na administração cotidiana do Estado, fato este que chancela práticas de gestão segundo as quais a esfera pública é tida como extensão da esfera privada, cujos códigos, normas e valores dão o tom para a condução pragmática da coisa pública.[8]

A partir da década de 1930, com a ascensão de Getúlio Vargas ao poder, tem início um processo de organização e aceleração do crescimento econômico, comandado por estruturas estatal-burocráticas ainda incipientes e em lenta conformação no país. Data dessa década a criação do DASP (1938), por meio do qual a gestão pública adquire centralidade na institucionalização de organizações e funções específicas de Estado, tanto para administrar cotidianamente a máquina pública como para estruturar cargos e carreiras sob o signo de valores – ainda tentativamente – meritocráticos. Um dos movimentos mais expressivos diz respeito à delimitação jurídica formal entre as esferas pública e privada, ainda que, por sua vez, seja forte o movimento pelo qual a cultura nacional patrimonialista filtra e readapta os códigos e as normas de conduta segundo valores locais.[9] Permanece, portanto, em grande medida atávica a dimensão da gestão pública no país, presa a características duradouras que combinam patrimonialismo e burocratismo, ou, dito de modo mais rigoroso,

---

[8] A respeito, ver Holanda (1994), Bresser-Pereira (2009) e Abrucio, Pedroti e Pó (2009).

[9] Sem entrar em detalhamento que consumiria muito tempo e espaço neste texto, é possível, ainda assim, dizer que populismo (Weffort, 1980), corporativismo (O'Donnell, 1979), anéis burocráticos (Cardoso, 1993) e *lobbies* (Gouvea, 1994), entre outras caracterizações possíveis, sejam formas históricas particulares (especificamente brasileiras) de relação Estado – sociedade, realizadas em diferentes momentos e contextos para mediar no país as relações público-privadas. Todas estas categorias de análise podem ser vistas como esferas informais (mesoinstitucionais) de constituição, representação e intermediação de interesses particulares – coletiva e politicamente organizados –, visando à resolução de conflitos por meio do Estado. Em outras palavras, são canais de vocalização e expressão de interesses concretos para o processo de tomada de decisões no nível mesoinstitucional do Estado. Ainda mais: estas instâncias não institucionalizadas são o filtro informal pelo qual a democracia representativa moderna funciona, motivo explicativo de primeira ordem de por que a vontade da maioria, expressa eleitoralmente, raramente é satisfeita. Para uma discussão mais aprofundada, ver Cardoso Jr. (2006).

a características que combinam aspectos típicos tanto da administração tradicional patrimonialista como da administração racional burocrática.

De outro lado, conforme os requisitos da industrialização vão se tornando mais exigentes, crescem a necessidade e o espaço do planejamento governamental, o qual, embora não sistêmico nem consolidado, como atividade inescapável do Estado, dá passos importantes neste sentido, por meio de estudos e propostas que redundam na criação das primeiras empresas estatais brasileiras – tais como, a Companhia Vale do Rio Doce (atual Vale), a Petróleo Brasileiro S/A (Petrobras), a Centrais Elétricas Brasileiras (Eletrobras), o BNDE (atual BNDES) etc. –, bem como por meio da primeira iniciativa, se bem que malograda, que se poderia denominar de plano de ação estatal global, o Plano Salte (1947-1948), cujo significado da sigla já indica a amplitude, ao mesmo tempo que as prioridades do plano, a saber: saúde, alimentação, transportes e energia.

Os anos 1950 podem ser vistos, no Brasil, como o momento áureo do planejamento governamental. É quando o peso do Estado – e nele, o peso do planejamento propriamente dito – adquire um caráter mais presente e permanente, ainda que exageradamente discricionário. Ajuda a visualizar a primazia do planejamento nessa época, a consolidação e a respectiva difusão da ideologia desenvolvimentista propagada teoricamente pela Comissão Econômica para a América Latina e o Caribe (Cepal), fenômeno que ganha materialidade clara com o Plano de Metas do governo JK. A estrutura de gestão, por sua vez, continua basicamente prenhe das mesmas características de antes (patrimonialismo e burocratismo), as quais, com o esgotamento das alternativas de financiamento do desenvolvimento – que se manifestam em elevação da inflação e aumento do endividamento externo – e a explicitação das fragilidades do incipiente e precaríssimo sistema nacional de inovações – que se manifesta, por sua vez, em aumento da dependência tecnológica acoplada ao padrão de industrialização da época –, ajudam a explicar a acomodação e a crise dos modelos econômico e político até então vigentes.

Com o golpe militar de 1964 e o pacote de reformas deflagradas por meio do PAEG em 1967, entre as quais se destaca a reforma administrativa e a promulgação do famoso Decreto-Lei 200, que visava (re)ordenar o funcionamento da administração e da própria máquina pública brasileira, abre-se um período que tem no planejamento autoritário-tecnocrático a sua principal característica. Além do PAEG, é expressão desse momento histórico do planejamento no Brasil a família de PNDs da década de 1970, três ao todo, dos quais vale mencionar em especial o II PND (1974-1979) pela envergadura dos projetos em contexto internacional francamente desfavorável a aventuras desse porte.[10]

Do ponto de vista dos aparatos de gestão pública, o período autoritário parece ter demonstrado que nem mesmo "missão, hierarquia e disciplina" – motes militares clássicos – seriam suficientes para alterar os traços arraigados de patrimonialismo e burocratismo ainda presentes na condução cotidiana das ações estatais. Pelo contrário, é de se supor que as características impositivas e autoritárias do planejamento governamental à época tenham até mesmo reforçado aqueles traços históricos.

Isto porque a fragmentação dos interesses articulados em torno do Estado e a frouxidão das instituições burocráticas e processuais em termos de canalização e resolução dos conflitos limitavam – e de alguma maneira continuam a limitar – a autonomia efetiva das decisões estatais cruciais, fazendo com que o Estado fosse ao mesmo tempo o lócus de condensação e processamento das disputas por recursos estratégicos – financeiros, logísticos, humanos etc. – e o agente decisório último por meio do qual, de fato, materializavam-se ou viabilizavam-se os projetos políticos dos grupos dominantes vencedores.[11]

---

[10] Há já uma bibliografia imensa – mas não consensual – sobre o tema e o período, da qual importa registrar os livros de Lessa (1978) e Castro e Souza (1985), para duas visões opostas que se tornaram clássicas sobre o mesmo momento e fenômeno.

[11] Pelo motivo anterior, "no caso do Brasil no período nacional-populista, apenas se insinuavam organizações (institucionalmente mais estruturadas) para pressionar as decisões nos setores mais dinâmicos da economia, justamente onde as ilhas de racionalidade de uma tecnocracia planejadora começavam a formar-se. Em geral, a teia de cumplicidade era mais difusa, mais orientada para relações e lealdades pessoais que tornavam cúmplices desde o vereador, o deputado, o funcionário de uma repartição fiscal, o industrial, o comerciante ou banqueiro, até o ministro, quando não o próprio presidente. A partir deste sistema as decisões eram tomadas e implementadas. A burocracia funcionava, portanto, como parte de um sistema mais amplo e segmentado: não existindo eficazmente partidos de classe, sindicatos e associações de grupos e classes, os interesses organizavam-se em círculos múltiplos, em anéis, que cortavam perpendicularmente e de forma multifacética a pirâmide social, ligando em vários subsistemas de interesse e cumplicidade segmentos do governo, da burocracia, das empresas, dos sindicatos etc." (Cardoso, 1993, p. 151). A *cumplicidade mútua* de que fala Cardoso – e que está na base do entendimento do conceito de *anéis burocráticos*, isto

No período de vigência do autoritarismo-tecnoburocrático no Brasil, fica claro então que, somando a repressão aberta do regime com o baixo nível existente de institucionalização das estruturas de representação da sociedade e de canalização dos interesses no âmbito do Estado, preponderavam, sobre critérios racional-legais, preceitos fundamentalmente patrimonialistas na resolução de conflitos e na tomada de decisões.[12]

é, uma zona decisional informal que aglutina não apenas interesses heterogêneos e muitas vezes concorrentes, mas que também viabiliza certas resoluções práticas e dá vazão a ações estatais concretas – é a mesma que explica, analiticamente, tanto a fragmentação quanto a coesão das ações do Estado brasileiro no período. De um ponto de vista mesoinstitucional, a cumplicidade mútua explicita a frouxidão institucional e a fragmentação dos interesses em disputa no âmbito do Estado, ao mesmo tempo que, de um ponto de vista macrodinâmico, justifica a coesão/coerência aparente das ações do Estado desenvolvimentista em conjunto.
Ainda sobre o Estado autoritário-burocrático, ver O'Donnell (1979), para quem a passagem de um Estado populista para um do tipo autoritário-burocrático ocorreria no bojo de contradições insuperáveis entre três aspectos interdependentes, a saber: i) o aprofundamento e a complexificação dos processos de industrialização em países como o Brasil, que já pelo fim dos anos 1950 estaria adentrando em uma nova etapa de maturação das forças produtivas capitalistas, mais especificamente aquela ligada à endogenização das indústrias de insumos intermediários e bens de capital, o que certamente viria a requerer mais participação tanto do Estado quanto do capital estrangeiro, dadas as novas exigências em termos de tecnologia e financiamento; ii) o fortalecimento do chamado setor popular urbano ou, mais precisamente, do setor operário urbano, como decorrência tanto do aprofundamento da industrialização quanto do maior comprometimento público-estatal em termos de legislação protetora, novos direitos etc.; e iii) o fortalecimento dos segmentos sociais formados tanto pela burocracia estatal – civil e militar – como pela tecnocracia privada das grandes e médias empresas.

[12] A chamada *primazia da dimensão patrimonialista* – e das cumplicidades mútuas que alimentam os anéis burocráticos – foi tratada na obra de Martins (1985) para caracterizar o duplo movimento do Estado brasileiro no período: de um lado, um movimento de forte centralização em termos de sua capacidade arrecadadora, que se efetiva por meio da diversificação e do alargamento das fontes tributárias; de outro, um movimento de descentralização/fragmentação no nível operacional, isto é, em termos da sua capacidade empresarial, que se verifica por meio de uma multiplicação relativamente descontrolada do número de autarquias, fundações e empresas estatais.
Ambos os movimentos avalizam a ideia de que, no Brasil do período autoritário-burocrático, "o Estado não apenas passa a desempenhar papel decisivo na organização (por via administrativa) da acumulação, como tem também que gerir o relacionamento com o centro capitalista, mediar a ação dos grupos estrangeiros inseridos na produção local e, ainda, legitimar o exercício desenvolto que desses novos poderes de intervenção faz a burocracia estatal em benefício próprio. (...) Temos, assim, um Estado que, de fato, tende a recobrir a ação das classes dirigentes enquanto agente histórico de mudança social que é e, ao mesmo tempo, que se interpõe às classes dominantes e às classes a elas subordinadas enquanto mediador, que também é, dos conflitos entre elas existentes. Significa dizer: um Estado que intervém,

Não são pequenos, portanto, o significado e as consequências de longa duração advindos tanto do processo de redemocratização política que se inicia ainda na segunda metade da década de 1970, como do de reconstitucionalização que toma conta do país ao longo das décadas seguintes. Ocorre que se, por um lado, ambos os movimentos recolocam na agenda pública temas e personagens alijados dos processos decisórios mais importantes, por outro, é lamentável que isso tenha acontecido em simultâneo ao esfacelamento do ímpeto desenvolvimentista que perdurara no país, *grosso modo*, entre 1930 e 1980. Isso porque, em contexto de endividamento externo exacerbado e regime interno de estaginflação persistente, a pujança potencial presente na recuperação da vida democrática se viu limitada e confusa pelos severos constrangimentos decorrentes da política econômica do período, com reflexos marcantes sobre as condições de vida e de reprodução social da população brasileira.

Em contexto no qual a situação socioeconômica doméstica se deteriora e o pêndulo internacional ideológico se volta para o neoliberalismo, o Estado – e toda a compreensão e as estruturas de planejamento construídas até então, se bem que reconhecidamente não ideais – começa a se esfacelar. Ao mesmo tempo, praticamente todo o esforço de planejamento governamental – se é que se pode chamar assim – passa a se concentrar no curto prazo, em formas de se debelar a inflação que foge ao controle.

Sintomático dessa situação é o movimento de migração de poder que se dá do então Ministério do Planejamento para o Ministério da Fazenda, com especial ênfase ao fortalecimento de estruturas de Estado destinadas ao gerenciamento da moeda (Banco Central do Brasil – Bacen), do gasto público (Secretaria de Orçamento Federal, do Ministério do Planejamento, Orçamento e Gestão – SOF/MPOG) e da dívida pública (Secretaria do Tesouro Nacional, do Ministério da Fazenda – STN/MF). Em adição, sacramenta-se na CF/88 todo um conjunto de diretrizes de planejamento que possui, de imediato, duas características marcantes: centra-se em horizonte de curto e médio prazo e vincula-se a restrições/imposições orçamentárias, cuja significação e consequências serão mais bem exploradas a seguir.

---

enquanto ator, tanto ao nível das relações de produção quanto ao nível das relações de reprodução da sociedade, ou seja, ao nível da manutenção da sociedade capitalista e ao nível da passagem de um tipo a outro de sociedade capitalista" (Martins, 1985, p. 25-34).

O novo planejamento e a primazia da gestão pública gerencialista no pós-1988: virtudes e problemas do novíssimo Estado democrático brasileiro

O tipo de planejamento que se busca implementar a partir das diretrizes constitucionais de 1988 tem méritos, mas também problemas. O principal mérito talvez esteja concentrado na tentativa de transformar a atividade de planejamento governamental em processo contínuo da ação estatal, para o que parece que se tornara fundamental: reduzir e controlar – no dia a dia – os graus de discricionariedades intrínsecas desta atividade. Por sua vez, o principal problema talvez esteja refletido no diagnóstico – hoje possível, mas ainda não consensual – de que, ao se reduzir o horizonte de ação possível do planejamento para o curto/médio prazo, condicionando-o, simultaneamente, ao orçamento prévio disponível, acabou-se, na verdade, transformando esta atividade em mais uma ação operacional cotidiana do Estado, como são todas aquelas próprias da gestão ou da administração pública correntes.

Parece pouco, mas o fato é que, no Brasil, ao longo das duas últimas décadas, em um ambiente ideologicamente hostil à presença e à atuação mais amplas do Estado, a função planejamento foi adquirindo feições muito diferentes das quais poderia ser portadora.[13] Ao longo de todo este período, a função foi

[13] Desde que considerados os seguintes aspectos, retirados de Cardoso Jr., Pinto e Linhares (2010, cap. 6): "i) há uma multiplicidade de atores 'que planificam'; ii) buscando influir em partes de uma realidade complexa; iii) sujeita a interpretações variadas (multirreferência); iv) cujo processo de evolução é de 'final aberto' (indeterminação que decorre de uma mescla de 'relações causa – efeito': regulares, estocásticas, semiestruturadas e não estruturadas, estas últimas tendentes a predominar); v) em que o poder governamental confronta resistências e resiliências no contexto de uma sociedade multiorganizada; vi) em uma dinâmica na qual as crises e inflexões são mais frequentes que as continuidades; e vii) a equifinalidade do plano normativo é impotente ante uma realidade mutante, sem homeostase, além de ser interdependente com o entorno mundial, este mais complexo e ainda menos governável. (...) Esta síntese se estrutura com base no autor mencionado (Matus, 1984, 1987), quem melhor consolidou as várias contribuições sobre pensamento estratégico e desenvolvimento, inclusive da Cepal e posteriormente do Ilpes, dois órgãos da Organização das Nações Unidas (ONU) em que mais atuou. Alguns dos aportes de terceiros, lá reunidos, estão aqui ampliados. Assim, nesta versão adotada estão refletidos aportes de Roos Ashby (complexidade, 1956), Pierre Massé (controle social, 1965), Jacques Ardoino (multirreferência, 1966), Jacques Lesourne (interdependência, 1985), Yehezkel Dror (governo, 1984), Humberto Maturana (autopoiésis, 1984), Fernando Flores (cognição, 1987) e Samuel Pinheiro Guimarães (entorno mundial e governabilidade, 2001)." [Ilpes = Instituto Latino-Americano e do Caribe de Planejamento Econômico e Social. (N. do Rev.)]

sendo esvaziada de conteúdo político estratégico, robustecida de ingredientes técnico-operacionais e de controle e comando físico-financeiros, em torno de ações difusas, diluídas pelos diversos níveis e instâncias de governo, cujo sentido de conjunto e movimento, se estes o tem, mesmo setorialmente considerado, não é nem fácil nem rápido de identificar.

A função planejamento é convertida em PPAs de quatro anos, os quais, embora previstos desde a CF/88, apenas se vão estruturando apropriadamente, segundo esta lógica, a partir da segunda metade dos anos 1990. Trata-se, até o momento, dos PPAs relativos aos subperíodos compreendidos entre 1996-1999, 2000-2003, 2004-2007 e 2008-2011. Em linhas gerais, toda a família dos PPAs organiza-se, basicamente, sob dois princípios norteadores:

- A ideia de processo contínuo e pouco disruptivo: isso estaria garantido fazendo que o primeiro ano de gestão de determinado presidente tenha sempre de executar – programática e financeiramente – o último ano de planejamento previsto e orçado no PPA formulado pelo governante/governo imediatamente antecessor.
- A ideia de junção entre orçamento/orçamentação do plano (recursos financeiros) e sua execução/gestão propriamente dita (metas físicas): isso seria feito por meio de um detalhamento/desdobramento do plano geral em programas e ações setorialmente organizados e coordenados.[14] Assim, entre o PPA de quatro anos e o Orçamento Geral da União (OGU), criaram-se dois instrumentos importantes para operacionalizar e materializar a junção *plano-orçamento*, a saber: a Lei de Diretrizes Orçamentárias (LDO) – responsável por definir as metas e as prioridades para o exercício financeiro subsequente – e a Lei Orçamentária Anual (LOA) – responsável por consolidar a proposta orçamentária para o ano seguinte, em conjunto com os ministérios e as unidades orçamentárias dos Poderes Legislativo e Judiciário.

[14] Apenas para se ter uma ideia, o PPA 2008-2011 apresenta 215 programas finalísticos, 91 programas de apoio e 5.081 ações, entre ações de apoio e finalísticas.

Box 2. OGU, PPA, LDO, LOA e LRF: definições gerais e mecanismos de articulação

O OGU é formado pelo orçamento fiscal da seguridade e pelo orçamento de investimento das empresas estatais federais. É nele que o cidadão identifica a destinação dos recursos recolhidos sob a forma de impostos. Nenhuma despesa pública pode ser realizada sem estar fixada no orçamento. O OGU autoriza e as verbas são liberadas de acordo com a receita. Nenhuma despesa pública pode ser executada fora do orçamento, mas nem tudo é feito pelo governo federal. As ações dos governos estaduais e municipais devem estar registradas nas respectivas leis orçamentárias, conforme define a CF/88.

A União repassa 47% do produto da arrecadação do Imposto de Renda (IR) e do Imposto sobre Produtos Industrializados (IPI) aos fundos de participação dos estados, do Distrito Federal e dos municípios, bem como aplica este percentual em programas de financiamento ao setor produtivo das regiões Norte, Nordeste e Centro-Oeste. Os governos estaduais contam também para financiar seus gastos com 75% da arrecadação do Imposto sobre Circulação de Mercadorias e Serviços (ICMS) e com o Imposto sobre a Propriedade de Veículos Automotores (IPVA). As prefeituras têm auxílio, além do repasse da União, feito de acordo com o número de habitantes de cada cidade, definido pelo censo do Instituto Brasileiro de Geografia e Estatística (IBGE), dos impostos municipais, como o Imposto Predial e Territorial Urbano (IPTU), com 25% da arrecadação do ICMS e com 50% da receita do Imposto Territorial Rural (ITR).

Para seu cálculo, o OGU se baseia nas estimativas para o produto interno bruto (PIB), na previsão de inflação e em outros parâmetros. Nestes cálculos, é estimada uma receita para o exercício seguinte e, de acordo com ela, são definidos os gastos. Este projeto é levado ao Congresso Nacional, onde deputados e senadores discutem na Comissão Mista de Planos, Orçamento Público e Gestão a proposta enviada pelo Executivo. Compete a esta casa remanejar os investimentos para as áreas e as regiões consideradas prioritárias e estas alterações são conhecidas como "emendas parlamentares" – isto é: modificações feitas em uma lei já existente ou que está em discussão. O orçamento deve ser votado e aprovado até o fim de cada legislatura. Depois de aprovado, é sancionado pelo presidente da República e se transforma em lei. Se durante o exercício financeiro houver necessidade de realização de despesas acima do limite que está previsto na lei, o Poder Executivo submete ao Congresso Nacional projeto de lei (PL) de crédito adicional.

O Poder Executivo é responsável pelo sistema de planejamento e orçamento, seguindo os princípios básicos para elaboração e controle definidos na Carta Magna, na Lei no 4.320, de 17 de março de 1964, no PPA e na LDO. Os fundamentos são os da transparência orçamentária, da unidade – pela qual cada esfera do governo terá apenas um orçamento –, da universalidade – ou seja, deve ser capaz de incorporar despesas e receitas de todas as instituições públicas – e da anualidade – isto é, deve compreender o período de um exercício anual.

O PPA define as prioridades do governo por um período de quatro anos e deve conter as diretrizes, os objetivos e as metas da administração pública federal para as despesas de capital, e outras delas decorrentes, e para as relativas aos programas de duração continuada. O PPA estabelece a ligação entre as prioridades de médio prazo e a LOA.

A LDO estabelece as metas e as prioridades para o exercício financeiro subsequente, orienta a elaboração do orçamento, dispõe sobre alteração na legislação tributária

➔

e estabelece a política de aplicação das agências financeiras de fomento. Com base nesta lei, a SOF/MPOG elabora a LOA, a proposta orçamentária para o ano seguinte, em conjunto com os ministérios e as unidades orçamentárias dos Poderes Legislativo e Judiciário.

Vale registrar, por fim, que a LRF, aprovada em 2000 pelo Congresso Nacional, introduziu novas responsabilidades para o administrador público com relação aos orçamentos da União, dos estados e dos municípios, como limite de gastos com pessoal, proibição de criar despesas de duração continuada sem uma fonte segura de receitas, entre outras. A lei introduziu a restrição orçamentária na legislação brasileira e procurou criar uma cultura de disciplina fiscal para os três poderes.

Fonte: SOF/MPOG. Elaboração do autor.

Nota: [1] LRF = Lei de Responsabilidade Fiscal.

Figura 1. Etapas do planejamento governamental, na lógica do PPA

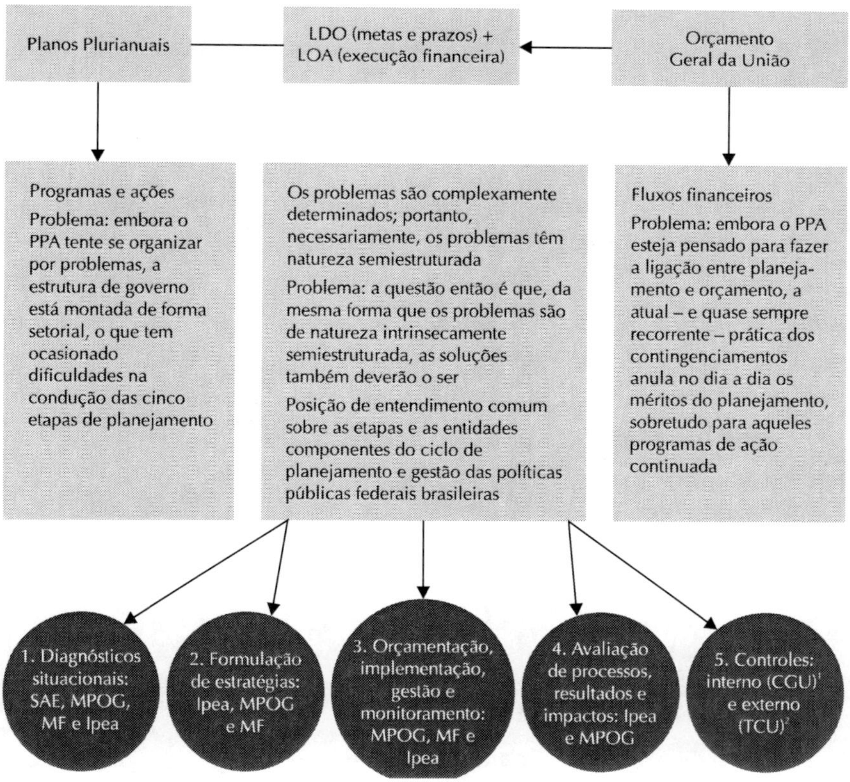

Notas: [1] Controladoria-Geral da União (CGU).
[2] Tribunal de Contas União (TCU).

Basicamente por meio desses dois grandes princípios dos PPAs, a saber: *i*) a ideia de processo contínuo e pouco disruptivo; e *ii*) ideia de junção entre orçamento/orçamentação do plano (recursos financeiros) e sua execução/gestão propriamente dita (metas físicas), a literatura dominante sobre gestão pública no Brasil absorveu o tema do planejamento governamental, conferindo a ele *status* equivalente ao dos demais temas, estes sim típicos da administração pública. Veja-se que não se trata de desmerecer os possíveis avanços decorrentes da institucionalização dos hoje denominados instrumentos federais de planejamento (PPA, LDO, LOA, LRF, entre outros), já que eles se constituem em importantes ferramentas de gerenciamento orçamentário-financeiro do país. Mas trata-se, sim, de afirmar que, por meio desse movimento – de subsunção das funções de planejamento e orçamentação a categorias cotidianas da gestão pública –, processou-se o esvaziamento do planejamento, como função mais estratégica e política de Estado. Ao mesmo tempo, orçamentação e orçamento, até então variáveis técnicas do próprio planejamento, transmutaram-se em parâmetros prévios das possibilidades e capacidades de ação do Estado.

Desde o momento em que isso se institucionalizou, como "única forma de estruturar e conduzir as coisas no governo", o orçamento – vale brincar, poupança prévia – é que antecede e comanda o planejamento e o investimento público – vale dizer, as possibilidades de ação do Estado –, quando na verdade se poderia/deveria pensar em uma causalidade oposta![15] É claro que este movimento ocorreu praticamente em todo o mundo, mas exacerbou-se no Brasil em um contexto não trivial nem casual de crise do Estado nacional. Para o que se está aqui estudando, esta crise tomou duas formas decisivas:

[15] Não cabe aqui entrar nos meandros e nas tecnicalidades dos processos e conceitos contábeis e orçamentários que pautam o arranjo das contas públicas no Brasil. De todo modo, não é demais dizer que tais conceitos – quase todos formulados em função da natureza e do *modus operandis* do setor privado – nem sempre se adequam automática ou perfeitamente bem à natureza e à forma de funcionamento do setor público estatal, qualquer que seja o país em questão. Por outro lado, não se desconsidera aqui o processo pelo qual tais conceitos foram sendo sacramentados pela sabedoria convencional e difundidos mundo afora como receita a ser seguida e implementada pelos governos em geral, em nome das boas práticas e da tão desejada comparabilidade internacional de procedimentos e estatísticas oficiais. Apesar disso, no entanto, uma coisa é certa: há diferenças profundas entre a existência e o funcionamento – no tempo – de empresas e governos/Estados, motivo que por si só já deveria ser suficiente para exigir ou suscitar a necessidade de uma contabilidade do setor público mais condizente com a natureza e a forma de operação dos Estados nacionais.

- Primeiro, a crise do Estado representou engessamento ideológico e esgarçamento ao extremo das possibilidades de se pensar e reformar o Estado na direção de um desenvolvimento soberano, includente e sustentável no país.
- Segundo, essa crise conferiu destaque estratégico às funções e às instituições do Estado destinadas a gerenciar e controlar a moeda e o orçamento nacional, por meio, fundamentalmente, do Bacen, da Receita Federal do Brasil (RFB), da STN e da SOF.[16]

Diante de ambos os aspectos, não é de se estranhar que, de um lado, o planejamento no sentido forte, estratégico e político do termo tenha desaparecido do raio de possibilidades do Estado, tampouco que, de outro lado, a estabilização monetária – em detrimento do crescimento econômico e da geração de empregos –, bem como a eficiência do gasto público – em prejuízo da progressividade na arrecadação e da redistributividade na alocação –, tenha se convertido nos grandes objetivos nacionais, ambos alcançáveis pela primazia da gestão sobre o planejamento, ou dito com o jargão da área, por meio da adaptação ou invenção de novas técnicas – inovações institucionais – e boas práticas de gestão aplicadas ao setor público. Segundo este entendimento, racionalização de procedimentos no nível das ações cotidianas de Estado, somada a esforços concretos para o gasto mais eficiente – porém não necessariamente de melhor qualidade –, seriam não só as ações principais para o Estado realizar, mas seriam ainda ações tidas como basicamente suficientes para se obter, em conformidade com a arquitetura dos PPAs, mais eficácia e efetividade nas políticas públicas.

A assim chamada nova administração pública gerencial (ou gerencialista) é o movimento teórico e político responsável pelo que neste trabalho se está chamando de primazia da gestão sobre o planejamento, fenômeno este referenciado aos anos 1990 e pelo menos à primeira década de 2000.[17]

---

[16] Para cada uma dessas instâncias de governo, há um capítulo específico em Cardoso Jr., Pinto e Linhares (2010), por meio dos quais se procede: i) uma recuperação histórica breve acerca dos processos respectivos de institucionalização das funções de orçamentação e de gerenciamento da moeda e da dívida pública federal; e ii) uma problematização geral a respeito das atribuições próprias de cada órgão, com algumas implicações não desprezíveis em termos de eficácia e integração das ações e funções respectivas. Em particular, ver capítulos 3, 8, 9, 10 e 11 dos referidos autores.

[17] Este movimento tem suas raízes fundamentais derivadas do pensamento neoliberal presente na Escola Austríaca de Hayek (1945), na Escola de Chicago de Friedman (1962), na Socie-

Trata-se de movimento político que nasceu como crítica das organizações estatais burocráticas dos anos 1970 e 1980 e que cresceu difundindo a cultura do empreendedorismo norte-americano (cultura do *self made man*), instigando a aplicação de princípios gerencialistas usados em organizações privadas – tais como: qualidade total, *just in time*, toyotismo, certificação, família ISO-9000, reengenharia, *downsizing*, terceirização, informatização, automação etc. – no âmbito da administração pública. Neste, esses princípios tomaram algumas das seguintes formas e orientações gerais: *accountability*; gestão de resultados, e não por processos; ênfase nos clientes em vez de nos cidadãos; descentralização e responsabilização individual; focalização e desempenho institucional; flexibilização e desregulamentação; e privatização e regulação.

Incorporada ao cenário brasileiro com grande ênfase a partir de 1995, a chamada nova administração pública de orientação gerencialista teve no ex-ministro Bresser Pereira e no então constituído Ministério da Administração Federal e Reforma do Estado (Mare) os seus principais difusores. Os quadros 3 e 4 a seguir, formatados a partir do Plano Diretor da Reforma do Estado lançado em 1995 pelo Mare, resumem bem a natureza da reforma proposta e o desenho institucional geral de Estado que dela emanaria.

---

dade de Mont Pelerin, que incluía nomes importantes do pensamento ocidental, como os próprios Hayek e Friedman, além de Popper e outros. Além desses, é importante mencionar a influência de autores como Schumpeter (1984), Drucker (1946), Arrow (1951), Downs (1957), Buchanan e Tullock (1962) e Peters e Waterman (1982, p. 472), que ao longo dos anos cumpriram o papel de ajudar na edificação tanto da teoria da escolha racional e da escolha pública, como na edificação dos movimentos Reinventando o Governo (Osborne; Gaebler, 1995) e A Terceira Via (Giddens, 1999), ambos após os experimentos práticos dos governos Thacther (Inglaterra) e Reagan (Estados Unidos), na década de 1980. Estes trabalhos, por sua vez, ajudaram a difundir, em conjunto com as escolas e as faculdades de administração de empresas, negócios e Master of Business Administration (MBA), as empresas de consultoria empresarial e de mercado, os gurus empresariais e a mídia dos negócios, tanto a ideologia geral como as práticas do gerencialismo para os governos, por meio do movimento apelidado de governança progressista, do qual alguns dos principais expoentes pelo mundo foram: Tony Blair (Inglaterra), Fernando Henrique Cardoso (Brasil), Bill Clinton (Estados Unidos), Helmut Schroeder (Alemanha), Leonel Jospin (França), Antonio Prodi (Itália) e Carlos Salinas (México). Para uma revisão crítica e ampla deste assunto, ver Paes de Paula (2005) e Bento (2003).

Quadro 3. Reforma gerencial do Estado, segundo o Plano Diretor da Reforma do Estado – 1995

Delimitação das áreas de atuação do Estado gerencial, na concepção original do Plano Diretor do Mare – 1995			
	Atividades exclusivas de Estado	Serviços sociais e científicos	Produção de bens e serviços para mercado
Atividades principais	Estado	Processo de publicização do Estado ↓ ↓ ↓ ↓ ↓	Processo de privatização do Estado ↓ ↓ ↓ ↓ ↓
Atividades auxiliares	Processo de terceirização → → → do Estado	Setor público; não estatal	Mercado

Fonte: ENAP e Mare (1995). Elaboração do autor.

Quadro 4. Configuração institucional do Estado, segundo o Plano Diretor da Reforma do Estado – 1995

	Formas de propriedade			Formas de administração		
	Estatal	**Público não estatal**	**Privada**	**Burocrática**	**Gerencial**	**Tipo de entidade**
Núcleo estratégico de governo	Presidência da República Legislativo Judiciário Ministério Público (MP) e Cúpula Ministerial	–	–	Administração pública burocrática-gerencial: valores racionais, burocráticos e weberianos	Administração pública burocrática-gerencial: valores gerenciais	Secretarias formuladoras de políticas públicas/ contratos de gestão
Unidades descentralizadas de governo	Regulamentação, fiscalização, fomento, segurança pública e seguridade social	–	–	–	Administração pública gerencial: racionalidade privada na administração pública	Agências executivas e agências reguladoras
Serviços não exclusivos do Estado	–	Universidades, escolas, hospitais e centros de pesquisa	–	–	Administração pública gerencial: racionalidade privada na administração pública	Organizações sociais
Produção pelo mercado	–	–	Empresas estatais	–		Empresas privadas

Fonte: ENAP e Mare (1995). Elaboração do autor.

Como balanço geral, tem-se elogios e críticas. No primeiro caso, exploram-se aspectos ligados ao reforço de valores e procedimentos baseados no mérito para a seleção e a progressão funcional no setor público; à estruturação e ao fortalecimento de carreiras típicas de Estado; à informatização e melhoria do aparato informacional para gerenciamento e tomada de decisões pelos órgãos; à tentativa de institucionalização e incorporação de diversas formas de participação de entes públicos não estatais nas atividades de desenho, implementação, monitoramento e controle social de ações governamentais, entre outros. Todos estes são aspectos realmente positivos e necessários a qualquer reforma administrativa que ainda se pretenda implementar no país.[18]

Outras dimensões da reforma Bresser Pereira, no entanto, são menos consensuais, tais como: a concentração sobredimensionada em uma gestão para desempenho institucional, responsabilização e resultados individuais, sem o devido cuidado também com ambientes e processos cotidianos de trabalho nas organizações, processos estes que impactam fortemente a capacidade institucional e individual de produção de resultados; a ênfase – talvez apressada – em seguir e adotar princípios e ações das reformas que já estavam em curso em outros países, sem o devido cuidado com avaliações que já apontavam para insucessos ou inadequabilidades de algumas iniciativas no nível do setor público; o destaque a um modelo de Estado mais regulador que produtor, na esteira também de tendências nem sempre exitosas que estavam em curso pelo mundo; e a ênfase, por fim, em exigir mais resultados quantitativos – em termos do número de bens e serviços públicos ofertados – com menos ou igual quantidade de recursos humanos e financeiros, aspecto este particularmente problemático em áreas fortemente intensivas em mão de obra qualificada – como em todas as áreas sociais de provisão de bens e serviços à população –, algo que viria a comprometer a qualidade desses bens e serviços prestados pelo Estado etc.[19]

---

[18] Bons argumentos a favor dos princípios gerais e mesmo das ações implementadas sob orientação da reforma gerencial levada a cabo no Brasil, podem ser vistos em Brasil (2002), Bresser-Pereira (2009), Bresser-Pereira e Spink (2005), Abrucio (2007) e Abrucio, Pedroti e Pó (2009).

[19] Não sendo o foco principal deste trabalho, ver Paes de Paula (2005) e Bento (2003) para aprofundamentos mais amplos e adequados sobre muitas das dimensões mais relevantes dos princípios e da própria reforma gerencial parcialmente implementada no Brasil.

Quanto às críticas de caráter mais geral, referentes ao desenho e aos princípios gerais da reforma, estas se centram em aspectos que dizem, basicamente, que:[20]

- A reforma gerencial brasileira foi incompleta e acabou gerando mais fragmentação dos aparelhos do Estado, com reforço do hibridismo institucional presente em toda a máquina pública brasileira.
- A reforma não democratizou o funcionamento dos aparelhos do Estado, imprimindo na verdade um caráter manipulador à gestão participativa que se considerava em curso.
- Os controles sociais da gestão pública ou não existiam de fato, ou eram ainda basicamente formais, bastante precários e limitados.
- A suposta "orientação para o serviço público" não desprivatizou o Estado e seu funcionamento orientado "para o" e "pelo" mercado.

Indo além das considerações anteriores, que dizem respeito *stricto sensu* a aspectos próprios da reforma administrativa de orientação gerencialista, tal qual se encontra em implementação – parcial, mas contínua – no Brasil desde 1995, é possível tecer ainda alguns comentários de caráter mais geral, que se referem na verdade a cinco grandes tendências dominantes, por meio das quais a relação Estado – mercado – sociedade foi sendo moldada no país desde a CF/88. Isto porque esta última surgiu como marco relevante na história recente de grande parte das políticas públicas brasileiras, seja porque parte delas foi bastante reformulada pela Constituição, seja porque outra parte foi simplesmente criada por esta.

Para tornar mais clara e concreta a visualização das tais cinco macrotendências, o texto centrar-se-á apenas sobre o núcleo duro das políticas sociais.[21] Neste particular, a CF/88 pode ser considerada um marco histórico dos mais importantes, ao ampliar legalmente a proteção social para além da vinculação com o emprego formal.[22] Trata-se de uma mudança qualitativa na concepção

---

20 Para detalhamento adicional, ver Paes de Paula (2005, p. 137).

21 Doravante, a argumentação recupera e ancora-se em trabalhos anteriores do IPEA, particularmente o periódico *Políticas Sociais: acompanhamento e análise*, n. 13. Ver IPEA (2005).

22 E, no que se refere estritamente ao emprego formal, a CF/88 constitucionalizou direitos laborais que se encontravam dispersos pela legislação ordinária, bem como ampliou a proteção por eles oferecida.

de proteção que havia vigorado no país até então, pois inseriu no marco jurídico da cidadania os princípios da seguridade social e da garantia de direitos mínimos e vitais à reprodução social. Neste sentido, houve uma verdadeira transformação quanto ao *status* das políticas sociais relativamente a suas condições pretéritas de funcionamento. Em primeiro lugar, as novas regras constitucionais romperam com a necessidade do vínculo empregatício – contributivo na estruturação e concessão de benefícios previdenciários aos trabalhadores oriundos do mundo rural. Em segundo, transformaram o conjunto de ações assistencialistas do passado em um embrião para a construção de uma política de assistência social amplamente inclusiva. Em terceiro, estabeleceram o marco institucional inicial para a construção de uma estratégia de universalização no que se refere às políticas de saúde e à educação básica. Além disso, ao proporem novas e mais amplas fontes de financiamento – alteração esta consagrada na criação do Orçamento da Seguridade Social –, estabeleceram condições materiais objetivas para a efetivação e preservação dos novos direitos de cidadania inscritos na ideia de seguridade e na prática da universalização.

No entanto, apesar desses avanços de natureza jurídico-legal e da efetiva ampliação da cobertura, a implementação das políticas sociais foi sendo condicionada, durante a década de 1990, pela combinação de fatores macroeconômicos e políticos, que resultaram na configuração de uma agenda pautada por cinco diretrizes básicas: *universalização restrita*, *privatização da oferta de serviços públicos*, *descentralização da sua implementação*, *aumento da participação não governamental na sua provisão* e *focalização sobre a pobreza extrema em algumas áreas da política social*. Esta agenda comportava contrarreformas de orientação geral liberalizante, em termos da concepção, implementação e gestão das políticas em várias áreas da proteção e do bem-estar social. Resultantes do embate de forças políticas e ideológicas presentes tanto na disputa entre os setores público e privado como no intrassetor público, as reformas impuseram um caráter pró-mercado às políticas sociais brasileiras, em detrimento do princípio público e universalizante que está na base do capítulo constitucional relativo à ordem social.

Nesse sentido, a expressão *universalização restrita* tem como referência o fato de que a universalidade da cobertura e do atendimento, no que diz respeito ao conjunto das políticas de educação e de seguridade (saúde, previdência e assistência social), não se firmou totalmente, nem como princípio ideológico geral e tampouco como prática do Estado na implementação concreta de tais políticas, passados já mais de 20 anos da promulgação da Carta constitucional. Apesar de a oferta gratuita de bens e serviços públicos nas áreas de saúde e do ensino fundamental ter alcançado níveis bastantes elevados de cobertura e, mais importante, consolidado ao menos formalmente o caráter universalizante dos programas e das ações governamentais por todo o território nacional, esta foi acompanhada do avanço e da concorrência – muito mais que da complementação – dos setores privados que visam ao lucro.

Na área de previdência social, a universalidade da cobertura foi limitada ao longo dos anos 1990. De fato, no Regime Geral de Previdência Social (RGPS), houve aumento de cobertura no atendimento aos beneficiários, especialmente com a implementação do regime de previdência rural. Entretanto, a ampliação da cobertura ainda não foi suficiente para cobrir toda a população do espaço urbano. Isto se deve, fundamentalmente, à concessão de benefícios mediante contribuição prévia, em um contexto de grande informalidade das relações de trabalho no país. Além disso, como a estrutura de remunerações vinculadas ao RGPS é historicamente baixa, abriu-se espaço para a atuação de um setor de previdência complementar com grande potencial de captura junto às franjas média e superior da distribuição de rendimentos.

No caso da assistência social, embora constitua área de atendimento voltada exclusivamente às camadas pobres e em situação de vulnerabilidade e incapacidade para o provimento de sua renda, esta possui poder limitado de ampliação da cobertura devido, basicamente, aos estreitos limites estabelecidos pelos critérios de renda domiciliar *per capita* que são utilizados como condição de elegibilidade aos benefícios. Em um país onde um contingente muito grande da população recebe rendimentos muito baixos, critérios restritivos para a concessão de benefícios assistenciais acabam sendo a forma de regular o gasto social nessa área, minimizando as pressões sobre a estrutura de financiamento público.

Pelo exposto, pelo menos duas questões devem ser ressaltadas. A primeira delas é que o esforço de gasto para uma estratégia social universalizante, no caso brasileiro, teria de ser superior àquele realizado pelo Estado ao longo dos anos 1990 e no início dos 2000. A segunda é a mudança de patamar nas relações público-privadas para a implementação de políticas sociais no Brasil. Trata-se do crescimento acelerado e, em alguns casos, do fortalecimento do setor privado lucrativo na composição total das políticas sociais desde 1988.

Em paralelo, outras três características complementares às anteriores também foram se fortalecendo ao longo da década de 1990: descentralização, focalização das políticas e ampliação da atuação de organizações não governamentais (ONGs). A descentralização nasceu na esteira da redemocratização política, no início dos anos 1980, e se consolidou como um dos princípios fundamentais na discussão constituinte acerca do novo formato institucional que as políticas sociais deveriam ter. A ideia de constituir um sistema político e administrativo em que as atribuições na área social fossem compartilhadas pelas diferentes esferas de governo requeria, no entanto, a confecção de inúmeros pactos políticos entre a União, os estados e os municípios, para consolidar as respectivas responsabilidades concernentes à formulação, ao financiamento, à execução e à fiscalização das ações. Contudo, ainda que a descentralização, como princípio fundamental de gestão pública, tenha se mantido no discurso oficial e as experiências na saúde e no ensino fundamental sejam positivas em termos gerais, avançou-se quase que exclusivamente na descentralização do gasto, com transferência massiva das responsabilidades de implementação das ações a estados e municípios, os quais se viram em grande parte despreparados para tal assunção.[2322]

Outra característica importante do período foi a focalização das políticas sociais que visavam ao combate direto à pobreza. Essa particularidade nasceu e se consolidou como novo princípio orientador da atuação do Estado ao longo dos anos 1990, afirmando-se, em vários sentidos, na contramão dos preceitos universalizantes impressos na CF/88. É importante atentar para

---

[23] O despreparo de que se fala é tão evidente que levou o atual governo, por meio da CGU, a investigar o uso dos recursos públicos de origem federal em municípios selecionados por amostragem, com resultados bastante desanimadores para a continuidade do processo de descentralização, que envolvem inúmeros casos de corrupção e malversação do dinheiro público pelas autoridades locais em cerca de 75% dos municípios investigados desde 2003. Descentralização sem capacitação adequada nos níveis e nas instâncias subnacionais é algo que compromete não só o desempenho finalístico dos programas e gastos públicos, como também coloca em risco virtudes intrínsecas da própria descentralização.

o fato de que, ao deslocar o foco da discussão do desenvolvimento com inclusão social para o tema do combate à pobreza, via aplicação supostamente mais eficaz e eficiente dos recursos oficiais, a focalização acaba por complementar de forma coerente o conjunto da estratégia social que se impôs a partir da década de 1990.

Paralelamente, também se observa a construção de certo nível de comprometimento de setores públicos não estatais – ou setores privados não lucrativos – em relação à execução de ações sociais voluntárias ou compartilhadas com o próprio setor público estatal. O aumento da participação social organizada na composição de certa estratégia geral de atendimento social ao longo das últimas duas décadas esteve originalmente ligado à ideia de mais envolvimento e participação da sociedade civil na formulação, na implementação, na gestão, no controle e na avaliação das políticas sociais. Contudo, o sentido desta atuação, bem como os resultados alcançados até o momento, é ainda pouco conclusivo para se antecipar qualquer avaliação neste momento.

Assim sendo, tudo somado, seria possível afirmar que as cinco macrotendências perfiladas anteriormente estariam a conformar, em conjunto, certo padrão de relacionamento entre Estado, mercado e sociedade, particularmente no que toca ao chamado núcleo duro das políticas sociais brasileiras. Padrão este que no fundo é uma espécie de síntese entre, de um lado, os princípios gerais emanados da CF/88 e, de outro lado, a forma concreta pela qual diretrizes de outra matiz teórica e política – alinhada, desde logo, ao que foi dito antes sobre as concepções da nova administração pública gerencialista e o Plano Diretor para a Reforma do Estado no Brasil – acabaram àqueles se misturando e sobrepondo. Em síntese: onde e quando o planejamento no sentido forte e complexo do termo deixa de anteceder e orientar a ação e a gestão cotidiana do Estado, esta última se torna um fim em si mesma.

Também alinhadas às orientações gerais de redução do tamanho do Estado e do gasto público que compõem o receituário seguido na década de 1990, é possível dizer que essas cinco macrotendências contribuíram, conjunta e estruturalmente, para limitar as necessidades de financiamento do gasto público social, notadamente em âmbito federal, o que foi também coerente com a estratégia mais geral de contenção fiscal do governo em face dos constrangimentos macroeconômicos (auto)impostos pela primazia da estabilização monetária sobre qualquer alternativa de política econômica. A universalização restrita e a focalização na pobreza de uma parte das políticas significam redução de gastos sociais potenciais, com rebatimentos incertos em termos da cobertura e do atendimento social à população. Enquanto isso, a privatização da oferta de serviços públicos é uma forma de transferir parte significativa do financiamento de bens e serviços sociais diretamente às famílias, que são obrigadas a assumir custos crescentes e redução da renda disponível em função da ausência ou precariedade da provisão pública, em especial nas áreas de saúde, previdência e educação.

Atualizar o debate para o século XXI: "a visão de gestores públicos federais acerca de seus próprios problemas"

Até aqui, o percurso consistiu em resgatar historicamente a trajetória algo particular da relação entre planejamento governamental e gestão pública no Brasil, no que se denominou de *o longo século XX brasileiro* desta construção. Além disso, a seção anterior procurou também situar a problemática do planejamento governamental desde a CF/88, particularmente frente ao que se chamou de *a primazia da gestão pública gerencialista* no país, fenômeno que segue em implementação – lenta, gradual e segura – ao menos desde 1995.

É nesse contexto, portanto, que se insere – agora – a discussão que visa contribuir para o movimento de atualização e ressignificação do debate sobre planejamento e gestão no Brasil, tanto por se acreditar que isso seja necessário e meritório em si mesmo, como porque se defende a ideia de que o momento histórico nacional esteja particularmente propício a tal empreitada.[24]

[24] Algumas características do momento histórico atual que se consideram importantes neste estudo para justificar esta crença seriam: i) depois de praticamente três décadas seguidas de crises econômica e fiscal do Estado, os anos recentes trouxeram à tona não só novas possibilidades de crescimento do produto total da economia, da renda e do emprego das famílias e da arrecadação estatal, como também novas possibilidades de atuação planejada e orientada do Estado ao desenvolvimento; e ii) ambas as possibilidades anteriores se vislumbraram e se fortaleceram sem que a estabilidade monetária fosse ameaçada e aconteceram em ambiente democrático, com funcionamento satisfatório das instituições.

BOX 3. Posição de entendimento comum acerca da expressão "ciclo de gestão das políticas públicas federais"

Ciclo de gestão: segundo relato de um dos entrevistados, a origem da expressão teria se dado, no Brasil, em 1993, por ocasião de movimento salarial reivindicatório de servidores pertencentes justamente aos órgãos considerados hoje como integrantes deste ciclo, ainda que tal arranjo jamais tenha sido formalizado jurídica ou burocraticamente. Mas houve, ao longo dos anos, algumas tentativas de se fazer menção a esta expressão, supostamente definidora do que poderia ser considerado o núcleo estratégico do Estado para fins das funções de planejamento, formulação, orçamentação, implementação, gestão, monitoramento, avaliação e controle das ações governamentais expressas nos PPAs. Assim, embora o governo federal jamais tenha conseguido formular uma proposta consensual de institucionalização do ciclo de gestão das políticas públicas, a expressão já apareceu, por exemplo, na Medida Provisória (MP) nº 2.229/1943, de 6 de setembro de 2001, que tratava de carreiras do serviço público federal.

No rol de funções típicas de Estado organizadas em torno da ideia de um ciclo de funções destinadas a planejar, formular, orçar, implementar, gerir, monitorar, avaliar e controlar ações de governo inscritas no PPA, a atividade de planejamento compreenderia principalmente aquela de médio prazo consubstanciada no plano. Este documento, previsto no Art. 165, inciso I, da Constituição Federal, não foi ainda objeto de lei complementar que definisse sua vigência, elaboração e organização, tal como determina o § 9º, inciso I, deste artigo. Então, a abrangência do PPA e os critérios de sua organização vêm variando conforme as práticas dos sucessivos governos.

A atividade de orçamentação, de todas essas, é a que estaria mais bem definida. Há uma lei geral de finanças públicas, a Lei nº 4.320/1964, que foi recepcionada pela atual ordem constitucional como lei complementar, e a Lei Complementar nº 101/2000, que normatiza até o momento a atividade de orçamentação. Vale mencionar, no entanto, que está em curso um movimento pela implementação de uma nova lei das finanças públicas, em debate ainda restrito ao governo federal.

O monitoramento seria aquela atividade que diz respeito ao acompanhamento – pelo próprio órgão executor da política pública e também pelos órgãos de controle – da execução de sua política, principalmente de controle interno, para que, durante essa ação, possa ser verificado se a política vem tendo um percurso adequado e se de fato com ela se pode atingir o interesse público inicialmente almejado. O monitoramento dependeria, então, de um processo contínuo de coleta e análise de informações, tal que possibilite comparar o quanto uma atividade, um projeto, um programa ou uma política estão sendo implementados em face de seus objetivos.

A avaliação, por sua vez, se encontraria intrinsecamente relacionada com o monitoramento e se constituiria na atividade pela qual os órgãos executores e de controle realizam o acompanhamento da execução das políticas públicas tendo em vista seus resultados, de modo a determinar a relevância, a eficiência, a efetividade, o impacto e a sustentabilidade de determinada ação. Esta atividade é a que encontra sua realização de forma mais distribuída pelos órgãos públicos – o que não significa dizer que se encontre mais organizada –, sendo efetuada pelos ministérios executores e pelos órgãos de planejamento, de controle e de pesquisa, como é o caso do Ipea.

Por fim, o controle, aqui abordado apenas em sua dimensão interna ao Poder Executivo, com a consolidação da democracia brasileira e a crescente necessidade de transparência e acompanhamento dos gestores públicos pela sociedade, vem ganhando força.

➔

O alcance dessa atividade tem sido objeto de debates intensos na administração pública, tendo estes ganhado a mídia e sido acompanhados pela opinião pública.

Todas essas atividades são realizadas por diversos atores, algumas vezes de forma coordenada, outras de forma sobreposta. Eis a seguir alguns dos protagonistas:

- MPOG: por meio da Secretaria de Planejamento e Investimentos Estratégicos (SPI), da Secretaria de Orçamento Federal, da Secretaria de Gestão (SEGES) e da Secretaria de Recursos Humanos (SRH).
- MF: por meio da STN, da Secretaria da RFB e da Secretaria de Política Econômica (SPE).
- Casa Civil/PR: por meio da CGU/PR, da SAE e do IPEA.

Fontes: MPOG, MF e entrevistas. Elaboração do autor.

Para realizar tal discussão, no entanto, deparou-se o texto com dificuldades graves em relação a material bibliográfico atualizado e suficientemente crítico que se pudesse utilizar para ancorar os argumentos perfilados neste estudo. Diante disso, e frente também à constatação de que o momento e o assunto exigem um entendimento mais aprofundado do funcionamento das instâncias de governo diretamente responsáveis pelas ações que movem o planejamento e a gestão pública no país, optou-se por alternativa metodológica que consistiu em entrevistas semiestruturadas junto a dirigentes de alto escalão do governo federal, pertencentes prioritariamente a ministérios, secretarias e órgãos do Estado envolvidos com uma ou mais funções consideradas típicas do que se convencionou chamar de "ciclo de gestão das políticas públicas federais" brasileiras.[25]

---

25 Como procedimento de campo, os entrevistados receberam carta personalizada que apresentava o projeto e solicitava reserva de horário e agendamento preferencial para setembro de 2009. Na prática, as entrevistas foram realizadas entre setembro e novembro de 2009 e contaram, sempre, com a presença de um técnico ou de uma dupla de técnicos do IPEA, e duração média de 60 minutos cada uma. As entrevistas foram conduzidas utilizando-se roteiro semiestruturado, instrumento este que pode ser visto no anexo 1 deste artigo. Os depoimentos foram gravados e todo o conteúdo transcrito constituiu-se na documentação-base desta seção. Neste momento, aproveitamos também a oportunidade para expressar nossos agradecimentos a todas as organizações visitadas e pessoas entrevistadas durante a pesquisa de campo, as quais se dispuseram cordialmente a receber os técnicos e fornecer, com toda a transparência e sinceridade, informações e opiniões da maior importância para a composição dos relatos que, sumarizados neste trabalho, procuram ser a base para a argumentação que se segue nesta seção. Também é preciso dizer que, embora as pessoas entrevistadas tenham exercido verdadeira influência neste texto, elas não têm responsabilidade pelos erros e pelas omissões cometidas neste estudo, com o que as isentamos por eventuais desdobramentos decorrentes deste texto. A relação dos entrevistados e os respectivos cargos e órgãos selecionados encontram-se no anexo 2 deste artigo.

Sendo trabalho ainda preliminar– na verdade, a primeira tentativa de sistematização e interpretação das entrevistas realizadas –, optou-se por organizar o discurso em duas frentes: uma visando estabelecer os principais pontos de divergência entre os dirigentes acerca de alguns aspectos cruciais para o entendimento da questão; outra, identificando possíveis pontos de convergência para uma agenda de transformações vindouras na relação entre as atividades de planejamento e gestão no Brasil.

Primeira tarefa: organizar o dissenso

Em qualquer trabalho desse tipo, identificar e sistematizar argumentos divergentes sobre um mesmo assunto é tarefa necessária, mas não trivial. De todo modo, como primeira aproximação ao objeto, seria possível dizer que o conjunto de entrevistas realizadas se circunscreve em torno de três grandes agregados temáticos, a saber:

- visões divergentes dos dirigentes sobre o significado prático – e aquele teórica ou institucionalmente possível – referente ao "ciclo de gestão";
- visões divergentes dos dirigentes sobre a estrutura organizacional ou a estrutura de governança de um suposto "ciclo de gestão"; e
- visões divergentes dos dirigentes sobre funções e carreiras propriamente deste suposto "ciclo de gestão".

Com relação ao primeiro aspecto, é importante fazer o registro de que há, entre os gestores entrevistados, a percepção de que existe na prática um circuito ou um ciclo de funções e atividades de competência governamental, derivadas da forma pela qual o modelo de planejamento consagrado pelo PPA se estruturou, muito embora tais atividades e processos jamais tenham sido sacramentados institucional ou juridicamente sob alguma forma específica.

Por este motivo, paira alguma divergência de entendimento, entre eles, a respeito de quais exatamente seriam ou deveriam ser as funções, as instituições, os processos, os instrumentos, enfim, o arsenal jurídico-institucional a compor este circuito/ciclo. Decorre desta divergência de entendimentos a variabilidade de expressões que se fizeram registrar, durante as entrevistas, para caracterizar supostamente o mesmo fenômeno. "Ciclo de gestão das políticas públicas", ou "ciclo das políticas públicas", ou "ciclo do gasto público", ou, até mesmo, "ciclo do controle" foram todas expressões utilizadas para referenciar o conjunto de macroprocessos da administração pública federal, relacionado às etapas da formulação de agendas, estratégias e políticas públicas, orçamentação, implementação, gestão e monitoramento destas, avaliação de processos, impactos e resultados, bem como às funções de controle interno e externo dos programas governamentais.

Sintomático talvez seja o fato de não ter aparecido a expressão "ciclo de planejamento das políticas públicas", ou ao menos "ciclo de planejamento e gestão das políticas públicas federais", expressão esta que, na opinião já declarada deste texto, seria provavelmente a mais adequada ao fenômeno em tela, além de permitir ou favorecer um reequilíbrio – tanto semântico quanto político – destas duas dimensões cruciais e estratégicas da ação dos Estados contemporâneos. Pois que, de fato, no caso brasileiro, desde a segunda metade do século XX, mas sobretudo a partir da CF/88 e das transformações já relatadas para as duas décadas seguintes, tem-se uma situação na qual a função planejamento – naquele sentido político complexo e estratégico do termo – foi transformada em uma etapa a mais da gestão cotidiana do Estado, reduzida ao gerenciamento das ações, dos programas e das políticas públicas tais quais estruturadas e registradas nos planos quadrienais do governo federal.

Por este motivo, não estranha – e até mesmo se explica – porque a expressão mais comumente usada, no jargão da área entre os dirigentes entrevistados, seja "ciclo de gestão", e não "ciclo de planejamento e gestão das políticas públicas federais", expressão esta que este texto reivindica como a mais adequada e justa ao complexo e intrincado mundo de funções, instituições, processos e instrumentos, que vão desde o planejamento e a formulação de agendas, estratégias e políticas públicas, passando pela orçamentação, pela implementação, pela gestão e pelo monitoramento das políticas, bem como pela avaliação de processos, impactos e resultados, até as funções de controle interno e externo dos programas e das ações governamentais, distribuídos e realizados por todos os ministérios e demais órgãos setoriais do Estado, no nível federal.

Relativamente ao segundo aspecto anteriormente considerado, as entrevistas foram capazes de registrar visões divergentes dos dirigentes sobre a estrutura organizacional ou a estrutura de governança mais geral de um suposto ciclo de gestão. Há diferentes posições sobre quais funções deveriam estar presentes em que órgãos, bem como sobre o estado atual de sobreposições de funções e órgãos, algumas defendendo a junção de pastas e/ou secretarias, outras simplesmente conformadas com a situação atual. É óbvio que tais divergências seriam mesmo de se esperar, pois se trata de situação que deriva da constatação anterior, de ausência de compreensão comum ou consensual sobre o significado prático da expressão "ciclo de gestão". Em não havendo nem anteparo institucional-legal próprio, nem entendimento intragovernamental comum acerca do tema, resta de fato divergência grande entre os gestores, no que concerne a uma suposta ou necessária arquitetura de governança sobre as etapas, as funções, as instituições, os processos e os instrumentos desse complexo circuito de atribuições governamentais que envolve, entre outras, as funções de planejamento, orçamentação, gestão, avaliação e controle da coisa pública.

Uns falam em restringir e focar as energias esparsas do governo federal apenas em torno do processo orçamentário *stricto sensu*. Neste caso, derivaria como estrutura a ser privilegiada uma que favorecesse, prioritariamente, as organizações diretamente encarregadas da arrecadação tributária federal, bem como aquelas encarregadas da alocação orçamentária final aos órgãos setoriais, sem descuidarem-se, por sua vez, das instâncias responsáveis pelo gerenciamento mais direto da moeda e da dívida pública federal.

Em outro desenho institucional possível, fala-se da necessidade de um grande movimento, a ser capitaneado pela Presidência da República, com vista a instituir juridicamente um entendimento comum em relação às ditas funções, buscando, com isso, eliminar sobreposições de funções entre órgãos e otimizar ou racionalizar a implementação e a gestão propriamente dita de cada uma das etapas componentes do ciclo, entendido agora em perspectiva mais ampla.

Na compreensão que se está constituindo ao longo deste texto, a proposta anterior parece, de fato, algo necessário e possível de ser feito pelo governo federal. Como dito linhas atrás, necessidade e oportunidade são os imperativos desse movimento, e não parece haver, na conjuntura atual, razões para suspeitar de que algo dessa natureza e grandeza, porquanto complexo e cheio de artimanhas, não possa ser realizado pelas cabeças que integram a burocracia pública federal hoje. Há já conhecimento suficientemente organizado e difundido acerca dos macroprocessos que deveriam integrar o tal "ciclo de planejamento e gestão pública" hoje, bem como conhecimento e disponibilidade tecnológica igualmente suficientes para ajudar nesta empreitada.[2625]

[26] A respeito, rever figura 1. Outra menção importante deve ser feita ao Fórum de Integração do Ciclo de Gestão, tal qual foi denominada a experiência informal recente no âmbito do governo federal, reunindo servidores do MPOG, do MF, do Ipea e da CGU, com vista a aproximar especialistas em políticas públicas e gestores governamentais, segundo o entendimento de que a melhoria das ações de governo, em termos da clássica tríade efetividade – eficácia – eficiência, passa necessariamente por aprimoramentos técnicos ligados ao circuito que vai da formulação e do planejamento de políticas e programas, da orçamentação, da implementação e do monitoramento, gestão e controle destes, até sua avaliação e seu redesenho quando pertinentes.

No âmbito deste fórum, chegou-se à constatação de que se faz necessária uma aproximação entre os órgãos que compõem aquele circuito, como estratégia conjunta e condição de melhoria das ações e iniciativas governamentais. Por meio de tal movimento de aproximação ou articulação institucional, as entidades buscariam desenvolver atividades conjuntas com os seguintes objetivos específicos:

1. Estabelecer sistemática de relacionamentos técnicos e institucionais para dar concretude ao objetivo de caminhar-se rumo à melhoria das políticas públicas, em todas as suas dimensões.
2. Estabelecer condições institucionais e técnicas para o compartilhamento cruzado de bases de dados, acervo de informações já processadas, metodologias de acompanhamento e avaliação de políticas, programas e ações governamentais.
3. Estabelecer critérios e condições institucionais para a produção de documentos conjuntos – sob a forma de pareceres e notas técnicas, ou outros que se julgarem necessários e pertinentes –, visando contribuir, no âmbito intragovernamental, com avaliações técnicas e propostas de redesenho e/ou reorientação estratégica de políticas, programas e ações de governo.
4. Em parte, pretendia-se alcançar tais objetivos por meio do desenvolvimento de metodologias específicas de integração das equipes técnicas de todas as entidades componentes do ciclo, integração esta que se faria, concretamente, por meio de projetos pilotos. Outra parte dos objetivos – ligados mais diretamente a um amadurecimento conceitual e operativo do que deveriam ser o "ciclo de planejamento e gestão das políticas públicas federais" no Brasil e sua forma de funcionamento de fato integrado – realizar-se-ia por meio de eventos periódicos conjuntos, com as seguintes características:

   Discussões internas: seminários trimestrais internos para discussões pautadas nas agendas de trabalho das entidades. Exemplos: visão integrada do ciclo de planejamento e gestão, apresentação dos processos de trabalho de cada entidade etc.

   Discussões do governo com a sociedade: realizar-se-iam a cada dois anos, por meio de congressos nacionais, tais que tratassem de monitoramento e avaliação das políticas públicas federais, reunindo entidades integrantes do ciclo, demais instâncias de governo e ministérios setoriais, a academia e os outros setores interessados da sociedade civil, entre outros.

   Trabalhos de avaliação conjunta: eleger-se-iam programas e ações do governo como objeto de avaliação conjunta do ciclo, na crença de que avaliações conjuntas de processos e resultados também ajudariam a induzir a integração entre as entidades envolvidas.

Por fim, em relação ao terceiro aspecto antes aludido – relativo a quais funções e carreiras incluir ou contemplar em tal ciclo –, pairam divergências sérias relativamente à seleção, qualificação e composição da força de trabalho no setor público federal, algo que se chama hoje, no linguajar dominante, de "gestão de pessoas" ou "gestão de recursos humanos" no setor público. Há diferentes posições sobre que funções pertencem ou deveriam pertencer a tal ciclo – já mencionadas –, bem como diferentes posições sobre como organizar e gerenciar o pessoal empregado no ciclo, uns defendendo carreiras únicas ou mais homogêneas, outros defendendo o formato atual, ancorado em especialização de carreiras por função e/ou órgão da administração pública federal.

Essa é uma discussão que é fortemente impactada pelo grau de (in)compreensão que se tenha acerca do próprio ciclo, seu significado prático e suas potencialidades vindouras. Em uma perspectiva reducionista deste, algo centrado preponderantemente no ciclo do gasto, privilegiar-se-iam carreiras altamente especializadas naquelas funções e instituições já mencionadas, diretamente encarregadas da arrecadação tributária federal, da alocação orçamentária final aos órgãos setoriais, além, é claro, daquelas responsáveis pelo gerenciamento da moeda e da dívida pública federal.

Mas se a perspectiva de estruturação das funções, das instituições, dos processos e dos instrumentos do ciclo for algo mais amplo, então, neste caso, haveria de se pensar em outras formas de seleção, capacitação e gerenciamento da força de trabalho. Ocorre que, mesmo insatisfeitos com vários aspectos da forma atual de recrutamento e organização das carreiras nestes setores, os dirigentes entrevistados mostraram-se céticos – para o futuro imediato – sobre as possibilidades de alterar significativamente as coisas tais como estão sendo feitas. Desde os princípios gerais e perfis sob os quais se organizam os atuais concursos, passando pelas práticas atuais de capacitação e qualificação profissional – seja nos locais de trabalho, seja ao longo das respectivas carreiras –, até a discussão sobre a mobilidade ou o trânsito – possível e/ou desejável – de

---

Capacitação: promover-se-iam palestras e cursos de capacitação para servidores públicos, em perspectiva de formação continuada.

5 Por sintomático, cumpre registrar que tal agenda de iniciativas conjuntas, até o momento em que se encerra este texto, não havia prosperado de modo satisfatório.

pessoal entre órgãos e funções do ciclo, tudo isso é motivo ainda de grande divergência de opinião entre os entrevistados.

Contudo, se para esse aspecto em particular – bem como para os demais – ainda não há consensos fáceis nem rápidos à vista, haveria ao menos alguns elementos comuns em torno dos quais se poderia organizar ou produzir entendimentos e encaminhamentos comuns? Quais seriam estes? Em cada caso, quais os níveis de comprometimento político necessário? Ou por outra: quais os requerimentos políticos e institucionais necessários à produção e à efetivação desses supostos consensos? Embora respostas a estas questões não sejam nem fáceis nem rápidas, esta foi, então, a segunda tarefa a que se propôs o texto, nesta seção ancorada sobre as entrevistas realizadas junto a dirigentes de alto escalão do governo federal, visando identificar pontos de convergência para uma agenda de transformações na relação entre as atividades de planejamento e gestão no Brasil.

Segunda tarefa: ensejar o consenso

Por meio de leitura e interpretação conjunta das entrevistas, parece não ser exagero afirmar haver certo nível de consenso, entre os dirigentes, a respeito de duas ordens gerais de questões, ambas referenciadas a um balanço geral das políticas públicas de corte federal.

No plano dos avanços nacionais, destaque-se a ampliação e a complexificação da atuação estatal – por meio de seu arco de políticas públicas – sobre dimensões cruciais da vida social e econômica do país. Especialmente interessante é constatar a relativa rapidez – em termos histórico-comparativos – com que processos de natureza contínua, cumulativa e coletiva – de aparelhamento e sofisticação institucional do Estado – têm-se dado no país. *Grosso modo*, desde que instaurado no Brasil o seu processo lento de redemocratização na década de 1980, tem-se observado – não sem embates e tensões políticas e ideológicas de vários níveis – movimento praticamente permanente de amadurecimento institucional no interior do Estado brasileiro. Hoje, o Estado brasileiro – sobretudo no nível federal, nos principais estados e em vários municípios – possuiria recursos fiscais, humanos, tecnológicos e logísticos não desprezíveis para estruturar e implementar políticas em âmbitos amplos da economia e da sociedade nacional. É claro que, por outro lado, restam ainda inúmeras questões e problemas a enfrentar, estes também de dimensões não desprezíveis.

Coloca-se, então, a segunda ordem de conclusões gerais do trabalho de campo: prioritária e estrategicamente, tratar-se-ia de mobilizar esforços de compreensão e de atuação em torno, em linhas gerais, de três conjuntos de desafios, a saber: qualidade dos bens e serviços públicos disponibilizados à sociedade; equacionamento dos esquemas de financiamento tributário para diversas políticas públicas de orientação federal; e aperfeiçoamentos institucional-legais no espectro amplo da gestão e execução das diversas políticas públicas em ação pelo país.

Com relação à qualidade dos bens e serviços ofertados à sociedade, é patente e antiga a baixa qualidade geral destes e, a despeito do movimento relativamente rápido de ampliação da cobertura em vários casos – vejam-se, por exemplo, as áreas de saúde, educação, previdência e assistência social etc. –, nada justificaria o adiamento desta agenda da melhoria da qualidade com vista à legitimação política e à preservação social das conquistas obtidas até agora. A agenda da qualidade, por sua vez, guarda estreita relação com as duas outras mencionadas anteriormente: a das dimensões do financiamento e da gestão.

No caso do financiamento, seria preciso enfrentar tanto a questão dos montantes a disponibilizar para determinadas políticas – ainda claramente insuficientes em vários casos –, como a difícil questão da relação entre arrecadação tributária e gastos públicos, vale dizer, do perfil específico de financiamento que liga os circuitos de arrecadação aos gastos em cada caso concreto de política pública. Há já muitas evidências empíricas – e muita justificação teórica – acerca dos malefícios que estruturas tributárias altamente regressivas trazem para o resultado final das políticas públicas. Em outras palavras, o impacto agregado destas – quando considerado em termos dos objetivos que pretendem alcançar – tem sido negativamente compensado, no Brasil, pelo perfil regressivo da arrecadação, que tem penalizado proporcionalmente mais os pobres que os ricos. Se esta situação não mudar, rumo a uma estrutura tributária mais progressiva em termos tanto dos fluxos de renda como dos estoques de riquezas patrimoniais – físicas e financeiras – existentes no país, dificilmente haverá, por exemplo, espaço adicional robusto para a redução das desigualdades econômicas, sociais e regionais que clamam há tempos por soluções mais rápidas e eficazes.

Por fim, no caso da gestão, tratar-se-ia não só de promover aperfeiçoamentos legais relativos aos diversos marcos institucionais que regulam a operacionalização cotidiana das políticas públicas, como também de estimular e difundir novas técnicas, instrumentos e práticas de gestão e de implementação de políticas, programas e ações governamentais. Em ambos os casos, salienta-se a necessidade de buscar um equilíbrio maior entre os mecanismos de controle das políticas e dos gastos públicos, de um lado, e os mecanismos propriamente ditos de gestão e implementação destas políticas, de outro.

De fato, com relação ao tema da gestão, é preciso reconhecer avanços importantes deflagrados recentemente e que estão em movimento no governo federal.[2726] Algumas dessas iniciativas estão listadas no box 4 a seguir e servem para explicitar algo que vem sendo dito ao longo deste texto: por necessário e meritório que seja, todo este esforço governamental no campo da profusão legislativa e das chamadas inovações institucionais em gestão, as quais buscam aperfeiçoar formas e mecanismos da administração pública, encontra-se aparentemente desconectado de exercício mais amplo de consistência interna, ou, dito de outra forma, de sentido mais geral e estratégico de planejamento que potencialize as inovações propostas, entre si e em conjunto, rumo a uma mais adequada capacitação do Estado para o desenvolvimento.

BOX 4. Iniciativas legais em estudo e inovações administrativas em implementação pelo MPOG

O MPOG elegeu 2009 como o Ano Nacional da Gestão Pública no Brasil e publicou – em conjunto com o Conselho Nacional dos Secretários Estaduais de Administração (Consad) – a Carta de Brasília, que firma entendimentos entre o ministério e os gestores estaduais, bem como pontua uma série de propostas e objetivos estratégicos visando à melhoria da gestão pública nacional.

Iniciativas oriundas do MPOG visando ao aperfeiçoamento da gestão pública no âmbito do governo federal:

1. Criação do Portal de Convênios (Siconv), por meio do Decreto no 6.170/2007: trata-se de um sistema que desburocratiza e dá mais transparência aos repasses de recursos públicos da União para estados, municípios e ONGs.

➔

27 Duas iniciativas recentes são sintomáticas da primazia da agenda da gestão sobre a do planejamento: i) fruto de um grande esforço de articulação institucional do governo federal com as secretarias estaduais de administração pública, vivenciou-se em 2009 o Ano Nacional da Gestão Pública; e ii) por essa época, a SAE/PR mobilizou atores relevantes do próprio governo e da sociedade civil, tendo conseguido sistematizar um leque imenso de demandas difusas em torno de um documento chamado Agenda Nacional de Gestão Pública. Ver, a respeito, Brasil (2002, 2009a, 2009b, 2009c, 2010).

2. Criação em 2008 de novas carreiras voltadas para as áreas de infraestrutura, de políticas sociais e tecnologia da informação – como forma de profissionalizar a gestão pública do Poder Executivo federal.
3. Ata de registro de preços.
4. Apresentação do Projeto de Lei Complementar (PLC) no 32/2007, que altera a Lei 8.666/1993 e confere mais eficiência, efetividade e transparência aos procedimentos de contratação pelos órgãos públicos.
5. Elaboração do PLC 92/2007, que cria as fundações públicas de direito privado, mais conhecidas como fundações estatais: trata-se de um novo modelo institucional, dotado de autonomia gerencial, orçamentária e financeira para desempenho de atividade estatal não exclusiva do Estado.
6. Apresentação do PL 3.429/2008, que cria as funções comissionadas do Poder Executivo, com o objetivo de destinar parte dos cargos de livre provimento a servidores públicos efetivos, com definição de critérios meritocráticos para a ocupação.
7. Apresentação da proposta de Lei Orgânica da Administração Pública Federal: está sendo discutido o anteprojeto de lei que estabelece normas gerais de atualização do marco legal de organização e funcionamento da administração pública federal.
8. Apresentação de proposta para atualizar e aperfeiçoar a Lei 4.320/1964, visando constituir uma nova lei geral para as finanças públicas no país.

A SAE/PR desenvolveu ao longo de 2008 e 2009 um grande esforço de articulação e escuta junto a entidades e especialistas em gestão pública, visando organizar pontos de comum entendimento para uma Agenda Nacional de Gestão Pública no Brasil, cujos temas centrais propostos para atuação imediata do governo federal são:

a) burocracia profissional e meritocrática;
b) qualidade das políticas públicas;
c) pluralismo institucional;
d) repactuação federativa nas políticas públicas;
e) papel dos órgãos de controle; e
f) governança.

Fontes: MPOG e SAE/PR – vários documentos. Elaboração do autor.

Em torno dessa agenda macro da gestão, por sua vez, revela-se o confronto entre, por um lado, a dimensão propriamente operacional do ciclo e sua ênfase em aspectos centrados em efetividade, eficácia e eficiência das políticas públicas e, por outro, a dimensão estratégica ou política do ciclo, tal qual se está a reivindicar a todo o momento neste texto, já que pouquíssimas foram as entrevistas a olhar para o ciclo de uma perspectiva mais estruturante da ação do Estado.

Ocorre que algo desse tipo apenas soa factível se a função planejamento readquirir *status* – *status* este ao menos equivalente ao da gestão pública – no debate corrente atual. Não foi, portanto, por outro motivo, que o questionário aplicado aos dirigentes também procurou explorar a compreensão deles acerca da função planejamento governamental propriamente dita. Realizar este esforço de maneira ordenada e sistemática é, portanto, algo que busca gerar acúmulo de conhecimento e massa crítica qualificada para um debate público bastante caro e cada vez mais urgente às diversas instâncias e aos diversos níveis de governo no Brasil – e ao próprio IPEA em particular –, para responder a questões do seguinte tipo:

- Em que consiste a prática de planejamento governamental hoje e quais características e funções deveria possuir, frente à complexidade dos problemas, das demandas e das necessidades da sociedade?
- Quais as possibilidades de redesenho e revalorização da função planejamento governamental hoje?
- Quais as características e possibilidades – as atualmente existentes e aquelas desejáveis – das instituições de governo/Estado pensadas ou formatadas para a atividade de planejamento público?
- Quais os instrumentais e as técnicas existentes – e quiçá aqueles necessários ou desejáveis – para as atividades de planejamento governamental condizentes com a complexidade dos problemas, das demandas e das necessidades da sociedade?
- Que balanço se pode fazer das políticas públicas nacionais mais importantes em operação no país hoje?
- Que diretrizes se pode oferecer para o redesenho – quando for o caso – dessas políticas públicas federais, nesta era de aparente e desejável reconstrução dos Estados nacionais, e como implementá-las?

Como já se sabe, a atividade de planejamento governamental hoje não deve ser desempenhada como outrora, de forma centralizada e com viés essencialmente normativo. Em primeiro lugar, há a evidente questão de que, em contextos democráticos, o planejamento não pode ser nem concebido nem executado de forma externa e coercitiva aos diversos interesses, atores e arenas sociopolíticas em disputa no cotidiano.

Não há, como talvez tenha havido no passado, um "cumpra-se" que se realiza automaticamente de cima para baixo pelas cadeias hierárquicas do Estado, até chegar aos espaços da sociedade e da economia.

Em segundo lugar, com a multiplicação e a complexificação das questões em pauta nas sociedades contemporâneas hoje, ao mesmo tempo que com a aparente sofisticação e tecnificação dos métodos e procedimentos de análise, houve uma tendência geral, também observada no Brasil, sobretudo após a CF/88, de pulverizar e reduzir, por meio de processos não lineares, nem necessariamente equilibrados de institucionalização de funções típicas e estratégicas no nível do Estado, o raio de discricionariedade – ou de gestão política – da ação estatal; portanto, de planejamento no sentido forte do termo, de algo que precede, condiciona e orienta a ação estatal.

Então, se as impressões gerais, apontadas anteriormente sobre a natureza e algumas características gerais do planejamento governamental, hoje estiverem corretas, ganha sentido teoricamente diferenciado e politicamente importante uma busca orientada a dar resposta às questões suscitadas neste trabalho. Afinal, se planejamento governamental e gestão pública são instâncias lógicas de mediação prática entre Estado e desenvolvimento, então, não é assunto menor ressignificar e requalificar os termos pelos quais, atualmente, devem ser redefinidos o conceito e a prática do planejamento público governamental.

Da forma como está organizado o restante do texto, embora o que se segue não derive diretamente das entrevistas realizadas, vários dos aspectos à frente listados estão fortemente presentes nas falas dos dirigentes pesquisados, fato este que reforça a crença/esperança já apontada de que o país talvez esteja, sim, diante de oportunidade ímpar para se repensar como Nação e para tornar novamente o Estado ator estratégico fundamental para a enorme tarefa do desenvolvimento.[28]

Pois bem, dito isso, ao se caminhar nesta direção, espera-se a obtenção de mais maturidade e profundidade para ideias ainda hoje não muito claras, nem teórica nem politicamente, que visam à redefinição e ressignificação do plane-

[28] Tal qual no caso da categoria desenvolvimento, também aqui é preciso um esforço teórico e político de grande fôlego para ressignificar e requalificar o sentido de inteligibilidade comum ao termo/conceito de planejamento. E tal qual no caso da categoria desenvolvimento, não se pode fazer isso sem um trabalho cotidiano de pesquisa, investigação e experimentação; portanto, sem as perspectivas de continuidade e cumulatividade, por meio das quais, ao longo do tempo, se consiga dar novo sentido – teórico e político – a ambos os conceitos. A propósito desta dupla tentativa, ver Ipea (2009).

jamento público governamental. Entre tais ideias, quatro diretrizes aparecem com força no bojo da discussão:

- Em primeiro lugar, *dotar a função planejamento de forte conteúdo estratégico*: trata-se de fazer da função planejamento governamental o campo aglutinador de propostas, diretrizes, projetos, enfim, de estratégias de ação, que anunciem, em seus conteúdos, as potencialidades implícitas e explícitas, vale dizer, as trajetórias possíveis e/ou desejáveis para a ação ordenada e planejada do Estado, em busca do desenvolvimento nacional.
- Em segundo lugar, *dotar a função planejamento de forte capacidade de articulação e coordenação institucional*: grande parte das novas funções que qualquer atividade ou iniciativa de planejamento governamental deve assumir estão ligadas, de um lado, a um esforço grande e muito complexo de articulação institucional e, de outro lado, a outro esforço igualmente grande – mas possível – de coordenação geral das ações de planejamento. O trabalho de articulação institucional a que se refere é necessariamente complexo porque, em qualquer caso, deve envolver muitos atores, cada qual com seu pacote de interesses diversos e com recursos diferenciados de poder, de modo que grande parte das chances de sucesso do planejamento governamental hoje depende, na verdade, da capacidade que políticos e gestores públicos tenham de realizar a contento este esforço de articulação institucional em diversos níveis. Por sua vez, exige-se em paralelo um trabalho igualmente grande e complexo de coordenação geral das ações e iniciativas de planejamento, mas que, neste caso, porquanto não desprezível em termos de esforço e dedicação institucional, é algo que soa factível ao Estado realizar.
- Em terceiro lugar, *dotar a função planejamento de fortes conteúdos prospectivos e propositivos*: cada vez mais, ambas as dimensões aludidas – a prospecção e a proposição – devem compor o norte das atividades e iniciativas de planejamento público. Trata-se, fundamentalmente, de dotar o planejamento de instrumentos e técnicas de apreensão e interpretação de cenários e tendências, ao mesmo tempo que de teor propositivo para reorientar e redirecionar, quando pertinente, as políticas, os programas e as ações de governo.

- Em quarto lugar, *dotar a função planejamento de forte componente participativo*: hoje, qualquer iniciativa ou atividade de planejamento governamental que se pretenda eficaz, precisa aceitar – e mesmo contar com – certo nível de engajamento público dos atores diretamente envolvidos com a questão, sejam estes da burocracia estatal, políticos e acadêmicos, sejam os próprios beneficiários da ação que se pretende realizar. Em outras palavras, a atividade de planejamento deve prever uma dose não desprezível de horizontalismo em sua concepção, vale dizer, de participação direta e envolvimento prático de – sempre que possível – todos os atores pertencentes à arena em questão.

O debate e o enfrentamento de todas as questões neste trabalho enunciadas seguramente requerem a participação e o engajamento dos mais variados segmentos da sociedade brasileira, aí incluídos os setores produtivos e os movimentos organizados da sociedade civil. É essencial, contudo, reconhecer que o Estado brasileiro desempenha um papel essencial e indelegável como forma institucional ativa no processo de desenvolvimento do país. Este texto, então, pretendeu contribuir para lançar luz sobre a atuação do poder público na experiência brasileira recente, enfocando aspectos que instrumentalizam o debate sobre os avanços alcançados e os desafios ainda pendentes para uma contribuição efetiva do Estado ao desenvolvimento brasileiro.

Considerações finais

Este artigo procurou lançar luz sobre a necessidade de se conectarem – analítica e politicamente – as dimensões do planejamento governamental e da gestão pública, para fins tanto de se compreender e melhor qualificar o debate em curso, como para sugerir caminhos para a reconstrução do Estado rumo ao desenvolvimento.

A tese da *primazia historicamente alternada entre planejamento e gestão* foi recurso analítico utilizado apenas para evidenciar a questão da – quase sempre – reinante desconexão – durante o chamado *longo século XX do planejamento e da gestão pública no Brasil* – entre ambas as dimensões cruciais de estruturação e atuação dos Estados contemporâneos.

Colocado o problema em tela, partiu-se para discussão acerca das contradições entre o tipo de planejamento de cunho operacional praticado desde a CF/88, sob a égide dos PPAs, e a dominância da agenda gerencialista de reforma do Estado, cuja implicação mais grave revelou-se sob a forma do esvaziamento da função planejamento como algo vital à formulação de diretrizes estratégicas de desenvolvimento para o país.

Hoje, passada a avalanche neoliberal das décadas de 1980 e 1990 e suas crenças ingênuas em torno de uma concepção minimalista de Estado, torna-se crucial voltar a discutir o tema *da natureza, dos alcances e dos limites do Estado, do planejamento e da gestão das políticas públicas* no capitalismo brasileiro contemporâneo.

Diante do malogro do projeto macroeconômico neoliberal – fato este evidenciado pela crise internacional de 2008 e pelas baixas e instáveis taxas de crescimento observadas ao longo de todo o período de dominância financeira desse projeto – e de suas consequências negativas nos planos social e político – tais como aumento das desigualdades e da pobreza e questionamento em relação à efetividade e à eficácia dos sistemas democráticos de representação –, evidencia-se já na primeira década do século XXI certa mudança de opinião a respeito das *novas* atribuições dos Estados nacionais.

O contexto atual de crescente insegurança internacional – terrorismos, fundamentalismos, guerras preventivas etc. – e de grande incerteza econômica no sentido forte do termo está fazendo com que se veja, nos círculos conservadores da mídia e da intelectualidade dominante, bem como nas agências supranacionais como o Fundo Monetário Internacional (FMI), o Banco Interamericano de Desenvolvimento (BID), o Banco Mundial (BIRD), a Organização Mundial do Comércio (OMC) etc., um discurso menos hostil às ações dos Estados nacionais nos seus respectivos espaços territoriais, em busca de mais controle não apenas sobre a segurança interna, mas também sobre seus sistemas econômicos e sociais. Embora a ênfase das políticas domésticas ainda esteja centrada na harmonização e homogeneização das estruturas de produção e distribuição, nos controles orçamentários e na inflação, começa a haver certo espaço para ações mais abrangentes e ativas dos Estados, visando tanto à recuperação do crescimento econômico como ao combate à degradação das condições de vida de suas populações, ações estas que dizem respeito à viabilidade e à sustentabilidade da democracia como modelo e método de política, bem como dos sistemas ambientais, de produção, de consumo e de proteção social em geral.

Estas questões recolocam – *necessariamente* – o tema do Estado no centro da discussão sobre os rumos do desenvolvimento, em sua dupla perspectiva globo-nacional. Por mais que as economias nacionais estejam internacionalizadas do ponto de vista das possibilidades de valorização dos capitais individuais e do crescimento nacional ou regional agregado, parece evidente, hoje, que ainda restam dimensões consideráveis da vida social sob custódia das políticas nacionais, o que afiança a ideia de que os Estados nacionais são ainda os principais responsáveis pela regulação da vida social, econômica e política em seus espaços fronteiriços.

Com isso, recupera-se nas agendas nacionais a visão de que o Estado é parte constituinte – em outras palavras, não exógeno – do sistema social e econômico das nações, sendo – *em contextos históricos tais quais o brasileiro* – particularmente decisivo na formulação e na condução de estratégias virtuosas de desenvolvimento. Entendido este, por sua vez, em inúmeras e complexas dimensões, todas estas socialmente determinadas; portanto, mutáveis com o tempo, os costumes e as necessidades dos povos e das regiões do planeta. Ademais, o desenvolvimento sobre o qual se fala tampouco é fruto de mecanismos automáticos ou determinísticos, de modo que, na ausência de indução minimamente coordenada e planejada – e reconhecidamente não totalizante –, muito dificilmente um país conseguirá combinar – satisfatória e simultaneamente – inúmeras e complexas dimensões do desenvolvimento, que hoje se colocam como predicados constitutivos da noção e de projetos políticos concretos de desenvolvimento em escalas nacionais.[29]

Não é por outra razão, portanto, que neste trabalho se buscou revisitar a discussão sobre planejamento e gestão no Brasil, visando refletir sobre as possibilida-

---

[29] Fala-se aqui de um sentido de desenvolvimento que compreende, basicamente, as seguintes dimensões ou qualificativos intrínsecos: i) inserção internacional soberana; ii) macroeconomia para o desenvolvimento: crescimento, estabilidade e emprego; iii) infraestrutura econômica, social e urbana; iv) estrutura tecnoprodutiva avançada e regionalmente articulada; v) sustentabilidade ambiental; vi) proteção social, garantia de direitos e geração de oportunidades; e vii) fortalecimento do Estado, das instituições e da democracia. Embora não esgotem o conjunto de atributos desejáveis de um ideal amplo de desenvolvimento para o país, estas dimensões certamente cobrem uma parte bastante grande do que seria necessário para garantir níveis simultâneos e satisfatórios de soberania externa, inclusão social pelo trabalho qualificado e qualificante, produtividade sistêmica elevada e regionalmente bem distribuída, sustentabilidade ambiental e humana, equidade social e democracia civil e política ampla e qualificada. A respeito, ver Ipea (2009) e Cardoso Jr. (2009).

des atuais de reconciliação entre tais funções do Estado na promoção do desenvolvimento nacional. A partir do resgate histórico quanto à atuação do Estado brasileiro ao longo do período republicano, confirmou-se a percepção de dissociação e primazia historicamente alternada entre planejamento e gestão no país.

Como visto, durante grande parte do século XX, teriam predominado o planejamento sem gestão – mal compensado pelo recurso histórico à chamada "administração paralela" – e a busca de objetivos estratégicos sem a devida constituição de aparato administrativo para tal. Por outro lado, a partir da década de 1990, ganharam primazia a gestão e a construção de suas instituições, desprovidas, porém, de sentido ou conteúdo estratégico, isto é, ênfase em racionalização de procedimentos e submissão do planejamento à lógica físico-financeira da gestão orçamentária.

Assim, com vista à atualização e compreensão mais aprofundada sobre o tema, a pesquisa que embasa o artigo lançou mão ainda da sistematização de entrevistas semiestruturadas junto a dirigentes de alto escalão do governo federal sobre como se colocam hoje as possibilidades para rearticulação sinérgica entre o aprimoramento da administração pública e a construção de visão estratégica para capacitar o Estado na promoção do desenvolvimento. Embora tais entrevistas tenham deixado clara a necessidade de se avançar na compreensão destes temas, estas sugerem que as dimensões do planejamento e da gestão das políticas públicas para o desenvolvimento estão de volta ao centro do debate nacional e dos circuitos de decisões governamentais e indicam confiança no fato de que o acúmulo institucional que já se tem hoje no seio dos aparelhos de Estado brasileiros constitui ponto de partida fundamental para a construção do futuro.

Referências

ABRUCIO, L. F. Trajetória recente da gestão pública brasileira: um balanço crítico e a renovação da agenda de reformas. *Revista de Administração Pública*, Rio de Janeiro, 2007. Edição especial comemorativa (1967-2007).

ABRUCIO, F.; PEDROTI, P.; PÓ, M. A formação da burocracia brasileira: a trajetória e o significado das reformas administrativas. *In*: ENCONTRO NACIONAL DA ANPOCS, 33. Caxambu: ANPOCS, 2009. Mimeografado.

ARAÚJO, V. C. *A conceituação de governabilidade e governança*: da sua relação entre si e com o conjunto da reforma do Estado e do seu aparelho. Brasília: ENAP, 2002.

ARROW, K. *Social Choice and Individual Values*. New Haven: Yale University Press, 1951.

AURELIANO, L. *No limiar da industrialização*. São Paulo: Brasiliense, 1981.

BENTO, L. V. *Governança e governabilidade na reforma do Estado*: entre eficiência e democratização. Barueri: Manole, 2003.

BIELSCHOWSKY, R. Cincuenta años del pensamiento de la Cepal: uma reseña. *In*: COMISSÃO ECONÔMICA PARA A AMÉRICA LATINA E O CARIBE (CEPAL). *Cincuenta Años de Pensamiento en la Cepal*: textos seleccionados. Santiago de Chile, 1998.

BRASIL. Ministério do Planejamento, Orçamento e Gestão (MPOG). *Balanço da reforma do Estado no Brasil*: a nova gestão pública. Brasília: Seges/MPOG, 2002.

_______. Ministério do Planejamento, Orçamento e Gestão (MPOG). *Inventário das principais medidas para melhoria da gestão pública no governo brasileiro*. Brasília: Seges/ MPOG, 2009a.

_______. Ministério do Planejamento, Orçamento e Gestão (MPOG). *Relatório de Avaliação Plurianual – PPA 2008-2011*: avaliação da dimensão estratégica. Brasília: SPI/MPOG, 2009b.

_______. Secretaria de Assuntos Estratégicos da Presidência da República (SAE/PR). *Agenda Nacional de Gestão Pública*. Brasília: SAE/PR, 2009c.

_______. Ministério do Planejamento, Orçamento e Gestão (MPOG). *Relações de parceria entre poder público e entes de cooperação e colaboração no Brasil*. Brasília: Seges/MPOG, 2010.

BRESSER-PEREIRA, L. C. Do Estado patrimonial ao Estado gerencial. *In*: PINHEIRO, P. S.; WILHEIM, J.; SACHS, I. (Org.). *Brasil*: um século de transformações. São Paulo: Companhia das Letras, 2001.

_______. *Construindo o Estado republicano*: democracia e reforma da gestão pública. Rio de Janeiro: FGV Editora, 2009.

BRESSER-PEREIRA, L. C.; GRAU, N. C. Entre o Estado e o mercado: o público não-estatal na reforma do Estado. *In*: BRESSER-PEREIRA, L. C.; GRAU, N. C. (Org.). *O público não-estatal na Reforma do Estado*. Rio de Janeiro: FGV Editora, 1999.

BRESSER-PEREIRA, L. C.; GRAU, N. C. (Coord.). *Responsabilização na administração pública*. São Paulo: CLAD/FUNDAP, 2006.

BRESSER-PEREIRA, L. C.; SPINK, P. (Org.). *Reforma do Estado e administração pública gerencial*. Rio de Janeiro: FGV Editora, 2005.

BRESSER-PEREIRA, L. C. *et al*. *Política y Gestión Pública*. Venezuela: CLAD, 2004.

BUCHANAN, J.; TULLOCK, G. *lhe Calculus of Consent*. Ann Arbor: University of Michigan Press, 1962.

CARDOSO, F. H. A questão do Estado no Brasil. *In*: _______. *Autoritarismo e democratização*. São Paulo: Paz e Terra, 1977a.

_______. Estado e sociedade no Brasil. *In*: _______. *Autoritarismo e democratização*. São Paulo: Paz e Terra, 1977b.

_______. Planejamento e política: os anéis burocráticos. *In*: _. *A construção da democracia*: estudos sobre política. São Paulo: Siciliano, 1993.

CARDOSO DE MELLO, J. M. *O capitalismo tardio*. São Paulo: Brasiliense, 1998.

CARDOSO JR., J. C. Autonomia *versus* interesses: considerações sobre a natureza do Estado capitalista e suas possibilidades de ação. *Leituras de Economia Política*, Campinas, n. 12, 2006. Revista dos estudantes de pós-graduação do Instituto de Economia da UNICAMP.

_______. Estado, planejamento e políticas públicas: o Brasil em desenvolvimento. *In*: CONGRESO INTERNACIONAL DEL CLAD SOBRE LA REFORMA DEL ESTADO Y DE LA ADMINISTRACIÓN PÚBLICA, 14. Salvador: CLAD, 2009.

CARDOSO JR., J. C.; PINTO, E. C.; LINHARES, P. T. (Ed.). *Estado, instituições e democracia*: desenvolvimento. Brasília: Ipea, 2010. v. 3 (Série Perspectivas do Desenvolvimento Brasileiro).

CASTRO, A. B.; SOUZA, F. P. *A economia brasileira em marcha forçada*. São Paulo: Paz e Terra, 1985.

COLLIER, D. Resumo do modelo autoritário-burocrático. *In*: COLLIER, D. (Org.). *O novo autoritarismo na América Latina*. São Paulo: Paz e Terra, 1979.

CORE, F. G. *Reforma gerencial dos processos de planejamento e orçamento*. Brasília: ENAP, 2001.

DINIZ, E.; AZEVEDO, S. *Reforma do Estado e democracia no Brasil*. Brasília: Editora Universidade de Brasília, 1997.

DOWNS, A. *An economic theory of democracy*. New York: Harper, 1957.

DRAIBE, S. *Rumos e metamorfoses*: um estudo sobre a constituição do Estado e as alternativas da industrialização no Brasil, 1930-1960. Rio de Janeiro: Paz e Terra, 1985.

DRUCKER, P. *Concept of the Corporation*. New York: The John Day Company, 1946.

ESCOLA NACIONAL DE ADMINISTRAÇÃO PÚBLICA (ENAP); MINISTÉRIO DA ADMINISTRAÇÃO FEDERAL E REFORMA DO ESTADO (MARE). *Histórico das reformas administrativas no Brasil e tendências e inovações em nível internacional*. Brasília, 1995.

EVANS, P. El hibridismo como estratégia administrativa: combinando la capacidad burocrática con las señales de mercado y la democracia deliberativa. *Revista Del CLAD*: Reforma y Democracia, n. 25, 2003.

FIORI, J. L. Para uma crítica da teoria latino-americana do Estado. *In*: _. *Em busca do dissenso perdido*. Rio de Janeiro: Insight, 1995.

FONSECA, M. A. R. *Planejamento e desenvolvimento econômico*. São Paulo: Thomson Learning, 2006.

FRIEDMAN, M. *Capitalism and Freedom*. Chicago: University of Chicago Press, 1962.

GARCIA, R. C. *Reorganização do processo de planejamento do governo federal*: o PPA 2000-2003. Brasília: Ipea, 2000.

GIACOMONI, J.; PAGNUSSAT, J. L. (Org.). *Planejamento e orçamento governamental*: coletânea. Brasília: ENAP, 2006. v. 1 e 2.

GIDDENS, A. *A terceira via*: reflexões sobre o impasse político atual e o futuro da social-democracia. Rio de Janeiro: Record, 1999.

GOUVEA, G. P. *Burocracia e elites burocráticas no Brasil*. São Paulo: Paulicéia, 1994.

GUEDES, A. M.; FONSECA, F. (Org.). *Controle social da administração pública*: cenário, avanços e dilemas no Brasil. São Paulo: Cultura Acadêmica; Rio de Janeiro: FGV Editora, 2007.

HAYEK, F. A. *O caminho da servidão*. Rio de Janeiro: Expressão e Cultura, Instituto Liberal, 1987. Primeira edição de 1945.

HEIDEMANN, F. G.; SALM, J. F. (Org.). *Políticas públicas e desenvolvimento*: bases epistemológicas e modelos de análise. Brasília: Editora Universidade de Brasília, 2009.

HOLANDA, S. B. *Raízes do Brasil*. Rio de Janeiro: José Olympio, 1994. Ipea. *Políticas Sociais*: acompanhamento e análise, Brasília, n. 13, 2005.

_______. *Brasil em Desenvolvimento*: Estado, planejamento e políticas públicas. Brasília, 2009.

KON, A. *Planejamento no Brasil II*. São Paulo: Perspectiva, 1999.

LAFER, C. O planejamento no Brasil: observações sobre o Plano de Metas (1956-1961). *In*: LAFER, B. (Org.). *Planejamento no Brasil*. São Paulo: Perspectiva, 1970.

LESSA, C. *A estratégia do desenvolvimento 1974-1976*: sonho e fracasso. Tese (Professor Titular) – Universidade Federal do Rio de Janeiro, Rio de Janeiro, 1978. Mimeografado.

_______. Questão do Estado no Brasil. *In*: ESTATIZAÇÃO OU PRIVATIZAÇÃO: SEMINÁRIO INTERNACIONAL, 1976, Brasília, FUNCEP, SEDAP/GEPP.

LIMA, P. D. B. *A excelência em gestão pública*: a trajetória e a estratégia do gespública. Rio de Janeiro: Qualitymark, 2007.

MARINI, C.; MARTINS, H. F. (Org.). *Governança em ação*. São Paulo: Publix Editora, 2009.

MARTINS, L. *Estado capitalista e burocracia no Brasil pós-64*. Rio de Janeiro: Paz e Terra, 1985.

_______. *Reforma da administração pública e cultura política no Brasil*: uma visão geral. Brasília: ENAP, 1997.

MATSUDA, Y.; SHEPHERD, G.; WENCESLAU, J. *Management and evaluation within the plano plurianual*: institutionalization without impact? Brasília: MPOG, 2006.

MATUS, C. *Estrategia y plan*. Santiago de Chile: Editorial Universitaria, 1972.

_______. *Planificación de situaciones*. Caracas: Cendes, 1977.

_______. *Política y plan*. Caracas: Iveplan, 1984.

_______. *Planificación y gobierno*. Caracas: Fundación Altadir, 1987.

O'DONNELL, G. Tensões do Estado autoritário-burocrático e a questão da democracia.

In: COLLIER, D. *O novo autoritarismo na América Latina*. São Paulo: Paz e Terra, 1979.

OLIVEIRA, C. A. B. *O processo de industrialização*: do capitalismo originário ao atrasado. Tese (Doutorado) – Universidade Estadual de Campinas, Campinas, 1985.

OSBORNE, D.; GAEBLER, T. *Reinventando o governo*: como o espírito empreendedor está transformando o setor público. Brasília: MH Comunicação, 1995. p. 153.

PAES DE PAULA, A. P. *Por uma nova gestão pública*. Rio de Janeiro: FGV Editora, 2005.

PETERS, B. G. *El Nuevo Institucionalismo*: teoria institucional la ciencia politica. Barcelona: Gedisa, 2003.

PETERS, T.; WATERMAN, R. *Em busca da excelência*. Rio de Janeiro: Record, 1982. PIRES,

R. R. *Burocracia, discricionariedade e democracia*: alternativas para o dilema entre controle do poder administrativo e capacidade de implementação. *In*: ENCONTRO NACIONAL, 33. Caxambu: ANPOCS, 2009. Mimeografado.

PRZEWORSKY, A. *Estado e economia no capitalismo*. Rio de Janeiro: Relume-Dumará, 1995.

RODRIGUEZ, O. *Teoria do subdesenvolvimento da Cepal*. Rio de Janeiro: Forense Universitária, 1981.

SANTOS, L. (Org.). *Fundações estatais*: estudos e parecer. Campinas: Saberes Editora, 2009.

SANTOS, R. S. (Org.). *A administração política como campo do conhecimento*. Salvador: FEA/UFBA; São Paulo: Hucitec-Mandacaru, 2009.

SCHUMPETER, J. A. *Capitalismo, socialismo e democracia*. Rio de Janeiro: Zahar, 1984. Primeira edição de 1942.

SILVA, P. B.; AMARAL, H. K. Perspectivas da gestão pública no Brasil contemporâneo.

Revista do Serviço Público, Brasília, ENAP, 2007. Edição especial.

SOUZA, A. R. As trajetórias do planejamento governamental no Brasil: meio século de experiências na administração pública. *Revista do Serviço Público*, Brasília, n. 4, 2004.

WEFFORT, F. *O populismo na política brasileira*. Rio de Janeiro: Paz e Terra, 1980.

ANEXOS

ANEXO 1

Questionário de campo – versão resumida

1. Gostaríamos de ouvi-lo(a) brevemente sobre sua trajetória no serviço público.
2. Agora gostaríamos que nos apresentasse/descrevesse sua função atual e as suas atribuições institucionais no órgão administrativo ao qual está vinculado e a relação que tem com:
   - o histórico da função e de seu papel na administração pública;
   - a função planejamento governamental;
   - a implementação de políticas públicas;
   - o monitoramento das políticas públicas;
   - a avaliação das políticas públicas; e
   - o controle e a qualidade dos gastos públicos.
3. E agora gostaríamos que contextualizasse a função do órgão ao qual pertence no chamado ciclo de gestão das políticas públicas federais. Em particular, será importante mencionar sua avaliação pessoal quanto:
   - à desejabilidade e à possibilidade efetiva de integração entre os órgãos que integram o ciclo de gestão;
   - a quais os níveis possíveis de integração desse ciclo;
   - a quais as interações/sinergias necessárias entre as diversas funções/carreiras integrantes do ciclo;
   - a quais as funções/carreiras que devem ser incluídas – e se é o caso de se unificarem ou se estabelecerem carreiras específicas para o ciclo;
   - aos principais desafios e obstáculos para a consolidação e/ou institucionalização do ciclo de gestão;
   - a quais as sobreposições/complementaridades/concorrências entre as funções integrantes do ciclo de gestão; e
   - a quais os principais conflitos entre as diferentes instituições que integram o ciclo de gestão.

4. Sobre as perspectivas futuras para o ciclo de gestão, gostaríamos que nos indicasse, se houver:
   - a importância do ciclo de gestão para a administração pública federal;
   - qual a melhor forma e/ou estratégia para institucionalizá-lo, se for o caso;
   - a capacidade do ciclo de gestão em elevar a qualidade (*efetividade, eficácia e eficiên cia*) dos gastos e dos serviços públicos prestados;
   - suas sugestões para o aprimoramento e para as mudanças no sentido de obter mais coordenação e orientação das atividades do ciclo, com vista a mais articulação e mais engajamento dos atores envolvidos; e
   - quais as próximas etapas a percorrer, em uma visão estratégica e buscando uma trajetória de integração dessas funções.

Outras perguntas norteadoras a serem aplicadas aos gestores dos órgãos de planejamento propriamente ditos:

- Em que consiste a prática de planejamento governamental hoje e quais características e funções deveria possuir, frente à complexidade dos problemas, das demandas e das necessidades da sociedade?
- Quais as possibilidades de redesenho e revalorização da função planejamento governamental hoje?
- Quais as características e as possibilidades – as atualmente existentes e aquelas desejáveis – das instituições de governo/Estado pensadas ou formatadas para a atividade de planejamento público?
- Quais os instrumentais e as técnicas existentes – e quiçá aqueles necessários ou desejáveis – para as atividades de planejamento governamental condizentes com a complexidade dos problemas, das demandas e das necessidades da sociedade?
- Que balanço se pode fazer das políticas públicas nacionais mais importantes em operação no país hoje?
- Que diretrizes se pode oferecer para o redesenho – quando for o caso – dessas políticas públicas federais, nesta era de reconstrução dos Estados nacionais, e como implementá-las?

ANEXO 2

Relação de pessoas entrevistadas

Entrevistados	Cargo/instituição
Afonso Oliveira de Almeida	Secretário de Planejamento e Investimento Estratégicos – MPOG
Ariel Cecílio Garces Pares	Subsecretário de Ações Estratégicas – SAE
Célia Corrêa	Secretária de Orçamento e Gestão – MPOG
Duvanier Paiva Ferreira	Secretário de Recursos Humanos – MPOG
Eliomar Wesley Aires da Fonseca Rios	Secretário adjunto de Orçamento Federal – MPOG
Fernando Ferreira	Diretor de Desenvolvimento Institucional – IPEA
Francisco Gaetani	Secretário executivo adjunto – MPOG
Helena Kerr do Amaral	Presidente – ENAP
Jorge Hage Sobrinho	Ministro-chefe – CGU
José Henrique Paim Fernandes	Secretário executivo – Ministério da Educação (MEC)
Luciano Rodrigues Maia Pinto	Chefe da Assessoria do secretário de Gestão – MPOG
Luís Alberto dos Santos	Subchefe de Análise e Acompanhamento de Políticas Governamentais – Casa Civil/PR
Marcelo Viana Estevão de Moraes	Secretário de Gestão – MPOG
Nelson Barbosa	Secretário de Acompanhamento Econômico – MPOG
Nelson Machado	Secretário executivo – MF
Patrícia Souto Audi	Diretora da Subsecretaria de Ações Estratégicas – SAE
Paulo César Medeiros	Presidente – CONSAD
Ronald da Silva Balbe	Diretor de Planejamento e Coordenação das Ações de Controle – Secretaria Federal de Controle (SFC)/CGU
Ronaldo Coutinho Garcia	Secretário de Articulação Institucional e Parcerias – Ministério do Desenvolvimento Social e Combate à Fome (MDS)
Valdir Agapito Teixeira	Secretário federal de Controle Interno – SFC/CGU
Waldir Pires	Ex-ministro-chefe – CGU
Obs.: As entrevistas foram feitas entre os meses de setembro e dezembro de 2009, à exceção do encontro com o ministro Jorge Hage Sobrinho, em março de 2010.	
Obs.: As equipes de entrevistadores foram compostas pelos seguintes técnicos e colaboradores do IPEA: Alexandre dos Santos Cunha, Félix Garcia Lopez Jr., José Carlos dos Santos, José Celso Pereira Cardoso Jr., Luseni Maria Cordeiro de Aquino, Maria Aparecida Azevedo Abreu e Paulo de Tarso Frazão S. Linhares.	

Nem causalidade, nem casualidade:

uma análise qualitativa dos planos plurianuais 2004-2007 e 2012-2015 sob o prisma do triângulo de governo de Carlos Matus[1]

Rafael Martins Neto e José Celso Cardoso Jr.

Introdução

Em uma democracia, o governante é eleito para a condução de processos que viabilizem o alcance dos objetivos (**projeto de governo**) para os quais foi eleito. Objetivos estes que devem ser escolhidos e alterados de acordo com a **governabilidade** e **capacidades governativas** disponíveis ou passíveis de construção. Estas três dimensões (projeto de governo, governabilidade e capacidades de governo) compõem o que Carlos Matus (1993) define como triângulo de governo.

A promoção de um equilíbrio dinâmico e ascendente entre o projeto de governo, a governabilidade e as capacidades governativas constitui-se no principal desafio do governante e em condição necessária para o sucesso de sua gestão. Para o enfrentamento deste desafio, a função planejamento governamental se apresenta como uma das principais necessidades e tarefas dos governos contemporâneos. (Matus, 1993)

No Brasil, dentre os instrumentos de planejamento governamental instituídos pela Constituição de 1988, o Plano Plurianual apresenta-se como o prin-

---

[1] Este capítulo foi originalmente publicado como: NETO, R. M.; CARDOSO JR., J. C. Nem Causalidade, Nem Casualidade: uma análise qualitativa dos planos plurianuais 2004-2007 e 2012-2015 sob o prisma do triângulo de governo de Carlos Matus. Brasília: *RBPO/Assecor*, volume 8, nº 1, pgs. 57-80, 2018.

cipal instrumento formal de planejamento de médio prazo do Governo Federal. Desta forma, compreender como atributos essenciais ao governante, a saber, projeto de governo, capacidade de governo e governabilidade, estiveram presentes nos Planos Plurianuais 2004-2007 e 2012-2015 é essencial para dimensionar o peso e o papel institucional desse instrumento no seio da própria função planejamento governamental de modo geral.

Especificamente, buscou-se compreender como ocorreu a incorporação do projeto de governo; se e como o governante e o núcleo de governo se envolveram na elaboração e gestão do PPA; qual o papel desempenhado pelo PPA na relação dentro do Poder Executivo, com o Congresso, sociedade e entes federados; como se estruturou a gestão do plano e qual sua relação com a agenda prioritária e os processos de tomada de decisões dos dirigentes.[2]

Para tanto, o artigo está dividido em quatro seções além desta introdução. A seção dois aborda aspectos conceituais para o estudo do planejamento público e do triângulo de governo de Carlos Matus. Na seção três são apresentados os procedimentos metodológicos para operacionalização do triângulo de governo e detalha-se a utilização desta abordagem para o estudo qualitativo do Plano Plurianual.

A seção quatro apresenta os principais achados da pesquisa referentes aos Planos Plurianuais 2004-2007 e 2012-2015 e, por fim, a seção cinco apresenta conclusões e recomendações gerais para os próximos ciclos de elaboração, implementação e gestão do PPA.

Aspectos conceituais para o estudo do planejamento e do triângulo de governo de Matus

O Estado Brasileiro possui, historicamente, um papel ativo na promoção do desenvolvimento econômico e social, o que é ratificado na Constituição Federal de

[2] Tal pesquisa, da qual este artigo é um resumo, foi desenvolvida e apresentada como Dissertação no curso de Mestrado Profissional do Ipea. No processo de coleta de dados foram utilizadas a pesquisa documental e entrevistas semiestruturadas com atores que tiveram participação relevante nos casos analisados. Em especial, aqueles que ocuparam posições de direção na Secretaria de Planejamento e Investimentos Estratégicos (SPI-MP), na Secretaria Executiva do Ministério do Planejamento e na Casa Civil. Para uma descrição completa dos procedimentos metodológicos adotados, ver Neto (2018).

1988 ao elencar um rol de direitos sociais a serem providos aos cidadãos e determinar em seu art. 3º os objetivos fundamentais da República, a saber:

> Art. 3º Constituem objetivos fundamentais da República Federativa do Brasil:
>
> I - construir uma sociedade livre, justa e solidária;
>
> II - garantir o desenvolvimento nacional;
>
> III - erradicar a pobreza e a marginalização e reduzir as desigualdades sociais e regionais;
>
> IV - promover o bem de todos, sem preconceitos de origem, raça, sexo, cor, idade e quaisquer outras formas de discriminação. (Brasil, 1988)

Porém, a garantia constitucional não é suficiente para a concretização dos direitos. Para isto é necessário que o Estado implemente políticas públicas. Estas não possuem uma definição absoluta e o conceito apresenta-se em constante transformação. Inicialmente esteve vinculada às atividades governamentais e seus processos, como em Jenkins apud Howllet et al. (2013): "um conjunto de decisões inter-relacionadas, tomadas por um ator ou grupo de atores políticos, e que dizem respeito à seleção de objetivos e dos meios necessários para alcançá-los, dentro de uma situação específica em que o alvo dessas decisões estaria, em princípio, ao alcance desses atores". Assim, o foco estava no Estado e no conjunto de decisões tomadas por atores públicos.

Posteriormente, o estudo de políticas públicas avançou para além do aparato e atores estatais. O Estado, os atores públicos e suas decisões passaram a ter um peso relativo menor e a dividir espaço com outros atores públicos e privados originários da sociedade civil. O foco deslocou-se para a interação entre os indivíduos, os inter-relacionamentos, os mecanismos de coordenação, a formação de grupos, as regras do jogo, os conflitos. (Lascoumes e Galês, 2012)

Lascoumes e Galês (2012) defendem que uma política pública compreende cinco elementos articulados entre si: atores, instituições, representações, processos e resultados. Atores, individuais ou coletivos, são guiados por interesses materiais e simbólicos, são dotados de recursos, possuem certa autonomia, estratégia e capacidade de fazer escolhas. As representações são os espaços cognitivos e normativos que dão sentido às suas ações, as condicionam e as refletem. As instituições são as regras formais e informais que governam as interações. Os processos são formas de interação e sua recomposição no tempo. Os resultados são os efeitos e as consequências da ação pública.

A decomposição dos processos de política pública é apresentada por Lascoumes e Galês (2012, p.105) a partir da consolidação de atores da Sociologia da Ação Pública:

1) origens, fatos, desafios; 2) identificação, definição, formulação do problema; 3) etiquetagem de um problema como problema público, seleção, filtragem; 4) decisão; 5) implementação da política pública; 6) avaliação; e 7) finalidade da política pública. Esta decomposição deve ser entendida como uma simplificação da realidade, na qual não há fronteiras claras entre as etapas, processos ou funções que compõem a ação pública.

Dentre todas as etapas ou fases do circuito das políticas públicas, a implementação da política apresenta-se como a mais desafiadora, uma vez que as decisões tomadas pelos dirigentes não são automaticamente transmitidas e executadas pelos níveis operacionais.

> A rigor, uma decisão em política pública representa apenas um amontoado de intenções sobre a solução de um problema, expressas na forma de determinações legais: decretos, resoluções etc... Nada disso garante que a decisão se transforme em ação e que a demanda que deu origem ao processo seja efetivamente atendida. Ou seja, não existe um vínculo ou relação direta entre o fato de uma decisão ter sido tomada e a sua implementação. E também não existe relação ou vínculo direto entre o conteúdo da decisão e o resultado da implementação. (Rua, 1998, p.13)

Em um sistema de presidencialismo de coalizão como o brasileiro, a elaboração e implementação de políticas públicas estão diretamente relacionadas à capacidade de governar. Segundo Matus (1993, p.59), governar é dirigir um processo para alcançar objetivos que escolhe e altera segundo as circunstâncias (seu projeto), superando os obstáculos de maneira não passiva, mas ativamente resistente (governabilidade do sistema). E, para vencer essa resistência com sua força limitada, o condutor deve demonstrar capacidade de governo. Governar, então, exige o desenvolvimento articulado de três variáveis:

- **Projeto de governo** – refere-se ao conteúdo propositivo dos projetos de ação que um ator se propõe a realizar para alcançar seus objetivos.

- **Capacidade de governo** – refere-se às técnicas, métodos, destrezas, habilidades e experiências que um ator e sua equipe de governo possuem para conduzir o processo de alcance dos objetivos declarados.
- **Governabilidade do sistema** – é uma relação entre as variáveis que o ator controla e não controla no processo de governo.

Essas três variáveis constituem um sistema triangular, no qual estão correlacionadas e possuem igual nível de importância, sendo seu equilíbrio dinâmico (vide figura 1 à frente). O projeto de governo é um conjunto de propostas de ação; a governabilidade do sistema refere-se à possibilidade de ação e ao controle de seus efeitos; a capacidade de governo pode ser definida como capacidade de gerar e controlar ações. O domínio de técnicas potentes de planejamento é, portanto, das variáveis mais importantes para a determinação da capacidade de uma equipe de governo. (Matus, 1993)

Pelo exposto, percebe-se que o triângulo de governo irá determinar os limites de efetividade da ação governamental em cada momento. Esses limites estarão presentes na seleção e qualidade do processamento dos problemas e oportunidades a serem enfrentados e aproveitados, na governabilidade que limita os planos, programas e projetos governamentais, e na capacidade pessoal e institucional de governo, que permite elaborar um consistente projeto de governo, construir governabilidade e desenvolver ferramentas de ação efetiva.

Nestes termos, Matus (1993) define planejamento como o cálculo sistemático que relaciona o presente com o futuro e o conhecimento com a ação, ou seja, é o cálculo que precede e preside a ação governamental. Essa definição permite diferenciar o planejamento estratégico situacional (PES) da reflexão imediatista, tecnocrática e parcial, ou da reflexão que se isola da ação.

O PES permite realizar a necessária mediação entre o presente e o futuro, possibilitando que a ação seja orientada para o aproveitamento de oportunidades ou minimização de problemas futuros. Para isso, é necessário prever possibilidades futuras de forma a ser oportuno e eficaz na ação presente. O planejamento olha para o futuro, mas sem esquecer o passado, que deve ser utilizado como fonte permanente de aprendizado. Além da mediação com o futuro e o aprendizado com o passado, o planejamento situacional orienta a ação a partir do conhecimento e reflexão técnica, política e social. Por fim, o PES fornece meios para se buscar coerência nas ações parciais dos diversos atores sociais em prol de um resultado global. (MATUS, 1993)

Frente a este entendimento, é preciso ter claro que os sistemas sociais complexos são o ambiente de atuação do planejamento governamental, ou seja, ele não é predeterminado por leis rígidas ou mesmo plenamente conhecidas. Na verdade, ele cria suas próprias leis e está integrado por atores que possuem suas próprias interpretações sobre o que é um problema, como resolvê-lo e em que velocidade.

Desta maneira, segundo Matus (1993), o planejamento tradicional vem sendo inadequadamente utilizado em sistemas sociais criativos, que são permeados de problemas quase estruturados. O quadro a seguir descreve as principais diferenças entre os dois tipos de problemas.

Quadro 1. Características de problemas estruturados e Quase Estruturados.

Problema Estruturado	Problema Quase Estruturado
As regras do sistema que produz o problema são precisas, claras, invariáveis e predeterminadas.	As regras não são precisas, invariáveis e nem iguais para todos. Podem ser criadas e alteradas pelos atores sociais.
A solução do problema não cria outros problemas relacionados com o problema original. Os atores concordam quanto à eficácia da solução do problema.	A solução do problema gera outros problemas conexos. A eficácia de uma solução é discutível e relativa aos problemas que seguem.
As fronteiras do problema e do sistema que o gera estão perfeitamente definidas.	As fronteiras do problema e do sistema que o gera são difusas.
As regras do sistema tornam explícitos ou contêm implicitamente os conceitos (possibilidades e restrições) pertinentes à solução do problema.	Os atores sociais criam possibilidades de solução. Os conceitos para compreender as possibilidades de solução e suas restrições não estão claras, devendo ser, em muitos casos, criadas.
O problema está isolado de outros.	O problema está entrelaçado a outros, sua solução cria possibilidades ou dificuldades para a solução de outros.
O espaço e o tempo pertinentes ao problema são definidos nas regras como fixos, ou tornam-se fixos de fato para qualquer pessoa que se relacione com ele.	O espaço e o tempo são relativos aos homens que se relacionam com o problema a partir de diferentes posições.
As variáveis que constituem o problema são dadas, enumeráveis, conhecidas e finitas.	O sistema é criativo e suas variáveis não são todas enumeráveis, nem conhecidas e nem finitas.
Qualidade e quantidade não se combinam.	Qualidade e quantidade se combinam inseparavelmente.

Problema Estruturado	Problema Quase Estruturado
As soluções são conhecidas ou conhecíveis mesmo não sendo evidentes.	As possibilidades de solução são criadas pelos homens e potencialmente infinitas.
O problema coloca um desafio científico e técnico, podendo supostamente ser abordado com objetividade.	O problema coloca um desafio múltiplo que abrange o âmbito sociopolítico, mesmo tendo uma dimensão técnica. A objetividade não é possível, mas deve-se procurar rigor.

Fonte: Matus, 1993. Elaboração dos autores.

Pelas diferenças acima, não é difícil constatar que o Plano Plurianual está inserido em um ambiente dinâmico e complexo, permeado de problemas quase estruturados, no qual o poder está fragmentado entre múltiplos atores com objetivos e estratégias distintas, por vezes contraditórias entre si. Dentro desse contexto, para de fato orientar a ação e contribuir para a viabilização de um projeto de governo, o PPA deve incorporar aspectos relacionados ao desenho do projeto de governo, à construção de governabilidade e ao desenvolvimento de capacidades governativas.

Por estas razões, no PES o planejamento deve ser entendido como uma constante e incessante articulação da estratégia e da tática que guia a ação governamental no dia a dia. A estratégia e a tática são necessárias porque o sistema social compreende outros atores criativos que também planejam com objetivos distintos. O alcance da situação-objetivo exige vencer a resistência do outro ou obter sua cooperação, sendo que qualquer sucesso ou fracasso são momentos de um processo contínuo, complexo e criativo no qual nenhum deles é um resultado final definitivo. Trata-se, portanto, de um jogo social aberto (Matus, 1993).

No PES o ator desenvolve sua atividade de mudança dentro do que é ideologicamente e culturalmente aceito por ele, sendo que isto limita as fronteiras de suas intenções, necessidades e capacidades. O ator tem sua liberdade de ação limitada pelas relações de forças com outros atores que também planejam, o que exige a exploração do espaço de intenções, necessidades e capacidades de seus oponentes, de forma a gerar um conhecimento que, mesmo que intrinsecamente imperfeito, possibilite o cálculo interativo de sua estratégia. (Matus, 1993)

Em função dessas características, no PES não há espaço para o "plano livro" do planejamento tradicional; o plano assemelha-se mais a uma estratégia em um jogo que a um desenho normativo. A formalização do plano é o programa direcional no qual está definida a seleção dos problemas e os projetos estratégicos, operações e ações que serão aplicados sobre uma situação inicial de forma a conduzi-la à situação objetivo:

> O processo de decisão e direção é veloz e fundado tanto na experiência e na arte quanto nas ciências sociais. A velocidade dos fatos não permite que haja tempo para escrever livros. Planejamento e pesquisa do futuro são coisas distintas. A estrutura modular do plano permite concebê-lo como um arquivo dinâmico e coerente de problemas e operações. Dispensados da carga do livro, podemos centrar nossa atenção no planejamento como processo de condução cotidiana do governo. (Matus, 1993, p. 290)

De forma prática, Matus (1993) propõe a substituição do "plano livro" por uma estrutura modular do plano, baseada na identificação de **operações** que devem ser realizadas para enfrentar problemas; a transformação do plano num instrumento de organização para a ação, mediante atribuição de responsabilidades precisas aos organismos públicos; a complementação dos aspectos macroeconômicos com instrumentos macropolíticos; a adoção de um sistema de operações, nos organismos públicos, que forneça praticidade significativa ao sistema de orçamento e planejamento; a abordagem racional do problema da incerteza, usando a técnica de cenários, a velocidade de resposta, a aprendizagem e substituindo a predição pela previsão; a montagem de um sistema de análise e acompanhamento das situações, problemas e operações capazes de apoiar a tomada de decisão e de um sistema de acompanhamento de crises, no qual é essencial o controle do tempo.

Para Matus (2005), "Governar é a arte e a ciência de conduzir organizações e multidões para um projeto de sociedade que requer processar, de forma reativa ou preventiva, problemas conflituosos, com base em variáveis imprecisas e incertas."

Desta forma, governar é participar do jogo social para alcançar objetivos. Objetivos estes que são alcançados como resultante da ação coletiva e ultrapassam o limite de atuação individual de um ator. A inserção em um sistema social com múltiplos atores, com objetivos e forças díspares demanda que o governante seja dotado de alta capacidade de processamento tecnopolítico, capaz de lidar com o intercâmbio de problemas necessários à atuação transformadora da realidade.

A capacidade de processamento tecnopolítico está relacionada à previsão e à avaliação de resultados derivados da atuação governamental. A qualidade dessa previsão, que não deve ser confundida com predição e envolve a delimitação de resultados possíveis a partir de circunstâncias que envolvam a ação, depende do desenvolvimento e articulação de três variáveis que compõe o triângulo de governo: projeto de governo, capacidade de governo e governabilidade, as quais serão melhor detalhadas a seguir (Matus, 2005).

Projeto de Governo

Matus (2005) define projeto de governo como uma proposta de intercâmbio de problemas na qual se escolhe enfrentar determinadas questões sociais que ao serem solucionadas ou minimizadas geram benefícios e custos a depender do ator. O projeto de governo deve buscar um balanço positivo desta troca de problemas, gerando mais benefícios do que custos para a maioria da população.

Cardoso Jr. e Melo (2011) apresentam um conceito de plano de desenvolvimento que dialoga e oferece maior concretude ao conceito de projeto de governo. Nele os autores indicam elementos que devem compor o plano, como objetivos, metas quantitativas e qualitativas e ações com caráter econômico, social e político a serem implementadas em um período pré-determinado. Além disso, é ressaltada a necessidade de instrumentos de monitoramento que permitam o acompanhamento da implementação e subsidiem o processo de correção de rumos e superação de entraves.

Além dos interesses do governante, a construção de um projeto de governo deve considerar o grau de governabilidade do sistema e o nível de capacidades (já instaladas ou necessárias) de governo. A eficácia do projeto depende da combinação acertada e coerente dos valores e interesses, com a capacidade técnica e política em relação às circunstâncias, aos desafios e aos objetivos perseguidos.

Governabilidade do sistema

A governabilidade do sistema é a relação entre o grau de influência de um ator sobre as variáveis críticas ao seu projeto durante sua gestão. Ela representa o poder de um ator para realizar seu projeto e a capacidade de resistência que o sistema político-social é capaz de oferecer a um ator e seu respectivo projeto. (Matus, 2005)

Assim como no projeto de governo, a governabilidade é relativa a cada ator. Os atores possuem projetos diferentes e os influenciam com pesos desiguais sobre diferentes variáveis. A governabilidade está relacionada ao grau de dificuldade que determinado ator enfrenta para concretização do seu projeto, e é relativa ao grau de ambição e transformação social que possui. A terceira relativização indica que governabilidade está diretamente relacionada à capacidade de governo, sendo que atores com alta capacidade de governo possuem maior governabilidade.

Diniz (1995) apresenta um conceito de governabilidade que se refere às condições sistêmicas e institucionais sob as quais se dá o exercício do poder, tais como as características do sistema político, a forma de governo, as relações entre os Poderes, o sistema de intermediação de interesses.

Segundo Huntington (1968 apud Diniz, 1995) existiriam condições ótimas de governabilidade quando se observasse um equilíbrio entre as demandas sobre o governo e sua capacidade de administrá-las e atendê-las. O excesso de demandas em face da capacidade de resposta do governo afetaria este equilíbrio e reduziria a governabilidade.

Essa vertente destaca a questão da governabilidade como a busca do equilíbrio entre as demandas da sociedade e a capacidade do governo de processá-las e atendê-las.

A abordagem na qual deficiências nas capacidades de governo afetam negativamente a governabilidade vai ao encontro da ideia de que as três dimensões do triângulo de governo formam uma espiral que pode ser tanto ascendente como descendente, a depender do fortalecimento ou deterioração de cada dimensão do triângulo de governo.

Ademais, a governabilidade está diretamente relacionada à capacidade de análise de viabilidade política de um governo. A tentativa de implementação de medidas que se mostrem politicamente inviáveis consome muito poder e capital político do governante, o que torna o estudo antecipado da viabilidade política de um projeto de governo fundamental para sua governabilidade.

No método PES a análise de viabilidade política suscita pensar estratégias para lidar com os atores e circunstâncias que constituem empecilhos para a realização do plano. (Matus, 1996) A análise e construção de viabilidade são realizadas no dia a dia da política e envolvem estratégias que combinem a autoridade, a cooptação, a negociação, a confrontação e a dissuasão, a depender dos atores e operações envolvidas.

Capacidade de governo

O triângulo de governo é caracterizado pela diferenciação de três variáveis distintas, mas mutuamente condicionadas. São distintas uma vez que representam três sistemas: sistema normativo e propositivo de objetivos e operações, que configura o projeto de governo; sistema político-social, que permite analisar a governabilidade do sistema; e o sistema de direção, planejamento e gestão, que caracteriza as capacidades propriamente ditas de governo. O mútuo condicionamento se dá por meio da ação humana, elemento presente nos três sistemas respectivamente como propostas de ação, possibilidades de ação e capacidades de ação:

> A capacidade de governo é uma capacidade de liderança ponderada pela experiência e conhecimentos adquiridos em Ciências e Técnicas de Governo. É a capacidade de condução ou direção, que se acumula na pessoa do líder, em sua equipe de governo e na organização que ele dirige. Baseia-se em um acervo de técnicas, métodos, destrezas e habilidades de um ator e da sua equipe de governo, necessários para conduzir o processo social, dadas a governabilidade do sistema e o compromisso do projeto de governo. (Matus, 2005, p.489)

A capacidade de governo é, portanto, a confluência da experiência, do conhecimento e da liderança de um ator, uma equipe ou uma organização. Ela determina a perícia para se realizar um projeto e pode ser dividida em duas categorias:

- Capacidade pessoal de governo: está relacionada ao grau de experiência, conhecimento e liderança do governante e dos dirigentes políticos, ou seja, é o capital intelectual ao qual se deve recorrer durante o período do mandato. Exige a combinação de inteligência, força de vontade, honestidade, dotes oratórios e experiência política com conhecimento aprofundado das técnicas de governo; e
- Capacidade institucional de governo: está relacionada ao domínio de teorias, técnicas e métodos de governo e planejamento, ou seja, é o capital organizacional que estará a seu dispor, seus sistemas de trabalho e a estrutura do projeto organizacional. (Matus, 1996 e 2005)

A capacidade de governo em contextos democráticos envolve três dimensões. A primeira relacionada à capacidade do governo de identificar problemas críticos e formular políticas públicas para seu enfrentamento. A segunda envolve a capacidade do governo de mobilizar os meios e recursos necessários à execução dessas políticas, na qual é dada ênfase ao processo de tomada de decisão e à implementação das políticas. A terceira diz respeito à capacidade de liderança do Estado, sem a qual as decisões tornam-se inócuas. (Diniz, 1995)

De acordo com essa interpretação, o êxito das estratégias governamentais requer a mobilização dos instrumentos institucionais, dos recursos financeiros e dos meios políticos de execução. A questão da viabilidade política, por sua vez, envolve a capacidade de articular coalizões e alianças que deem sustentabilidade às políticas governamentais.

De maneira complementar, Pires e Gomide (2016) afirmam que um modelo de gestão capaz de contribuir para a implementação de políticas públicas deve ser dotado de **capacidades estatais** adequadas ao nível de complexidade dos problemas que pretende solucionar. As capacidades estatais podem ser divididas em duas dimensões interdependentes: i) técnico-administrativa, que envolve o desenvolvimento de burocracias competentes e profissionalizadas, dotadas de recursos organizacionais, financeiros e tecnológicos necessários para conduzir as ações de governo de forma coordenada; e ii) político-relacional, associada à capacidade de incluir, dialogar e articular múltiplos atores (sociais, econômicos e políticos) visando à construção de consensos mínimos e coalizões de suporte aos planos, programas e projetos governamentais. (Pires; Gomide, 2016)

É importante salientar que a capacidade de governo é composta pelas três dimensões preconizadas por Diniz (1995) e pelas capacidades estatais apresentadas por Pires e Gomide (2016), porém não se esgota nas mesmas, já que estes autores apresentam uma visão mais operacional e concreta da capacidade de governo proposta por Matus.

Matus destaca a qualidade das capacidades de governo no desenvolvimento ascendente e equilibrado do triângulo de governo. Altas capacidades de governo permitem o desenvolvimento de um projeto de governo que promova o intercâmbio positivo de problemas adequado à governabilidade do sistema, e contribuem para a construção de viabilidade política, no horizonte temporal de governo, para aquela parte do plano que não é viável inicialmente.

Matus (2005) também aborda como se dá o tratamento do erro em algumas das variáveis do triângulo de governo. Este erro é resultado natural de um sistema social de final aberto, repleto de incertezas e problemas quase estruturados. A primeira linha de correção é apontada por Matus como a mais fácil, porém menos poderosa e envolve a alteração ou ajuste do projeto de governo. A segunda linha de correção envolve a eliminação de uma dificuldade ou alteração do caminho necessário ao alcance do objetivo, ou seja, a construção da governabilidade necessária. Apesar de evidente, essa linha de correção tende a ser a mais difícil. A terceira linha de correção envolve a construção de capacidades necessárias à superação das dificuldades ou correções de rumo necessárias à construção de um caminho que leve à concretização do projeto de governo.

Procedimentos metodológicos para operacionalização do triângulo de governo de Carlos Matus

No PES o planejamento é entendido como mais que o domínio de técnicas de elaborar e implementar planos e projetos, sendo este um elemento que compõe as capacidades de governo. O domínio, pelas organizações públicas, de teorias, técnicas e métodos de governo e planejamento, e a presença de atores com experiência e capacidade de liderança são capacidades de governo necessárias à condução de um processo de transformação social.

Desta forma, ao mesmo tempo que o planejamento transcende a dimensão capacidade de governo do triângulo, o domínio de técnicas de planejamento é enquadrado como capacidade de governo. Este posicionamento do planejamento como um processo tecnopolítico que envolve todas as dimensões do triângulo de governo, e das técnicas de planejamento como capacidades de governo é o mesmo enquadramento utilizado para o estudo do Plano Plurianual neste artigo.

O PPA é uma capacidade de governo uma vez que envolve e demanda o domínio de teorias, técnicas e processos de planejamento governamental, capacidade de liderança, conhecimento e experiência dos dirigentes políticos na condução dos processos de elaboração, gestão e implementação do Plano. Ao mesmo tempo, para que o Plano Plurianual exerça de fato o papel de principal instrumento de planejamento governamental não se pode ignorar sua aderência com o projeto de governo do governante e a governabilidade do plano.

Assim, apesar de o planejamento governamental e o Plano Plurianual serem objetos diferentes, a teoria do triângulo de governo oferece um bom guia de análise e parâmetros adequados de interpretação e avaliação do PPA como ferramenta crível do planejamento governamental no Brasil. Tanto que a percepção da dificuldade do PPA em orientar a ação de governo resultou em duas mudanças metodológicas importantes que impactaram o conjunto de ferramentas e técnicas de planejamento utilizadas para o tratamento de problemas de natureza quase estruturados.

Desta feita, os Planos Plurianuais 2004-2007 e 2012-2015 foram os casos selecionados para investigar a relação do PPA com as dimensões do projeto de governo, governabilidade e capacidades governativas, buscando-se aferir se as mudanças conceituais e metodológicas pelas quais ambos os PPA passaram representaram diferenças significativas de desempenho à luz das variáveis críticas do triângulo de governo.[3]

No que diz respeito ao **projeto de governo**, foi verificada a adesão dos respectivos PPA com os projetos de governo dos governantes, sendo tais projetos identificados por meio do plano de governo do candidato eleito e/ou das políticas públicas e programas declarados como prioritários na mensagem do presidente da República ao Congresso na sessão de abertura do ano legislativo, além de outros instrumentos de planejamento eventualmente existentes, como o Projeto Piloto de Investimentos (PPI) e o Programa de Aceleração do Crescimento (PAC).

Posteriormente à identificação dos projetos prioritários de governo, foram analisadas as partes estratégica e programática dos Planos Plurianuais, buscando identificar nas suas diretrizes, programas, objetivos, metas e indicadores correlações com os projetos de governo. Para contemplar as mudanças nas prioridades do governante foram identificadas alterações em políticas e programas prioritários destacados nas mensagens presidenciais durante o período de vigência de cada PPA. Posteriormente foi verificado se estas resultaram em revisões do instrumento.

Por sua vez, o tratamento da **governabilidade** no Plano Plurianual envolve a sua utilização como instrumento de articulação, pactuação e coordenação intrago-

[3] A escolha desses dois PPAs se justificou pelos seguintes motivos: i) os dois planos já finalizaram os seus respectivos ciclos formais de elaboração, gestão, implementação e avaliação; ii) por serem planos recentes, houve maior acesso aos principais atores dos processos de elaboração e implementação de cada plano, como também dos seus dados, arranjos e instrumentos; iii) os dois planos são emblemáticos metodologicamente e possuem diferenças significativas quanto à estrutura, arranjos e instrumentos, o que nos permitiu comparar os modelos adotados e como ambos se posicionaram em relação às variáveis do triângulo de governo de Carlos Matus.

vernamental, proporcionando um alinhamento dentro do Poder Executivo. Na relação com o Poder Legislativo, contribuindo para o processo de pactuação e negociação horizontal; na relação com os demais entes federados, contribuindo para o processo de pactuação vertical; e na relação com a sociedade, contribuindo para o processo de comunicação social e monitoramento público em torno das prioridades de governo (Cardoso Jr., 2015).[4]

Assim, foram analisados os tramites dos projetos de lei e de revisão dos Planos Plurianuais, os pareceres do Legislativo sobre a matéria, as emendas parlamentares e os vetos presidenciais. Desta forma, buscou-se compreender como se deu a participação do Poder Legislativo no conteúdo do Plano Plurianual e se o PPA possuiu algum papel de coordenação entre os poderes.

Além da relação com o Poder Legislativo, buscou-se compreender qual a natureza da participação da sociedade civil, da iniciativa privada e dos entes federados na definição das diretrizes, prioridades e conteúdos do PPA e nos seus processos de monitoramento e avaliação. Foram considerados, entre outros, os mecanismos e instrumentos utilizados para viabilizar a participação social e federativa, e qual o alcance e resultado desta participação.

Por fim, na dimensão das **capacidades de governo** foi verificado como o modelo do Plano Plurianual e seus processos de elaboração, monitoramento, avaliação e revisão buscaram contribuir para o processo cotidiano e dinâmico de condução do governo. Para ser um instrumento de planejamento efetivo, o PPA necessita estar institucionalmente referendado pelo governante e seus dirigentes políticos, desta forma a centralidade política do Plano foi outro elemento analisado. Por fim, se buscou identificar como cada PPA dialogava

---

[4] Um aspecto que vem ganhando relevância, a partir da década de 1990, para a construção de governabilidade é a relação com os órgãos de controle, que possuem como principais instituições o Ministério da Transparência e Controladoria-Geral da União (CGU) e o Tribunal de Contas da União (TCU). A princípio as relações intragovernamentais e com o Poder Legislativo deveriam englobar a relação com os órgãos de controle, uma vez que a CGU integra a estrutura do Poder Executivo e o TCU auxilia o Poder Legislativo em sua função de controle externo. Porém, com a "explosão da auditoria" descrita por Balbe (2015), estes órgãos passaram a exercer papéis relevantes na formulação e implementação das políticas públicas, o que poderia demandar uma categoria de análise específica dentro da dimensão de governabilidade. Contudo, por se tratar de um método inovador para o estudo do Plano Plurianual, preferimos seguir com o entendimento no qual a função controle está contida nas relações com o Poder Legislativo e entre os órgãos do Poder Executivo.

com a necessidade de viabilização dos recursos humanos, financeiros, tecnológicos e organizacionais necessários à implementação dos projetos de governo.

Em suma, foi investigado como ocorreram os processos de elaboração, monitoramento e avaliação dos PPAs 2004-2007 e 2012-2015, isto é, como estava estruturado o sistema de planejamento e qual localização institucional das unidades responsáveis por esta atividade, quais os atores estavam envolvidos e suas atribuições, como ocorreu a participação da alta administração, como era o processo de priorização, como se desenvolveram os processos de formação e capacitação dos atores envolvidos, se houve e qual foi o envolvimento de consultorias externas, quais ferramentas tecnológicas desenhadas e em uso nesses processos, como foram tratadas a intersetorialidade e a regionalização das políticas públicas, qual a natureza das informações geradas pelo sistema de monitoramento e a avaliação, qual a finalidade e principais usuários destas informações e como o sistema estava conectado com os processos de tomada de decisão da alta administração.

A figura 1 ilustra a relação das categorias de análises construídas e as dimensões do triângulo de governo.[5]4

Figura 1. Dimensões do triângulo de governo e suas respectivas categorias de análises.

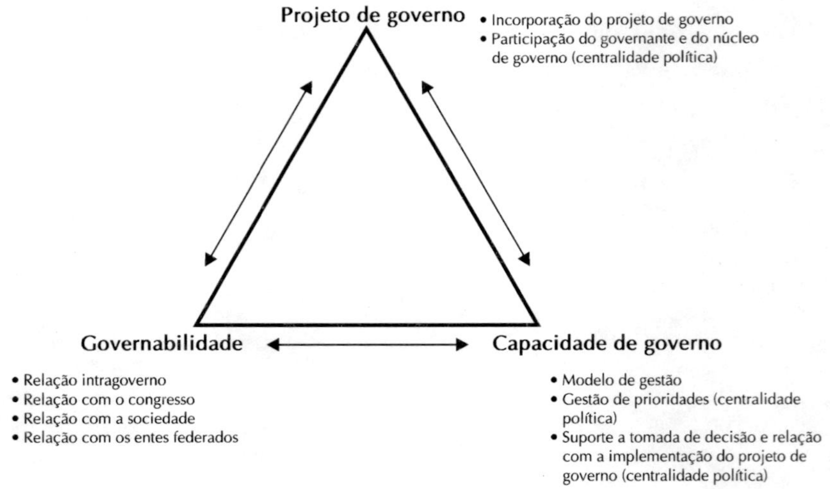

Fonte: Matus. Elaboração dos autores.

[5] Para uma descrição completa dos procedimentos metodológicos adotados, ver Neto (2018).

Nem causalidade, nem casualidade: alguns resultados gerais da pesquisa

A aplicação do método foi circunscrita a dois planos emblemáticos metodologicamente e com diferenças significativas quanto à estrutura, arranjos e instrumentos: os Planos Plurianuais 2004-2007 e 2012-2015.

O PPA 2004-2007 foi o primeiro elaborado no governo do presidente Lula e aprofunda o modelo inaugurado no seu antecessor, no qual os programas de governo são construídos a partir de *Problemas* que o governo se propõe a enfrentar. Aos programas estão vinculadas ações orçamentárias responsáveis por financiar as políticas implementadas com vistas a enfrentar o problema elencado. No momento de elaboração destaca-se a construção da dimensão estratégica do PPA, que foi validada diretamente pelo presidente e seu núcleo de governo. Coube à dimensão estratégica traduzir para o PPA o projeto de governo, tendo se constatado grande aderência entre ambos os documentos.

Na elaboração da parte programática a preocupação foi com a correta incorporação das pautas prioritárias, que ficou sob responsabilidade do Ministério do Planejamento. Um achado importante foi que a participação do núcleo de governo se limitou à construção da dimensão estratégica, uma vez que o PPA era visto por esse núcleo como um instrumento burocrático destinado ao cumprimento de uma exigência constitucional. Esse posicionamento é reforçado pelo lançamento, em 2003, do Sistema de Metas Presidenciais, que foi utilizado para o gerenciamento das prioridades de governo e ficou sob coordenação da Casa Civil. Posteriormente, foram lançados o PPI e o PAC em 2005 e 2007, respectivamente.

Por sua vez, o PPA 2012-2015 foi o primeiro elaborado no governo da presidenta Dilma, e deu prosseguimento à estratégia de desenvolvimento implementada nos oito anos anteriores. O sucesso dessa estratégia e dos programas prioritários do governo (PAC, MCMV, Bolsa Família etc.) inspiraram a mudança do modelo do PPA, na qual se buscou tornar a categoria *Programa* mais estratégica, acabar com a sobreposição com o orçamento e permitir que os programas e metas do governo pudessem ser declarados no plano de forma semelhante às anunciadas pelo governante.

O Plano Plurianual continuou a ser percebido pelo núcleo de governo como um documento burocrático destinado a cumprir exigências constitucionais. A diferença deste PPA em relação ao de 2004-2007 foi que em 2011 o governo já tinha estruturado o processo de gestão de suas políticas prioritárias e caberia ao PPA representá-las da melhor forma possível. A participação do núcleo de governo foi menor que no PPA 2004-2007, com a presidenta se limitando à validação do novo modelo. A nova metodologia possibilitou avanços na incorporação e declaração dos programas e metas do governo para os próximos quatro anos. Porém, o PPA continuou a abranger toda a ação finalística de governo, o que fez com que as políticas prioritárias ficassem escondidas em um universo de mais de 400 objetivos e 2.000 metas.

Identificou-se a tentativa de utilizar o PPA 2004-2007 como instrumento de articulação, pactuação e coordenação intragovernamental e entre a União e os demais entes federados. No que se refere às relações dentro do Poder Executivo, os avanços foram pontuais e limitados à fase de elaboração. Os ganhos estiveram relacionados à capacidade das equipes de planejamento de construir um ambiente de diálogo e cooperação. Nas relações com os entes federados a iniciativa tentada de construção de pactos de concertação com vistas a viabilizar a execução de ações orçamentárias e o alcance de objetivos em nível estadual e sub-regional não avançou além de alguns projetos-pilotos. A complexidade do sistema federativo brasileiro e a baixa capacidade de indução do plano foram citados como fatores que contribuíram para o não prosseguimento da iniciativa.

Por seu turno, o PPA 2012-2015 até conseguiu promover algum alinhamento intragovernamental, com os grandes ministérios concordando em incluir demandas de públicos específicos em seus objetivos e metas. Porém, isso se limitou à fase de elaboração, o que resultou na não execução de várias das metas pactuadas inicialmente. Ainda na relação entre os entes federados, inicialmente o PPA 2012-2015 não teve o objetivo de ser um instrumento de coordenação. Após mudanças nas esquipes da SPI-MP, foi realizado um grande esforço nesta Secretaria para transformá-lo em um instrumento relevante na articulação federativa. A pretensão inicial era a construção das Agendas de Desenvolvimento Territorial compostas por um conjunto de investimentos federais, estaduais e municipais que passaria a ter um monitoramento diferenciado. Porém, após enfrentar dificuldades com a assimetria de capacidade dos entes federados, sobretudo com a dos municípios planejarem o desenvolvimento do seu território, a iniciativa foi descontinuada depois de novas mudanças no comando do Ministério do Planejamento e da SPI-MP.

Na relação com a sociedade, o PPA 2004-2007 se limitou a promover o debate de suas diretrizes estratégicas em todas as regiões do país e o compromisso de se fazer o monitoramento participativo não foi implementado. Já o PPA 2012-2015 foi bem-sucedido na ampliação da participação social em sua elaboração e monitoramento. Em parceria com a Secretaria Geral da Presidência da República, a SPI-MP promoveu um Fórum Interconselhos para debate e captação das demandas da sociedade sobre a dimensão estratégia, os programas, objetivos, metas e iniciativas do PPA. Diferentemente do PPA 2004-2007, a participação não se encerrou nisto, sendo realizado um esforço pela SPI-MP junto aos órgãos setoriais para incorporação das demandas captadas. Posteriormente foi realizado o II Fórum Interconselhos para a devolutiva da incorporação das demandas da sociedade no PPA e pactuação do monitoramento participativo de 9 agendas transversais compostas por objetivos, metas e iniciativas vinculadas a públicos específicos. Durante a implementação do PPA esse processo perdeu força e o Fórum Interconselho se transformou em um espaço de prestação de contas diferenciado do governo à sociedade. Apesar dos problemas e da limitação da participação aos conselhos nacionais, o PPA 2012-2015 conseguiu fortalecer seu papel como instrumento de articulação e pactuação do governo com a sociedade.

Não houve nenhuma tentativa de se utilizar o PPA 2004-2007 e o PPA 2012-2015 como instrumentos de articulação, pactuação e coordenação intragovernamental com o Poder Legislativo. A pesquisa demonstrou que o foco dos congressistas foi quase todo direcionado à Lei Orçamentária, sendo o PPA lembrado no momento de compatibilizar os dois instrumentos. Isso foi comprovado pelo teor das emendas apresentadas aos projetos de lei e revisão do plano, onde a sua grande maioria era destinada a viabilizar a execução de emendas apresentadas à Lei Orçamentária Anual. A única exceção identificada foi a disputa de parte dos congressistas do PT em torno das metas de superávit fiscal previstas na dimensão estratégica do PPA 2004-2007. Neste episódio a estratégia de desenvolvimento presente na dimensão estratégica do plano teve o papel de amenizar as críticas de parte do PT à política econômica adotada no início do governo Lula. Contudo, essa é uma exceção que confirma a regra na qual o PPA não possuiu papel de destaque na coordenação e alinhamento entre os Poderes Executivo e Legislativo.

As gestões dos PPA 2004-2007 e 2012-2015 apresentaram diferenças na medida que em 2004 a opção foi por formalizar uma estrutura própria, composta por comissões de monitoramento e avaliação, comitês de coordenação, câmara de conselho e gerente de programa. As instâncias e atores tinham suas atribuições definidas em decreto e portaria. Destaca-se a criação, em 2004, da Comissão de Monitoramento e Avaliação do Plano Plurianual (CMA) para prestar assessoramento técnico e metodológico aos órgãos no monitoramento, avaliação e revisão dos programas do PPA. Além de fornecer apoio técnico e metodológico, a CMA também era responsável por examinar a viabilidade técnica e socioeconômica de projetos de grande vulto (20 milhões de reais para o OGU e 50 milhões de reais para empresas estatais), que só poderiam ser incluídos na LOA e no PPA após a manifestação favorável da comissão. A ideia por trás da criação da CMA foi institucionalizar e qualificar o processo de análise do investimento público, que começaria no órgão setorial responsável pela política, passaria por um filtro no Ministério do Planejamento e terminaria na Casa Civil, onde seria decidido sobre a sua execução e alocação de recursos.

Em 2012, a escolha foi por não criar estruturas paralelas à gestão das políticas públicas. Caberia aos analistas da SPI-MP se inserirem por meio do PPA nas estruturas de gestão existentes, sobretudo nas responsáveis pelos programas prioritários, e realizarem o vínculo do plano com o processo de tomada de decisão do governo.

Por outro lado, ambos os modelos de gestão tinham no seu cerne sistemas de informação (SIGPLAN e SIOP) que se abriam de tempos em tempos para o registro de informações pelos órgãos sobre a execução dos atributos do plano. Paralelamente ao Sigplan, a SPI-MP criou o aplicativo PPA Mais Brasil que disponibilizava todas as informações constantes do relatório de avaliação do PPA; os relatórios de monitoramento e infográficos das agendas transversais; uma lista de programas/políticas federais que poderiam interessar aos entes federados; e uma ferramenta, chamada "Meu PPA" na qual era possível escolher dentre todos os atributos do PPA (Programas, Objetivos, Metas e Iniciativas) aqueles que fossem do seu interesse e assim gerar relatórios personalizados. Posteriormente, agregou-se ao aplicativo um módulo de acesso restrito direcionado aos gestores públicos, com vistas a qualificar e tornar as informações do monitoramento mais atrativas aos dirigentes. Nesse processo a SPI-MP selecionou metas que seus analistas consideravam estruturantes dentro de cada Programa Temático com objetivo de oferecer à Ministra do Planejamento um relatório com a evolução das principais metas do plano. De acordo com os entrevistados, essa iniciativa recebeu um retorno positivo da Ministra.

Em que pese não ter ficado claro, por meio das entrevistas, qual o papel esperado da gestão do PPA nos períodos analisados, ambos pretendiam ser mais que um processo de prestação de contas do governo à sociedade e ao Poder Legislativo. Contudo, ambos os planos não obtiveram sucesso em ser um instrumento capaz de contribuir para a qualificação da ação pública. Isto ocorreu devido a inúmeros fatores: foco no cumprimento das rotinas pré-definidas de monitoramento e não no processamento de informações qualificadas aos dirigentes; padronização do monitoramento para todo o PPA, sem tratamento diferenciado para as prioridades; ausência de processamento e *feedback* das informações fornecidas pelos órgãos executores; o cerne do monitoramento ser um sistema para registro de informações com períodos fixos e predefinidos de preenchimento; ausência de avaliações de processos e resultados.

Esses achados não significam que não ocorreram contribuições do PPA ou da SPI-MP às decisões de governo, mas que, quando ocorreram não foram induzidas pelos processos formais de monitoramento e avaliação do plano, e sim devido a outros fatores, como o conhecimento pessoal de alguns servidores sobre determinada política e sua capacidade de inserção nas agendas prioritárias.

Por fim, tanto a gestão do PPA 2004-2007 como a do PPA 2012-2015 não foram capazes de contribuir para a construção de capacidades de governo e se tornaram um processo burocrático de prestação de contas descolado das agendas prioritárias e do processo de decisão dos dirigentes, cujo principal produto foi o relatório de avaliação enviado anualmente ao Congresso Nacional.

Em suma, para uma síntese dos achados principais da pesquisa qualitativa realizada, o quadro 2 consolida o tratamento das dimensões do triângulo de governo nos PPA 2004-2007 e PPA 2012-2015.

Quadro 2. Projeto de governo, governabilidade e capacidades de governo nos PPA 2004-2007 e 2012-2015.

	PPA 2004-2007	PPA 2012-2015
PROJETO DE GOVERNO		
Incorporação do projeto de governo	Estratégia de desenvolvimento e principais programas incorporados pela dimensão estratégica do PPA.	Além da dimensão estratégia, o novo modelo permitiu que o PPA representasse os programas e metas como declarados pelo governante.
Participação do governante e do núcleo de governo	Limitou-se à construção da dimensão estratégica.	Ficou restrita à validação do novo modelo e das principais metas.
GOVERNABILIDADE		
Relação intragoverno	Pontual e limitado ao momento de elaboração.	Avançou na representação de públicos específicos pelas principais políticas do governo. Limitado ao momento de elaboração.
Relação com o Congresso	No geral não possuiu papel relevante. Ressalva feita aos parâmetros macroeconômicos e à estratégia de desenvolvimento presentes na dimensão estratégica, que foram importantes no momento de tensão entre parte dos Congressistas do PT e a política fiscal adotada pelo partido no governo.	Não possuiu papel relevante. Exigiu menor esforço de compatibilização com o orçamento.
Relação com a sociedade	Debate na fase de elaboração das diretrizes estratégicas. O monitoramento participativo não foi implementado.	Criação do Fórum Interconselhos. Captação das demandas do fórum e esforço de incorporação junto aos órgãos. Pactuação do monitoramento participativo de 9 Agendas Transversais. O monitoramento se converteu em prestação de contas diferenciada do governo à sociedade. A participação se limitou aos representantes dos conselhos nacionais.
Relação com os entes federados	Limitou-se a projetos pilotos para construção de pactos de concertamento.	Tentou-se construir Agendas de Desenvolvimento Territorial, prestou apoio à elaboração dos PPAs municipais e elaborou Planos Territoriais Participativos com consórcios intermunicipais. Porém, a iniciativa foi descontinuada após troca dos dirigentes da SPI-MP.

	PPA 2004-2007	PPA 2012-2015
CAPACIDADES DE GOVERNO		
Modelo de gestão	Criou sua própria estrutura formal. Foi organizado em torno do Sigplan, com demandas periódicas de informação sobre a execução das ações orçamentárias, restrições e indicadores. Teve como principal produto o Relatório Anual de Avaliação enviado ao Congresso.	Buscou aproveitar as estruturas de gestão já existentes. Foi organizado em torno do SIOP, com demandas periódicas de informação sobre a execução de objetivos e metas. Teve como principal produto o Relatório Anual de Avaliação enviado ao Congresso.
Gestão das prioridades (PPI, PAC, MCMV, BSM, PRONATEC)	Realizada por meio de modelos de gestão próprios, com baixa relação com o PPA.	Realizada por meio de modelos de gestão próprios, com baixa relação com o PPA.
Suporte à tomada de decisão e relação com a implementação do projeto de governo	Os processos formais de monitoramento e avaliação ocorreram desvinculados das agendas prioritárias e do processo de tomada de decisão do governo. As contribuições geradas ocorreram em virtude da inserção de algum analista.	Os processos formais de monitoramento e avaliação ocorreram desvinculados das agendas prioritárias e do processo de tomada de decisão do governo. As contribuições geradas ocorreram em virtude da inserção de algum analista.

Fonte: Neto (2018). Elaboração dos autores.

Tudo somado, comprova-se que apesar de não ser possível afirmar que haja *causalidade estrita* entre os processos de elaboração, monitoramento e avaliação do PPA e o desempenho global de governo em cada período estudado, também é certo afirmar não haver *casualidade* entre as políticas públicas contidas em cada PPA e o desempenho global de cada governo. Há correlação positiva entre as políticas públicas executadas nos intervalos de cada PPA e as transformações socioeconômicas apresentadas pelos relatórios de avaliação da dimensão estratégica dos planos, bem como aquelas contidas em inúmeros trabalhos setoriais de avaliação de impacto já realizados.[6]

[6] Evidente que a demonstração de tais resultados empíricos extrapolaria as dimensões deste artigo, razão pela qual os mesmos serão objeto, futuramente, de outro artigo específico a esta questão. Por ora, no entanto, os interessados podem consultar os resultados gerais dessa pesquisa na íntegra da dissertação, em Neto (2018), da qual esse artigo é um resumo.

Conclusões e recomendações gerais

O tratamento do PPA sob a lente da teoria do triângulo de governo demandou um esforço de decompor suas dimensões em variáveis observáveis que oferecem concretude e clareza ao significado de projeto de governo, governabilidade e capacidade governativa. Para a aplicação do método foram utilizadas a pesquisa documental e entrevistas semiestruturadas com atores-chaves. A combinação destes dois procedimentos de investigação se mostrou pertinente e adequada ao objeto, uma vez que as categorias analisadas são em essência qualitativas e os registros formais disponíveis representaram apenas uma pequena parte dos achados da pesquisa.[7]

Como observado nos resultados, a mudança do modelo do PPA 2012-2015 não resultou em significativas diferenças no posicionamento do Plano Plurianual em relação ao projeto de governo, governabilidade e capacidades governativas, o que indica não ser o modelo formal do plano o principal fator das fragilidades identificadas no PPA. A partir dos resultados desta pesquisa se conclui que em ambos os períodos o PPA demonstrou baixa relevância para os governantes. A construção e revisão do projeto de governo e políticas prioritárias ocorreram por vias externas ao PPA. A viabilização do projeto por meio da construção de governabilidade e capacidades de governo também não possuíram no PPA um instrumento de apoio.

Esses achados indicam que o planejamento governamental realmente existente ocorre à margem do seu principal instrumento formal, o PPA. Instrumento este que se destina, sobretudo, a cumprir uma exigência constitucional do Poder Executivo com o Poder Legislativo, e sobre a qual nenhuma das duas partes atribui grande relevância.

Em que pesem os resultados pouco animadores para aqueles que esperam ver no Plano Plurianual um instrumento efetivo de planejamento governamental, é possível utilizá-los como ponto de partida para o debate acerca das transformações ne-

[7] Apesar de não ser o objetivo principal desta pesquisa, o método desenvolvido apresenta-se como um resultado relevante, na medida que pode ser utilizado ou servir de inspiração para futuros trabalhos na área de planejamento e políticas públicas. Outro resultado foi a construção de um acervo de informações públicas, acessível por meio de contato com os autores, derivado da transcrição das entrevistas realizadas. Ressalta-se que na disponibilização deste acervo será preservada a não correlação direta entre os entrevistados e as transcrições.

cessárias ao instrumento, seu modelo de gestão e à sua inserção junto ao núcleo de governo, caso o intuito seja torná-lo efetivo no apoio à construção do projeto de governo, governabilidade e capacidades efetivas de governo. Isso é particularmente importante em função da constatação, também decorrente da pesquisa realizada, de que embora não haja *causalidade* estrita entre PPA e desempenho global de governo, tampouco há mera *casualidade* entre ambos os eventos. Em outras palavras: embora os resultados da pesquisa indiquem que o PPA – como instrumento formal de planejamento – possui baixa centralidade (técnica e política) nas tarefas efetivas de governo, há correlação positiva significativa entre diversas políticas públicas setoriais presentes no PPA e os respectivos resultados governamentais em termos de transformações efetivas (ou capacidade transformadora) de variáveis e dimensões específicas da economia e da sociedade no Brasil.

Neste sentido, o quadro 3 apresenta algumas recomendações com o objetivo de contribuir para os estudos e debates sobre os próximos planos plurianuais.

Quadro 3: Recomendações para o Plano Plurianual à luz das dimensões do triângulo de governo de Carlos Matus.

	Recomendações para os próximos Planos Plurianuais
Projeto de Governo	Centralidade política – o Plano Plurianual deve ser amparado e referendado pelo governante e seu núcleo de governo. Flexibilização da temporalidade do plano – é necessário que o PPA possa expressar e se organizar a partir dos distintos tempos de maturação das políticas públicas. Seletividade e rigor técnico – apenas os programas prioritários e com grande potencial transformador devem integrar o PPA. Seus parâmetros devem estar embasados por análises técnicas consistentes. Distanciamento do "plano livro" – o PPA deve tanto ter a estabilidade necessária para direcionar o conjunto da ação de governo, como ser flexível para se adaptar às dinâmicas operacionais e decisórias das políticas públicas.
Governabilidade	Sociedade – dialogar no nível dos programas e metas prioritárias com as instâncias participativas já constituídas em cada setor ou política, e promover o debate social de grandes temas com o objetivo de construir uma visão de país. Relação federativa – promover a pactuação federativa por meio do debate do impacto territorial e cofinanciamento dos programas prioritários. Poder Legislativo – qualificar a relação com o Congresso a partir da maior efetividade dos programas presentes no PPA, rompendo com o ciclo organizado de frustações.

	Recomendações para os próximos Planos Plurianuais
Capacidades de governo	Modelo de gestão – ter seus alicerces nas pessoas e não nos sistemas de informação. Focar no acúmulo e disseminação de conhecimento sobre as políticas com vistas à tomada de decisão e superação de entraves. Pessoal – desenvolvimento de habilidades técnicas, políticas, de comunicação e liderança. Suporte à tomada de decisão – constituição de fluxos de processamento das informações até os decisores finais.

Fonte: Neto (2018). Elaboração dos autores.

Tão importante quando o que deve ser feito, são como e quando fazer. A pesquisa realizada demonstrou que houve várias tentativas de transformar o PPA em um instrumento efetivo de planejamento, porém nenhuma conseguiu superar as barreiras inerentes ao processo de mudança. Desta forma, as recomendações do quadro 3 devem ser vistas com cautela e não visam oferecer um cardápio de soluções prontas ou definitivas para as carências identificadas no Plano Plurianual, mas apenas incitar o debate e futuros estudos sobre planejamento governamental no Brasil. Estudos estes que possuem o desafio de tratar de forma conjunta o que fazer, o que é necessário para que seja feito e como construir essas condições.

Referências

BRASIL. Constituição (1988). *Constituição da República Federativa do Brasil.* Brasília, DF, Senado, 1988.

_____. Curso de monitoramento temático do PPA 2012-2015 e acompanhamento orçamentário da LOA.

Brasília: MP-SPI, 2013.

_____. *Decreto* nº 7.866. Regulamenta a Lei nº 12.593, de 18 de janeiro de 2012, que institui o Plano Plurianual da União para o período de 2012 a 2015. Brasília: Diário Oficial da União, 2012.

_____. *Lei nº 6.036.* Dispõe sobre a criação, na Presidência da República, do Conselho de Desenvolvimento Econômico e da Secretaria de Planejamento, sobre o desdobramento do Ministério do Trabalho e Previdência Social e da outras providências. Brasília: Diário Oficial da União, 1974.

_____. *Lei nº 12.593.* Institui o Plano Plurianual da União para o período de 2012 a 2015. Brasília: Diário Oficial da União, 2012.

_____. *Mensagem ao Congresso Nacional, 2012.* Brasília: Presidência da República, 2011.

_____. *Nota Técnica Sei nº 3291/2015-MP.* Ministério do Planejamento, Orçamento e Gestão. Secretaria de Planejamento e Investimentos Estratégicos. Brasília. MP, 2015.

_____. *Orientações para Elaboração do Plano Plurianual 2012- 2015*. Ministério do Planejamento, Orçamento e Gestão. Secretaria de Planejamento e Investimentos Estratégicos. Brasília: MP, 2011a.

_____. *Orientações para Elaboração do Plano Plurianual 2016-2019*. Ministério do Planejamento, Orçamento e Gestão. Secretaria de Planejamento e Investimentos Estratégicos. Brasília: MP, 2015.

_____. *Plano Plurianual 2012-2015: Projeto de Lei (mensagem presidencial)*. Ministério do Planejamento, Orçamento e Gestão. Secretaria de Planejamento e Investimentos Estratégicos. Brasília: MP, 2011b.

BALBE, R. S. O desenvolvimento do controle interno no Brasil e a articulação interinstitucional. In: CARDOSO JR., J. C.; SANTOS, E. V. (Org.). *PPA 2012-2015 experimentalismo institucional e resistência burocrática*. Brasília: Ipea, 2015. p. 161-206.

CAMPOS, C. J. G. *Método de Análise de Conteúdo: ferramenta para a análise de dados qualitativos no campo da saúde*. Revista Brasileira de Enfermagem. Brasília, 2004. set/out; 57(5):611-4.

CARDOSO JR., J. C. *Monitoramento estratégico de políticas públicas*: requisitos tecnopolíticos, propostas metodológicas e implicações práticas para a alta administração pública brasileira. Texto para Discussão: TD 2040. Brasília: Ipea, 2015.

_______. Política e planejamento no Brasil: balanço histórico e propostas ao plano plurianual 2020- 2023. In: CARDOSO JR., J. C. (Org.). *Planejamento Brasil século XXI:* inovação institucional e refundação administrativa – elementos para o pensar e o agir. Brasília: Ipea, 2015. p. 135-170.

CARDOSO JR., J. C.; MELO, V. R. Introdução: *A reinvenção do planejamento governamental no Brasil*. Brasília: Ipea, 2011. p. 11-29.

DINIZ, Eli. (1995), Governabilidade, Democracia e Reforma do Estado: Os Desafios da Construção de uma Nova Ordem no Brasil nos Anos 90. In.: Szwako, J.; Moura, R.; Filho, P. (Org.) *Estado e sociedade no Brasil: a obra de Renato Boschi e Eli Diniz*. Rio de Janeiro: CNPq, FAPERJ, INCT/PPED, Ideia D, 2016. p. 47-72.

GIL, Antônio Carlos. *Como elaborar projetos de pesquisa*. 4ª. ed. São Paulo: Atlas, 2008.

GOMIDE, A.; PIRES, R. *Capacidades estatais e democracia: arranjos institucionais de políticas públicas*. Brasília: Ipea, 2014. p. 351-380.

HOWLETT, M.; RAMESH, M; PERL, *A. Política pública, seus ciclos e subsistemas*. Rio de Janeiro: Ed. Campus, 2013.

LASCOUMES, P.; GALÊS, L. G. *Sociologia da Ação Pública*: tradução e estudo introdutório George Sarmento. Maceió. Edufal, 2012.

MATUS, Carlos. *Adeus, senhor presidente: governantes governados*. São Paulo. FUNDAP, 1996.

_____. *O plano como aposta*. São Paulo em Perspectiva, Vol 5. São Paulo: SEADE: 1991. p. 28-42.

_____. *Política, Planejamento & Governo*. 1ª ed. Brasília. Ipea, 1993.

_____. *Política, Planejamento & Governo*. 2ª ed. Brasília. Ipea, 1996.

_____. *Teoria do jogo social*. São Paulo. FUNDAP, 2005.

MELO, E. B. B; NETO, R. M.; SILVA, M. S. *Dilemas na construção de um modelo de acompanhamento do planejamento governamental*. Revista Brasileira de Planejamento e Orçamento, Vol 2, nº 1. Brasília: ASSECOR, 2012.

NETO, R. M.; VENTURA, F. A. O.; SANTOS, V. A. E. *O Modelo de Gestão do PPA 2012-2015*. VI Congresso de Gestão Pública – CONSAD. Brasília, 2013.

NETO, R. M. Desafios do Planejamento Plurianual: uma análise dos PPA 2004-2007 e 2012-2015 sob o prisma do triângulo de governo de Carlos Matus. Brasília: IPEA, Dissertação do Mestrado Profissional, 2018.

PIRES, R.; GOMIDE, A. *Governança e Capacidades Estatais:* uma análise comparativa de programas federais. Revista de Sociologia e Política. No prelo, 2016.

QUIVY, Raymond, VAN CAMPENHOUDT, Luc. *Manual de Investigação em Ciências Sociais.* 4ª. ed. Lisboa: Gradiva, 2005.

RUA, Maria das Graças. Análise de Políticas Públicas: conceitos básicos. In: *O Estudo da Política:* tópicos selecionados. Brasília: Paralelo 15, 1998.

VENTURA, O. *RIGIDEZ OU FLEXIBILIDADE GOVERNAMENTAL? Discursos Anti-corrupção* e pró-eficiência sobre contratações com orçamento sigiloso. 2016. 88f. Dissertação (Mestrado em Ciência Política) - Universidade de Brasília. Brasília, 2006.

O triângulo de governo de Carlos Matus e as disjuntivas críticas do planejamento federal brasileiro[1]

José Flávio Albernaz Mundim e José Celso Cardoso Jr.

Introdução

Uma preocupação com o planejamento de longo prazo retornou à agenda governamental recentemente, com a publicação do Decreto 9.203/2017 e o concomitante envio ao Congresso Nacional do PL 9.163/2017. O Decreto institui a política de governança na administração pública federal direta e indireta, e o PL acrescenta dispositivos que regulamentam o § 1º do Art. 174 da Constituição Federal, a qual determina que *"§ 1º A lei estabelecerá as diretrizes e bases do planejamento do desenvolvimento nacional equilibrado, o qual incorporará e compatibilizará os planos nacionais e regionais de desenvolvimento"* (cf. Brasil, 1988).

Ambos os instrumentos normativos tiveram origem em uma demanda do Tribunal de Contas da União (TCU) para que fosse criada uma estrutura de governança no âmbito do governo federal. Um dos instrumentos previstos pelo PL 9.163/2017 para regulamentar o § 1º do Art. 174 da Constituição Federal seria a Estratégia Nacional de Desenvolvimento Econômico e Social (Endes), com vigência de 12 anos e que deveria orientar, juntamente com o Plano

[1] Este capítulo foi originalmente publicado como: MUNDIM, J. F. A.; CARDOSO JR., J. C. O Triângulo de Governo de Carlos Matus e as Disjuntivas Críticas do Planejamento Federal Brasileiro. Brasília: *RBPO/Assecor*, volume 10, nº 02, pgs 5 – 26, 2020.

Plurianual da União (PPA) e as diretrizes das políticas nacionais, os planos nacionais, setoriais e regionais, com vigência de quatro anos.

Uma das instâncias criadas pelo Decreto 9.203/2017, o Comitê Interministerial de Governança (CIG), tem sido o local de deliberação sobre questões relacionadas ao planejamento do governo federal, incluindo diretrizes e temas para o PPA 2020-2023, critérios de seleção e priorização de projetos de investimento, entre outras. O CIG é composto por órgãos considerados de Núcleo de Governo (NdG): Casa Civil, Ministério da Economia (ME) e Ministério da Transparência e Controladoria Geral da União (CGU).

O exposto acima revela que tanto o TCU quanto o governo federal têm colocado o planejamento estratégico sob a égide da governança pública, e que o Núcleo de Governo (NdG) se apresenta como o ator central nesta questão. Por sua vez, as crises sanitária e econômica decorrentes do novo coronavírus também vêm expor de forma mais contundente uma série de fragilidades históricas do Estado brasileiro, como: i) a necessidade de um NdG mais coeso e com alta capacidade de coordenação; ii) a carência de mecanismos eficientes de governança horizontal e multinível, capazes de criar sinergia entre os três poderes da União, entes subnacionais e sociedade civil; iii) a ausência de um processo bem definido para o estabelecimento de prioridades estratégicas do governo federal e alinhamento dos planos setoriais às prioridades nacionais; iv) fragmentação e incompletude das bases de dados governamentais para suporte às políticas públicas.

O momento, portanto, é bastante oportuno para que o tema do aperfeiçoamento do planejamento estratégico governamental entre na agenda. Como melhorias poderiam ser obtidas a partir do seu reposicionamento no NdG é o que se investiga ao longo deste trabalho. Para tanto, é mister reconhecer que o Brasil não possui um sistema de planejamento estratégico governamental completamente funcional e que integre uma visão de longo prazo, uma estratégia para se alcançar essa visão, o Plano Plurianual (PPA), planos setoriais e regionais, os orçamentos anuais da União e as estratégias institucionais dos ministérios. A Lei 10.180/2001, que criou o sistema de planejamento e orçamento federal, apesar de ter como seu primeiro objetivo "*formular o planejamento estratégico nacional*", não logrou produzir um plano estratégico amplo e direcionador das demais ações e planos de governo com vistas ao atingimento dos objetivos fundamentais da República, conforme preconiza o Art. 3º. da Constituição Federal.[2]

Conforme argumentamos nas seções subsequentes, a formulação e manutenção de uma visão de longo prazo, viabilizada e integrada aos demais instrumentos de planejamento estratégico e orçamentário, por meio de um sistema de planejamento governamental robusto e coerente, é condição necessária, embora não suficiente, para que o Brasil alcance aqueles objetivos constitucionais. Ao final, tecemos considerações à guisa de recomendações gerais para o aperfeiçoamento do arranjo institucional do planejamento federal brasileiro.

Mapa das disjuntivas críticas do planejamento federal brasileiro

De acordo com essa abordagem, os problemas relativos ao planejamento federal podem ser agrupados em três níveis: macroinstitucional, mesoinstitucional e microinstitucional, conforme a figura 1. A delimitação aqui assumida pode ser expressa em termos do que Cardoso Jr. e Vilela dos Santos denominam de "disjuntivas críticas do planejamento governamental brasileiro" (Cardoso Jr.; Santos, 2018). Por **disjuntivas críticas**, no exercício da função planejamento, queremos nos referir a um conjunto de pares (e às vezes trios) de dimensões e situações que desnudam a distância entre os mundos real e formal do planejamento governamental no dia a dia da gestão pública.

As disjuntivas se materializam, especialmente, quando há uma diferença entre a expectativa dos agentes sobre como as coisas deveriam ser ou acontecer e aquilo que realmente se produz ao final de um processo construído no ambiente no qual o Estado trabalha, e operacionalizado por uma burocracia com as características da brasileira. Guarda relação com o imaginário dos agentes sobre o que é certo ou errado, correto ou incorreto, desejável ou indesejável, possível ou impossível, à luz das suas expectativas sobre como as coisas deveriam ser. Expec-

---

[2] Art. 3º - Constituem objetivos fundamentais da República Federativa do Brasil: I - Construir uma sociedade livre, justa e solidária; II - Garantir o desenvolvimento nacional; III - Erradicar a pobreza e a marginalização e reduzir as desigualdades sociais e regionais; IV - Promover o bem de todos, sem preconceitos de origem, raça, sexo, cor, idade e quaisquer outras formas de discriminação. (Brasil, 1988).

tativas essas que, obviamente, têm a ver, especialmente, com as visões de mundo dos agentes e as respectivas explicações sobre as causas do atual estágio de desenvolvimento e desigualdades no país, sem prejuízo de outros fundamentos.

Também é possível identificar essas disjuntivas a partir de situações às vezes marcadas por inadequação (ou baixa aderência) da legislação ou dos sistemas informatizados, relativamente à dinâmica concreta dos procedimentos necessários para bem operar determinada ação ou dimensão de uma política pública, ou mesmo de uma sequência de comandos dentro de uma atividade administrativa. Por outras, são situações caracterizadas por diferentes interpretações (e, portanto, apropriações e usos diferenciados) relativamente a um conceito, um normativo ou um desenho de ação dentro de uma cadeia mais longa de necessidades para determinado objetivo, ainda que intermediário ou parcial no escopo mais amplo de uma política pública.

Figura 1. Disjuntivas críticas do planejamento governamental brasileiro.

Nível macroinstitucional			
Técnica *versus* política	Planejamento *versus* capitalismo *versus* desenvolvimento	Planejamento *versus* democracia *versus* desenvolvimento	Planejamento *versus* PPA

↓

Nível mesoinstitucional			
PPA versus orçamento *versus* finanças públicas	*PPA versus* gestão *versus* organização	*PPA versus* controles burocráticos (interno e externo)	*PPA versus* direito (constitucional, administrativo e financeiro): manutenção de poder (ação conservadora: legalidade) *versus* distribuição de poder (ação transformadora: efetividade)

↑ ↓ ↑

Nível microinstitucional			
Formulação (centralização) *versus* implementação (descentralização)	Coesão (sistema geral) *versus* fragmentação (sistemas específicos)	Área meio (estratégia, formulação, capacitação, controle, comando, hierarquia) *versus* área fim (tático, execução, treinamento, operacional, disciplina)	Regras formais (institucionalidade) *versus* regras informais (ativismo burocrático)

Fonte: Cardoso Jr. e Santos (2018).

Há, em suma, uma variedade de dimensões e situações cotidianas que por vezes mascaram e por outras desnudam as contradições intrínsecas dos processos de governo, especialmente em casos como o do planejamento governamental na atualidade, que convive com uma *institucionalização ainda não plenamente adequada* para o desempenho estatal satisfatório dessa função. Em especial: i) conceitos, normativos e arranjos administrativos e operacionais ainda pouco claros e compatíveis com a complexidade e objetivos da função; ii) recursos humanos, financeiros e tecnológicos não totalmente condizentes com o desempenho institucional requerido; e iii) baixa centralidade e legitimidade política da função, por meio das quais ela pudesse ser efetivada como parte integrante e necessária dos processos tecnopolíticos e das capacidades governativas de modo geral.

Evidentemente, não é possível, no escopo deste texto, tratar profundamente de todas as disjuntivas tais quais elencadas acima. Mas é possível ilustrar de modo agregado algumas questões críticas em cada um dos níveis de organização propostos. Apesar da ilustração indicar uma hierarquia entre os níveis, importa destacar que existem fluxos bidirecionais importantes, especialmente entre os níveis meso e micro institucionais, relações que também resultam dessas disjuntivas. Porém, a figura ajuda a sistematizar o assunto e tem o mérito adicional de posicionar a função planejamento em um plano superior ao do seu principal instrumento, o PPA, condição necessária para que ele próprio seja viabilizado.

Para fins didáticos, portanto, buscamos identificar e classificar as **disjuntivas críticas** do planejamento governamental brasileiro em três grandes conjuntos, conforme demonstrado na figura 1, a saber: i) nível macroinstitucional; ii) nível mesoinstitucional; e iii) nível microinstitucional.

O **nível macroinstitucional** refere-se às grandes e elevadas questões estruturais que circunscrevem e subordinam a função planejamento governamental na sua relação com os domínios (materiais e simbólicos) da técnica e da política; com o peso e papel que ela pode desempenhar na articulação entre mercado capitalista e desenvolvimento nacional; assim como na articulação entre democracia e desenvolvimento.

Além disso, é no nível macroinstitucional que posicionamos a relação entre a macrofunção governamental do planejamento e o seu instrumento principal de aplicação no Brasil desde a CF-1988. O PPA, que por ser o mandamento legal superior criado na Constituição (e até o momento vigente em termos formais), dialoga com boa parte das normas, sistemas, arranjos administrativos, carreiras e subfunções especializadas (tais como as de planejamento e orçamento, finanças e controle, gestão governamental, pesquisa e avaliação), responsáveis, ao fim e ao cabo, pela mobilização de recursos físicos, financeiros, humanos e tecnológicos destinados a todas as etapas formais do circuito de políticas públicas existente em nível federal no Brasil, tais como a formulação, a implementação, a gestão, o monitoramento, os controles burocráticos e a avaliação.

Em outras palavras: posicionamos o PPA nessa dimensão porque ele é o instrumento que melhor dialoga com todas as demais disjuntivas, quer seja por seu objetivo constitucional, quer seja pelo seu teor potencialmente estratégico. Isso porque é no âmbito de tais relações que as **disjuntivas críticas** entre planejamento e cada uma das demais dimensões do processo concreto de governar se revelam de modo mais claro e intrincado.

O nível mesoinstitucional reúne, por usa vez, as principais relações que, por meio do PPA, o planejamento governamental em nível federal no Brasil estabelece com as demais funções governamentais estruturantes, notadamente: finanças públicas e orçamentos; organização institucional e gestão das políticas públicas; controles interno e externo; direito constitucional, administrativo e financeiro etc. Este é o nível de análise que será privilegiado neste texto.

Por fim, no **nível microinstitucional**, defrontamo-nos com algumas das questões típicas da função planejamento propriamente dita, que ressaltam aspectos de cunho tático-operacional que não poderiam deixar de ser mencionados. Todavia, de certa maneira, todas elas emanam das (ou estão referenciadas às) disjuntivas críticas que se observam mais diretamente no nível mesoinstitucional. Desta forma, à luz da figura 1, é preciso dizer que o nível microinstitucional é aquele do cotidiano da gestão pública, e talvez por isso o nível mais concreto das disjuntivas críticas, por meio das quais as disputas e os conflitos da burocracia de planejamento mais aparecem, induzindo, sobretudo, os atores de médio escalão a se posicionarem e disputarem em torno da primazia de modelos operacionais de aplicação de conceitos e implementação de políticas públicas, tais como: estruturas e sistemas centralizados ou descentralizados de políticas; uso de sistemas gerais únicos ou sistemas setoriais específicos para o acompanhamento e a prestação de contas; ênfase nos atributos e responsabilidades das áreas-meio tradicionais ou das áreas finalísticas das políticas; estrito seguimento das normas e rotinas formais e legais ou margem de discricionariedade para certo ativismo burocrático.

Isto posto, neste trabalho dirigimos atenção sobretudo aos níveis micro e mesoinstitucional. Parte-se da premissa de que a atuação nesses dois níveis é necessária e possível, ainda que não suficiente para atacar as questões mais prementes do planejamento governamental na perspectiva de Cardoso Jr. e Santos (2018), que estariam no nível macroinstitucional. A razão é que esses níveis intermediário (mesoinstitucional) e inferior (microinstitucional) configuram o cenário no qual são examinadas as questões relativas aos atores envolvidos e seus papéis, a articulação entre eles, os arranjos e instrumentos utilizados para a formulação e coordenação dos planos e políticas, e a capacidade organizacional disponível.

Em particular no nível mesoinstitucional, examinamos as interfaces do planejamento estratégico com as funções típicas do NdG que guardam relação direta com ele – coordenação intragovernamental, coordenação política, e monitoramento e avaliação – e com a gestão orçamentária. Parte-se da premissa de que para alcançar a centralidade que sua relevância impõe, o planejamento estratégico precisa articular-se coerentemente com as demais funções transversais de governo, exercidas pelos órgãos e estruturas que dão suporte direto ao presidente da República. Igualmente imprescindível é a conexão entre planejamento e gestão orçamentária.

Para fechar o quadro analítico, é imprescindível que tais reflexões estejam situadas no plano teórico que articula as disjuntivas críticas, em nível mesoinstitucional, com o seu entorno estratégico e operativo. Para tanto, lançamos mão do **constructo teórico** presente na figura do **triângulo de governo** de Carlos Matus, pois ela permite perscrutar a relevância política do arranjo institucional federal com o projeto de governo e com as dimensões da governabilidade e governança (ou capacidade de governo) que lhe são subjacentes.

O triângulo de governo: projeto, governabilidade e governança

O planejamento governamental no Brasil encontra-se esvaziado de sua dimensão político-estratégica, tendo-se acomodado a procedimentos técnico-burocráticos de elaboração e execução do PPA e da Lei Orçamentária Anual (LOA). Esse é um diagnóstico compartilhado por alguns autores que publicam sobre o planejamento governamental. Segundo De Toni (2014), o planejamento governamental é, por definição, "um processo político coletivo, coordenado pelo Estado que, através do aumento da capacidade de governo, realiza um projeto estratégico de sociedade".

Esse tipo de abordagem implica enxergar o planejamento como um processo tecnopolítico que vai muito além da aplicação de técnicas e modelos gerenciais, de um viés economicista e de simples discussões acerca de eficiência e eficácia. Trata-se de um ponto de vista que identifica o planejamento governamental com o próprio ato de governar. É o dirigente máximo, em última instância, o grande patrocinador do plano, sendo o plano entendido, segundo De Toni, sob a inspiração de Matus (2007), como "uma grande aposta bem fundamentada sobre hipóteses e cenários futuros com diferentes viabilidades para o sucesso do projeto planejado".

Assim, o conhecido "Triângulo de Governo", de Carlos Matus (1993), está na origem dessa abordagem tecnopolítica do planejamento governamental. A figura 2, a seguir, apresenta as três variáveis básicas do ato de governar: o projeto de governo; a governabilidade do sistema; e a governança ou capacidade de governo.

Figura 2. Triângulo de governo

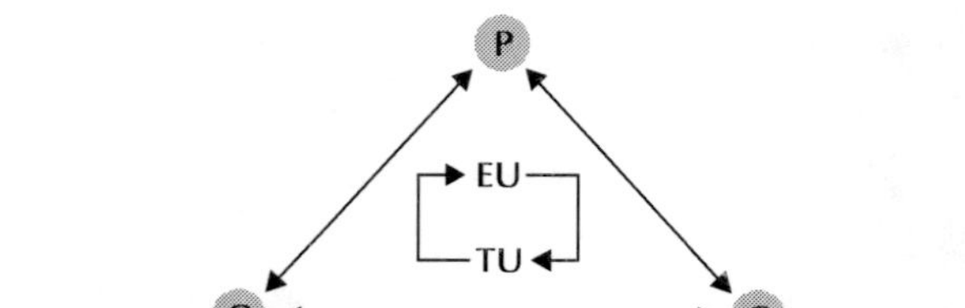

Fonte: Matus (1993).

As três variáveis do triângulo são inter-relacionadas. O **projeto de governo** (o plano, mencionado acima) envolve um conjunto de ações que abrangem reformas políticas, a política econômica, políticas públicas específicas, reformas da gestão pública, entre outras, escolhidas para o alcance dos objetivos de governo, considerando-se a governabilidade do sistema e a capacidade de governo.

A **governabilidade** do sistema depende da relação entre as variáveis que o governo controla e as que não controla. Ela diz respeito à possibilidade de agir e de atuar sobre os efeitos da ação. Quanto maior a quantidade de variáveis sob controle, maior a governabilidade, e vice-versa. Trata-se de um sistema social em que os demais atores envolvidos no processo de governar – e planejar – exercem, cada um, o controle sobre determinadas variáveis, mas igualmente não sobre todas. E é nessa arena, onde interagem diferentes atores com diferentes interesses e níveis de poder, o lugar onde se processa, dinamicamente, a governabilidade do sistema. Portanto, a governabilidade depende do capital político dos dirigentes. Se, por um lado, a governabilidade condiciona a exequibilidade de determinado projeto de governo, este, por outro lado, influencia a governabilidade na medida da ambição de seus objetivos: objetivos grandes são menos governáveis do que os pequenos.

A **capacidade de governo** (ou governança) refere-se ao sistema de direção e planejamento, ou seja, à capacidade de determinar as ações a serem empreendidas e de executá-las. Abrange todos os meios e recursos necessários à realização do projeto de governo: competências das equipes e dirigentes, métodos e técnicas, sistemas de informação etc. Matus (1993) denomina esse conjunto de recursos de capital intelectual das equipes e dirigentes. Tal como expressa o seu Triângulo de Governo, o projeto de governo depende tanto do capital intelectual (capacidade de governo) quanto do capital político (governabilidade do sistema). Segundo Matus, "A baixa capacidade de governo afeta a governabilidade, a qualidade da proposta e a gestão de governo. As exigências do projeto de governo põem em prova a capacidade de governo e a governabilidade do sistema. A governabilidade, por fim, impõe limites ao projeto de governo e faz exigências à capacidade de governo". (Matus, 2007).

Neste sentido, o que advogamos neste trabalho é que as variáveis do Triângulo de Governo – projeto do governo, governabilidade e capacidade de governo –, na ausência das quais não é possível ao planejamento estratégico federal lograr alcançar o patamar de relevância com vistas ao desenvolvimento do país, precisam ser estabelecidas a partir do NdG. O entorno do presidente da República é o lócus de onde devem brotar as diretrizes mais amplas para o alcance dos objetivos de governo, a coordenação transversal das ações setoriais que implementam os objetivos, o acompanhamento de tais ações e a prestação de contas pelos resultados.

Portanto, a pergunta central aqui – como ressignificar o planejamento estratégico federal de forma a torná-lo capaz de implementar um projeto de desenvolvimento para o país? – foi desdobrada em perguntas sobre cada uma das variáveis do Triângulo de Governo de Carlos Matus, para que fosse possível identificar as capacidades institucionais a serem mobilizadas com vistas ao fim almejado.[3]

Para a primeira categoria, o **Projeto de Governo**, buscamos averiguar quais são os instrumentos de que governo federal dispõe para a construção de uma visão de país, expressos em termos de uma visão de longo prazo e de um plano de governo que orientem seus demais instrumentos de planejamento. Considera-se que o plano de governo possui horizonte de médio prazo, válido nos limites do mandato presidencial, e que a Visão de Longo Prazo extrapola esse horizonte temporal, perpassando mais de um mandato.

---

[3] Procedemos a outro desdobramento analítico, de forma a tornar mais operacional o levantamento de informações, seja por análise documental, seja por entrevistas. O roteiro das entrevistas foi elaborado considerando-se as perguntas formuladas nos dois desdobramentos. Para a primeira categoria, **Projeto de Governo**, foram criadas duas subcategorias: Visão de Longo Prazo e Plano de Governo. Para a segunda, **Governabilidade**, as subcategorias Coordenação Intragovernamental e Coordenação Política. Finalmente, a terceira categoria, **Capacidades de Governo**, foi traduzida em Recursos Humanos e Organizacionais.
Os dados de pesquisa foram obtidos por meio do exame de dispositivos constitucionais, legais e infralegais – Constituição Federal de 1988, leis, decretos, projetos de lei, propostas de emenda constitucional –, atas de reunião, relatórios, notas técnicas, acórdãos, artigos especializados e entrevistas, realizadas entre outubro e dezembro de 2019, além da experiência profissional dos autores.
Como método de pesquisa e análise foram utilizadas as abordagens *de jure*-funcional e *de facto*-funcional para as funções do planejamento estratégico, coordenação intragovernamental, coordenação política e monitoramento e avalição, complementadas pela compilação das recomendações de pesquisadores, técnicos especialistas, órgãos de controle e gestores. O método foi repetido para cada uma das categorias e subcategorias de análise – Projeto de Governo e suas subcategorias Plano de Governo e Visão de Longo Prazo, Governabilidade e suas subcategorias Coordenação Intragovernamental e Coordenação Política, e a categoria Capacidade de Governo.

Para a segunda categoria, **Governabilidade**, procuramos avaliar a capacidade institucional para que o governo influencie os atores – intragovernamentais, políticos e da sociedade – relevantes para o Projeto de Governo, sob uma perspectiva das funções de NdG que interagem diretamente com a função do planejamento estratégico: a coordenação intragovernamental (ou coordenação das políticas públicas) e a coordenação política. Consideramos também a função de monitoramento e avaliação, porém de forma integrada à análise das duas funções anteriores.

A separação entre coordenação intragovernamental e política possui a vantagem analítica de permitir a identificação dos atores, arranjos e instrumentos próprios de cada uma. Por consequência, essa distinção pode facilitar a formulação de propostas de intervenção específicas. Entretanto, de acordo com a literatura, não existe rigorosamente uma separação entre coordenação de políticas públicas e coordenação política. Peters (2018) afirma que os inúmeros instrumentos de coordenação de que dispõem os centros de governo dependem, todos eles, em maior ou menor grau, da autoridade dos atores do núcleo presidencial. Assim, "esses mecanismos são com frequência tão políticos quanto administrativos. A coordenação é sobre definir e implementar prioridades, assim como sobre fazer as organizações trabalharem juntas de maneira suave e eficaz" (PETERS, 2018).

Com relação à terceira categoria, **Capacidades de Governo**, interessou saber qual a capacidade operacional do governo para realizar o Projeto de Governo, expressa em termos de recursos humanos e organizacionais disponíveis ou mobilizáveis para as funções do planejamento estratégico, a coordenação intragovernamental e a coordenação política.

Resultados alcançados

De posse, portanto, do cruzamento das abordagens de Matus (triângulo de governo) e Cardoso Jr. e Santos (disjuntivas críticas), pudemos construir inter-relações dinâmicas entre ambas, as quais identificam os principais problemas e qualificam os seus significados.

O resumo desse cruzamento encontra-se no quadro 1, a seguir. A maioria das disjuntivas críticas está posicionada nos níveis meso e microinstitucional. No nível macroinstitucional, foram identificadas três disjuntivas, todas do tipo tecnopolítico. Evidentemente, o número de disjuntivas encontradas não esgota o conjunto de disfuncionalidades que orbitam o planejamento federal; esse número é função do recorte adotado e das limitações desta pesquisa.

Não temos a pretensão de apontar recomendações para todas as disjuntivas. Algumas das recomendações podem ter, em tese, o potencial de tratar mais de uma delas. Não há soluções certas ou erradas. Priorizamos o que supomos poder trazer maiores ganhos para o planejamento federal a partir das lacunas levantadas: cooperação entre os atores, convergência entre competências *de jure* e competências *de facto* para melhor aproveitamento das capacidades das estruturas existentes, integração das instâncias decisórias, comunicação entre as funções de NdG e definição do processo de gestão estratégica de governo. Qualquer solução que se proponha precisa ser tecnicamente consistente e politicamente legitimada. Há soluções que têm maior ou menor probabilidade de serem bem-sucedidas, a depender da robustez do seu desenho, da conjuntura política, do patrocínio do presidente da República e dos dirigentes do NdG, do jogo de forças entre os atores, do preparo e aceitação da burocracia etc.

Vale relembrar que o que pretendemos é recolocar o planejamento federal na posição de principal direcionador das ações de governo e retomar a lógica do tripé planejamento/orçamento-programa/desembolso financeiro.[4] Assim, dentre os fatores relacionados acima, podemos afirmar que o mais fundamental é o patrocínio do presidente da República, sem o qual a reformulação de estruturas e processos corre o risco de esvaziamento, ou de sequer começar a ser implementada.

Sobre os atores

As disjuntivas mais relacionadas às competências dos atores e ao relacionamento entre eles são as D1a1, D1b1, D2b6, D2c1, D3b1, D3c1 e D3c2. Essas disjuntivas envolvem a Secretaria de Avaliação de Políticas Públicas, Planejamento, Energia e Loteria do Ministério da Economia (SECAP), a Secretaria de Gestão do Ministério da Economia (SEGES), a Casa Civil, a Secretaria de Governo (SEGOV) e a Secretaria Especial de Assuntos Estratégicos da Presidência da República (SAE), e dizem respeito à baixa cooperação entre alguns

---

4 Lógica estabelecida pela reforma administrativa do Decreto-Lei 200/1967 e consolidada no Decreto 71.353/1972, que criou o Sistema de Planejamento Federal.

desses atores nas questões do planejamento e à dissonância entre aquilo que estão habilitados normativamente a fazer e o que de fato fazem.

No que se refere ao relacionamento entre a Secap e Seges, conforme apontado nas análises, não foi possível averiguar se o posicionamento em linhas hierárquicas distintas dentro do ME compromete o desempenho daquelas unidades. De qualquer modo, o deslocamento da função de coordenação do monitoramento do PPA 2020-2023 da primeira para a segunda é um indício de baixa capacidade da Secap para a execução de suas competências, o que é reforçado quando se considera que a Seges também acumula responsabilidades em relação ao planejamento de longo prazo. Nesse sentido, talvez seja oportuno que o ME avalie a possibilidade de reequipar a Secap para que assuma a coordenação do monitoramento do PPA, e também daquelas atividades que dizem respeito ao longo prazo, liberando a Seges para a coordenação das ações de melhoria da gestão dos órgãos e entidades da administração pública federal, considerando que estas ações da Seges terão impacto direto sobre a própria implementação do PPA. Não fortalecer a Secap, a princípio, só faz sentido em um cenário de extinção do PPA sem a substituição por outro instrumento, o que fragilizaria toda a lógica da pirâmide do planejamento e poderia acirrar as disputas políticas em torno do orçamento federal, levando, em última instância, a uma deterioração das políticas públicas.

Quadro 1. Resumo das disjuntivas críticas do planejamento estratégico federal.

	Projeto de Governo (a)	**Governabilidade (b)**	**Capacidade de Governo (c)**
Nível Macroinstitucional (1)	D1a1: (técnico-política): Esforço de formulação e institucionalização de uma VLP *versus* ausência de pactuação política para sua sustentabilidade; D1a2: (técnico-política): Primeira Infância prioritária na mensagem presidencial *versus* ausência de tratamento prioritário para essa política no PPA e LDO.	D1b1: (técnico-política): Agentes políticos preocupados com a entrega *versus* burocracia preocupada com a institucionalização do processo de entrega.	

	Projeto de Governo (a)	Governabilidade (b)	Capacidade de Governo (c)
Nível Mesoinstitucional (2)	D2a1: Esforço de organização da cadeia lógica do planejamento *versus* proposta de extinção do PPA; D2a2: Implantação de modelo de gestão integrador do planejamento estratégico *versus* deficiências do PPA pondo em risco a coerência do modelo. D2a3: Possibilidade de alteração unilateral dos atributos do PPA *versus* requisitos de transparência e *accountability*.	D2b1: Planejamento *versus* finanças públicas *versus* orçamento; D2b2: SPOF como *lócus* formal do planejamento federal *versus* decisões e processos fora do sistema; D2b3: Composição estreita do CIG *versus* abrangência de suas decisões; D2b4: Impacto das decisões da JEO sobre o planejamento federal *versus* JEO e CIG não integrados; D2b5: Institucionalização de processo de avaliação das políticas públicas *versus* baixa governança orçamentária do NdG; D2b6: (entre funções de NdG – consequência da disjuntiva técnico-política): esforço organizativo do planejamento estratégico *versus* ausência de coordenação política para o longo prazo.	D2c1: Esforço de organização da pirâmide do planejamento *versus* desarticulação entre estruturas e órgãos com atribuições de planejamento.
Nível Microinstitucional (3)	D3a1: PPA como instrumento orientador do médio prazo *versus* modelo de gestão que transfere para as LOA a definição das entregas; D3a2: Institucionalização da VLP *versus* indefinição das prioridades estratégicas.	D3b1: Ausência de processos para os níveis Metcalfe 8 e 9 *versus* existência de órgãos com competências regimentais para implementá-los; D3b2: Formulação de técnicas e práticas de monitoramento e avaliação *versus* baixa implementação.	D3c1: Fragmentação funcional: Seges responsável pela VLP *versus* Secap responsável pelo PPA; D3c2: Atuação *de jure* *versus* atuação *de facto* de órgãos e unidades com funções de planejamento: SAE; Seges *versus* Secap.

Fonte: Elaboração própria.

Uma alternativa à Secap como responsável pela formulação da estratégia de longo prazo poderia ser a SAE. Com diversas competências regimentais em planejamento de longo prazo, a SAE poderia estabelecer um protocolo de cooperação com a Seges e com a Casa Civil para assumir a coordenação das atividades de formulação, atualização e monitoramento da Endes ou de qualquer outro instrumento de visão de longo prazo que venha a ser estabelecido pelo governo federal. Alterações regimentais poderiam vir *a posteriori*, após a consolidação dos processos de trabalho.

Outro protocolo de trabalho também poderia ser estabelecido entre Secap, Seges, SOF, Casa Civil e SAE para o desenho dos processos relativos à gestão estratégica, que correspondem à camada superior da pirâmide do planejamento e à sua interface com a camada intermediária, e que também dizem respeito aos processos dos níveis 8 e 9 da escala Metcalfe,[5] respectivamente estabelecimento de prioridades centrais e estratégia governamental. Há um amplo trabalho a ser feito nesse quesito, que envolve a sistematização de processos para: elaboração e atualização de estudos prospectivos; aplicação desses estudos na formulação das estratégias de longo prazo; utilização da visão de longo prazo do país como direcionador dos planos nacionais, regionais, setoriais e do PPA; avaliação da qualidade dos planos nacionais, regionais e setoriais e do seu alinhamento às diretrizes de governo; definição do ciclo de seleção, priorização, monitoramento e avaliação de programas e projetos candidatos a receberem investimentos plurianuais e serem inseridos no Anexo 3 do PPA; estabelecimento dos critérios de seleção e priorização; e realização de revisões orçamentárias (*spending reviews*) que orientem a alocação orçamentária estratégica, incluindo a definição dos tetos orçamentários setoriais. Ainda que não seja possível, por motivos técnicos e/ou políticos, realizar tudo isso, já seria um ganho para o planejamento ter parte desses processos institucionalizada, mesmo por dispositivos infralegais.

Considerando que os processos mencionados acima referem-se quase todos à fase *top-down* do modelo MTEF[6] (plurianualidade), a parceria entre esses atores poderia ser uma boa oportunidade para avaliarem a maturidade da gestão desse modelo no âmbito federal e a conveniência de sua implantação.

---

5 Metcalfe (1994) apresenta uma escala de nove níveis de coordenação em que o nível mais baixo é o das decisões independentes dos ministros de linha (nível 1). Segundo essa proposta, um determinado nível de coordenação acumula os níveis abaixo dele, o que é criticado por outros autores.

6 *Medium Term Expenditure Framework*. O Banco Mundial define MTEF como "[...] uma abordagem estratégica orientada para o futuro para estabelecer prioridades e alocar recursos, a qual permite que tanto o nível quanto a composição do gasto público sejam determinados à luz das necessidades emergentes (WORLD BANK, 2013). Trata-se de uma forma de implementação da plurianualidade orçamentária, modelo capaz de gerar maior equilíbrio entre política fiscal, planejamento estratégico e orçamento.

A mudança de foco, do curto para o médio prazo, para dar sustentabilidade à política fiscal, a adoção de *spending reviews* sistemáticos das políticas públicas e, eventualmente, a transformação do PPA em um PPA "rolante" são alguns dos pontos que poderiam trazer ganhos para o planejamento sem perturbar o sono dos controladores das finanças públicas. A contribuição do NdG poderia ser levada ao âmbito de discussão da nova lei complementar de finanças, que se encontra em tramitação na Câmara dos Deputados.

Outro aspecto relacionado ao planejamento federal que se beneficiaria da cooperação entre esses atores de NdG é o da coordenação política. Neste caso, a parceria deveria ser ampliada para incluir a Segov. Não foi possível, nas pesquisas para este trabalho, verificar como se deu a coordenação política para a aprovação do PPA 2020-2023, ou mesmo se houve essa coordenação, e se o NdG negociou as alterações efetuadas pelo Congresso na camada estratégica do plano. De qualquer modo, há evidências de que essa coordenação inexiste para o caso da estratégia de longo prazo, uma vez que o PL 9.163/2017 e a PEC 122/2015[7] são projetos concorrentes, sendo o último desconhecido pelo próprio NdG. Um processo simples que organizasse os fluxos de informação, o papel de cada ator, a forma de atuação etc. poderia contribuir para abrir um canal de negociação em torno desse tema e se chegar a um denominador comum entre governo federal e Legislativo. Para tanto, é necessário que os atores do planejamento reconheçam a articulação política como um elo fundamental da sua agenda de construção da pirâmide do planejamento e envolvam a Segov em um protocolo de trabalho.

Cabe por fim ressaltar que o aprendizado institucional a partir das parcerias recomendadas pode servir de base para uma futura revisão dos normativos do planejamento governamental, incluindo a Lei 10.180/2001.

---

[7] Cria o "Plano Pluriquadrienal" como lei de iniciativa do Poder Executivo para estabelecer "a visão de futuro e os objetivos estratégicos do País", "visando ao desenvolvimento sustentável, socialmente justo, economicamente viável e ecologicamente equilibrado", com vigência de 20 anos. A PEC recebeu uma emenda em 2017 que alterou o nome do plano para "Plano Nacional de Desenvolvimento Econômico e Social (PNDES).

Sobre a integração das instâncias decisórias

As disjuntivas que dizem respeito a problemas de integração entre funções governamentais e entre instâncias decisórias são as D2a1, D2b1, D2b2, D2b3, D2b4, D2b5 e D2b6. Elas detectam a fragmentação das decisões que envolvem planejamento e orçamento, o esvaziamento do SPOF como lócus de decisões do planejamento e a falta de interlocução entre planejamento e coordenação política.

O incômodo com a insuficiência dos processos decisórios que envolvem planejamento e orçamento foi um dos achados do levantamento de dados. Partindo desse ponto e de sugestões iniciais dos entrevistados, propomos dois modelos alternativos que poderiam favorecer a integração entre essas duas funções. Um terceiro modelo, complementar e não excludente dos anteriores, é apresentado na sequência.

O primeiro modelo envolve a criação de câmaras temáticas no Conselho de Governo, especializadas em governança pública, política fiscal e avaliação de políticas públicas. Essas câmaras absorveriam, respectivamente, as funções atualmente exercidas pelo CIG, Junta de Execução Orçamentária (JEO) e Conselho de Monitoramento e Avaliação de Públicas (CMAP). A depender da interpretação que se dê ao Art. 13, inciso II da Lei 13.844/2019,[8] será necessário atualizá-la para comportar essas três câmaras, que não necessariamente tratam de políticas públicas setoriais.

Caso não seja necessário atualizar a lei, bastariam um ou mais decretos para a criação das câmaras. Também seria necessária a extinção do CIG, JEO e CMAP. Cada câmara deverá contar com um comitê executivo e grupos técnicos que terão por finalidade, respectivamente, acompanhar e implementar as decisões da câmara. O organograma esquemático dessa proposta é apresentado na figura 3.

---

8 Art. 13. Ao Conselho de Governo compete assessorar o Presidente da República na formulação de diretrizes de ação governamental, com os seguintes níveis de atuação:
[...]
II Câmaras do Conselho de Governo, criadas em ato do Poder Executivo federal, com a finalidade de formular políticas públicas setoriais cujos escopos ultrapassem a competência de mais de 1 (um) Ministério.
(Brasil, 2019).

Figura 3. Integração de Instâncias Decisórias – Alternativa 1

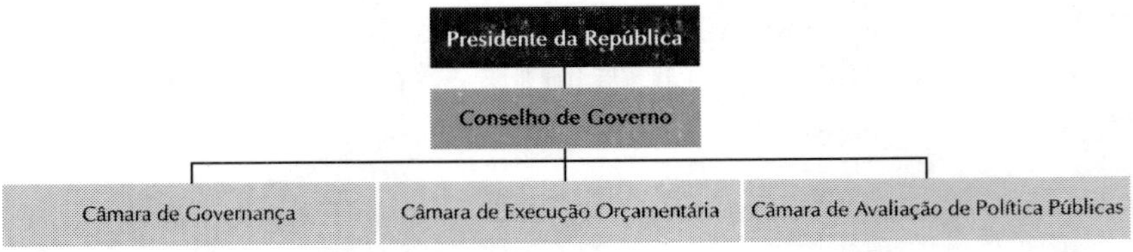

Fonte: Elaboração própria.

A criação de uma câmara de governança pública, ao invés de uma câmara de planejamento, baseia-se na ideia de preservar o arranjo criado pelo Decreto 9.203/2017. Para enfatizar as atribuições relativas ao planejamento estratégico federal, estas poderiam ser explicitadas no rol de competências da câmara, já que o Decreto 9.203/2017 é inespecífico quanto a isso.

Como vantagens dessa nova estrutura, espera-se maior legitimidade política das decisões e convergência entre planejamento, orçamento e avaliação das políticas públicas. Em contrapartida, é preciso considerar alguns riscos nesse modelo. Considerando-se que decisões orçamentárias e fiscais serão submetidas ao gabinete como um todo, pressões políticas sobre o orçamento poderão se sobrepor a uma desejável racionalidade baseada em critérios técnicos de alocação dos recursos. Esse mesmo tipo de pressão poderia ocorrer em relação a revisões orçamentárias de políticas e programas. Em relação à situação atual, esse modelo também poderia tornar o processo decisório mais lento. Por fim, é preciso ter em mente que os integrantes do CIG e da JEO deixariam de se reportar diretamente ao presidente da República, o que poderia suscitar resistências à mudança.

Um segundo modelo, alternativo, poderia minimizar alguns desses riscos: a criação do Conselho de Centro de Governo composto por todos os ministérios da Presidência da República – Casa Civil, Secretaria Geral, Secretaria de Governo, Gabinete de Segurança Institucional –, SAE, Ministério da Economia e CGU. Seria uma versão para o que os entrevistados denominam "CIG ampliado". Tal como no modelo anterior, o Conselho de Centro de Governo teria as mesmas três câmaras – governança pública, execução orçamentária e avaliação de políticas públicas –, sem prejuízo de poderem ser criadas outras câmaras para temas específicos. Cada câmara também teria um comitê executivo e grupos técnicos para a implementação de suas decisões. Porém, diferentemente do Conselho de Governo, o Conselho de Centro de Governo teria como missão principal a coordenação das ações do governo como um todo, buscando convergir a atuação dos diferentes órgãos e entidades da administração pública federal e facilitar a comunicação entre os órgãos integrantes do próprio NdG. A secretaria do conselho poderia ficar a cargo da Casa Civil.

Propomos a vinculação de uma quarta estrutura ao Conselho de Centro de Governo: uma Sala de Situação. Seu objetivo seria o de monitorar os projetos e ações prioritários de governo. Para tanto, são necessários alguns requisitos: implementação de um processo de gestão estratégica consistente que estabeleça os papéis do NdG e dos órgãos setoriais responsáveis pelas políticas a serem monitoradas; sistemas de informação integrados e fidedignos que permitam a criação de painéis estratégicos para o presidente da República e a alta administração; e alocação de técnicos treinados e de recursos orçamentários. A sua estrutura poderia ser a mesma das demais câmaras, com um comitê executivo e grupos técnicos. O comitê executivo poderia ser composto pelos ministros ou secretários executivos dos órgãos de NdG responsáveis pelo planejamento estratégico federal: Casa Civil, Ministério da Economia e SAE. Estruturas setoriais equivalentes, com secretários executivos e técnicos, se reportariam ao comitê executivo no acompanhamento dos projetos prioritários. A frequência das reuniões da Sala de Situação deverá ser maior que a das demais câmaras, uma vez que sua função é também a de recomendar providências quando houver qualquer tipo de entrave à execução dos projetos. A presidência da Sala de Situação poderia ficar a cargo da Casa Civil ou da SAE.

Em relação ao modelo anterior, o Conselho de Centro de Governo permite decisões mais céleres, uma vez que sua composição restringe-se a órgãos do NdG; não está sujeito a pressões por recursos orçamentários, considerando que é composto por órgãos que controlam e planejam e não pelos que gastam; e fortalece a coordenação do NdG e a integração de suas funções típicas – planejamento estratégico, coordenação intragovernamental, coordenação política, monitoramento e avaliação, comunicação e *accountability*. A integração entre as funções de planejamento, orçamento e avaliação poderá, em tese, funcionar melhor que a do modelo anterior, também por conta da composição restrita deste conselho. Em contrapartida, sua criação poderá encontrar resistências por parte dos integrantes do CIG e da JEO, tal como no caso da

Alternativa 1. Ponderando-se todos esses fatores, a opção pela Alternativa 2 pode ser mais bem-sucedida do que pela Alternativa 1. O organograma esquemático dessa proposta é apresentado na figura 4.

Figura 4. Integração de Instâncias Decisórias – Alternativa 2

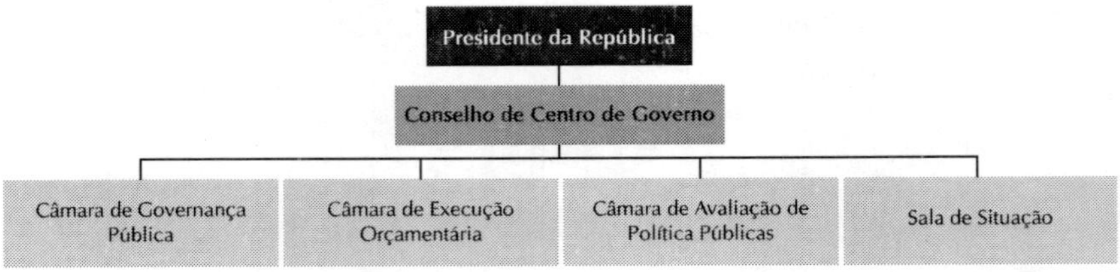

Fonte: Elaboração própria.

A criação do Conselho de Centro de Governo facilitaria a implementação da cadeia de valor de NdG e de uma matriz de responsabilidades, em torno da qual ainda não houve consenso por parte dos ministérios palacianos, conforme levantado na pesquisa. Os trabalhos de detalhamento desses instrumentos para incluir os fluxos de informação e as interfaces entre as funções típicas de NdG poderiam ser coordenados pela secretaria do conselho. O produto final – encadeamento de processos com entradas, saídas, responsáveis e participantes – serviria de base para a construção de um sistema automatizado de suporte à gestão do NdG.

Pode-se pensar em um terceiro modelo, complementar aos anteriores, mas não excludente. Trata-se de aproveitar o Conselho Fiscal da República, proposto pela PEC do Pacto Federativo (PEC 187 de 2019, em tramitação legislativa), para dotá-lo de funções mais amplas que incluam o planejamento estratégico governamental e permitam a pactuação de uma estratégia de longo prazo para o país com os demais poderes da União, os entes federativos e os órgãos de controle. A PEC explicita a preocupação com o longo prazo ao relacionar entre as competências do Conselho a de "salvaguardar a sustentabilidade de longo prazo dos orçamentos públicos". Além disso, acrescenta o artigo 116 ao Ato das Disposições Constitucionais Transitórias para tratar de regras de limites de gastos para planos nacionais, regionais e setoriais de ordenação do território e de desenvolvimento econômico e social. Assim, não parece ser excessiva, nem adulterar o propósito geral da

PEC, a inclusão de dispositivo para harmonizar a sustentabilidade fiscal de longo prazo com uma estratégia de longo prazo para o país, nos termos do Art. 174, §1º da Constituição Federal.[9] A inclusão de dispositivo dessa natureza na PEC permitiria que o Conselho Fiscal da República se tornasse uma relevante instância de deliberação sobre a Endes ou qualquer outro instrumento alternativo de visão de longo prazo, o que aumentaria as chances de sua sobrevivência para além dos ciclos eleitorais.

Por fim, um adendo sobre propostas de criação de instâncias de pactuação dos instrumentos de longo e médio prazos com a sociedade. Entendemos que cabe ao governo federal avaliar a melhor forma de instituir a participação social nos processos do planejamento estratégico. Desta feita, porquanto a participação social seja uma dimensão relevante dos processos decisórios contemporâneos, ainda mais em sociedades complexas como a brasileira, esta temática não será aprofundada nesse trabalho.

Sobre o processo de gestão estratégica

A figura 5 apresenta uma proposta de visão geral para o encadeamento da pirâmide do planejamento, incluindo seus instrumentos, atores, estruturas, processos e atividades. Foram considerados os atores que possuem alguma atribuição em relação ao planejamento federal, sob as abordagens *de jure* e *de facto*. As estruturas utilizadas no esquema são as propostas acima: Conselho de Centro de Governo (Alternativa 2) – ao invés de CIG e JEO – e Conselho Fiscal da República. Optou-se pela Alternativa 2 por se entender ser mais robusta, técnica e politicamente, em relação à Alternativa 1. Incluímos o Sistema de Organização e Inovação Institucional do Governo Federal (SIORG) como arranjo de coordenação dos planejamentos estratégicos institucionais (PEI). Por se tratar de uma visão simplificada, vários elementos foram omitidos, como os papéis dos atores e os atores externos ao governo federal.

---

[9] Art. 174 ...§ 1º A lei estabelecerá as diretrizes e bases do planejamento do desenvolvimento nacional equilibrado, o qual incorporará e compatibilizará os planos nacionais e regionais de desenvolvimento.

Figura 5. Gestão estratégica do governo federal

Desenho / Avaliação Ex. Ante / Gestão de Riscos →

Intrumento do Planejamento	VLP	Plano de Governo (PG) / PPA	Planos Nacionais / Regionais / Setoriais	PEI	LDO / Orçamento
Horizonte	12 a 20 anos (atualização a cada 4 anos	4 anos (atualização anual)	4 a 20 anos (atualização a anual ou a cada 4 anos	4 anos (atualização anual)	1 a 4 anos (atualização anual)
Atores	Casa Civil / ME / CGU / SAE / IPEA / Banco Central	Casa Civil / ME / SAE / Segov / Banco Central	CC / ME / SAE / Ministérios e entidades vinculadas	ME / Ministérios e entidades vinculadas	ME / Ministérios e entidades vinculadas
Estruturas / Arranjos de coordenação	Conselhos de CdG / Conselho Fiscal da República	Conselhos de CdG	Conselhos de CdG	SIORG	Conselhos de CdG / Conselho Fiscal da República
Processos / Atividades	Estudos prospectivos; Projeções macroeconômicas; Estabelecimento de marco fiscal de médio/longo prazo; Definição de diretrizes estratégicas de longo prazo; Definição de indicadores e metas para monitoramento de estratégia	Alinhamento à VLP; Projeções macroeconômicas; Estabelecimento do marco fiscal de médio prazo; Definição dos programas e projetos prioritários; Definição dos indicadores de monitorameno; Definição de tetos agregados e setoriais do orçamento	Alinhamento à VLP e ao PG/PPA; Orçamentos dos planos	Alinhamento à VLP e ao PG/PPA; Planos nacionais, regionais, setoriais; Orçamentação dos programas e ações dentro dos limites setoriais	Detalhamento das despesas

← Monitoramento / Avaliação Ex. Post / *Spending Reviews* / Gestão de Riscos

Fonte: Elaboração própria

Considerando a possibilidade de extinção do PPA, mediante proposta contida na PEC 188 de 2019 em tramitação legislativa, sem que nenhum outro instrumento o substitua, a coluna Plano de Governo/PPA seria suprimida do modelo, razão pela qual foi acrescentada uma seta pontilhada ligando a VLP aos planos nacionais, regionais e setoriais. Essa seta indica que na ausência de um plano de médio prazo, a VLP passaria a orientar diretamente os demais instrumentos. Pela mesma razão, a seta cheia que liga o PG/PPA à LDO/Orçamento foi acrescida de um trecho pontilhado até a VLP: o marco fiscal de médio prazo que estabelece os limites para a elaboração da LDO e do orçamento poderia ser determinado por ocasião da elaboração e revisão da VLP, no caso de não haver mais PPA.

A alternativa PG/PPA foi registrada para o caso de outro instrumento de médio prazo vir a substituir o PPA, se este for extinto. Propositadamente não se mencionou a Lei Orçamentária Anual (LOA), porque a PEC do Pacto Federativo, além da extinção do PPA, prevê o instituto do orçamento plurianual. Assim, a última coluna pode se referir tanto a um orçamento anual, no caso de a PEC não ser aprovada, quanto a um orçamento plurianual. As pequenas setas entre as colunas indicam a direção do alinhamento estratégico dos instrumentos do planejamento, supondo-se que os instrumentos à esquerda são construídos em momento anterior aos da direita. Como essa suposição nem sempre é verdadeira, na prática haverá setas bidirecionais entre a VLP e PG/PPA e entre PG/PPA e os planos nacionais, regionais e setoriais.

As setas acima e abaixo da tabela indicam os processos que perpassam todo o ciclo de gestão estratégica. O desenho das estratégias e planos inclui avaliações *ex ante* e gestão de riscos. A direção da seta indica a ordem natural de desenvolvimento dos instrumentos. A seta inferior mostra que a implementação deve ser monitorada e avaliada, inclusive com *spending reviews*. Os riscos mapeados na fase de desenho são então acompanhados e atualizados. O sentido contrário da seta indica que o desenho dos programas, planos e estratégia de longo prazo podem ser revistos a partir dos resultados do monitoramento e avaliação, o que confere a ideia de retroalimentação ao processo como um todo.

Por fim, cabe ressaltar que modificações em estruturas decisórias, relacionamento dos atores, processos de gestão e outras precisariam ser integradas, posteriormente, em um novo arranjo do SPOF, por meio da alteração da

Lei 10.180/2001, com vistas a dar mais organicidade ao planejamento federal e revesti-lo de institucionalidade mais robusta.

Considerações finais

Este trabalho teve por objetivo propor aperfeiçoamentos ao planejamento estratégico federal na direção da centralidade requerida a um projeto de desenvolvimento para o país.

Se o plano é uma aposta, como dizia Carlos Matus, planejar o aperfeiçoamento do planejamento estratégico é também apostar. Não há respostas certas ou erradas *a priori*, mas aquelas com maior ou menor chance de sucesso a depender da realidade político-institucional do momento e da capacidade de mobilização dos atores relevantes por parte dos empreendedores institucionais.

Se, por um lado, a visão prescritiva dos organismos multilaterais e dos órgãos de controle é insuficiente para dar conta das idiossincrasias da realidade nacional, sua abordagem funcional para o NdG foi útil na identificação dos atores, estruturas, arranjos, instrumentos e recursos envolvidos nos processos do planejamento estratégico federal. A partir da identificação desses elementos, gargalos importantes no desenho institucional desse macroprocesso foram mapeados e, do mapeamento, foram propostas intervenções com vistas ao aperfeiçoamento do planejamento federal.

Os gargalos, aqui denominados disjuntivas críticas do planejamento federal, ocorrem em três níveis: micro, meso e macroinstitucional. Este trabalho tratou sobretudo de disjuntivas nos níveis micro e mesoinstitucional. As disjuntivas microinstitucionais são internas à função do planejamento estratégico; as mesoinstitucionais envolvem as relações do planejamento com outras funções do ciclo de planejamento e gestão, como as de orçamento, finanças, monitoramento e avaliação, e com outras funções do NdG. As macroinstitucionais foram apenas tangenciadas neste trabalho, sobretudo para indicarem os seus limites. As questões deste nível maior, entre elas as que dizem respeito às políticas fiscal e monetária, impactam significativa e inevitavelmente o desempenho do planejamento estratégico e requerem um olhar atento por parte daqueles que com ele se preocupam e que podem contribuir para seu aperfeiçoamento.

As disjuntivas críticas mais relevantes encontradas dizem respeito a lacunas de cooperação entre os atores, ausência de convergência entre competências *de jure* e competências *de facto* que inibem a otimização das capacidades das estruturas existentes, ausência de integração das instâncias decisórias, falhas de comunicação entre funções do NdG e indefinição do processo de gestão estratégica.

As recomendações para tratar essas disjuntivas envolveram, entre outras, propostas de parcerias entre os atores do NdG em processos específicos, como o de coordenação institucional para o estabelecimento de prioridades de governo e o de coordenação política dos temas do planejamento federal; criação de instâncias decisórias para integrar estruturas que hoje deliberam de forma apartada sobre questões de mútuo impacto, a exemplo do CIG e da JEO; e proposta de um modelo simplificado para a gestão estratégica do governo federal. Tais recomendações não abarcam todas as disjuntivas encontradas, mas dão respostas de cunho tecnopolítico para algumas delas que provocam significativas disfuncionalidades nos processos do planejamento estratégico federal.

Esperamos que a implementação das propostas apresentadas possa trazer algum ganho para o planejamento estratégico federal. Entretanto, o seu aprimoramento é um esforço lento e gradual, realizado de forma cooperativa, tendo como diretriz o fortalecimento das instituições. Ainda está por ser construído um novo arranjo institucional para o planejamento estratégico federal com estruturas, processos e instâncias decisórias que viabilizem e integrem toda a cadeia do ciclo de planejamento e gestão: participação direta do presidente da República e do núcleo decisório do governo; processos de seleção, priorização e alinhamento de programas e projetos que organizem os níveis mais altos da coordenação governamental; monitoramento contínuo das prioridades de governo; avaliação sistemática das políticas públicas que permitam sua revisão quando necessário; e mecanismos de governança orçamentária e fiscal compatíveis com os processos de planejamento e avaliação.

O mundo pós-pandemia exigirá instituições fortes e planos consistentes para a recuperação da economia e a retomada do desenvolvimento nacional. Será necessário um sistema de planejamento estratégico orgânico e robusto, capaz de coordenar ações dentro do governo, com os demais poderes, com os entes federativos e com a sociedade. Entende-se que o mercado, por si só, não será capaz de conduzir o país na direção da superação das desigualdades, que estarão ainda mais aprofundadas após a crise sanitária. É preciso fortalecer as instituições do Estado para criar capacidade de implementar boas políticas públicas. Afinal, instituições importam.

Referências

BRASIL. *Constituição da República Federativa do Brasil de 1988*. Brasília, DF: Presidência da República, 1988.

_____. Lei no 13.844, de 18 de junho de 2019. Estabelece a organização básica dos órgãos da presidência da república e dos ministérios [...]. *Diário Oficial [da] República Federativa do Brasil*. Brasília, DF, 2019.

CARDOSO JR.; SANTOS, E. Planejamento governamental e aparato burocrático no governo federral brasileiro: disjuntivas críticas e baixo desempenho institucional – questões para uma agenda de pesquisa e intervenção. *In:* PIRES, R. R.; LOTTA, G.; OLIVEIRA, V. E. (org.). *Burocracia e Políticas Públicas no Brasil*: interseções analíticas. Brasília: Ipea; Enap, 2018.

DE TONI, J. *A retomada do planejamento estratégico governamental no Brasil: novos dilemas e perspectivas*. Painel 02/005: novos dilemas e perspectivas para o planejamento estratégico no setor público. 2014. Trabalho apresentado ao 7o Congresso CONSAD de Gestão Pública, 2014.

MATUS, C. *Política, planejamento & governo*. Brasília: Ipea, 1993.

_____. O plano como aposta. *In*: GIACOMONI, J.; PAGNUSSAT, J. (org.). *Planejamento e Orçamento Governamental*. Brasília: Enap, 2007. 1 v. p. 115-144.

METCALFE, L. International policy co-ordination and public management reform. *International Review of Administrative Sciences*, v. 60, p. 271-290, 1994.

MUNDIM, J.F.A. *Aperfeiçoamento institucional do planejamento estratégico federal*. Brasília, 2020. 135 f. Dissertação (Mestrado -Programa de Mestrado Profissional em Governança e Desenvolvimento). Escola Nacional de Administração Pública, 2020.

A prospectiva do planejamento público no Brasil:
centralidade política e capacidade governativa para um mundo pós-pandêmico[1]

José Celso Cardoso Jr.

> *"Pode ser que esta catástrofe traga uma vantagem: descobriremos não apenas que o governo voltou, mas também que a exigência de um governo sensato tocado por pessoas competentes voltou. Isso não tornaria válida a experiência de ter passado por tal calamidade. Mas não se deve desperdiçar o valor de uma crise."*
>
> Martin Wolf[2]

Introdução

O século XXI vem apresentando processos acelerados de complexificação das tendências sociais, econômicas e políticas, várias delas de natureza disruptiva, como as engendradas pela crise financeira internacional de 2008, e agora pela profunda crise econômica e social decorrente da pandemia do novo coronavírus em 2020. Em paralelo, há grandes repercussões sobre as trajetórias nacionais e as capacidades dos respectivos governos em lidar com tais fenômenos.[3]

---

1 Este capítulo foi originalmente publicado como: CARDOSO JR., J. C. Planejamento e Capacidade Governativa no Brasil: aporias e utopias para um mundo pós-pandêmico. In: BERCOVICI, G.; SICSÚ, J.; AGUIAR, R. (orgs.). *Utopias para Reconstruir o Brasil. São* Paulo: Ed. Quartier Latin, 2020.

2 Martin Wolf é editor e principal analista econômico do *Financial Times*.

3 Uma pequena – mas representativa – amostra de textos recentes sobre tais questões e perturbações derivadas da pandemia pode ser vista neste link da Afipea-Sindical: http://afipeasindical.org.br/noticias/o-mundo-pos-pandemico/, onde já se avolumam artigos, livros e propostas para o que vem sendo chamado, ainda que de modo impreciso, de mundo pós-pandêmico.

Neste cenário, aprofundam-se vários paradoxos relativos à dominância do modo de produção capitalista, cada vez mais global e financeirizado, ao mesmo tempo que cada vez mais insustentável dos pontos de vista ambiental, produtivo e humano. Da perspectiva das capacidades governativas, quanto menos se valoriza ou se estrutura a função planejamento governamental, mais as economias e as sociedades parecem dela precisar.

As primeiras impressões sobre o mundo pós-pandêmico parecem indicar, portanto, a necessidade de retomada dos estudos e aprimoramento das técnicas relativas ao planejamento e à prospecção estratégica, tanto em nível organizacional nos setores público e privado, como em nível das políticas públicas e do próprio desenvolvimento nacional delas derivado.[4]

Isso já era uma exigência antes da crise pandêmica, por decorrer da imensa heterogeneidade estrutural e crescente complexificação dos processos decisórios e das próprias sociedades contemporâneas, mas ficou ainda mais patente agora, diante da notória insuficiência e parcos resultados das ações estatais contra a crise em curso na maioria dos países.

Desta feita, com o intuito de contribuir para esta reflexão e aportar proposições práticas a dirigentes públicos da política e da alta burocracia estatal brasileira, este texto fará considerações prospectivas acerca da importância da retomada do planejamento governamental de médio e longo prazos e sua imperiosa necessidade para a recuperação das condições mínimas ao desenvolvimento brasileiro ainda no século XXI.

Para tanto, após esta introdução, a seção 2 tece considerações sobre as incertezas radicais – ou aporias – relativamente às redefinições contemporâneas do conceito e do sentido de desenvolvimento, à multiplicação das formas de expressão social e vocalização de temas de relevância pública e tomada de decisões políticas, e às transformações na estrutura e nas formas de atuação do

---

[4] A bem da verdade, tal movimento já teve início na Europa, América Latina, Brasil e, sobretudo, na China. Da Europa, destaquem-se os trabalhos recentes de Cockshott e Nieto (2017) e Durand e Keucheyan (2020). Para a América Latina, os trabalhos do ILPES-CEPAL, dentre os quais Mattar e Perrotti (2014) e Mattar e Cuervo (2017). No Brasil, os esforços de De Toni (2016), Neto (2018), Mundim (2020) e Cardoso Jr. (2020). Finalmente, com relação à China, considerem-se os trabalhos de Jabbour (2019) e Jabbour, Dantas e Espíndola (2020) sobre o que eles chamam – resgatando Ignácio Rangel – de a nova economia do projetamento.

Estado em suas interações com os mercados e com a sociedade (atores econômicos, políticos e sociais) na produção de políticas públicas, por meio do planejamento governamental.

A seção 3, por sua vez, busca vislumbrar condições tecnopolíticas – ou utopias – para a retomada da função planejamento em âmbito governamental, visando tanto o enfrentamento imediato da crise multidimensional em curso, como a superação positiva da mesma a futuro. A seção 4 apresenta as condições necessárias para a reconfiguração do espaço institucional e do papel político do planejamento estratégico governamental em processos de governo de alta complexidade, com vistas ao desenvolvimento nacional. Nas considerações finais, prescrevemos uma nota de alerta – e algum otimismo – para as novas gerações.

Aporias do presente: desenvolvimento, democracia e capacidade governativa

Na contemporaneidade brasileira, até a eclosão do golpe de 2016, e posterior eleição de Bolsonaro e seu séquito à presidência em 2018, havia ao menos três fenômenos simultâneos em curso, de cuja resolução poderia sair o novo (ainda que não necessariamente melhor!) desenho institucional entre Estado, sociedade e mercado no século XXI, a saber: i) redefinições contemporâneas do conceito e do sentido de desenvolvimento; ii) multiplicação das formas e dos procedimentos de expressão social e vocalização de temas de relevância pública e tomada de decisões políticas; e iii) transformações na estrutura e nas formas de atuação do Estado no domínio econômico e em suas interações com a sociedade (atores econômicos, políticos e sociais) na produção de políticas públicas.

Essas imbricações estão a exigir não só um aprofundamento das reflexões histórico-teóricas acerca dos significados e alcances de cada um dos três fenômenos citados, como demandando novos arranjos sociopolíticos ou soluções institucionais para cada um deles, sob pena de Estado, sociedade e mercado não conseguirem, ao menos no Brasil, realizar seus ideais de desenvolvimento e de democracia neste restante de século XXI.

Redefinições do conceito e do sentido de desenvolvimento

Em primeiro plano, quanto à reconceituação e ressignificação do desenvolvimento no século XXI, talvez já seja possível dizer que o desenvolvimento, hoje, já não é mais como era antigamente.

Ao longo do século XX, depois de ter nascido e crescido fortemente associado à dinâmica industrial do crescimento econômico, o conceito de desenvolvimento foi sendo criticado e revisitado por diversos autores, escolas de pensamento e abordagens científicas, de modo a romper-se tanto o reducionismo como o economicismo a ele originalmente correlacionados.[5]

Para tanto, muito ajudou o próprio fracasso dos projetos e trajetórias nacionais de "desenvolvimento" centrados predominantemente na dimensão econômica do crescimento pela via industrial, pois na maioria dos casos – e a experiência concreta dos países latino-americanos é sintomática a esse respeito – elas vieram acompanhadas de longos anos de autoritarismo e supressão de direitos humanos, civis e políticos e/ou produziram resultados deletérios em termos de sustentabilidade produtiva, ambiental e humana, materializados em indicadores crescentes ou elevados de heterogeneidade estrutural da matriz econômica, degradação do uso do solo, da água e do ar, bem como de pobreza, indigência e desigualdades sociais e laborais de múltiplas dimensões.

Diante disso, torna-se cristalina a razão pela qual o atual projeto golpista de desenvolvimento, se é que se pode chamar de desenvolvimento o ideário liberal-conservador ora em curso no Brasil, é incompatível com as necessidades econômicas, políticas e sociais do país e com os anseios da esmagadora

---

[5] A este respeito, veja-se por exemplo a série de livros produzida pelo IPEA desde o final da primeira década de 2000, a partir sobretudo do projeto Perspectivas do Desenvolvimento Brasileiro (https://www.ipea.gov.br/portal/index.php?option=com_content&view=article&id=7186&Itemid=2), o qual trabalhou diagnósticos situacionais atualizados e proposições de políticas públicas para sete campos da atuação governamental: i) macroeconomia do desenvolvimento: estabilidade, crescimento e emprego; ii) inserção internacional soberana: geopolítica e projeção externa; iii) infraestrutura econômica, social e urbana; iv) estrutura produtiva e tecnológica avançada e territorialmente integrada; v) sustentabilidade ambiental, produtiva e humana; vi) proteção e promoção social, direitos e oportunidades; vii) fortalecimento do Estado, das instituições e da democracia. Desde então, ainda que de maneira institucionalmente não coordenada, vários dos eixos acima enraizaram-se como linhas de pesquisa aplicada, assessoramento governamental e fontes de capacitação de servidores no âmbito das atividades corriqueiras do IPEA, gerando desdobramentos e aperfeiçoamentos na forma de novos livros e outros produtos técnicos.

maioria de sua população. Em outras palavras, a discussão não é tanto saber se a Constituição de 1988 cabe ou não cabe no orçamento nacional. Muito mais importante a constatar é que a própria sociedade brasileira, em sua heterogeneidade, diversidade, desigualdades, pluralidade e necessidades, enfim, é esta que definitivamente não cabe no projeto golpista. Afinal, como reduzir a plêiade de manifestações, interesses e necessidades políticas, econômicas, sociais, culturais, raciais, sexuais, etárias, artísticas, religiosas, intelectuais, internacionais etc. de uma nação como a brasileira a um ideário ideológico elitista e excludente?!

Então, a questão não é ajustar e restringir artificialmente toda a grandeza e pujança da sociedade brasileira a leis fiscais e parâmetros orçamentários como se leis e parâmetros fossem imposições da natureza. A questão é justamente buscar os arranjos políticos, sociais, institucionais capazes de melhor compatibilizar capacidades estatais e societais, instrumentos governamentais e de mercado, no sentido da ampliação democrática da nação, ao invés da sua castração. Para tanto, torna-se imprescindível redefinir o papel do mercado e da acumulação capitalista em suas relações com o Estado e o poder público instituído, algo que apenas pode ser feito por meio da recuperação do planejamento público como função intrínseca indelegável do ente estatal, e como capacidade governativa estratégica para a mobilização de recursos necessários ao desenvolvimento.[6]

Neste sentido, é necessária uma reflexão que vincule o tema da Administração Pública a um projeto de desenvolvimento e a outra concepção de Estado. Isso é especialmente importante para que a perspectiva de desempenho governamental caminhe na direção de certa reativação do Estado para a construção de um projeto de desenvolvimento soberano, inclusivo e democrático. Neste caso, remontar o sistema político nacional e aperfeiçoar as estruturas de planejamento e gestão do Estado são tarefas essenciais para mobilizar capacidades estatais e instrumentos governamentais em prol de um projeto político e social

---

6 Sem dúvida, Karl Mannheim (1972), Tinbergen (1975), Carlos Matus (1996a e 1996b) e Yehezkel Dror (1999), dentre outros autores e textos clássicos, estão entre os que mais longe chegaram na especificação da ideia de planejamento estratégico público como parte das capacidades estatais fundamentais ao processo de governar nas sociedades capitalistas e democráticas contemporâneas.

que atenda aos interesses da maioria da população. Este é o cerne de uma reforma contemporânea do Estado e da Administração Pública no Brasil e por onde ela deveria começar.

Multiplicação das formas de expressão social e vocalização de temas de relevância pública e tomada de decisões políticas

Em segundo lugar, com respeito à multiplicação das formas e procedimentos de expressão e vocalização de temas de relevância pública, talvez também já seja possível afirmar que a democracia, hoje, já não é mais como era antigamente.

Dito de outra forma: ao longo do século XX, depois de ter nascido e crescido fortemente associada a formas de representação classista – vale dizer, sindicatos e partidos políticos de filiação e vinculação tanto patronal como laboral –, a democracia representativa clássica – e as diversas variantes institucionais parlamentares, congressuais e legislativas dela derivadas – foi perdendo capacidade política de explicitar e organizar os interesses crescentemente heterogêneos e muitas vezes antagônicos da sociedade, bem como de processar os respectivos conflitos pelas vias formais. E com isso, dificultando ou mesmo impedindo, em vários casos, a construção de consensos e soluções negociadas nos intrinsecamente complexos processos decisórios das políticas públicas.

Para tanto, é certo que muito ajudou o próprio processo de fragmentação e complexificação da vida social, em que a multiplicidade de atores, interesses, novas arenas e agendas políticas em permanente interação não encontram, nas instâncias tradicionais dos sindicatos, partidos políticos e mesmo em muitas das organizações não governamentais já cristalizadas da sociedade civil, os seus canais efetivos – e afetivos! – de expressão, vocalização e representação de suas pautas. Sejam essas de natureza identitária ou cotidiana, sejam de natureza estrutural ou de classes, o fato é que essas novas agendas fragmentadas de interesse social, mesmo aquelas de notória relevância pública, tais como as de gênero, raça, juventudes e territórios, têm dificuldade de se apresentarem e transitarem de maneira crível nas instituições parlamentares, congressuais e legislativas clássicas da democracia representativa.

Por isso – e considerando ainda o vertiginoso desenvolvimento das novas tecnologias de informação, comunicação e interação social virtual em curso na modernidade líquida e era digital na qual vivemos – outros canais e procedimentos legítimos de expressão e vocalização têm surgido e se proliferado em nossa sociedade.[7]

Por um lado, essa nova realidade agudiza a crise da democracia representativa tradicional e o anacronismo de suas instituições e procedimentos formais; por outro, ela força e tensiona o aparecimento de novas formas de convivência política em regimes democráticos frágeis, algo que tem sido chamado de democracia participativa – ou mesmo deliberativa – para a árdua tarefa de organização de interesses, explicitação de conflitos e produção de consensos coletivos.

Diante disso, também aqui o projeto golpista em curso desde 2016 se mostra anacrônico e irrealizável. O imenso descolamento da democracia representativa brasileira frente à sociedade nacional pode ser rapidamente exemplificado por alguns contrastes notórios: enquanto a sociedade brasileira possui 51% de mulheres, o parlamento as representa com apenas 9%; enquanto a sociedade contabiliza 60% de negros e pardos, o parlamento possui apenas 3%; enquanto a sociedade tem 58% de jovens até 35 anos de idade, o parlamento tem apenas 7%. Por outro lado: enquanto a sociedade revela ter apenas 3% de empresários, o parlamento os representa com 50%; enquanto a sociedade possui 1% de proprietários rurais, o parlamento os abriga e defende com 30%.

Transformações na estrutura e nas formas de atuação do Estado em suas interações com o mundo econômico e a sociedade na produção de políticas públicas

Em terceiro lugar, no que se refere às transformações na estrutura e formas de atuação do Estado e em suas interações com a sociedade (atores econômicos, políticos e sociais) na produção de políticas públicas, é preciso partir do reconhecimento de que o Estado pode muito, mas não pode tudo. Essa talvez seja

[7] Do ponto de vista do planejamento estratégico público, por exemplo, abrem-se novas perspectivas de ressignificação e revalorização dessa função estatal, postas à prova por meio dos imensos bancos de dados e algoritmos hoje disponíveis em escala transnacional. Se é verdade que a era digital em curso representa um risco iminente de captura e uso manipulador das informações individuais por parte de conglomerados privados, marketing político e eleitoral e mesmo governos autocráticos de inclinação autoritária, por outro, autores como Cockshott e Nieto (2017) e Durand e Keucheyan (2020a e 2020b) chamam atenção para possibilidades civilizatórias de seu uso, caso reguladas pela lógica da esfera pública, por arranjos institucionais não mercantis e por princípios substantivos da democracia participativa ou deliberativa.

uma forma rápida de dizer que o Estado moderno, num ambiente capitalista, ainda que possua algum raio de manobra para impor seus próprios objetivos – supostamente refletindo um interesse racional, coletivo ou nacional –, não pode se movimentar para fora de alguns parâmetros definidores da sua própria existência. Com maior ou menor intensidade ao longo do tempo e das circunstâncias, preponderam disputas políticas no interior dos aparelhos estatais, disputas estas que, por sua vez, fazem variar – também com o tempo e as circunstâncias – o grau de fragmentação institucional do Estado e a própria heterogeneidade da ação estatal.[8]

Não por outro motivo é que se assume aqui que o Estado não é – como muitas vezes se supôs em teorias do Estado – um ente externo e coercitivo aos movimentos da sociedade e da economia, dotado de racionalidade única, instrumentos suficientes e capacidade plena de operação. É sim parte integrante e constituinte da própria sociedade e da economia, que precisa se relacionar com outros agentes nacionais e internacionais para construir ambientes favoráveis à implementação de suas ações.

Com isso, entende-se que a fragmentação dos interesses articulados em torno do Estado e a frouxidão das instituições burocráticas e processuais em termos da canalização e resolução dos conflitos limitam a autonomia efetiva das decisões estatais cruciais e fazem com que o Estado brasileiro seja, simultânea e paradoxalmente, o *locus* de condensação e processamento das disputas por recursos estratégicos (financeiros, logísticos, humanos etc.) e o agente decisório último por meio do qual se materializam ou se viabilizam os projetos políticos dos grupos vencedores.[9]

Dessa maneira, explicitar, multiplicar e institucionalizar canais outros de interação entre Estado e sociedade no Brasil é tarefa das mais importantes para, simultaneamente, fortalecer a democracia e aprimorar o modelo de desenvolvimento nacional. Neste diapasão, expressamos, por um lado, a convicção da necessidade e da oportunidade do enraizamento da democracia, mediante

---

[8] Tendo como referência o Estado brasileiro, esta discussão pode ser vista em detalhes em Cardoso Jr. e Bercovici (2013).

[9] Essa perspectiva está bem representada em Ianni (2009), Coutau-Bégarie (2010) e na coletânea organizada por Sicsú e Reis (2010), publicações essas que oferecem abordagens bem diferentes sobre a mesma questão.

o aperfeiçoamento de seus instrumentos e práticas cotidianas, e, de outro, a necessidade de ampliar as bases de sustentação sociopolítica do governo, tendo em vista certo projeto nacional de desenvolvimento com as características até aqui apontadas.

Incorporar à cena política brasileira segmentos sociais diferenciados, dando-lhes possibilidade de influência política mais equilibrada, de tal sorte que empresários, lideranças sindicais, ativistas da cidadania e de grupos étnicos, organizações da sociedade civil, personalidades dos mundos acadêmico, jurídico, artístico e esportivo sejam chamados a se manifestar, em iguais condições, sobre políticas e ações de governo, em curso ou a serem adotadas. No debate livre e no confronto de opiniões, de avaliações e de interesses, buscar construir entendimentos e, sempre que possível, gerar consensos a serem encaminhados à consideração da Presidência da República. Inicia-se, assim, o rompimento da tradicional postura de confronto e de eliminação do outro, estabelecendo-se, gradualmente, uma posição de colaboração com vistas ao ganho mútuo e ao interesse coletivo. Em outras palavras, fala-se aqui da abertura do Estado, e, portanto, da própria função planejamento, além de outras – à participação social como princípio fundante da democracia substantiva, assim como método efetivo de governo.

Não obstante os riscos inerentes a processos de abertura política e adensamento democrático, acreditamos serem os benefícios vindouros muito superiores aos custos a eles associados. Em definitivo, se a experiência concreta recente ainda é por demais incipiente e desafiadora, para fins de se demonstrar a viabilidade tecnopolítica de congraçamento entre democracia substantiva e planejamento para o desenvolvimento nacional, é certo que dos esforços governamentais e societais nesta direção dependerão as chances de sucesso e durabilidade de qualquer empreitada desenvolvimentista em nosso continente.[10]

[10] Para além do caso brasileiro sobre este assunto, retratado em Cardoso Jr. e Bercovici (2013) e Cardoso Jr. (2020), indicamos também a consulta a dois importantes trabalhos do ILPES-CEPAL sobre o tema, os quais abordam a questão da perspectiva latino-americana e caribenha: Mattar e Perrotti (2014); Mattar e Cuervo (2017).

Utopias: considerações prospectivas para o desenvolvimento brasileiro

Num mundo pandêmico e pós-pandêmico, a importância renovada do planejamento governamental, sobretudo em ambientes democráticos (ambientes estes que são, por excelência, complexos, incertos e dinâmicos), reforça a crença nesta atividade do Estado como a única realmente capaz de transformar informação em conhecimento aplicado, e este em ação concreta e objetivada de governos.

É a única função de Estado com poder de reduzir o mundo de incertezas radicais de nossas sociedades a riscos minimamente calculáveis do ponto de vista probabilístico. Fazendo os governos, com isso, migrarem da improvisação absoluta na condução da administração pública para o mínimo de racionalização, tornando possível a busca pela tríade eficiência, eficácia e efetividade das ações governamentais.[11]

Um sistema de planejamento, em suma, é parte indissociável de um arranjo político-institucional capaz de superar a situação fragmentada e competitiva que hoje se observa dentro dos governos, permitindo uma convivência organicamente articulada e cooperativa, seja entre ministérios, órgãos e instâncias federativas, seja entre dirigentes políticos, burocracia pública e a própria sociedade civil organizada. O planejamento, por fim, quando estruturado de modo sistêmico e estratégico, é a única função de Estado apta a conferir dinamicidade a governos inertes ou paralisados, fazendo as economias converterem especulação financeira e rentismo, em investimentos produtivos e socialmente úteis, assim permitindo às sociedades transitarem do passado a futuros menos incertos e mais condizentes com as aspirações da civilização e da coletividade na modernidade.[12]

---

[11] Essa perspectiva analítica do planejamento como função intrínseca e indelegável dos Estados contemporâneos, entendido, ademais, como capacidade tecnopolítica do processo de governar, quanto mais em sociedades democráticas complexas, está bastante bem desenvolvida em Matus (1996), Mattar e Perrotti (2014); De Toni (2016), Mattar e Cuervo (2017) e Cardoso Jr. (2020), dentre outros, evidentemente.

[12] Este desenvolvimento possui como ápice a ideia de planejamento público como direito fundamental das sociedades contemporâneas, já que por meio dele é que tais agrupamentos humanos, organizados política e juridicamente sob o manto de Estados nacionais, podem almejar a realização ou efetivação de seus outros direitos humanos, econômicos, sociais, cul-

É neste sentido realizador e transformador de realidades complexas que a função planejamento possui, como um de seus mais importantes instrumentos de trabalho, a abordagem e os métodos da prospectiva estratégica. Mas a abordagem prospectiva não deve ser vista como um fim em si mesmo, pois apenas ganha sentido à medida em que esteja conectada a um projeto de desenvolvimento de país.[13] Esta atividade se torna ainda mais importante em um contexto de globalização e de crescimento da complexidade, como o verificado pela realidade pandêmica brasileira, que exige um novo pacto sociopolítico em relação ao lugar em que queremos estar enquanto nação e à estratégia mais adequada para se chegar a tanto.

Em particular, destaque-se que o aumento de concentração do poder econômico de países líderes e de grandes corporações transnacionais aumentará a heterogeneidade estrutural das economias e as assimetrias e fragilidades entre países. Além disso, o aumento de concentração do poder econômico levará o mundo a uma fase de mercadorização crescente do Direito Internacional, sobretudo no campo do domínio econômico, colocando em risco os conceitos (e situações) de soberania e de democracia no mundo.

Do ponto de vista social, a prevalecer a continuidade das crises internacional e brasileira, os processos recentes de desestruturação e flexibilização dos mercados laborais reverterão os ganhos de regulação e estruturação até então obtidos, com impactos deletérios importantes sobre as condições de vida, aumento das desigualdades e da pobreza para grandes contingentes humanos. Da perspectiva ambiental, a defasagem entre o ritmo de ampliação da governança internacional sobre o meio ambiente e recursos naturais, e o ritmo de

---

turais e ambientais (nos moldes da Plataforma DHESCA), tanto em nível individual como coletivamente. Para tanto, ver Veloso (2014).

13 Os estudos de futuro são, assim, uma das ferramentas do planejamento governamental que permite vislumbrar possibilidades, oportunidades, cenários, e identificar possíveis constrangimentos nacionais e internacionais ao projeto de desenvolvimento politicamente majoritário. O instrumento é muito poderoso e útil para mapear o leque de possibilidades que o país tem à sua disposição, possibilitando ao governo alocar recursos financeiros, humanos e tecnológicos em uma determinada direção. O uso dessa ferramenta estratégica pode se traduzir em ações concretas para a população, nos territórios. Nas referências bibliográficas, os trabalhos citados de Godet (2000), Vásques (2000), Vásques e Ortegón (2006), Marcial e Grumbach (2008), CEPAL (2013), Vásques, Becerra e Castaño (2014), Marcial (2015), são exemplos elucidativos.

ampliação da degradação ambiental (água, terra, atmosfera e espaço orbital), poderá gerar conflitos diplomáticos e bélicos entre países, além de crises ambientais e sanitárias severas, sobretudo na periferia do capitalismo.

Por isso, a chamada convergência tecnológica (*small bang*: bite, átomo, nano, gene, cogno) levará os países líderes a um novo e superior padrão técnico-produtivo, altamente dependente do conhecimento e da inovação como insumos fundamentais. E isso conduzirá a um aumento da heterogeneidade estrutural entre países, aumento das assimetrias globais e forte mercadorização (com apropriação privada) dos ganhos do progresso técnico. Como repercussão militar, EUA e OTAN manterão grande superioridade e assimetria militar relativamente às demais áreas do mundo, com capacidade de atuação global. Portanto, continuarão a empregar suas forças armadas em coalizões multinacionais, em qualquer parte do mundo, sempre que entenderem necessário e militarmente praticável. Isso poderá incentivar soluções militares para os conflitos, na medida em que garante o sucesso no emprego da força, com menores custos e baixas, menores riscos políticos e maior impunidade aos agressores.

Em uma perspectiva prospectiva, portanto, embora não esgotem o conjunto de atributos desejáveis de um ideal amplo de desenvolvimento para o Brasil, as dimensões citadas abaixo certamente cobrem parte bastante grande do que seria necessário para garantir níveis simultâneos e satisfatórios de soberania externa, inclusão social pelo trabalho qualificado e qualificante, produtividade sistêmica elevada e regionalmente bem distribuída, sustentabilidade ambiental e humana, equidade social e democracia civil e política ampla e qualificada. Senão, vejamos.

Inserção internacional soberana e macroeconomia para o desenvolvimento[14]

Em contexto de crescente internacionalização dos fluxos de capitais, bens, serviços, pessoas, símbolos e ideias pelo mundo, está colocada para as nações a questão dos espaços possíveis e adequados de soberania (econômica, política, militar, cultural etc.) em suas respectivas inserções e relações externas. O tema é especialmente caro a qualquer projeto de desenvolvimento que se pretenda ou se vislumbre para o Brasil, devido a, entre outras coisas, suas dimensões

[14] Baseado em Cardoso Jr., Acioly e Matijascic (2009) e Vianna, Bruno e Modenesi (2010).

territorial e populacional, riquezas naturais estratégicas, posição geopolítica e econômica na América Latina e pretensões recentes em âmbito global.

Esta importante dimensão de análise está, portanto, ordenada sob o entendimento de que o movimento das forças de mercado por si só não é capaz de levar economias capitalistas a situações socialmente ótimas de emprego, geração e distribuição de renda. Ademais, em economias em desenvolvimento, como a brasileira, emergem problemas como altos patamares de desemprego e de precarização do trabalho, heterogeneidade estrutural, degradação ambiental, inflação e vulnerabilidade externa. Daí que o pleno emprego dos fatores produtivos (como a terra, o capital, o trabalho e o conhecimento) converte-se em interesse e objetivo coletivo, apenas possível por um manejo de políticas públicas que articule virtuosamente os diversos atores sociais em torno de projetos de desenvolvimento includentes, sustentáveis e soberanos.

Sob tal perspectiva, uma nação, para entrar em rota sustentada de desenvolvimento, deve, necessariamente, dispor de autonomia para decidir acerca de suas políticas internas, inclusive daquelas que envolvem o relacionamento com outros países e povos do mundo. Para tanto, é necessário buscar independência e mobilidade econômica, financeira, política e cultural, sendo capaz de fazer e refazer trajetórias, visando reverter processos antigos de inserção subordinada para, assim, desenhar sua própria história.

Produção e consumo com sustentabilidade e inovação[15]

No plano estritamente interno, outras questões de igual relevância manifestam-se. Os temas sempre presentes no centro das discussões sobre o crescimento econômico ganham novos enfoques, demandando que sejam atualizados em seus próprios termos e em face das demais dimensões cruciais do desenvolvimento. Está-se falando dos aspectos propriamente (micro)econômicos do crescimento, ligados às esferas da produção (primária, secundária e terciária), da inovação e da competitividade sistêmica e dinâmica das firmas e do próprio país.

De modo patente, não se trata mais de priorizar – em face de outras dimensões igualmente relevantes do desenvolvimento – estratégias ou políticas

---

[15] Baseado em De Negri e Almeida (2010) e Alvarez e Mota (2010).

que representem ganhos de produtividade com vistas apenas à apropriação e à acumulação empresarial (seja de controle privado ou estatal, seja ao nível individual ou setorial das firmas). Ao contrário, tem-se já compreensão – mais teórica que política, é bem verdade – de que ganhos sistêmicos e dinâmicos de produtividade só podem ser obtidos (e só fazem sentido nessa nova conceituação de desenvolvimento que se busca construir), se as respectivas políticas ou estratégias de produção, inovação e competitividade estiverem concebidas e relacionadas à satisfação também das condições postas pelas dimensões da soberania externa, coerência macroeconômica, regulação pública (no sentido estatal, institucional e democrática), sustentabilidade ambiental, convergência regional, equilíbrio campo/cidade, inclusão e sustentação humana e social, entre outras dimensões e qualificativos.

Em outras palavras, as atividades de ciência, tecnologia e inovação, territorialmente articuladas, são concebidas como fundamentais para a redução das desigualdades e para o próprio desenvolvimento nacional. Reforça-se a ideia de que as políticas de desenvolvimento produtivo e tecnológico precisam ser econômica, social e ambientalmente sustentáveis, além de aderentes às diferentes realidades regionais do país. É necessário que a agenda pública priorize políticas de fomento, incentivo e regulação em favor da articulação de atores e regiões.

Assim, a compreensão de que políticas e estratégias para a estruturação de um Sistema Nacional de Inovação devem ser regionalmente articuladas e integradas faz com que temáticas ligadas à territorialização e à regionalização do desenvolvimento adquiram centralidade na agenda pública. Essa dimensão do desenvolvimento, então, pensa na estrutura produtiva e tecnológica, na inovação e na competitividade como condicionantes de trajetórias de desenvolvimento que enfrentem as desigualdades regionais existentes no país.

Desenvolvimento territorial, federativo e integração regional[16]

Neste quesito está a compreensão de que temáticas ligadas à territorialização e à regionalização do desenvolvimento tenham maior centralidade na agenda produtiva. Aqui, é abordada ampla gama de velhas e novas questões que

[16] Baseado em Oliveira e Magalhães (2010), Monteiro, Castro e Brandão (2017) e Affonso da Silva (2017).

se fazem repercutir sobre as perspectivas do desenvolvimento nacional hoje, diante dos riscos crescentes ligados à fragmentação regional brasileira, com suas implicações diretas e indiretas sobre os espaços urbanos e a sustentabilidade ambiental.

A redução de desigualdades entre os diferentes espaços territoriais do país, por um lado, e a configuração minimamente planejada das cidades e de sua infraestrutura social, com complementaridade entre habitação, saneamento e transporte público, por outro lado, são algumas das questões discutidas. A elas agregam-se os temas da redução dos impactos ambientalmente degradantes da atividade econômica e regulação do avanço sobre o território em busca de suas riquezas, os quais se apresentam também como desafiadores para o país.

Infraestrutura econômica, social e urbana[17]

Algumas das questões diretamente relacionadas às dimensões regional, urbana e ambiental são abordadas por meio de ideias que entendem ser a redução de desigualdades espaciais, a complementação, em espaços urbanos, dos componentes sociais da infraestrutura (habitação, saneamento e transporte público) e a concomitante redução de impactos ambientais em diversas ordens, imperativos categóricos do desenvolvimento.

Em adição, a adequação e a logística de base da infraestrutura propriamente econômica (energia, comunicações e transportes) são outra dimensão fundamental do desenvolvimento, mas que necessitam estar permeadas e orientadas pelas dimensões do regional, do urbano e do ambiental, já enunciadas. Assim, ganham destaque a discussão sobre atualização da matriz energética brasileira, com ênfase em fontes renováveis e segurança energética, e a discussão sobre revisão, expansão e integração adequadas das infraestruturas de telecomunicações e de transportes, considerada esta última em todos os modais pertinentes ao Brasil.

O desenvolvimento nacional depende, portanto, também de infraestrutura econômica, social e urbana – tudo em perspectiva conexa – e de arranjos institucionais capazes de satisfazer e compatibilizar, em conjunto, os reclamos por crescimento econômico, equidade social e sustentabilidade ambiental.

---

[17] Baseado em Pego e Campos Neto (2010) e Morais e Costa (2010).

Sustentabilidade ambiental, produtiva e humana[18]

Não é por outra razão, então, que sustentabilidade ambiental é aqui afirmada como dimensão transversal inseparável das demais (social e econômica), devendo os ativos ambientais ser preservados, geridos e recuperados de forma harmônica e complementar àquelas.

As políticas públicas devem dispensar especial atenção na criação de oportunidades para populações tradicionais e grupos social e ambientalmente mais vulneráveis. O acesso à água potável e a condições sanitárias adequadas são ativos fundamentais na concepção de desenvolvimento que já se faz imperativa entre os povos do mundo. A conservação das bacias hidrográficas, portanto, deve ser compatibilizada com as atividades econômicas em geral e com os processos em curso de urbanização no mundo.

A gestão dos biomas, da biodiversidade e biotecnologia brasileiras representa aspecto econômico e político essencial ao desenvolvimento do país, motivo pelo qual este deve ser pensado a partir de uma realidade de recursos naturais exauríveis. As mudanças climáticas e o fenômeno do aquecimento global devem receber atenção especial e tratamento prospectivo para que se conheçam seus efeitos sobre os biomas e sobre a própria humanidade e para que se formulem políticas preventivas em tempo hábil.

Um novo modelo de desenvolvimento, enfim, deve incorporar inovações sociais, institucionais e tecnológicas que conduzam ao uso estratégico e sustentável desses ativos, traduzido no aumento da eficiência produtiva, reaproveitamento de rejeitos e no estabelecimento de padrões de produção e consumo que respeitem as capacidades do ecossistema.

Proteção e promoção social, garantia de direitos e geração de oportunidades[19]

Há uma questão de extrema relevância na discussão sobre o desenvolvimento: a ideia de que garantir direitos, promover a proteção social e gerar oportunidades de inclusão são não apenas objetivos plausíveis, mas também condições necessárias a qualquer projeto nacional naquele sentido.

---

[18] Baseado em Alvarez e Mota (2010) e Marques (2015).

[19] Baseado em Cardoso Jr. (2013), Fonseca e Fagnani (2013) e Castro e Pochmann (2020).

Visto este movimento em perspectiva histórica, percebe-se que a civilização ocidental constituiu um conjunto de parâmetros fundamentais de convívio e sociabilidade, em torno dos quais se organizaram certos direitos civis, políticos e sociais, balizadores da condição humana moderna. Condensados na ideia forte de cidadania, o acesso ao conjunto de direitos passa a operar como critério de demarcação para a inclusão ou exclusão populacional em cada país ou região, portanto, como critério adicional de demarcação para aferir-se o grau de desenvolvimento nacional em cada caso concreto.

Em suma, inclusão e proteção social são elementos constitutivos cruciais para estratégias e trajetórias de desenvolvimento com maior equidade. A expansão e a consolidação dos direitos civis, políticos e sociais, reunidos sob a ideia de cidadania, devem, portanto, orientar o planejamento, a prospecção estratégica, a implementação e a avaliação das políticas públicas em geral. O processo mencionado requer participação e engajamento do poder público em todas as suas esferas e dimensões, bem como da sociedade civil e setores produtivos.

Fortalecimento do Estado, das instituições e da democracia[20]

Todos os temas esboçados acima devem ser, por sua vez, incorporados segundo a compreensão do Estado como ator estratégico fundamental em qualquer processo que se queira de desenvolvimento, pois é esse ente, em última instância, o responsável por garantir a segurança interna, ordenar o uso sustentável do território, regular, enfim, a atividade econômica e promover políticas públicas.

Entende-se que, embora as economias e alguns processos sociopolíticos estejam muito internacionalizados, importantes dimensões da vida social permanecem sob a custódia das políticas nacionais, afiançando a ideia de o Estado ainda ser a principal referência quanto à regulação de diversas dinâmicas sociais que se desenrolam em seu espaço territorial.

É claro que todas as dimensões prospectivas citadas acima estão ainda no plano das reivindicações teóricas, em estágio de maturação política bastante incipiente e muito distante do imaginário coletivo. Mas já se avizinham e frequentam, todavia, os debates públicos e interessam à classe política, aos

[20] Baseado em Cardoso Jr. e Bercovici (2013).

governantes, aos burocratas e aos cidadãos comuns. Nem todas são questões exatamente novas, mas todas são igualmente urgentes.

Por tais razões é que os temas da participação social, do planejamento governamental e da gestão pública orientada à efetividade se tornam relevantes no debate contemporâneo sobre o Estado e o desenvolvimento nacional. Neste diapasão, que reorientações introduzir, em particular, na função planejamento governamental, de tal sorte que em torno dele os âmbitos da participação e da gestão se articulem e se fortaleçam no Brasil?

A prospectiva do planejamento estratégico público

Entendido aqui como processo tecnopolítico necessário e orientado para uma maior e melhor capacidade de governar, o planejamento não deve ser visto como panaceia, mas como parte da solução. Em outras palavras: não se deve falar de planejamento como algo utópico (embora planejamento se refira também, necessariamente, a utopias), mas, sim, como função precípua e indelegável do Estado, função governamental cada vez mais necessária no mundo contemporâneo, ainda mais em seu contexto pós-pandêmico.

Não como panaceia, mas como parte de soluções condizentes com a complexidade e heterogeneidade das questões sociais e econômicas da sociedade. Recusar a alternativa planejadora, seja em nome do mercado, seja em nome das dificuldades intrínsecas de estruturação e institucionalização desta atividade, é, no mínimo, falta de compreensão de governantes sempre premidos por soluções aparentemente rápidas e fáceis no curto prazo. Situação essa que raramente será capaz de atingir a raiz dos problemas, tampouco de aventar saídas estruturantes e perenes para eles.

Nesta perspectiva, **planejamento não é plano, é política**! Planejamento é um processo cotidiano e dinâmico de condução do governo; não se confunde com documentos, livros e planos, ainda que estes, se bem elaborados, ajudem como parte necessária ao registro documental, bem como na comunicação interna e externa ao governo etc. Antes de tudo, planejamento é a arte da boa política. Logo, planejamento é processo tecnopolítico – contínuo, coletivo e cumulativo – por meio do qual se dá concretude a projetos políticos oriundos da sociedade, canalizados por grupos que disputam de forma legítima e democrática a condução das ações de governo. Por isso, tanto melhor quanto mais republicanos e democráticos forem os critérios de organização institucional do Estado e os valores e normas de funcionamento das instituições e das próprias políticas públicas.

Assim, os planos – como documentos formais do planejamento – podem e devem ser elaborados para explicitar, ratificar e aperfeiçoar o processo geral de planificação, sempre tendo em conta que, até mesmo em função da cultura política brasileira, mecanismos tecnopolíticos reais são muitas vezes diferentes dos formais. Isso quer dizer que talvez haja excesso de burocratismo e formalismo tanto no desenho como na operacionalização das ações governamentais, as quais são expressas por um conjunto amplo de políticas públicas em si mesmas heterogêneas e complexas. Por sua vez, a distância entre o real e o formal talvez seja ainda maior em contextos históricos marcados por postura de ativação das funções governamentais, como as que recentemente vinham caracterizando e remodelando o Estado brasileiro rumo a um perfil algo desenvolvimentista.

De fato, o ideal é que essa distância fosse menor do que concretamente é, ou que fosse diminuindo ao longo do tempo, mas, para tanto, se faz necessário reformar estruturas arcaicas da ossatura estatal e da própria legislação que (des) conecta o direito administrativo das funções típicas da administração pública brasileira. Por mais complexa e intrincada que seja, tal reforma deveria estar orientada, genericamente, pelos princípios da **república** (busca do bem comum e dos valores da esfera pública sobre os privatismos e particularismos correntes), da **democracia** (respeito às diferenças, formatos e métodos mais representativos, participativos e deliberativos em torno da coisa pública) e do **desenvolvimento** integral da nação brasileira.

Indo além, é possível listar, com base nas assertivas anteriores, cinco dimensões estruturantes e concretas a conformar o espaço e o papel do planejamento estratégico governamental – e, por conseguinte, o da participação social e o da gestão pública – em processos de governo de alta complexidade, mas ainda assim visando ao desenvolvimento nacional. São elas:

Centralidade Política

Para tanto, dotar a função planejamento de forte conteúdo estratégico: trata-se de fazer da função planejamento governamental o campo aglutinador de propostas, diretrizes, projetos, enfim, de estratégias de ação, que anunciem, em seus conteúdos, as potencialidades implícitas e explícitas, vale dizer, as trajetórias possíveis e/ou desejáveis para a ação ordenada e planejada do Estado em busca do desenvolvimento nacional.

Qualquer iniciativa de planejamento, dada a sua natureza tecnopolítica crucial aos desígnios do país, apenas se fará crível se estiver institucionalmente situada e/ou fortemente referendada e amparada pelos mais altos escalões políticos e instâncias formais da República brasileira. Qualquer iniciativa de planejamento desenvolvida à margem dessa condição, porquanto exigida constitucionalmente, estará inevitavelmente fadada ao fracasso.[21] É preciso, portanto, elevar ao máximo grau possível a centralidade dessa proposição, algo que depende diretamente da visão de mundo, da ética da responsabilidade e da postura político-institucional ativa de altos dirigentes públicos e demais lideranças políticas da sociedade.

Articulação e coordenação

Em segundo lugar, dotar a função planejamento de forte capacidade de articulação e coordenação institucional: grande parte das novas funções que qualquer atividade ou iniciativa de planejamento governamental deve assumir está ligada, de um lado, a um esforço grande e muito complexo de articulação institucional e, de outro lado, a outro esforço igualmente grande – mas possível – de coordenação geral das ações de planejamento.

O trabalho de articulação institucional é necessariamente complexo porque, em qualquer caso, deve envolver muitos atores, cada qual com seu pacote de interesses diversos e com recursos diferenciados de poder, de modo que grande parte das chances de sucesso do planejamento governamental hoje depende, na verdade, da capacidade que políticos e gestores públicos tenham de realizar a contento este esforço de articulação institucional em diversos níveis. Por sua vez, exige-se em paralelo um trabalho igualmente grande e complexo de coordenação geral das ações e iniciativas de planejamento, mas que, neste

---

21 Em particular, ver a respeito Grau e Toro (2011) para uma discussão pertinente ao tema do fortalecimento do alto governo, como condição necessária ao fortalecimento da própria função planejamento. E Cavalcanti e Gomide (2018) para uma discussão sobre conceitos e arranjos institucionais do núcleo de governo no Brasil desde a CF-1988.

caso, porquanto não desprezível em termos de esforço e dedicação institucional, é algo que soa factível ao Estado realizar.[22]

Há certamente muita dificuldade tecnopolítica, mas não necessariamente contradições insuperáveis, nas tarefas de formulação, implementação, monitoramento e avaliação de políticas públicas que levem em justa e equivalente consideração as dimensões tanto setoriais como espaciais das políticas públicas. Durante a maior parte da história do país, houve quase que absoluta primazia do setorial sobre o territorial. Não se trata de inverter, agora, essa primazia, mas sim de estabelecer um princípio de equilíbrio (ainda que intrinsecamente instável) entre ambas as dimensões, cruciais a qualquer política pública ou programa de governo. Para tanto, embora técnica e politicamente muito custoso, talvez seja necessário rever e reformar (ainda que gradualmente) a atual estrutura setorializada/departamentalizada de atuação governamental, rumo a algum tipo de estrutura organizacional de perfil matricial.

Na configuração atual, há muita hierarquia e pouco comando. É preciso, portanto, despender esforços institucionais consideráveis nas tarefas de articulação e coordenação, em vários níveis e simultaneamente: intra e interpolíticas, programas, ministérios e órgãos; intra e interinstâncias federativas; intra e interpoderes da República, entre outros.

A lista é longa e complexa, mas é dessa reforma profunda (de estruturas, processos e entregas) do setor público estatal que se necessita. Sem ela, ou apenas com medidas cosméticas de gestão, jamais se dará saltos de qualidade no quesito desempenho institucional agregado do Estado brasileiro. Em linguajar técnico: jamais se sairá do debate pequeno sobre eficiência da gestão, para as categorias realmente relevantes da eficácia e da efetividade das políticas públicas. Desde logo, políticas públicas que transformam.

Temporalidade e direcionalidade

O planejamento do desenvolvimento nacional é, por natureza, uma atividade de curto, médio e longo prazo. Em outras palavras: o planejamento do desenvolvimento nacional é atividade de natureza contínua, coletiva e cumulativa;

[22] Sobre os temas da articulação e coordenação governamental de políticas públicas, com ênfase sobre o peso e papel desempenhado pelas burocracias especializadas em nível federal, ver Gomide e Pires (2014) e Pires, Lotta e Oliveira (2018).

é processo incremental dinâmico, sistêmico e abrangente; requer abordagem multi, inter e transdisciplinar, temporalidades de formulação e execução variadas e direcionalidade tecnopolítica estratégica.[23]

Dessa maneira, restringir o seu principal instrumento formal – o PPA – a horizonte temporal apenas de curto prazo (quatro anos) é a senha certa para matar, ainda no nascedouro, qualquer iniciativa de planejamento condizente com a complexidade e heterogeneidade dos tempos atuais.

É preciso, portanto, permitir que o PPA (ou qualquer outro instrumento formal de planejamento que o substitua) se organize e opere segundo níveis diferentes de temporalidade e de direcionalidade estratégica.[24] As políticas públicas possuem tempos distintos de maturação, bem como priorização estratégica igualmente distinta. Ambas as dimensões – temporalidade e direcionalidade – precisam estar, a cada nova rodada de planejamento, devidamente expressas nos documentos e nos respectivos arranjos de implementação e gestão das políticas e programas governamentais. Essa sugestão é não só factível como indispensável para conferir maior dose de realismo, flexibilidade e exequibilidade às distintas fases de maturação e de priorização das políticas públicas federais.

Concretamente, trata-se aqui de permitir que os horizontes temporais das diversas políticas e programas governamentais se expressem livremente dentro do mesmo instrumento de planejamento. Com isso, todos os planos setoriais considerados robustos e corretos, dos pontos de vista da política e da estratégia nacional de desenvolvimento, seriam automaticamente incorporados ao plano, independentemente do respectivo horizonte temporal ou do grau de maturação institucional em cada caso. As subfunções de orçamentação, monitoramento, avaliação e controle levariam em conta, para suas respectivas atividades, a especificidade e a temporalidade própria em cada caso.

---

[23] Essa ideia fulcral sobre o planejamento governamental em sua perspectiva político-estratégica perpassa algumas das principais referências históricas sobre o assunto, a saber: Matus (1996), Friedmann (2001), bem como os textos das coletâneas organizadas por Bromley e Bustelo (1982), Giacomoni e Pagnussat (2006), Martner e Mattar (2012).

[24] Tais ideias de temporalidade e direcionalidade estratégicas para o PPA estão desenvolvidas em De Toni (2016), Gimene e Couto (2017), Fortis e Gasparini (2017), Neto (2018), Mundim (2020) e Cardoso Jr. (2020).

Planejamento participativo

Em quarto lugar, dotar a função planejamento de forte componente democrático-participativo: hoje, qualquer iniciativa ou atividade de planejamento governamental que se pretenda eficaz, precisa aceitar – e mesmo contar com – certo nível de engajamento público dos atores diretamente envolvidos com a questão, sejam estes da burocracia estatal, políticos e acadêmicos, sejam os próprios beneficiários da ação que se pretende realizar. Em outras palavras, a atividade de planejamento deve prever uma dose não desprezível de horizontalismo em sua concepção, vale dizer, de participação direta e envolvimento prático de – sempre que possível – todos os atores pertencentes à arena em questão.[25]

Qualquer iniciativa de governo, planejada ou não, apenas se pode medir por seu grau de exequibilidade, vale dizer, pelas condições tecnopolíticas de governabilidade sistêmica e governança colaborativa do Estado. Condições essas que tanto garantem o engajamento e o apoio político necessários à efetivação do planejamento estratégico de governo, como garantem os requisitos administrativos (ou recursos de poder: financeiros e orçamentários, humanos e logísticos, tecnológicos e normativos, simbólicos e comunicacionais etc.) necessários à implementação das diversas e heterogêneas políticas públicas pelo país.

É preciso, portanto, levar a reforma do Estado à própria sociedade, radicalizando a democracia social brasileira. Hoje, radicalizar (ou substantivar) a democracia brasileira significa, em primeiro lugar, reformar (para adensar) as estruturas e formas de funcionamento da democracia representativa tradicional. Em segundo plano, mas não menos importante, abrir o Estado à democracia participativa direta (referendos, plebiscitos e iniciativas populares já previstas constitucionalmente) e semidireta, conforme inovações recentes em desenvolvimento por meio dos conselhos de políticas públicas, conferências nacionais, audiências e ouvidorias públicas, entre outras interfaces socioestatais possíveis e necessárias ao contexto presente e futuro da nação.

---

[25] Os temas da gestão pública democrática e do planejamento participativo podem ser conferidos em Dagnino, Cavalcanti e Costa (2016) e Cardoso Jr. (2020). Além desses, a dimensão democrática e participativa nas políticas públicas pode ser vista nas coletâneas organizadas por Loureiro, Abrucio e Pacheco (2010) e Menicucci e Gontijo (2016).

Entregas efetivas à sociedade

É preciso que a implementação, a gestão das políticas públicas e a entrega efetiva de bens e serviços do Estado à população sejam os verdadeiros critérios de aferição e perseguição do desempenho institucional (setorial, territorial e agregado) do Estado brasileiro.[26] Apenas desta maneira se poderá, de fato, calibrar as ações de planejamento no sentido dos resultados intermediários (medidos pela eficácia da ação governamental) e dos resultados finais (medidos pela efetividade transformadora da ação) das políticas públicas nacionais, rumo à consolidação de um projeto de desenvolvimento integral para o Brasil no século XXI. Trata-se, enfim, de dotar a função planejamento de fortes conteúdos éticos, vale dizer: reforçar e introduzir, cada vez mais, princípios da república e da democracia como referências fundamentais à organização institucional do Estado e à própria ação estatal.[27]

É claro que da assunção – pelo Estado – desta grande e complexa agenda de transformação, decorrerão inúmeros requerimentos operacionais para a sua efetivação no cotidiano prático da ação governamental. Estes, porém, apenas farão sentido se deflagrados sob custódia e orientação geral das formulações anteriormente sugeridas, sem as quais as possíveis inovações institucionais, ou novas medidas de gestão, simplesmente perderão muito em eficiência, eficácia e efetividade.

Considerações finais

O planejamento é uma das maiores conquistas libertárias que o homem pode almejar. Porque o plano é a tentativa do homem para criar seu futuro; é lutar contra as tendências e correntes que nos arrastam; é ganhar espaço para escolher; é mandar sobre os fatos e as coisas para impor a vontade humana; é recusar-se a aceitar o resultado social que a realidade atomizada de infinitas ações contrapostas oferece-nos anarquicamente; é rejeitar o imediatismo; é somar a inteligência individual para multiplicá-la como inteligência coletiva e criadora.

---

[26] O tema da implementação das políticas públicas ganhou, recentemente, grande destaque na academia brasileira e, felizmente, também dentro do setor público federal. Em particular, ver Faria (2012), Pires (2019) e Lotta (2019).

[27] As perspectivas ética e política do planejamento governamental e da gestão pública estão discutidas em Bresser-Pereira, Grau, Garnier, Oszlak e Przeworski (2004) e Lascoumes e Galés (2012).

> *[...] O planejamento é, portanto, uma ferramenta das lutas permanentes do homem desde o alvorecer da humanidade, para conquistar graus de liberdade cada vez maiores. (Carlos Matus, 1996, p. 182-184)*

Mesmo se a democracia brasileira não estivesse sendo posta à prova, o cenário para os próximos 20 ou 30 anos já seria suficientemente desafiador. Estamos vivendo, em âmbito global, uma série de tendências que independem da vontade de países e governos nacionais, mas que afetarão a forma de inserção de todos eles e do Brasil no cenário internacional.

Está em curso um movimento de hiperconcentração econômica que se dá, preponderantemente, junto aos países centrais, como os Estados Unidos, a Alemanha e a China, que desponta como nova e poderosa potência. Essa concentração ocorre no nível das empresas transnacionais e o Brasil não está neste rol de países hegemônicos. Esse processo está ampliando a assimetria existente entre os países ricos, medianos e pobres, agravando a hierarquização de poder em escala mundial. Esta dinâmica tem consequências importantes para uma economia como a brasileira, que tenderá a perder graus de liberdade, sendo impedida de decidir minimamente o que deseja ou pode fazer de modo autônomo e soberano.

Do ponto de vista tecnológico, está em curso uma nova revolução: a da convergência (nano)tecnológica. A ciência moderna de ponta conseguiu desmembrar a matéria nas suas ínfimas unidades: a matéria física, no átomo; a matéria biológica, no gene. As combinações que advirão dessa fronteira mudarão completamente a posição dos diversos países na nova divisão internacional do trabalho. Esse tipo de desenvolvimento requer um investimento muito pesado em Ciência, Tecnologia, Inovação e Educação, recursos que estarão disponíveis para poucos países. Quanto mais essas tecnologias estiverem concentradas em poucas nações ou empresas, tanto maior será a assimetria de poder e de acesso a recursos entre elas.

Nesse cenário, o Brasil tende a voltar a viver uma espécie de dependência tecnológica radical que marcou o desenvolvimento da sua economia nacional no começo do século XX e que, com muito esforço, estava sendo minimamente enfrentada até recentemente. Mas o desafio atual é maior do que o do passado porque não se trata mais de copiar tecnologias e padrões industriais existentes. Uma mudança de nível hierárquico nesse sistema depende da produção de inovação e de conhecimento de ponta, muito mais difíceis de obter e dominar hoje em dia.

Com isso, certamente aumentará a heterogeneidade estrutural dentro do sistema interestatal capitalista.[28] O setor financeiro está no centro de todas essas disputas por, ao mesmo tempo, impactar e ser influenciado pelas grandes corporações transnacionais; depender e modular o campo da acumulação capitalista. São problemas complexos e difíceis de resolver. A sociedade brasileira é majoritariamente de baixa renda, não tem acesso pleno à seguridade social e depende do sistema público. A proteção social é, portanto, uma exigência no país, dado o perfil sociodemográfico e epidemiológico de sua população. Por outro lado, tal sistema é altamente dependente de investimentos de monta, algo que tem sido constrangido pelos governos golpistas de forma aberta e infame desde 2016, e reforçado pelo governo Bolsonaro/Guedes desde 2019.

Não por outra razão, a situação de ruptura da ordem democrática afeta a configuração do Estado brasileiro e do seu poder de estabelecer uma agenda de desenvolvimento inclusiva, democrática, soberana e sustentável, como era a que estava em construção, não sem dificuldades, na primeira década de 2000. O consórcio político conservador tenta convencer a população, por meio de vários artifícios ideológicos, de que o estado social brasileiro não cabe no orçamento nacional. Isto é uma falácia. A sociedade brasileira – por sua heterogeneidade, complexidade, necessidades e carências – é que não cabe no projeto liberal conservador que tenta se colocar como padrão de organização do Estado e do desenvolvimento no país.

Mas logo ficará claro para a população que a única forma de o Brasil superar suas dificuldades e organizar um processo de desenvolvimento que lhe sirva é ter o Estado no centro do processo. Não se está aqui afirmando que todas as soluções dependem e passam exclusivamente pelo papel do Estado. Mas, no caso brasileiro, ele é, inevitavelmente, o agente central do processo de desenvolvimento. Sem ele, o próprio mercado não existe e não funciona no país. É sua função focalizar e capitanear a política pública na linha da inclusão e da universalização. Se o Estado não o fizer, não haverá quem o faça. Não serão

---

[28] Sem dúvida, Fiori (2014 e 2018) é um dos mais altos expoentes do pensamento crítico mundial a elaborar sobre esse tema e suas consequências sobre a América Latina e o Brasil.

os agentes privados que irão promover a universalização da proteção laboral e previdenciária, da saúde, da educação, da segurança pública.

Desta maneira, quando falamos que o Estado é central no processo de desenvolvimento, também estamos dizendo que ele precisa se organizar e funcionar de uma maneira diferente da atual. Para tanto, existem três ideias fortes que pautam a reflexão sobre Estado, planejamento e desenvolvimento, as quais permeiam todas as seções deste capítulo.

A primeira trata da necessidade de uma reforma de natureza republicana, que traga mais transparência aos processos decisórios, no trato da coisa pública de modo geral. Isso precisa ser encampado como parte da reforma de Estado, direcionando a esfera pública para as necessidades vitais e universais da população.

A segunda ideia recupera a dimensão da democracia. Não há como fazer uma mudança dessa envergadura sem a participação bem informada da maioria da população. A democracia não é apenas um valor em si, mas também um método de governo, por meio do qual as vontades da maioria da população se manifestam, eleitoral e periodicamente, mas também de modo mais intenso e cotidiano por meio de formas e mecanismos mais ou menos institucionalizados de interconexão Estado – Sociedade. Ou seja, para além da democracia representativa em crise, há elementos de uma democracia participativa e mesmo deliberativa que pressionam por mais e melhores espaços de existência e funcionamento.

Por fim, a terceira proposição considera o próprio desenvolvimento como carro-chefe da ação do Estado. Ou seja, o Estado não existe para si próprio, mas como um instrumento para o desenvolvimento da nação. Nesse sentido, fortalecer as dimensões do planejamento, da prospecção, da gestão pública, da participação e do controle social – estratégias essas de organização e funcionamento do Estado – é fundamental para que possamos dar um salto de qualidade ainda no século XXI no Brasil.

Nesse sentido, é preciso trazer à consideração ao menos duas grandes lições das experiências internacionais exitosas em termos do desenvolvimento nacional. A primeira tem a ver com a centralidade do Estado e do investimento público para a dinamização da economia brasileira e para a transformação da sua estrutura produtiva. Neste particular, tendem a ser exitosos os esforços de mobilização das capacidades estatais (sobretudo uma base tributária robusta e fontes de *funding* adequadas) e de alguns instrumentos governamentais (tais como os bancos públicos, empresas estatais, fundos públicos e fundos de pensão) no enfrentamento dos efeitos nocivos e deletérios da crise pandêmica que vem jogando para baixo o estado de confiança e as expectativas futuras dos investimentos públicos e privados. Ou seja: Estado e investimento público podem e devem desempenhar papel contracíclico decisivo no enfrentamento e superação da crise econômica, social e política que se instalou no país, com especial gravidade, desde a eleição de Bolsonaro e a instalação da pandemia de 2020.

A segunda grande lição relaciona-se justamente com a capacidade de projetos estruturantes de se conectarem com outras políticas públicas e outras dimensões setoriais e territoriais do desenvolvimento nacional. Para além do potencial mobilizador, indutor e multiplicador dos investimentos capitaneados por programas prioritários de investimento, há reflexos positivos sobre as próprias capacidades (financeiras, humanas, jurídicas, tecnológicas, comunicacionais etc.) do Estado, as quais induzem a uma espécie de auto-organização para desafios que rompem o *statu quo* da gestão pública tradicional, retiram a burocracia estatal da sua zona de conforto e recolocam a função planejamento no centro dos processos decisórios de governo.

Tudo somado, portanto, sugere-se aos futuros governos uma reflexão que vincule os temas tratados por este capítulo a um projeto soberano, sustentável e includente de desenvolvimento, e a uma concepção progressista e não minimalista de Estado. Diante do tamanho e complexidade das questões envolvidas, é claro que riscos de diversas ordens ameaçam a sustentabilidade temporal e programática de políticas públicas relevantes à sociedade brasileira. Avançar, portanto, na explicitação e superação positiva desses problemas, é condição primordial para, de fato, se poder destravar o potencial intrínseco às capacidades estatais e aos instrumentos governamentais à disposição do Estado brasileiro contemporâneo, com vista a uma atuação planejada para o desenvolvimento nacional.

Para tanto, cabe à sociedade brasileira enfrentar, superar e virar a triste página do momento situacional que assola a vida nacional desde o golpe de 2016 e a eleição de Bolsonaro em 2018. Não por outra razão, urge a realização de uma reforma do Estado de natureza republicana, democrática e desenvolvimentista, ainda no século XXI, tendo em vista os dramáticos processos em curso, cujas consequências já visíveis pela maioria da população são a estagnação econômica e o retrocesso civilizatório no campo das políticas sociais.

Oxalá a comunidade internacional democrática e a sociedade brasileira consciente do perigo autoritário/totalitário em curso possam rapidamente perceber a abrangência, a profundidade e a velocidade dessa agenda retrógrada para então se reorganizarem coletivamente e se reposicionarem politicamente com vistas à recuperação das tendências recentes de construção da República, da Democracia e do Desenvolvimento no espaço nacional.

Referências

AFFONSO DA SILVA, S. *O Planejamento Regional Brasileiro Pós-Constituição Federal de 1988: instituições, políticas e atores*. São Paulo: Annablume, Fapesp, 2017.

ALVAREZ, A. R. e MOTA, J. A. (orgs.). *Sustentabilidade Ambiental no Brasil: biodiversidade, economia e bem-estar humano*. Brasília: IPEA, 2010.

BRESSER-PEREIRA, L. C.; GRAU, N. C.; GARNIER, L.; OSZLAK, O. e PRZEWORSKI, A. *Política y Gestión Pública*. Buenos Aires: CLAD (Centro Latinoamericano de Administração para o Desenvolvimento), FCE (Fondo de Cultura Económica), 2004.

BROWLEY, R. e BUSTELO, E. (orgs.). *Política x Técnica no Planejamento: perspectivas críticas*. São Paulo:. Ed. Brasiliense, 1982.

CAVALCANTE, P. L. e GOMIDE, A. A. (orgs.). *O Presidente e seu Núcleo de Governo: a coordenação do Poder Executivo*. Brasília: IPEA, 2018.

CEPAL (Comissão Econômica para a América Latina e Caribe). *Prospectiva y Desarrollo: el clima de la igualdad en América Latina y el Caribe a 2020*. Santiago, Chile: CEPAL, 2013.

COCKSHOTT, P. e NIETO, M. *Ciber-Comunismo: planificación económica, computadoras y democracia*. Madrid: Ed. Trotta, 2017.

COUTAU-BÉGARIE, H. *Tratado de Estratégia*. Rio de Janeiro: Escola de Guerra Naval, 2010.

CARDOSO JR. J. C. *Mundo do Trabalho e (Des)Proteção Social no Brasil*. Rio de Janeiro: Beco do Azougue, 2013.

CARDOSO JR., J. C. *Planejamento Governamental para Céticos: evidências históricas e teóricas no Brasil*. São Paulo: Ed. Quanta, 2020.

CARDOSO JR. J. C.; ACIOLY, L. e MATIJASCIC, M. (orgs.). *Trajetórias Recentes de Desenvolvimento: estudos de experiências internacionais selecionadas*. Brasília: IPEA, 2009.

CARDOSO JR., J. C. e BERCOVICI, G. (orgs.). *República, Democracia e Desenvolvimento: contribuições ao Estado brasileiro contemporâneo*. Brasília: IPEA, 2013.

CASTRO, J. A. e POCHMANN, M. (orgs.). *Brasil: Estado social contra a barbárie*. São Paulo: Fundação Perseu Abramo, 2020.

DAGNINO, R., CAVALCANTI, P. A. e COSTA, G. (orgs.). *Gestão Estratégica Pública*. São Paulo: Ed. Fundação Perseu Abramo, 2016.

DE NEGRI, F. e ALMEIDA, M. (orgs.). *Estrutura Produtiva Avançada e Regionalmente Integrada: desafios do desenvolvimento produtivo brasileiro*. Brasília: IPEA, 2010.

DE TONI, J. *O Planejamento Estratégico Governamental: reflexões metodológicas e implicações na gestão pública*. Curitiba: Inter-Saberes, 2016.

DROR, Y. *A Capacidade para Governar: informe ao Clube de Roma*. São Paulo: Fundap, 1999.

DURAND, C. e KEUCHEYAN, R. *Pós-Capitalismo na Era do Algorítimo*. São Paulo: Site Outras Palavras, disponível em: https://outraspalavras.net/author/cedric/, 2020.

DURAND, C. e KEUCHEYAN, R. *A Hora do Planejamento Ecológico*. São Paulo: Le Monde Diplomatique Brasil, ano 14, n. 154, maio 2020.

FARIAS, C. A. P. (org.). *Implementação de Políticas Públicas: teoria e prática*. Belo Horizonte: Ed. PUC Minas, 2012.

FIORI, J. L. *História, Estratégia e Desenvolvimento: para uma geopolítica do capitalismo*. São Paulo: Boitempo, 2014.

FIORI, J. L. *Dialética da Guerra e da Paz*. In: FIORI, J. L. (org.). Sobre a Guerra. Petropólis: Ed. Vozes, 2018.

FONSECA, A. e FAGNANI, E. (orgs.). *Políticas sociais, Desenvolvimento e Cidadania*. São Paulo: Editora Fundação Perseu Abramo, 2013.

FORTIS, M. F. e GASPARINI, C. E. (orgs.). *Plurianualidade Orçamentária no Brasil: diagnóstico, rumos e desafios*. Brasília: Enap, 2017.

FRIEDMANN, J. *Planificación en el Ámbito Público: del conocimiento a la acción*. Madrid: Instituto Nacional de Administración Pública, 2001.

GIACOMONI, J. e PAGNUSSAT, J. L. (orgs.). *Planejamento e Orçamento Governamental: coletânea*. Brasília:

GIMENE, M. e COUTRO, L. F. (orgs.). *Planejamento e Orçamento Público no Brasil*. Brasília: Enap, 2017.

GODET, M. A. *Caixa de Ferramentas da Prospectiva Estratégica*. Lisboa, Portugal: CEPES (Centro de Estudos de Prospectiva e Estratégia), 2000.

GOMIDE, A. A. e PIRES, R. R. (orgs.). *Capacidades Estatais e Democracia: arranjos institucionais de políticas públicas*. Brasília: Ipea, 2014.

GRAU, N. e TORO, J. C. F. (orgs.). *Fortalecimiento del Alto Gobierno: aproximaciones conceptuales*. Caracas: CLAD, 2011.

IANNI, O. *Estado e Planejamento Econômico no Brasil*. Rio de Janeiro: Ed. UFRJ, 2009.

JABBOUR, E. K. *China: socialismo e desenvolvimento*. São Paulo: Anita Garibaldi; Fundação Maurício Grabois, 2019.

JABBOUR, E. K.; DANTAS, A. T.; ESPÍNDOLA, C. J. *Considerações Iniciais sobre a Nova Economia do Projetamento*. Florianópolis: Geosul, v. 35, n. 75, p. 17-42, 2020.

LASCOUMES, P. e GALÉS, P. *Sociologia da Ação Pública*. Maceió: Ed. UFAL, 2012.

LOTTA, G. (org.). *Teoria e Análises sobre Implantação de Políticas Públicas no Brasil*. Brasília: Enap, 2019.

LOUREIRO, M. R., ABRUCIO, F. L. e PACHECO, R. S. (orgs.). *Burocracia e Política no Brasil: desafios para o Estado democrático no século XXI*. São Paulo: Ed. FGV, 2010.

MANNHEIM, K. *Liberdade, Poder e Planificação Democrática*. São Paulo: Ed. Mestre Jou, 1972.

MARCIAL, E.; GRUMBACH, R. *Cenários Prospectivos: como construir um futuro melhor*. Rio de Janeiro: Ed. FGV, 2008.

MARCIAL. E. (org.). *Megatendências Mundiais 2030: o que entidades e personalidades internacionais pensam sobre o futuro do mundo? Contribuição para um debate de longo prazo para o Brasil*. Brasília: Ipea, 2015.

MARQUES, L. *Capitalismo e Colapso Ambiental.* Campinas: Ed. Unicamp, 2015.

MARTNER, R. e MATTAR, J. (orgs.). *Los Fundamentos de la Planificación del Desarrollo en América Latina y el Caribe.* Santiago de Chile: ILPES, CEPAL, 2012.

MATTAR, J. e PERROTTI, D. (orgs.). *Planificación, Prospectiva y Gestión Pública: reflexiones para la agenda de desarrollo.* Santiago de Chile: ILPES, CEPAL, 2014.

MATTAR, J. e CUERVO, L. M. (orgs.). *Planificación para el Desarrollo en América Latina y el Caribe: enfoques, experiencias y perspectivas.* Santiago de Chile: ILPES, CEPAL, 2017.

MATUS, C. *Estratégias Políticas: Chimpanzé, Maquiavel e Gandhi.* São Paulo: Fundap, 1996.

MATUS, C. *Adeus Senhor Presidente: governantes governados.* São Paulo: Fundap, 1996.

MENICUCCI, T. e GONTIJO, J. G. (orgs.). *Gestão e Políticas Públicas no Cenário Contemporâneo: tendências nacionais e internacionais.* Rio de Janeiro: Ed. Fiocruz, 2016.

MONTEIRO, A., CASTRO, C. N. e BRANDÃO, C. A. (orgs.). *Desenvolvimento Regional no Brasil: políticas, estratégias e perspectivas.* Rio de Janeiro: IPEA, 2017.

MORAIS, M. P. e COSTA, M. A. (orgs). *Infraestrutura Social e Urbana no Brasil: subsídios para uma agenda de pesquisa e formulação de políticas públicas.* Brasília: IPEA, 2010.

MUNDIM, J. F. A. *Aperfeiçoamento Institucional do Planejamento Estratégico Federal.* Brasília: Dissertação Mestrado Profissional Enap em Governança e Desenvolvimento, 2020.

NETO, R. *Desafios do Planejamento Plurianual: uma análise dos PPA 2004-2007 e 2012-2015 sob o prisma do triângulo de governo de Carlos Matus.* Brasília: Dissertação Mestrado Profissional IPEA em Políticas Públicas e Desenvolvimento, 2018.

OLIVEIRA, C. W. e MAGALHÃES, J. C. (orgs.). *Estrutura Produtiva Avançada e Regionalmente Integrada: diagnóstico e políticas de redução das desigualdades regionais.* Brasília: IPEA, 2010.

PEGO, B. e CAMPOS NETO, C. (orgs). *Infraestrutura Econômica no Brasil: diagnósticos e perspectivas.* Brasília: IPEA, 2010.

PÉREZ, C. T. La planificación como función principal de dirección en la economia socialista. In: PÉREZ, C. T. *El Pensamiento Económico de Ernesto Che Guevara.* Havana: Casa de las Américas, 1987.

PIRES, R. R. (org.). *Implementando Desigualdades: reprodução de desigualdades na implementação de políticas públicas.* Rio de Janeiro: IPEA, 2019.

PIRES, R. R.; LOTTA, G. e OLIVEIRA, V. E. (orgs.). *Burocracia e Políticas Públicas no Brasil: interseções analíticas.* Brasília: IPEA, 2018.

SICSÚ, J. e REIS, L. C. (orgs.). *Planejamento e Desenvolvimento.* Brasília: ABDE, IPEA, 2010.

TINBERGEN, J. *Desenvolvimento Planejado.* Rio de Janeiro: Zahar Ed., 1975.

VÁSQUEZ, J. M. *Función de Pensamiento de Largo Plazo: acción y redimensionamiento institucional.* Santiago, Chile: Ilpes-Cepal, Serie Gestión Pública n. 05, 2000.

VÁSQUEZ, J. M.; ORTEGÓN, E. *Manual de Prospectiva y Decisión Estratégica: bases teóricas e instrumentos para América Latina y el Caribe.* Santiago, Chile: Ilpes-Cepal, Serie Manuales n. 51, 2006.

VÁSQUEZ, J. M.; BECERRA, S.; CASTAÑO, P. *Prospectiva y Política Pública para el Cambio Estructural en América Latina y el Caribe.* Santiago, Chile: CEPAL, 2014.

VELOSO, J. R. S. *Direito ao Planejamento.* Belo Horizonte: Ed. D'Plácido, 2014.

VIANNA, S. W., BRUNO, M. e MODENESI, A. (orgs.). *Macroeconomia para o Desenvolvimento: crescimento, estabilidade e emprego.* Brasília: IPEA, 2010.

Parte II
Finanças públicas

Planejamento e orçamento a partir da reforma do aparelho do Estado:

das iniciativas gerencialistas à reforma orçamentária e extinção do plano plurianual[1]

Leandro Freitas Couto e José Celso Cardoso Jr.

Introdução

Planejamento e orçamento são funções estruturantes do Estado que impulsionam ou refreiam outras tantas ações governamentais. Assim, era de se esperar que a reforma do aparelho do Estado anunciada em 1995, durante o primeiro governo de Fernando Henrique Cardoso (FHC), também mirasse esses temas. Reconhecendo na crise brasileira uma crise do próprio Estado, que necessitava, portanto, de uma administração pública mais gerencial, voltada para resultados, o Plano Diretor da Reforma do Aparelho do Estado (PDRAE) indicava a necessidade de aprimorar o processo orçamentário nessa direção.

A par disso, o objetivo deste capítulo é, a partir de uma leitura sobre como os temas de planejamento e orçamento foram tratados no âmbito do plano para a reforma do aparelho do Estado, revelar como os processos e instrumentos relativos ao planejamento e orçamento evoluíram desde então e o quanto dessa evolução foi alinhada com os princípios defendidos no PDRAE.

---

[1] Este capítulo foi originalmente publicado como: COUTO, L. F.; CARDOSO JR., J. C. Planejamento e Orçamento a partir da Reforma do Aparelho do Estado: das iniciativas gerencialistas à reforma orçamentária e extinção do plano plurianual. In: CAVALCANTI, P. L.; SANTOS, M. S. (orgs.). Reformas do Estado no Brasil: trajetórias, inovações e desafios. Rio de Janeiro: IPEA, 2020.

É forçoso reconhecer que o planejamento ocupou um lugar menor no PDRAE, mas foi a partir dele, e do próprio Plano Plurianual (PPA), que se processaram muitas das inovações no campo orçamentário. A reestruturação do PPA, a partir do Decreto 2.829/1998, e sua ligação com o orçamento para o período 2000-2003, seria o primeiro movimento que ensejaria mudanças no orçamento em linha com a reforma gerencial do Estado. Até então, esses instrumentos eram apartados: o plano, como uma manifestação de intenções, sem amarrações concretas que o instrumentalizasse; e o orçamento, como um instrumento meramente contábil, demasiadamente detalhado, sem uma orientação a resultados alinhados a um plano que o direcionasse.

O PDRAE indicava a necessidade de diminuir o nível de detalhamento do orçamento, permitindo maior flexibilidade na utilização dos recursos, submetidos não mais a uma lógica de controle *a priori* e, sim, voltando-se a resultados. Esse movimento de flexibilização da gestão orçamentária tem, no mínimo, dois aspectos importantes que, ao longo dos 25 anos após o anúncio da reforma do Estado, vêm se consolidando de forma complementar e paralela.

O primeiro aspecto diz respeito à flexibilização da execução orçamentária, seja pela agregação das ações e redução do detalhamento do orçamento, seja pelo relaxamento das normas relativas a transferências, por exemplo. Nessa linha, as transformações no campo orçamentário se combinariam com as questões gerenciais, em que os gestores teriam maiores possibilidades de direcionar a execução orçamentária para os elementos que fossem mais necessários, com menos barreiras burocráticas.

A análise ora apresentada demonstra que essa flexibilização foi sendo impulsionada por mudanças dos instrumentos de planejamento. Sendo assim, é possível afirmar que não tenha sido diretamente influenciada pela reforma do Estado, mas estava alinhada com seus princípios gerais. Aponta também que esse movimento não foi linear, pois conta com reações dos vários atores que atuam para maximizar seus interesses no âmbito do regime de governança orçamentária. Assim, o próprio Legislativo tem exercido um papel central e nem sempre convergente com as intenções do Executivo na conformação desse arranjo. Nesse campo se encontra o segundo aspecto da flexibilização orçamentária.

A flexibilização da execução é acompanhada tanto pelo aumento da influência do Legislativo no direcionamento do orçamento, pela impositividade das emendas parlamentares, quanto pela blindagem do gasto financeiro relativamente aos gastos primários do orçamento. Além disso, vislumbra-se uma nova onda de flexibilização da gestão orçamentária, voltada às despesas primárias, as quais se deparam com limites superiores rígidos ao seu crescimento. Isso é possível por meio de medidas que visam à desvinculação de receitas e à desobrigação de despesas, criando assim mecanismos que permitam sua redução global. Aqui, não se trata apenas da flexibilização da execução orçamentária, mas também da flexibilização da alocação na elaboração do orçamento, em que o espaço dos gastos financeiros é preservado ou ampliado, e os gastos primários são submetidos a um maior nível de rigidez ou instabilidade.

Para percorrer esses temas, este capítulo se divide em quatro seções, além desta introdução e da conclusão. Na segunda seção, será apresentada a forma como o PDRAE trata o tema do planejamento e orçamento. A terceira seção traz os primeiros passos da implementação dessa reforma na área, a partir do PPA 2000-2003. Na quarta seção, busca-se a evolução da implementação das ideias defendidas no PDRAE para além do PPA, com atenção às mudanças introduzidas pelo Programa de Aceleração do Crescimento (PAC) no processo orçamentário. A quinta seção apresenta as reações a esse processo e os desafios impostos pela agenda atual do governo Bolsonaro, de nova reforma do processo orçamentário.

Planejamento e orçamento no PDRAE

O documento do PDRAE foi lançado em 1995, elaborado pelo então Ministério da Administração Federal e Reforma do Estado (Mare), dirigido por Luiz Carlos Bresser-Pereira. Trata-se de um documento relativamente enxuto, com cerca de 80 páginas, que parte de um breve histórico sobre a administração pública no Brasil, faz um diagnóstico da situação existente naquele momento e apresenta uma visão sobre o aparelho do Estado e as formas de propriedade, para então apresentar os objetivos, as estratégias de transição e os projetos centrais para a implementação da reforma do aparelho do Estado no país, mormente em âmbito federal.

O documento define a orientação da reforma do aparelho do Estado para "tornar a administração pública mais eficiente e mais voltada para a cidadania" (Brasil, 1995, p. 17). A proposta buscava a implantação de uma gestão pública mais gerencial para todos os setores do Estado, ainda que reconhecesse que um perfil burocrático-formal continuaria sendo importante para o estrato do núcleo estratégico do governo. Para tanto, reforçava a estratégia de privatização no setor produtivo em que o Estado ainda se fazia presente e de publicização, descentralização e flexibilização em serviços não exclusivos do Estado, como universidades, hospitais, centros de pesquisa etc.

A flexibilização dos instrumentos burocráticos é uma tônica presente ao longo de todo o documento. Abrange desde as formas de contratação e demissão dos servidores, que deveriam perder a estabilidade, até mecanismos de controle *a priori*, cujo foco deveria ser substituído pelo controle *a posteriori* dos resultados da ação do Estado. Previa, para isso, a necessidade de definição de objetivos organizacionais precisos e a autonomia do administrador na gestão dos recursos humanos, materiais e financeiros.

Há uma delimitação clara no documento com relação ao papel dos ministérios no âmbito da reforma, indicando ao então Ministério do Planejamento e Orçamento, junto com o Ministério da Fazenda, a proposição de alternativas para a solução da crise fiscal. Em janeiro de 1999, a Medida Provisória 1.795 transforma o Ministério de Planejamento e Orçamento em Ministério do Orçamento e Gestão, incorporando a agenda da gestão às suas atribuições. Em julho do mesmo ano, o governo muda novamente a configuração do ministério, tornando-o responsável por planejamento, orçamento e gestão.

As discussões em torno dos instrumentos de planejamento e, principalmente, do orçamento que se fazem presentes em vários trechos do documento ressaltam a importância desses elementos dentro das mudanças necessárias na dimensão da gestão. Desse modo, a gestão coloca-se acima do planejamento, que se limita como instrumento organizacional e orçamentário.[2] O tema do orçamento, por sua vez, parece receber mais atenção, indicando que a escolha do nome de orçamento e gestão para o novo ministério, quando da fusão com o Mare, expressava essa visão.

A institucionalização e modernização da função orçamentária e sua ligação com o planejamento foi destacada ao longo do histórico que o documento

2. Nesse particular, Cardoso Junior (2011) fala em primazia da gestão, processo por meio do qual vai havendo o esvaziamento da dimensão estratégica do planejamento e a transformação dessa função em algo quase que meramente instrumental e burocrático.

apresenta da administração pública federal. Considerada atividade formal e permanentemente vinculada ao planejamento, no âmbito do Departamento Administrativo do Serviço Público (Dasp), a institucionalização da função orçamentária mereceu registro pela sua relevância na estruturação de uma administração pública burocrática. O caminho rumo a uma administração pública gerencial também destaca a instituição do planejamento e do orçamento como princípios da racionalidade administrativa operada pela reforma de 1967, com o Decreto-Lei 200.

De acordo com Dias (1969), a reforma de 1967 se apoiava num tripé formado por planejamento, orçamento-programa e programação financeira de desembolso. Com isso, dialogava com princípios de flexibilização, simplificação de processos e modernização de gestão com foco em resultados. Ainda havia ali, contudo, uma abordagem mais ampla com relação ao planejamento. Segundo Dias (1969 *apud* Oliveira, 2017, p. 39),

> não basta planejar, pois é preciso também administrar e verificar os resultados, impedindo, com isso, que o administrador de menor visão ponha de lado a preocupação do planejamento, assim como coibindo que o administrador mais inclinado aos rasgos de entusiasmo pelos planos deixe de verificar os resultados de sua execução, mantendo-se o planejamento permanentemente ajustado à realidade; e, acrescente-se – o que é de suma relevância –, não retirando do administrador a ênfase em suas funções gerenciais, de sua responsabilidade pelos resultados.

No PDRAE, por sua vez, a preocupação estava muito mais circunscrita às questões orçamentárias. O "detalhismo" do orçamento era identificado como exemplo da perspectiva burocrática que dificultava o funcionamento da administração pública brasileira. Nessa linha, define uma importante missão ao Ministério do Planejamento, "notadamente na área de orçamento, a partir da adoção de um novo modelo baseado na fixação de objetivos, mecanismos efetivos de avaliação de resultados, tendo como contrapartida, maior flexibilização na execução orçamentária", compatível com a administração pública gerencial (Brasil, 1995, p. 83).

Parece ter sido a reestruturação do processo de planejamento em torno do PPA e da sua integração com o orçamento e a gestão que ensejaram, no entanto, as principais mudanças nessa área. Avanços na parte orçamentária se processaram a partir de 2000, com o PPA 2000-2003, que trazia o programa como unidade de gestão, baseado em problemas identificados na sociedade, com um objetivo, indicadores de resultado e um gerente, este último deslocado da hierarquia formal dos órgãos. A próxima seção será dedicada à análise desse modelo e sobre o quanto ele se alinha com o programa trazido pelo PDRAE.

O PPA 2000-2003: início de uma reforma limitada

O PPA para o período 2000-2003, conhecido como Avança Brasil, incorporou a experiência de gestão que tinha sido construída em torno do Brasil em Ação, um conjunto de 42 empreendimentos prioritários do primeiro governo FHC. Seus idealizadores, embora reconheçam a importância da reforma do aparelho do Estado, delimitam-na com um escopo em torno das organizações, buscando conferir a estas flexibilização e responsabilidade. Ao lado dela – não necessariamente vinculada a ela – estariam outras duas reformas importantes para o Estado brasileiro – a Lei de Responsabilidade Fiscal (LRF) e as inovações em torno do planejamento, orçamento e gestão relacionadas ao PPA 2000-2003 (Pares e Silveira, 2002).

Para além da transformação necessária nas organizações, era preciso aprimorar a gestão, introduzindo práticas já testadas na iniciativa privada. Um dos elementos que alimentaram essas iniciativas foi o programa de qualidade, em voga no Brasil nos anos 1990. Em verdade, esse elemento foi também contemplado no PDRAE, ainda que de forma marginal, como um projeto adicional, com ênfase na participação dos funcionários em nível operacional.

> A qualidade total e a produtividade assumiram em anos recentes uma importância muito grande entre as técnicas administrativas. Esse plano reconhece essa importância, mas entende que essas técnicas são um grande avanço se lograrem, a nível operacional, uma qualidade maior de serviços, dentro da filosofia do erro zero, e uma maior cooperação entre funcionários e administradores. Em nível mais geral, a estratégia da administração pública gerencial é a fundamental, devendo subordinar-se a ela o programa de qualidade e da produtividade, que, no setor público, é preferível chamar de programa de qualidade e participação (Brasil, 1995, p. 77).

Couto e Magalhães (2018) destacam esse embate entre os "qualiteiros" e os atores que defendiam a reforma do Estado conforme preconizado por Bresser-Pereira. Para os primeiros, as mudanças legais e culturais preconizadas pelo PDRAE, além de demandarem um longo período de maturação, eram insuficientes; precisariam ainda apostar na superação dos modelos rígidos hierárquicos e nas habilidades gerenciais pessoais, e não apenas institucionais.

Nessa linha, o PPA 2000-2003 teve como base fundamental o conceito de programa como unidade de gestão, como um conjunto articulado de ações (orçamentárias e não orçamentárias) voltadas a um objetivo, cujos resultados seriam mensurados a partir da evolução de um conjunto de indicadores, permitindo uma avaliação da ação do governo. Para cada programa, haveria um gerente responsável, indicado pelo ministério responsável pelo programa, mas sem estar necessariamente vinculado a determinada posição hierárquica na estrutura organizacional.

Para um conjunto de aproximadamente 20% dos programas considerados estratégicos (67 de um total de 387), havia um arranjo de gerenciamento intensivo que incluía um apoio na gestão das restrições e uma participação ativa no processo de liberação de recursos financeiros junto à Secretaria do Tesouro Nacional (STN) do Ministério da Fazenda.

Garcia (2015) tampouco credita ao PDRAE as inovações introduzidas pelo PPA 2000-2003. Tendo como base os relatórios do Grupo Técnico Interministerial (GTI) instituído em 1997 para formular uma proposição que buscasse integrar o planejamento com a programação orçamentária, o autor faz referências às formulações "mais avançadas na área do planejamento estratégico público e do orçamento por programa", citando, como exemplo, as reflexões de Carlos Matus e Yehezkel Dror. Ademais, de forma sutil, questiona os preceitos genéricos do PDRAE.

> Conceber ações (projetos, atividades e ações normativas) definindo com rigor seus produtos (um por ação), suas metas, seus custos e prazos é criar possibilidades para a prática de uma administração mais gerencial no setor público. Isso é algo sabidamente necessário, mas que só se faz com os instrumentos apropriados e não com intenções difusas e discursos vagos, instrumentos esses desenhados com propriedade pelo GTI (Garcia, 2015, p. 33).

O objeto principal da discussão do grupo era o Projeto de Lei Complementar 135/1996, e o seu substitutivo, que se propunha a atualizar a Lei 4.320/1964 como a nova lei de finanças públicas. Ainda que essa agenda estivesse presente no parecer do deputado Augusto Viveiros sobre a proposta do substitutivo, que menciona a reforma do Estado, demonstrando como as peças orçamentárias deveriam se adequar à nova realidade da administração pública, o próprio relatório do grupo de trabalho também não faz qualquer menção à reforma do aparelho do Estado. Segundo parecer do relator,

> estamos acolhendo a noção da administração pública gerencial, baseada em contrato de gestão, na qualificação de autarquias e fundações como agências executivas e na descentralização de recursos, modelo em parte calcado na experiência de países onde o poder público sempre teve presença marcante na oferta de serviços sociais. Nesses casos, as dotações seriam incluídas na lei orçamentária de forma simplificada. Os resultados seriam avaliados criteriosamente (GTI, 1998).

O relatório do grupo de trabalho também traz ao debate elementos sobre os quais o PDRAE é silente, como a participação social – conforme demonstrado no capítulo XX de Daniel Avelino, João Pompeu e Igor Fonseca –, e reforça a importância do processo de planejamento. Ainda assim, converge com o PDRAE no reconhecimento do excessivo detalhamento das peças orçamentárias, não apenas em relação à Lei Orçamentária Anual (LOA), mas também quanto à Lei de Diretrizes Orçamentárias (LDO).

Considera-se aqui que havia, pois, uma disputa estabelecida no contexto da discussão e implementação da reforma do aparelho do Estado entre o planejamento e uma visão mais institucional da administração e gestão pública, expresso não apenas na definição do nome do novo ministério que surgiu da fusão dos dois órgãos. José Paulo Silveira, secretário de planejamento e investimentos estratégicos do Ministério do Planejamento entre 1996 e 2003, defendia que "a melhoria das organizações e dos métodos, da informação gerencial, da capacitação das pessoas, embora por si só importantes, apenas ganham um sentido estratégico quando partem de um projeto de desenvolvimento" (Silveira, 2002, p. 165). Assim, apontava que não bastava criar agências, sob o risco da fragmentação, mas uma unidade a partir de um projeto de médio e longo prazo que referencie o todo. O PPA, incorporando uma visão de longo prazo, seria, na sua visão, essa referência.

Para o PDRAE, a questão mais importante não era o planejamento, mas o orçamento. Nesse ponto, as mudanças ensejadas no novo marco de planejamento e orçamento foram substantivas. A partir do trabalho do GTI de 1997, o orçamento foi simplificado, excluindo categorias de subprogramas, subprojetos e subatividades, diminuindo o "detalhismo" excessivo. A referência da classificação funcional-programática para os três níveis da Federação, por função e subfunção, e a flexibilidade a partir do nível do programa, foram importantes também para estabelecer uma linguagem compreensível das políticas públicas no plano nacional.

Hélio Tollini, secretário de orçamento federal no último ano do governo FHC, reconheceu as influências do PDRAE nas mudanças no orçamento. Para Tollini (2002, p. 174),

> em termos mais conceituais, a reforma absorveu fundamentos do planejamento estratégico público (realidade problematizada e planejamento compromissado com a ação), da administração estratégica corporativa (o programa como unidade autônoma de gestão, à semelhança das unidades estratégicas de negócios do setor privado) e de um orçamento-programa simplificado (o programa como único módulo integrador entre plano e orçamento).

O ex-secretário também reconhece a importância do planejamento e da relação estabelecida entre plano e orçamento para a reestruturação do orçamento. A organização dos orçamentos por programas – sendo as ações orçamentárias como meios para sua implementação – era um elemento fundamental para se implementar uma gestão pública por resultado. Ainda assim, não deixa de transparecer a disputa com o planejamento.

> Por fim, cabe ressaltar a necessidade de se ver o orçamento menos como um instrumento do planejamento, passando-se a focalizar o planejamento como uma função do orçamento. Em vez de orçamentar planos, como sempre se tentou fazer com pífios resultados, planejar os orçamentos (Tollini, 2002, p. 179).

De um ponto de vista mais amplo, Santos (2011) identifica o PDRAE no quadro da ideologia liberal, implicando uma redução da função planejamento, coerente com a retração do próprio Estado. Assim, para o autor, a reformulação possível dos instrumentos de planejamento nesse marco o reduzia a um mero instrumento de organização institucional.

De fato, a própria agenda de planejamento, embora fosse ela a responsável pela promoção de alterações no orçamento, que restavam insuficientes, estava submetida ao peso da agenda fiscal e da proeminência da LRF, promulgada alguns meses antes da promulgação da Lei do PPA 2000-2003. A LRF fortalece a LDO em detrimento do PPA, reforçando suas funções fiscais, devendo, a partir de então, dispor sobre o equilíbrio entre receitas e despesas; critérios e forma de limitação de empenho; normas relativas ao controle de custos e à avaliação dos resultados dos programas financiados com recursos dos orçamentos; e demais condições e exigências para transferências de recursos a entidades públicas e privadas.

O novo PPA sofreu a restrição pesada da crise fiscal, e a implementação do modelo de gestão também restou limitado. Ainda assim, a abordagem de planejamento por problemas e a função de gestão estratégica reposicionaram a relação do plano com o orçamento. Algumas questões ainda restaram pendentes, dado que a definição dos problemas foi frágil, e a definição de ações a partir do inventário das ações orçamentárias, forjando uma ligação com os novos programas, ainda preservou uma rigidez orçamentária.

O PPA 2004-2007 fortaleceu sua dimensão estratégica, agregou a perspectiva de um planejamento participativo, mas perdeu suas funções de gestão estratégica. Essa função foi deslocada do PPA e do próprio Ministério do Planejamento para o núcleo de governo na Casa Civil, que acabou gestando o PAC, o qual estabeleceu um novo "arranjo pragmático" de planejamento e gestão. Barcelos (2012) identifica, a partir do PAC, um novo regime de governança orçamentária no Brasil.

Ainda que o planejamento não tenha sido uma agenda prioritária do PDRAE, foi a partir dele que se processaram mudanças no orçamento. Essas mudanças ficaram inconclusas até 2003, último ano do plano. O planejamento, vale dizer, não se limita ao PPA, e o novo arranjo gestado a partir do PAC acarretou ao orçamento novas mudanças, que vinham na mesma direção daquelas previstas na reforma do Estado.

PAC e novo PPA: continuidade da agenda orçamentária e a desinstitucionalização do planejamento

A partir de 2003 e, principalmente, a partir do PPA 2004-2007, a gestão estratégica deixa de ser uma atribuição de planejamento apropriada ao PPA. Nos primeiros anos do primeiro governo Luiz Inácio Lula da Silva ensaiaram-se várias iniciativas de gestão de prioridades no âmbito da Casa Civil, as quais culminaram com a estruturação e apresentação do PAC, no primeiro ano do seu segundo mandato.[3]

O PPA passou a focar dimensões da avaliação, buscando a estruturação de um sistema de avaliação e monitoramento das políticas públicas. Em um primeiro momento, investimentos só poderiam ser incluídos no plano se passassem por uma avaliação de viabilidade técnica, econômica e ambiental no âmbito da Comissão de Monitoramento e Avaliação (CMA). Essa norma foi posteriormente flexibilizada, mas o empenho orçamentário ainda dependia da aprovação da comissão. Tal barreira foi derrubada com o PAC, cuja carteira ficava excluída das avaliações da CMA.

O Sistema de Planejamento e Orçamento Federal (Spof), constituído em 2001, foi esvaziado, perdendo sua capacidade de coordenação e se restringindo às atividades burocráticas de acompanhamento e prestação de contas. Isso não significa que o planejamento estava necessariamente mais frágil, mas, sim, que ocorria em espaços fora do arranjo e dos processos formais em torno do PPA (Couto e Magalhaes, 2017).

Nesse ponto, o PAC constrói um arranjo de gestão de prioridades e, na tese de Barcelos, inaugura um novo regime de governança orçamentária no Brasil. O PAC promoveu uma flexibilização da execução orçamentária, ao aprovar a Lei 11.587/2007, que criava a categoria de transferências obrigatórias para estados e municípios para a execução de ações do promovidas pelo programa. Isso implicava que os investimentos, por princípio considerados despesas discricionárias, passariam a ter caráter de despesas obrigatórias na realização das transferências para outros entes, não mais estando submetidos às restrições cadastrais a que eram sujeitos pelas normativas do Ministério da Fazenda.

---

[3] Para uma análise acerca do arranjo institucional, inovações e desempenho do PAC, ver Cardoso Junior e Navarro (2016).

Da mesma forma, o PAC criou um elemento no orçamento de indicação de resultado primário – o RP3. Isso significava que as ações que constavam do programa não seriam contabilizadas no resultado primário, uma prática que já havia sido testada como objeto de negociação com o Fundo Monetário Internacional (FMI) no primeiro governo Lula, no âmbito do Programa Piloto de Investimentos (PPI). Essa medida deixava o conjunto de ações que compunham a carteira do PAC fora dos decretos de limitação de empenho, ou seja, não eram contingenciáveis.

Como efeito disso, num cenário fiscal adverso, as despesas discricionárias tenderiam a sofrer um contingenciamento proporcional maior. Em 2007, o valor das ações do PAC no Orçamento Geral da União (OGU) correspondia a 6,8% do valor das despesas discricionárias. Em 2010, já tinha alcançado 28%; e em 2014, o valor do PAC no OGU correspondia a 49,52% do valor das demais despesas discricionárias. O gráfico 1 retrata essa evolução, que indica a dificuldade que essa trajetória impunha à gestão orçamentária, em particular nos momentos de crise fiscal aguda, quando o Executivo precisava limitar empenhos.

Gráfico 1. Valor do PAC em relação às demais despesas discricionárias (2007-2019) (Em %)

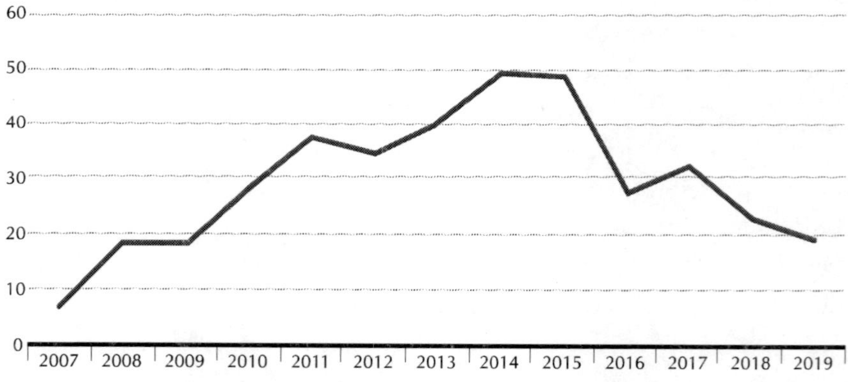

Fonte: Sistema Integrado de Planejamento e Orçamento (Siop).
Elaboração dos autores.

Isso também impactava a relação do Executivo com o Congresso Nacional do ponto de vista da execução orçamentária. Ventura (2017) demonstra que o nível de execução das emendas individuais saltou de 47,46%, em 2012, para 70,82%, em 2014, devido à introdução do orçamento impositivo para emendas individuais. Rodrigues (2017) aponta justamente o descontentamento dos parlamentares com o nível de execução das emendas e a resistência do Poder Executivo em aceitar um modelo que expandisse a obrigatoriedade do orçamento como motivadores dessa alteração.[4] Em outras palavras, diante da pequena margem de manobra das despesas discricionárias e da maior flexibilidade para execução do orçamento por parte do Executivo, o Legislativo buscou garantir sua fatia.

Outro movimento de flexibilização da execução do orçamento, com a diminuição do seu nível de detalhamento, se deu a partir de 2013, novamente alinhado a um processo de mudança metodológica do PPA. Para o período 2012-2015, a abordagem do plano muda, com programas temáticos funcionando como classificadores de um conjunto de objetivos e metas, sem uma ligação clara com o orçamento, substituindo, assim, a ideia de programas como unidade de gestão, baseado em problemas. A ligação com o orçamento se dava por meio das iniciativas, categoria que expressava a "entrega" de bens e serviços do Estado à sociedade, os quais podiam incorporar várias ações orçamentárias.

Essa nova metodologia possibilitou uma mudança no nível de agregação do orçamento, o que permitiu um redesenho das ações e facilitou a redução da fragmentação orçamentária tanto na redução das funcionais-programáticas quanto no número de ações. Isso passou a valer para o orçamento de 2013, com a introdução da categoria do Plano Orçamentário (PO), num nível abaixo da ação orçamentária, implicando maior flexibilidade na execução do gasto público e reforçando, assim, a capacidade de implementação das políticas públicas em detrimento do controle prévio (Santos, Ventura e Neto, 2015).

Desse modo, foi possível observar movimentos de flexibilização da execução orçamentária e diminuição do seu detalhamento, de um lado, alinhado, pois, com os diagnósticos explicitados à época do PDRAE, e uma reação do Congresso Nacional, de forma a exercer também um papel definidor de prioridades dentro do orçamento (Couto e Cardoso Junior, 2018). O planejamento, não exclusivamente o PPA, que na verdade era elemento marginal na

[4] Posteriormente, para 2020, a partir da Emenda Constitucional (EC) 100, as emendas das bancadas estaduais também passaram a ser impositivas, tornando ainda mais rígidos os limites para elaboração e execução do orçamento.

reforma do aparelho do Estado, provocou boa parte dessas transformações no âmbito orçamentário.

Os instrumentos e arranjos formais de planejamento chegam ao final do período fragilizados. Com o distanciamento entre o PPA e o orçamento, o instrumento perdeu influência no processo alocativo. Além disso, tanto o plano quanto o orçamento perdem características de instrumentos de planejamento e gestão para resultados (Arantes Paulo, 2016). Em contrapartida, a força política do parlamento ganha peso no balanço da governança orçamentária, sendo central uma análise mais aprofundada sobre os elementos envolvidos na destinação e execução das emendas parlamentares.

A flexibilidade gradualmente alcançada para a execução das despesas primárias, limitada pela impositividade das emendas parlamentares, foi acompanhada por mecanismos de proteção e blindagem das despesas financeiras. A questão fiscal ganha centralidade na agenda política, mas preservando de cortes, ou de qualquer regulação estrita quanto ao teto, o gasto financeiro. A fragilidade do planejamento, por seu turno, reforça esses movimentos, tanto porque diminui as amarrações prévias das despesas junto a um projeto de médio prazo, ampliando a discricionariedade política das decisões alocativas, quanto porque abre espaço para a lógica fiscalista do controle de caixa comandar o orçamento, permitindo que este, por sua vez, imponha limites ao planejamento como função estratégica do processo de governar.

De todo modo, ao longo de 25 anos, a agenda da reforma do aparelho do Estado apresentou alguns avanços do ponto de vista orçamentário. A agenda, no entanto, também por conta da própria dinâmica do arranjo de governança orçamentária, ainda não se realizou completamente. Em 2019, 90,4% das despesas orçamentárias primárias líquidas (excluídas as transferências) eram obrigatórias, restando apenas 9,6% de discricionárias. Na LOA 2020, o valor das despesas discricionárias representa apenas 8,2% do total das despesas primárias líquidas, indicando um nível de engessamento do orçamento que gera preocupação aos vários grupos de atores envolvidos no jogo orçamentário, seja do ponto de vista dos guardiões do equilíbrio fiscal, seja do ponto de vista dos executores das políticas públicas (Couto e Cardoso Junior, 2018).

Assim, os 25 anos da reforma do aparelho do Estado confirmam um processo de fragilização do planejamento, substituído por uma pauta de governança pública, com ênfase em gestão fiscal e controle sobre os gastos primários. Ademais, há uma nova onda de flexibilização da gestão orçamentária, com proteção simultânea do gasto financeiro. Essa agenda atual, que remete aos desafios presentes na área, será discutida na próxima seção.

Novo regime fiscal e reforma orçamentária: recuos e avanços na flexibilização da execução do orçamento

A flexibilização para baixo da execução das despesas primárias, com garantias de gastos direcionados pelo Poder Legislativo, de um lado, e a fragilização do planejamento, de outro, se encontram com uma nova agenda de governança pública, lançada no final da segunda década dos anos 2000. A EC 95, de dezembro de 2016, é um marco nessa trajetória, que se complementa com novas propostas de ECs patrocinadas pelo governo Bolsonaro em 2019, as quais representam maior flexibilização da gestão orçamentária, com possibilidade de compensação dos mínimos constitucionais entre as áreas de saúde e educação e determina a extinção de vários fundos públicos com receitas vinculadas (conforme a Proposta de Emenda à Constituição – PEC 187). Além disso, a PEC 188 retira da Constituição a obrigatoriedade do PPA, o qual, como dito anteriormente, é substituído por uma agenda de governança pública (conforme a PEC 188), o que representa mais uma onda de fragilização da função planejamento governamental.

A EC 95 instituiu na Constituição um novo regime fiscal para os 20 anos seguintes, limitando os gastos primários pela base de 2016, corrigidos pela inflação. Preserva, primeiramente, as despesas financeiras de qualquer limite superior. Em segundo lugar, não faz qualquer diferenciação entre as despesas primárias, por área ou tipo de despesas, como investimento ou despesa corrente, por exemplo. Nessa linha, enrijece o orçamento, cria limites para a decisão alocativa, mas apenas no que se refere às despesas primárias, indistintamente.

Da mesma forma, a emenda enquadra o planejamento na discussão da priorização das despesas primárias, moldando seus mecanismos para a decisão sobre o que cortar diante da limitação concreta do crescimento das despesas pela inflação, muitas vezes insuficiente diante do crescimento vegetativo esperado para algumas linhas orçamentárias. A perspectiva de planejamento para a ativação de uma estratégia de desenvolvimento de médio e longo prazo, com mecanismos que incidam no processo alocativo a partir de um conjunto articulado de ações, é substituída pela agenda de governança pública, sendo, de fato, abandonada.

Em paralelo a essa maior rigidez das despesas primárias e enquadramento do planejamento, o Executivo, provocado pelo Tribunal de Contas da União (TCU), apresenta uma agenda de governança pública, que, em alguma medida, procura compensar o movimento anterior. Com base em princípios frágeis e imprecisão conceitual, busca fortalecer a coordenação da ação do governo e o planejamento de longo prazo, mas nada disso vai se refletir por meio de uma conexão coerente com o PPA, e menos ainda com o orçamento.

Em 22 de novembro de 2017, o governo do presidente Michel Temer publicou o Decreto 9.203, que dispõe sobre a política de governança da administração pública federal direta, autárquica e fundacional. O instrumento estabelece princípios, diretrizes e mecanismos da governança pública e institui o Comitê Interministerial de Governança (CIG), para assessorar o presidente da República. Na mesma linha, o governo federal apresenta ao Congresso Nacional o Projeto de Lei (PL) 9.163/2017, que segue a mesma lógica do decreto, buscando ampliar seu alcance para além do Poder Executivo federal. Pretendia alcançar, em caso de ausência de legislação específica, o Poder Legislativo federal, o Poder Judiciário federal, o TCU, o Ministério Público da União, a Defensoria Pública da União e os demais entes federativos. Ademais, reproduz os mesmos princípios, diretrizes e mecanismos previstos no Decreto 9.203/2017.

Esses instrumentos definiam governança pública como o "conjunto de mecanismos de liderança, estratégia e controle postos em prática para avaliar, direcionar e monitorar a gestão, com vistas à condução de políticas públicas e à prestação de serviços de interesse da sociedade" (Brasil, 2017, art. 2º, inciso I).

Conforme Cavalcante e Pires (2018, p. 5),

> a disseminação e a utilização de alguns conceitos e formas de abordar o tema da governança – em especial a perspectiva prescritivo-formal e suas associações com as funções de controle – têm provocado confusões, simplificado realidades complexas e assimétricas existentes no setor público e gerado recomendações que ignoram gargalos e problemas estruturais do Estado brasileiro.

O PL estabelece onze diretrizes da governança pública, das quais se destacam: *i)* a gestão direcionada para resultados; *ii)* o monitoramento do desempenho e a avaliação da concepção, implementação e resultados das políticas e ações prioritárias para assegurar que as diretrizes estratégicas sejam observadas; *iii)* a implementação de controles internos fundamentados na gestão de risco, que privilegiará ações estratégicas de prevenção; *iv)* a avaliação de propostas de criação, expansão ou aperfeiçoamento de políticas públicas e concessão de incentivos fiscais; *v)* a aferição, sempre que possível, de seus custos e benefícios; e *vi)* a manutenção do processo decisório orientado por evidências, pela conformidade legal, entre outras (art. 4º). Os mecanismos para o exercício da governança pública seriam a liderança, a estratégia e o controle (art. 5º), ou seja, nenhuma palavra sobre planejamento, articulação ou coordenação governamental.

A principal novidade do PL está na tentativa de regulamentação do art. 174 da Constituição Federal, que, no seu parágrafo primeiro, determina que "a lei estabelecerá as diretrizes e bases do planejamento do desenvolvimento nacional equilibrado, o qual incorporará e compatibilizará os planos nacionais e regionais de desenvolvimento" (Brasil, 1988). O planejamento do desenvolvimento nacional equilibrado, segundo o PL, será composto pelos seguintes instrumentos: a estratégia nacional de desenvolvimento econômico e social; os planos nacionais, setoriais e regionais; e o PPA da União. Fica definido, ainda, que esse planejamento terá que implantar mecanismos de acompanhamento, por parte da sociedade civil, e promover mecanismos de transparência da ação governamental.

De início, cabe destacar a relevância de iniciativas governamentais no sentido de aprimorar ou fazer avançar as estruturas de governança pública no âmbito do Estado nacional. Cabe lembrar, entretanto, que iniciativas como essa vêm sendo tentadas no Brasil desde a década de 1990. No âmbito da elaboração de estratégias nacionais de longo prazo, sem considerar os PPAs produzidos desde então, registram-se, a título de exemplos, as listadas a seguir.

- O Projeto Brasil 2020, documento elaborado em 1998 pela Secretaria de Assuntos Estratégicos da Presidência da República (SAE/PR).
- O Projeto Brasil em Três Tempos (2007, 2015 e 2022), documento elaborado em 2004 pelo Núcleo de Assuntos Estratégicos da Presidência da República (NAE/PR).

- A Agenda Nacional de Desenvolvimento, documento elaborado pelo Conselho de Desenvolvimento Econômico e Social (CDES) em 2005, posteriormente desdobrado no documento Enunciados Estratégicos para o Desenvolvimento, também pelo CDES em 2006.
- O Projeto Brasil 2022, documento elaborado pela SAE/PR em 2010.

A menção a essas experiências não se destina a minimizar a iniciativa proposta pelo PL 9.163/2017, mas tão somente chamar atenção para o fato de que todas elas tiveram pouca relevância prática na orientação estratégica, tática ou operacional dos diversos governos que as instituíram. Isso significa dizer que o problema de aderência dessas experiências talvez não esteja na ausência de preocupação institucional (e de iniciativas governamentais concretas) na direção de mais regramentos formais a balizar melhores estruturas de governança pública, planejamento, gestão e controle no país, mas, sim, na insuficiência de três elementos centrais: *i)* uma compreensão mais ampla acerca da natureza e das dimensões dos problemas que se quer combater; *ii)* processos de construção das capacidades institucionais e organizacionais necessárias ao desenvolvimento e implementação dessas atividades na administração pública federal; e *iii)* insuficiência de centralidade política e institucional das referidas iniciativas.

Uma compreensão mais ampla acerca da natureza e das dimensões dos problemas que se quer combater é um aspecto que busca enfatizar a indispensabilidade da função planejamento como atividade estratégica permanente em âmbito governamental, única capaz de produzir, de modo sistêmico e descolado das premências do cotidiano – vale dizer, da gestão –, reflexões críticas e diretrizes críveis de ação política orientada a determinados fins, tendo por substrato a multiplicidade de temas e a complexidade de situações na contemporaneidade.

Processos de construção das capacidades institucionais e organizacionais necessárias ao desenvolvimento e à implementação das estruturas de governança pública, planejamento, gestão e controle na administração federal é um aspecto que procura destacar o fato de que apenas dinâmicas de aperfeiçoamentos institucionais de médio e longo prazos, necessariamente contínuos, coletivos e cumulativos, orientados por princípios e diretrizes republicanos e democráticos no sentido da profissionalização e racionalização das funções públicas, são capazes de engendrar melhorias substantivas de desempenho estatal. Algo, portanto, muito diverso e distante das costumeiras soluções *ad hoc* ou dos famosos choques de gestão, ainda mais quando contaminados por visões intrinsecamente negativas e reducionistas acerca do peso e do papel que os Estados nacionais devem ocupar na atual quadra histórica de desenvolvimento e conflito em âmbito global.

Por fim, a recorrente insuficiência de centralidade política e institucional das iniciativas listadas anteriormente é, com frequência, a principal fonte de esvaziamento estratégico, tático ou operacional delas mesmas, implicando perda ou ausência de aderência prática das referidas normatizações relativamente aos macroprocessos de governo ou mesmo aos procedimentos técnicos e burocráticos cotidianos da gestão.

Voltando, portanto, ao PL 9.163/2017, é evidente que questões como liderança, estratégia e controle burocrático do Estado são elementos importantes para os fins e os meios da boa governança pública. Trata-se, porém, de uma visão restrita e majoritariamente tecnocrática do problema, como se o processo de governar não fosse eminentemente político (tanto nas relações internas ao Estado quanto nas relações Estado-sociedade). A ênfase sobre aspectos técnicos e burocráticos da governança fica clara quando se nota que os objetivos dessa abordagem recaem sobre a gestão de riscos, o monitoramento e o controle das políticas públicas, negligenciando aspectos políticos como os da legitimidade, representatividade e responsividade da ação pública. Desse modo, para que a prestação de serviços seja aprimorada e para que as políticas públicas se tornem mais efetivas, são necessários processos de construção de capacidades de ação dos entes governamentais (por exemplo, mobilização de recursos, desenvolvimento de instrumentos, aprimoramento das articulações interinstitucionais e, sobretudo, inovação e coordenação estratégica de governo).

Assim, percebe-se um esvaziamento do conteúdo estratégico, de natureza política, do planejamento. Já sem espaço na proposta original da reforma do aparelho do Estado, passados 25 anos, ainda que tenha sido a partir dessa função – e não apenas do PPA – que foram promovidas algumas mudanças no orçamento, o planejamento é novamente desconsiderado. A flexibilização das possibilidades de execução orçamentária converge com a desarticulação do planejamento, mas encontra resistência no Poder Legislativo.

Em primeiro lugar, houve reação do Congresso Nacional, por um lado aprovando o novo regime fiscal e por outro trabalhando para exercer um papel de definidor de prioridades no orçamento público. A EC 100, de 2019, estendeu a obrigatoriedade de execução para as emendas de bancada, o que até então atingia apenas as emendas individuais dos parlamentares. Aos 1,2% da Receita Corrente Líquida (RCL) do ano anterior destinados às emendas individuais, agora se somam mais 1% da RCL para as emendas de bancada de destinação exclusiva dos parlamentares e execução obrigatória do Executivo.

O lance seguinte coube ao Executivo. No final de 2019, o governo apresentou três PECs, cujos conteúdos já vinham sendo anunciados exaustivamente pelo governo Bolsonaro e a grande mídia. As PECs 186, 187 e 188, todas de dezembro de 2019, tratam de vários temas afetos ao orçamento, no sentido de ampliar a flexibilização do processo alocativo, anunciando a desvinculação de determinadas receitas a despesas específicas, desindexação de despesas, principalmente em referência ao salário mínimo e desobrigação de despesas constitucionalmente estabelecidas – daí a alcunha de PECs 3D.

A PEC 186, dita emergencial, dispõe sobre medidas permanentes e emergenciais de controle do crescimento das despesas obrigatórias e de reequilíbrio fiscal no âmbito dos orçamentos fiscal e da seguridade social da União. Após a aprovação da reforma da Previdência Social, o governo investiu sobre os gastos com pessoal, terceira maior linha de despesas correntes obrigatórias, atrás dos gastos com juros sobre o refinanciamento da dívida pública. A proposta incorporada na PEC prevê a possibilidade de redução de até 25% dos salários dos servidores públicos, com redução proporcional da jornada de trabalho.

A PEC 187, apelidada PEC dos fundos públicos, em essência, extingue fundos públicos infraconstitucionais, desvinculando a aplicação das receitas ligadas a eles. De imediato, haveria a desvinculação de 219 bilhões de reais, referente ao *superávit* financeiro acumulado desses fundos, e parte dessas receitas "poderá ser destinada a projetos e programas voltados à erradicação da pobreza e a investimentos em infraestrutura que visem à reconstrução nacional" (Brasil, 2019a). Os fundos poderiam ser recriados por meio de lei complementar no intervalo de dois anos, período durante o qual as receitas antes destinadas ao seu financiamento devem ser destinadas à amortização da dívida pública do respectivo ente. Novamente, observa-se uma tentativa de flexibilização via desvinculação das despesas primárias em paralelo a uma proteção cuidadosa das despesas financeiras.

Por fim, a PEC 188 completa e amarra o pacote de desobrigação do orçamento. A exposição de motivos é bastante reveladora da intenção do governo.

> Esta PEC desindexa, desobriga e desvincula, conferindo maior flexibilidade aos orçamentos públicos. Entre as medidas temos: *i)* mínimo conjunto de saúde e educação; *ii)* redução da parcela [do Programa de Integração Social e do Programa de Formação do Patrimônio do Servidor Público] PIS/Pasep destinada ao [Banco Nacional de Desenvolvimento Econômico e Social] BNDES para 14%; *iii)* desindexação do reajuste de emenda parlamentares; *iv)* supressão da obrigatoriedade de revisão geral anual da remuneração dos servidores públicos; e *v)* extensão da vedação de vinculação de receitas a órgão, fundo ou despesa, hoje prevista apenas para impostos, para qualquer receita pública, observadas determinadas exceções (Brasil, 2019b).

A PEC 188 subordina os direitos sociais, previstos no art. 6º da Constituição Federal, a um suposto direito ao equilíbrio fiscal intergeracional, uma forma de relativização ou severa restrição dos direitos sociais fundamentais ao condicioná-los a um conceito, teórica e empiricamente, questionável.[5]

A junção do cálculo dos mínimos constitucionais de saúde e educação torna possível a compensação de gastos entre uma área e outra. Entes cujas despesas em saúde ou educação ultrapassam o mínimo estabelecido acabam sendo desobrigados de cumprir o mínimo estabelecido para outra área. Para completar, a proposta do governo também extingue o PPA, sem substituí-lo por qualquer outro instrumento de planejamento de médio e longo prazo. Isso provocaria uma reforma significativa no processo orçamentário, com as LDOs orientando os orçamentos de maneira exclusiva, fazendo-os com que passassem a ser plurianuais.

---

5 Em primeiro lugar, do ponto de vista da lógica jurídica, não faz sentido constitucionalizar algo que representará uma espécie de petrificação das finanças públicas brasileiras, uma verdadeira normalização da exceção, a instalar, essa sim, uma situação futura de emergência fiscal permanente, na medida em que os critérios contábeis autoimpostos de aferição e cumprimento das atuais regras fiscais brasileiras são inexequíveis na prática e inadequadas teoricamente. Ou seja, algo dessa natureza pode, sem exagero, colocar o Brasil numa rota de colapso econômico, social e político. Em segundo lugar, a razão para nosso pessimismo está ligada ao fato de já estar em curso no Brasil, mormente desde as primeiras ECs pós-1988, um processo lento, gradual e seguro de privatização das finanças públicas federais, que se manifesta por meio da financeirização da dívida pública federal e de sua gestão pelas autoridades monetária (Banco Central do Brasil) e fiscal (STN) do país.

Embora tal medida possa significar um avanço no caminho da plurianualização da lei orçamentária, isso não substitui a necessidade de que os orçamentos sejam orientados por instrumentos de planejamento que indiquem objetivos, diretrizes e metas que componham uma estratégia de desenvolvimento de médio e longo prazo para o país. Da mesma forma, há dúvidas quanto ao processo legislativo e a uma maior amarração que um orçamento plurianual pode representar para um governo entrante. Qual espaço de despesas terão os futuros governos ou as futuras legislaturas para orientação do orçamento, de acordo com as prioridades chanceladas pelas urnas?

Nesses termos, a agenda atualmente em marcha, 25 anos após o documento seminal da reforma do aparelho do Estado, para o planejamento e o orçamento, reforça sua intenção inicial: flexibilização da gestão orçamentária e fragilização do planejamento. Ao longo desse período, o que teve maior avanço, no entanto, foi a proteção ou blindagem dos gastos financeiros dentro do OGU.

Considerações finais

Cumpre destacar que desde a Lei de Finanças de 1964 (Lei 4.320, de 17 de março de 1964), sobretudo com o advento da LRF (Lei Complementar 101, de 4 de maio de 2000) e da EC 95/2016, vem-se cristalizando no Brasil um lento – porém contínuo – processo de institucionalização da gestão orçamentária de cunho fiscalista. Isso transmite ao mercado financeiro e aos demais agentes privados, nacionais e estrangeiros, a sensação de confiança na capacidade do governo de honrar seus compromissos com a sustentabilidade e a solvabilidade da dívida pública federal, desde então gerida pela lógica dominante da financeirização da riqueza (Braga, 1993; 1997).

Além disso, sendo a manutenção da estabilização monetária a função objetivo primordial da gestão macroeconômica desde o Plano Real, e considerando ainda o ambiente político-ideológico de liberalização dos mercados e de redução do papel e do tamanho do Estado brasileiro em suas relações com a sociedade e o mercado, não é de se estranhar que, do ponto de vista estratégico, a função planejamento tenha sido interpretada e aplicada para reforçar o caráter fiscal do orçamento, relegando-se a um segundo ou terceiro planos a estruturação dos condicionantes técnicos e políticos necessários à institucionalização do PPA como instrumento central do processo de planejamento governamental no país. Em direção contrária, o que se coloca na agenda atual é a extinção do PPA.

Não obstante, está claro que entre 2000 e 2014 houve tentativas de fortalecimento do PPA como ferramenta do planejamento governamental, com mudanças conceituais e metodológicas que estimularam também inovações no processo orçamentário. As iniciativas que representaram flexibilização da execução do gasto orçamentário, no entanto, foram acompanhadas também da blindagem do gasto financeiro e da imposição de limitações às despesas primárias, com desvinculações e desobrigações.

Em síntese, desde o PDRAE, instaura-se um processo gradativo por meio do qual um movimento de quatro passos pode ser observado nas formas de organização e destinação/apropriação do fundo público no Brasil, que desconfiguram o arranjo de governança orçamentária previsto na Constituição de 1988.

Primeiro, a fragilização do planejamento, que já havia sido, em grande medida, desconsiderado na proposta inicial do PDRAE. Em segundo lugar, uma flexibilização limitada – e apenas dentro dos limites impostos às despesas primárias – da execução orçamentária, em particular na simplificação e agregação do orçamento e na flexibilização das transferências e da contabilidade com o PAC, facilitando a execução da despesa. Terceiro, como resposta, houve um movimento de blindagem – sem limite superior – do gasto financeiro, elevado à prioridade máxima e subordinando os demais direitos constitucionais – conforme a EC 95 e a PEC 188, proposta pelo governo Bolsonaro, não sem antes o próprio Legislativo garantir a impositividade dos gastos que ele próprio destina. Por fim, a agenda atual impõe nova tentativa de "desamarrar" o orçamento tanto do planejamento como das suas despesas obrigatórias e mínimos constitucionais. Em seu lugar, oferecem-se frágeis mecanismos de liderança, estratégia e controle, com foco especial em gestão de riscos, elementos ilustrados na agenda de governança pública.

Nessa linha, é possível afirmar que as ideias promovidas pelo PDRAE para o planejamento, e em especial para o orçamento, se intensificaram com o passar de um quarto de século. A flexibilização da execução do orçamento é ampliada também para alcançar maior flexibilidade na elaboração da peça orçamentária, particularmente sobre as despesas primárias, dada a supremacia do gasto financeiro. Na intermediação desse processo, e ocupando lugar cada vez mais central, o Poder Legislativo se ocupou de garantir uma margem para definição de suas prioridades, diminuindo o espaço do Poder Executivo.

Na perspectiva de diminuir as amarras – vinculações e obrigações – do orçamento, o planejamento também perde força, formando um movimento coerente, porém perverso. O horizonte da visão do Estado, com isso, se reduz. Não apenas a indução colocada sobre o processo orçamentário, também a utilização mais intensiva das fontes não orçamentárias de financiamento dos gastos públicos fica cerceada. Em verdade, se e quando todas as fontes possíveis de financiamento de uma economia aberta e complexa como a brasileira forem levadas em consideração, tanto o escopo como o potencial realizador do planejamento estarão postos muito além do orçamento prévio disponível.

No que toca especificamente ao orçamento, é possível afirmar que a elevação do nível de agregação das unidades mínimas de execução do gasto público avançou, ainda que de forma tímida. Por seu turno, os limites impostos pelo novo regime fiscal não conferem tratamento diferente ao gasto público, segundo a natureza efetiva e diferenciada das despesas em questão. Ou seja, se há gastos correntes intermediários para o custeio da máquina pública, o foco deveria recair sobre a contabilização anual e a eficiência. Caso sejam gastos correntes finalísticos para custeio das próprias políticas públicas, a sua contabilização deveria ser anual e o foco, na eficácia e na efetividade. Se há gastos propriamente em investimentos novos, a contabilização deveria ser plurianual e o foco, recair sobre a eficácia e a efetividade.

A proposta de extinção do PPA, no entanto, vai no sentido contrário. A positiva plurianualização do orçamento não substitui a importância da sistematização dos esforços de planejamento setorial, sua coordenação a partir da lógica de ativação de uma estratégia de desenvolvimento coerente, explorando transversalidades e multissetorialidades que o processo orçamentário, por si, não responde. Sem o PPA, que tem ainda um papel de mediação do planejamento de mais largo prazo com os instrumentos orçamentários de curto prazo, o orçamento estaria limitado por uma lógica meramente fiscal e contábil, vale dizer, insuficiente para operar num sistema econômico hipercomplexo e dinâmico como o atual.

Por isso, urge um trabalho de reconexão do gasto financeiro a projetos de inversão real, o único caminho para um Estado complexo e uma economia dinâmica como a brasileira se livrarem das amarras teóricas anacrônicas e das regras fiscais esterilizadoras que castram o potencial produtivo e inventivo dos agentes e atores sociais relevantes ainda presentes na realidade nacional.

Essa é, pois, a agenda que ainda persiste para os temas de planejamento e orçamento após 25 anos do anúncio da reforma do aparelho do Estado.

Referências

ARANTES PAULO, L. F. *Plano Plurianual*: teoria, prática e desafios para sua efetividade. Curitiba: Juruá, 2016.

BARCELOS, C. L. K. *Governança orçamentária e mudança institucional*: o caso da Norma Geral de Direito Financeiro – Lei nº 4.320/64. 2012. Tese (Doutorado) – Faculdade de Economia, Administração e Contabilidade, Universidade de Brasília, Brasília, 2012.

BRAGA, J. C. de S. A financeirização da riqueza: a macroestrutura financeira e a nova dinâmica dos capitalismos centrais. *Revista Economia e Sociedade*, v. 2, n. 1, 1993.

______. A financeirização global: o padrão sistêmico de riqueza do capitalismo contemporâneo. *In*: TAVARES, M. C.; FIORI, J. L. (Org.). *Poder e dinheiro*: uma economia política da globalização. Petrópolis: Vozes, 1997.

BRASIL. *Constituição Federal da República Federativa do Brasil*. Brasília: Senado Federal, 1988.

______. *Plano Diretor da Reforma do Aparelho do Estado*. Brasília: Mare, 1995.

______. *Projeto de Lei nº 9.163, de 2017*. Dispõe sobre a política de governança da administração pública federal direta, autárquica e fundacional. Brasília: Câmara dos Deputados, 2017.

______. *Proposta de Emenda à Constituição nº 187, de 2019*. Institui reserva de lei complementar para criar fundos públicos e extingue aqueles que não forem ratificados até o final do segundo exercício financeiro subsequente à promulgação desta Emenda Constitucional, e dá outras providências. Brasília: Senado Federal, 2019a.

______. *Proposta de Emenda à Constituição nº 188, de 2019*. Altera os arts. 6º, 18, 20, 29-A, 37, 39, 48, 62, 68, 71, 74, 84, 163, 165, 166, 167, 168, 169, 184, 198, 208, 212, 213 e 239 da Constituição Federal e os arts. 35, 107,109 e 111 do Ato das Disposições Constitucionais Transitórias; acrescenta à Constituição Federal os arts. 135-A, 163-A, 164-A, 167-A, 167-B, 168-A e 245-A; acrescenta ao Ato das Disposições Constitucionais Transitórias os arts. 91-A, 115, 116 e 117; revoga dispositivos constitucionais e legais e dá outras providências. Brasília: Senado Federal, 2019b.

CARDOSO JUNIOR, J. C. *Planejamento governamental e gestão pública no Brasil*: elementos para ressignificar o debate e capacitar o Estado. Brasília: Ipea, 2011. (Texto para Discussão, n. 1584).

CARDOSO JUNIOR, J. C.; NAVARRO, C. *O planejamento governamental no Brasil e a experiência recente (2007 a 2014) do Programa de Aceleração do Crescimento (PAC)*. Brasília: Ipea, 2016. (Texto para Discussão, n. 2174).

CAVALCANTE, P.; PIRES, R. *Governança pública*: construção de capacidades para a efetividade da ação governamental. Brasília: Ipea, 2018.

COUTO, L.; CARDOSO JUNIOR, J. C. *Governança orçamentária*: transformações e lacunas nas práticas de planejamento e orçamento no Brasil. Brasília: Ipea, 2018. (Boletim de Análise Político-Institucional, n. 19).

COUTO, L.; MAGALHÃES, A. *Iniciativas, funções e estruturas de planejamento federal*. Brasília: Ipea, 2017. (Boletim de Análise Político-Institucional, n. 12).

______. Gestão de prioridades e núcleo de governo: os casos do "Brasil em Ação" e "Programa de Aceleração do Crescimento – PAC". *In*: CAVALCANTE, P. L. C.; GOMIDE, A. de Á. (Org.). *Coordenação governamental*: conceitos e funcionamento do núcleo de governo no Brasil. Brasília: Ipea, 2018.

GARCIA, R. C. A reorganização do processo de planejamento do governo federal: o PPA 2000-2003. *In*: CARDOSO JUNIOR, J. C.; CUNHA, A. (Org.). *Planejamento e avaliação de políticas públicas*. Brasília: Ipea, 2015.

GTI – GRUPO DE TRABALHO INTERMINISTERIAL. Relatório e Projeto de Lei Complementar de que trata o artigo 165 da Constituição Federal. *Revista ABOP*, n. 40, ago. 1998.

PARES, A. C. G.; SILVEIRA, J. P. Gestão pública orientada para resultados no Brasil. *Revista do Serviço Público*, v. 53, n. 4, 2002.

RODRIGUES, J. A. M. Orçamento impositivo: diferenças de perspectiva entre os Poderes Legislativo e Executivo. *In*: COUTO, L. F.; GIMENE M. (Org.). *Planejamento e orçamento público no Brasil*. Brasília: Editora Enap, 2017.

SANTOS, E. A. V. O confronto entre o planejamento governamental e o PPA. *In*: CARDOSO JUNIOR, J. C. (Org.). *A reinvenção do planejamento governamental no Brasil*. Brasília: Ipea, 2011.

SANTOS, E.; VENTURA, O.; NETO, R. PPA, LDO e LOA: disfunções entre o planejamento, a gestão, o orçamento e o controle. *In*: CARDOSO JUNIOR, J. C.; SANTOS, E. A. V. dos. (Org.). *PPA 2012-2015*: experimentalismo institucional e resistência burocrática. Brasília: Ipea, 2015.

SILVEIRA, J. P. A experiência de implantação do PPA: avanços e desafios. *In*: NASSUNO, M.; KAMADA, P. H. (Org.). *Balanço da reforma do Estado no Brasil*: a nova gestão pública. Brasília: Seges, 2002.

TOLLINI, H. A melhoria da qualidade do processo alocativo dos gastos públicos: a reforma orçamentária. *In*: NASSUNO, M.; KAMADA, P. H. (Org.). *Balanço da reforma do Estado no Brasil*: a nova gestão pública. Brasília: Seges, 2002.

VENTURA, O. O jogo do orçamento. *In*: COUTO, L. F.; GIMENE, M. (Org.). *Planejamento e orçamento público no Brasil*. Brasília: Editora Enap, 2017.

Bibliografia complementar

AVELINO, D. P. de. Planejamento, orçamento e participação social. *In*: COUTO, L. F.; GIMENE, M. (Org.). *Planejamento e orçamento público no Brasil*. Brasília: Editora Enap, 2017.

BORGES, A. C. S. C. *Governança orçamentária e gasto público no Brasil*: uma abordagem institucional do processo de definição da despesa em âmbito federal. 2015. Dissertação (Mestrado) – Universidade de Brasília, Brasília, 2015.

CARDOSO JUNIOR, J. C. Raízes da submissão do PPA à lógica orçamentária no Brasil pós-CF-1988. *Revista Brasileira de Planejamento e Orçamento*, v. 1, n. 9, 2019.

CARDOSO JUNIOR, J.; SANTOS, E. Planejamento governamental e aparato burocrático no governo federal brasileiro: disjuntivas críticas e baixo desempenho institucional – questões para uma agenda de pesquisa e intervenção. *In*: PIRES, R.; LOTTA, G.; OLIVEIRA, V. E. de. (Org.). *Burocracia e políticas públicas no Brasil*: interseções analíticas. Brasília: Ipea, 2018.

CUNHA, A. Reformas na gestão pública e a reinvenção do orçamento: reflexões e perspectivas sobre o contexto brasileiro. *In*: REZENDE, F.; CUNHA, A. (Org.). *A reforma esquecida*: orçamento, gestão pública e desenvolvimento. São Paulo: Editora FGV, 2013.

GIMENE, M. Construção de um sistema integrado de planejamento e orçamento no Brasil: origens, avanços e desafios. *In*: COUTO, L. F.; GIMENE, M. (Org.). *Planejamento e orçamento público no Brasil*. Brasília: Editora Enap, 2017.

GOOD, D. *The politics of public money*. 2. ed. Toronto: University of Toronto Press, 2014.

MORETTI, B. *O planejamento governamental como discurso*: tensões entre política e técnica (1930-2003). 2012. Tese (Doutorado) – Universidade de Brasília, Brasília, 2012.

WILDAVSKY, A.; CAIDEN, N. *The new politics of the budgetary process*. New York: Pearson, 2004.

A função dos planos plurianuais no direcionamento dos orçamentos anuais:

avaliação da trajetória dos PPAs no cumprimento da sua missão constitucional e o lugar do PPA 2020-2023[1]

Leandro Freitas Couto e José Celso Cardoso Jr.

Introdução

A Constituição Federal de 1988 (CF/1988) instituiu novos instrumentos para a estruturação do Sistema de Planejamento e Orçamento Federal (SPOF). O planejamento de médio prazo, concretizado no Plano Plurianual (PPA) e submetido ao Congresso Nacional no primeiro ano de governo, deveria orientar as leis orçamentárias anuais, com o intermédio das leis de diretrizes orçamentárias que, para além das questões ficais, deveriam apontar as prioridades do orçamento do ano subsequente.

Os primeiros PPAs, no entanto, eram bastante genéricos, com declarações de intenções e projetos amplos. Foi a partir do PPA 2000-2003 que se buscou reposicionar a relação entre o plano e o orçamento, de modo que a programação construída com base em um planejamento de médio prazo pudesse orientar as decisões alocativas.

Desde então, o PPA passou por várias transformações em termos de processo e metodologia, retratando abordagens distintas para o planejamento.

---

[1] Este capítulo foi originalmente publicado como: COUTO, L. F.; CARDOSO JR., J. C. A Função dos Planos Plurianuais no Direcionamento dos Orçamentos Anuais: avaliação da trajetória dos PPAs no cumprimento da sua missão constitucional e o lugar do PPA 2020-2023. Brasília: *Texto para Discussão Ipea n. 2549*, março 2020.

Além disso, foram atribuídas a esse plano várias funções ao longo dos cinco planos já executados e do PPA 2020-2023, enviado ao Congresso em agosto de 2019, que se revezaram no percurso do instrumento.

Por sua vez, o orçamento também não ficou estático, tanto do ponto de vista da elaboração quanto do da sua execução. Arranjos específicos para execução de prioridades, maior flexibilidade para o gasto, introdução da impositividade de emendas parlamentares – sejam individuais ou de bancada – ou parâmetros para a limitação do crescimento das despesas são exemplos dessas mudanças.

Diante desse cenário dinâmico, considerando-se a nova mudança metodológica proposta para o PPA 2020-0223 e a recente proposição do governo federal de retirar o Plano Plurianual da CF/1988, cabe questionar o quanto esse instrumento conseguiu cumprir sua missão constitucional de orientar os orçamentos, e quais as razões disso.

Para responder a essa questão, esse trabalho se divide em sete seções, incluindo-se esta introdução. Na segunda seção, o Plano Plurianual será localizado nas práticas e funções de planejamento governamental. Na terceira seção, serão apresentadas algumas disjuntivas críticas que envolvem a relação entre o planejamento, o PPA, o orçamento e as finanças públicas. Na quarta seção, recupera-se a trajetória dos PPAs do período 2000-2019, buscando identificar abordagens e funções distintas que esse instrumento assumiu ao longo dos anos. Na quinta seção, será discutido o quanto essas alterações contribuíram para orientar ou distanciaram o plano do orçamento. A sexta seção é dedicada às mudanças propostas para o PPA 2020-2023, buscando demonstrar o quanto estas dialogam com esse histórico e como podem fortalecer ou fragilizar o instrumento, destacando ainda as contribuições do Congresso Nacional durante a tramitação do PPA nessa casa. Por fim, apresentam-se as conclusões.

De fato, essa relação entre plano e orçamento não é unidirecional, não dependendo exclusivamente do processo e do formato do próprio PPA. Todo o regime de governança orçamentária – inclusive, o quadro geral da política fiscal e da proteção das despesas financeiras – influencia as possibilidades de realização dessa conexão, de forma que possa orientar a elaboração e execução do orçamento. Fica evidente que abordagens e funções do plano precisam estar alinhadas para que se potencializem as capacidades do instrumento. Todavia, uma discussão que se resuma a apenas um instrumento tende a ser limitada e levar a decisões equivocadas, como é a proposta de extinção do PPA.

Planejamento e plano plurianual

O planejamento governamental deveria ser um exercício cotidiano intrínseco ao próprio ato de governar. Definir prioridades, coordenar sua implementação, articular apoios, bem como monitorar e avaliar as políticas públicas fazem parte do roteiro de planejamento governamental. A dimensão territorial brasileira, seu sistema federativo único e o também singular presidencialismo de coalização[2] impõem desafios adicionais ao planejamento do governo federal (Abranches, 2018).

O planejamento, portanto, não pode ser confundido com o ato de elaborar planos, embora essa seja uma característica e tradição no Brasil, principalmente pela proeminência que os planos nacionais de desenvolvimento (PNDs) adquiriram durante o regime militar. As discussões em torno da inserção dos instrumentos de planejamento na CF/1988 foram contaminadas por essa ligação histórica dos PNDs com o regime autoritário e as ideias neoliberais que ganhavam força nos anos 1980, que os questionavam. Por sua vez, a necessidade de transparência, controle e compartilhamento de decisões que acompanhavam a abertura democrática – tanto do ponto de vista do Poder Legislativo quanto da sociedade – agregava outros elementos à discussão que reforçavam a defesa desses instrumentos.

Antes mesmo do regime militar, as bases de um sistema nacional de planejamento e do regime de governança orçamentária começaram a ser estruturadas, tendo marco importante a Lei 4.320/1964, que organizaria as finanças públicas brasileiras, a partir da criação do então Ministério do Planejamento (MP) em 1962, cujo primeiro ministro foi Celso Furtado. O regime autoritário aproveitou-se dessa estrutura e implementou sua estratégia de desenvolvimento explicitada nos PNDs, mas que trazia uma concepção maior de planejamento, com um tripé que ainda envolvia o orçamento-programa e o alinhamento do desembolso financeiro (Oliveira, 2017).

---

2 Abranches, S. Presidencialismo de coalização: raízes e evolução do sistema político brasileiro. São Paulo: Companhia das Letras, 2018.

Os debates constituintes reuniram as críticas à centralização política que se somavam às ideias liberais quanto a uma demasiada intervenção estatal na economia, em momento de aguda crise econômica em que o Brasil – passado o período do milagre dos anos 1970 – convivia com a hiperinflação. Todavia, essa conjugação não foi suficiente para retirar da Carta Magna os elementos que viriam fixar os marcos do planejamento governamental e compor um novo regime de governança orçamentária, principalmente pelo arranjo construído entre o Plano Plurianual, a Lei de Diretrizes Orçamentárias (LDO) e a Lei Orçamentária Anual (LOA) (Barcelos, 2012).

Arantes Paulo define esse *sistema constitucional de planejamento* como um conjunto de normas que "permitem o controle dos detentores de poder, na medida em que disciplina como devem ser disponibilizados e gastos os recursos públicos" (2016, p. 80). Como esse controle é um dos elementos para a proteção do regime democrático, essas normas ganhariam peso de normas de direito fundamental da nossa Constituição. A participação do Legislativo no processo de planejamento e orçamentação, portanto, e seu viés de controle acabaram sendo fundamentais para a presença dessas normas no quadro constitucional brasileiro e ainda seriam marcantes na implementação dos seus instrumentos.

Por sua vez, Garcia (2000) demonstra que essa exigência parlamentar ao Poder Executivo para explicitação de suas metas, seus objetivos e a direcionalidade do gasto público em geral – por meio dos instrumentos de planejamento, orçamento e controle – ainda recorreu à abordagem de planejamento normativo e economicista, que havia vigido durante o regime militar. Segundo o autor,

> nos países desenvolvidos, praticavam-se modalidades diversas de planejamento público como requisito necessário à condução do governo em seu conjunto, e não apenas como algo relativo à organização da aplicação dos recursos econômicos. Todavia, nada disso foi contemplado quando das definições constitucionais sobre o planejamento governamental (Garcia, 2015, p. 21).

De toda a forma, a CF/1988 inaugura uma nova institucionalidade para o planejamento e o orçamento público. Segundo Barcelos, inicia-se em 1988 um novo regime de governança orçamentária, que substitui e complementa, em alguns aspectos, aquele construído em 1964 com a Lei 4.320. O Plano Plurianual e a ligação com os orçamentos anuais, intermediados pela LDO anual, deveriam ser os orientadores da ação do governo e indicadores para a iniciativa privada. Na ausência de regulamentações específicas, o PPA passou a ser, em verdade, o principal instrumento formal de planejamento do país (Barcelos, 2012).

Paralelamente a isso, havia um movimento crescente da perspectiva liberal sobre o Estado brasileiro, que se refletiu na desestatização e no desmonte institucional de áreas cujo planejamento setorial haviam sido referência no período desenvolvimentista. Em particular, na infraestrutura, as áreas de transporte e energia. Isso reforça, de outro modo, a centralidade do PPA como instrumento de planejamento governamental, na medida em que os instrumentos setoriais perdem força.

Com os instrumentos setoriais fragilizados, o governo federal buscou avançar na institucionalização do SPOF, com a promulgação da Lei 10.180/2001. São destacadas as seguintes finalidades do sistema:

- formular o planejamento estratégico nacional;
- elaborar planos nacionais, setoriais e regionais de desenvolvimento econômico e social;
- formular o PPA, as diretrizes orçamentárias e os orçamentos anuais;
- gerenciar o processo de planejamento e orçamento federal; e
- promover a articulação com os estados, o Distrito Federal (DF) e os municípios, com vistas à compatibilização de normas e tarefas afins aos diversos sistemas, nos planos federal, estadual, distrital e municipal.

Para tanto, seria competência das unidades de planejamento do SPOF elaborar e acompanhar a execução dos planos – inclusive do PPA – e fazer a avaliação da execução de planos e programas, buscando subsidiar a alocação dos recursos públicos, a política de gastos e a coordenação das ações de governo. Ademais, o sistema previa ainda a manutenção e o fortalecimento de práticas de monitoramento e avaliação na administração pública.

Ainda, caberia ao planejamento, no âmbito do SPOF, a identificação, a análise e a avaliação dos investimentos estratégicos do governo. Nessa linha, seria sua atribuição o estabelecimento de políticas e diretrizes para atuação das empresas estatais. Por fim, estaria ainda no seu escopo a realização de estudos e pesquisas socioeconômicas, bem como análises de políticas públicas, buscando seu contínuo aperfeiçoamento.

De um lado, isso representava a busca pelo fortalecimento da institucionalização do planejamento e, em particular, da presença do MP como coordenador de funções típicas do núcleo de governo (Couto e Magalhaes, 2018). De outro lado, denota com clareza que as funções de planejamento ultrapassavam sobremaneira as atividades relacionadas à elaboração e ao acompanhamento do PPA. Parte dessas funções, no entanto, não chegaram a desenvolver-se no âmbito do SPOF, tendo sido assumidas pela Casa Civil da Presidência da República (PR) durante o primeiro governo do presidente Luiz Inácio Lula da Silva. Esse foi o caso de identificação e gestão dos investimentos prioritários ou estratégicos governamentais, por exemplo.

Principalmente a partir da segunda metade dos anos 2000, houve um período de fortalecimento do planejamento setorial. Cardoso Junior e Gimenez fizeram um levantamento de trinta documentos de planejamento e desenvolvimento que haviam sido construídos entre 2003 e 2010, destacando, no entanto, que mais do que orientar o crescimento econômico observado no período, estes haviam sido produtos desse crescimento (Cardoso Junior e Gimenez, 2011). A partir de 2007, contudo, é que os documentos passam a ter um caráter mais concreto, mais pragmático, ao contrário do grau de generalização e foco em diagnóstico observado até então.

Nessa linha, Cardoso Junior (2019) identifica a existência de uma disjuntiva crítica entre o planejamento e o Plano Plurianual. Embora seja instrumento importante, com a força constitucional, para a concretização da função planejamento governamental, não abrange sua totalidade. A confusão entre planejamento e PPA tem duas consequências diretas para o debate em torno do tema. No primeiro plano, desloca a própria discussão em torno do papel do Estado para a condução de estratégia nacional de desenvolvimento. A discussão do planejamento passa a ser quanto à funcionalidade e às metodologias do instrumento. Em segundo lugar, o PPA torna-se o palco central de várias outras disputas em torno do direcionamento do Estado e de governos, em que se revelam outras tantas disjuntivas críticas do planejamento governamental brasileiro, entre PPA *versus* orçamento *versus* finanças públicas, ou PPA *versus* gestão e PPA *versus* controle.

Essas disjuntivas se traduzem, entre outros fatores, em abordagens e funções distintas, que são atribuídas ao PPA como parte da concepção de planejamento adotada pelos diferentes governos. Por abordagens distintas, aqui se faz referência às metodologias e às perspectivas a partir das quais o plano é construído e elaborado, como planejamento territorial, planejamento participativo, planejamento estratégico situacional ou até mesmo planejamento tradicional do tipo classificador contábil ou planejamento normativo de viés econômico. Não excludentes, essas distintas abordagens favorecem determinadas funções típicas do planejamento que podem ser atribuídas ao PPA, como a gestão estratégica, a gestão territorial e a gestão de transversalidades, além das funções tradicionais alocativa, distributiva ou estabilizadora, própria dos instrumentos de orçamento público.

É preciso, pois, entender quais abordagens e funções, na macrofunção de planejamento, foram atribuídas ao PPA ao longo do tempo e se isso conseguiu traduzir-se em orientação de decisão alocativa orçamentária, conforme prevê a Constituição, na direção de estratégia de desenvolvimento anunciada. Assim, pode-se resgatar o debate mais estratégico a respeito do Estado e do planejamento, relacionando-o com as discussões a respeito de funções e metodologias do plano.

Claramente, o quadro legal vigente não define com precisão quais as funções do planejamento governamental seriam atribuídas ao PPA, até mesmo porque leis complementares que deveriam reger o tema não foram editadas passadas três décadas da promulgação da Constituição. Assim, essas funções vão sendo testadas à medida que o instrumento vai desenvolvendo-se, com visões políticas distintas a partir de governos que traduziam ideologias, defendiam práticas e traziam experiências distintas de planejamento. Antes, porém, aprofundaremos a discussão das disjuntivas críticas envolvendo o planejamento, o PPA, o orçamento e as finanças públicas, para compreender melhor o quadro em que essas dinâmicas se desenvolvem.

PPA, orçamento e finanças públicas no Brasil pós CF/1988

A relação entre planejamento e orçamento está marcada, no Brasil, por um *nível insuficiente de institucionalização*. Por nível de institucionalização queremos nos referir aos condicionantes técnicos e políticos adequados para um desempenho satisfatório de qualquer função governamental.[3] Uma das formas pelas quais tal situação de institucionalização insuficiente e de descrédito manifesta-se no cotidiano de – ou na tentativa de – exercício da função planejamento governamental no plano federal brasileiro pode ser observada pelo o que em Cardoso Junior (2019) se chamou de *disjuntivas críticas* dessa função.[4]

O autor defende que essas disjuntivas se manifestam em três níveis. No nível macro institucional, localizar-se-iam as disjuntivas entre planejamento *versus* PPA, ao lado das discussões entre técnica *versus* política ou planejamento *versus* capitalismo, planejamento *versus* democracia ou planejamento *versus* desenvolvimento. No nível mesoinstitucional, encontrar-se-iam as disjuntivas entre planejamento *versus* orçamento *versus* finanças públicas *versus* gestão. No nível micro, localizar-se-iam questões mais operacionais, como coesão *versus* fragmentação, regras formais *versus* regras informais, área meio *versus* área fim.

Em vista disso, é preciso dizer que, talvez, a mais crítica das disjuntivas seja a que relaciona PPA e finanças públicas de modo geral, orçamento aí incluído. Desde a Lei de Finanças (Lei 4.320, de 17 de março de 1964), mas sobretudo após a CF/1988 e o advento da Lei de Responsabilidade Fiscal – LRF (Lei Complementar – LC 101, de 4 de maio de 2000) e a Emenda Constitucional (EC) 95/2016 (que institui o Novo Regime Fiscal, a vigorar por vinte exercícios financeiros, estabelecendo limites individualizados para as despesas primárias), vem-se desenvolvendo no Brasil um lento – *porém contí-*

---

[3] No caso da função planejamento: i) conceitos, normativos e arranjos administrativos e operacionais ainda pouco claros e compatíveis com a complexidade e os objetivos da função; ii) recursos humanos, financeiros e tecnológicos não totalmente condizentes com o desempenho institucional requerido; e iii) baixa centralidade e legitimidade política da função planejadora, por meio das quais esta pudesse ser efetivada como parte integrante e necessária das capacidades governativas de modo geral.

[4] Por disjuntivas críticas no exercício da função planejamento, queremos nos referir a um conjunto de pares – e às vezes trios – de dimensões e situações que desnudam a distância entre os mundos real e formal do planejamento governamental *vis-à-vis* o do orçamento federal no dia a dia da gestão pública brasileira. Há uma boa dose de inspiração, para a construção das disjuntivas críticas, na abordagem desenvolvida, por exemplo, por Bourdieu (1996; 2014). E já há alguns trabalhos que abordam esses temas por essa ótica, embora de maneira não tão explícita, como é o caso específico do planejamento no Brasil, em Santos (2011), Moretti (2012) e Ventura (2015).

nuo – processo de institucionalização de cunho fiscalista e um enrijecimento jurídico-normativo das funções de orçamentação e controle interno dos gastos públicos – ambas a partir de justificativa teórica associada à transparência e à responsabilização.[5] Essa discussão, portanto, passa a ser central também para o debate sobre as disjuntivas do nível macro, entre planejamento e desenvolvimento; disso decorre que a discussão em torno do PPA precisa necessariamente considerar o papel central do planejamento como promotor de uma estratégia de desenvolvimento e as condicionalidades para sua incorporação aos instrumentos de orçamento e gestão.

O processo foi acelerado durante a década de 1990, em função de alguns condicionantes prévios, conforme descrito a seguir.

1. Exigências de organismos internacionais (notadamente, Fundo Monetário Internacional – FMI e Banco Mundial), como condição para liberação ou renovação de empréstimos em moeda estrangeira.
2. Fim da conta-movimento do Banco do Brasil (BB) em 1986 e criação na CF/1988 do Orçamento Geral da União (OGU), do Orçamento da Seguridade Social (OSS), jamais implementado nos moldes preconizados pela Constituição, e do Orçamento das Empresas Estatais (OEE).
3. Empoderamento e crescente blindagem institucional das organizações federais destinadas ao gerenciamento da moeda (Banco Central do Brasil – BCB) e da dívida pública (Secretaria do Tesouro Nacional – STN, via Sistema Integrado de Administração Financeira do Governo Federal – Siafi), bem como à unificação e à especificação do processo de contabilização orçamentário-financeira do gasto público (Secretaria de Orçamento Federal do Ministério da Economia – SOF/ME, via Siafi e Sistema Integrado de Planejamento e Orçamento – Siop).[6]

---

[5] Para tanto, ver os determinantes principais desse processo nos trabalhos de Braga (1993; 1997) e Massoneto (2006), além de Bercovici e Massoneto (2006).

[6] O Siafi é um sistema contábil que tem por finalidade realizar todo o processamento, controle e execução financeira, patrimonial e contábil do governo federal brasileiro. O sistema foi desenvolvido pelo Serviço Federal de Processamento de Dados (Serpro) e implementado em 1987. O Siop é o sistema informatizado que desde 2009 suporta os processos de planejamento e orçamento do governo federal. O sistema foi criado pela SOF/ME, com o objetivo de integrar os antigos Sistema de Informações Gerenciais e de Planejamento (Sigplan) e Sistema Integrado de Dados Orçamentários (Sidor).

Além desses, apresentam-se outros fatores dignos de nota.

1. A hiperinflação e o descontrole orçamentário decorrentes do fracasso do Plano Collor no biênio 1991-1992, com o consequente *impeachment* do então presidente.
2. O escândalo de corrupção dos *anões do orçamento* ao longo do biênio 1992-1993, com envolvimento de parlamentares em torno da malversação dos recursos públicos.
3. A estabilização monetária trazida pelo Plano Real, cuja engenharia financeira necessária ao seu êxito exigia, em concordância com Belluzzo e Almeida (2002):
   a) manutenção da taxa oficial de juros permanentemente acima das taxas internacionais, de modo a estimular a entrada de capitais externos, tornando a nova moeda sobrevalorizada em relação às principais moedas estrangeiras – sobretudo o dólar e o euro –, de sorte a baratear artificialmente os preços dos bens e serviços importados, e, com isso, por meio da abertura comercial e financeira e da concorrência externa, forçar a quebra da inércia inflacionária doméstica e a convergência dos preços internos para algo próximo dos padrões internacionais vigentes; e
   b) a geração de *superávits* fiscais primários permanentes, obtidos por meio da seguinte combinação:
      - privatização de ativos estatais;
      - reformas sociais e gerenciais com vista a reduzir e racionalizar os gastos públicos reais;
      - criação, aumento e centralização de tributos referentes ao Poder Executivo federal, incluindo-se a desvinculação de recursos por meio de sucessivas medidas provisórias (Fundo Social de Emergência – FSE, Fundo de Estabilização Fiscal – FEF e Desvinculação de Receitas da União – DRU);
      - aprovação da LRF em 2000, com vistas, sobretudo, ao estabelecimento de limites superiores – ou tetos – para os gastos públicos com pessoal e outras despesas reais, e ao enquadramento fiscal e financeiro dos entes subnacionais da Federação. Além disso, estabelece-se a garantia jurídica

do governo federal quanto ao pagamento dos compromissos financeiros com a dívida pública;

- aprovação da EC 95/2016, que institui o Novo Regime Fiscal, a vigorar por vinte exercícios financeiros, estabelecendo limites individualizados para as despesas primárias da União; e

- instituição do regime de metas de inflação após a crise cambial de 1999, sustentada por meio de um tripé de políticas macroeconômicas composto por política monetária de manutenção de juros domésticos elevados, administração da taxa de câmbio apreciada e geração permanente de *superávits* fiscais primários.

Tudo isso de modo a transmitir ao mercado financeiro e aos demais agentes privados – nacionais e estrangeiros – a sensação de *confiança* na capacidade do governo de honrar seus compromissos com a sustentabilidade e a solvabilidade da dívida pública federal, desde então gerida pela lógica dominante da *financeirização* (Braga, 1993; 1997).

A par dos processos narrados anteriormente, sendo a manutenção da estabilização monetária a função-objetivo primordial da gestão macroeconômica desde o Plano Real – e considerando-se ainda o ambiente político-ideológico da década de 1990, de liberalização dos mercados e redução do papel e do tamanho do Estado brasileiro em suas relações com a sociedade e o mercado –, não é de estranhar que, do ponto de vista estratégico, a macrofunção planejamento tenha sido interpretada e aplicada para reforçar o caráter fiscal do orçamento, relegando-se ao segundo ou terceiro planos a estruturação dos condicionantes técnicos e políticos necessários à institucionalização do PPA como instrumento central do processo de planejamento governamental no país.

Nessa linha, não é o PPA que orienta o orçamento, mas o orçamento que condiciona o plano; norma geral que vem presidindo as discussões sobre o instrumento, subvertendo o princípio constitucional que o criou. Além disso, do ponto de vista tático-operacional, três princípios gerais, originalmente positivos, de concepção do desenho institucional do PPA no bojo da CF/1988, não encontraram condições propícias para se realizar, a saber.

De acordo com o primeiro, o desejo das forças sociais e políticas da redemocratização de verem reduzido o alto grau de autoritarismo e discricionariedadede no exercício do planejamento nacional, sobretudo durante o regime militar, induziu os constituintes a encurtarem o horizonte de planejamento formal do governo, restringindo-o ao mandato quadrienal de cada presidente doravante eleito e atrelando um mandato a outro, visto que – no seu primeiro ano de exercício – cada governo eleito teria de formular seu PPA para o quadriênio seguinte, ao mesmo tempo que executasse o último ano do PPA elaborado pelo governo anterior. Supostamente, tal artifício visava reduzir a probabilidade de descontinuidades abruptas das políticas públicas entre um governo e outro, sem, no entanto, impedir que o novo governo pudesse dispor de suas prerrogativas para criação e implementação do seu próprio plano de governo por meio de um novo PPA quadrienal.

Em segundo lugar, o desejo anterior, de ver doravante expandida a participação popular direta (via conselhos de políticas públicas e demais formas de participação social no circuito de políticas públicas) e indireta (por meio de representação eleitoral parlamentar) na construção dos desígnios do país, levou os constituintes a formatarem ritos processuais de elaboração e aprovação legislativa do Plano Plurianual – quadrienalmente –, bem como da Lei de Diretrizes Orçamentárias e da Lei Orçamentária Anual – estas duas, anualmente –, cujas dinâmicas e cujos determinantes específicos em cada caso, sempre premidos pelo curto intervalo de tempo entre um instrumento e outro, jamais tiveram condições plenas de estabelecerem-se. Isso conduziu, na verdade, a um excesso de burocratismo procedimental nos processos anuais de planejamento e relacionamento entre a LDO e a LOA, e a um esvaziamento progressivo do PPA como instrumento principal de definição de diretrizes, prioridades, metas e orçamento do plano (Santos, Ventura e Neto, 2017). Ao contrário, foram as dinâmicas e as circunstâncias anuais de definição dos limites orçamentários de cada emenda parlamentar, política, programa ou ministério setorial que – agindo sob a batuta maior das condições já narradas para a manutenção da estabilidade monetária do país – passaram a pautar o escopo e o potencial do planejamento em termos da formulação de diretrizes, objetivos, metas e prazos do PPA.

Enfim, o terceiro dos princípios gerais aludidos refere-se ao que, crescentemente ao longo dos anos 1990 e 2000, passou a ser chamado de integração plano-orçamento. Na verdade, uma interpretação benevolente da CF/1988 sugere que haja correspondência orgânica entre as pretensões políticas legítimas do PPA e os respectivos arranjos econômico-institucionais de financiamento da despesa pública necessária à concretização do plano. Nessa perspectiva positiva, embora a preocupação correta do constituinte fosse evitar grandes descasamentos entre a capacidade de financiamento de cada política pública *vis-à-vis* a composição do gasto público total – de modo que os governos não tivessem freios endógenos à amplitude de seus projetos ou então que buscassem recorrer a formas inflacionárias ou arriscadas de financiamento –, o fato é que a tal vinculação do PPA deveria ter-se dado, desde o início, com o conceito e as possibilidades mais amplas das finanças públicas de modo geral,[7] e não apenas com o conceito e as possibilidades restritas do OGU propriamente dito.

Tudo somado, no bojo dos processos anteriormente descritos de institucionalização e empoderamento das funções orçamentação e controle dos gastos públicos federais – e constrangido ainda pela visão canônica do orçamento equilibrado no âmbito da teoria dominante de finanças públicas, segundo a qual a capacidade de gasto e investimento de um ente estatal qualquer deve estar em função da capacidade prévia de poupança própria e qualquer *déficit* anual contábil nessa relação (arrecadação total em T – gastos totais em T) é necessariamente inflacionário –, foi-se cristalizando no Brasil – conceitual e juridicamente – a crença – para nós, equivocada – de que o PPA deveria abarcar o conjunto completo de políticas, programas e ações de governo com manifestação orçamentária.

Como consequência, à pretensão totalizante do PPA, com base no orçamento, se sobrepôs o movimento de contabilização integral e detalhada da despesa pública, a qual, por sua vez, deveria ser governada a partir da lógica liberal do orçamento equilibrado – isto é, da ideia forte de poupança prévia como pré-condição para toda e qualquer rubrica de gasto corrente ou investimento do governo. O resultado final, para fechar o cerco, foi que a função controle cresceu e se desenvolveu, normativa e operacionalmente, para controlar – vale dizer: vigiar e punir – os desvios de conduta do poder público (nesse caso, dos próprios burocratas ordenadores de despesas públicas), em desacordo com os preceitos definidos pela lógica liberal do orçamento equilibrado.

---

[7] Isto é, com os conceitos de finanças funcionais (Conceição e Conceição, 2015) ou finanças desenvolvimentistas (Fórum 21 et al., 2016).

Assim, antes nascida sob o signo da busca republicana por transparência e responsabilização coletiva dos recursos públicos – isto é, da própria sociedade –, a função controle rapidamente se transformou em agente de inibição e criminalização do gasto público e dos seus operadores, e passou também a ser uma referência importante para a elaboração e a gestão do PPA.[8] Diante disso, as possibilidades desse plano referenciar as escolhas alocativas de curto prazo foram se restringido, mas não impediu que sucessivas tentativas fossem buscadas para conferir alguma funcionalidade ao instrumento.

Abordagens e funções dos planos plurianuais de 2000 a 2019

A CF/1988 inaugurou um novo período no arranjo de planejamento e orçamento no Brasil, construindo uma lógica de coordenação entre o PPA, a LDO e a LOA. Além disso, a própria Carta Magna anuncia uma série de planos nacionais e setoriais que comporiam o esquadro do planejamento do desenvolvimento nacional equilibrado, previsto no art. 174, para ser regulamentado por LC.

As normas que estabeleceriam o exercício financeiro, a vigência e os prazos – além de dispor sobre a criação e a organização do PPA, da LDO e da LOA – seriam objeto de LC que, trinta anos após a promulgação do texto constitucional, ainda não foi aprovada pelo Congresso Nacional. Assim, são as disposições transitórias que ainda regem as normas gerais para a elaboração desses documentos, indicando o prazo de 31 de agosto do primeiro ano do governo para o envio do projeto de lei (PL) do PPA para o Congresso Nacional.

O dispositivo constitucional de 1988, no entanto, não começou a operar imediatamente após a promulgação da Magna Carta. Foi necessário grande esforço de atualização das práticas de planejamento, em discussão levada a cabo por um grupo de trabalho interministerial (GTI) em 1997, para que se buscasse a implementação efetiva de um plano que fosse integrado aos orça-

[8] Para uma visão completa acerca da estruturação e dos dilemas dos sistemas de controles democráticos sobre a administração pública brasileira (Poder Legislativo, tribunais de contas, Poder Judiciário e Ministério Público), ver Arantes et al. (2010); especificamente sobre avanços e desafios na atuação da Controladoria-Geral da União (CGU), ver Loureiro et al. (2016).

mentos e tivesse capacidade de orientar e apoiar a gestão estratégica do governo.[9] Antes disso, os primeiros PPAs pós-Constituição eram meros agregadores de intenções governamentais, sem relação direta com o orçamento.

O primeiro PPA construído no novo formato (PPA 2000-2003) carregava um modelo de gestão bastante ambicioso, que incluía a gestão de prioridades de governo, abarcando a figura dos gerentes dos programas, a gestão de restrições, a seleção de programas estratégicos (67, do total de 387 programas) e a gestão estratégica, que incluía o processo de definição de liberação de recursos financeiros (Pares e Silveira, 2002). Seu ponto de partida foi a constituição de um GTI instituído em 1997, cujas recomendações foram em parte apropriadas no Decreto 2.829/1998.

No novo formato, as relações entre o PPA e o orçamento federal foram rearranjadas. Os programas finalísticos deveriam ser construídos em cima de problemas identificados na sociedade, trazendo um objetivo e um conjunto de indicadores que demonstrassem a evolução dos resultados que se pretendia alcançar. O conjunto de ações, orçamentárias e não orçamentárias, deveria dialogar com as causas do problema. Em suma, o PPA teria de organizar o orçamento para alcançar resultados.

Obviamente, as distintas abordagens não se implementam de maneira integral. Sobre isso, Garcia (2015) confirmou a referência ao planejamento estratégico para orientar a construção do PPA, mas ressalta que seu estabelecimento careceu de mecanismos que conferissem concretude à abordagem. Nessa linha, afirmou:

> Conceber o Plano por problemas e enfrentá-los mediante ações organizadas por programas com objetivos definidos, com a articulação do plano ao orçamento, permite chegar muito mais perto da complexidade do mundo real que na forma tradicional e fazer planejamento e orçamento (função, órgãos da administração e subprogramas referenciados apenas por metas a alcançar). Explicar problemas, chegar às suas causas e conceber ações eficazes (projetos, atividades e ações normativas), definindo com rigor seus produtos – um por ação –, suas metas, seus custos e seus prazos é criar possibilidades para dar partida na adoção do planejamento estratégico público. Isto é algo sabidamente necessário, mas que só se faz com os

9 Para informações sobre a produção do GTI, ver Garcia (2015).

> instrumentos apropriados, como aqueles desenhados com propriedade pelo GTI, e não com intenções difusas e discursos vagos (Garcia, 2015, p. 63).

Assim, apesar dos avanços, o PPA apresentou deficiências no que se refere à abrangência – envolveu todas as despesas –, dificultando a definição de foco em torno de prioridades de governo, além da baixa capacitação dos agentes burocráticos, da construção dos programas e ações com base em cadastro de projetos e atividades já existentes, construídos sob lógica totalmente distinta, e um modelo de gestão – por gerência de programas – deslocado da estrutura organizacional da administração pública federal (Garcia, 2015).

Para além disso, a elaboração do PPA foi precedida de um estudo que representava uma tentativa de retomada do planejamento territorial no Brasil: o estudo dos eixos nacionais de integração e desenvolvimento. O objetivo do estudo era identificar oportunidades de investimento que fossem complementares aos projetos estruturantes do programa Brasil em Ação, cuja composição formaria carteira de investimentos que retrataria estratégia territorial de médio prazo para o país. Os projetos para os primeiros quatro anos seriam apropriados no PPA.

Por sua vez, o PPA 2000-2003 começou a ser implementado em cenário de grave restrição fiscal. A Lei do PPA, promulgada em julho de 2000, foi precedida pela promulgação da LRF, de maio daquele ano. A gestão fiscal passava a ser crucial para a estratégia da política econômica, e a gestão do plano não deixou de apropriar também essa função.

É possível identificar, portanto, abordagens e funções inerentes ao planejamento governamental intrínsecas ao PPA 2000-2003: o planejamento territorial; o planejamento por problemas, tendo como referência o planejamento estratégico situacional, apresentando a articulação com um orçamento para resultados; a gestão estratégica de projetos prioritários; e, ainda que de forma mais indireta, a gestão fiscal.

Para o período 2004-2007, a metodologia do PPA continuou a mesma, mas o instrumento apresentou algumas inovações no conteúdo, no processo de elaboração e gestão. Os primeiros documentos oficiais do novo governo reforçavam a intenção de fortalecimento do planejamento como instrumento para promoção do desenvolvimento e, em paralelo, declarava a intenção de adensar seu caráter participativo.

A mensagem presidencial encaminhada ao Congresso Nacional na abertura da legislatura apresentava nova concepção de planejamento, trazendo a importância da articulação de estratégia de desenvolvimento de longo prazo e a necessidade de essa estratégia ser construída com a participação da sociedade. A estratégia de desenvolvimento de longo prazo ganhou destaque no PPA, revelando a estratégia de promoção do crescimento econômico – ambientalmente sustentável –, com base na dinamização de mercado de consumo de massa que promoveria inclusão social, desconcentração de renda e redução das disparidades regionais.

Ao lado disso, o processo de elaboração do plano foi um canal de promoção de participação da participação social. Nessa linha, foram realizadas assembleias com movimentos sociais nos 26 estados e no Distrito Federal para discussão das diretrizes estratégicas do plano. Além disso, havia a previsão, na Lei do PPA (Lei 10.933, de agosto de 2004), de que o Poder Executivo poderia estabelecer "Pactos de Concertamento" com os estados, o DF e os municípios, com vistas à execução do plano e de seus programas. Do planejamento macroterritorial do período anterior, propunha-se partir para experiência de gestão territorial consubstanciada a partir do PPA. Essa experiência, vale dizer, não passou da fase de poucos projetos-piloto desenvolvidos.

Do ponto de vista da gestão, no entanto, outras inovações importantes foram introduzidas. Os gerentes de programas e coordenadores de ações agora passavam a vincular-se diretamente às unidades administrativas responsáveis pelos programas e ações. Ao lado disso, se criou o Sistema de Monitoramento e Avaliação (SMA), coordenado pela Comissão de Monitoramento e Avaliação (CMA), e composto por Unidades de Monitoramento e Avaliação. A esse sistema caberia a responsabilidade por aprovar a introdução e alteração, com possibilidade de retardar o início da execução, de projetos de investimento.

A isso, complementam-se alterações com relação ao formato. Deu-se destaque aos projetos de grande vulto, acima de valor determinado em lei, que receberiam tratamento diferenciado ao longo da gestão do plano. Com isso, institucionalizou-se o que ficou conhecido como PPA rolante. A cada relatório de avaliação do plano, enviado ao Congresso em 15 de setembro de cada ano, era acrescido um ano nas projeções de execução física e financeira do plano, de modo que este sempre permanecia com um horizonte de dispêndios para os quatro anos subsequentes. Além disso, havia a previsão de Revisão Anual do PPA, por PL a ser encaminhado com a LOA.

Assim, para o PPA 2004-2007, com relação ao período anterior, agregaram-se claramente as funções de promoção de estratégia de desenvolvimento e abordagem de participação social, bem como um processo de avaliação *ex ante* via SMA. A abordagem de planejamento territorial teve seu foco alterado para uma tentativa limitada de gestão territorial, que não avançou para além de dois projetos-piloto. Por sua vez, a gestão de prioridades deixou de ser atribuída como função do arranjo de gestão do PPA, passando para a Casa Civil, de onde se gestaria o arranjo de gestão da prioridade do governo que emergiria no início do segundo mandato do presidente Lula, o Programa de Aceleração do Crescimento (PAC), lançado em janeiro de 2007.

Nessa linha, o PPA 2008-2011 não trouxe grandes inovações metodológicas com relação ao anterior, mas foi bastante influenciado pelo lançamento do PAC, que não apenas criou uma carteira de projetos prioritários, como também instituiu um arranjo de gestão que prescindia, em boa medida, do PPA e do SPOF. Além disso, excluíram-se esses empreendimentos dos processos de avaliação prévia da CMA, esvaziando-se, na prática, o SMA. Por fim, os processos participativos foram apropriados dos canais já existentes, a partir dos conselhos nacionais setoriais de participação social, sem que houvesse a instalação de processos participativos específicos para o PPA.

Nesse momento, houve, portanto, ruptura importante com o processo que se vinha construindo até então. O PPA perdeu várias das funções de planejamento que até então buscava desempenhar, e – ainda que tenha mantido a estrutura de programas construídos em torno de problemas – a própria abordagem de planejamento estratégico também foi perdendo força. No momento prévio de preparação do PPA, ainda foram desenvolvidas várias oficinas de aplicação de modelo lógico, para identificação dos problemas que orientam os programas, suas causas críticas e suas ações, mas, no momento da sua implementação, essa metodologia foi abandonada. Ademais, também renunciou à abordagem de planejamento territorial e não mais se colocava como um canal para a participação social.

A gestão de prioridades já tinha deixado de fazer parte do plano no período anterior, mas o novo contexto do PAC aprofunda isso. Mais que instrumento formal, o PPA passou a ser visto como elemento burocrático que criava barreiras para a criação de políticas públicas e sua implementação. O planejamento estava descolado do plano, e vários outros canais – muitos dos quais informais – substituíram o arranjo anterior. Vale notar que a Secretaria de Planejamento e Investimentos Estratégicos (SPI) do então Ministério do Planejamento, Orçamento e Gestão não deixou de participar dessas discussões, embora o PPA já não exercesse funções específicas nem ocupasse lugar central nesse arranjo (Santos, 2011).

O PPA pouco agregava aos processos de planejamento dos ministérios setoriais, sendo visto apenas como instrumento burocrático e de prestação de contas. Essa visão foi fundamental para a decisão de rever a metodologia do PPA para o período 2012-2015. Reconhecendo que o planejamento ocorria fora do SPOF, já como reflexo do fortalecimento do planejamento setorial, o PPA buscava traduzir os resultados desses processos, comunicando de forma mais direta as principais metas do governo, sem amarração conceitual rígida.

Os programas, antes teoricamente construídos em torno de problemas com base no modelo lógico, agora se tornaram agregadores, classificadores, temáticos. Abaixo de cada programa, vários objetivos, com suas metas e iniciativas, que declaram as principais entregas à sociedade. Ainda que as iniciativas cumprissem o papel de ligação com o orçamento – percebido como muito fragmentado, uma iniciativa poderia reunir várias ações orçamentárias –, a distância entre os instrumentos ampliou-se, com as ações orçamentárias não mais constando do PPA e com relação direta com suas metas.

No novo formato, um programa era composto por vários objetivos, que deixaram de ser um orientador para as ações orçamentárias. Para cada objetivo, se indicava um órgão responsável, o que não acontecia com as metas. Os indicadores do PPA ligavam-se ao programa temático, sem vinculação direta com seus objetivos. Assim, os indicadores prestavam-se a uma função de monitoramento do contexto da situação na qual o tema se inseria, e o plano tornou-se instrumento de comunicação e transparência.

Essa mudança na metodologia teve custos expressivos. Em primeiro lugar, o curto intervalo de tempo para a implementação da nova metodologia resultou em um plano com muita confusão conceitual e mais de 2 mil metas de governo. Iniciativas confundiam-se com metas, e estas se confundiam com indicadores. Mais importante ainda, o PPA afastou-se ainda mais do orçamento, e as discussões em torno do plano afetavam muito pouco o processo alocativo. A isso, relacionava-se outro importante fator do novo PPA, a ausência de modelo de gestão que lhe conferisse alguma função importante no âmbito do planejamento. Todavia, ainda vale mencionar uma importante alteração no orçamento, que resultou na agregação de ações – que ficaram mais próximas das iniciativas do PPA –, e a criação dos planos orçamentários no nível gerencial.

Assim, durante o processo de implementação do plano, algumas apostas foram feitas na busca de agregar-lhe novas funções. A partir do processo de capacitação de estados e municípios para a construção dos PPAs municipais para o período 2014-2017, iniciou-se diálogo para a formação de agendas de desenvolvimento territorial (ADTs) a partir da identificação de estratégias e ações complementares nos PPAs dos diferentes entes federativos. Além disso, realizou-se um processo de acompanhamento e avaliação da dimensão estratégica do plano, com participação de diferentes segmentos, incluindo academia, sociedade civil e governo.

Outra marca importante desse PPA foi a retomada do processo de participação social. No momento de elaboração, foi constituída uma instância com os representantes da sociedade civil dos diversos conselhos setoriais participativos do governo federal (Fórum Interconselhos). O fórum acompanhou a criação do plano e escolheu as agendas prioritárias para seu monitoramento. Em 2014, essa iniciativa teve reconhecimento da Organização das Nações Unidas (ONU), com um dos mais importantes prêmios na área de inovação e gestão pública, o Prêmio das Nações Unidas do Serviço Público (UNPSA – em inglês, United Nations Public Service Awards). Além do Fórum Interconselhos, a aproximação da gestão do PPA com os próprios conselhos foi outra iniciativa que merece nota (Avelino, 2017).

O PPA 2016-2019 seguiu o modelo metodológico do anterior, com poucos aprimoramentos. Em primeiro lugar, houve indicação de enxugamento do plano, que passou a contar com 55 programas temáticos, dez a menos que o PPA anterior. O número de metas também se reduziu em praticamente 50%. Ainda que as confusões conceituais não tenham sido completamente sanadas, houve avanços.

O processo de gestão do plano, no entanto, foi descontinuado. A destituição do governo logo no primeiro ano de implementação do plano também foi acompanhada por alteração organizacional no âmbito do à época Ministério do Planejamento, que implicou a mudança de foco da então Secretaria de Planejamento e Investimentos Estratégicos, que passou a ser a Secretaria de Planejamento e Assessoramento Econômico, a partir da fusão com a Assessoria Econômica. O Fórum Interconselhos sofreu descontinuidade, bem como foram abandonadas as discussões estratégicas e articulações federativas – o MP sequer chegou a desenvolver projeto de apoio à elaboração dos PPAs municipais para o ciclo 2018-2022. A principal aposta do PPA 2016-2019 parece ter sido o trabalho interno de compatibilização com a Agenda 2030 dos Objetivos de Desenvolvimento Sustentável da Organização das Nações Unidas (ODS/ONU).

Em paralelo, começaram a ganhar força no governo as discussões em torno de um modelo de governança, ensejado a partir do estímulo dos órgãos de controle. A partir dessas discussões, foi apresentado o Projeto de Lei 9.163/2017, que propõe a instituição da política de governança para a administração pública federal. Entre outras propostas, o PL busca regulamentar o art. 174 da CF/1988, que trata do planejamento do desenvolvimento nacional equilibrado, instituindo a Estratégia Nacional de Desenvolvimento Econômico e Social (Endes) para um período de doze anos e propondo padronização mínima de planos nacionais, setoriais e regionais. O PL 9.163/2017 foi acompanhado do Decreto 9.203/2017, que instituiu a política de governança do Poder Executivo federal, criando o Comitê Interministerial de Governança (CIG) – composto pela Casa Civil, bem como pelos então Ministério da Fazenda (MF), Ministério do Planejamento e Ministério da Transparência e da Controladoria-Geral da União – como instância máxima de um arranjo de governança.

Ainda que o PL 9.163/2017 não tenha sido aprovado, o CIG recomendou ao então MP que elaborasse a Endes para o período dos próximos doze anos. O documento foi colocado à consulta pública no segundo semestre de 2018 e entregue ao governo de transição como elemento de subsídio ao planejamento do próximo PPA 2020-2023. As modificações com relação ao PPA 2020-2023 serão reveladas adiante. Antes, serão apresentadas algumas reflexões sobre a relação entre o plano e o orçamento em meio a essas alterações em abordagens e funções conferidas aos PPAs.

O quadro 1 busca apresentar uma síntese da evolução das funções de planejamento desempenhadas pelo PPA desde 2000.

Quadro 1. Abordagens e funções do PPA

Período do plano	Abordagens	Funções
PPA 2000-2003	Planejamento por problemas Planejamento territorial	Gestão de prioridades Gestão por resultados Prestação de contas
PPA 2004-2007	Planejamento por problemas Planejamento participativo	Gestão territorial Gestão por resultados Avaliação Prestação de contas Estratégia de desenvolvimento
PPA 2008-2011	Planejamento por problemas	Prestação de contas Estratégia de desenvolvimento
PPA 2012-2015	Planejamento participativo Classificador temático	Gestão participativa Gestão territorial Agendas transversais Prestação de contas Estratégia de desenvolvimento
PPA 2016-2019	Classificador temático	Integração com os ODS Prestação de contas

Elaboração dos autores.

As relações instáveis entre plano e orçamento

As várias abordagens e funções que o PPA foi assumindo desde 2000 implicaram mudanças na sua relação com o orçamento e, portanto, na sua capacidade de cumprir o preceito constitucional de orientador das despesas públicas. No entanto, essa relação não poderia ser determinada apenas pela perspectiva de uma das suas partes. Os demais instrumentos orçamentários e fiscais também condicionam tal relação, e é necessário lançar um olhar abrangente para seu conjunto, a fim de compreender os processos que os envolvem.

Márcio Oliveira (2017) revela a relação estruturada que deveria existir entre o planejamento, o orçamento-programa e o desembolso financeiro construída ainda nos anos 1960, que embasava o Sistema Federal de Planejamento. Ao planejamento, caberia orientar toda a ação pública, indicando as diretrizes e as prioridades para o orçamento-programa, já com preocupação concernente aos resultados. A coordenação dos fluxos de receitas e despesas daria o fluxo financeiro, garantiria a oferta de serviços e proporcionaria maior previsibilidade aos que contratam com o poder público, ao mesmo tempo que ajudaria a manter o planejamento ajustado à realidade. Segundo o autor, nessa sistemática de integração entre esses três elementos, assentar-se-ia boa parte da explicação do relativo sucesso do planejamento no regime militar.

Essa lógica teria sido continuada nos marcos da CF/1988, no arranjo que se construiu a partir do PPA, da LDO e da LOA. Dessa forma, o plano, argumenta Oliveira (2017), seria o sucessor do orçamento plurianual de investimento, instituição na Constituição de 1967, mas com a previsão de definições que eram atribuídas aos documentos superiores de planejamento, sendo responsável pela indicação de diretrizes, objetivos e metas da administração pública federal. A LDO define as metas e as prioridades para o ano subsequente, bem como as regras para elaboração, revisão e gestão do orçamento anual, enquanto o orçamento traria todo o conjunto de despesas públicas.

Essa crise de identidade inicial do PPA, entre orçamento plurianual de investimentos e um plano estratégico para o desenvolvimento do país não se resolveu para um lado ou para o outro. O que tivemos, a partir de 2000, foi um instrumento que abarcava todas as despesas públicas, a partir de um conjunto de direcionamentos estratégicos e um modelo de plano que deveria organizar as ações para se alcançar objetivos que se relacionavam a problemas identificados na sociedade. Dessa forma, o Plano Plurianual fica espremido no meio de outros dois: a LDO, que estabelecerá as metas e as prioridades para o orçamento; e as atribuições de um planejamento do desenvolvimento nacional equilibrado, também previsto na Constituição.

Ainda assim, o PPA 2000-2003, contemplando todas as despesas públicas, teve limitações na origem. Garcia (2015) questiona a escolha do governo à época de iniciar o processo de construção do PPA a partir do recadastramento das ações de projetos e atividades constantes na LOA 1999, ainda que sob a ótica dos programas, dado que as ações em andamento não tinham sido desenhadas para atacar as causas dos problemas que os programas buscariam enfrentar.

Ademais, antes da aprovação da Lei do PPA 2000-2003, houve a promulgação da LRF, que inaugura, segundo Barcelos (2012), um novo regime de governança orçamentária no Brasil. Nesse ponto, a sobreposição e a disputa entre os instrumentos de planejamento e orçamento revelam-se de maneira nítida. A proposta aprovada no Congresso Nacional, mas vetada pelo Executivo, no seu art. 3º, previa que o PPA apresentasse um anexo de política fiscal, no qual seriam estabelecidos os objetivos e as metas plurianuais de política fiscal a serem alcançados durante a vigência do plano.

Isso, no entanto, acabou sendo delegado à LDO. O art. 165, §2º, da Constituição, determina que a lei

> compreenderá as metas e prioridades da administração pública federal, incluindo as despesas de capital para o exercício financeiro subsequente, orientará a elaboração da lei orçamentária anual, disporá sobre as alterações na legislação tributária e estabelecerá a política de aplicação das agências financeiras oficiais de fomento (Brasil, 1988, art. 165, §2º).

A LRF expande suas competências, indicando que, além das indicações constitucionais, a LDO deveria dispor sobre: o equilíbrio entre receitas e despesas; os critérios e a forma de limitação de empenho; as normas relativas ao controle de custos e à avaliação dos resultados dos programas financiados com recursos dos orçamentos; e as demais condições e exigências para transferências de recursos a entidades públicas e privadas.

Além disso, a LRF indicou a LDO como o instrumento para tratar da política fiscal. No Anexo de Metas Fiscais, seriam estabelecidas metas anuais, em valores correntes e constantes, relativas a receitas, despesas, resultados nominal e primário e montante da dívida pública, para o exercício a que se referirem e para os dois seguintes. Com isso, a LDO ganha muita força no jogo orçamentário, ainda mais sendo o instrumento que também deveria trazer os objetivos das políticas monetária, creditícia e cambial, bem como os parâmetros e as projeções para seus principais agregados e variáveis, e ainda as metas de inflação, para o exercício subsequente.

Dessa forma, o novo regime de governança orçamentária inaugurado pela LRF fortaleceu a LDO em detrimento do PPA. Além das principais metas e objetivos das políticas fiscal, monetária, cambial e de metas de inflação, até mesmo a normatização da avaliação dos resultados da programação do orçamento caberia à LDO, e não ao PPA.

Diante disso, o PPA ainda apresentava parâmetros e cenários fiscais para contextualizar a programação. No entanto, Fortis e Gasparini (2017) sugerem que há baixo nível de integração entre esses elementos do plano. Para os autores, os cenários do PPA têm caráter informativo, não orientador, e essa falta de conexão entre cenários e programação comprometeria o aspecto mais estratégico do plano.

Para além da proeminência da LDO na orientação do orçamento, em detrimento do papel que deveria cumprir o PPA, outros elementos devem ser recuperados a partir de abordagens e funções que foram sendo assumidos pelo instrumento e também das características próprias do processo orçamentário, que também impõe limites.

O primeiro aspecto a comentar-se é com relação à abordagem do planejamento por problemas. O desenho das ações em torno de programas que visam alcançar um objetivo seria uma forma de contribuição direta do PPA para a definição do orçamento. Nesse caso, o uso do cadastro de ações e o pouco tempo de formação em torno da nova metodologia podem ter limitado o alcance do PPA 2000-2003.

A abordagem adotada do planejamento territorial reforça outros parâmetros. A identificação de carteira de investimentos a ser implementada no curto e médio prazo para implementar estratégia de desenvolvimento territorial pretendida deveria apoiar a inclusão de determinadas ações no orçamento, principalmente investimentos nas áreas de infraestrutura. Aliado à função de gestão de prioridade –, que envolvia, no PPA 2000-2003, inclusive a incidência no fluxo de desembolso financeiro dos programas prioritários –, contempla uma perspectiva apropriada para um conjunto limitado de ações. Como herdeira do orçamento plurianual de investimentos, essa alternativa se mostra uma possibilidade real de o planejamento, por meio do PPA, incidir sobre o orçamento.

Como vimos, de maneira geral, esse modelo do PPA permaneceu até o período 2008-2011, não sem alterações nas suas abordagens complementares e funções. Do ponto de vista de um planejamento por problemas, houve aperfeiçoamento ao longo dos três planos abrangidos nesse período. As oficinas de modelo lógico para a revisão dos programas no PPA 2004-2007 e elaboração do PPA 2008-2011 parecem ter sido um avanço no desenho das ações, mas foram um esforço descontinuado.

Também foram descontinuadas, para o PPA 2004-2007, a abordagem territorial e a gestão de prioridades. No seu lugar, surgiu uma estratégia de gestão territorial – a partir dos pactos de concertamento – que tinha a intenção de firmar compromissos em torno de programas e ações do PPA federal que fossem estruturantes para os projetos de desenvolvimento locais. A iniciativa era inspirada no *contrat du plan* francês, por meio do qual o Estado central contratualiza com as regiões investimentos públicos e organiza a convergência de financiamentos em favor dos investimentos estruturantes. Todavia, em razão de ausência de planejamento territorial na escala apropriada e instrumentos de governança territorial mais efetivos, a iniciativa também não prosperou.

A abordagem participativa no PPA ganhou destaque no processo de elaboração do PPA 2004-2007. Foram realizados 27 fóruns de participação social, em todos os estados e no DF, para a discussão da dimensão estratégica do plano, considerando-se seus três megaobjetivos, os desafios arrolados em cada um destes e as diretrizes gerais, tanto no nível de cada megaobjetivo, quanto para cada desafio.

A distância da dimensão estratégica da programação, já abordada do ponto de vista fiscal, aqui também se verificava. Se, por um lado, a dimensão estratégica do PPA consegue revelar as prioridades e a estratégia do governo, esta não consegue orientar o orçamento, tanto por características do próprio orçamento, quanto pela frágil ligação entre a parte estratégica e a dimensão tática do plano, sua programação, considerando-se nesse sentido as ações orçamentárias. Esse tema será ainda mais detalhado adiante.

Ademais, a confirmar essa dissonância, a participação social no âmbito do PPA 2004-2007 criou expectativas em relação aos atores da sociedade civil que participaram do processo. As críticas alcançavam algumas vertentes de gestão, como a ausência de processo de monitoramento participativo, a dificuldade de acesso a informações da execução física e financeira das ações, a impossibilidade de desagregar as informações a partir de públicos e recortes específicos (gênero e raça), bem como a ausência de participação no processo orçamentário (Avelino, 2017). Em outros termos, isso reforça que a participação no processo de elaboração do PPA não era suficiente para garantir a incidência no orçamento.

Uma vez sem a função de gestão de prioridades, o PPA 2004-2007 avançou no tocante à avaliação. A despeito de todo o arranjo proposto para a avaliação, aqui vale destacar o que concerne às implicações referentes ao processo orçamentário. Com a figura dos projetos de grande vulto, a Comissão de Monitoramento e Avaliação precisava aprovar, com uma análise *ex ante*, a inserção dos projetos no orçamento, o que posteriormente se converteu em requisito necessário ao empenho orçamentário para dar início à sua contratação. De forma indireta, tentava preservar ao menos parte das funções com relação à seleção e à gestão de prioridades (investimentos) do orçamento. No entanto, esse processo não resistiu ao PAC, que excluiu a necessidade de pré-aprovação da CMA para que os investimentos fossem iniciados.

A abordagem territorial ganhou novo fôlego na preparação do PPA 2008-2011, com a elaboração do Estudo da Dimensão Territorial do Planejamento. Todavia, nesse momento, o governo lançou o PAC, que – aproveitando-se do planejamento setorial – produziu carteira de investimentos prioritários e estabeleceu arranjo de gestão próprio (Magalhães e Couto, 2018). Coube ao PPA absorver as definições do PAC, classificando na programação definida suas funções claras de gestão.

Da mesma forma, o PPA deixou de ser instrumento para promoção da participação social. Em primeiro lugar, as promessas de gestão participativas desenhadas para o PPA 2004-2007 não foram efetivas, e as discussões das plenárias participativas da dimensão estratégica do plano, como visto, tinham distância considerável da programação e, portanto, do orçamento. Nesse momento, o PPA 2008-2011 – ainda que continue referenciado a um planejamento por problemas e portador de estratégia de desenvolvimento de médio prazo – ficou esvaziado de funções de gestão, restando apenas as funções normativas de prestação de contas.

Com a nova metodologia empregada para o PPA 2012-2015 – com os programas deixando de ser construídos em torno de problemas, mas agora como classificadores temáticos –, as ações orçamentárias deixaram de fazer parte do PPA. Portanto, a orientação do plano ao orçamento não se daria por meio do desenho das ações. As metas apresentadas no PPA não eram vinculadas diretamente às ações orçamentárias; tampouco os indicadores eram ligados diretamente aos objetivos que compunham cada um dos programas temáticos.

A nova metodologia, no entanto, teve outras consequências nessa relação. Em primeiro lugar, ensejou uma mudança no nível de agregação do orçamento. A ligação do PPA com o orçamento se dava por intermédio das iniciativas, em que cada uma destas agregava várias ações. Essa agregação ensejou redesenho das ações e facilitou a redução da fragmentação orçamentária, seja com a redução das funcionais-programáticas quanto no número de ações, o que ocorreu em 2013, com a introdução da categoria do plano orçamentário, implicando maior flexibilidade na execução do gasto público e reforçando, assim, a capacidade de implementação das políticas públicas em detrimento do controle prévio (Santos, Ventura e Neto, 2015).

Nesse ponto, não se implica necessariamente uma orientação na alocação orçamentária, mas no processo de construção e execução do orçamento, dado que o PPA teria influenciado na indução de mecanismos mais flexíveis. Ademais, Santos, Ventura e Neto (2015) argumentam que as mudanças incidiram positivamente na capacidade de execução da União e reduziriam o desgaste na relação com o Legislativo, "uma vez que a flexibilidade trazida pelo PO tende a diminuir o número de projetos de lei de créditos orçamentários" (2015, p. 129).

A tabela 1, a seguir, demonstra que essa mudança, no entanto, não teve reflexo direto no número de leis de revisão do orçamento. As discussões entre Legislativo e Executivo nas matérias orçamentárias, em verdade, acirraram-se, e a demanda por maior participação do Congresso na elaboração e revisão do orçamento pode ser destacada como um dos motivos da aprovação de EC que tornou impositiva a execução de emendas individuais – as emendas de bancada serão também de execução impositiva a partir de 2020 –, bem como as próprias discussões que levaram à queda da então presidente Dilma Rousseff.

Tabela 1. Leis de alteração orçamentária (2010-2015)

LOA (ano)	Número de leis de alteração orçamentária
2010	15
2011	48
2012	27
2013	36
2014	16
2015	28

Fonte: SOF/ME.

Por sua vez, técnicos da SOF não reconhecem a vinculação entre as trajetórias do PPA e do orçamento.[10] Na sua visão, as alterações dos instrumentos

[10] Técnicos diretamente envolvidos no processo de revisão do cadastro de ações entrevistados para a elaboração deste trabalho.

podem ser enquadradas em processo que visava à simplificação dos instrumentos para destravar a gestão, sem que isso significasse que o PPA tivesse influenciado diretamente a revisão do orçamento.

No entanto, não se pode descartar que as escolhas metodológicas do PPA, elaborado em 2011, tenham – ainda que indiretamente ou de forma não proposital – ao menos influenciado algumas opções que viriam a ocorrer no planejamento do orçamento em 2012. Em verdade, abriu-se oportunidade para ampliar a flexibilidade da execução orçamentária, na medida em que os novos programas temáticos praticamente se equipararam ao nível de abrangência das funções orçamentárias.

Por sua vez, essa mudança metodológica do PPA 2012-2015 teve outra implicação na direção do seu relacionamento com o orçamento. Embora a Lei 12.593/2012, que instituiu o plano, previsse, em seu art. 21, que as alterações de metas do PPA deveriam ser objetos de projetos de lei de revisão do plano, o decreto de gestão do PPA estabeleceu que mudanças nas metas que se justificassem devido às alterações das leis orçamentárias poderiam ser feitas por ato próprio do então MP. Além de o decreto extrapolar o que havia sido determinado em lei – como a própria relação entre metas e ações orçamentárias não era clara –, deixava margem de arbitrariedade ao Executivo para a revisão das metas do plano, sem que isso tivesse necessariamente qualquer consequência para o direcionamento das decisões alocativas no orçamento.

De outra parte, o PPA 2012-2015 resgatou a gestão participativa como uma de suas funções. A iniciativa deu-se por meio do Fórum Interconselhos, espaço que reunia representantes da sociedade civil dos conselhos nacionais participativos das diversas políticas públicas. O monitoramento participativo do plano se daria em torno das agendas transversais, acordadas com os representantes da sociedade civil no fórum.

Esse processo criou a expectativa de estender a participação social para a discussão das peças orçamentárias, o que ocorreu em 2012, também motivado pelas agregações no orçamento; no entendimento de entidades da sociedade civil, isso diminuía sua transparência. Em resposta a esse movimento, a SOF organizou audiências públicas que resultaram em acordos para o estabelecimento de processo participativo para os anos seguintes. Todavia, por conta das especificidades do rito orçamentário, determinou-se processo específico, não tendo sido possível conjugar com os mecanismos de participação do PPA (Avelino, 2017).

Do ponto de vista da gestão territorial, a aposta no PPA 2012-2015 foi em torno das ADTs, construídas a partir de 2013, em processo de formação para os PPAs municipais. A construção de planos territoriais participativos, junto a consórcios intermunicipais, em colaboração dos estados, abria a expectativa de o PPA 2016-2019 ser alimentado com as estratégias territoriais. Todavia, esse processo não teve continuidade.

Assim, é possível afirmar que o PPA 2012-2015 influenciou o processo orçamentário, ainda que não se possa afirmar que teve papel na orientação das decisões alocativas propriamente ditas. Esse processo é limitado por algumas características do próprio orçamento e do seu processo de elaboração e execução como um todo, o que envolve, necessariamente, seu componente político, incluindo-se as relações com o Legislativo.

Também é possível afirmar que – diante da grave crise política acentuada em 2015, que culminou com a destituição de Dilma Roussef –, o PPA do último período não teve qualquer incidência significativa sobre o orçamento. A tentativa de aproximar-se de uma agenda legitimada pela comunidade internacional dos ODS, patrocinada pelo Sistema ONU, não foi suficiente para dar relevância ao plano e incidir sobre o orçamento.

O engessamento do orçamento pode ser entendido como um dos motivos que dificultam essa ligação. Em 2019, 90,4% das despesas orçamentárias primárias líquidas – excluídas as transferências – eram obrigatórias, restando apenas 9,6% de discricionárias. No Projeto de Lei Orçamentária Anual (Ploa) 2020, o valor das despesas discricionárias representa apenas 7,7% do total das despesas primárias líquidas, ou 114 bilhões de reais.

São consideradas obrigatórias as despesas cujo montante ou execução não são definidas pelo gestor público, dado que são determinadas por determinação constitucional e legal. Despesas com pessoal ou despesas previdenciárias são exemplos desse tipo de despesa. A LDO apresenta, anualmente, um anexo das despesas obrigatórias, que, como tal, não podem ser atingidas pelos decretos de limitação de empenho (os contingenciamentos orçamentários).

Nas despesas discricionárias, ainda se incluem as emendas parlamentares. Considerando-se apenas as emendas impositivas, de bancada e individuais, estas representam mais de 14% do total das discricionárias. Há ainda que considerar as despesas primárias discricionárias dos outros poderes da União, que, em 2020, estão projetadas em 7,7 bilhões de reais. Isso faz com que menos de 90 bilhões de reais sejam disponíveis para alocação e gestão orçamentária do Poder Executivo, de um total de 1,4 bilhão de despesas primárias para 2020.[11]

Embora com o espaço restrito, como vimos, foi possível – seja na organização das ações, seleção e gestão dos gastos prioritários ou na influência sobre o processo orçamentário – o PPA incidir sobre o orçamento. Esse espaço, no entanto, foi sendo reduzido ao longo dos anos, não apenas porque deixou de desempenhar funções e adotar abordagens que fortalecessem o instrumento no cumprimento de sua missão constitucional, mas também em decorrência da concorrência com outros instrumentos, como a LDO, em virtude de ideias e políticas que foram definindo o arranjo da governança orçamentária. Nessa toada, foi restando apenas um documento que cumpre função burocrática, contribuindo com a prestação de contas no tocante ao Congresso Nacional e aos órgãos de controle.

O PPA 2020-2023: fragilização do instrumento e perspectivas de resgate

Diante da incapacidade de o instrumento desempenhar sua missão constitucional, a despeito das múltiplas funções que lhe foram atribuídas ao longo dos anos, não surpreende o fato de uma nova alteração metodológica ter sido proposta para o PPA 2020-2023. O *Manual Técnico do Plano Plurianual do Governo Federal* – MT-PPA (Brasil, 2019a) destaca já na sua introdução duas motivações para a promoção da alteração da metodologia do PPA: a necessidade de adaptação às novas orientações e diretrizes governamentais, bem como a adequação à nova organização administrativa do governo federal. O documento ratifica inovações que já vinham sendo discutidas no governo anterior, mas aponta sua aposta no fortalecimento das relações do PPA com os processos de avaliação e gestão de política fiscal:

> Por um lado, foram mantidas as seguintes preocupações: simplificar a arquitetura conceitual do plano, promover a orientação por resultados e fortalecer o realismo

[11] Fonte: Ploa 2020

> fiscal. Por outro, foi acrescentado o componente da integração entre planejamento e avaliação. Outra novidade residiu na busca por uma visão orçamentária de médio prazo ao plano, nos moldes dos Marcos de Gasto de Médio Prazo (MGMP), que vêm sendo crescentemente adotados internacionalmente (Brasil, 2019a, p. 10).

As mudanças propostas partem de um rápido diagnóstico dos PPAs anteriores. Com relação às alterações na metodologia promovidas para o PPA 2012-2015, a percepção da reorganização dos programas por temas é de que aproximou o plano da agenda governamental e melhorou a comunicação com a sociedade. Da mesma forma, a exclusão das ações orçamentárias do PPA foi considerada como positiva, dado que evitou sobreposições e definiu com maior clareza os papeis de cada instrumento, tendo o plano foco nas políticas públicas e o orçamento o foco na alocação.

No que concerne ao PPA 2016-2019, são pontuadas como positivas melhorias na definição conceitual, na responsabilização, agora também indicada ao nível da meta e na ligação entre o plano e orçamento por meio de objetivos, e não mais das iniciativas. Embora isso fosse caracterizado como positivo, a relação do PPA com o orçamento ainda continuava sendo considerada um problema. A crítica recai, no entanto, ao grau de generalidade dos objetivos que "dificultaram a visualização da sua relação com as ações contidas na LOA" (Brasil, 2019a).

De fato, embora os objetivos fossem marcados no orçamento, a gestão orçamentária não utilizava essa categoria como referência, discutindo apenas as ações e os programas. Todavia, a relação entre o desenho dos objetivos das políticas contidas nos programas temáticos e as ações era direta, de um para um. Em outras palavras, com exceção das ações padronizadas, uma ação contribuía para o cumprimento de apenas um objetivo no âmbito do tema que o programa cobria.

Assim, ainda que reconheça um problema na relação entre o plano e o orçamento, o diagnóstico é frágil. Em verdade, o ponto central na questão não é a visualização da relação entre as ações e os objetivos, mas a incapacidade de as discussões promovidas no âmbito de elaboração e gestão do PPA orientarem as decisões alocativas, ainda mais quando o próprio orçamento relega a um segundo plano a categoria de objetivo. Não há indicadores de resultados relacionados diretamente aos objetivos para que sirvam de parâmetro ao orçamento. Por sua vez, no caso das metas, não há ligação direta com as ações. E, ainda assim, essas metas poderiam ser alteradas a partir de modificações no orçamento, conforme vimos anteriormente.

A resposta a isso foi a proposição de uma nova metodologia, assentada em quatro pilares: simplificação metodológica; realismo fiscal; integração entre planejamento e avaliação; e visão estratégica e foco em resultados. Em primeiro lugar, buscou-se reforçar o mandato constitucional de que o PPA deveria conter *diretrizes, objetivos e metas*, e este passou a ser o foco para possibilitar a redução de categorias e atributos. Na parte estratégica, constariam apenas treze diretrizes e quinze temas, divididos em cinco eixos, além da estratégia nacional de defesa. Na parte tática, os programas construídos a partir de problemas, cada um com apenas um objetivo e uma meta.

Na sua dimensão estratégica, o PPA está organizado em torno de cinco eixos (social, econômico, ambiental, institucional e infraestrutura), utilizando-se da classificação já utilizada no documento da Endes. Isso garantiria uma ligação entre o longo e o médio prazos. Ainda, foi adicionado no decorrer do processo de elaboração um sexto eixo, com o objetivo de explicitar a estratégia nacional de defesa. Além dos classificadores, são apresentadas treze diretrizes, que são definidas como as

> orientações prioritárias do novo governo, alinhadas aos objetivos a serem alcançados durante a vigência do novo PPA. Por sua vez, os temas são relacionados à nova estrutura institucional ou organizacional do governo, correspondendo às principais áreas setoriais mobilizadas para o alcance dos objetivos propostos (Brasil, 2019b, p. 19).

Pode-se perceber que apenas as diretrizes orientam a programação, enquanto eixos e temas apenas têm a função de classificadores.

Todos os programas estão relacionados a apenas uma diretriz. A seguir, serão arroladas as treze diretrizes, enquanto essa relação com os programas será apresentada no apêndice deste documento. Importante destacar aqui a lacuna no que concerne à diretriz II, que não está relacionada a nenhum programa, enquanto a diretriz I, que diz respeito à melhoria de gestão e redução da estrutura administrativa do Estado, está vinculada apenas ao programa de Justiça:

Art. 3º São diretrizes do PPA 2020-2023:

I - o aprimoramento da governança, da modernização do Estado e da gestão pública federal, com eficiência administrativa, transparência da ação estatal, digitalização de serviços governamentais e redução da estrutura administrativa do Estado;

II - a articulação e a coordenação com os entes federativos, combinados:

a) processos de relacionamento formal, por meio da celebração de contratos ou convênios, que envolvam a transferência de recursos e responsabilidades; e

b) mecanismos de monitoramento e avaliação;

III - a intensificação do combate à corrupção, à violência e ao crime organizado;

IV - a valorização da liberdade individual e da cidadania, com foco no amparo à família;

V - a dedicação prioritária à qualidade da educação básica e à preparação para o mercado de trabalho;

VI - a ampliação da cobertura e da resolutividade da atenção básica de saúde e o fortalecimento da integração entre os serviços de saúde;

VII - a ênfase na geração de oportunidades e de estímulos à inserção no mercado de trabalho;

VIII - a promoção do uso sustentável e eficiente de recursos naturais, considerados os custos e os benefícios ambientais;

IX - o compromisso absoluto com a solvência e o equilíbrio fiscais, com vistas à reinserir o Brasil entre os países com grau de investimento;

X - a simplificação do sistema tributário, a melhoria do ambiente de negócios, o estímulo à concorrência e a maior abertura da economia nacional ao comércio exterior;

XI - a eficiência da ação do setor público, com a valorização da ciência e tecnologia e redução da ingerência do Estado na economia;

XII - a ampliação do investimento privado em infraestrutura, orientado pela associação entre planejamento de longo prazo e redução da insegurança jurídica; e

XIII - o desenvolvimento das capacidades e das condições necessárias à promoção da soberania e dos interesses nacionais, consideradas as vertentes de defesa nacional, as relações exteriores e a segurança institucional (Brasil, 2019c, art. 3º).

O gráfico 1 apresenta a distribuição dos programas por diretrizes do PPA.

Gráfico 1. Distribuição de programas por diretriz do PPA 2020-2023

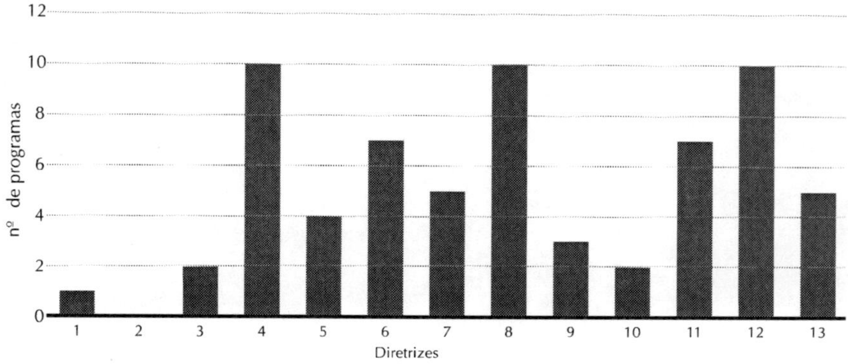

Elaboração dos autores.

Na parte tática, de um total de 303 objetivos e 1.132 metas, agrupados em um conjunto de 54 programas temáticos, para o período 2016-2019, o PPA 2020-2023 resume toda a ação do governo em 66 programas, com o mesmo número de objetivos e metas. Se, de um lado, o esforço de síntese poderia representar um PPA mais estratégico, de outro lado, a redução dos elementos do plano não apenas diminui a transparência da ação governamental referente ao Congresso e à sociedade, mas também dificulta a explicitação e, consequentemente, a gestão das agendas transversais e multissetoriais governamentais.

Vale dizer que a retomada do modelo lógico e a identificação dos problemas objetos de atenção de cada programa implica que todas as ações orçamentárias finalísticas sejam vinculadas aos objetivos do programa, contribuindo para a meta estabelecida. Nessa linha, as 66 metas deveriam expressar os resultados de toda a ação do governo, e não apenas das suas prioridades – exceção feita às ações orçamentárias elencadas aos programas de gestão. Da mesma forma, a apresentação de diretrizes, objetivos e metas regionalizadas, conforme preconiza a Constituição, também ficou muito limitada. Apenas onze programas (pouco mais de 15% do total) têm metas regionalizadas, contemplando apenas cinco diretrizes, sendo que seis no eixo econômico, três no eixo social, um na área ambiental e outro no eixo institucional. Considerando-se as treze diretrizes do PPA, oito não têm qualquer regionalização.

O quadro 2, a seguir, apresenta os programas com regionalização.

Quadro 2. Programas regionalizados: PPA 2020-2023

Eixo	Diretriz	Programa
Social	05 - Priorização na qualidade da educação básica e na preparação para o mercado de trabalho	Educação Superior (graduação, pós-graduação, ensino, pesquisa e extensão)
Econômico	07 - Ênfase na geração de oportunidades e em estímulos à inserção no mercado de trabalho	A Hora do Turismo
Social	07 - Ênfase na geração de oportunidades e em estímulos à inserção no mercado de trabalho	Inclusão Produtiva de Pessoas em Situação de Vulnerabilidade Social
Social	07 - Ênfase na geração de oportunidades e em estímulos à inserção no mercado de trabalho	Segurança Alimentar e Nutricional
Ambiental	08 - Promoção do uso sustentável e eficiente dos recursos naturais, considerando-se custos e benefícios ambientais	Governança Fundiária
Econômico	08 - Promoção do uso sustentável e eficiente dos recursos naturais, considerando-se custos e benefícios ambientais	Gestão de Riscos e Desastres (defesa civil)
Econômico	08 - Promoção do uso sustentável e eficiente dos recursos naturais, considerando-se custos e benefícios ambientais	Saneamento Básico
Econômico	11 - Eficiência da ação do setor público com valorização da ciência e tecnologia e redução do papel do Estado na economia	Conecta Brasil
Econômico	12 - Ampliação do investimento privado em infraestrutura orientado pelo planejamento de longo prazo, associado à redução da insegurança jurídica	Desenvolvimento Regional, Territorial e Urbano
Econômico	12 - Ampliação do investimento privado em infraestrutura orientado pelo planejamento de longo prazo, associado à redução da insegurança jurídica	Mobilidade Urbana
Institucional	12 - Ampliação do investimento privado em infraestrutura orientado pelo planejamento de longo prazo, associado à redução da insegurança jurídica	Proteção Jurídica da União

Elaboração dos autores.

Do ponto de vista do realismo fiscal, a proposta é que os cenários fiscais do PPA sejam objetos de atualizações periódicas, mantendo a compatibilidade com a LDO e a LOA. Da mesma forma, incorporando os preceitos do Novo Regime Fiscal, a proposta indicava que o PPA faria a previsão dos gastos orçamentários em consonância com o teto de gastos para todo o período do plano, com a indicação de tetos setoriais. Todavia, o próprio MT-PPA indicava que caberia à Secretaria de Orçamento Federal, e não à secretaria que detinha as atribuições de planejamento, a definição desses valores. Além disso, os dados orçamentários no PPA foram apresentados em separado para 2020 e agregados para o período 2021-2023. Assim, não é possível confirmar que a perspectiva fiscal assumida pelo plano tenha capacidade de orientar o orçamento, sendo a hipótese mais provável é que os referenciais monetários construídos pela própria SOF tenham se constituído em parâmetros para a definição das metas do PPA.

Ademais, vale pontuar o patrocínio do Poder Executivo à Proposta de Emenda à Constituição (PEC) 98/2019, que propunha, entre outros aspectos, a exclusão do § 1º do art. 167 da CF/1988, que estabelece que "nenhum investimento cuja execução ultrapasse um exercício financeiro poderá ser iniciado sem prévia inclusão no Plano Plurianual, ou sem lei que autorize a inclusão, sob pena de crime de responsabilidade" (Brasil, 1988, § 1º, art. 167). A questão central aqui é que a retirada dos investimentos plurianuais do PPA o fragiliza na função de orientação do orçamento, dado que as discussões sobre os principais projetos de investimento deixam de constar entre as referências do PPA, não mais sendo esses projetos relacionados ao conjunto das outras iniciativas e vinculados aos objetivos de médio prazo.

O relator da PEC no Senado Federal, senador Cid Gomes, reconheceu as ameaças que esse mecanismo representava ao instrumento e buscou uma posição intermediária. Segundo ele:

> consideramos essencial manter o mandamento constitucional atual (§ 1º do art. 167) de que todo investimento cuja execução ultrapasse um exercício financeiro poderá ser iniciado sem prévia inclusão no plano plurianual, ou sem lei que autorize a inclusão, sob pena de crime de responsabilidade. Isso porque o planejamento de médio prazo, sob encargo do plano plurianual, não pode prescindir de

> identificar os investimentos prioritários e a sua ligação com os programas e ações do governo. Sendo assim, estamos propondo apenas a suspensão temporária por quatro exercícios financeiros (vigência do próximo plano plurianual) para que os novos instrumentos propostos disponham de liberdade para serem concebidos e adaptados à prática orçamentária atual e, só após esse período, devem ser compatibilizados com as exigências do plano plurianual (Gomes, 2019, p. 6).

Em suma, a matéria aprovada no Senado acata a posição defendida pelo Poder Executivo, mas, reconhecendo os riscos, a limita apenas ao próximo plano; justamente, o PPA 2020-2023. Todavia, como isso modificava a posição aprovada na Câmara dos Deputados, a matéria retornou àquela casa e não foi aprovada até o momento do envio do plano ao Congresso. Diante disso, a estratégia do Executivo foi restringir a apresentação dos investimentos plurianuais no plano àqueles considerados prioritários. Apenas dois critérios de priorização foram apontados na Lei do PPA: aqueles cuja execução financeira havia ultrapassado 20% do custo total estimado do projeto na data de 30 de junho de 2019 e aqueles cuja previsão de término se prolongaria no máximo até 2023. Ou seja, eram critérios não relacionados à prioridade do projeto para os objetivos do governo, mas referentes ao grau de execução.

Há ainda discrepância metodológica com relação ao tratamento concedido aos investimentos das empresas estatais. Nesse caso, todos os investimentos – e não apenas os priorizados pelos critérios citados – foram incluídos no plano. No entanto, esses investimentos não foram relacionados aos programas finalísticos, como se não tivessem ligação com os objetivos das políticas públicas implementadas pelo governo. Essa dissociação intencional dos investimentos das empresas estatais dos objetivos do governo pode estar ligada à agenda de desestatização.

Assim, a integração do planejamento com a avaliação parece ser a principal aposta do novo PPA em termos de funções. O MT-PPA anunciava que programas prioritários seriam objetos de monitoramento intensivo e fortalecimento da avaliação, citando o Conselho de Monitoramento e Avaliação das Políticas Públicas (CMAP) como instituição de referência. No entanto, o PL do PPA estabeleceu termos muito vagos para o tema, que seria central para fortalecer a função do plano ligada à avaliação de políticas públicas. Segundo a norma apresentada, o Poder Executivo federal realizará avaliações de políticas públicas financiadas por gastos diretos e subsídios da União, selecionadas anualmente a partir dos programas contidos no PPA 2020-2023. Não há indicação de quantos programas ou políticas serão objetos de avaliação por ano ou até mesmo em todo o período de vigência do plano, deixando ainda para regulamento próprio do Executivo a indicação dos critérios para escolha das políticas que seriam analisadas. Ademais, não há qualquer previsão de avaliação sistemática ou revisão do PPA.

A partir da aprovação do PL, o governo poderá proceder uma série de alterações do PPA apenas comunicando ao Congresso Nacional. São alterações destinadas a adequar o plano às leis orçamentárias anuais e às leis de crédito adicional, que permitirão a alteração de valor global do programa, a adequação de vinculação entre ações e programas, assim como a revisão ou atualização de metas e investimentos plurianuais. Da mesma forma, a alteração de metas também poderia ser feita sem nova proposição legislativa, bem como a alteração de valores dos programas devido a alterações de valores referentes a recursos não orçamentários ou o valor de subsídios e gasto direto. O plano, portanto, ajusta-se constantemente ao orçamento, sem qualquer comando no sentido contrário.

Por fim, a proposta apresenta o PPA como instrumento de planejamento e gestão, orientando o plano para resultados. Segundo o MT-PPA, "cabe ao PPA zelar pela qualidade do desenho dos programas de governo, de forma que viabilizem a consecução das diretrizes, dos objetivos e das metas de governo e rigor técnico, apoiando as escolhas políticas" (Brasil, 2019a, p. 33). Essa linha embasa a retomada do modelo lógico como metodologia de elaboração dos programas, com a abordagem de planejamento por problemas, favorecendo também a função de avaliação.

No entanto, é possível apontar alguns problemas na implementação dessa metodologia. Em primeiro lugar, a escolha técnica do ME de definir os resultados dos programas a partir apenas de um indicador e uma meta não encontra respaldo na metodologia do modelo lógico. Isso limita a compreensão sobre os resultados a serem alcançados pelo conjunto das ações do programa, dado que a situação-problema a que se destina enfrentar é geralmente descrita a partir de uma série de dados e indicadores que se complementam.

Em segundo lugar, ainda que seja uma metodologia de planejamento bastante conhecida, seu resgate para aplicação no PPA não é livre de uma curva de aprendizado. Assim, a aplicação da metodologia não foi homogênea, tanto do ponto de vista dos programas elencados quanto das metas indicadas. Nessa linha, nota técnica assinada pelas consultorias de orçamento da Câmara dos Deputados e do Senado Federal indica ter identificado no plano programas que não teriam caráter finalístico, como o programa de segurança institucional, que teria o caráter de serviço de apoio ao Estado (Brasil, 2019b). O Tribunal de Contas da União, analisando 29 dos 66 programas, também identificou oito com problemas (TCU, 2019).

Com relação às metas, segundo a metodologia proposta, esperava-se que fossem adotados indicadores de resultados para "aferir o grau em que o Programa se mostrou capaz de cumprir o objetivo almejado." Conforme definição do guia de análise *ex ante* do governo federal para avaliação de políticas públicas, "indicadores de resultados de médio e longo prazo atestam em que medida as metas e os objetivos finais da política estão sendo alcançados" (Brasil e Ipea, 2018, p. 102)..

A estruturação do PPA voltado para o atingimento de resultados seria elemento importante para sua função de orientação do orçamento. Todavia, como vimos, são os valores do orçamento que orientam a definição dos valores das metas do plano. Em outro PPA, a indicação dos objetivos, a partir da identificação dos problemas, definiria – com a aplicação do modelo lógico – as ações orçamentárias a serem implementadas.

Esse, portanto, é um elemento-chave da metodologia. Assim, é preciso avaliar com maior acuidade se as metas definidas na proposta do PPA 2020-2023 indicam, de fato, resultados relacionados aos objetivos de cada um dos programas. Para tanto, as metas dos programas foram classificadas em metas de processo, produtos e resultados. Esse processo não envolveu análise de mérito a respeito das metas propostas, nem a relação com elementos não formais do plano, como os problemas identificados para cada programa.

Metas que expressam o esforço do governo foram classificadas como metas de processo. Concluir ou realizar ações, fortalecer diálogos e promover acesso a serviços são exemplos de anúncios de metas classificados como processos. No que tange a metas de produtos, foram identificadas a partir de entregas governamentais ou produtos de ações, como adquirir 100% dos medicamentos, atender a determinada quantidade de munícipios ou atingir certo número de beneficiários. Nessa linha, foi possível identificar onze metas relacionadas a processos e quatorze metas concernentes a produtos, alcançando 38% do total das metas que não se referem a resultados. As 25 metas foram objetos de segunda checagem entre cinco especialistas, que analisaram, cada um, cinco metas distintas, e foi confirmada sua classificação como metas que não se referiam a resultados (*outcomes*) referentes ao objetivo do programa para 24 dos casos selecionados. Esse, portanto, pode ser considerado um conjunto mínimo, dado que outras metas que foram consideradas como de resultados podem ter interpretação diversa.

A análise dos resultados a partir dos eixos do plano revela as áreas que têm maior direcionalidade para o atingimento de resultados. Por essa ótica, 100% dos seis programas classificados no eixo de infraestrutura têm metas de resultados, da mesma forma que 80% dos programas do eixo institucional ou 77% dos programas do eixo econômico. Por sua vez, 42% dos programas da área ambiental, 75% dos programas relacionados à estratégia de defesa e 55% dos programas do eixo social não apresentam metas de resultados. O gráfico 2 ilustra esses resultados.

Gráfico 2. Programas e metas de resultado por eixo do PPA 2020-2023

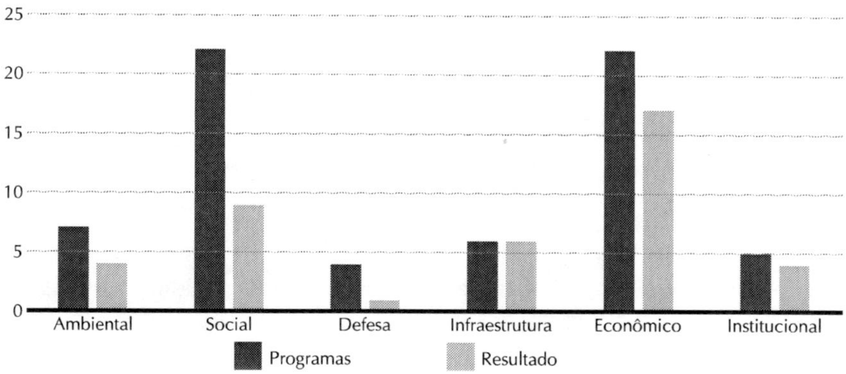

Elaboração dos autores.

No caso da área ambiental, as hipóteses quanto à retomada da metodologia e as dificuldades técnicas de resumir os resultados de um programa a apenas uma meta parece não ser suficiente para justificar o desequilíbrio. Com indicadores e metas consolidados e referências de acordos internacionais do país, deu-se uma escolha política de não apresentar metas de resultados para os programas da área.

A retomada do modelo lógico também implicaria uma revisão das ações orçamentárias, ainda que estas não componham o PPA. As ações devem ser desenhadas para enfrentar as causas do problema sobre o qual o programa deve agir. Nesse ponto, as consultorias de orçamento da Câmara dos Deputados e do Senado Federal apontaram, em nota técnica conjunta, que

> não nos parece que as ações orçamentárias tenham sido revistas ou exaustivamente validadas com esse propósito, dada a magnitude das alterações nos programas. Ou seja, para cada problema que os programas finalísticos identificaram, as ações orçamentárias da LOA devem ser suficientes para o alcance dos respectivos objetivos e metas. Se há descompasso entre a estrutura programática e as diretrizes estratégicas, em bem menor número, quanto mais na consistência interna dos próprios programas (Brasil, 2019b, p. 19).

A proposta de orçamento para 2020 contempla 812 ações relacionadas apenas aos programas finalísticos, das quais somente 73 são ações novas, 9% do total. Essas ações representam tímidos 0,97% do valor orçamentário dos programas finalísticos e quase 14% do valor das despesas discricionárias – que respondem por menos de 7% do total das despesas primárias. As ações novas estão concentradas em 33 programas – ou seja, metade dos programas não teve qualquer ação nova com a aplicação do modelo lógico.

Embora não tenha força legal, a mensagem presidencial que encaminha o PPA ao Congresso Nacional explicita uma prioridade para o período do plano, relacionado à primeira infância. São cinco os programas citados no documento que espelhariam essa prioridade: Atenção Integral à Primeira Infância; Proteção, Promoção e Recuperação da Saúde Indígena; Promoção à Cidadania; Segurança Alimentar e Nutricional; e Proteção Social no Âmbito do Sistema Único de Assistência Social (Suas). Para esse conjunto de programas que dialogam diretamente com a prioridade enunciada, há apenas uma ação nova para o orçamento de 2020, a ação 15UG – Implantação, Instalação e Modernização de Estações Cidadania.

A prioridade não se verifica do ponto de vista orçamentário. Considerando-se as 23 ações dos programas, não há crescimento real entre a atual dotação e a prevista para 2020. Sem somar os valores de programações condicionadas à aprovação do Congresso que autorize o Poder Executivo a quebrar a regra de ouro a qual impede que operações de crédito excedam os gastos em capital, há perda nominal da ordem de 707,8 milhões de reais, de um total de 63,57 bilhões de reais em 2019. Contabilizando-se as programações condicionadas, o valor para 2020 ultrapassa em 0,5% o referente à 2019.

Vale destacar que, entre as ações desses programas, estão incluídas as que financiam o Benefício de Prestação Continuada (BPC), para idosos e pessoas com deficiência. Essas ações representam cerca de 95% do orçamento dos cinco programas para 2020. Excluindo-se o BPC, a dotação orçamentária para 2020 para o conjunto dos programas representa 62,17% da programação de 2019, ou 86,12%, se se contabilizar as programações condicionadas.

Com relação apenas ao programa Atenção Integral à Primeira Infância, este dispõe de duas ações: 20TR – Apoio Financeiro Suplementar à Manutenção da Educação Infantil; e 217M – Desenvolvimento Integral na Primeira Infância – Criança Feliz. A primeira está orçada para 2020 com o mesmo valor nominal que a dotação prevista para 2019, de 7,32 milhões de reais. A ação do Criança Feliz tem orçamento previsto para 2020 de 362,325 milhões de reais, menor do que o previsto no PL do orçamento de 2019, de 377,325 milhões de reais, e também 5 milhões de reais a menos que a dotação atual dessa ação – que ainda teve emenda individual de 200 mil reais. Ou seja, não apenas o atual governo diminuiu a dotação da ação ao longo do ano, como também garantiu para o primeiro ano do PPA um valor menor do que o atual.

Por sua vez, a proposta orçamentária de 2020 contempla mais 155 milhões de reais para a mesma ação com programação condicionada, o que, somando as duas ações, perfazem 524,645 milhões de reais para 2020. Em contradição, o PPA indica para os três anos subsequentes, entre 2021 e 2023, um valor total de 1,07 milhão, o que representaria, em média, cerca 358 milhões de reaispor ano, para as duas ações do programa, abaixo da dotação atual e da provisão garantida para 2020. A tabela 2 traz os dados a respeito da programação relacionada à prioridade da primeira infância.

Tabela 2. Programação: primeira infância – PPA 2020-2023

Programas	Quantidade de ações	Valor – 2019 (R$ mil)	Valor – 2020 (R$ mil)	Progamação condicionada – 2020 (R$ mil)	2021-2023 (R$ mil)
5024 - Atenção integral à primeira infância	2	374.845	369.645	155.000	1.074.960
5033 - Segurança Alimentar e Nutricional	8	485.536	243.798	92.480	984.352
5022 - Proteção, Promoção e Recuperação da Saúde Indígena	2	1.499.250	1.029.000	411.000	4.460.642
5031 - Proteção Social no Âmbito do Sistema Único de Assistência Social	10	61.212.526	61.213.867	371.131	203.543.484
5030 - Promoção da Cidadania	1		8.000		300.000
Total	**23**	**63.572.157**	**62.864.310**	**1.029.611**	**210.363.438**

Elaboração dos autores.
Nota: [1] Considera apenas valores orçamentários.

Diante do exposto, a orientação do plano ao orçamento mostra-se frágil, apesar do resgate da abordagem do planejamento por problemas, com o uso do modelo lógico para a definição dos programas e seu alinhamento com a função de avaliação que foi atribuída ao PPA 2020-2023. A simplificação metodológica foi ao extremo, ao ponto de contrapor-se à aplicação do modelo lógico e ser referência para a avaliação, outros dois pilares do plano. Da mesma forma, com referência ao maior realismo fiscal, além de não trazer novidades ao processo, culminou ainda com maior esvaziamento do PPA, com a limitação do detalhamento dos investimentos plurianuais.

Ainda assim, houve espaço para avanços. A retomada do modelo lógico na construção dos programas deve ser valorizada, bem como a referência que os espaços centrais de avaliação de políticas públicas passam a ter para o PPA. De todo modo, para que as mudanças sejam efetivas, seria preciso aprimorar tanto esses processos de avaliação quanto o desenho dos programas, incluindo-se a revisão das ações orçamentárias. Apenas estruturando planejamento e orçamento em um mesmo macroprocesso integrado é que o PPA poderá cumprir sua missão constitucional.[12]

Lei 13.971/2019: aprovação e vetos

A tramitação do PL do PPA no Congresso Nacional implicou algumas modificações com relação ao texto originalmente apresentado pelo Executivo, promulgadas na Lei 13.971, de 27 de dezembro de 2019, que institui o Plano Plurianual para o período 2020-2023. As treze diretrizes iniciais sofreram modificação de redação; a maioria das quais enfatizando um aspecto específico do setor, enquanto outras sete diretrizes foram adicionadas, sendo que uma destas acabaria sendo vetada pelo atual presidente, a que indicava a persecução das metas dos ODS/ONU.

As diretrizes incluídas pelo Congresso e sancionadas pelo Executivo foram:

- a busca contínua pelo aprimoramento da qualidade do gasto público, por meio da adoção de indicadores e metas que possibilitem a mensuração da eficácia das políticas públicas;
- o combate à fome, à miséria e às desigualdades sociais;
- o fomento à pesquisa científica e tecnológica, com foco no atendimento à saúde, inclusive para prevenção e tratamento de doenças raras;

[12] A rigor, o PPA vem sendo normatizado e institucionalizado por arranjos e carreiras burocráticas criadas para serem especializadas em temas de planejamento e orçamento (analista de planejamento e orçamento – APO), finanças e controle (analista de finanças e controle – AFC, posteriormente renomeada para auditor federal de finanças e controle – AFFC), gestão governamental (especialista em políticas públicas e gestão governamental – EPPGG) e pesquisa e avaliação (técnico de planejamento e pesquisa – TPP), entre outras. Nesse sentido, os problemas e os debates em torno do planejamento governamental derivam também dessa diversidade. Em particular, haveria de considerar-se e integrar as auditorias operacionais da função controle e as avaliações de desenho, implementação, resultados e impactos, como funções intrínsecas e etapas necessárias a um ciclo mais completo de retroalimentação entre as funções planejamento governamental, gestão, controle e orçamento público. Como tal discussão – por ampla e complexa que é – extrapola os limites deste texto, remetemos os leitores para as seguintes coletâneas que tratam mais amiúde desses temas e dessas intersecções: Cardoso Junior e Pires (2011), Cardoso Junior (2015), entre outras fontes relevantes publicadas, fundamentalmente, pelo IPEA, pela Escola Nacional de Administração Pública (Enap) e pela Associação Nacional dos Servidores da Carreira de Planejamento e Orçamento (Assecor), esta última por meio da Revista Brasileira de Planejamento e Orçamento (RBPO).

- a ampliação e a orientação do investimento público, com ênfase no provimento de infraestrutura e na sua manutenção;
- a ênfase no desenvolvimento urbano sustentável, com a utilização do conceito de cidades inteligentes e o fomento aos negócios de impacto social e ambiental; e
- o estímulo ao empreendedorismo, por meio da facilitação ao crédito para o setor produtivo, da concessão de incentivos e benefícios fiscais e da redução de entraves burocráticos.

Além disso, foram criados outros quatro programas finalísticos no Congresso Nacional, sendo dois na área de educação, com focos em educação infantil e educação especial, um para prevenção e controle de desmatamento e incêndios, e um com foco na proteção e promoção dos direitos dos povos indígenas. Os novos programas contemplavam agendas políticas sensíveis para o governo, sendo apresentadas metas de redução de desmatamento e incêndios ilegais em 90%; e atendimento de 100% das comunidades indígenas, além de – para os programas da área de educação – metas relacionadas ao Plano Nacional de Educação (PNE).

Todavia, nenhum dos programas criados foi vinculado às novas diretrizes propostas pelo Legislativo. Assim, as novas diretrizes não terão ligação direta com a dimensão tática do PPA. Da mesma forma, foram realizadas alterações de metas em dezenove programas, entre os quais apenas um programa sofreu redução da meta proposta (Nova Previdência, cuja meta de melhoria do índice de qualidade previdenciária, com linha de base de 58,33, foi reduzida de 71,6 para 67,40).

Além disso, dois outros programas tiveram novas metas. O programa Mudança do Clima não apresentava meta de resultado e tampouco havia sido quantificada pelo Executivo, indicando apenas a realização de *políticas, ações e medidas para enfrentamento da mudança do clima e dos seus efeitos implementadas*, passou a ter uma meta de *reduzir as emissões de gases de efeito estufa em 30% abaixo dos níveis de 2005*. Para o programa Energia Elétrica, a meta que era de *manter o índice de abastecimento de energia elétrica entre 1,00 e 1,20* foi alterada para *manter em 100% o índice de expansão da geração*.

Essas novas metas, bem como as metas dos programas novos, não representam qualquer constrangimento ao Poder Executivo, dado que, conforme aprovada, a Lei do PPA permite que esse poder altere as metas sem necessidade de aprovação do Congresso. Assim, ainda que tenha havido alteração em 21 metas das 66 propostas pelo Executivo, apenas nove programas tiveram valores alterados. Em alguns casos, aumentou-se a meta, mas diminuíram-se os valores totais do programa. A seguir, o quadro 3 apresenta os programas que sofreram alterações com relação à proposta do Executivo.

Quadro 3. Alterações do Legislativo nos programas do PPA

Programa	Alteração		
	Meta	Valores 2020	Valores 2021-2023
1041 - Conservação e Uso Sustentável da Biodiversidade e dos Recursos Naturais		Reduz	Reduz
1058 - Mudança do Clima	Nova	Reduz	Reduz
2203 - Pesquisa e Inovação Agropecuária			Amplia
2204 - Brasil na Fronteira do Conhecimento	Amplia		
2208 - Tecnologias Aplicadas, Inovação e Desenvolvimento Sustentável	Ampla		
2214 - Nova Previdência	Reduz		
2215 - Política Econômica e Equilíbrio Fiscal	Amplia		
2219 - Mobilidade Urbana	Amplia		
2220 - Moradia Digna	Amplia		
2221 - Recursos Hídricos	Amplia		
2222 -Saneamento Básico	Amplia	Amplia	Amplia
2223 - A Hora do Turismo	Amplia		
3001 - Energia Elétrica	Nova		
3002 - Geologia, Mineração e Transformação Mineral	Amplia		
3003 - Petróleo, Gás, Derivados e Biocombustíveis	Amplia		
4003 - Garantia de Estabilidade Monetária e Financeira			Amplia
4005 - Proteção Jurídica da União	Amplia		
5011 - Educação Básica de Qualidade	Amplia		Reduz
5012 - Educação Profissional e Tecnológica	Amplia		
5013 - Educação Superior	Amplia		
5016 - Segurança Pública, Combate à Corrupção, ao Crime Organizado e ao Crime Violento	Amplia		Reduz
5022 - Proteção, Promoção e Recuperação da Saúde Indígena	Amplia		
5024 - Atenção Integral à Primeira Infância			Amplia

Programa	Alteração		
	Meta	Valores 2020	Valores 2021-2023
5025 - Cultura	Amplia		
5026 - Esporte	Amplia		
5034 - Proteção à Vida, Fortalecimento da Família, Promoção e Defesa dos Direitos Humanos para Todos		Reduz	

Elaboração dos autores.

O programa Saneamento Básico é o único que a proposta de ampliação da meta é acompanhada por ampliação de recursos para 2020 e o período 2021-2023. Nos dois programas relativos ao meio ambiente que foram alterados, o Congresso reduziu os valores para os dois períodos, ainda que tenha proposto meta mais adequada para o programa Mudança do Clima. Na maioria dos casos, no entanto, há ampliação de meta sem qualquer rebatimento em termos de recursos. Ademais, em dois programas, há ainda movimento contrário, de ampliação de metas e redução dos valores dos programas.

No primeiro caso, o programa de educação básica apresentava a meta – segundo proposta do governo – de atingir 5,59 no Índice de Desenvolvimento da Educação Básica (Ideb) Sintético, meta que passou para 6,00 depois das discussões do Congresso, com redução de 25% dos recursos para o período 2021-2023. No programa de segurança pública, ainda é mais evidente o descompasso: a meta, que não é de resultado, passou de realizar 20 mil operações para 40 mil operações de combate à criminalidade; aumento de 100%, tendo havido pequena redução nos valores destinados ao período de 2021-2023.

Assim, a manutenção na Lei do PPA do dispositivo que permite ao Executivo alterar as metas sem aprovação do Congresso Nacional torna esse esforço inócuo, do ponto de vista do planejamento tático do governo, ainda que o debate público perante à sociedade seja relevante. Nessa linha, entende-se como positiva a introdução, durante a tramitação na casa, de dispositivo que obriga o governo ao envio de relatório anual sobre todas as metas e programas do PPA ao Legislativo, bem como a realização de audiência pública para apresentação dos resultados no intervalo de trinta dias após o envio dos relatórios.

Do ponto de vista da política fiscal, o Congresso foi mais audacioso que o Executivo. No programa de política econômica e equilíbrio fiscal, a meta de alcançar resultado primário superavitário foi antecipada de 2023 para 2022.

No corpo da lei, introduz parágrafo que explicita que os investimentos prioritários elencados no PPA estão condicionados ao espaço fiscal em atendimento aos ditames da EC 95/2016. Ainda, insere um artigo recuperando o conceito de projeto de grande vulto – presente em PPAs anteriores –, destacando a necessidade de serem apresentados em contas orçamentárias específicas; ainda estabelece que, a partir de 2021, apenas poderão ser executados aqueles projetos que constarem de registro centralizado de projetos, mediante prévio atesto de viabilidade técnica e socioeconômica, reforçando a perspectiva de análise *ex ante* dos projetos e a função de avaliação relacionada ao PPA.

Considerações finais

O Plano Plurianual assumiu diferentes funções concernentes ao planejamento governamental, principalmente após o PPA 2000-2003. É importante, todavia, não reduzir o planejamento governamental a esse específico instrumento. Assim, reconhecer falhas no plano não indica necessariamente que seja possível expandir essa crítica ao planejamento governamental.

Feita essa ressalva, a evolução dos PPAs, considerando-se funções e abordagens distintas que assumiram no decorrer do tempo, revela que esses planos foram se afastando da sua missão constitucional de orientar o orçamento, mas devido a não apenas o formato do próprio plano, como também dos demais instrumentos que compõem o arranjo de governança orçamentária do país. Nesse aspecto, a LRF conferiu importantes funções à LDO, inclusive no tocante à avaliação das políticas públicas, que restringiram o PPA.

Ainda assim, enquanto adotou abordagem de planejamento por problemas, com identificação e gestão de investimentos e programas prioritários, o PPA teve mais incidência sobre o orçamento. A partir de 2004 e, principalmente, no PPA 2008-2011, essa característica foi se perdendo, em detrimento de outros arranjos de gestão de prioridade – notadamente, o PAC, que constituíam ritos próprios de planejamento e gestão.

Com isso, foi preciso reinventar o instrumento, relacionando-o a outras funções. O PPA 2012-2015 abandona a abordagem de planejamento por problemas e adota perspectiva de classificação temática, mas permite, entretanto, gestão de agendas transversais e aprimoramento da participação social. Todavia, isso não é suficiente para orientar o orçamento, ainda que o novo formato possa ter influenciado – ou tornado possível – rearranjo do orçamento, com aglutinação de ações e flexibilização do gasto, a partir da criação dos planos orçamentários.

O PPA 2020-2023 representa uma nova tentativa de reformulação do plano, retomando a perspectiva de planejamento por problemas, bem como reforçando a ideia de investimentos prioritários e avaliação de políticas públicas. Todavia, a experiência ainda tem limitações importantes, seja por escolhas técnicas, políticas ou até mesmo dificuldades relacionadas às capacidades das equipes ministeriais de aplicar a nova metodologia, dado o processo expresso de elaboração.

Assim, seria preciso buscar seu aprimoramento, ainda na fase de discussão no Congresso ou durante sua implementação, para que pudesse ter qualquer impacto nas decisões alocativas de curto prazo. Para tanto, seria necessário considerar vários elementos da governança orçamentária, com todos os seus instrumentos, atores e interesses, para que o PPA pudesse cumprir sua missão constitucional.

Esse movimento exige compreender de forma mais abrangente o processo de governança orçamentária. Se, de um lado, o PPA mudou muito ao longo dos últimos anos, conforme visto, o processo orçamentário também sofreu alterações. Apenas na última década, houve agregação das ações orçamentárias que conferem maior flexibilidade ao gasto público, enquanto se consolidou a impositividade de emendas individuais e, mais recentemente, de bancada. Instituiu-se um novo regime fiscal, que condiciona o crescimento das despesas à inflação. Defende-se a necessidade de considerar os dois instrumentos em arranjo único de planejamento e orçamento, e buscar soluções conjugadas que contribuam para que decisões alocativas de curto prazo sejam orientadas por um plano de médio e longo prazo para o país.[13]

[13] Nesse particular, é preciso lembrar que, entre 2003 e 2013, basicamente, houve tentativas de fortalecimento do PPA como ferramenta do planejamento governamental, com mudanças conceituais e metodológicas promissoras, mas incapazes de romper os dogmas já cristalizados e anteriormente apontados. De todo modo, movido pelos imperativos de um crescimento econômico, algo maior naquela década, pôde-se demonstrar na prática que a expansão das políticas públicas poderia capitanear movimentos de expansão conceitual e operativa das finanças públicas para além da lógica liberal do orçamento equilibrado. Isso

Novamente, não se deve desconsiderar que o planejamento pode ser desenvolvido em diferentes escaninhos do governo e traduzido em diferentes instrumentos que impactem o orçamento. Todavia, o PPA tem a particularidade de reunir o conjunto de políticas públicas dos mais variados setores, com a possibilidade de promover integração entre estes, reforçando agendas intersetoriais e mediando possíveis conflitos entre setores com distintas perspectivas. Dificilmente o planejamento setorial isoladamente seria capaz de construir uma visão mais complexa sobre o problema da atenção integral à primeira infância, por exemplo.

No entanto, o caminho proposto pelo atual governo parece trilhar direção oposta. Não apenas tentou esvaziar o PPA, com a retirada da obrigatoriedade

---

se deu por meio de utilização mais intensiva das fontes não orçamentárias de financiamento dos gastos públicos, sobretudo a ativação do crédito público – que, na prática, é uma antecipação de poder de compra ainda não existente como poupança prévia disponível –, via maior protagonismo dos bancos públicos (Banco Nacional de Desenvolvimento Econômico e Social – BNDES, BB, Caixa Econômica Federal – Caixa, Banco do Nordeste do Brasil – BNB e Banco da Amazônia – Basa), das empresas estatais (Petrobras, Eletrobras etc.), dos fundos públicos (Fundo de Amparo ao Trabalhador – FAT; Fundo de Garantia do Tempo de Serviço (FGTS); Fundo Constitucional do Norte – FNO; Fundo Constitucional de Financiamento do Nordeste – FNE; Fundo Constitucional de Financiamento do Centro-Oeste (FNO); e fundos setoriais operados pela Financiadora de Estudos e Projetos (Finep), pelo Conselho Nacional de Desenvolvimento Científico e Tecnológico – CNPq, pela Coordenação de Aperfeiçoamento de Pessoal de Nível Superior – Capes etc.) e até mesmo dos fundos de pensão atrelados aos bancos públicos e empresas estatais, que, embora entidades de direito privado, possuem seu *funding* principal originário de massa de renda de origem pública e, por isso, podem e costumam operar sob influência ou orientação geral do governo federal ou sob objetivos gerais de determinadas políticas públicas; não apenas, portanto, segundo sinais típicos e exclusivos de mercado. Assim sendo, se e quando todas as fontes possíveis de financiamento de uma economia aberta e complexa como a brasileira forem levadas em consideração, tanto o escopo como o potencial realizador do PPA estarão postos muito além do orçamento prévio disponível, e muito além do horizonte restrito de quatro anos para sua concretização. No que toca especificamente ao orçamento, há duas condições de realização: i) é preciso elevar o nível de agregação das unidades mínimas de execução do gasto público, idealmente para o plano estratégico dos objetivos ou das metas do PPA; e ii) é necessário aplicar tratamento diferenciado ao gasto público – em termos de planejamento, orçamentação, monitoramento, controle, gestão e participação –, segundo a natureza efetiva e diferenciada das despesas em questão – ou seja: se há gastos correntes intermediários para o custeio da máquina pública, o foco deveria recair sobre a contabilização anual e a eficiência; caso sejam gastos correntes finalísticos para custeio das próprias políticas públicas, sua contabilização deveria ser anual e o foco, na eficácia e na efetividade; e se há gastos propriamente em investimentos novos, a contabilização deveria ser plurianual e o foco recair sobre a eficácia e a efetividade.

da apresentação dos investimentos plurianuais, como também propôs – por meio da PEC 188/2019, apresentada em novembro – a extinção do Plano Plurianual. Nessa linha, flexibiliza e reduz as orientações constitucionais e legais ao orçamento, instituindo a possibilidade de compensação entre os mínimos constitucionais de educação e saúde, além de extinguir vários fundos públicos federais que operam com receitas vinculadas, redirecionando-os das áreas a que se destinam para pagamento da dívida pública.

É possível que esse caminho gere ainda mais instabilidade no regime de governança orçamentária. Ainda que o orçamento passe a ter caráter plurianual, a disputa pelos recursos públicos pode acentuar-se sem ao menos algumas das amarras legais que a regem, e, como consequência, os riscos de desestruturação das políticas públicas passam a ser ainda maiores. Por sua vez, instrumentos de planejamento de mais longo prazo não serão capazes de mediar esse conflito sem que sejam revistos os processos de elaboração, implementação, monitoramento, revisão e avaliação que envolvam planejamento e orçamento como partes indissociáveis de um mesmo macroprocesso.

Acredita-se que é nesse quadro que se deveriam proceder reformas mais estruturantes em instrumentos e processos de planejamento e orçamento. O peso das despesas obrigatórias no orçamento e a incapacidade do PPA de orientar as decisões alocativas são partes de um mesmo problema complexo da governança orçamentária brasileira. A possibilidade de os governos eleitos orientarem os orçamentos em sintonia com as escolhas da sociedade ganha centralidade na vivacidade democrática em tempos de perda de representatividade política.

Referências

ABRANCHES, S. *Presidencialismo de coalização*: Raízes e evolução do sistema político brasileiro. São Paulo: Companhia das Letras, 2018.

ARANTES, R. B. *et al.* Controles democráticos sobre a administração pública no Brasil: Legislativo, tribunais de contas, Judiciário e Ministério Público. *In*: LOUREIRO, M. R.; ABRUCIO, F. L.; PACHECO, R. S. (Orgs.). *Burocracia e política no Brasil*: desafios para a ordem democrática no século XXI. Rio de Janeiro: FGV, 2010.

AVELINO, D. P. Planejamento, orçamento e participação social. *In*: GIMENE, M.; COUTO, L. F. (Orgs.). *Planejamento e orçamento público no Brasil.* Brasília: Enap; Assecor, 2017.

BARCELOS, C. L. K. *Governança orçamentária e mudança institucional*: o caso da norma geral de direito financeiro – Lei n. 4.320/64. 2012. Tese (Doutorado) – Faculdade de Economia, Administração e Contabilidade, Universidade de Brasília, Brasília, 2012.

BELLUZZO, L. G.; ALMEIDA, J. G. *Depois da queda*: a economia brasileira da crise da dívida aos impasses do real. Rio de Janeiro: Civilização Brasileira, 2002.

BERCOVICI, G.; MASSONETO, L. F. *A constituição dirigente invertida*: a blindagem da constituição financeira e a agonia da constituição econômica. Coimbra: Faculdade de Direito/Universidade de Coimbra, 2006. (Boletim, v. 49).

BOURDIEU, P. *Razões práticas sobre a teoria da ação*. Campinas: Papirus, 1996.

______. *Sobre o Estado*. São Paulo: Companhia das Letras, 2014.

BRAGA, J. C. A financeirização da riqueza: a macroestrutura financeira e a nova dinâmica dos capitalismos centrais. *Economia & Sociedade*, Campinas, v. 2, n. 1, p. 25-57, 1993.

______. A financeirização global: o padrão sistêmico de riqueza do capitalismo contemporâneo. *In*: TAVARES, M. C.; FIORI, J. L. (Orgs.). *Poder e dinheiro*: uma economia política da globalização. Petrópolis: Editora Vozes, 1997.

BRASIL. Congresso Nacional. *Constituição Federal de 1988*. Brasília: Congresso Nacional, 1988.

______. Casa Civil da Presidência da República. Ipea – INSTITUTO DE PESQUISA ECONÔMICA APLICADA. *Avaliação de políticas públicas*: guia prático de análise *ex ante*. Brasília: Casa Civil/PR; Ipea, 2018. v. 1.

______. Ministério da Economia. *Manual técnico do Plano Plurianual do governo federal*. Brasília: ME, 2019a.

______. Congresso Nacional. Consultoria de Orçamentos, Fiscalização e Controle. Consultoria de Orçamento e Fiscalização Financeira. *Subsídios à apreciação do projeto de lei do Plano Plurianual para o período de 2020 a 2023*. Brasília: Congresso Nacional, 2019b. (Nota Técnica Conjunta, n. 03/2019). Disponível em: <https://bit.ly/2SuA1lN>.

______. Presidência da República. Secretaria-geral. Subchefia para Assuntos Jurídicos. Lei nº 13. 971, de 27 de dezembro de 2019. Institui o Plano Plurianual da União para o período de 2020 a 2023. Brasília: PR, 2019c. Disponível em: <https://is.gd/9wrTpb>.

CARDOSO JUNIOR, J. C. Política e planejamento no Brasil: balanço histórico e propostas ao PPA 2020-2023. *In*: CARDOSO JUNIOR, J. C. (Org.). *Planejamento Brasil século XXI*: inovação institucional e refundação administrativa. Brasília: Ipea, 2015.

______. Raízes da submissão do PPA à lógica orçamentária no Brasil pós CF-1988. *Revista Brasileira de Planejamento e Orçamento*, Brasília, n, 9, v. 1, p. 25-38, 2019.

CARDOSO JUNIOR, J. C.; MATOS, F. Elementos para a organização de um sistema federal de planejamento governamental e gestão pública no Brasil: reflexões preliminares a partir de entrevistas com dirigentes do alto escalão do governo federal em 2009. *In*: CARDOSO JUNIOR, J. C. (Org.). *A reinvenção do planejamento governamental no Brasil*. Brasília: Ipea, 2011.

CARDOSO JUNIOR, J. C; PIRES, R. Dilemas entre controle e autonomia de gestão: alternativas e possibilidades de superação. *In*: *Diálogos para o desenvolvimento*: gestão pública e desenvolvimento – desafios e perspectivas. Brasília: Ipea, 2011. v. 6.

CARDOSO JUNIOR, J. C.; SANTOS, E. V. Planejamento governamental e aparato burocrático no governo federal brasileiro: disjuntivas críticas e baixo desempenho institucional – questões para uma agenda de pesquisa e intervenção. *In*: PIRES, R. R.; LOTTA, G.; OLIVEIRA, V. E. (Orgs.). *Burocracia e políticas públicas no Brasil*: interseções analíticas. Brasília, 2018.

CARDOSO JUNIOR, J. C.; GIMENEZ, J. C.; MARACCI, D. Crescimento econômico e planejamento no brasil (2003-2010): evidências e possibilidades do ciclo recente. *In*: CARDOSO JUNIOR, J. C. (Org.). *A reinvenção do planejamento governamental no Brasil*. Brasília: Ipea, 2011.

CARDOSO JUNIOR, J. C.; SANTOS, J. C.; SANTOS, E. Planejamento governamental e aparato burocrático no governo federal brasileiro: disjuntivas críticas e baixo desempenho institucional – questões para uma agenda de pesquisa e intervenção. *In*: PIRES, R.; LOTTA, G.; OLIVEIRA, E. (Orgs.). *Burocracia e políticas públicas no Brasil*: interseções analíticas. Brasília, Ipea, 2018.

CAVALCANTE, P.; PIRES, R. *Governança pública*: construção de capacidades para a efetividade da ação governamental. Brasília: Ipea, 2018.

CAVALCANTE, P.; SILVA, R. S. Metodologias aplicadas ao estudo das instituições e do processo orçamentário na américa latina. *Planejamento e Políticas Públicas*, Brasília, n. 38, p. 37-67, jan./jun. 2012.

CONCEIÇÃO, D. N.; CONCEIÇÃO, B. N. *Finanças funcionais e as possibilidades econômicas para o Brasil em um horizonte de 20 anos*. Rio de Janeiro: Fiocruz, 2015. (Texto para Discussão, n. 10).

COUTO, L. F.; MAGALHÃES, A. Gestão de prioridades e núcleo de governo: os casos do "Brasil em Ação" e "Programa de Aceleração do Crescimento – PAC". *In*: CAVALCANTE, P.; GOMIDE, A. (Orgs.). *Coordenação governamental*: conceitos e funcionamento do núcleo de governo no Brasil. Brasília: Ipea, 2018.

CUNHA, A. Reformas na gestão pública e a reinvenção do orçamento: reflexões e perspectivas sobre o contexto brasileiro. *In*: REZENDE, F.; CUNHA, A. (Orgs.). *A reforma esquecida*: orçamento, gestão pública e desenvolvimento. São Paulo: FGV, 2013.

FORTIS, M; GASPARINI, C. E. *Plurianulidade orçamentária no Brasil*: diagnóstico, rumos e desafios. Brasília: Enap, 2017.

FÓRUM 21. *et al*. *Austeridade e retrocesso*: finanças públicas e política fiscal no Brasil. São Paulo: Fórum 21; FES; SEP; Plataforma Política Social, 2016.

GARCIA, R. C. A reorganização do processo de planejamento do governo federal: o PPA 2000-2003. *In*: CARDOSO JUNIOR, J. C.; CUNHA, A. (Orgs.). *Planejamento e avaliação de políticas públicas*. Brasília: Ipea, 2015.

GOMES, C. *Parecer legislativo do relator sobre a PEC 98/2019*. Brasília: Senado Federal, 2019. Disponível em: <https://bit.ly/314UpgW>.

LOUREIRO, M. R. *et al*. Democracia e controle da gestão pública no Brasil: avanços e desafios na atuação da CGU. *In*: MENICUCCI, T.; GONTIJO, J. (Orgs.). *Gestão e políticas públicas no cenário contemporâneo*. Rio de Janeiro: Fiocruz, 2016.

MAGALHAES, A.; COUTO, L. F. Gestão de prioridades e núcleo de governo: os casos do Brasil em Ação e do Programa de Aceleração do Crescimento *In:* CAVALCANTE, P; GOMIDE, A. (Orgs.). *O presidente e seu núcleo de governo*: a coordenação do Poder Executivo. Brasília: Ipea, 2018.

MASSONETO, L. F. *O direito financeiro no capitalismo contemporâneo*: a emergência de um novo padrão normativo. 2006. Tese (Doutorado) – Faculdade de Direito, Universidade de São Paulo, São Paulo, 2006.

MORETTI, B. *O planejamento governamental como discurso*: tensões entre política e técnica (1930-2003). 2012. Tese (Doutorado) – Departamento de Sociologia, Universidade de Brasília, Brasília, 2012.

OLIVEIRA. M. G. A construção de um sistema integrado de planejamento e orçamento no Brasil: origens, avanços e desafios. *In*: GIMENE, M.; COUTO, L. F. (Orgs.). *Planejamento e orçamento público no Brasil.* Brasília: Enap; Assecor, 2017.

PARES, A.; SILVEIRA, J. P. Gestão pública orientada para resultados no Brasil. *Revista do Serviço Público*, Brasília, v. 33, n. 4, p. 53-77, out./dez. 2002.

SANTOS, E. A. V. O confronto entre o planejamento governamental e o PPA. *In*: CARDOSO JUNIOR, J. C. (Org.). *A reinvenção do planejamento governamental no Brasil.* Brasília: Ipea, 2011.

SANTOS, E. A. V.; VENTURA, O.; NETO, R. PPA, LDO e LOA: disfunções entre o planejamento, a gestão, o orçamento e o controle. *In*: CARDOSO JUNIOR, J. C.; SANTOS, E. (Orgs.). *PPA 2012-2015*: experimentalismo institucional e resistência burocrática. Brasília: Ipea, 2015.

______. PPA, LDO e LOA: disfunções entre o planejamento, a gestão, o orçamento e o controle. *In*: CARDOSO JUNIOR. J. C. (Org.). *Administração política, planejamento governamental e gestão pública no Brasil contemporâneo*: trajetória institucional e dilemas estruturais do Estado no século XXI. São Paulo: Hucitec, 2017.

TCU – TRIBUNAL DE CONTAS DA UNIÃO. Acórdão 2.515/2019. Acompanhamento do planejamento governamental com enfoque na elaboração do PPA 2020-2023. Brasília: TCU, 2019. Disponível em: <https://is.gd/K7cJHb>.

VENTURA, O. Planejamento e gestão governamental no Brasil: conflitos entre Niti e Nyaya. *In*: CARDOSO JUNIOR, J. C. (Org.). *Planejamento Brasil século XXI*: inovação institucional e refundação administrativa. Brasília: Ipea, 2015.

BIBLIOGRAFIA COMPLEMENTAR

AMARAL, V. L. Princípios para ativação do orçamento: orçamento público, constituição e a busca por igualdade. *In*: CARDOSO JUNIOR *et al.* (Orgs.). *Planejamento governamental e finanças públicas no Brasil contemporâneo.* São Paulo: Fundação Perseu Abramo, 2017.

BORGES, A. C. S. C. *Governança orçamentária e gasto público no Brasil*: uma abordagem institucional do processo de definição da despesa em âmbito federal. 2015. Dissertação (Mestrado) – Faculdade de Economia, Administração e Contabilidade, Universidade de Brasília, Brasília, 2015.

CARDOSO JUNIOR, J. C. *Mundo do trabalho e (des)proteção social no Brasil.* Campinas: IE/Unicamp, 2013.

GOOD, D. *The politics of public money.* 2. ed. Canada: Ipac, UTP, 2014.

PAGNUSSAT, J. L. Arranjos institucionais, carreiras públicas e a capacidade de planejamento do Estado brasileiro. *In*: CARDOSO JUNIOR, J. C. (Org.). *Planejamento Brasil século XXI*: inovação institucional e refundação administrativa. Brasília: Ipea, 2015.

RODRIGUES, J. A. M. Orçamento impositivo: diferenças de perspectiva entre os poderes Legislativo e Executivo. *In*: GIMENE, M.; COUTO, L. F. (Orgs.). *Planejamento e Orçamento Público no Brasil.* Brasília: Enap; Assecor, 2017.

VENTURA, O. O jogo do orçamento. *In*: GIMENE, M.; COUTO, L. F. (Orgs.). *Planejamento e orçamento público no Brasil.* Brasília: Enap; Assecor, 2017.

WILDAVSKY, A.; CAIDEN, N. *The new politics of the budgetary process.* New York: Longman, 2004.

Apêndice A

Quadro a.1. Lista de programas diretrizes e eixos do PPA (2020-2023)

Eixo	Diretriz	Programa
Institucional	01 - Aprimoramento da governança, modernização do Estado e da gestão pública federal, com eficiência administrativa, transparência na ação estatal, digitalização dos serviços governamentais e redução do tamanho do Estado	Justiça
Institucional	03 - Intensificação do combate à corrupção, à violência e ao crime organizado	Transparência, Integridade e Combate à Corrupção
Institucional	03 - Intensificação do combate à corrupção, à violência e ao crime organizado	Segurança Pública, Combate à Corrupção, ao Crime Organizado e ao Crime Violento
Institucional	04 - Valorização da liberdade individual e da cidadania com foco na família	Comunicação Pública e Divulgação de Atos e Matérias do Governo Federal
Social	04 - Valorização da liberdade individual e da cidadania com foco na família	Atenção Integral à Primeira Infância
Social	04 - Valorização da liberdade individual e da cidadania com foco na família	Cultura
Social	04 - Valorização da liberdade individual e da cidadania com foco na família	Esporte
Social	04 - Valorização da liberdade individual e da cidadania com foco na família	Inclusão Social por Meio do Bolsa Família e da Articulação de Políticas Públicas
Social	04 - Valorização da liberdade individual e da cidadania com foco na família	Produção de Dados e Conhecimento para o Aprimoramento de Políticas Públicas
Social	04 - Valorização da liberdade individual e da cidadania com foco na família	Promoção da Cidadania
Social	04 - Valorização da liberdade individual e da cidadania com foco na família	Proteção Social no Âmbito do Sistema Único de Assistência Social (Suas)
Social	04 - Valorização da liberdade individual e da cidadania com foco na família	Rede de Suporte Social ao Dependente Químico: Cuidados, Prevenção e Reinserção Social
Social	04 - Valorização da liberdade individual e da cidadania com foco na família	Proteção à Vida, Fortalecimento da Família, Promoção e Defesa dos Direitos Humanos para Todos
Social	05 - Priorização na qualidade da educação básica e na preparação para o mercado de trabalho	Educação Superior (graduação, pós-graduação, ensino, pesquisa e extensão)
Social	05 - Priorização na qualidade da educação básica e na preparação para o mercado de trabalho	Educação Básica de Qualidade
Social	05 - Priorização na qualidade da educação básica e na preparação para o mercado de trabalho	Educação Profissional e Tecnológica

Eixo	Diretriz	Programa
Social	05 - Priorização na qualidade da educação básica e na preparação para o mercado de trabalho	Estatísticas e Avaliações Educacionais
Social	06 - Ampliação da cobertura e da resolutividade da atenção básica de saúde e fortalecimento da integração entre os serviços de saúde	Assistência Farmacêutica no Sistema Único de Saúde (SUS)
Social	06 - Ampliação da cobertura e da resolutividade da atenção básica de saúde e fortalecimento da integração entre os serviços de saúde	Atenção Especializada à Saúde
Social	06 - Ampliação da cobertura e da resolutividade da atenção básica de saúde e fortalecimento da integração entre os serviços de saúde	Atenção Primária à Saúde
Social	06 - Ampliação da cobertura e da resolutividade da atenção básica de saúde e fortalecimento da integração entre os serviços de saúde	Desenvolvimento Científico, Tecnológico e Produtivo em Saúde
Social	06 - Ampliação da cobertura e da resolutividade da atenção básica de saúde e fortalecimento da integração entre os serviços de saúde	Gestão e Organização do SUS
Social	06 - Ampliação da cobertura e da resolutividade da atenção básica de saúde e fortalecimento da integração entre os serviços de saúde	Proteção, Promoção e Recuperação da Saúde Indígena
Social	06 - Ampliação da cobertura e da resolutividade da atenção básica de saúde e fortalecimento da integração entre os serviços de saúde	Vigilância em Saúde
Econômico	07 - Ênfase na geração de oportunidades e estímulos à inserção no mercado de trabalho	A Hora do Turismo
Econômico	07 - Ênfase na geração de oportunidades e estímulos à inserção no mercado de trabalho	Empregabilidade
Econômico	07 - Ênfase na geração de oportunidades e estímulos à inserção no mercado de trabalho	Modernização Trabalhista e Trabalho Digno
Social	07 - Ênfase na geração de oportunidades e estímulos à inserção no mercado de trabalho	Inclusão Produtiva de Pessoas em Situação de Vulnerabilidade Social
Social	07 - Ênfase na geração de oportunidades e estímulos à inserção no mercado de trabalho	Segurança Alimentar e Nutricional
Ambiental	08 - Promoção do uso sustentável e eficiente dos recursos naturais, considerando custos e benefícios ambientais	Agropecuária Sustentável
Ambiental	08 - Promoção do uso sustentável e eficiente dos recursos naturais, considerando custos e benefícios ambientais	Conservação e Uso Sustentável da Biodiversidade e dos Recursos Naturais
Ambiental	08 - Promoção do uso sustentável e eficiente dos recursos naturais, considerando custos e benefícios ambientais	Qualidade Ambiental Urbana

Eixo	Diretriz	Programa
Ambiental	08 - Promoção do uso sustentável e eficiente dos recursos naturais, considerando custos e benefícios ambientais	Mudança do Clima
Ambiental	08 - Promoção do uso sustentável e eficiente dos recursos naturais, considerando custos e benefícios ambientais	Defesa Agropecuária
Ambiental	08 - Promoção do uso sustentável e eficiente dos recursos naturais, considerando custos e benefícios ambientais	Pesquisa e Inovação Agropecuária
Ambiental	08 - Promoção do uso sustentável e eficiente dos recursos naturais, considerando custos e benefícios ambientais	Governança Fundiária
Econômico	08 - Promoção do uso sustentável e eficiente dos recursos naturais, considerando custos e benefícios ambientais	Recursos Hídricos
Econômico	08 - Promoção do uso sustentável e eficiente dos recursos naturais, considerando custos e benefícios ambientais	Gestão de Riscos e Desastres (defesa civil)
Econômico	08 - Promoção do uso sustentável e eficiente dos recursos naturais, considerando custos e benefícios ambientais	Saneamento Básico
Econômico	09 - Compromisso absoluto com a solvência e o equilíbrio fiscal, buscando reinserir o Brasil entre os países com grau de investimento	Nova Previdência
Econômico	09 - Compromisso absoluto com a solvência e o equilíbrio fiscal, buscando reinserir o Brasil entre os países com grau de investimento	Política Econômica e Equilíbrio Fiscal
Econômico	09 - Compromisso absoluto com a solvência e o equilíbrio fiscal, buscando reinserir o Brasil entre os países com grau de investimento	Garantia da Estabilidade Monetária e Financeira
Econômico	10 - Simplificação do Sistema tributário, melhoria do ambiente de negócios, estímulo à concorrência e maior abertura da economia ao comércio internacional	Inserção Econômica Internacional
Econômico	10 - Simplificação do Sistema tributário, melhoria do ambiente de negócios, estímulo à concorrência e maior abertura da economia ao comércio internacional	Melhoria do Ambiente de Negócios e da Produtividade
Econômico	11 - Eficiência da ação do setor público com valorização da ciência e tecnologia e redução do papel do Estado na economia	Brasil Moderniza
Econômico	11 - Eficiência da ação do setor público com valorização da ciência e tecnologia e redução do papel do Estado na economia	Brasil na Fronteira do Conhecimento
Econômico	11 - Eficiência da ação do setor público com valorização da ciência e tecnologia e redução do papel do Estado na economia	Política Nuclear
Econômico	11 - Eficiência da ação do setor público com valorização da ciência e tecnologia e redução do papel do Estado na economia	Programa Espacial Brasileiro

Eixo	Diretriz	Programa
Econômico	11 - Eficiência da ação do setor público com valorização da ciência e tecnologia e redução do papel do Estado na economia	Tecnologias Aplicadas, Inovação e Desenvolvimento Sustentável
Econômico	11 - Eficiência da ação do setor público com valorização da ciência e tecnologia e redução do papel do Estado na economia	Brasil, Nosso Propósito
Econômico	11 - Eficiência da ação do setor público com valorização da ciência e tecnologia e redução do papel do Estado na economia	Conecta Brasil
Econômico	12 - Ampliação do investimento privado em infraestrutura orientado pelo planejamento de longo prazo, associada à redução da insegurança jurídica	Moradia Digna
Infraestrutura	12 - Ampliação do investimento privado em infraestrutura orientado pelo planejamento de longo prazo, associada à redução da insegurança jurídica	Energia Elétrica
Infraestrutura	12 - Ampliação do investimento privado em infraestrutura orientado pelo planejamento de longo prazo, associada à redução da insegurança jurídica	Geologia, Mineração e Transformação Mineral
Infraestrutura	12 - Ampliação do investimento privado em infraestrutura orientado pelo planejamento de longo prazo, associada à redução da insegurança jurídica	Petróleo, Gás, Derivados e Biocombustíveis
Infraestrutura	12 - Ampliação do investimento privado em infraestrutura orientado pelo planejamento de longo prazo, associada à redução da insegurança jurídica	Aviação Civil
Infraestrutura	12 - Ampliação do investimento privado em infraestrutura orientado pelo planejamento de longo prazo, associada à redução da insegurança jurídica	Transporte Aquaviário
Infraestrutura	12 - Ampliação do investimento privado em infraestrutura orientado pelo planejamento de longo prazo, associada à redução da insegurança jurídica	Transporte Terrestre e Trânsito
Econômico	12 - Ampliação do investimento privado em infraestrutura orientado pelo planejamento de longo prazo, associada à redução da insegurança jurídica	Desenvolvimento Regional, Territorial e Urbano
Econômico	12 - Ampliação do investimento privado em infraestrutura orientado pelo planejamento de longo prazo, associada à redução da insegurança jurídica	Mobilidade Urbana
Institucional	12 - Ampliação do investimento privado em infraestrutura orientado pelo planejamento de longo prazo, associada à redução da insegurança jurídica	Proteção Jurídica da União

Eixo	Diretriz	Programa
Defesa	13 - Desenvolvimento das capacidades e das condições necessárias para promover a soberania e os interesses nacionais, considerando as vertentes da defesa nacional, das relações exteriores e da segurança institucional	Segurança Institucional
Defesa	13 - Desenvolvimento das capacidades e das condições necessárias para promover a soberania e os interesses nacionais, considerando as vertentes da defesa nacional, das relações exteriores e da segurança institucional	Cooperação com o Desenvolvimento Nacional
Defesa	13 - Desenvolvimento das capacidades e das condições necessárias para promover a soberania e os interesses nacionais, considerando as vertentes da defesa nacional, das relações exteriores e da segurança institucional	Defesa Nacional
Defesa	13 - Desenvolvimento das capacidades e das condições necessárias para promover a soberania e os interesses nacionais, considerando as vertentes da defesa nacional, das relações exteriores e da segurança institucional	Oceanos, Zona Costeira e Antártica
Econômico	13 - Desenvolvimento das capacidades e das condições necessárias para promover a soberania e os interesses nacionais, considerando as vertentes da defesa nacional, das relações exteriores e da segurança institucional	Política Externa

Elaboração dos autores.

Dominância financeira e privatização das finanças públicas no Brasil:

arranjo normativo e nefastas implicações ao desenvolvimento nacional[1]

José Celso Cardoso Jr.

Introdução: conceitos e contexto no Brasil

A expressão 'financeirizado' incomoda à esquerda e à direita. Os da esquerda imaginam que o capitalismo se dedica, sobretudo, à produção de mercadorias ao explorar a força de trabalho e os bancos existem para financiar os negócios produtivistas. A turma da direita se aborrece ao constatar que o capitalismo financeiro é acusado de promover péssima alocação de recursos.

Luiz Gonzaga Belluzzo

Este texto procura lançar luz sobre um tema bastante complexo para a economia brasileira contemporânea, vale dizer: para a sua dinâmica capitalista e algumas das suas implicações sociais, políticas e territoriais mais importantes. Trata-se da *transmutação do fundo público*, entendido aqui como o conjunto de recursos reais (já criados pela dinâmica econômica pretérita) e potenciais (a serem criados ou antecipados no presente, além daqueles projetados a futuro) em poder do Estado nacional.

---

[1] Este capítulo foi originalmente publicado como: CARDOSO JR., J. C. Dominância Financeira e Privatização das Finanças Públicas no Brasil: arranjo normativo e nefastas implicações ao desenvolvimento nacional. In: COUTO, L. F.; RODRIGUES, J. M. (orgs.). *Governança Orçamentária no Brasil*. Rio de Janeiro: Ipea, 2022.

A origem do fundo público deriva de relações econômico-monetárias presentes em processos sociais, empresariais e estatais amplos, por meio dos quais toda a arrecadação primária do governo se realiza, mas cujo destino toma, crescentemente, o caminho da apropriação concentrada de parte considerável de tais recursos em poder de segmentos ou agentes econômicos pouco numerosos e desproporcionalmente privilegiados. Eles assim o são, frente aos demais segmentos, agentes econômicos e setores sociais que na verdade estão na base da criação do fundo público nacional. Desta maneira, a transmutação do fundo público se processa, no caso brasileiro, por meio da montagem paulatina de um arranjo normativo e institucional que vem cristalizando formas financeiras de valorização dos fluxos de renda e estoques de riqueza para a sua realização dinâmica intertemporal.

Dito isso, a transmutação do fundo público precisa ser compreendida segundo uma dupla perspectiva. De um lado, ela significa transformação de recursos reais, derivados do sistema econômico produtivo por meio da arrecadação tributária primária, em recursos financeiros que a partir de então engendram mecanismos autônomos e endógenos de valorização aos quais chamamos de processo de *financeirização*, o qual ajuda a configurar no país um regime de dominância financeira fortemente intermediado pelas finanças públicas nacionais.[2] De outro lado, a transmutação compreende a própria mu-

---

[2] Pierre Salama (2014) fala de duas faces das finanças no capitalismo: uma face "virtuosa", desenvolvimentista; outra face "viciosa", meramente rentista e parasitária: "Com o desenvolvimento da finança, com o desenvolvimento de produtos financeiros sofisticados, permite-se assim e em abstrato o desenvolvimento do capital, porque o ciclo do capital pode ocorrer somente se as atividades financeiras permitem que o capital produtivo seja valorizado. O desenvolvimento de um setor industrial cada vez mais sofisticado exige mais do que proporcionalmente o desenvolvimento do setor financeiro. O desenvolvimento das finanças, deste ponto de vista, é virtuoso. Por outro lado, as atividades financeiras também são parasitárias e predadoras. Com a globalização financeira e a liberalização dos mercados, a face "viciosa" da finança tende a prevalecer sobre a face virtuosa. Diz-se então que a finança, o financiamento das empresas tende a transformar-se em financeirização. Aí há uma viragem em direção à 'financeirização' quando o desenvolvimento destas atividades obedece sobretudo à: i) filosofia de valor para os acionistas e ao crescente poder dos acionistas; e ii) atração de novos produtos financeiros por si mesmos, ao invés do objetivo de reduzir o risco assumido no financiamento produtivo. Desta maneira, a concepção da empresa a favor da lógica do valor acionista foi rapidamente imposta durante estas duas últimas décadas. As relações entre os gestores e os acionistas mudaram. O principal objetivo da empresa é o de cada vez mais aumentar o valor das ações e dos dividendos pagos." É, portanto, dessa dimensão viciosa da financeirização que estamos a tratar nesse estudo.

dança de titularidade/propriedade do capital, de uns para outros agentes econômicos, processo esse que chamamos de *privatização* das finanças públicas.[3]

Em muitos lugares do mundo, mas em particular no Brasil, isso assume um caráter disfuncional, pois aqui ocorre algo como uma *socialização ampla e intensa da arrecadação/expropriação tributária* no processo de formação do fundo público, ao mesmo tempo que uma *destinação/apropriação privada do gasto público*, igualmente intensa, porém concentrada em poucos e privilegiados setores/agentes econômicos. Explico melhor o argumento, centrando o caso brasileiro apenas em termos do governo federal, com vistas a facilitar o entendimento geral do fenômeno.

O fundo público total de uma economia como a brasileira é formado pelo conjunto de tributos (impostos, contribuições sociais, taxas, multas

---

[3] A construção teórico-histórica do conceito de financeirização pode ser vista ao longo dos trabalhos de Chesnay (1996, 1998, 2005 e 2012) e num livro recente de Lin e Neely (2019), que se propõe a demonstrar a correlação entre financeirização do capitalismo contemporâneo e explosão das desigualdades, tomando como exemplo empírico o caso dos EUA. Os autores mostram que o crescimento do setor financeiro transformou drasticamente a economia americana, redistribuindo recursos de trabalhadores e famílias para as mãos de proprietários, executivos e profissionais do mundo financeiro. Já os seus desdobramentos e aplicações ao caso brasileiro estão presentes em Paulani (2008), Teixeira e Pinto (2012), Bruno e Café (2015 e 2017), Lavinas e Gentil (2018) e Carvalho, Miranda e Gambi (2017). Nesse último trabalho citado, em linha com o presente texto, os autores afirmam que: "No Brasil, o processo de financeirização passa, necessariamente, pelo Estado e é liderado pelo endividamento público, considerado o eixo principal da acumulação rentista-patrimonial no país. Esse processo se intensificou, principalmente, a partir dos anos de 2000, devido à política de manutenção de taxa de juros elevadas e, consequentemente, intrincado às finanças do setor público, de modo que seus gastos financeiros favorecessem a transferência da riqueza aos detentores da dívida pública. O que se observou de 2008 a 2014 no país foi um aumento da transferência da receita do governo e do PIB para o pagamento de amortização e juros dessa dívida, o que tem conduzido a uma estrutura financeira-patrimonial mais frágil do setor público. Assim, os ajustes fiscais acabam por visar aos anseios dos credores do Estado e não necessariamente garantir o financiamento dos gastos sociais e do investimento público. O índice de fragilidade financeira aplicado ao setor público no período referido acima foi suficiente para constatar o processo de aumento da fragilidade do governo brasileiro. Os resultados obtidos permitem concluir que a fragilidade do setor público tende a aumentar, na medida em que se eleva a transferência de riqueza da economia real para os detentores dos títulos da dívida pública. A financeirização brasileira, ironicamente liderada pelo Estado, é a fonte de sua própria fragilidade financeira, de uma débil economia real, de uma insuficiente política social e de uma poderosa elite rentista." (op. cit, p. 27). É, portanto, dessa mudança/concentração de titularidade do capital financeirizado, que se opera, no caso brasileiro, em grande medida sob os auspícios do próprio Estado, que chamamos de privatização das finanças públicas nacionais.

etc.) que o governo consegue extrair de modo direto (leia-se: por meio da arrecadação primária) da coletividade, vale dizer: das pessoas físicas, famílias, empresas e até mesmo dos níveis subnacionais de governo. Ele é também composto por recursos potenciais (isto é, ainda não previamente existentes ou decorrentes da tributação pretérita), os quais dependem, no entanto, da visão e postura mais ou menos ativa dos governantes acerca do uso da política monetária e fiscal para fins concretos. Por exemplo: a *emissão monetária* para financiar gastos públicos de combate a uma calamidade social ou ambiental qualquer, bem como a *emissão de dívida pública* (mediante a venda primária de títulos públicos contra a promessa de pagamento de juros positivos a futuro sobre os mesmos) para financiar um investimento novo ou simplesmente fazer rolar a dívida pública pretérita em novas bases (prazos e juros), são ambas, formas de antecipar poder de compra (leia-se: poder de gasto público) do futuro ao presente, razão pela qual tais recursos potenciais contidos nas políticas monetária e fiscal de um governo soberano (que emite sua própria moeda e cuja dívida pública está predominantemente lastreada na mesma moeda) devem ser também considerados partes integrantes do fundo público em dado momento do tempo.

Sabemos que, a rigor, em uma economia monetária da produção, cujo país emite sua própria moeda e as dívidas e demais haveres financeiros estão expressos nessa moeda, o governo não precisa arrecadar antes para gastar depois, pois em última instância ele sempre vai poder emitir para se autofinanciar, ainda que, em condições de pleno emprego dos fatores de produção, isso possa gerar inflação e desequilíbrios reais como resultado não desejável dessa prática.[4] De todo modo, mesmo sendo assim, é necessário que haja um sistema de tributação obrigatório (e preferencialmente progressivo, se um dos objetivos desse país for também produzir justiça tributária e redistributiva), a ser honrado nessa moeda de curso legal, de modo que os agentes econômicos tenham que demandar e usar essa moeda para pagar os respectivos tributos e também para realizar suas próprias transações privadas, legitimando-a como moeda nacional preferencial, ao mesmo tempo que

---

[4] De modo muito resumido, este é um dos fundamentos da MMT, a chamada teoria monetária moderna. A respeito, ver em Dalto et al. (2020) um resumo bastante didático da mesma. E para uma crítica correta, ver Belluzzo, Raimundo e Abouschedid (2021).

reconhecem e legitimam o próprio poder político do Estado no campo da criação e gestão da moeda nesse espaço territorial.

No caso brasileiro, apesar da sua estrutura tributária diferenciadamente confusa, eventualmente onerosa e majoritariamente regressiva, a qual, dependendo do tributo em questão, penaliza proporcionalmente mais as camadas de mais baixa renda que as de média e altas rendas e riqueza do país, o fundo público total consegue, em função da diversidade de tributos, alíquotas e bases de incidência que possui, envolver praticamente a totalidade das atividades econômicas, fluxos monetários, estoques de riqueza, pessoas físicas, famílias e empresas no seu cômputo geral. Em outras palavras, isso significa que, a despeito dos problemas próprios da estrutura tributária brasileira, sobretudo em termos de sua incidência social e sua composição final, que ao privilegiar mais a arrecadação indireta sobre bens e serviços que a direta sobre os fluxos de renda e estoques de riqueza (patrimônio), acaba produzindo um viés *anticrescimento, antissocial* e *antifederação* (Oliveira, 2009), o fato concreto é que o fundo público dela derivado possui um caráter econômico, social e territorial bastante abrangente. Em suma: quase todos os segmentos econômicos, sociais e territoriais do país contribuem para a formação geral do fundo público nacional (aqui considerado apenas aquele em âmbito federal, para fins didáticos).

Mas dito isso, é importante entender que, em termos lógicos, uma vez composto o fundo público real ou primário, uma parte dele é convertida em custeio permanente da própria máquina pública, outra é convertida em políticas, gastos e investimentos públicos correspondentes ao arco total de programas e ações governamentais, supostamente portadores do projeto desejado de transformação ou manutenção do desenvolvimento nacional, e uma terceira parte é destinada correntemente à rolagem e/ou amortização da dívida pública federal. Enquanto as duas primeiras partes podem ser explicadas, ainda em termos lógicos, como a *transmutação* do fundo público arrecadado de toda a sociedade em gastos reais específicos (vale dizer: gastos sociais, setoriais e territoriais específicos), a terceira parte corresponde, por sua vez, ao montante do fundo público real/primário que se *transmuta* em gasto público financeiro necessário à rolagem e/ou abatimento da dívida governamental contraída. Desde sempre, seja para financiar/alavancar (por meio da antecipação de poder de compra estatal que ela representa em sua origem) seus gastos reais destinados originalmente às duas partes citadas no início, seja para (auto)financiar/rolar, de modo permanente – e tendencialmente crescente – ao longo do tempo, em função do processo da *financeirização* que se vai tornando dominante nesta economia, os gastos financeiros do governo contra si mesmo, mas a favor de seus credores, os quais são um subconjunto desde sempre reduzido, privilegiado e poderoso em fazer valer tais compromissos creditícios-financeiros do Estado para consigo.

Deste modo, historicamente no Brasil, por exemplo desde 1964, com o PAEG, o Plano de Ação Econômica do governo militar então instalado no poder, que para além dos objetivos contracionistas imediatos, visando combater a inflação do momento, implementou, dentre outras, reformas institucionais duradouras nos campos da tributação (alargamento das bases de arrecadação, aumento e centralização da carga tributária em âmbito federal) e do sistema financeiro nacional (criação do Banco Central do Brasil e fortalecimento da gestão monetária e da dívida pública), mas sobretudo desde a CF-1988, está em curso um processo (não linear, mas com direção definida) de *privatização das finanças públicas* federais, que se manifesta por meio da financeirização da Dívida Pública Federal e da sua gestão pelas autoridades monetária (BCB) e fiscal (STN) do país. Na antessala desse fenômeno, estão medidas de liberalização financeira, de consolidação de regras fiscais disfuncionais à gestão da demanda agregada e do pleno emprego, de estímulo à desindustrialização e de impulso à reprodução fictícia da riqueza, expressa nas altas lucratividades das atividades de intermediação financeira e na centralidade dos ganhos de tesouraria para as atividades produtivas, mesmo em empresas não financeiras.[5]

Aparentemente uma contradição em termos, ao chamarmos o processo de transmutação do fundo público, sobretudo a financeirização da dívida pública

---

[5] Uma série de autores vem discutindo, sob prismas variados, a questão da financeirização da economia no Brasil e no mundo, e as implicações nefastas desse fenômeno sobre a própria dinâmica capitalista em cada caso concreto. Em especial, ver: Braga (1993; 1997), Chesnais (1996; 1998; 1999; 2012), Belluzzo e Almeida (2002), Belluzzo e Bastos (2015), Bercovici (2005), Bercovici e Massoneto (2016), Bruno e Café (2015; 2017), CBJP (2000); Dowbor (2017; 2019), Fattorelli (2018), Fevereiro (2017), Fundação Perseu Abramo (2019), Gontijo e Oliveira (2009), Ibase (2007; 2009), Lapyda (2019; 2021), Massoneto (2006), Palhares (2014), Plat (2017), Toussaint (2002), Viana (2009), Vigueras (2012).

(e a forma predominante da sua gestão/governança), de **privatização das finanças públicas**, queremos com isso chamar atenção para o fato de que, por detrás dos mecanismos econômico-financeiros subjacentes, aparentemente neutros ou simplesmente técnicos, com o que tal fenômeno é costumeiramente apresentado à sociedade, existe na realidade um processo extraordinariamente desigual de apropriação e enriquecimento financeiro. Este processo favorece, sobremaneira, determinados segmentos numericamente minoritários da população, geralmente travestidos de agentes econômicos, tais como bancos comerciais, bancos de investimento, seguradoras, corretoras, fundos de pensão e agentes estrangeiros, os quais são não apenas os maiores operadores desse processo, como também os seus principais beneficiários diretos (Lapyda, 2021). Trata-se, portanto, de fenômeno por meio do qual se vão consolidando duas situações antagônicas entre si.

De um lado, normativos constitucionais – tais como as Emendas Constitucionais (EC) 01/1994, 10/1996, 17/1997, 27/2000, 56/2007, 68/2011, 93/2016, 95/2016, além das Propostas de Emenda Constitucional (PEC) 186/2019 (dita emergencial, aprovada em 2021 como EC 109), 187/2019 (de extinção de fundos públicos), 188/2019 (de reorganização do pacto federativo), e 32/2020 (da chamada reforma administrativa) – e medidas infraconstitucionais (com destaque para a Lei Complementar 01/2000, chamada Lei de Responsabilidade Fiscal – LRF), além de vários dispositivos de controle e punição aplicados quase que anualmente por meio das Leis de Diretrizes Orçamentárias (LDO) e Leis Orçamentárias Anuais (LOA), que primam pelo **enrijecimento da gestão/execução orçamentária e criminalização do gasto público real**, sobretudo o de natureza orçamentária, justamente aquele que é responsável pelo custeio de todas as despesas correntes, tanto as intermediárias/administrativas, como as finalísticas destinadas à implementação das políticas públicas em todas as áreas de atuação federal.

De outro lado, normativos constitucionais, dos quais a EC 95/2016 do teto de gastos e a PEC 187/2019 dos fundos públicos são bastante expressivos, bem como infraconstitucionais, como por exemplo: Lei 9.249/95, Lei 11.803/2008, e Lei 13.506/2017, que blindam o sistema financeiro brasileiro da punição criminal sobre os ilícitos financeiros cometidos, tais como evasão de divisas, fraudes e remessas a paraísos fiscais (Delgado, 2018; Fatorelli, 2018). Todos esses regramentos sinalizam para ampla liberdade, blindagem política (a exemplo da recém aprovada "autonomia" do Banco Central) e grande raio de manobra para o gasto público financeiro, isto é, a **flexibilização sem limite superior e a blindagem normativa e institucional do gasto público financeiro**, justamente o oposto do tratamento que vem sendo conferido ao gasto primário real do setor público brasileiro.

Uma relação não exaustiva dos regramentos mais importantes derivados do processo de privatização das finanças públicas no Brasil, com ênfase clara sobre o enrijecimento e criminalização do gasto público real, ao mesmo tempo que sobre a flexibilização e blindagem do gasto público financeiro, pode ser vista no Anexo 1 ao final do texto, constituindo-se no principal conjunto de evidências empíricas a embasar a argumentação e teses principais deste ensaio.[6]

Neste trabalho, portanto, sustenta-se a ideia de que as implicações desse duplo processo acima sintetizado são perniciosas para a dinâmica de crescimento econômico, bem como para as condições de reprodução social da população. Posto tratar-se, em sentido amplo, de *opção política de política econômica e de redesenho constitucional*, esse arranjo normativo e institucional que se está consolidando no país é passível de contestação teórica e empírica, razão pela qual é importante desnudar as suas implicações e apontar alternativas

---

[6] Bello, Bercovici e Lima (2019: p. 1.800) ajudam a esclarecer o fenômeno: "A adoção das políticas ortodoxas de ajuste fiscal e a implementação das medidas de redução do papel do Estado na economia e de atração de investimentos estrangeiros fez com que se tornasse necessário garantir determinadas medidas de política econômica mesmo contra as maiorias políticas, gerando um processo de reformas constitucionais em vários países, cujo objetivo foi "constitucionalizar a globalização econômica". Com a garantia dos investimentos constitucionalizada e a retórica sobre "segurança jurídica", "regras claras", "respeito aos contratos", "Estado de direito" (ou "Rule of Law") sendo utilizada contra qualquer atuação estatal que contrarie os interesses econômicos dominantes, instituiu-se um fenômeno denominado "blindagem da constituição financeira", ou seja, a preponderância das regras vinculadas ao ajuste fiscal e à manutenção da política monetária ortodoxa que privilegia os interesses econômicos privados sobre a ordem constitucional econômica e as políticas distributivas e desenvolvimentistas. A Emenda Constitucional nº 95, de 2016, que instituiu o "Novo Regime Fiscal" e suspendeu a Constituição de 1988 por vinte anos, se insere neste fenômeno, que ocorre em um contexto de estado de exceção econômica permanente, em que se utilizam as medidas emergenciais a todo o momento para salvar os mercados, caracterizando uma subordinação do Estado ao mercado, com a exigência constante de adaptação do direito interno às necessidades do capital financeiro, que busca reduzir a deliberação democrática ao mínimo necessário, como se esta fosse uma mera formalidade."

críveis para redesenhar a referida institucionalidade, com vistas à promoção de um desempenho econômico e social mais condizente com o potencial e anseios de crescimento e de inclusão do país.

Assim, é preciso avançar sobre o tema das finanças públicas no Brasil, já que: i) todas as iniciativas e justificativas de desmonte de direitos sociais e dos trabalhadores dos últimos governos, desde 2015 e com maior força a partir de 2016, assentam-se na falácia de que o Estado brasileiro é grande, caro e ineficiente – "está quebrado", no jargão corrente! – e, portanto, apenas reformas fiscais estruturais e de longo prazo poderiam resgatar a credibilidade e colocar a economia no rumo de um crescimento maior e mais perene; ii) o ajuste fiscal, concentrado na farta produção de restrições legais e administrativas aos gastos primários (vale dizer: em investimentos públicos, em políticas sociais e com o funcionalismo), jamais terminará, porque nem a economia, nem as receitas públicas, nem os resultados fiscais se recuperam, o que coloca direitos e população sob ameaças eternas; iii) os lucros e sua concentração aumentaram e se sustentaram no agronegócio, nos grandes grupos varejistas e nos bancos, sobretudo em função de estratégias de valorização financeira dos seus portfólios, a partir do longo período de semiestagnação que se estabeleceu como norma desde 2015 e prosseguiu mesmo durante a crise pandêmica atual; iv) o debate sobre finanças públicas no Brasil, diferentemente da sua direção observada no resto do mundo hoje, é altamente fechado ao contraditório pelo respaldo que a narrativa dos governos brasileiros encontra na grande mídia e no empresariado, ideologicamente interessados na agenda liberal de mercado.

Sobre isso, vale esclarecer que, na visão econômica liberal de mercado, tudo se passa como se a relação "dívida pública / PIB" (quanto menor, melhor) fosse o indicador principal a orientar os comportamentos empresariais individuais, pois da suposta capacidade estatal em honrar, intertemporalmente, os seus compromissos financeiros com os respectivos credores (famílias e sobretudo empresas) é que adviriam a confiança privada e o estímulo governamental indireto para as decisões microeconômicas de gastos correntes e novos investimentos. Reside aqui, portanto, toda a fundamentação pretensamente técnica que objetiva justificar (e aplicar) o conjunto de políticas públicas de austeridade fiscal (mas obviamente não a austeridade financeira) por meio da redução permanente de gastos públicos reais. Deixando de lado: i) a questão quase anedótica presente neste tipo de pensamento economicista, simplista e determinista; e ii) de que são inúmeras e frágeis as mediações (lógicas, teóricas e históricas) necessárias entre esta possível causa (uma baixa relação "dívida/PIB") e sua possível consequência (a confiança empresarial mínima necessária para a adoção de atitudes microeconômicas no sentido da contratação real de fatores de produção); resta ainda a dúvida sincera de porque, afinal de contas, os liberais acreditam que a redução da citada relação "dívida/PIB" depende, única ou predominantemente, da redução forçada da dívida (mediante redução permanente dos gastos reais primários do governo) e não do aumento da arrecadação tributária ou do produto interno bruto, ou ao menos, de uma combinação mais óbvia e virtuosa de todos os componentes desta equação.

Enfim, para avançar além do que foi dito até aqui, este ensaio se organiza em mais quatro seções, além dessa introdução e das considerações finais. Na seção 2 procura-se avançar na caracterização do que acima chamamos de processo de *enrijecimento da gestão/execução orçamentária e criminalização do gasto público real.* Na seção 3 fazemos o mesmo para o acima chamado de processo de *flexibilização sem limite superior e blindagem normativa e institucional do gasto público financeiro.* Na seção 4, à guisa de conclusão, tecemos considerações sobre algumas das mais *negativas implicações econômicas e sociais* derivadas da soma de ambos os processos reais sobre as (im)possibilidades de desenvolvimento nacional e buscamos apontar algumas linhas mestras a partir das quais poderia o país sair dessa armadilha complexa e infrutífera.

O processo de enrijecimento e criminalização do gasto público real no Brasil

A partir de uma análise de conjunto, derivada do quadro no Anexo 1 (Atos Normativos e Linha do Tempo da Privatização das Finanças Públicas no Brasil), é possível constatar a montagem paulatina de um arranho normativo e institucional de índole *fiscalista* e *financista* no Estado brasileiro, arranjo este responsável pelo fenômeno de **privatização das finanças públicas** nacionais que estamos buscando definir e caracterizar neste texto.

Por *índole fiscalista* entenda-se o conjunto de medidas que, desde a Lei de Finanças de 1964 (Lei 4.320/1964), passando pela Lei Complementar 101/2000 (conhecida como Lei de Responsabilidade Fiscal – LRF), pela Emenda Constitucional 95/2016 (que instituiu o Novo Regime Fiscal, a vigorar por vinte exercícios financeiros, estabelecendo limites individualizados para as despesas primárias), até chegar ao pacote de Propostas de Emenda Constitucional (PEC) 186/2019 (convertida na EC 109/2021), PEC 187/2019 (que propõe, fundamentalmente, a extinção de fundos públicos com vistas ao redirecionamento de recursos para um suposto abatimento da dívida pública), PEC 188/2019 (que visa à extinção do PPA, cortes de gastos com pessoal e reorganização do arranjo fiscal interfederativo) e PEC 32/2020 (pretensamente chamada de reforma administrativa), vai-se consolidando um arranjo normativo e institucional que engendra, por um lado, um processo de *enrijecimento do gasto público real e criminalização da sua gestão/execução orçamentária*.

De outro lado, por *índole financista* entenda-se o conjunto de medidas que, em par àquelas citadas acima e tantas outras presentes no Anexo 1, tais como a Lei 9.249/95, a Lei 11.803/2008 e a Lei 13.506/2017, protegem judicial e politicamente o sistema financeiro brasileiro da punição criminal contra ilícitos financeiros cometidos, tais como evasão de divisas, fraudes e remessas a paraísos fiscais. Todos esses regramentos sinalizam para ampla liberdade, a exemplo da recém aprovada autonomia do Banco Central (PLP 19/2019, sancionado em fev. 2021), e grande raio de manobra para o gasto público financeiro, isto é, para a sua *flexibilização sem limite superior e blindagem legal*, justamente o oposto do tratamento que vem sendo conferido ao gasto primário real do setor público brasileiro.

Tudo somado, ambos os processos fazem com que o Estado brasileiro, por meio do dito arranjo normativo e institucional de finanças públicas, venha sendo, historicamente, conduzido e constrangido a atuar mais perfilado a atender aos interesses empresariais imediatos e do processo de acumulação financeira, que os interesses diretos e prementes de sua população, a grande maioria, aliás, ainda distante da cidadania efetiva e do desenvolvimento integral da nação. Assim, por meio dos atos normativos listados na linha do tempo do fenômeno da privatização das finanças públicas no Brasil (Anexo 1), é possível demonstrar que vem se desenvolvendo no país um processo contínuo de institucionalização, de cunho ao mesmo tempo fiscalista e financista, e um enrijecimento jurídico--normativo das funções de orçamentação e controle interno dos gastos públicos, tudo isso a partir de uma contradição associada à retórica da transparência das contas e da responsabilização dos agentes públicos (Arantes, 2010).

Abaixo dessas determinações mais gerais, (des)organiza-se um processo dinâmico e complexo de "disputas, cooperação, comandos hierarquizados e espaços de autonomia fragmentados" em torno do que se chama hoje de governança orçamentária, que "compreende essas relações, por meio de regras formais e informais, que se dão ao longo do processo orçamentário, de elaboração, aprovação, execução, avaliação e controle dos recursos e gastos públicos" (Couto e Cardoso Jr., 2018: 75).

Embora nem a exegese dos atos normativos presentes no Anexo 1, nem a identificação plena dos principais atores envolvidos nos conflitos em torno da governança orçamentária sejam passíveis de serem realizadas nos limites deste texto, é preciso ter claro que esta dinâmica está na base concreta da formatação do tal arranjo institucional de índole fiscalista e financista de finanças públicas aqui em tela. De acordo com propostas de classificação desses atores, identificados em torno de grandes grupos de interesses em torno das regras de orçamentação e destinação orçamentária, a saber: i) *guardiões*, ii) *gastadores* ou *executores*, iii) definidores de prioridades ou simplesmente *priorizadores*, e iv) *controladores*, todos oriundos de trabalhos de Wildavsky (1964), Wildavsky e Caiden, (2004) e Good (2014), *apud* Couto e Cardoso Jr. (2018),[7] é possível perceber que:

---

[7] Segundo Couto e Cardoso Jr. (2018), "Wildavsky (1964) identifica dois tipos de atores no processo orçamentário, a partir do papel que desempenham no jogo orçamentário: os guardiões, delegados pelo núcleo de governo a fazer a gestão fiscal e a coordenar o processo alocativo; e os gastadores, que seriam os atores responsáveis pela efetiva alocação e implementação das políticas públicas. Em uma ponta estariam os Ministérios do Planejamento e da Fazenda, com seus órgãos específicos, como a Secretaria de Orçamento Federal e a Secretaria do Tesouro Nacional, enquanto os Ministérios Setoriais estariam alinhados entre os gastadores. David Good (2014), aprofundando a classificação proposta por Wildavsky (1964), identificou, ao observar o processo orçamentário canadense, mais dois grupos de atores. Good classifica, entre os gastadores, um grupo responsável pela execução das prioridades do governo. A esse grupo chamou de definidores de prioridades, dispondo que teriam recursos e instrumentos diferentes dos tradicionais gastadores, o que teria impacto, inclusive, na relação entre estes e os guardiões. Por fim, os controladores seriam representados pelos órgãos de controle, internos e externos, as instituições fiscais indepen-

> Não há um modelo formatado para a governança orçamentária. Ela se traduz em instituições, com regras formais e informais, que reproduzem equilíbrios de forças entre atores com objetivos distintos dentro do processo alocativo e de implementação das políticas públicas.
>
> O período recente demonstra que o ritmo das alterações foi acelerado e novas modificações continuam em pauta, com lacunas relevantes. A relação do planejamento com o orçamento, com foco nos resultados das políticas públicas à sociedade, fragiliza-se em detrimento da ênfase eminentemente fiscal. Os controladores, distantes da sua posição de independência, inibem, ao lado dos guardiões, a ação dos executores, ao mesmo tempo em que preservam sua posição de definidores de gastos prioritários.
>
> No entanto, a própria capacidade do Executivo de promover suas prioridades é limitada, revelando a fragilidade do equilíbrio atual. Ademais, seria preciso identificar quais dos temas dispostos na governança orçamentária poderiam ser objeto de alterações para tornar o equilíbrio entre as forças mais estável (Couto e Cardoso Jr., 2018: 80-81).

A situação atual de desequilíbrios e disfuncionalidades é também derivada de eventos cumulativos prévios que, desde as décadas de 1980 e 1990, ajudaram a condicionar a primazia das dimensões fiscais e financeiras das finanças públicas sobre as dimensões do planejamento e da implementação das políticas públicas. Tudo isso de modo a transmitir ao mercado financeiro e aos demais agentes privados (nacionais e estrangeiros) a sensação de *confiança* na capacidade do governo de honrar seus compromissos com a sustentabilidade e a solvabilidade da dívida pública federal, desde então gerida pela lógica dominante da financeirização. Esta se processa, na prática, por meio de um diferencial sempre positivo entre as taxas de juros pagas pelo governo sobre os seus títulos, com garantia certa de recompra junto aos seus credores, e as taxas

---

dentes (IFIs), a sociedade civil organizada, o Poder Legislativo e a impressa especializada. Eles exerceriam um papel de mediar os interesses conflitantes entre os demais atores e, no modelo ideal, prezariam tanto pela política fiscal quanto pelo alcance dos resultados e pela entrega dos serviços à sociedade (Good, 2014). No entanto, eles próprios defendem interesses específicos, como no caso da execução de emendas parlamentares, e, no lugar da independência e da isenção com relação ao jogo orçamentário, sua atuação, no caso brasileiro, pode ter o peso prático de priorizador de gastos, sendo sua força crucial para as transformações ocorridas na governança orçamentária" (p. 76).

de juros ou a eficiência marginal do capital privado potencialmente obtidas em alternativas não governamentais de valorização.

A par dos processos narrados anteriormente, sendo a manutenção da estabilização monetária a função-objetivo primordial da gestão macroeconômica desde o Plano Real, e considerando ainda o ambiente político-ideológico da década de 1990, de liberalização dos mercados e de redução do papel e do tamanho do Estado brasileiro em suas relações com a sociedade e o mercado, não é de estranhar que, do ponto de vista estratégico, até mesmo a função-planejamento tenha sido interpretada e aplicada para reforçar o caráter fiscalista/financista do orçamento, relegando-se a um segundo ou terceiro planos a estruturação dos condicionantes técnicos e políticos necessários à institucionalização do PPA como instrumento central do processo de planejamento governamental no país.

Com isso, foram dados passos largos no processo de institucionalização da política de geração de superávits fiscais primários permanentes. Este é, sem dúvida, um dos aspectos mais significativos do fenômeno de privatização das finanças públicas no Brasil, uma vez que reflete um conjunto de orientações adotadas pelos organismos multilaterais em seus procedimentos de negociação com os governos dos países membros.

O processo tem início ao longo da década de 1980, quando boa parte dos países do chamado Terceiro Mundo enfrentavam dificuldades em seus Balanços de Pagamentos e não conseguiam cumprir os compromissos financeiros relacionados às suas dívidas externas. A entrada em cena do Fundo Monetário Internacional (FMI) ajudou a resolver o problema da liquidez, mas houve a exigência de uma série de contrapartidas para que os recursos fossem liberados. Dentre elas estava o compromisso em obter superávit nas contas externas por parte dos governos solicitantes, uma vez que os compromissos eram em moeda estrangeira, como também gerar saldos superavitários em suas contas fiscais.

O caso brasileiro ganha uma conotação particular a partir de 1994, em função da estabilização monetária obtida a partir do Plano Real. O sucesso relativo no controle dos índices inflacionários abriu caminho para a conquista paulatina de maior autonomia e soberania governamental no processo de emissão de dívida pública federal. Com maior credibilidade na nova moeda e uma política monetária de juros oficiais bastante elevados, tem início um processo de internalização da dívida externa, doravante precificada em moeda doméstica. Com isso, ganha relevância o compromisso com a geração de superávit fiscal primário, uma vez que os compromissos financeiros oriundos do processo de endividamento seriam, cada vez mais, assumidos em moeda nacional.

Em 1998, o FMI lança um documento chamado "Código de Boas Práticas em Transparência Fiscal – Declaração de Princípios". O texto pretendia estabelecer regras gerais a serem observadas pelo conjunto dos países membros no que se refere à política fiscal e orçamentária. Dentre os inúmeros pontos ali abordados, observa-se um item especialmente dedicado à utilização do "balanço primário" como um dos indicadores da condição fiscal dos países. Assim passaria a ser considerado não apenas o comportamento das contas governamentais em geral, mas também o saldo nas contas não financeiras.

O documento é de abril e alguns meses depois, em novembro de 1998, a equipe econômica liderada pelo ministro da Fazenda Pedro Malan finalizava um acordo com o Fundo. Uma das exigências estabelecidas por Washington era o compromisso com a geração de superávits fiscais robustos e permanentes nos exercícios subsequentes. Trata-se, portanto, de evidência clara de comandos provenientes de organismos internacionais a influenciar diretamente no desenho das regras orçamentárias internas, em cooperação com os guardiões, que buscavam esse "respaldo" externo. Assim, poucos meses depois da assinatura do Acordo, o governo federal encaminha ao Congresso Nacional um projeto de lei complementar para regulamentar as finanças públicas, o que acabou sendo feito por meio da LC 101/2000, doravante conhecida como Lei de Responsabilidade Fiscal (LRF).

Três anos depois, o FMI divulga um outro documento oficial, o "Manual da Transparência Fiscal". Trata-se de um complexo e detalhado rol de recomendações e procedimentos no trato das questões envolvendo a política fiscal. Ali estão contidas diretrizes explícitas quanto à necessidade do comprometimento dos governos com a geração de superávits primários permanentes. Esses movimentos redundam, efetivamente, em vários anos seguidos de saldos primários positivos, a maior parte deles convertidos em fonte de financiamento/pagamento de juros e amortização do principal da dívida pública federal – vide gráfico 1 a seguir.

Gráfico 1. Brasil – Crescimento do PIB e Saldos Primários: 1997/2020

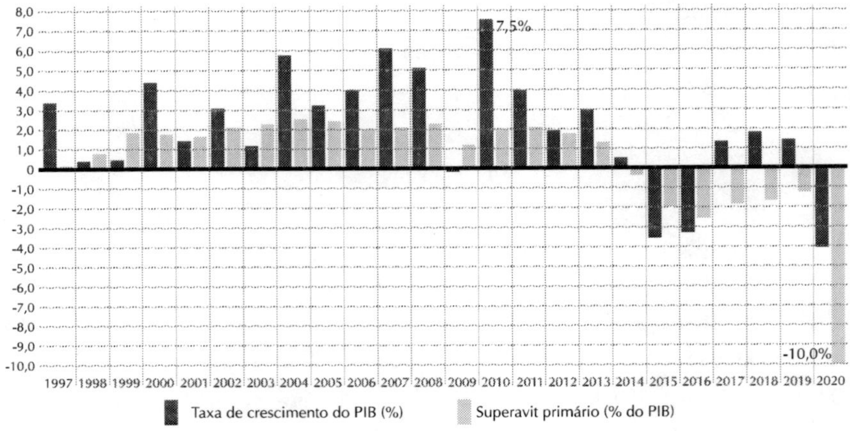

Fonte: Secretaria do Tesouro Nacional. Elaboração própria.

Tudo somado, no bojo dos processos de institucionalização e empoderamento das funções de orçamentação e controle dos gastos públicos federais, e constrangido ainda pela visão canônica do orçamento equilibrado no âmbito da teoria dominante (porém equivocada!) de finanças públicas, segundo a qual a capacidade de gasto e investimento de um ente estatal qualquer deve estar em função da capacidade prévia de poupança própria e qualquer déficit anual contábil nessa relação é necessariamente inflacionário, foi-se cristalizando no Brasil – conceitual e juridicamente – a crença inconveniente de que os instrumentos de planificação, orçamentação e controle dos gastos públicos deveriam abarcar o conjunto completo de políticas, programas e ações de governo com manifestação orçamentária.

Como consequência, desde então vem ganhando peso discursivo e materialidade institucional o movimento de contabilização integral e detalhada da despesa pública, a qual, por sua vez, deveria ser governada a partir da lógica liberal do orçamento equilibrado, isto é, da ideia forte de poupança prévia como pré-condição para toda e qualquer rubrica de gasto corrente ou investimento do governo. O resultado final, para fechar o cerco, é que a função controle cresceu e se desenvolveu, normativa e operacionalmente, para controlar (vale dizer: vigiar e punir) os desvios de conduta do poder público (nesse caso, dos próprios burocratas ordenadores de despesas públicas) em desacordo com os preceitos definidos pela lógica liberal do orçamento equilibrado. Assim, antes nascida sob o signo da busca republicana por transparência e responsabilização coletiva dos recursos públicos, a função-controle rapidamente se transformou em agente de inibição e criminalização do gasto público e dos seus operadores ou executores.

Neste particular, é preciso explicar que finanças públicas *sustentáveis*, nos termos sugeridos por Gimene (2019; 2020) são algo diverso de finanças públicas *estéreis*. *Finanças sustentáveis* são aquelas assentadas em gastos primários responsáveis por políticas públicas, cujos efeitos agregados (e respectivos multiplicadores) tendem a ser positivos na medida em que geram emprego, renda, lucros e tributos ao longo do ciclo econômico. Seus determinantes são de ordem social, econômica e política. Já as *finanças estéreis* são aquelas de natureza e/ou destinação financeira, cujos multiplicadores são negativos e seus efeitos agregados contribuem para a ampliação do desemprego, pobreza e concentração de renda. Seus determinantes são autônomos, endógenos, não baseados em fatores reais da economia, conforme explicado em Cardoso Jr. e Raimundo (2020).

Daí que o problema não é o déficit ou a dívida pública em si, mas apenas a sua composição e forma de financiamento ao longo do tempo. Evidentemente, a composição e a forma de financiamento da dívida federal brasileira são ruins, pois assentadas na lógica de valorização financeira dos seus fluxos e estoques. Basta ver, conforme dados oficiais de relatórios mensais da dívida pública federal (STN, 2021) que em 2019, o governo federal destinou ao pagamento do serviço financeiro da dívida pública o montante de 1,038 trilhão de reais. Em 2020 esse valor saltou para 1,381 trilhão de reais, ou seja, um crescimento de 343 bilhões de reais em apenas um ano que, ademais, foi recessivo na economia. Por sua vez, a previsão para 2021 era, no momento de finalização deste texto, de 2,236 trilhões de reais, segundo a lei orçamentária anual aprovada para este exercício financeiro, o que equivalerá a cerca de 6,1 bilhões de reais por dia, praticamente o dobro do valor diário pago no ano anterior.[8]

---

8 Ainda segundo Paulo Lindsay do IBGE, isso representará em 2021 cerca de 54% da Despesa Geral da União, no valor de 4,1 trilhões de reais. Em 2020, a Despesa Geral da União foi de 3,535 trilhões de reais. Desse total, cerca de 1,381 trilhão de reais ou 39% foi destinado ao pagamento da dívida pública federal. Quando analisamos os dados executados da Despesa Geral da União em 2020, no valor de 3,535 trilhões de reais, percebermos que 5 funções primárias obrigatórias totalizaram cerca de 2,154 trilhões de reais ou 79,3% do orçamento primário da União, a saber: 1 – Previdência Social com 764 bilhões de reais; 2 – Assistência Social com 412 bilhões de reais; 3 – Gasto com Pessoal/Encargos Sociais com 299 bilhões de reais; 4 – Saúde com 151 bilhões de reais e 5 – Educação com 82 bilhões de reais.

A título de exemplificação, veja-se pelo gráfico 2 a composição e as diferenças entre os grandes agregados de despesas reais e financeiras da União, entre 2000 e 2020, a preços constantes.

Gráfico 2. Brasil – Evolução dos Grandes Agregados de Despesas da União (bilhões de reais de dezembro de 2020 – IPCA)

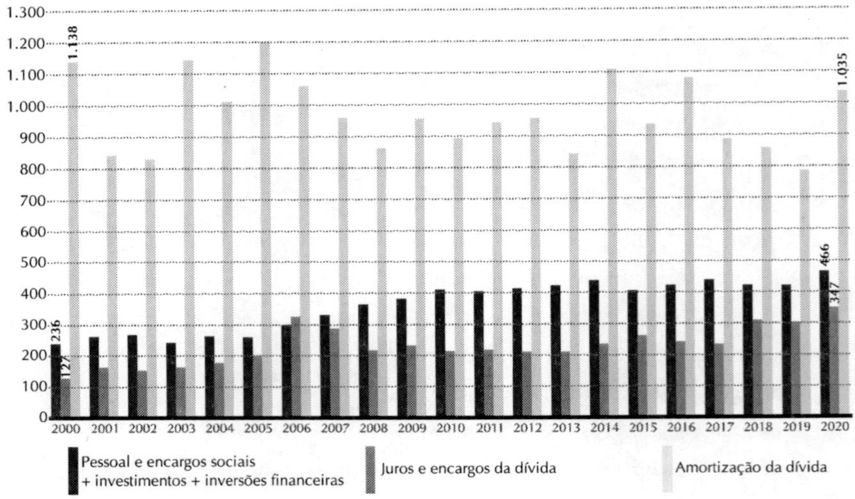

Fonte: Secretaria do Tesouro Nacional. Elaboração própria.

Isso mostra haver um grande comprometimento anual de recursos públicos destinados ao gerenciamento (leia-se: garantia de liquidez e solvabilidade) da dívida pública federal brasileira. Significa que a captura da gestão da dívida pública pelas finanças especulativas continua sendo o principal entrave ao crescimento econômico e um constrangimento inaceitável ao cumprimento dos direitos sociais no país.

Os processos de flexibilização e blindagem do gasto público financeiro

Para além e abaixo do aparato normativo explicitado no Anexo 1, o qual conforma o arranjo institucional mais geral de funcionamento do fenômeno de privatização das finanças públicas brasileiras, há também que se levar em conta o processo de gerenciamento da dívida pública e da política monetária pelas autoridades econômicas do país. Em particular, no seio do processo de privatização das finanças públicas reside a dimensão da gestão da dívida pública pelo Tesouro Nacional, em suas relações com a gestão da política monetária e cambial pelo Banco Central (Vieira Filho, 2019).

A despeito do objetivo formal da STN estar concentrado no gerenciamento da dívida pública segundo critérios de minimização dos custos de rolagem a longo prazo e assunção de níveis prudenciais de risco operacional, de solvência e de sustentabilidade temporal da dívida, sabe-se que as consequências do manejo desta função vão além disso, produzindo efeitos macroeconômicos mais amplos. Entre tais efeitos, vale destacar que, quanto mais confiável – nos termos do mercado – for o gerenciamento da dívida e quanto mais solvente – vale dizer: resgatável diretamente em moeda nacional – for o próprio estoque de dívida, mais o Estado se encontrará em condições de oferecer moeda ao mercado e dela dispor como veículo de *funding* para o financiamento da atividade produtiva em seu espaço territorial.

Em outras palavras: sendo o Estado responsável, em última instância, tanto por zelar pela estabilização do valor real da moeda – função esta desempenhada diretamente pelo BCB e subsidiariamente pela STN, por meio do controle de liquidez que se faz mediante a emissão/recompra de títulos públicos, e ao garantir as condições sob as quais a moeda venha a cumprir também seu papel de financiadora do desenvolvimento –, cabe à STN fazer com que os graus de confiança e de solvência no gerenciamento cotidiano da dívida sejam os mais elevados possíveis. Esse resultado, indireto e desejável, da gestão da dívida pública pela STN não deve esconder, por fim, que, normalmente, é a dívida pública que permite a cobertura direta e imediata de despesas emergenciais do governo – como as relacionadas a calamidades públicas, desastres naturais, guerras etc. –, além de viabilizar a constituição de fundos públicos voltados ao financiamento de grandes projetos de investimento, normalmente com horizonte de médio e longo prazos – como em transportes, energia, saneamento básico etc. Tais aspectos, portanto, são de suma importância na explicitação de alguns dos instrumentos de mobilização de recursos públicos voltados ao crescimento econômico, todos necessários à sustentação de trajetórias robustas de desenvolvimento no país.

Vê-se, no entanto, que muito pouco vem sendo praticado, em direção ao financiamento direto do desenvolvimento nacional, ao longo dos últimos anos, apesar da melhora relativa da composição e perfil da dívida pública federal brasileira, tal como pode ser atestado por dados publicados em relatórios mensais da dívida pública federal (STN, 2021). Isto porque a primazia das políticas de austeridade professadas e praticadas pela STN, em articulação orgânica com outros guardiões do gasto público, tais quais a SOF e as instâncias de controle representadas pelo TCU e CGU, bem como com os agentes priorizadores de gastos no âmbito do núcleo decisório de governo, geram, em termos reais, muito mais problemas que benefícios econômicos ou sociais, a saber: i) estagnação econômica duradoura; ii) desemprego, informalidade, subutilização e precarização imensa da classe trabalhadora e dos rendimentos do trabalho; iii) colapso do consumo interno e da arrecadação tributária; iv) financeirização da gestão e da própria dívida pública, esterilização de recursos reais da economia, subfinanciamento de políticas públicas essenciais e colapso do investimento público como indutor potencial do crescimento; v) acirramento do endividamento de estados e municípios, competição (ao invés de colaboração) e guerra fiscal permanente entre unidades da federação, esgarçamento ao limite do pacto federativo e colapso das finanças subnacionais etc.

Não por outra razão, chamamos de *austericídio* ao conjunto de pressupostos ideológicos[9] e diretrizes de política macroeconômica[10] que conformam um

---

9 Tais como: i) uma visão intrínseca e extremamente negativa acerca do Estado e do peso e papel que os governos, as políticas públicas e os próprios servidores civis deveriam desempenhar relativamente às esferas do mercado e da sociedade; e ii) uma visão teórica e histórica (extremamente simplista e questionável) acerca de uma suposta independência, superioridade e positividade do mercado (como representante etéreo e idílico da esfera privada), relativamente ao Estado, visto como a fonte de todos os problemas do mundo econômico e incapaz de bem representar (e agir para) os interesses gerais da sociedade e da esfera pública, cuja ação é vista como deletéria ao "equilíbrio econômico e social justo" que poderia advir da interação direta e desimpedida das "vontades individuais" mediada pelos mercados privados e monetários de bens e serviços.

10 Tais como as expressas, no caso brasileiro, pelo tripé de política macroeconômica (vale dizer: regime de metas de inflação, perseguidas em grande medida pela combinação entre taxa de câmbio apreciada e geração de superávits fiscais primários elevados e permanentes), que vem sendo seguido desde basicamente desde 1999 no país e para o qual importam: i) a manutenção de taxas de juros oficiais acima das respectivas taxas da maior parte dos países que concorrem com o Brasil pelos fluxos internacionais de capitais; e ii) a normatização jurídica rígida, tanto mais grave quanto mais no plano constitucional estiver) de alguns regramentos

arranjo institucional de gestão da área econômica do governo que, além de possuir precária fundamentação teórica e histórica,[11] produz resultados opostos aos desejados, com enormes e negativas repercussões sobre a capacidade de crescimento, geração de empregos e distribuição de renda e riqueza numa sociedade, tal qual a brasileira, já marcada estruturalmente por imensas heterogeneidades, desigualdades e necessidades de várias ordens (Moretti, Santos e Bandeira, 2018).

Significa dizer que os instrumentos defendidos pelo liberalismo econômico se converteram na finalidade última desses sistemas. Os meios (isto é: a propriedade privada como fundamento, a concorrência como princípio, a acumulação de capital monetário como objetivo maior) se converteram em fins em si mesmos do modelo, retirando de cena tanto os pressupostos (irrealistas) sob os quais tal economia poderia funcionar, como as consequências concretas deletérias para o planeta e a espécie humana que tal mecanismo engendra. O colapso ambiental, a deterioração das condições de trabalho e existência, a financeirização (e exclusão) da renda e da riqueza, o empobrecimento cultural e civilizatório de modo geral, tudo isso como consequência direta – e abjeta – do liberalismo econômico, converteram-se em fatos normais e naturais da realidade alienada ou resignada das sociedades contemporâneas.

Ora, como se sabe, em muitos lugares do mundo, e no Brasil não é diferente, o capitalismo é altamente dependente da capacidade do Estado em mobilizar e canalizar seus recursos e instrumentos de políticas públicas em favor do processo de acumulação de capital produtivo, em bases privadas. Prova disso é que, hoje em dia, por trás da dívida pública e dos gastos governamentais com juros para a rolagem da dívida, estão credores do Estado que são, em sua maioria, empresas privadas e grandes agentes rentistas, que fazem das finanças públicas uma fonte de acumulação e enriquecimento nem sempre assentada em bases produtivas – vide gráfico 3 a seguir.

---

de natureza econômica, particularmente os das finanças públicas, tais como a LRF e a EC 95, dentre muitos outros. Vide quadro completo no Anexo 1.

11 Conforme trabalhos organizados por Dweck, Rossi e Oliveira (2016, 2018 e 2020), além de Brasil Debate et al. (2015a e 2015b) e Rossi, Dweck E Oliveira (2018).

Gráfico 3. Brasil – Principais Detentores dos Títulos Públicos Federais – DPMFI, em %

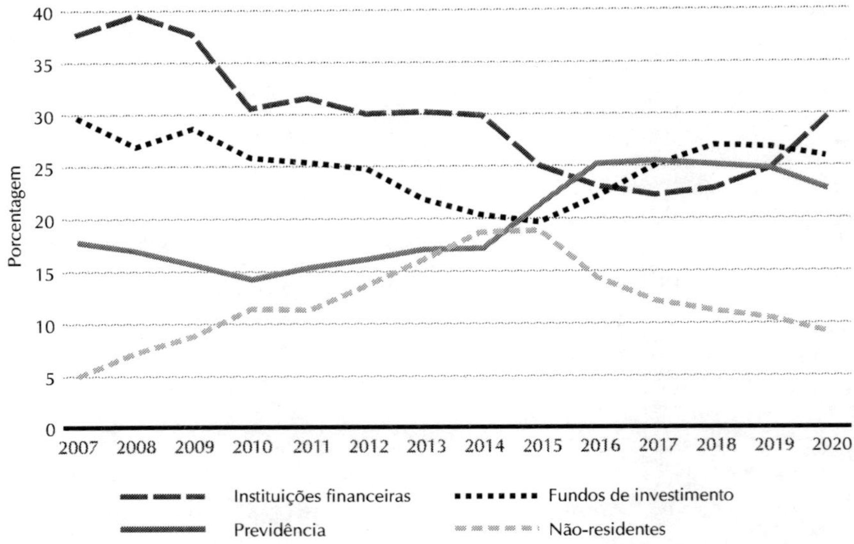

Fonte: Secretaria do Tesouro Nacional. Elaboração própria

Vê-se que instituições financeiras (ou bancos múltiplos), fundos de investimentos e fundos de previdência complementar detém cerca de dois terços dos títulos públicos federais no Brasil. Em um importante trabalho sobre os agentes privados da financeirização no país, Lapyda (2021) mostra que:

> (um) traço saliente da financeirização no Brasil (e em outros países periféricos), é a alocação expressiva em títulos de dívida pública, devido principalmente a uma taxa de juros mantida elevada desde o Plano Real – como parte de uma política econômica ortodoxa. No caso dos fundos de investimento, viu-se que atualmente a aplicação nesse tipo de ativo gira em torno de 70% do patrimônio líquido, de modo que, no final de 2020, eles detinham 26% da dívida pública, as instituições financeiras quase 30% e fundos de previdência 22,6% (quase 80% do total, portanto). Somando-se a parte do próprio governo (3,8%), os quase 4% de seguradoras e 9% de "não residentes", tem-se praticamente o total da dívida. O peso dos estrangeiros, porém, é largamente subestimado nos "não residentes", já que não se contabilizam aí aqueles inseridos em outras rubricas. Esse quadro, aliado ao fato

de os *dealers*[12] serem compostos basicamente por um grupo pequeno de bancos (também nacionais e estrangeiros), revela que o setor bancário é de longe o grande controlador da dívida pública interna brasileira e que o peso dos estrangeiros é considerável.

O rentismo sobre o orçamento público é um dos pilares da financeirização em geral, mas possui, portanto, uma importância particular no Brasil. Além do caráter "improdutivo" da dívida pública brasileira, fica evidente, assim, a 'armadilha' que ela representa – sobretudo em um contexto de financeirização. Seu montante cresce continuamente apesar dos esforços do governo e há elevada concentração dos detentores. Em vez de ser um meio de financiamento de investimentos essenciais para o país, ela é antes um mecanismo de apropriação de grandes parcelas da riqueza socialmente produzida por esse pequeno grupo e de 'chantagem' do governo por parte dos agentes financeiros, inclusive internacionais. Os efeitos sobre o investimento produtivo privado também são evidentes, já que o custo de oportunidade deste eleva-se: os bancos possuem menos interesse em emprestar e as empresas, em investir. Desse modo, a depender dos bancos e dos investidores institucionais, o rentismo continuará sendo o carro-chefe do capitalismo brasileiro (2021: 18, no prelo).

Ainda segundo Lapyda:

Os cinco maiores bancos (dois dos quais são públicos), centralizam recursos cujo montante superou o PIB brasileiro em 2019 (mais de 7,3 trilhões de reais), além de deterem cerca de 70% dos ativos totais de todo o sistema financeiro nacional e mais de 80% do segmento bancário. A crise mundial de 2008 contribuiu para esse quadro, na medida em que estimulou fusões e aquisições no setor nos anos subsequentes: foram 18 entre 2008 e 2019.

Os bancos possuem ainda outras fontes importantes de lucro. Embora o conservadorismo do setor (que se acomodou com os ganhos em torno da dívida pública) tenha historicamente mantido baixas as taxas de concessão de crédito, os *spreads*

12 "Os *dealers* são instituições financeiras credenciadas pelo Tesouro Nacional com o objetivo de promover o desenvolvimento dos mercados primário e secundário de títulos públicos. Os *dealers* atuam tanto nas emissões primárias de títulos públicos federais como na negociação no mercado secundário desses títulos. Atualmente, o Tesouro Nacional possui 12 *dealers*, dos quais nove são bancos e três são corretoras ou distribuidoras independentes" (STN, 2020).

no Brasil são elevadíssimos. As tarifas de serviços também são altas e se tornaram motivo de reclamação incessante dos clientes, o que levou tanto a um aumento da regulação por parte do Banco Central quanto ao movimento recente de estímulo a bancos virtuais e outras *fintechs*.

Por fim, é preciso ressaltar que os principais bancos no Brasil são múltiplos, atuando em outros segmentos importantes no processo de financeirização, como o de seguros, de previdência e de fundos de investimento. O mercado de seguros teve crescimento exponencial ao longo do século XXI, ultrapassando os 100 bilhões de reais em provisões técnicas no ano de 2016 e atingindo 142,5 bilhões de reais em 2020. Nas primeiras posições, estão instituições pertencentes a bancos nacionais. O Bradesco teve um faturamento de 32,7 bilhões de reais em 2016 (1ª posição) nesse ramo de atividades, excluindo-se VGBL; e o Banco do Brasil, 15,3 bilhões de reais (3ª posição). Considerando-se apenas o segmento VGBL, as quatro primeiras colocadas pertenciam a bancos nacionais.

Quanto aos fundos de investimento, os bancos dominam a distribuição para os investidores de varejo – utilizando-se dos fundos em cotas para segmentar sua clientela. Essa é uma característica dos 'mercados emergentes' de forma geral, e especialmente marcante no Brasil, pois os bancos também são os principais administradores e gestores de fundos através de empresas subsidiárias: segundo dados da Anbima, eles correspondem a 9 dos 10 maiores administradores e a 8 dos 10 maiores gestores (sem incluir a XP, que se tornou banco recentemente) e, segundo estudo de 2015, controlavam 85% dos ativos sob custódia.

No caso das entidades abertas de previdência complementar, as cinco maiores empresas do ramo pertencem a bancos ou são a eles associadas. Já os fundos de pensão (entidades fechadas de previdência complementar), por serem ligados às instituições de seus cotistas, não estão diretamente associados aos bancos. Contudo, tanto fundos de pensão como seguradoras "terceirizam" boa parte da gestão de seus recursos através da aplicação em fundos de investimento, que, como visto, são em boa parte administrados e geridos por bancos. Além disso, dois dos maiores fundos de pensão do país, Previ e Funcef, são de funcionários de bancos (Banco do Brasil e Caixa, respectivamente), de modo que o patrocinador (o banco) possui assento no conselho de gestão (2019; 2021, p. 06-07).[13]

[13] Em seus trabalhos, Lapyda (2019 e 2021), o autor apresenta outras dimensões relevantes da financeirização no Brasil: "A emergência da financeirização em âmbito mundial está es-

E o agravante da situação brasileira é que vários regramentos adicionais vêm sendo explicitamente aprovados para proteger o sistema financeiro brasileiro da punição criminal sobre os ilícitos financeiros cometidos, tais como evasão de divisas, fraudes e remessas a paraísos fiscais, conforme atestam trabalhos de Delgado (2018) e Fatorelli (2018). São exemplos disso a Lei 9.249/95, a Lei 11.803/2008 e a Lei 13.506/2017.

A primeira delas é uma lei responsável por conferir três benesses tributárias aos proprietários da riqueza financeira, a saber:

> a) a instituição de isenção integral do IR (alíquota zero) aos dividendos pagos aos acionistas, na contramão do que se faz no resto do mundo; b) a dedução dos juros implícitos sobre capital próprio, como se fossem despesas, com vistas a reduzir a renda tributável; c) a redução do rol de alíquotas do IR estabelecendo o limite superior em 27,5%, contra a própria legislação pretérita que crescia progressivamente até a faixa dos 40%. (Delgado, 2018: 111).

Da segunda, ainda de acordo com Delgado (2018), afirma-se que:

> O serviço de dívida pública não é suscetível à verdadeira apreciação pelo Congresso Nacional, fruto de emenda de redação na Constituinte (art. 166, parágrafo 3º, item b, da CF), que explicitamente autoriza essa isenção; e ainda da confecção de uma conta fechada STN/BCB, compulsoriamente incluída no Orçamento da União por autorização da lei específica 11.803/2008. São exemplos típicos de uma institucionalidade fiscal-financeira pouco republicana, se comparada aos países do chamado capitalismo organizado, majoritariamente integrantes da OCDE. Essa característica não apenas se mantém no período pós-1988, como também vira

---

treitamente vinculada à ascensão de novas instituições que centralizam o capital monetário. Embora fundos de pensão, fundos de investimento e companhias de seguro já existissem há décadas, sua quantidade e o volume de recursos por eles detido aumentaram expressivamente a partir dos anos 1980. Esse processo foi acompanhado de sua concentração: atualmente, os 500 maiores administradores de fundos gerem 25% dos ativos financeiros mundiais, o equivalente a cerca de 100% do PIB global. Isso conferiu a esses agentes características particulares e um papel de destaque no mundo econômico e social. Para além da crise de sobreacumulação do capital deflagrada nos anos 1970 – que elevou a parcela do capital mantida na forma de dinheiro e aplicada financeiramente – a necessidade de formação de poupança privada (de famílias e empresas) para a aposentadoria dos trabalhadores contribuiu para explicar esse movimento" (2021: 08, no prelo).

> uma prática regulamentada pela Lei de Responsabilidade Fiscal (lei complementar 101/2000 – art. 8, parágrafo 2), culminando com a EC 95/2016, que não apenas mantém o "serviço de dívida" como estava (já desregulado), mas amplia para toda a despesa financeira os atributos de irresponsabilidade fiscal e ilimitada criação de despesa por iniciativa do alto staff das finanças públicas – Banco Central e Tesouro Nacional. (Delgado, 2018: 111-112).

Por fim, quanto à terceira, Delgado (2018) diz:

> A linguagem da MP, convertida em lei, é indireta, mas precisa, para atingir esse objetivo: que os bancos e demais instituições financeiras sob jurisdição do Banco Central e as corretoras e demais operadores do mercado de capitais, sob jurisdição da CVM, adiram aos "Termos de Compromisso" e "Acordos de Leniência", "sem necessidade de confissão de crime", para obter "Acordos de Leniência Secretos" mediante aplicação de multas escalonadas até o máximo de 300 milhões de reais. Na linguagem dos "mercados", a regra pode ser lida como de "precificação" do ilícito. Tais acordos, pelo seu caráter secreto, impedem na prática a operação subsequente do MPF na identificação dos ilícitos criminais envolvidos, regra que contrasta flagrantemente com tudo mais que se vê na mídia corporativa sobre o "combate à corrupção". (Delgado, 2018: 115).

Em suma, a referida normatização vai então institucionalizando um verdadeiro processo de *financeirização* da Dívida Pública Federal e *privatização/privilegiamento* da sua gestão pelas autoridades monetária (BCB) e fiscal (STN) do país. Como dito acima, ela promove, em função do arranjo normativo em construção (vide novamente Anexo 1), bloqueios e limites superiores ao gasto fiscal primário de natureza real, justamente o gasto que é responsável pelo custeio de todas as despesas correntes, tanto as intermediárias/administrativas, como as finalísticas destinadas à implementação efetiva das políticas públicas federais em todas as áreas de atuação governamental. Simultaneamente, regramentos que representam tanto a flexibilização sem limite superior como a blindagem política (inclusive para fins criminais) do gasto público financeiro, cujos principais beneficiários são as instituições financeiras (bancos, corretoras, seguradoras), fundos de investimento e demais agentes econômicos de grande porte, inclusive estrangeiros com atuação no país.

Considerações finais: implicações econômicas e sociais da privatização das finanças públicas no Brasil

> *Longe de propor um Estado não intervencionista, o neoliberalismo concebe uma política de intervenção estatal em favor do mercado, que frequentemente coexiste com o crony capitalism, o capitalismo oligárquico, a serviço dos "amigos", tão visível na Hungria de hoje, como também na Polônia, e esteve presente nos fascismos. A democracia aparece com frequência como um obstáculo: os mais pobres são acusados de tentar impor uma assimetria nas relações, o que significa levantar exigências de redistribuição de riqueza e de justiça social, que prejudicam o livre jogo dos preços e o movimento do capital. Nesse sentido, o neoliberalismo se revela profundamente antidemocrático.*
>
> Ruy Fausto

De acordo com as políticas de austeridade fiscal, reformas da previdência e administrativas seriam fundamentais, pois ao apontar para uma redução do gasto público, transmitiriam ao mercado e agentes econômicos relevantes a sensação de solvabilidade e confiança na gestão da dívida pública. Medidas de austeridade seriam, portanto, o instrumento e a solução para restaurar a confiança empresarial e, com isso, estabelecer fundamentos para o crescimento econômico.

Mas é importante ressaltar que as restrições ao gasto no Brasil, um país que emite sua própria moeda e cujo governo é credor internacional, são muitas vezes autoimpostas pela legislação que sempre se pode alterar (Dalto *et al.*, 2020).

O dinheiro do governo, portanto, não acabou nem acabará, mas as regras fiscais brasileiras, excessivamente rígidas, o impedem de gastar num momento em que a economia, depois de vários anos de crise, ainda não logrou recuperar o nível de renda de 2014. Felizmente, no entanto, já vão se avolumando opiniões contrárias ao *austericídio* como ideia e prática dominantes no mundo. Economistas estrangeiros de grande influência internacional, tais como Blanchard e Summers (2019), e mesmo alguns brasileiros de formação liberal, como Lara Resende (2017), vêm afirmando que essa crença na austeridade, como fim em si mesmo, está assentada em suposições teórica e empiricamente equivocadas.

As evidências e estatísticas disponíveis mostram que os países que seguiram o receituário da austeridade cresceram menos e/ou saíram mais tardiamente de situações de crise econômica. Ao contrário, países que adotam políticas econômicas que combinam virtuosamente o gasto público (gastos correntes e investimentos) com incentivos corretos, segurança jurídica e perspectiva econômica positiva, conseguem mobilizar complementarmente os investimentos privados no sentido de um crescimento econômico mais elevado e sustentável – vide quadro 1 abaixo.

Quadro 1. Relação entre ajuste fiscal (contracionista x expansionista) e crescimento econômico

	MAIS CRESCIMENTO Crescimento econômico maior após ajuste	MENOS CRESCIMENTO Crescimento econômico menor após ajuste
MAIS AUSTERIDADE Política fiscal contracionista = retração / esterilização do gasto real	Irlanda (1987) Noruega (1983)	Finlândia (2000) Grécia (2005, 2006) Noruega (1979)
MENOS AUSTERIDADE Política fiscal expansionista = expansão / reorientação do gasto real	Espanha (1986,1987) Finlândia (1996,1998) Grécia (1976) Irlanda (1976, 1988, 1989) Holanda (1996) Noruega (1996) N. Zelândia (1993, 1994, 2000) Portugal (1986,1988, 1995) Suécia (2004)	Finlândia (1973) Irlanda (2000) Noruega (1980)

Fonte: Alesina e Ardagna (2010), apud Rossi, Dweck e Arantes, 2018: 23. Elaboração própria.

No caso brasileiro, apesar do índice de confiança empresarial ter crescido desde a deposição de Dilma Rousseff, da aprovação da EC 95/2016 referente ao teto de gastos, das reformas trabalhista e previdenciária e da eleição de Bolsonaro à Presidência, o fato concreto é que os índices de atividade econômica e da produção industrial permaneceram estagnados ou declinantes desde 2016, bem antes, portanto, da crise pandêmica (sanitária, econômica e social) deflagrada em 2020 – vide gráficos abaixo.

Gráfico 4. Correlação negativa entre índice de confiança empresarial e comportamento real da produção industrial e da atividade econômica no Brasil entre 2016 e 2020.

Produção industrial e confiança da indústria de transformação (ICI) (com ajuste sazonal)

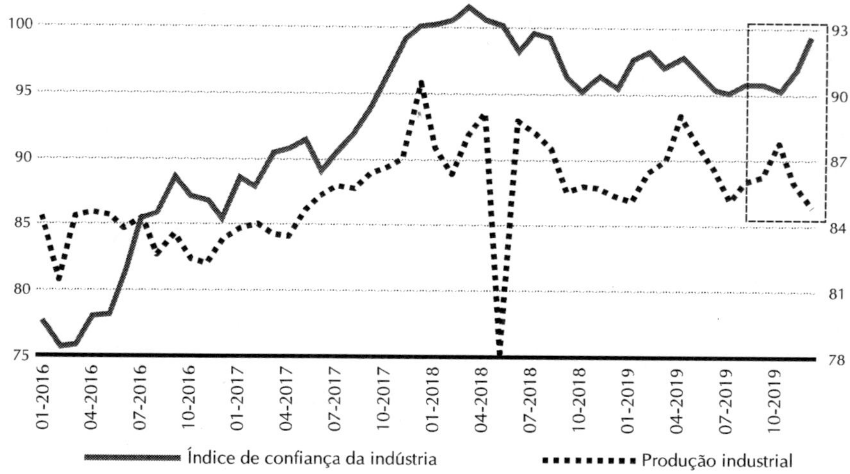

Atividade econômica (IBC-Br) e confiança empresarial (ICE) (com ajuste sazonal)

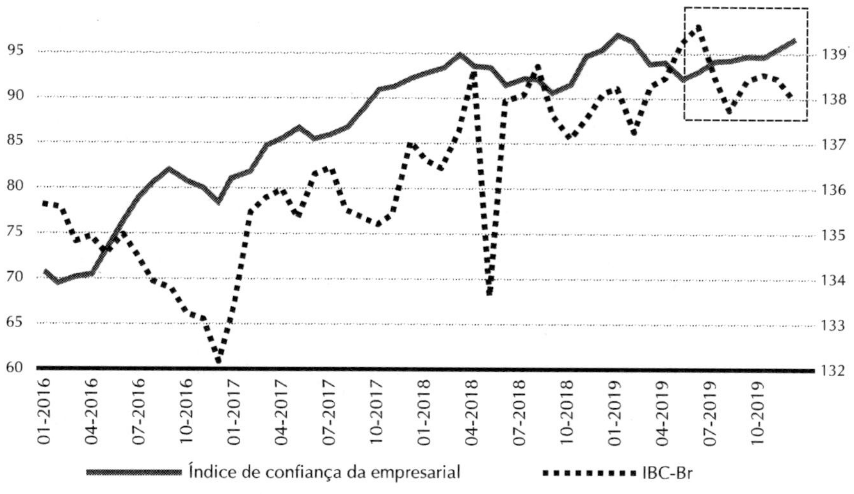

Fonte: ICE/FGV, IBC-Br/Bacen e PIA/IBGE. Elaboração: Emílio Chernavsky.

Por isso, nada assegura que a reforma administrativa, da qual as PEC 187/2019, PEC 188/2019 e PEC 32/2020 são parte, todas centradas em redução de direitos e redução de entregas de bens e serviços à população, em arrocho salarial e em demissões diretas de servidores (e indiretas de trabalhadores cujas rendas dependem dos gastos daqueles) melhorem este quadro. Pelo contrário, devem agravá-lo, ou na melhor das hipóteses instaurar a estagnação com retrocesso social como o novo normal brasileiro.

Tais medidas serão completamente contraproducentes, pois ao invés de contribuírem para o almejado ajuste fiscal estrutural do setor público, devem na verdade intensificar a contração da demanda agregada (direta e indiretamente financiada pela massa de rendimentos do trabalho proveniente dos servidores públicos) e, portanto, contribuir para a redução mais que proporcional do consumo doméstico, do faturamento empresarial, do emprego privado e da arrecadação tributária direta e indiretamente dependente e derivada da mesma massa de rendimentos (Blyth, 2017). Ademais, medidas desse porte devem induzir um processo de fuga de talentos do setor público para o setor privado, até mesmo para fora do país, bem como um processo de desestímulo ao trabalho, com consequências deletérias sobre a própria capacidade e qualidade das políticas públicas em atender, adequadamente, a população beneficiária em cada caso concreto.

Portanto, a primeira e mais importante medida a ser implementada para enfrentar a atual situação consiste em abandonar as atuais regras fiscais anacrônicas que tanto engessam a capacidade de gasto e de ação do Estado, quanto aprisionam as alternativas a medidas efetivamente insuficientes diante do cenário em curso. Em linhas gerais, as normas fiscais vigentes no Brasil estão estruturadas em 4 pilares: i) proibição de que o Banco Central financie o Tesouro Nacional (art. 164, § 1º da Constituição Federal); ii) proibição de que a União realize despesas correntes por meio do aumento da dívida pública (a chamada "regra de ouro", nos termos do art. 167, inciso III da Constituição Federal); iii) proibição de que os entes federados realizem despesas acima dos valores definidos por metas de resultado primário (art. 4º, § 1º da LRF); e iv) proibição, desde 2016, de que haja aumento real das despesas primárias da União nos 20 anos seguintes (EC 95/2016 do teto de gastos).[14]

[14] Para uma visão mais detalhada acerca dos prós e contras das normas fiscais brasileiras, ver Assecor (2020).

As mesmas quatro regras fiscais tornam pouco flexíveis (sobretudo para cima, ou seja, para anseios e necessidades de mais recursos) os processos de orçamentação, alocação, realocação, destinação inter e intrassetorial, inter e intrafederativa, inter e intratemporal, além das subfunções de monitoramento, avaliação, controle intraestatal, transparência, *accountability* e participação social sobre o gasto público primário. Tais regras, no seu afã por reprimir os gastos públicos reais, salvaguardar o gasto financeiro estéril, vigiar e punir os cidadãos etc., desequilibram o jogo de poder entre atores estratégicos da governança orçamentária, fragilizam o potencial indutor do gasto público real ao desenvolvimento nacional e tornam o modelo brasileiro de Estado, delas derivado, antieconômico em termos capitalistas.

Indo além, é possível também dizer que as quatro regras fiscais citadas contribuem para processos de desincentivos e criminalização dos gestores (chamados ordenadores de despesas ou executores do gasto público), dos dirigentes (que ocupam cargos políticos de priorização e tomada de decisões sobre recursos públicos) e do próprio gasto público primário. Isto é, elas não levam em consideração o fato de que os gastos correntes finalísticos e mesmo os gastos salariais com custeio da máquina pública, ainda que possam ser racionalizados e aperfeiçoados, são mais complementares que concorrentes ao crescimento da economia, vale dizer, são gastos que, comprovadamente, impactam positivamente a renda privada, a renda domiciliar e até mesmo a arrecadação tributária.

Por outro lado, é bem verdade, segundo Moretti, Funcia e Ocké-Reis (2021), que vigora no país, em termos práticos, uma espécie de *austeridade fiscal seletiva*, pois:

> ainda que a capacidade de resposta do Estado a crises tenha se mostrado ainda mais relevante ante a pandemia, cristalizou-se uma correlação de forças desfavorável aos usuários de serviços públicos em que as principais definições sobre o orçamento são controladas: a) pelos interesses do mercado, que relaciona expectativas sobre a economia à redução de gastos sociais e investimentos públicos; b) por grupos de pressão, sediados em posições institucionais que lhes fornecem acesso privilegiado aos fundos públicos. [...] Neste contexto, o teto, adotado em meio à narrativa da relevância do ajuste fiscal como instrumento de saída da crise de 2014-2016, acaba se tornando um argumento retórico para dar credibilidade

> à política econômica, uma vez que, no curto prazo, é contornado por artifícios no interior das contas públicas, ao mesmo tempo em que se observa a ampliação estrutural de sua rigidez. [...] Esse quadro remete a um jogo complexo em que coexistem contenção das despesas primárias ordinárias no atacado, distribuição de recursos no varejo e flexibilização seletiva da política fiscal para arbitrar gastos a serem ampliados, utilizando-se o orçamento público de forma discricionária como instrumento de acumulação de capital político e econômico.
>
> A questão não se exaure no debate técnico sobre desenho de regras fiscais, já que o arranjo em curso é particularmente nocivo à democracia, à medida que, a um só tempo, procura gerar maior adesão a um projeto político abertamente autoritário, por meio da flexibilização fiscal seletiva de curto prazo e da canalização de recursos sem critérios objetivos, dentro do teto, para setores burocráticos e políticos com acesso privilegiado aos fundos públicos e enrijece, no médio e longo prazos, o arcabouço fiscal, insulando a política fiscal e subordinando-a a critérios de mercado, de forma a inviabilizar propostas alternativas que rearticulem o orçamento às demandas sociais por serviços públicos e redistribuição de renda, riqueza e poder.

Voltando, portanto, às regras fiscais listadas acima, no que se refere ao art. 164, § 1º da Constituição Federal, que veda o *financiamento do Tesouro Nacional pelo Banco Central do Brasil*, é preciso estabelecer, em seu lugar, critérios e mecanismos por meio dos quais isso possa acontecer. Nesse ponto, ao menos duas situações precisam ser contempladas: i) em momentos de crise de liquidez sistêmica no mercado bancário e financeiro nacional, permissão para financiamento monetário dos passivos bancários e de entidades financeiras, havendo contrapartidas em termos de manutenção ou geração de empregos formais e tributação das próprias empresas beneficiárias, direta e indiretamente com tais empréstimos; ii) em momentos de crise econômica severa do setor produtivo nacional, permissão para financiamento monetário do capital de giro de tais empresas, com as mesmas contrapartidas acima indicadas.

Por usa vez, a *regra de ouro* já se mostra, há muito tempo, uma norma fiscal completamente inadequada. Baseada em um conceito econômico ultrapassado, que valorizava unicamente os investimentos em capital físico, a regra de ouro prejudica a promoção dos direitos sociais e a criação e manutenção de capacitação humana. O enfrentamento à crise gerada pela pandemia exige, essencialmente, a elevação de despesas correntes (tais como saúde e transferências), o que é incompatível com a regra de ouro, que veda a ocorrência de déficit corrente. É importante lembrar que o próprio Tesouro Nacional, além de organismos internacionais e especialistas, já propuseram a extinção dessa regra, tamanha a sua inadequação à realidade das finanças públicas.

Trata-se, portanto, de revogar a proibição de que a União realize despesas correntes por meio do aumento da dívida pública (nos termos do art. 167, inciso III da Constituição Federal), estabelecendo, em seu lugar, critérios e mecanismos por meio dos quais isso possa acontecer. Para tanto, é preciso reorganizar o entendimento básico sobre o modo pelo qual as finanças públicas se estruturam e operam numa economia monetária da produção. Em particular, é preciso que seja reconstruída em outras bases os conceitos, aplicações e interrelações relativas à irreal diferenciação entre gastos correntes de custeio (cuja ênfase deve recair sobre o critério de eficiência), gastos correntes finalísticos e gastos propriamente novos de investimentos, cuja ênfase deve recair sobre os critérios de eficácia e efetividade. Em todos os casos, os critérios de controle, monitoramento e avaliação da despesa pública devem ser alterados em função do PPA ou outro instrumento efetivo de planejamento governamental, o qual, buscando garantir *centralidade política*, *direcionalidade*, *temporalidade*, *exequibilidade* e *responsividade* ao gasto público (Cardoso Jr., 2020), garantam também a sua suficiência e sustentabilidade com relação ao ordenamento prioritário das políticas públicas em ação ao longo do tempo.

Por fim, no que tange ao *teto de gastos* (EC 95/2016), ele congela as despesas da União em termos reais até 2036. Se essa absurda restrição – sem paralelo no mundo – já vinha prejudicando a prestação de serviços públicos (especialmente a da saúde), agora mostra-se totalmente incompatível com as atribuições constitucionais e legais do Estado brasileiro frente à crise gerada pela pandemia. E serão inúmeras as despesas duradouras geradas por ela: tratamento das sequelas dos sobreviventes, novas aposentadorias por incapacidade e pensões por morte, transferências de renda para as pessoas e investimentos públicos imprescindíveis para reativar a economia. Assim, a manutenção do teto – reforçado pela aprovação da EC 109/2021 que estabelece gatilhos de travamento automático de gastos primários abaixo do teto – produzirá colapso do sistema de saúde, paralisia da máquina pública e continuidade da crise econômica, tornando assim inevitável a sua derrubada.

Em suma, torna-se imperativo cuidar de deslocar a alienação e a resignação impostas pela teoria ruim e por práticas nefastas de política econômica, substituindo-as por uma orientação geral capaz de levar o Brasil a um processo consistente e decidido de *desfinanceirização e desprivatização das finanças públicas*, fruto da indignação propositiva com a qual se reconstroem as sociedades e seus países.

Anexo 1. Atos Normativos e Linha do Tempo da Privatização das Finanças Públicas no Brasil

Data	Norma	Enrijecimento e Criminalização do Gasto Público Real	Flexibilização sem limite superior e Blindagem do Gasto Público Financeiro
1964	Lei 4.595	Estrutura o Sistema Financeiro Nacional	Cria o SMN e o BCB
1964	Lei 4.320	Lei de Finanças	
1976	Lei 6.4040		Lei das Sociedades Anônimas S.A.: dividendo obrigatório mínimo a acionistas
1976	Lei 6.385		Cria a CVM
1987	Lei 1.289		Internacionalização do SFN
1988	CF-88, Art. 192	Regulamenta o SFN	Regulamenta o SFN
1988	Res. 1.524		Autorização para insituição de bancos multiplos
1994	EC 01	• Instituição do Fundo Social de Emergência (FSE): • Possibilita a desvinculação de 20% do produto da arrecadação de todos os impostos e contribuições da União vinculados por lei a fundos ou despesas até o fim de 1996, o que leva à redução dos recursos destinados à previdência social e outras políticas sociais.	• A justificativa para a desvinculação é a necessidade de equilíbrio fiscal (saneamento financeiro da Fazenda Pública Federal e de estabilização econômica).
1995	Lei 9.249 Lei. 9250		• Isenção do imposto de renda aos lucros ou dividendos pagos ou creditados pelas pessoas jurídicas tributadas com base no lucro real, e não integração à base de cálculo do imposto de renda do beneficiário, pessoa física ou jurídica, a partir de 1996. • Possibilidade de dedução no imposto de renda de pessoas jurídicas de juros pagos ou creditados individualmente a titular, sócios ou acionistas sobre capital próprio.
1996	EC 10	• **Fundo Social de Emergência:** • Mudança do nome para Fundo de Estabilização Fiscal e prorrogação até 30 de junho de 1997.	• Mantém a justificativa da necessidade de equilíbrio fiscal e obtenção de superávits fiscais primários para pagamento de juros da dívida pública.

Data	Norma	Enrijecimento e Criminalização do Gasto Público Real	Flexibilização sem limite superior e Blindagem do Gasto Público Financeiro
1997	Decreto 2.271	• Terceirização e Privatização de atividades no serviço público: "poderão ser objeto de execução por terceiros as atividades materiais acessórias, instrumentais ou complementares aos assuntos que constituem área de competência legal do órgão ou da entidade."	
1997	EC 17	• **Fundo de Estabilização Fiscal:** • Prorrogação até 31 de dezembro de 1999.	• Mantém a justificativa da necessidade de equilíbrio fiscal e obtenção de superávits fiscais primários para pagamento de juros da dívida pública.
1997	Lei 9.491		Programa Nacional de Desestatização
1998	EC 19 PLP 248	• Possibilita o fim do Regime Jurídico Único (RJU). • Aumenta de 2 para 3 anos o prazo para aquisição da estabilidade no serviço público. • Propõe a demissão de servidores estáveis por avaliação de desempenho insuficiente: será exonerado o servidor estável que receber dois conceitos sucessivos de desempenho insatisfatório ou três conceitos interpolados de desempenho insatisfatório nas últimas cinco avaliações.	
1999	Lei 9.887		• Redução do rol de alíquotas do IRPF, estabelecendo o limite superior em 27,5%, contra a própria legislação pretérita que crescia progressivamente até a faixa dos 40%.
2000	EC. 27	• **Fundo de Estabilização Fiscal:** • É renomeado para Desvinculação de Receitas da União (DRU) e prorrogado até o fim de 2003.	• Mantém a justificativa da necessidade de equilíbrio fiscal e obtenção de superávits fiscais primários para pagamento de juros da dívida pública.
2000	LC 101 LRF	**Lei de Responsabilidade Fiscal:** • Impõe limites orçamentários para as despesas com pessoal nos três níveis da Federação e possibilita demissão de servidores públicos nas três esferas de governo. • Inclui sanções como a suspensão de transferências voluntárias a outro ente da Federação, exceto as relativas a ações de educação, saúde e assistência social.	
2000	Lei 10.101		Participação em Lucros e Resultados

Data	Norma	Enrijecimento e Criminalização do Gasto Público Real	Flexibilização sem limite superior e Blindagem do Gasto Público Financeiro
2001	Lei 10.303		Lei das Sociedades Anônimas S.A.: dividendo obrigatório mínimo a acionistas e proteção a acionistas minoritários
2002	Lei 10.411		Blindagem institucional da CVM
2003	EC. 40		Revogação do Art. 192/CF-88, para flexibilização e financeirização do SFN
2003	EC. 41	• Institui o fim da paridade e integralidade salarial dos servidores públicos, bem como o pagamento de contribuição previdenciária para aposentados e pensionistas do serviço público que recebem acima do teto do INSS.	
2004	Lei 11.079		Regulamentação das PPP
2005	Lei 11.101		Lei de Falências, favorecimentos dos credores em detrimento do fisco e dos trabalhadores
2006	Lei 11.312		Isenção de impostos ao capital estrangeiro
2007	Lei 11.491		Fundo de Investimento do FGTS
2007	Lei 11.638		Lei das S/A, favorecimento dos acionistas
2007	EC 56	• **Desvinculação de Receitas da União (DRU):** • Prorrogação até 31 de dezembro de 2011.	• Mantém a justificativa da necessidade de equilíbrio fiscal e obtenção de superávits fiscais primários para pagamento de juros da dívida pública.
2008	Lei 11.803		-Autoriza a criação de carteira de títulos entre o Banco Central do Brasil e o Tesouro Nacional, para fins de condução da política monetária. Permite transferências de lucros e prejuízos entre o BC e o TN.
2011	EC 68	• **Desvinculação de Receitas da União (DRU):** Prorrogação da até 31 de dezembro de 2015.	• Mantém a justificativa da necessidade de equilíbrio fiscal e obtenção de superávits fiscais primários para pagamento de juros da dívida pública.
2012	Lei 12.618	**Funpresp:** • Implanta o Fundo de Capitalização com contribuição definida e benefício incerto para servidores públicos que recebem acima do teto do INSS a partir de 2013 e a quebra da solidariedade entre trabalhadores ativos e inativos no serviço público.	

Data	Norma	Enrijecimento e Criminalização do Gasto Público Real	Flexibilização sem limite superior e Blindagem do Gasto Público Financeiro
2014	LC 148		• **Renegociação das dívidas dos Estados com a União:** • Altera a Lei de Responsabilidade Fiscal • Flexibiliza critérios de indexação dos contratos de refinanciamento da dívida entre a União, Estados, o Distrito Federal e Municípios.
2015	Lei 13.135	• **Cálculo para Recebimento da Pensão:** • O instituidor da pensão terá que ter no mínimo 18 contribuições mensais e pelo menos 2 anos após o início do casamento ou da união estável para ter direito à pensão. • Apenas após os 44 anos de idade é que a pensão passa ser vitalícia.	
2016	LC 156	**Lei de Responsabilidade Fiscal:** • Substitui o conceito de "Despesas com Funcionalismo Público" por "Despesas de Pessoal", o que possibilita a somatória de despesas dos servidores com pessoal não estável, aumentando com isso o peso da rubrica total de pessoal no cômputo da Receita Corrente Líquida e seus limites (50% União e 60% Estados e Municípios) na LRF.	• **Plano de Recuperação Fiscal:** • Altera leis e renegocia os saldos devedores da Lei 9.946 de 1997, referentes às dívidas dos entes subnacionais para com a União.
2016	EC 93	• Desvinculação de Receitas da União (DRU): Prorrogação da até 31 de dezembro de 2023 e aumento de 20% para 30%.	• Mantém a justificativa da necessidade de equilíbrio fiscal e obtenção de superávits fiscais primários para pagamento de juros da dívida pública.
2016	EC 95	**Teto de Gastos:** • Institui o Novo Regime Fiscal que limita os gastos públicos por 20 anos.	• A Emenda Constitucional não limita os gastos financeiros, impõe teto somente para as despesas primárias.
2017	PLS 116	• Autoriza demissão de servidores estáveis por insuficiência de desempenho: será exonerado o servidor estável que receber quatro conceitos sucessivos negativos ou cinco conceitos interpolados nas últimas dez avaliações.	

Data	Norma	Enrijecimento e Criminalização do Gasto Público Real	Flexibilização sem limite superior e Blindagem do Gasto Público Financeiro
2017	LC 159		• Institui novo Regime de Recuperação Fiscal aos Estados e ao Distrito Federal. • Altera a LRF • Suspende o pagamento da dívida dos Estados com a União pelo prazo de até 36 meses, admitida uma prorrogação por igual período.
2017	Lei 13.506		• Ao dispor acerca do processo administrativo sancionador na esfera de atuação do Banco Central do Brasil e da Comissão de Valores Mobiliários, altera leis como a de Mercado de Capitais e a de Crimes Financeiros. • Altera a redação de ilícitos como o crime de manipulação de mercado, de *inside trading*, evasão de divisas e crime de empréstimo vedado.
2018	Decreto 9507	• Autoriza a terceirização irrestrita das áreas finalísticas dos serviços públicos, com aval do STF.	
2019	PEC 186	• **PEC Emergencial (Plano Mais Brasil):** • Caso critérios relacionados às despesas sejam descumpridos, como a Regra de Ouro, são propostos mecanismos de estabilização e ajuste fiscal como: vedação de aumento a membros do Poder e servidores, de criação de cargo ou alteração de estrutura de carreira que impliquem aumento de despesa, de admissão, contratação e realização de concursos que não sejam para reposições, de criação ou aumento de benefícios e de criação ou reajuste acima da inflação de despesa obrigatória, além de redução da jornada do serviço público com redução de vencimentos.	• Caso a PEC seja aprovada, o excesso de arrecadação ou superávit financeiro é reservado para pagamento das dívidas públicas.
2019	PEC 187	**PEC dos Fundos Públicos (Plano Mais Brasil):** • Extingue os fundos públicos criados por lei que não forem ratificados nos dois anos subsequentes à promulgação da EC.	• Possibilita que o volume desvinculado seja utilizado na amortização da dívida pública da União.

Data	Norma	Enrijecimento e Criminalização do Gasto Público Real	Flexibilização sem limite superior e Blindagem do Gasto Público Financeiro
2019	**PEC 188**	**PEC do Pacto Federativo (Plano Mais Brasil):** • Redução dos recursos destinados a financiar programas de desenvolvimento econômico passa de pelo menos 40% para 14%. • Extinção de municípios de até 5000 habitantes que não comprovarem arrecadar pelo menos 10% de suas receitas. • Vedação a novas concessões de garantias pela União a partir de 2026 a Estados e Municípios com problemas financeiros.	• Inclusão de parágrafo único ao artigo 6º da constituição, que prevê que "será observado, na promoção dos direitos sociais, o direito ao equilíbrio fiscal intergeracional".
2020	**EC 106**		**EC do Orçamento de Guerra:** • Institui regime extraordinário fiscal, financeiro e de contratações para enfrentamento da calamidade pública nacional decorrente de pandemia internacional que autoriza ao Banco Central a comprar e vender títulos de emissão do Tesouro Nacional, nos mercados secundários local e internacional, e direitos creditórios e títulos privados de crédito em mercados secundários, no âmbito de mercados financeiros, de capitais e de pagamentos. • Dispensa do cumprimento da Regra de Ouro durante o enfrentamento da calamidade.
2020	**PLP 101**	**Programa de Acompanhamento e Transparência Fiscal (Plano de Promoção do Equilíbrio Fiscal):** • PLP substituto ajustado do Plano Mansueto (PLP 149/19) que estabelece prazo até 2030 para enquadramento no limite de despesa total com pessoal estabelecido na LRF. • Entre as exigências para o Regime de Recuperação Fiscal (RRF) estão medidas como a revisão dos regimes jurídicos de servidores da administração pública direta, autárquica e fundacional para reduzir benefícios ou vantagens não previstos no regime jurídico único dos servidores públicos da União e a instituição de regras e mecanismos para limitar o crescimento anual das despesas primárias à variação do IPCA.	• Altera leis como a LC 56/16 e LC 101/00 (LRF). • Autorização à União de parcelamento de dívidas dos Estados, do Distrito Federal e dos Municípios com prazo de até 120 meses (10 anos) e incorporação de saldos devedores por contratos de refinanciamento. • Permissão para renegociação de dívidas junto ao sistema financeiro e instituições multilaterais de crédito sem nova verificação de limites e condições pela STN. • O RFF apresenta como objetivo o equilíbrio fiscal dos Estados e se diz norteado, entre outros, pelo princípio da sustentabilidade econômico-financeira.

Data	Norma	Enrijecimento e Criminalização do Gasto Público Real	Flexibilização sem limite superior e Blindagem do Gasto Público Financeiro
2020	LC 173	**Programa Federativo de Enfrentamento ao Coronavírus SARS-CoV-2 (Covid-19):** • Suspende os concursos públicos e os prazos de validade dos concursos públicos já homologados. • Congelamento de salários de algumas categorias de servidores até dezembro de 2021.	• Altera a LRF • Suspende os pagamentos dos refinanciamentos de dívidas dos Municípios com a Previdência Social com vencimento entre 1º de março e 31 de dezembro de 2020.
2020	MP 930		• Autoriza aos bancos com investimentos no exterior a diminuírem a proteção cambial usada para compensar prejuízos com a flutuação do dólar • Impõe, a partir de 2021, a tributação sobre a variação cambial do investimento protegido pela cobertura (hedge), tornando desnecessário fazer uma proteção com valor excedente (igualmente tributável).
2020	PEC 32	**PEC da Reforma Administrativa:** • Altera 27 trechos da Constituição e introduz 87 novos, sendo quatro artigos inteiros. • As principais medidas tratam da contratação, da remuneração e do desligamento de pessoal, válidas para quem ingressar no setor público após a aprovação das mudanças.	
2021	PLP 19/2019	**Autonomia do Banco Central:** • Confere mandato de quatro anos para o presidente e diretores da autarquia federal. O texto estabelece que o Banco Central passe a se classificar como autarquia de natureza especial caracterizada pela "ausência de vinculação a ministério, de tutela ou de subordinação hierárquica".	• Com essa "autonomia", o preço dos produtos, a inflação e a taxa de juros estarão vinculados a interesses diretos do sistema financeiro, ao qual o BC continuará não tendo autonomia. • A maioria do plenário rejeitou destaque da oposição que visa agregar o compromisso de fomentar o pleno emprego entre as atribuições do BC.

Fonte: Legislação Brasileira. Elaboração própria.

Referências

ARANTES, R. B. *et al.* Controles democráticos sobre a administração pública no Brasil: Legislativo, Tribunais de Contas, Judiciário e Ministério Público. In: LOUREIRO, M. R.; ABRUCIO, F. L.; PACHECO, R. S. (orgs.). *Burocracia e Política no Brasil: desafios para a ordem democrática no século XXI.* Rio de Janeiro: FGV, 2010.

ASSECOR (Associação Nacional dos Servidores da Carreira de Planejamento e Orçamento). *Aperfeiçoamento das Normas Fiscais Brasileiras.* Brasília: Cadernos da Reforma Administrativa, n. 09, Fonacate, 2020.

BELLO, E.; BERCOVICI, G. e LIMA, M. M. *O Fim das Ilusões Constitucionais de 1988?* Rio de Janeiro: Rev. Direito e Práxis, Vol. 10, N.03, 2019, p. 1769-1811.

BELLUZZO, L. G.; ALMEIDA, J. G. *Depois da Queda: a economia brasileira da crise da dívida aos impasses do real.* Rio de Janeiro: Civilização Brasileira, 2002.

BELLUZZO, L. G; BASTOS, P. P. (orgs). *Austeridade para Quem: balanço e perspectivas do governo Dilma Rousseff.* São Paulo: Carta Maior, Friederich Ebert Stiftung, 2015.

BELLUZZO, L. G., RAIMUNDO, L. C. e ABOUSCHEDID, S. *Gestão da Riqueza Velha e Criação de Riqueza Nova: a Modern Money Theory (MMT) é a solução?* Campinas: Revista Economia e Sociedade, n. ????, 2021.

BLANCHARD, O.; SUMMERS, L. *Revolution or Evolution? Rethinking macroeconomic policy after the great recession.* Cambridge, Massachusetts: MIT Press, 2019.

BERCOVICI, G. *Constituição Econômica e Desenvolvimento: uma leitura a partir da Constituição de 1988.* São Paulo: Ed. Malheiros, 2005.

BERCOVICI, G.; MASSONETO, L. F. *A Constituição Dirigente invertida: a blindagem da Constituição Financeira e a agonia da Constituição Econômica.* Coimbra: Faculdade de Direito da Universidade de Coimbra, 2016.

BLYTH, M. *Austeridade: a história de uma ideia periogosa.* São Paulo: Autonomia Literária, 2017.

BRAGA, J. C. *A Financeirização da Riqueza: a macroestrutura financeira e a nova dinâmica dos capitalismos centrais.* Campinas: Revista Economia & Sociedade, v. 2, n. 1, 1993.

BRAGA, J. C. A *Financeirização Global: o padrão sistêmico de riqueza do capitalismo contemporâneo. In*: Tavares, M. C.; Fiori, J. L. (Orgs.). Poder e Dinheiro: uma economia política da globalização. Petrópolis: Editora Vozes, 1997.

BRASIL DEBATE et alli. *Mudar para Sair da Crise: alternativas para o Brasil voltar a crescer.* São Paulo: Brasil Debate, Centro Internacional Celso Furtado de Políticas Para o Desenvolvimento, Fórum 21, Fundação Perseu Abramo, Plataforma Política Social, Le Monde Diplomatique Brasil e Rede Desenvolvimentista, 2015a.

BRASIL DEBATE et alli. *Subsídios para um Projeto de Desenvolvimento Nacional.* São Paulo: Brasil Debate, Centro Internacional Celso Furtado de Políticas Para o Desenvolvimento, Fórum 21, Fundação Perseu Abramo, Plataforma Política Social, Le Monde Diplomatique Brasil e Rede Desenvolvimentista, 2015b.

BRUNO, M. e CAFÉ, R. *Indicadores Macroeconômicos de Financeirização: metodologia de construção e aplicação ao caso do Brasil.* In: IBGE. População, Espaço e Sustentabilidade: contribuições para o desenvolvimento do Brasil. Rio de Janeiro: ENCE/IBGE, 2015.

BRUNO, M. e CAFÉ, R. *Estado e Financeirização no Brasil: interdependências macroeconômicas e limites estruturais ao desenvolvimento.* Campinas: Revista Economia e Sociedade, IE-Unicamp, v. 26, núm. especial, 2017.

CARDIM DE CARVALHO, F. *Keynes e os Pós-Keynesianos: princípios de macroeconomia para uma economia monetária de produção.* Rio de Janeiro: Alta Books, 2020.

CARDOSO JR., J. C. e RAIMUNDO, L. C. *Ilusões Fiscais: equívocos do monetarismo e colapso histórico do liberalismo econômico.* Brasília: RBPO (Revista Brasileira de Planejamento e Orçamento), volume 10, nº 1, 2020.

CARDOSO JR. J. C. *Planejamento e Capacidade Governativa no Brasil: aporias e utopias para um mundo pós-pandêmico.* In: BERCOVICI, G., SICSÚ, J. e AGUIAR, R. (orgs.). Utopias para Reconstruir o Brasil. São Paulo: Quartier Latin, 2020.

CARVALHO, D. U., MIRANDA, B. P. e GAMBI, T. F. *Financeirização e Fragilidade do Setor Público Brasileiro: um estudo para o período 2008-2014.* Curitiba: Revista de Economia da UFPR, v. 38, n. 67, 2017.

CHESNAIS, F. *A Mundialização do Capital.* São Paulo: Xamã, 1996.

CHESNAIS, F. (org.). *A Mundialização Financeira: gênese, custos e riscos.* São Paulo: Xamã, 1998.

CHESNAIS, F. *Tobin ou not Tobin: porque tributar o capital financeiro internacional em apoio aos cidadãos.* São Paulo: Ed. Unesp, Attac, 1999.

CHESNAY, F. (org.). *A Finança Mundializada: raízes sociais e políticas, configuração e consequências.* São Paulo: Boitempo, 2005.

CHESNAIS, F. *Las Deudas Ilegítimas: cuando los bancos meten mano en las políticas públicas.* Madrid: Clave Intelectual, 2012.

CBJP (COMISSÃO BRASILEIRA JUSTIÇA E PAZ); IBRADES (INSTITUTO BRASILEIRO DE DESENVOLVIMENTO). *Brasil: pela ética na gestão do sistema financeiro nacional – a promiscuidade "público-privada" com especial atenção às contas CC-5.* São Paulo: Ed. Loyola, 2000.

COUTO, L. e CARDOSO JR., J. C. *Governança Orçamentária: transformações e lacunas nas práticas de planejamento e orçamento no Brasil.* Brasília: Boletim de Análise Político-Institucional (BAPI), n. 19, Diest/Ipea, 2018.

DALTO, F., GERIONI, E., OZZIMOLO, J., DECCACHE, D. e CONCEIÇÃO, D. *Teoria Monetária Moderna (MMT): a chave para uma economia a serviço das pessoas.* Fortaleza: Nova Civilização, 2020.

DELGADO, G. *CF 30 Anos: finanças públicas sob o enfoque distributivo.* In: CARDOSO JR., J. C. 30 Anos da Constituição Federal Brasileira: notas para um obituário precoce. Brasília: Afipea-Sindical, 2018.

DOWBOR, L. *A Era do Capital Improdutivo.* São Paulo: Autonomia Literária, 2017.

DOWBOR, L. O Parasitismo Financeiro e seus Malefícios. In: LACERDA, A. C. (org). *O Mito da Austeridade.* São Paulo: Ed. Contracorrente, 2019.

DWECK, E., ROSSI, P. e OLIVEIRA, A. L. M. (orgs.). *Austeridade e Retrocesso: finanças públicas e política fiscal no Brasil.* São Paulo: Fórum, 21; Fundação Friedrich Ebert Stiftung (FES); GT de Macro da Sociedade Brasileira de Economia Política (SEP); e Plataforma Política Social, setembro de 2016.

DWECK, E., ROSSI, P. e OLIVEIRA, A. L. M. (orgs.). *Austeridade e Retrocesso: impactos sociais da política fiscal no Brasil.* São Paulo: Brasil Debate e Fundação Friedrich Ebert, agosto 2018.

DWECK, E., ROSSI, P. e OLIVEIRA, A. L. M. (orgs.). *Economia Pós-Pandemia: desmontando os mitos da austeridade fiscal e construindo um novo paradigma econômico.* São Paulo: Autonomia Literária, 2020.

FATTORELLI, M. L. Sistema da Dívida Pública: entenda como você é roubado. In: SOUZA, J.; VALIM, R. (coords). *Resgatar o Brasil.* São Paulo: Ed. Contracorrente, Ed. Boitempo, 2018.

FEVEREIRO, J. L. Dívida Pública, problema ou solução. In: MARINGONI, G; MEDEIROS, J. (orgs). *Cinco Mil Dias: o Brasil na Era do Lulismo.* São Paulo: Ed. Boitempo, Fundação Lauro Campos, 2017.

FUNDAÇÃO PERSEU ABRAMO. *Os Donos do Dinheiro: o rentismo no Brasil.* São Paulo: FPA, 2019.

GIMENE, M. (2019). O novo regime fiscal e o sistema de planejamento e de orçamento federal. Brasília: *Revista Brasileira de Planejamento e Orçamento*, vol. 9, nº 1.

GIMENE, M. Planejamento e Sustentabilidade Fiscal. In: GIMENE, M. (org.). *Planejamento, Orçamento e Sustentabilidade fiscal.* Brasília: Assecor, 2020.

GONTIJO, C.; OLIVEIRA, F. A. *Subprime: os 100 dias que abalaram o capital financeiro mundial e os efeitos da crise sobre o Brasil.* Belo Horizonte: 2009.

GOOD, D. *The Politics of Public Money.* Toronto: University of Toronto Press, 2nd ed., 2014

IBASE (Instituto Brasileiro de Análises Sociais e Econômicas). *Quem Controla o Sistema Financeiro.* Rio de Janeiro: IBASE, 2007.

IBASE (Instituto Brasileiro de Análises Sociais e Econômicas). *Crise Financeira e Déficit Democrático.* Rio de Janeiro: IBASE, 2009.

LAPYDA, I. *Financeirização no Brasil nos anos Lula (2003 a 2010). São Paulo: FFLCH-USP, Tese de Doutoramento, 2019.*

LAPYDA, I. *Os Principais Agentes Privados da Financeirização no Brasil do século XXI.* In: Cardoso Jr., J. C. (org.). Financeirização e Privatização das Finanças Públicas no Brasil: arranjo institucional e implicações econômicas e sociais. Brasília: Fonacate, 2021, no prelo.

LARA RESENDE, A. (2017). *Juros, Moeda e Ortodoxia: teorias monetárias e controvérsias políticas.* São Paulo: Editora Portfolio, 2017.

LAVINAS, L. e GENTIL, D. *Brasil anos 2000: a política social sob regência da financeirização.* São Paulo: Novos Estudos Cebrap, v.37, n.02, 2018.

LIN, Ken-Hou e NEELY, Megan Tobias. *Disvested. Inequality in the Age of Finance.* Oxford University Press, 2019.

MASSONETO, L. F. *O Direito Financeiro no Capitalismo Contemporâneo: a emergência de um novo padrão normativo.* Tese (Doutorado) – Faculdade de Direito, Universidade de São Paulo, São Paulo, 2006.

MORETTI, B., SANTOS, E. e BANDEIRA, E. *CF 30 Anos: o desequilíbrio entre a questão fiscal e os direitos sociais em quatro tempos.* In: CARDOSO JR., J. C. 30 Anos da Constituição Federal Brasileira: notas para um obituário precoce. Brasília: Afipea-Sindical, 2018.

MORETTI, B.; FUNCIA, F. e OCKÉ-REIS, C. *Austeridade Fiscal e Clientelismo no Orçamento Público.* Disponível em: Austeridade fiscal e clientelismo no orçamento público (diplomatique.org.br). Acesso realizado em: 17 de agosto de 2021.

OLIVEIRA, F. A. *Economia e Política das Finanças Públicas no Brasil.* São Paulo: Hucitec, 2009.

PALHARES, J. E. (org). *A Internacional do Capital Financeiro.* São Paulo: FPA, 2014.

PAULANI, L. M. *Brasil Delivery.* São Paulo: Boitempo, 2008.

PLAT, S. *Capitalismo Criminoso: como as instituições financeiras facilitam o crime.* São Paulo: Cultrix, 2017.

ROSSI, P.; DWECK, E. OLIVEIRA, A. L. M. (orgs). *Economia para Poucos: impactos sociais da austeridade e alternativas para o Brasil.* São Paulo: Autonomia Literária, 2018.

SALAMA, P. *Financeirização no Brasil: um tigre de papel, com dentes atómicos?* Disponível em https://aviagemdosargonautas.net/2014/06/17/financeirizacao-no-brasil-um-tigre-de-papel--com-dentes-atomicos/, 2014.

TEIXEIRA, R. A. e PINTO, E. C. *A Economia Política dos Governos FHC, Lula e Dilma: dominância financeira, bloco no poder e desenvolvimento econômico.* Campinas: Revista Economia e Sociedade, IE-Unicamp, v. 21, 2012.

TOUSSAINT, E. *A Bolsa ou a Vida: a dívida externa do terceiro mundo e as finanças contra os povos.* São Paulo: FPA, 2002.

VIANA, N. *O Capitalismo na Era da Acumulação Integral.* Aparecida-SP: Ed. Santuário, 2009.

VIEIRA FILHO, L. A. M. *Gestão da Dívida Pública e a Política Monetária no EUA e no Brasil.* Campinas: Dissertação de Mestrado, IE-Unicamp, 2019.

VIGUERAS, J. H. *El Casino que nos Gobierna: tampas y juegos financeiros a lo claro.* Madrid: Clave Intelectual, 2012.

WILDAVSKY, A. *The Politics of the Budgetary Process.* Boston: Little, 1964.

WILDAVSKY, A. e CAIDEN, N. *The New Politics of the Budgetary Process.* New York: Pearson; Longman, 2004.

Finanças públicas e participação social: elementos para enfrentar o rentismo e o fiscalismo no Brasil[1][2]

José Celso Cardoso Jr.

Introdução

Não há dúvida de que nas últimas décadas proliferaram, em vários lugares do mundo e também no Brasil, experiências diversas de participação social ou cidadã. Em nosso país, sobretudo entre a CF-1988 e o golpe de 2016 contra a então presidenta Dilma Rousseff, um grande número de órgãos públicos e municípios levaram a cabo processos participativos de vários tipos, muitos deles vinculados a questões sociais, urbanísticas, ambientais e de desenvolvimento local. Durante o mesmo período, criaram-se muitas instâncias participativas que se pretendiam de caráter permanente, conhecidas como os *conselhos* e as *conferências* de políticas públicas, as *ouvidorias* e as *audiências* públicas, além de instâncias esporádicas, como os *fóruns*, *mesas de negociação* e *grupos*

1 Agradeço à Comissão de Legislação Participativa da Câmara dos Deputados, em especial ao deputado Pedro Uczai (PT/SC) que a presidiu, bem como ao servidor Erivan Raposo, pelo convite à participação no Seminário "Democratização do Orçamento Público" realizado no dia 23 de novembro de 2022. Evidentemente, erros e omissões são de inteira responsabilidade do autor.

2 Este capítulo foi originalmente publicado como: Cardoso Jr., J. C. Finanças Públicas e Participação Social: elementos para enfrentar o rentismo e o fiscalismo no Brasil. In: Uczai, P.; Raposo, E.; Campos, L. (orgs). *Democratização do Orçamento Público: desafios para o Brasil.* Brasília: Câmara dos Deputados, Edições Câmara, 2023.

de trabalho, os *lobbies* e demais arenas semiestruturadas de participação direta, tudo com a intenção de incorporar critérios cidadãos (vale dizer: republicanos e democráticos) na definição das políticas públicas nacionais.[3]

Não obstante, para além dos efeitos deletérios que o golpe de 2016 e a eleição de Bolsonaro em 2018 trouxeram para a dinâmica participativa até então em curso, a verdade é que já existiam muitas dúvidas sobre o impacto de tais experiências em termos de sua capacidade de fazer frente, com sucesso, aos problemas de sociedades cada vez mais complexas. Desde então, multiplicam-se vozes que criticam e acusam a participação de ter provocado um certo caos dentro das administrações, e de haver gerado falsas expectativas sobre cidadãos que, além de participarem, exigem que a política seja capaz de resolver os seus problemas imediatos.

Desta maneira, não vamos negar a existência de problemas de fundo, pois os há, quando falamos em mudar o formato tradicional de fazer política, ou seja, quando falamos de uma *nova forma de governar*, voltada não apenas para as pessoas, mas também *com as pessoas*. Mas também acreditamos que efetivar e aprimorar canais de participação direta da sociedade junto a instâncias e processos de governo é a única forma que temos para fazer frente, com alguma probabilidade de êxito, aos imensos problemas e desafíos colocados para a humanidade neste século XXI.

Neste sentido, inspirado em ensinamentos contidos em obras de Brugué (2006; 2009; 2014), Brugué, Blanco e Boada-Danés (2014) e Tarragó, Brugué e Cardoso Jr. (2015), argumentamos aqui em favor da *participação social como método de governo*, buscando desarmar algumas das proposições frequentemente utilizadas para minimizar ou mesmo ridicularizar a participação social em processos de governo. Adicionalmente, defendemos a necessidade de *radicalizar a democracia* (Santos, 1999), como antídoto para a falência das formas tradicionais de se fazer política, expressas na imensa dificuldade dos governos atuais em governar, e dos cidadãos em controlar os seus próprios governos.

---

[3] Para o caso brasileiro, há já uma imensa bibliografia a respeito do tema, da qual gostaríamos de destacar os livros organizados por Pires (2011) e Avritzer & Souza (2013), ambos produzidos no âmbito das atividades de pesquisa aplicada e assessoramento governamental da Diretoria de Estudos e Políticas do Estado, das Instituições e da Democracia (Diest) do Instituto de Pesquisa Econômica Aplicada (Ipea).

Daí a necessidade de se *recuperar a boa política* como forma de superar a barbárie moral que tomou conta das relações políticas e das próprias administrações públicas no Brasil e mundo afora. Para tanto, é mister desenvolver *novas capacidades administrativas* para que os governos sejam capazes de melhor comunicarem os seus planos, orçamentos, objetivos e metas, tanto internamente, como junto à sociedade.

Isso tudo, já que durante o governo Bolsonaro, a dimensão da participação social em âmbito governamental sofreu paralisações e retrocessos institucionais gravíssimos. No período anterior, sobretudo entre 1995 e 2015, o ímpeto participativo implicara na criação ou ampliação de muitos canais de relacionamento direto entre Estado e Sociedade. Conselhos e conferências de políticas públicas, audiências, fóruns, ouvidorias e outros instrumentos alargaram as interfaces socioestatais e suscitaram a ideia de um sistema (e de uma política nacional) democrático-participativo de políticas públicas.

Já durante o governo Bolsonaro, em praticamente todos os três grandes eixos de políticas públicas para o desenvolvimento nacional – vale dizer:[4] i) *desenvolvimento social e garantia de direitos;* ii) *desenvolvimento econômico e sustentabilidade socioambiental e climática;* e iii) *defesa da democracia e reconstrução do Estado e da soberania* – houve claro retrocesso participativo e desmonte dos principais instrumentos e mecanismos de inter-relacionamento Estado / Sociedade.

Assim sendo, essa dimensão transversal de políticas públicas foi deliberadamente negativada pelo governo Bolsonaro. Houve extinção ou debilitamento de praticamente todos os conselhos nacionais de políticas públicas setoriais, bloqueio ou anulação de importantes canais de participação social, tais como as conferências nacionais, grupos de trabalho, fóruns de discussão etc. Ademais, disseminaram-se tentativas e atos de criminalização de movimentos sociais e de lideranças indígenas, rurais, urbanas e sindicais, com aumento de casos de violência direta, violência política e até mesmo assassinatos sem investigações adequadas nem repressão ou proteção oficial às vítimas por parte do Estado. Por fim, mas não menos importante, prevaleceu o ocultamento dos instrumentos constitucionais de democracia direta, tais como consultas populares, plebiscitos e referendos.

---

[4] Ver, a respeito, o Relatório Final Síntese da Transição de Governo (2022).

Desse modo tudo somado, a grande incógnita sobre a efetividade desses espaços vem deslegitimando iniciativas concretas e experimentais nesse campo. Por isso, será preciso retomar e avançar na (re)institucionalização e gestão das interfaces socioestatais, em particular no campo da orçamentação e execução socialmente monitorada e avaliada do gasto e das políticas públicas federais.

Dito isso, neste texto, jogaremos luz sobre aspectos que ou desafiam ou interditam o debate e o experimentalismo institucional nesta difícil tarefa de aproximar finanças públicas da participação social. Assim, para além dessa breve introdução, na seção 2 vamos explicitar características e implicações do rentismo e do fiscalismo à brasileira como sendo dois dos mais importantes obstáculos nacionais tanto à participação social no jogo orçamentário como ao próprio manejo dos recursos públicos sob uma ótica desimpedida ao crescimento econômico e à realização de direitos sociais no país. Posteriormente, na seção 3 adicionaremos ao rentismo e ao fiscalismo a problemática da tributação regressiva e algumas das formas por meio das quais parte expressiva da mesma vem sendo capturada e desviada de seus objetivos precípuos por processos pouco transparentes de financeirização e privatização do fundo público. Na seção 4, focamos o debate nos prejuízos deixados pelo governo Bolsonaro a esse tema da participação social e o seu campo de desenvolvimento institucional no Estado. Na seção 5, apresentamos alguns fundamentos e diretrizes para tornar a participação social mais efetiva no Brasil, não apenas em sua relação com o orçamento, mas indo além, com as demais estruturas administrativas de governo. Por fim, nas considerações finais, resumimos, com base na transcrição de nossa fala durante o seminário que deu origem a esse texto e livro, os principais argumentos, implicações e sugestões de nossa parte ao tema central das relações e possibilidades entre finanças públicas e participação social no Brasil.

Fiscalismo e rentismo dominam o jogo orçamentário federal brasileiro

Reina no Brasil, para desespero de milhares de pessoas e famílias em estado de necessidade e vulnerabilidade social, uma lógica econômica perversa, que é de difícil apreensão pelo senso comum e de explícita aceitação por segmentos da grande mídia e do pensamento conservador de modo geral. Trata-se da infeliz combinação entre *fiscalismo* e *financismo* (ou *rentismo*) no trato das finanças públicas brasileiras.

A partir de uma análise de conjunto dos capítulos contidos em livro organizado por Marques e Cardoso Jr. (2022), é possível constatar a montagem paulatina de um arranjo normativo e institucional de índole fiscalista e financista no Estado brasileiro, arranjo este responsável pelos fenômenos da *financeirização e privatização das finanças públicas nacionais*.

Por índole *fiscalista* entenda-se o conjunto de medidas que, desde a Lei de Finanças de 1964 (Lei 4.320/1964), passando pela Lei Complementar 101/2000 (conhecida como Lei de Responsabilidade Fiscal – LRF), pela Emenda Constitucional 95/2016 (que instituiu o teto de gastos, a vigorar por vinte exercícios financeiros, estabelecendo limites individualizados para as despesas primárias), até chegar ao pacote de Propostas de Emenda Constitucional (PEC) 186/2019 (parcialmente convertida na EC 109/2021), PEC 187/2019 (que propunha, fundamentalmente, a extinção de fundos públicos com vistas ao redirecionamento de recursos para um suposto abatimento da dívida pública), PEC 188/2019 (que visava à extinção do PPA, cortes de gastos com pessoal e reorganização do arranjo fiscal interfederativo) e PEC 32/2020 (equivocadamente chamada de reforma administrativa), vai-se consolidando um arranjo normativo e institucional que engendra, fundamentalmente, um processo simultâneo de *enrijecimento do gasto público real* e *criminalização da sua gestão/execução orçamentária*.

De sua parte, por índole *financista/rentista* entenda-se o conjunto de medidas que, em par àquelas citadas acima e tantas outras presentes em Cardoso Jr. (2022), tais como a Lei 9.249/95, a Lei 11.803/2008 e a Lei 13.506/2017, protegem judicial e politicamente o sistema financeiro brasileiro, tanto do controle social público, como da punição criminal contra ilícitos financeiros cometidos, tais como evasão de divisas, fraudes e remessas a paraísos fiscais. Todos esses regramentos sinalizam para ampla liberdade, a exemplo da recém-aprovada autonomia do Banco Central (PLP 19/2019, sancionado em fev/2021), e *grande raio de manobra para o gasto público financeiro, isto é, para a sua flexibilização sem limite superior e blindagem legal*, justamente o oposto do tratamento que vem sendo conferido ao gasto primário real do setor público brasileiro.

Tudo somado, ambos os processos fazem com que o Estado brasileiro, por meio do dito arranjo normativo e institucional de finanças públicas, venha sendo historicamente conduzido e constrangido a atuar mais perfilado a atender aos interesses empresariais imediatos e do processo de acumulação financeira, que os interesses diretos e prementes de sua população, a grande maioria, aliás, ainda distante da cidadania efetiva e do desenvolvimento integral da nação. Assim, por meio dos atos normativos listados na linha do tempo do fenômeno da privatização das finanças públicas no Brasil (Cardoso Jr., 2022), é possível demonstrar que vem se desenvolvendo no país um processo contínuo e cumulativo de institucionalização, de cunho ao mesmo tempo fiscalista e financista, e um enrijecimento jurídico-normativo das funções de orçamentação e controle interno dos gastos públicos, tudo isso a partir de uma contradição associada à retórica da transparência das contas e da responsabilização dos agentes públicos.

Abaixo dessas determinações mais gerais, (des)organiza-se um processo dinâmico e complexo de "disputas, cooperação, comandos hierarquizados e espaços de autonomia fragmentados" em torno do que se chama hoje de governança orçamentária, que "compreende essas relações, por meio de regras formais e informais, que se dão ao longo do processo orçamentário, de elaboração, aprovação, execução, avaliação e controle dos recursos e gastos públicos" (Couto e Cardoso Jr., 2018). Embora nem a exegese dos atos normativos, nem a identificação plena dos principais atores envolvidos nos conflitos em torno da governança orçamentária sejam passíveis de serem realizadas nos limites deste texto, é preciso ter claro que esta dinâmica está na base concreta da formatação do tal arranjo institucional de índole fiscalista e financista de finanças públicas aqui em tela.

O período recente demonstra que o ritmo das alterações normativas foi acelerado e novas modificações continuam em pauta, com lacunas relevantes. A relação do planejamento com o orçamento, com foco nos resultados das políticas públicas à sociedade, fragiliza-se em sintonia com a ênfase eminentemente fiscal/financeira do gasto público. Os controladores do gasto público, dotados de instrumentos e amparo legal, inibem, ao lado dos guardiões do orçamento, a ação dos executores de políticas públicas, ao mesmo tempo em que preservam sua posição de definidores de gastos prioritários. No entanto, a própria capacidade do Executivo de promover suas prioridades é limitada, revelando a fragilidade do equilíbrio atual.

A situação atual de desequilíbrios e disfuncionalidades é também derivada de eventos cumulativos prévios que, desde as décadas de 1980 e 1990, ajudaram a condicionar a primazia das dimensões fiscal e financeira das finanças públicas sobre as dimensões do planejamento e da implementação das políticas públicas. Tudo isso de modo a transmitir ao mercado financeiro e aos demais agentes privados (nacionais e estrangeiros) a sensação de confiança na capacidade do governo de honrar seus compromissos com a sustentabilidade e a solvabilidade da dívida pública federal, desde então gerida pela lógica dominante da financeirização.

Esta se processa, na prática, por meio de um diferencial sempre positivo entre as taxas de juros pagas pelo governo sobre os seus títulos, com garantia certa de recompra junto aos seus credores, e as taxas de juros ou a eficiência marginal do capital privado potencialmente obtidas em alternativas não governamentais de valorização. Sendo a manutenção da estabilização monetária a função-objetivo primordial da gestão macroeconômica desde o Plano Real, e considerando ainda o ambiente político-ideológico da década de 1990, de liberalização dos mercados e de redução do papel e do tamanho do Estado brasileiro em suas relações com a sociedade e o mercado, não é de estranhar que, do ponto de vista estratégico, até mesmo a função-planejamento tenha sido interpretada e aplicada para reforçar o caráter fiscalista/financista do orçamento, relegando-se a um segundo ou terceiro planos a estruturação dos condicionantes técnicos e políticos necessários à institucionalização do PPA como instrumento central do processo de planejamento governamental no país.

Com isso, foram dados passos largos no processo de institucionalização da política de geração de superávits fiscais primários permanentes. Este é, sem dúvida, um dos aspectos mais significativos do fenômeno de privatização das finanças públicas no Brasil, uma vez que reflete um conjunto de orientações impostas pelos organismos multilaterais em seus procedimentos de negociação com os governos dos países membros. Tudo somado, no bojo dos processos de institucionalização e empoderamento das funções de orçamentação e controle dos gastos públicos federais, e constrangido ainda pela visão canônica do orçamento equilibrado no âmbito da teoria dominante (porém equivocada!) de finanças públicas, segundo a qual a capacidade de gasto e investimento de um ente estatal qualquer deve estar em função da capacidade prévia de poupança própria e qualquer déficit anual contábil nessa relação é necessariamente inflacionário, foi-se cristalizando no Brasil – conceitual e juridicamente – a crença inconveniente de que os instrumentos de planificação, orçamentação e controle dos gastos públicos deveriam abarcar o conjunto completo de políticas, programas e ações de governo com manifestação orçamentária.

Como consequência, desde então vem ganhando peso discursivo e materialidade institucional o movimento de contabilização integral e detalhada da despesa pública, a qual, por sua vez, deveria ser governada a partir da lógica liberal do orçamento equilibrado, isto é, da ideia forte de poupança prévia como pré-condição para toda e qualquer rubrica de gasto corrente ou investimento do governo. O resultado final, para fechar o cerco, é que a função controle cresceu e se desenvolveu, normativa e operacionalmente, para controlar (vale dizer: vigiar e punir) os desvios de conduta do poder público (nesse caso, dos próprios burocratas ordenadores de despesas públicas) em desacordo com os preceitos definidos pela lógica liberal do orçamento equilibrado.

Assim, antes nascida sob o signo da busca republicana por transparência e responsabilização coletiva dos recursos públicos, a função-controle rapidamente se transformou em agente de inibição e criminalização do gasto público e dos seus operadores ou executores. Neste particular, é preciso explicar que finanças públicas *sustentáveis* são algo diverso de finanças públicas *estéreis*. Finanças sustentáveis são aquelas assentadas em gastos primários responsáveis por políticas públicas, cujos efeitos agregados (e respectivos multiplicadores) tendem a ser positivos na medida em que geram emprego, renda, lucros e tributos ao longo do ciclo econômico. Seus determinantes são de ordem social, econômica e política.

Já as finanças estéreis são aquelas de natureza e/ou destinação financeira, cujos multiplicadores são negativos e seus efeitos agregados contribuem para a ampliação do desemprego, pobreza e concentração de renda. Seus determinantes são autônomos, endógenos, não baseados em fatores reais da economia. Daí que o problema não é o déficit ou a dívida pública em si, mas apenas a sua composição e forma de financiamento ao longo do tempo. Evidentemente, a composição e a forma de financiamento da dívida federal brasileira são ruins, pois assentadas na lógica de valorização financeira e privatização dos seus fluxos e estoques.

Todos os dados oficiais disponíveis mostram haver um grande comprometimento anual de recursos públicos destinados ao gerenciamento (leia-se: garantia de liquidez e solvabilidade) da dívida pública federal brasileira. Significa que a captura da gestão da dívida pública pela lógica das finanças especulativas continua sendo um dos principais entraves ao crescimento econômico e um constrangimento inaceitável ao cumprimento dos direitos sociais no país.

Não por outra razão, chamamos de *austericídio* ao conjunto de pressupostos ideológicos e diretrizes de política macroeconômica que conformam um arranjo institucional de gestão da área econômica do governo que, além de possuir precária fundamentação teórica e histórica, produz resultados opostos aos desejados, com enormes e negativas repercussões sobre a capacidade de crescimento, geração de empregos e distribuição de renda e riqueza numa sociedade, tal qual a brasileira, já marcada estruturalmente por imensas heterogeneidades, desigualdades e necessidades de várias ordens.

Quando falamos dos tais *pressupostos ideológicos do austericídio*, queremos nos referir aos seguintes aspectos: i) uma visão intrínseca e extremamente negativa acerca do Estado e do peso e papel que os governos, as políticas públicas e os próprios servidores civis deveriam desempenhar relativamente às esferas do mercado e da sociedade; e ii) uma visão teórica e histórica, extremamente simplista e questionável, acerca de uma suposta independência, superioridade e positividade do mercado, como representante etéreo e idílico da esfera privada, relativamente ao Estado, este visto como a fonte de todos os problemas do mundo econômico e incapaz de bem representar – e agir para – os interesses gerais da sociedade e da esfera pública. Sua ação é vista como deletéria ao "equilíbrio econômico e social justo" que poderia advir da interação direta e desimpedida das "vontades individuais" mediada pelos mercados privados e monetários de bens e serviços.

Por sua vez, no caso das tais *diretrizes de política econômica do austericídio*, estão bem representadas, no caso brasileiro, pelo tripé de política macroeconômica (vale dizer: regime de metas de inflação, perseguidas em grande medida pela combinação entre taxa de câmbio apreciada e geração de superávits fiscais primários elevados e permanentes), que vem sendo seguido desde basicamente

1999 no país e para o qual importam: i) a manutenção de taxas de juros oficiais acima das respectivas taxas da maior parte dos países que concorrem com o Brasil pelos fluxos internacionais de capitais; e ii) a normatização de alguns regramentos de natureza econômica, particularmente os das finanças públicas (tais como aqueles listados acima), fenômeno por meio do qual eles se transformam em regras fiscais rígidas, tanto mais difíceis de cumprir e manejar quanto mais no plano constitucional estiverem.

Com isso tudo, os instrumentos de política econômica defendidos pelo liberalismo econômico se converteram na finalidade última desses sistemas. Os meios (isto é: a propriedade privada como fundamento, a concorrência como princípio, a acumulação de capital monetário como objetivo maior) se converteram em fins em si mesmos do modelo, retirando de cena tanto os pressupostos sob os quais tal economia realmente funciona, como as consequências concretas deletérias para o planeta e a espécie humana que tal mecanismo engendra. Em outras palavras: o colapso ambiental, a deterioração das condições de trabalho e existência, a financeirização (e exclusão) da renda e da riqueza, o empobrecimento cultural e civilizatório de modo geral, tudo isso como consequência direta – e abjeta – do liberalismo econômico, converteram-se em fatos normais e naturais da realidade alienada ou resignada das sociedades contemporâneas.

Em suma, os processos aqui narrados vão então institucionalizando os fenômeno da *financeirização* da Dívida Pública Federal e sua *privatização* pelas autoridades monetária (BCB) e fiscal (STN) do país. Como dito acima, tais fenômenos promovem, em função do arranjo normativo em consolidação, bloqueios e limites superiores ao gasto fiscal primário de natureza real, justamente o gasto que é responsável pelo custeio de todas as despesas correntes, tanto as intermediárias/administrativas, como as finalísticas destinadas à implementação efetiva das políticas públicas federais em todas as áreas de atuação governamental. Simultaneamente, consolidam-se regramentos que representam tanto a flexibilização sem limite superior como a blindagem política (inclusive para fins criminais) do gasto público financeiro, cujos principais beneficiários são as instituições financeiras (bancos, corretoras, seguradoras), fundos de investimento e demais agentes econômicos de grande porte, inclusive estrangeiros com atuação no país.

Diante disso, fruto da indignação propositiva com a qual se reconstroem as sociedades e seus países, torna-se imperativo deslocar a alienação e a resignação impostas pela teoria ruim e por práticas nefastas de política econômica, substituindo-as por uma orientação geral capaz de levar o Brasil a processos consistentes e decididos de *desfinanceirização* e *desprivatização* das suas finanças públicas nacionais.

Tributação regressiva e privatização das finanças públicas

No Brasil, a tributação regressiva e a financeirização da riqueza e das próprias finanças públicas têm funcionado como mecanismos de concentração de renda e esterilização do potencial produtivo do fundo público no país. Por um lado, isso restringe e penaliza a capacidade de consumo e o poder de compra real da grande maioria da população, e por outro, afeta de forma estrutural o potencial de crescimento econômico e de bem-estar dessa sociedade.

A razão disso é que a tributação no Brasil é altamente regressiva e está na contramão dos países capitalistas relativamente menos desiguais. Temos um sistema marcado por elevada tributação incidente sobre o consumo de bens e serviços e reduzida tributação das altas rendas e dos grandes patrimônios. Com isso, o peso dos tributos indiretos captura parte expressiva da renda dos pobres, ao mesmo tempo que obtém parcela apenas residual da renda das classes mais abastadas.

Como se sabe, a origem do fundo público deriva de relações econômico-monetárias presentes em processos amplos por meio dos quais a arrecadação primária do governo se realiza, mas ela tem sido apropriada, de forma crescente, por poucos e privilegiados agentes privados que detêm poder econômico. Desta maneira, o sistema tributário brasileiro configura-se sob medida para o fenômeno da financeirização, tal qual demonstrado por Cardoso Jr. e Fagnani (2022) no mesmo livro já citado acima (Marques e Cardoso Jr., 2022).

No Brasil, a transmutação do fundo público se processa por meio da montagem de um arranjo normativo e institucional que vem cristalizando formas financeiras de valorização dos fluxos de renda e estoques de riqueza para a sua realização dinâmica intertemporal. Em outras palavras: quase todos os segmentos econômicos, sociais e territoriais do país contribuem, por meio das diversas formas de tributação existentes, para a formação do fundo público nacional, porém, uma parte crescente dele se transmuta em gasto público financeiro destinado à rolagem e/ou abatimento da dívida governamental previamente contraída. Configura-se, assim, um regime de dominância financeira fortemente intermediado pelas finanças públicas nacionais.

Ora, sabemos que em uma economia monetária da produção, cujo país emite sua própria moeda e as dívidas e demais haveres financeiros estão expressos nessa moeda, o governo não precisa arrecadar antes para gastar depois, pois em última instância ele sempre vai poder emitir para se autofinanciar, ainda que, em condições de pleno emprego dos fatores de produção, isso possa gerar inflação e outros desequilíbrios reais na economia como resultado não desejável dessa prática. De todo modo, mesmo sendo assim, é necessário que haja um sistema de tributação obrigatório e preferencialmente progressivo, se um dos objetivos desse país for também produzir justiça tributária e redistributiva, a ser honrado nessa moeda de curso legal, de modo que os agentes econômicos tenham que demandar e usar essa moeda para pagar os respectivos tributos e também para realizar suas próprias transações privadas, legitimando-a como moeda nacional preferencial, ao mesmo tempo que reconhecem e legitimam o próprio poder político do Estado no campo da criação e gestão da moeda nesse espaço geográfico.

Por esta razão, assim como nas crises do século passado, a tributação progressiva sobre as altas rendas e a riqueza voltaram a ser recomendadas pelo *establishment* internacional. Ou seja, são as próprias instituições internacionais (tais como o FMI, OCDE, Banco Mundial e CEPAL) e governos de países centrais (como os EUA e outros) que estão propondo "gastar mais". Além de "gastar mais", esses atores propõem "tributar mais", tanto as altas rendas e riquezas como os lucros extraordinários das grandes corporações, para financiar serviços públicos essenciais. O próprio FMI propõe ampliar a "progressividade de impostos sobre grupos mais afluentes e menos afetados" pela crise. A tributação sobre herança é "o imposto certo na hora certa", afirma o chefe de políticas tributárias e estatísticas da OCDE. Economistas do Banco Interamericano de Desenvolvimento (BID) também preconizam a tributação progressiva para enfrentar o cenário pós-crise: "os impostos são o preço que pagamos por uma sociedade civilizada".

No Brasil, portanto, reduzir a desigualdade e ampliar a justiça fiscal é imperativo civilizatório, pois somos uma das nações com o maior abismo entre ricos e pobres do mundo e nosso sistema tributário é um dos mais regressivos do planeta. O país acaba de atravessar a sua maior crise sanitária, socioeconômica e humanitária da história, o que contrasta com o formidável enriquecimento dos seus bilionários desde o início da pandemia. Assim sendo, num país heterogêneo, desigual e injusto como o nosso, os sistemas tributário e fiscal necessitam cumprir papéis socialmente reparadores e economicamente redistributivos.

Para tanto, urge superar dois mitos liberais, segundo os quais: i) a melhor tributação seria aquela que se propõe neutra do ponto de vista da incidência de impostos sobre as distintas classes de renda; e ii) a desigualdade de renda seria economicamente benéfica ao estimular maior esforço e desempenho individual, responsável – sempre de acordo com a lógica econômica concorrencial – por maior produtividade, salários e, ao fim e ao cabo, maior bem-estar para todos. Contra tais argumentos, é preciso lembrar que estudos recentes vêm demonstrando que a desigualdade é, em sociedades capitalistas, tanto um mal social em si, pela desagregação coletiva e infortúnios pessoais que acarreta, como também um mal econômico e político.

Do ponto de vista econômico, a desigualdade exacerba a ineficiência geral da economia, já que sociedades economicamente desiguais significam contingentes imensos de populações em idade ativa ou desocupadas/desempregadas/desalentadas, ou inseridas em postos de trabalho precários, geralmente associados a baixos níveis de produtividade e remunerações, instabilidade e insegurança acerca de suas posições no presente e a futuro, além de ausência ou precariedade de esquemas de proteção social contra riscos e incertezas do mercado.

Já do ponto de vista político, hoje em dia já está claro que sociedades desiguais contribuem para a deslegitimação da democracia, uma vez que contingentes imensos de populações são impedidos de participar dos processos decisórios cruciais do país, bem como constrangidos a votar tendo como horizonte de cálculo apenas o curto prazo e o imperativo da sobrevivência imediata, situações que favorecem a mercadorização e a desqualificação do voto, bem como a formação de coalizões e governos conservadores pouco comprometidos com soluções estruturantes de médio e longo prazos.

Por tudo isso, um sistema tributário justo e progressista é aquele capaz de mitigar ou reverter quadros histórico-estruturais de desigualdades extremas, tais como se observa no Brasil desde sempre. Para tanto, ele precisa ser progressivo na arrecadação de tributos e redistributivo no gasto público.

Ser progressivo na arrecadação significa dizer que ele precisa ser capaz de taxar/recolher proporcionalmente mais dos mais ricos que dos mais pobres, inclusive tornando isento de recolhimento/pagamento de impostos as classes sociais mais vulneráveis, sem renda suficiente sequer para seu próprio sustento e manutenção. Esse princípio da progressividade arrecadatória precisa ser aplicado tanto aos estoques de riqueza patrimonial e financeira dos diversos grupos econômicos, como sobre os fluxos de renda real e financeira dos mesmos.

Por sua vez, o combate às desigualdades nessas sociedades precisa ser complementado com medidas de redistribuição dos estoques e fluxos de riqueza real e financeira, dos mais ricos aos mais pobres, por meio de políticas públicas sob comando do Estado, mas a serviço das populações mais vulneráveis. Isso pode se dar tanto através de políticas permanentes de valorização sustentada dos salários de base da economia, como por programas de transferência direta de renda monetária, nos moldes de uma renda básica universal de cidadania, seguindo o critério de que apenas aqueles que demandem institucionalmente essa necessidade serão atendidos, como ainda através da universalização plena de acesso dessa população aos bens e serviços públicos essenciais da contemporaneidade, tais como saúde, assistência familiar/domiciliar, educação, trabalho, renda e proteção previdenciária na velhice.

Trata-se aqui, portanto, de uma proposta radical de justiça social para a equidade tributária e fiscal, que transforma o Estado em agente central do processo de combate às desigualdades e de equalização de oportunidades por meio da equalização dos resultados distributivos dessa sociedade.

Estrangulamento orçamentário e financeiro durante o governo Bolsonaro/Guedes

Em nosso país, o crescimento dos gastos reais (consumo do governo e investimento público) é altamente dependente da elasticidade da arrecadação tributária frente ao ritmo e intensidade do crescimento econômico. Por isso, o crescimento do gasto público real entre 2003 e 2013 deu-se com aumento mais que proporcional da arrecadação e sem criação de novos tributos ou aumento de alíquotas daqueles já existentes. Com isso, o aumento dos gastos reais nos governos Lula e Dilma (consumo e investimentos) aconteceu sem desequilíbrio macroeconômico severo até 2014, apesar da primazia política do tripé macroeconômico para a estabilização monetária. Isso porque, como se sabe, a consequência mais perversa decorrente da manutenção do tripé da estabilização monetária por longo período é a transformação estrutural da matriz produtiva nacional, no sentido da sua desindustrialização, reprimarização e desnacionalização de ativos.

O desequilíbrio macroeconômico, por sua vez, foi fruto, de 2015 em diante, da imposição de ajuste fiscal recessivo, combinado com queda expressiva da arrecadação tributária primária, e não da expansão descontrolada de gastos reais. De modo que desde a EC 95/2016 do teto de gastos e demais regramentos fiscais restritivos, houve tendência clara de esterilização do potencial produtivo dos gastos públicos reais, com reflexos nas baixas taxas de crescimento econômico e piora distributiva.

Além disso, dada a estrutura regressiva da tributação no Brasil, o crescimento econômico que engendra expansão da arrecadação e concomitante expansão dos gastos reais do governo (consumo e investimentos) se converte em fator de concentração funcional e pessoal da renda, pois a tributação incide, proporcionalmente, mais sobre os setores reais da acumulação que os financeiros, e mais sobre os segmentos relativamente mais pobres da população e da ocupação que os mais ricos.

Tudo somado, restringe-se, estruturalmente, o impacto potencial redistributivo do gasto público real do governo, tanto sobre regiões do país como sobre suas respectivas populações. Assim, dada a primazia política do tripé macroeconômico para a estabilização monetária (sobre outras alternativas existentes) e a dinâmica estrutural de baixo crescimento e alta concentração de renda que ele engendra, torna-se inescapável buscar uma reforma tributária que seja, ao mesmo tempo, progressiva na arrecadação e redistributiva nos gastos.

Mas um outro problema a enfrentar tem a ver com os processos de financeirização e privatização das finanças públicas aqui em tela. Resultado de um crescimento expressivo do gasto financeiro na composição do gasto público total, sobretudo desde 1995, este fenômeno é reflexo, por sua vez, da estratégia de estabilização monetária adotada desde o Plano Real, com juros altos, câmbio valorizado e geração de superávits fiscais primários generosos em praticamente todos os anos entre 2003 e 2013.

A perda de autonomia do Estado nacional e a vigência de um regime de crescimento e acumulação de capital inadequado às necessidades do desenvolvimento socioeconômico brasileiro são subprodutos de uma modalidade de financeirização fortemente baseada na renda de juros ou usurária. Altamente conveniente à revalorização rentista em ativos financeiros, em sua maior parte desconectados das necessidades de imobilização de recursos no setor produtivo, a financeirização tem mantido a economia brasileira em trajetórias de crescimento lento e instável, além de aumentar sua vulnerabilidade e dependência frente a capitais externos especulativos e frente a crises financeiras recorrentes e intensas.

Em muitos lugares do mundo, mas em particular no Brasil, a financeirização assume um caráter disfuncional, pois aqui ocorre algo como uma socialização ampla e intensa da arrecadação/expropriação tributária no processo de formação do fundo público, ao mesmo tempo que uma destinação/apropriação privada do gasto público, igualmente intensa, porém concentrada em poucos e privilegiados setores/agentes econômicos, com consequências deletérias para o conjunto da população e para a própria dinâmica econômica capitalista no país.

Em particular, desde a integração do Brasil à mundialização financeira nos anos 1990, os investidores institucionais – agentes privados das finanças relativamente recentes – ganharam importância. Com isso: i) os investidores institucionais não só aumentaram em quantidade e se mantiveram muito concentrados, como ampliaram fortemente o volume de recursos geridos, tornando-se agentes fundamentais do sistema financeiro brasileiro; ii) devido à terceirização da gestão de recursos, os fundos de investimento se destacam entre os investidores institucionais; iii) os bancos sofreram rodadas sucessivas de concentração e controlam boa parte do setor de seguros, de previdência e de fundos de investimento – permanecendo os agentes centrais das finanças no país; e iv) a alocação expressiva em títulos de dívida pública por parte de bancos e investidores institucionais sugere que o rentismo sobre o orçamento público, um dos pilares da financeirização em geral, possui uma importância singular no Brasil. Tal fenômeno precisa, portanto, ser compreendido segundo uma dupla perspectiva.

De um lado, significa transformação de recursos reais, derivados do sistema econômico produtivo por meio da arrecadação tributária primária, em recursos financeiros que a partir de então engendram mecanismos autônomos e endógenos de valorização aos quais chamamos de processo de *financeirização*. Esses mecanismos ajudam a configurar no país um regime de dominância financeira fortemente intermediado pelas finanças públicas nacionais. De outro lado, a transmutação compreende a própria mudança de titularidade/propriedade do capital, de uns para outros agentes econômicos, processo esse que chamamos de *privatização* das finanças públicas.

Durante o governo Bolsonaro, sob a égide da EC 95/2016 e, posteriormente, sob fortalecimento de arranjos legislativos intransparentes e o desvirtuamento das emendas parlamentares (na forma do orçamento impositivo) e das emendas de relator (o orçamento secreto), exacerbou-se o processo de enrijecimento e criminalização dos gastos reais primários a cargo do poder executivo, ao mesmo tempo que de blindagem jurídica e legitimação macroeconômica dos gastos financeiros, no âmago do processo orçamentário federal brasileiro. Como contrapartida do gasto financeiro elevado na composição do gasto público total, observa-se esterilização não desprezível de recursos reais e baixa capacidade do gasto público total em dinamizar o lado real da economia.

Diversos estudos recentes contidos em livro organizado por Couto e Rodrigues (2022) têm alertado para ao menos quatro grandes problemas derivados de um arranjo de governança orçamentária em que recursos vultosos são operados por meio de *emendas parlamentares impositivas* (RP 6 e RP 7) e *emendas secretas do relator* (RP 9), a saber: i) os gastos públicos decorrentes de tais emendas orçamentárias tendem a ser economicamente menos eficientes e eficazes que aqueles derivados de políticas públicas planejadas; ii) tais gastos, por tenderem a ser mais ineficientes do ponto de vista alocativo, tendem a produzir resultados socialmente mais injustos e menos efetivos; iii) politicamente, os gastos realizados a partir das lógicas de orçamento impositivo e secreto são obviamente menos transparentes, menos responsivos e menos democráticos; e iv) esse tipo de gasto público é, administrativamente, mais difícil de ser monitorado e avaliado que qualquer outro. Em conjunto, esses quatro elementos contribuem para a deslegitimação da política e do sistema representativo, bem como para o enfraquecimento da representação parlamentar e da participação social na definição e implementação de prioridades orçamentárias no país.

Não à toa, durante o governo Bolsonaro, houve, no que toca ao eixo do *desenvolvimento social e garantia de direitos*, deliberada negação dos preceitos e direitos constitucionais, além de profundo desfinanciamento das políticas públicas de saúde, previdência e assistência social, as quais deveriam estar garantidas pelo Orçamento da Seguridade Social previsto – mas nunca efetivado – desde a CF-1988. Claro que tal postura distanciou ainda mais os princípios e objetivos constitucionais da universalidade, integralidade, gratuidade e tempestividade das políticas sociais. Para além disso, os gastos orçamentários redistributivos que ainda restam nas políticas setoriais não compensam o caráter regressivo e concentrador de renda do financiamento público como um todo. E a financeirização de parte expressiva do fundo público e os gastos tributários por demais elevados e ineficientes aprofundam o perfil estagnacionista e concentrador de renda das finanças sociais sobre o conjunto da economia.

Por sua vez, no que tange ao eixo do *desenvolvimento econômico e sustentabilidade socioambiental e climática*, a sanha privatista do ministro Paulo Guedes e a primazia dos acionistas majoritários na divisão dos resultados operacionais de estatais, dais quais a Petrobras é o maior exemplo, reduzem o peso e o papel estratégico dessas empresas como investidoras diretas e também como indutoras do investimento privado no país. As parcerias público-privadas – tão enaltadas, mas tão pouco efetivas – se converteram em mecanismo de apropriação espúria de recursos públicos por parte de grandes empresas privadas. Assim, o financiamento de longo prazo para infraestruturas críticas permanece dependente do Estado e, não obstante, regras fiscais anacrônicas e disfuncionais impedem a ampliação dos investimentos governamentais discricionários nessas e outras áreas.

Já as especificidades setoriais das áreas de inovação, produção e proteção ambiental e mitigação climática apontam para um baixo nível de institucionalização dessas políticas, o que se reflete em ausência ou precariedade das fontes de financiamento público para tais áreas. Também ausentes ou precários são os diagnósticos setoriais, que exacerbam conflitos políticos intersetoriais, dificultando soluções de natureza cooperativa. Por fim, o peso político desproporcional do agronegócio distorce ou impede decisões públicas que visam compatibilizar crescimento econômico, sustentabilidade ou mitigação ambiental e modernização tecnológica de setores atrelados à economia do conhecimento e do baixo carbono.

Por fim, olhando o tema pelo eixo da *defesa da democracia e reconstrução do Estado e da soberania*, foi notória a perda de densidade estratégica e de financiamento adequado da política externa. Do ponto de vista da defesa nacional, o peso político desproporcional dos setores militares na vida cívica brasileira distorceu ou impediu decisões públicas que visassem compatibilizar defesa da soberania nacional, proteção territorial e ambiental do país, mitigação de conflitos internos e readequação institucional do Ministério da Defesa e respectivas prioridades militares, as quais por sinal deveriam passar longe da militarização da gestão pública e da sacralização de privilégios orçamentários da casta militar. Não menos importante, no campo da segurança pública, o fato de a crise federativa seguir enredada nas artimanhas da guerra fiscal e nas práticas de centralização tributária em âmbito federal, vem depauperando a capacidade dos entes subnacionais e reforçando a sua dependência frente a transferências da União.

Em síntese: dado que a manutenção do tripé macroeconômico da estabilização monetária gera como efeito colateral indesejado uma dinâmica de crescimento de baixa potência e intensidade, será preciso migrar desse arranjo institucional-financeiro para outro mais favorável ao crescimento econômico com distribuição de renda, sem colocar em risco a estabilidade relativa da moeda nacional, bem como a capacidade e a sustentabilidade intertemporal de endividamento e de financiamento público. Para tanto, torna-se fundamental redesenhar as atuais regras fiscais anacrônicas e paralisantes da ação pública, ao mesmo tempo que se promove a *desfinanceirização* e a *desprivatização* das finanças públicas brasileiras.

Fundamentos e diretrizes para tornar a participação social efetiva

No caso brasileiro, embora a participação social já faça parte do discurso corrente de políticos de praticamente todos os partidos, como também de acadêmicos do *mainstream* e de autoridades e dirigentes públicos, ainda não está difundida como prática comum no país, nem na relação governo-sociedade, nem tampouco no interior das administrações públicas, ainda mais considerando a enorme heterogeneidade que marca a dinâmica federativa nacional. De toda a forma, superar os estigmas da participação é o primeiro passo para transitarmos do discurso da efetividade à efetividade do discurso.

Some-se a isso, no caso brasileiro, alguns traços históricos de nossa administração pública ainda carentes de solução, tais como: i) o patrimonialismo, o paternalismo, o personalismo, o clientelismo; ii) o excesso de formalismo e o isolamento burocrático das organizações; iii) a modernização conservadora como prática recorrente; iv) a fragilidade da gestão pública em áreas de contato direto com a população; v) a alta centralização burocrática; vi) muita imitação de fórmulas e reformas estrangeiras; vii) o déficit democrático nos processos decisórios de alto interesse da nação; viii) a paralisia ou inércia decisória; etc.

Portanto, em essência, quando falamos de participação cidadã estamos a falar de democracia, daí a necessidade de "democratizar a democracia" (Santos, 1999). Quando dizemos que as formas tradicionais de fazer política tornaram-se obsoletas, referimo-nos principalmente à incapacidade dos governos para governar, e à incapacidade dos cidadãos para governar ou controlar socialmente os seus respectivos governos.

Desta forma, a política entendida como um *shopping* está fadada ao fracasso, porque transforma os cidadãos em clientes vorazes e impacientes. Um cidadão, no entanto, é aquele que se engaja na tomada de decisões coletivas e aceita o resultado das mesmas, ainda que o seu efeito não corresponda às suas preferências particulares. Um cliente apenas se importa com seu próprio bem-estar pessoal; um cidadão se preocupa com o bem-estar coletivo. O cliente tende ao egoísmo, enquanto o cidadão é colaborativo.

Portanto, a política entendida como um exercício de imaginação coletiva, não pode ser feita por governantes transformados em agentes comerciais de partidos que estão principalmente em busca de votos. E as políticas públicas, entendidas como a caixa de ferramentas da política para transformar a sociedade, não podem ser pensadas para atender os interesses particulares e egoístas de alguns cidadãos convertidos em consumidores compulsivos, simplesmente porque é impossível agradar a todos.

Assim, o fracasso das políticas públicas – ou seja, a pouca relevância do seu impacto na melhoria do bem-estar das pessoas, e sua baixa potência em elevar a qualidade de vida das nossas sociedades – deve-se, em primeiro lugar, à sua negligência em ouvir o público, sua obsessão com a produção de satisfações individuais, e sua ânsia para mostrarem-se competitivas e oferecer resultados imediatos aos julgadores e julgamentos do mercado, negando ou descuidando de sua própria natureza. E em segundo lugar, à sua incapacidade para abordar a complexidade e a multidimensionalidade dos problemas extremamente complexos que não se deixam simplificar, setorializar, parcializar, reduzir, separar ou decompor.

Um bom exemplo disso advém da experiência brasileira recente de participação social, dilacerada pelo golpe de 2016 e pela eleição de Bolsonaro em 2018. Até então, no plano dos avanços nacionais, destaque-se a ampliação e a complexificação da atuação estatal – por meio de seu arco de políticas públicas – sobre dimensões cruciais da vida social e econômica do país. Especialmente interessante é constatar, até então e mesmo diante de embates e tensões políticas e ideológicas de vários níveis, certos processos de amadurecimento institucional no interior do Estado. Em essência, o Estado brasileiro – sobretudo no nível federal – ainda possui recursos fiscais, humanos, tecnológicos e logísticos suficientes para estruturar e implementar políticas participativas em âmbitos amplos da economia e da sociedade nacional. É claro que, por outro lado, restam ainda inúmeras questões e problemas a enfrentar, estes também de dimensões consideráveis.

Em linhas gerais, para além da necessidade de o país retornar à uma dinâmica política, partidária, institucional e social normal dos pontos de vista republicano e democrático, há três conjuntos de desafios a enfrentar: i) o incremento de qualidade dos bens e serviços públicos disponibilizados à sociedade; ii) o equacionamento dos esquemas de financiamento para diversas políticas públicas de orientação federal, mas de execução federativa compartilhada; e iii) aperfeiçoamentos institucionais-legais no espectro amplo de funções que interrelaciona "planejamento, participação, orçamento e gestão" para a execução das diversas políticas públicas em ação pelo país.

Com relação à qualidade dos bens e serviços ofertados à sociedade, é patente e antiga a baixa qualidade geral destes, e, a despeito do movimento relativamente rápido de ampliação da cobertura em vários casos (vejam-se, por exemplo, as áreas de saúde, educação, previdência e assistência social, sobretudo ao longo das duas primeiras décadas seguintes à CF-1988), nada justifica o adiamento desta agenda da melhoria da qualidade com vistas à legitimação política e à preservação social das conquistas obtidas desde a promulgação da Constituição Federal de 1988. A agenda da qualidade, por sua vez, guarda estreita relação com as duas outras mencionadas anteriormente: as dimensões do financiamento e da gestão participativa.

No caso do financiamento, é preciso enfrentar tanto a questão dos montantes a disponibilizar para determinadas políticas – ainda claramente insuficientes em vários casos –, como a difícil questão da relação entre arrecadação tributária e gastos públicos, vale dizer, do perfil específico de financiamento que liga os circuitos de arrecadação aos gastos em cada caso concreto de política pública. Há já muitas evidências empíricas e muita justificação teórica acerca dos malefícios que estruturas tributárias altamente regressivas trazem para o resultado final das políticas públicas e para a própria distribuição de renda e riqueza no país. Em outras palavras, o impacto agregado destas, quando considerado em termos dos objetivos que pretendem alcançar, tem sido negativamente compensado, no Brasil, pelo perfil regressivo da arrecadação, que tem penalizado proporcionalmente mais os pobres do que os ricos. Se esta situação não mudar, rumo a uma estrutura tributária mais progressiva, tanto em termos dos fluxos de renda como dos estoques de riquezas (físicas e financeiras) existentes no país, dificilmente haverá espaço adicional robusto para a redução das desigualdades econômicas, sociais e regionais, que clamam, há tempos, por soluções mais rápidas e eficazes.

Por fim, no caso das funções de "planejamento, participação, orçamento e gestão", trata-se não só de promover aperfeiçoamentos legais relativos aos diversos marcos institucionais que regulam a operacionalização cotidiana das políticas públicas, como também de estimular e difundir novas técnicas, instrumentos e práticas (participativas e deliberativas) de formulação, orçamentação, implementação e gestão de políticas, programas e ações governamentais. Salienta-se aqui a necessidade de buscar equilíbrio maior entre os mecanismos de controle das políticas e dos gastos públicos, de um lado, e os mecanismos propriamente ditos de planejamento, participação, implementação e gestão destas políticas, de outro. Para tanto, acreditar na participação social não apenas como valor em si da democracia, mas também como método de governo em acepção mais larga.

Apostar na participação social como método de governo

Até agora, temos acreditado que as propriedades fundamentais de uma boa política pública gravitavam exclusivamente em torno de sua eficácia e eficiência, mas descobrimos que somos muito eficazes e muito eficientes para fazer coisas que não resolvem os problemas das pessoas, porque a racionalidade tecnocrática é incapaz de gerar respostas inteligentes baseadas na implicação ativa dos diferentes atores envolvidos com as políticas.

A *racionalidade deliberativa*, por outro lado, não só nos permite olhar para as questões públicas de diferentes perspectivas e pontos de vista – a fim de lidar com a complexidade dos problemas complexos que nos circundam – mas também nos permite, através do diálogo, democratizar e perenizar as ditas políticas (cf. Brugué, 2006; 2009; 2014).

A partir deste ponto de vista, para que uma política pública tenha sucesso, precisamos gerar *inteligência coletiva* em seu conteúdo através da implementação de processos que permitam incorporar as opiniões de todas as partes interessadas, utilizando a dinâmica essencialmente política do diálogo. Não é desassociar o conteúdo das formas. Através das formas (processos participativos), dotaremos de inteligência coletiva os conteúdos das políticas e seremos mais capazes de realizá-los, porque, embora sempre se vá decepcionar alguém, teremos gerado sinergias e capital social suficiente para chegar a grandes acordos capazes de superar os interesses particulares.

E como é que vamos fazer isso? Não nos enganemos, ninguém disse que seria rápido ou fácil! Em um ambiente cada vez mais dinâmico e volátil, a incerteza está em todos os lugares. E ao invés de admitir isso, preferimos adorar os demagogos da mídia e do mundo privado que, disfarçados de especialistas, pregam soluções supostamente rápidas e fáceis por meio de informações (melhor seria dizer: *mercadorias!*) obcecadas em vender críticas rasas e facilidades em troca de audiência. Resulta também difícil pregar o diálogo coletivo em sociedades pouco preocupadas com o bem comum e excessivamente obcecadas com o lado pessoal e particular. De todos os lados nos dizem que devemos ser empreendedores competentes e competidores pouco escrupulosos.

Isto posto, precisamos substituir os antidepressivos pelo diálogo. Nossas sociedades precisam de mais diálogo (vale dizer: *mais política*) do que nunca, precisamente porque vivemos em um planeta onde todos falam mas poucos escutam, todos dizem o que pensam, mas quase ninguém pensa no que diz, e todos querem convencer aos demais, mas ninguém quer ser convencido.

Referimo-nos a um *diálogo autêntico*, ou seja, à construção de políticas públicas a partir do intercâmbio de argumentos razoáveis, do respeito mútuo, da cooperação e da empatia que se gera quando somos capazes de nos colocar no lugar dos outros. Mas também, e sobretudo, a partir da aceitação do conflito como elemento-chave da transformação e do progresso social, e da superação do mesmo mediante a generosidade necessária para chegar a acordos concretos, sabendo que, em parte, eles vão nos decepcionar. Trata-se de um processo pedagógico de aprendizagem social, capaz de gerar valor adicionado às políticas públicas e capital social aos agentes envolvidos.

Para tanto, como organizarmos uma deliberação nestes moldes? Articular um diálogo com essas características não é tarefa fácil, de modo que para alcançá-lo existem três condições ou fases indispensáveis: *explicar-nos*, *ouvir* e *prestar contas*.

i) Explicar-nos: é a primeira condição necessária, mas não suficiente, para falar de democracia deliberativa. Nenhum diálogo é possível sem informação prévia, confiança e transparência, por isso, se queremos que as pessoas se comportem como cidadãos, temos de ganhar a sua confiança e tratá-los como tal. Para isso, é essencial oferecer informações claras, honestas e compreensíveis sobre a política pública relativamente à qual queremos organizar a deliberação. Devemos planejar adequadamente a comunicação, utilizando os canais e plataformas à nossa disposição para garantir o direito de todos estarem bem informados. Devemos empregar uma linguagem simples, compreensível e sem floreios tecnocráticos. Não se trata de banalizar os conteúdos explicativos, mas de adaptá-los ao contexto e aos destinatários; os cidadãos (e boa parte dos próprios servidores públicos!) não são técnicos, mas especialistas em vivência. Mais do que uma campanha de *marketing*, estamos falando de um exercício de pedagogia e transparência, por isso devemos evitar a todo custo falsas expectativas.

Outro aspecto essencial neste processo, e que tende a ser esquecido com frequência, tem a ver com as margens de diálogo. Apesar de a entrada não poder ser antipática, ela deve definir limites. Devemos ser extremamente honestos e deixar muito claro aqueles aspectos sobre os quais podemos deliberar, bem como aqueles em que a decisão já está tomada, explicando, por suposto, os motivos de qualquer resolução prévia.

ii) Escutar: agora se trata de facilitar a troca de argumentos fundamentados entre os participantes para que a deliberação ocorra de forma ordenada. Os métodos e técnicas participativas nos ajudarão a gerar a criatividade necessária e a fazer emergir a inteligência coletiva essencial para que a política possa surpreender-nos, com o objetivo de chegar a acordos concretos na forma de conclusões ou propostas para resolver, com certas garantias de sucesso, os problemas complexos que nos rodeiam.

Para tornar isso possível, alguns ingredientes são indispensáveis. Primeiro, algumas regras claras, acordadas e elaboradas conjuntamente pelos atores mais importantes do processo. Essas regras de comportamento e procedimento devem ser comunicadas a todos os participantes da maneira mais convincente possível, porque tão importante quanto ter regras é saber como as pessoas estão dispostas não só a cumprí-las, mas também a aplicá-las (respeito mútuo, visão coletiva, pré-disposição em mudar de opinião, mente aberta, vontade de cooperação, empatia etc.).

Em segundo lugar, precisamos organizar e estruturar a deliberação da maneira mais profissional possível, gerindo adequadamente as convocatórias, os materiais, as dinâmicas de trabalho, os tempos e o calendário, adaptando-os às particularidades de contexto e aos objetivos do processo. As metodologias não são um fim em si mesmo, a qualidade dos procedimentos tangíveis não depende de sua sofisticação técnica, mas de sua adaptação às características dos participantes e às necessidades e finalidades do debate.

Finalmente, quanto aos envolvidos no processo, é importante que sejam representativos dos diferentes pontos de vista que existam sobre o assunto em discussão. Nós não devemos ficar obcecados pela quantidade, mas pela representatividade, qualidade e diversidade dos participantes.

iii) Prestar contas: em terceiro e último lugar é preciso responder às conclusões e aos resultados concretos produzidos durante as deliberações. Para fazer este exercício de devolução, as administrações públicas devem trabalhar internamente as propostas com três objetivos: i) analisar a adequação das propostas às diretrizes e orientações políticas do governo; ii) estimular a criatividade de seu capital humano em introduzir outros elementos inovadores que nos permitam gerar mais e melhores conhecimentos sob a forma de inteligência administrativa; e iii) tornar as propostas operacionais para atuações efetivas.

A qualidade de um processo deliberativo não depende do grau de vinculação que a administração pública assume com respeito às conclusões do diálogo gerado entre os participantes do processo, uma vez que o conflito é inevitável, o consenso não existe, e as opiniões são diversas. A qualidade fundamental de qualquer processo de participação é a sua capacidade de inovar e gerar novos conhecimentos para resolver os tais problemas complexos.

Assim, uma vez feito este triplo exercício interno, já estaremos prontos para realizar a fase de retorno, de modo que os participantes saibam como foram recolhidas suas contribuições, que elementos inovadores foram introduzidos como fruto do diálogo interno, e até que ponto elas serão implementadas, desenvolvidas ou postas em marcha.

Finalmente, tendo em conta que o objetivo final de qualquer processo de deliberação é a transformação social e a melhoria da qualidade de vida dos cidadãos – e que a única maneira de levá-lo a cabo com êxito é promovendo-a entre todos – seria o momento ideal para captar novas vontades colaborativas. Ou seja, motivar, seduzir e animar os participantes a também se envolverem na implementação das propostas e ações definidas durante o processo realizado.

Apostar numa administração pública deliberativa

Incorporar critérios cidadãos na definição das políticas públicas é essencial para gerar inteligência coletiva suficiente que nos permita abordar os complexos problemas do século XXI desde sua multidimensionalidade e complexidade, bem como criar as cumplicidades necessárias entre os atores envolvidos para levá-las a cabo conjuntamente. Os processos deliberativos fazem emergir novas questões, novas abordagens, novas perspectivas e novas formas de resolver problemas.

Mas descobrimos que as dificuldades administrativas e de funcionamento interno de nossas administrações públicas se convertem, muitas vezes, em um obstáculo que não apenas impede tais processos, mas que também gera frustração entre os participantes e impossibilita a aplicação das propostas e conclusões construídas conjuntamente, limitando seus resultados. Essas dinâmicas internas não deveriam limitar-se apenas em não se tornarem um estorvo. Seu objetivo deveria ser o de criar mais valor adicionado aos resultados da participação cidadã, mediante a incorporação do diálogo entre as diferentes áreas de gestão e por todo o capital humano que as conformam.

Mas por que isso tudo é tão complicado? A resposta está no DNA de nossas administrações públicas, ou seja, na índole burocrática de nossas organizações, cujo sistema está baseado no silêncio, na desconfiança e num viés de responsabilização punitivista. A burocracia é uma máquina que faz muito bem o que lhe mandam fazer, mas que não pensa em como ou por que fazer. É um mecanismo que funciona corretamente para resolver problemas simples em ambientes estáveis, mas entra em colapso e falha estrepitosamente quando quer enfrentar os problemas complexos de um mundo incerto e imprevisível.

Embora esta descrição possa parecer a de uma organização maligna, não é de todo assim. Temos dito que a burocracia é impecável para resolver problemas simples em contextos pouco variáveis. Por exemplo, se se trata de melhorar a circulação de veículos em uma cidade devido a colisões provocadas por defeitos no piso, reduzimos o problema a uma questão de asfaltamento adequado, passando ao especialista em urbanismo para que elabore um projeto técnico, que será implementado por uma companhia municipal ou uma empresa privada de serviços urbanos. Mas se o problema a ser resolvido é a luta contra a exclusão social, a qual técnico passamos a incumbência, qual é o especialista? A resposta é ninguém em particular e todos juntos! Acontece que a exclusão social tem a ver com o acesso aos serviços sociais, os hábitos de saúde, a coesão social e o associativismo, a moradia e as condições ambientais e urbanas do entorno, a segurança, o emprego, a formação, a renda disponível etc. É um problema que não se deixa simplificar, e que necessita ser abordado de forma colaborativa e inteligente entre os diferentes departamentos e técnicos da administração. A colaboração participativa e a inteligência coletiva são dois atributos que estão diametralmente opostos à burocracia, por isso precisamos transformar as nossas administrações públicas.

Transformar significa fazer transmutar algo em outra coisa, ou seja, mudar os costumes e o funcionamento de instituições muito rígidas e autoritárias, passando da desconfiança à confiança, do silêncio ao diálogo e da subordinação ao acordo. Para tanto, é preciso colocar o foco no mundo exterior, pois os objetivos da administração pública estão do lado de fora, na sociedade que procura gerir, no ambiente sobre o qual pretende atuar. Uma sociedade caótica e cambiante exige respostas complexas e organizações capazes de inovar. Não se trata de fazer melhor as coisas que temos feito até agora, mas de fazê-las de outra forma.

Para construir administrações inovadoras precisamos ser capazes de falar, de converter o diálogo em coluna vertebral de seu funcionamento: *uma administração que fala é uma administração que pensa, e uma administração que pensa é uma administração capaz de mudar, transformar e gerar novos conhecimentos* (cf. Brugué, 2006; 2009; 2014; e Brugué, Blanco e Boada-Danés, 2014).

A alternativa à nova gestão pública é a *administração deliberativa,* e seu sucesso depende da gestão dos intangíveis: os valores, as pessoas, as atitudes, a confiança etc. Mas quais são os fundamentos da administração deliberativa? E o mais importante, como esses intangíveis são realizados? A verdade é que não é fácil concretizar algo intangível, e estaríamos mentindo se disséssemos que há um manual ou uma receita específica para construir administrações mais inclusivas, criativas e inovadoras. O que é certo é que existem algumas orientações que podem nos ajudar a perpetuar essa transformação, as quais devem ser entendidas não como um processo determinístico, mas como uma descoberta coletiva bastante imprevisível.

Desta maneira, as bases sobre as quais construir uma *administração deliberativa* podem ser resumidas em três grandes premisas.

Democratização e politização dos ambientes e métodos de trabalho no setor público

A primeira coisa a fazer é quebrar o mito segundo o qual o compromisso com a eficácia, a eficiência e a sustentabilidade econômica é uma solução puramente técnica para melhorar as nossas administrações. E uma boa maneira de fazer isso é por meio da organização de sessões formativas – de natureza persuasiva – dirigidas tanto aos funcionários como aos políticos de nossas instituições.

Não se trata de fazer lavagem cerebral em ninguém, muito pelo contrário, trata-se de desmentir temas e fazer com que todos entendam o mesmo por democracia e administração deliberativa. Trata-se também de revisar os diferentes modelos de gestão interna para saber de onde viemos, onde estamos e para onde deveriamos ir e por quê, destacando a existência de alternativas a modelos gerencialistas que longe de serem solução técnica neutra, representam uma ideologia muito concreta baseada na despolitização da administração, na desconsideração do seu capital humano, e no menosprezo do seu caráter público. Em suma, estamos a falar de uma ação de formação inovadora e transversal, baseada em treinamento e em comunicação persuasiva.

Convencer de que a administração é um mundo altamente politizado e não apenas o mundo da técnica, e que os funcionários condicionam e definem as políticas, longe de serem simples executores das mesmas. Convencer de que a atividade administrativa está absolutamente condicionada pela política, porque é disso que precisamente se trata, ou seja, da existência de um sentido e uma direção capazes de guiar a organização para objetivos sem os quais navegaríamos à deriva. Convencer da necessidade de democratizar a administração e não de sermos ditadores com ela. Convencer de que as administrações não são máquinas que executam, mas que deveriam ser organizações que sentem, pensam e aprendem. Convencer da necessidade de passar da lógica da segmentação à lógica da colaboração.

Em suma, convencer de que o diálogo é a pedra angular do sucesso de nossas administrações públicas, e que só depende de nós mesmos caminhar em direção à inteligência coletiva e à inovação institucional.

Das habilidades meramente técnicas para as habilidades também relacionais

Apesar do discurso dominante, qualquer pessoa com um pouco de experiência na administração pública sabe que a grande maioria dos funcionários públicos são competentes. O problema não são as habilidades técnicas da nossa equipe, mas a incapacidade empática dos nossos dirigentes.

Uma administração deliberativa precisa transformar seus funcionários em figuras conciliatórias com capacidade de seduzir, estimular, conquistar, atrair e cativar os demais. Só assim seremos capazes de construir confiança e trabalhar de maneira colaborativa.

O primeiro passo para gerar confiança é a *transparência*, por isso temos de construir administrações que por dentro sejam de cristal – e abrir as cortinas para que tal visibilidade e nitidez seja vista também desde fora. Temos de explicar os nossos objetivos, e tornar acessível toda a informação aos demais departamentos e funcionários da instituição.

Em segundo lugar, é essencial reduzir significativamente a cadeia hierárquica interna, democratizando a tomada de decisões, e substituindo a liderança autoritária e solitária pelos equilíbrios e dotes de empatia próprios do *líder mediador*. Aquele que é capaz de escutar, de seduzir, de aproveitar o talento e o conhecimento daqueles ao seu redor. Trata-se de uma liderança humilde mas poderosa, forte e intensa.

E em terceiro lugar, é preciso deixar de egoísmo e praticar a *generosidade*, compartilhando os êxitos e assumindo a responsabilidade pelas falhas. E é precisamente aqui que a nossa terceira premissa aparece.

Do burocratismo ao experimentalismo institucional ou de como aprender com os erros

Enquanto a burocracia tradicional é uma máquina que segue ordens e penaliza a falha, a administração deliberativa é uma organização que aprende com os erros. E só é possível aprender com nossos equívocos se nos despojarmos do medo de errar e ser punido.

Não nos enganemos, uma administração deliberativa tem certa tendência ao caos, mas consideramos essa uma qualidade positiva se nosso objetivo é intervir e transformar uma sociedade e um mundo onde reina o desconcerto e a confusão como regras. Para construir um ambiente que aceite o erro como parte inerente ao proceso de aprendizagem, é preciso realizar uma viagem em três direções, a saber:

Menos especialização e mais criatividade: qualquer instituição que pretenda ser criativa e inovadora, e se proponha a gerar inteligencia coletiva, deve questionar suas próprias rotinas, pondo em questão o saber dominante, e pondo em dúvida o conhecimento acumulado, fugindo das certezas técnicas e do paradigma da ilustração. Portanto, temos de aceitar o desconhecimento como ponto de partida, e nos abrirmos a saberes menos especializados.

Menos dados e mais filosofia: também resulta fundamental trabalhar a partir de visões mais panorâmicas, evitando a perda de perspectiva fruto de análises detalhadas de dados. A criatividade é encorajada a partir do conhecimento imperfeito, a imaginação não emana do conhecimento exato. A visão holística, o conhecimento aproximado e o saber impreciso são a base da inventividade.

Menos endogamia e mais diversidade: devemos criar administrações relacionais, ou seja, instituições capazes de incorporar grande variedade de saberes na tomada de decisões, sem outorgar a qualquer um o monopólio sobre o conhecimento. Se queremos tomar decisões inteligentes, precisamos criar ambientes flexíveis onde se produzam trocas de ideias e opiniões entre os diferentes funcionários das várias áreas da administração. A gestão adequada do conflito – fruto das distintas visões que emergem desses ambientes heterogêneos – converterá uma aparente desordem inicial em inteligência e inovação a médio e longo prazos. É que a administração deliberativa é uma administração que pensa, não uma administração que anda rápido (cf. Tarragó; Brugué; Cardoso Jr., 2015).

Em resumo: a *administração pública deliberativa* é uma aposta política na transformação progressista e progressiva da administração pública, sobretudo em países como o Brasil, cujos experimentos acumulados de participação cidadã foram destaques mundiais até 2016. Alguns fundamentos e recomendações para essa proposta de governança da coisa pública seriam: i) menos especialização e mais criatividade; ii) menos burocratismo e mais experimentalismo; iii) menos endogamia e mais diversidade. Em suma, apostar em *habilidades relacionais* (de natureza tecnopolítica) das novas gerações de dirigentes e servidores públicos em formação, como também na capacidade de *aprendizagem institucional* decorrente tanto da inteligência coletiva já instalada em nossas repartições públicas como das práticas participativas e deliberativas já em uso ou potencialmente instaladas no interior das mesmas.

Considerações finais

A economia brasileira e o mundo das finanças públicas no Brasil estão enredados num arcabouço tecnocrático ultrapassado, teórica e historicamente. Esse arcabouço prima por criminalizar o gasto público real, porque parte de um princípio equivocado de que o governo não pode gastar ou de que o governo não tem dinheiro para gastar. Ambas as premissas são equivocadas. O problema do Brasil não é a falta de recursos, mas sim, a falta de regras fiscais adequadas ao manejo dos recursos públicos numa perspectiva desenvolvimentista, e numa perspectiva republicana e democrática, evidentemente.

O nosso arcabouço fiscal está ancorado na ideia de que o gasto público real é pernicioso, mas o gasto financeiro não; ou numa ideia de que o gasto que mobiliza os direitos sociais e as políticas públicas que transferem renda e que mobilizam a própria economia é um gasto perigoso do ponto de vista macroeconômico. Ora, não há nada mais equivocado, do ponto de vista macroeconômico, do que essa premissa.

O arcabouço fiscal brasileiro, além disso, veio se consolidando na base de um binômio terrível, que é o binômio da dominância financeira e da própria privatização das finanças públicas. A dominância financeira tem a ver com o fato de que toda a legislação que vem sendo montada no Brasil em torno desse tema, desde a Lei de Responsabilidade Fiscal, para não ir muito longe, ou seja, desde o ano 2000 para cá, é uma legislação que criminaliza o gasto público real, que é o gasto que mobiliza a economia, que transfere renda para a sociedade e para os territórios etc., ao mesmo tempo que flexibiliza o gasto financeiro, blindando-o de qualquer restrição, inclusive do ponto de vista dos ilícitos praticados.

Então, a financeirização da economia como um todo e da própria dívida pública brasileira mostra isto, que o nosso problema não é de falta de recursos, mas de lógica de priorização e alocação dos recursos. Ocorre que esse arranjo – e dele fazem parte a Lei de Responsabilidade Fiscal e a Emenda 95/2016 do teto de gastos, além de uma série de outros normativos infraconstitucionais – esteriliza os recursos reais, que são favoráveis ao crescimento, ao mesmo tempo em que protege determinados segmentos minoritários e privilegiados da economia. Por isso, essa lógica da dominância financeira acaba favorecendo uma espécie de apropriação privada das finanças públicas. Isto é, apesar de a estrutura tributária brasileira ser regressiva, ou seja, os pobres ou os mais pobres pagam proporcionalmente mais impostos do que os mais ricos – o que já é terrível! –, há o fato de que quase todos os segmentos e atores da economia de alguma maneira contribuem para a composição do fundo público; todos pagamos impostos diretos e indiretos de alguma maneira. No entanto, uma vez que esse fundo público se constitui como arrecadação tributária primária do governo, essa lógica que penaliza as transferências e destinações pelo lado real, ao mesmo tempo que favorece, protege e valoriza o gasto financeiro, ela faz com que haja uma espécie de transmutação do fundo público do lado real para o lado financeiro, o qual por si só é estéril do ponto de vista macroeconômico.

Assim, na medida em que o orçamento vai tendo que se deslocar do financiamento produtivo ou do financiamento dos direitos sociais para o financiamento e rolagem da própria dívida pública, estão se esterilizando recursos favoráveis ao crescimento da economia, ao mesmo tempo em que se favorecem determinados segmentos formados pelos grandes rentistas em operação na economia brasileira, a saber: grandes bancos, grandes fundos de pensão, grandes corretoras, grandes aplicadores de títulos públicos etc. Isso promove o que chamamos de *privatização das finanças públicas*, porque o fundo público arrecadado pelo conjunto da sociedade é transferido, de modo concentrado, por meio de canais e de formas financeiras de valorização, para poucos e privilegiados agentes da economia. Isso gera para o conjunto da economia uma situação terrível do ponto de vista macroeconômico e sacramenta uma economia de baixo crescimento, porque o que é o lado, vamos dizer, indutor do crescimento econômico pela mão do Estado está preso, amarrado a esse conjunto de regras fiscais anacrônicas, tais quais a regra de ouro, o teto de gastos, o superávit primário etc. Isso gera uma tendência estagnacionista de longo prazo para a economia brasileira, ao mesmo tempo que a lógica de financeirização da dívida sugere o aguçamento do quadro de concentração de renda na sociedade brasileira. Portanto, além da concentração primária da renda no Brasil já ser das piores do mundo, sobrepõe-se a ela uma concentração adicional promovida pelo próprio Estado por meio dessa lógica predatória de finanças públicas, uma lógica privatista que está por trás do arranjo normativo macroeconômico e institucional de finanças públicas.

Desta maneira, nós temos dois fenômenos que precisamos ser capazes de combater para podermos pensar em participação efetiva das pessoas no orçamento: o fiscalismo e o rentismo. O fiscalismo é essa ideologia que contaminou as cabeças de economistas que se renderam ao mantra liberal de que o Estado está proibido de gastar, porque acham que as finanças públicas ou as finanças do Estado são equivalentes às finanças domésticas – algo que é um completo contrassenso do ponto de vista macroeconômico. E a lógica rentista diz respeito à valorização dos fluxos financeiros pela própria mão do Estado. Então, se por um lado, o Estado busca descentralizar recursos, transferir renda para as regiões e pessoas mais pobres por meio de um conjunto de políticas públicas sociais, ambientais, culturais etc., por outro lado, ele está concentrando renda, na medida em que essa lógica de finanças públicas, pouco discutida pela sociedade, favorece, na verdade, poucos e privilegiados agentes de mercado.

Essa dupla característica das nossas finanças, o rentismo de um lado e o fiscalismo de outro, precisa ser combatida do ponto de vista teórico e do ponto de vista histórico. Afinal de contas, não há experiência internacional conhecida no mundo que tenha prescindido do Estado ou do seu papel ativo no exercício das suas capacidades fiscais para se desenvolver, para enfrentar os seus problemas macroeconômicos, sociais, ambientais, culturais etc. Daí a necessidade de uma revisão muito profunda desse arcabouço normativo institucional e cultural de finanças públicas no Brasil, que passa pela extinção da regra de ouro, que está na Constituição e que é algo completamente anacrônico, pela revisão da Lei de Responsabilidade Fiscal, que penaliza o gasto, por exemplo, com os servidores, ao mesmo tempo em que não impõe limite ao gasto destinado ao pagamento de juros da dívida. Há um terceiro ponto: a revisão da lógica do superávit primário como uma lógica de satisfação dos interesses de mercado, porque, na verdade, pela contemporaneidade das finanças públicas, uma dívida pública, um gasto público representa uma receita do setor privado.

Quando o Estado gasta ao transferir renda, seja para empresas, seja para famílias, ele está transformando o credor desse gasto num possuidor de um ativo financeiro ou de um ativo real, se for por meio de bens e serviços. Isso significa dizer que a contrapartida de uma situação fiscal contabilmente deficitária é uma situação contábil de superávit privado. É claro que existem limites a esse tipo de situação, dados pela ocupação dos recursos produtivos etc. Há um ponto a partir do qual, de fato, um excesso de gasto público dessa natureza pode se converter em inflação. Porém, essa não é a situação brasileira. Nós estamos vivendo há vários anos um regime de semiestagnação econômica, de ociosidade gritante das cadeias produtivas, de desemprego em taxas muito elevadas, de renda muito baixa da população. Logo, há um espaço possível e necessário de ser ocupado pelo gasto público que se converteria, do ponto de vista macroeconômico, em receita para o setor privado. E isso obviamente é um fator de estímulo ao crescimento, e não de desestimulo.

Desta maneira, é preciso entender que o gasto público não só estimula como complementa o gasto privado. Essa é a verdade empírica, histórica, da relação entre finanças públicas e desenvolvimento em todos os países capitalistas do mundo. Achar que os países capitalistas desenvolvidos se desenvolveram produzindo superávit primário é um desconhecimento absoluto da história mundial capitalista. Isso para dizer que é impossível avançar para o tema da participação no orçamento, se não mudarmos a nossa compreensão de finanças e da relação das finanças com o desenvolvimento.

Para finalizar, é preciso fazer uma revisão também de um dispositivo da Constituição que impede que o Banco Central, ou seja, a autoridade monetária, financie, por meio de emissão, o Tesouro. Mas isso foi feito na pandemia. A chamada PEC do Orçamento de Guerra foi isso, foi uma autorização para a autoridade monetária financiar o Tesouro, e por meio disso, poder pagar o Auxílio Emergencial. Ora, se isso foi feito naquela condição de adversidade sanitária, social e econômica, por que não se fazer isso nesse contexto de necessidade de reconstrução do país que nós estamos vivendo? É como se nós estivéssemos numa guerra, sem um inimigo externo.

Nós estamos vivendo uma situação no Brasil que requer uma mudança de paradigma e uma mudança de postura do governo, da sociedade, do Congresso em relação a essa temática, ou seja, a relação das finanças com o desenvolvimento. O orçamento participativo, nesse contexto, ganha uma importância adicional ao de simplesmente formalizar canais de participação da sociedade na definição das prioridades de sua alocação. Ele ganha um peso estratégico diferenciado e ainda mais importante na medida em que passa a ser um componente possível e necessário para contestar justamente os dois pilares da lógica atual vigente, ou seja, o fiscalismo e o rentismo.

Nós precisamos de participação no Orçamento, inclusive para isso, para demonstrar que é possível e necessário modificar as prioridades subterrâneas e fazer com que as finanças se voltem para o desenvolvimento da sociedade e do país, em vez de a sociedade viver em função de gerar superávits primários, que favorecem apenas setores e atores privilegiados da economia. Desta perspectiva, o orçamento participativo tem diante de si um desafio adicional àqueles tradicionais em termos da sua operacionalização. Quer dizer, sempre foi e continuará sendo difícil pensar concretamente em como introduzir e produzir a participação social no ciclo orçamentário. Isso continua sendo um desafio, mas é um desafio possível de ser enfrentado, quando percebemos que o ciclo orçamentário é composto por etapas específicas, com naturezas específicas e que, para cada momento desse ciclo, cabe um tipo de participação. Se pensarmos dessa maneira, talvez consigamos encaixar interfaces de participação mais efetivas. Essa é a parte fácil.

O que é mais complexo é justamente fazer com que essa participação no Orçamento seja qualificada por uma perspectiva transformadora do arranjo institucional macroeconômico e normativo de finanças públicas, vale dizer, numa perspectiva de contestar a dominância financeira, a privatização das finanças, ou seja, o fiscalismo e o rentismo, que estão incrustados numa lógica esterilizante da capacidade do Estado de agir.

Afinal, hoje, qualquer iniciativa ou atividade de planejamento governamental e políticas públicas que se pretenda eficaz, precisa aceitar – e mesmo contar com – certo nível de engajamento público dos atores diretamente envolvidos com a questão, sejam estes da burocracia estatal, políticos e acadêmicos, sejam os próprios beneficiários da ação que se pretende realizar. Em outras palavras, as atividades de formulação, orçamentação e gestão devem prever uma dose não desprezível de *horizontalismo* em sua concepção, vale dizer, de participação direta e envolvimento prático de – sempre que possível – todos os atores pertencentes à arena em questão. Seu envolvimento deve abranger inclusive as atividades de monitoramento e avaliação, de modo a assegurar a participação em todas as etapas cruciais para o planejamento e contar com arranjos que permitam o aprimoramento contínuo das políticas públicas de forma transparente, com participação ativa, mantendo alto os níveis de confiança e suporte dos atores sociais às ações planejadas.

Neste sentido, é preciso que a participação social, a implementação, a gestão das políticas públicas e a entrega efetiva de bens e serviços do Estado à população sejam os verdadeiros critérios de aferição e perseguição do desempenho institucional (setorial, territorial e agregado) do Estado brasileiro. Apenas desta maneira se poderá, de fato, calibrar as ações de planejamento e orçamento no sentido dos resultados intermediários (medidos pela eficácia da ação governamental) e dos resultados finais (medidos pela efetividade transformadora da ação) das políticas públicas nacionais, rumo à consolidação de um projeto de desenvolvimento integral para o Brasil no século XXI. Importam os resultados da ação pública, referenciados em políticas bem desenhadas, adequadamente financiadas, monitoradas e avaliadas com a frequência necessária a cada caso.

O exercício cotidiano de planificação e orçamentação precisa estar intimamente ligado a processos participativos, não apenas em âmbito federal, mas envolver diálogo e articulação federativa e política entre os três poderes na discussão do orçamento no Congresso Nacional. Em anos recentes, o parlamento adquiriu centralidade no processo orçamentário no Brasil, dado o peso das emendas impositivas (RP 6 e RP 7) e a dimensão das emendas de relator (RP 9). É importante rever o processo orçamentário de modo que permita reagir aos insumos do planejamento e da gestão, recuperando inclusive a capacidade de influenciar as escolhas parlamentares. Da mesma forma, os processos de monitoramento e avaliação, buscando assegurar a direcionalidade e a qualidade do gasto público devem influenciar o processo alocativo. Por fim, os mecanismos de participação social devem ser múltiplos, alcançando, direta e/ou indiretamente, a orçamentação. Assim, os instrumentos e processos devem ser pensados de forma integrada, como parte de um mesmo movimento de governança orçamentária, regidos pela direcionalidade mais ampla do planejamento.

Essa é, então, a concepção estratégica mais geral a pautar o debate atual rumo à operacionalização da participação social nas esferas do planejamento e do orçamento público no Brasil.

Referências

Avritzer, L.; Souza, C. (orgs.) *Conferências Nacionais: atores, dinâmicas participativas e efetividade.* Brasília: Ipea, 2013.

BRUGUÉ, Q. *Modernizar la Administración desde la Izquierda: burocracia, nueva gestión pública y administración deliberativa.* Reforma y Democracia, CLAD, n. 29. 2006.

BRUGUÉ, Q. *Una Administración que Habla es una Administración que Piensa.* In: GOBIERNO DE ARAGÓN. Participación Ciudadana: para una administración deliberativa. Zaragoza: Gobierno de Aragón, 2009.

BRUGUÉ, Q. *Políticas Públicas: entre la deliberación y el ejercicio de autoridad.* Cuadernos de Gobierno y Administración Pública, v. 1, n. 1, p. 37-55. 2014.

BRUGUÉ, Q; BLANCO, I.; BOADA-DANÉS, J. *Entornos y Motores de la Innovación en la Administración Pública.* In: IV CONGRESO INTERNACIONAL EN GOBIERNO, ADMINISTRACIÓN Y POLÍTICAS PÚBLICAS. Madrid: Gigapp- Iuiog, 2013.

CARDOSO JR., J. C. *Dominância Financeira e Privatização das Finanças Públicas no Brasil: arranjo normativo e nefastas implicações ao desenvolvimento nacional.* In: MARQUES, R.; CARDOSO JUNIOR, J. C. (Orgs.). Dominância Financeira e Privatização das Finanças Públicas no Brasil. Brasília: Fonacate; Servir Brasil, 2022.

CARDOSO JR., J. C. e FAGNANI, E. *Um Sistema Tributário feito sob medida para a Financeirização.* In: MARQUES, R.; CARDOSO JUNIOR, J. C. (Orgs.). Dominância Financeira e Privatização das Finanças Públicas no Brasil. Brasília: Fonacate; Servir Brasil, 2022.

CASTELLS, M. 1996. *La Era de la Información.* Economía, Sociedad y Cultura. Madrid: Alianza.

COUTO, L. e CARDOSO JR., J. C. *Governança Orçamentária: transformações e lacunas nas práticas de planejamento e orçamento no Brasil.* Brasília: Boletim de Análise Político-Institucional (BAPI), n. 19, Diest/Ipea, 2018.

COUTO, L.; RODRIGUES, J. (orgs.). *Governança Orçamentária no Brasil.* Brasilia: Ipea, 2022.

GABINETE DE TRANSIÇÃO GOVERNAMENTAL 2022. *Relatório Final.* Brasília, dezembro de 2022.Z

MARQUES, R.; CARDOSO JUNIOR, J. C. (Orgs.). *Rumo ao Estado necessário: críticas à proposta de governo para a reforma administrativa e alternativas para um Brasil republicano, democrático e desenvolvido.* Brasília: Fonacate; Servir Brasil, 2021.

MARQUES, R.; CARDOSO JUNIOR, J. C. (Orgs.). *Dominância Financeira e Privatização das Finanças Públicas no Brasil.* Brasília: Fonacate; Servir Brasil, 2022.

PIRES, R. R. (org.). *Efetividade das Instituições Participativas no Brasil: estratégias de avaliação.* Brasilia: Ipea, 2011.

PIRES, R. R. & VAZ, A. *Participação Social como Método de Governo? Um mapeamento das interfaces sócioestatais nos programas federais.* Brasília: Texto para Discussão 1707, Ipea, 2012.

SANTOS, B. S. *Reinventar la Democracia; Reinventar el Estado.* Madrid: Sequitur, 1999.

TARRAGÓ, D.; BRUGUÉ, Q. *La Administración Deliberativa: de la eficacia y la eficiencia a la inteligencia, y de la burocracia a la innovación.* Brasília: Texto para Discussão Cepal-Ipea, 2015.

TARRAGÓ, D.; BRUGUÉ, Q.; CARDOSO JR. *A Administração Pública Deliberativa: inteligência coletiva e inovação institucional a serviço do público.* Brasília: Ipea, TD n. 2122, agosto de 2015.

Parte III
Estado, gestão e implementação

Questões histórico-estruturais do Estado no Brasil: uma proposta analítica alternativa aos mitos neoliberais[1]

José Celso Cardoso Jr. e Tatiana Lemos Sandim

Introdução

Este texto discute um conjunto de questões estruturais e persistentes na história do Brasil acerca dos processos de formação e desenvolvimento do seu aparato estatal e administrativo, ressaltando alguns de seus traços e reflexos nos contextos econômico e político atuais. Sintetizamos tais questões em cinco temas que denominamos como *autoritarismo*, *burocratismo*, *fiscalismo*, *privatismo* e *corporativismo*. Com essa discussão, pretendemos propor um arcabouço analítico alternativo que possa contribuir para ampliar a discussão sobre o futuro do Estado e do próprio país para além das fronteiras neoliberais, usualmente tomadas como referência nesse debate.

Nos últimos anos, as soluções para as questões da economia e da administração pública têm sido orientadas para a redução do tamanho, da influência e da própria atuação do Estado. Considerando que soluções são criadas com base na definição dos problemas que pretendem enfrentar, quais seriam os problemas resolvidos com um Estado mínimo? Considerando os discursos

[1] Esse capítulo foi originalmente publicado, com modificações, no livro organizado por CAMPAGNAC, V. e LOTTA, G (orgs). República em Notas. Rio de Janeiro: Cobogó, 2023.

que sustentam tais práticas, compreendemos que os problemas seriam, em última análise, três: i) o Estado brasileiro seria grande demais ou maior que o necessário, se medido em termos de suas áreas de atuação ou quantitativo de servidores públicos; ii) por esta razão ele seria demasiado caro, se medido em função da sua carga tributária total ou gasto total por servidores; iii) e por fim, tudo somado, o Estado no Brasil seria ineficiente do ponto de vista da sua capacidade de realizar políticas públicas e entregas de bens e serviços à população com qualidade.

Essas questões, repetidas à exaustão e embasadas por pressupostos neoliberais, têm consolidado no país uma compreensão negativa sobre a existência e a atuação estatal, em cuja base estariam não os políticos e suas decisões acerca das questões de Estado, mas sobretudo os servidores e servidoras públicas, considerados pelo discurso neoliberal como incompetentes, autointeressados e desproporcionalmente bem remunerados pelo pouco que produzem. Em contrapartida, os mesmos pressupostos consagram as atividades desenvolvidas pela iniciativa privada como as únicas orientadas pela eficiência, pela eficácia e pela qualidade de tudo o que fazem.

Ainda que se possa concordar que tais questões sejam parcialmente reais e verdadeiras, afinal sempre existe espaço para otimizar o tamanho, o custo e a eficiência do Estado, construir todo o arcabouço de reformas orientado por estes pressupostos bastante discutíveis parece reduzir a complexidade da situação, limitar as possibilidades de resolução e, principalmente, direcionar esforços em uma direção que pode criar novos ou aprofundar problemas nacionais históricos como a desigualdade, as injustiças e a exclusão social.

Vários exemplos podem ser mobilizados para sustentar os limites dos ideais neoliberais para explicar e orientar as ações políticas e econômicas na maioria dos países e, especialmente, em países como o Brasil. Acreditamos ser suficiente nos ater ao mais recente e grave dos acontecimentos globais: a pandemia de Covid-19 e as estratégias mobilizadas pelos países atingidos simplesmente colocaram em xeque toda a teoria e práxis neoliberal. Quanto mais o mundo se aproximava da catástrofe, mais ficava evidente que somente ações robustas protagonizadas pelo Estado nos campos da saúde, da proteção social, da sustentação das atividades econômicas seriam capazes de evitar que boa parte da população do planeta fosse conduzida a um caos sem paralelos na contemporaneidade.[2]

Assim, voltando ao tema deste capítulo, uma leitura coerente com a história deveria considerar que o Brasil é um país que vivenciou longo período de colonialismo e escravidão. Tendo vivido mais de 300 anos sob o jugo do governo português, conseguimos a proeza de nos declarar independentes e fazer vista grossa para o enorme contingente de pessoas trazidas à força do continente africano e obrigados a trabalhar em condições degradantes e inaceitáveis até para os padrões internacionais vigentes na época. Com isso, conseguimos, ainda, atravessar quase quatro séculos mantendo boa parte da população à margem da sociedade, do sistema de direitos e completamente excluída de qualquer possibilidade da participação formal nas decisões sobre os rumos do país em que viviam, já que mesmo conseguindo se tornar independentes de Portugal em 1822, aceitamos manter um sistema econômico escravocrata que persistiu formalmente até 1888 e informalmente até os dias de hoje em alguns lugares e situações. A concentração de poder e dos mais variados tipos de recursos em um número exíguo de grupos sociais bastante homogêneos internamente, influenciou de forma determinante a formação social, política e econômica do Brasil. E, como argumentamos aqui, ainda influencia e faz com que seus reflexos sejam renovados e ecoem fortemente no cotidiano do país.

Desta feita, a primeira questão de Estado imprescindível a ser recuperada para uma compreensão mais abrangente e profunda acerca dos problemas que nos rodeiam é a do *autoritarismo*. Este traço organizou os vínculos da metrópole com o Brasil colônia e segue estabelecendo as bases e as condições para

---

[2] Um artigo do Fundo Monetário Internacional afirmou que: "medidas [de auxílio emergencial] excepcionais estão desempenhando um papel fundamental na mitigação dos efeitos da pandemia. Se forem plenamente implementadas, as medidas fiscais elevariam o nível do PIB real da região em aproximadamente 6,5% a 7% em um ano" (FMI, 2020, p. 1). O Banco Interamericano de desenvolvimento, por sua vez, defendeu que durante a pandemia, "a política fiscal deve se centrar em dois objetivos principais: 1) Deve destinar recursos suficientes ao setor de saúde para que seja possível atender à emergência sanitária; 2) Deve proporcionar "alívio" às famílias, principalmente àquelas mais vulneráveis, incluindo ainda medidas para proteger as empresas empregadoras a fim de evitar demissões em massa" (Pineda, Pessino e Rasteletti, 2020, s.p.) Ainda que ambos ressalvassem a duração de tais medidas, rapidamente ambas as instituições abandonaram as regras neoliberais e defenderam forte atuação estatal, em nome da rápida recuperação econômica e social dos países.

as relações atuais. Foi assim na instalação em território nacional do Estado absolutista português a partir de 1808, na passagem para a República em 1889, na manutenção da escravidão e da estrutura fundiária super concentrada no campo e nas cidades e no autoatribuído papel moderador dos militares desde sempre. A questão seguinte, o *burocratismo*, pode ser sinteticamente descrita como a dimensão institucional do autoritarismo. O burocratismo é o nome dado aos mecanismos estatais construídos para privilegiar setores econômicos e políticos ou grupos populacionais numericamente minoritários, porém, detentores de poder e influência decisória no interior dos aparatos do Estado.

Em terceiro lugar, o *fiscalismo* é a dimensão pela qual o Estado se deixa permear de forma mais clara pelos interesses econômicos privados e rentistas, permitindo que as próprias finanças públicas atendam prioritariamente aos interesses de segmentos privilegiados e autointeressados. Nessa questão, a destinação dos recursos públicos é arquitetada para garantir que os interesses privados sejam contemplados ao mesmo tempo em que prevaleça o discurso de que o Estado deve reduzir seus próprios gastos com a máquina pública e com as maiorias sociais frequentemente alijadas do desenvolvimento econômico do país. Nessa mesma esteira encontra-se a quarta questão abordada: o *privatismo*. Aqui o argumento é de que o Estado deve se retirar das atividades econômicas, limitando-se ao lugar de regular – quando e se necessário – a atuação das organizações privadas. Nesse campo, o que se observa é a privatização dos lucros e a socialização dos prejuízos, e o que se obtém é a desproteção social de parcelas expressivas da população, já que os direitos e serviços são vistos ou como desincentivo ao trabalho individual ou como gasto improdutivo contrário aos interesses econômicos do país.

Por fim, a dimensão que trata do autoritarismo praticado dentro do Estado é o *corporativismo predatório*. Grupos capazes de se mobilizar e fazer com que governos cedam às suas demandas têm, não raro, conseguindo que seus pleitos sejam comumente atendidos, culminando em privilégios concentrados em setores ou carreiras públicas específicas. Isso ocorreu recentemente por meio de medidas que garantiram aumentos salariais reais aos militares em simultâneo a muitos anos de restrições salariais dos servidores civis, mas vem ocorrendo também pela criação de artifícios de remuneração variável para categorias civis e militares que sempre estiveram no topo da pirâmide salarial no setor público, consolidando-se como uma elite de privilégios remuneratórios, dentre outras vantagens desproporcionais, que sacramentam desigualdades salariais imensas no interior do corpo funcional do Estado.

Tudo somado, esse conjunto de questões resgata elementos que consideramos relevantes pelo potencial de suscitar análises sobre o futuro do Estado brasileiro conectadas com o processo histórico de construção de nossa realidade atual. É possível que leituras daqui decorrentes defendam que nem todos os nossos problemas possam ser equalizados com um Estado mínimo ou capturado e assim consigam identificar questões que demandam um Estado mais ativo, republicano e democrático, mais bem preparado e capaz para enfrentá-las.

O restante do capítulo percorre de modo algo mais detalhado cada uma das cinco questões resumidas nesta introdução, e finaliza com considerações e diretrizes gerais de enfrentamento a cada um desses grandes problemas histórico-estruturais do Estado no Brasil.

O Autoritarismo: você sabe com quem está falando?

O *autoritarismo*, incrustrado como traço distintivo e forma dominante de relacionamento entre agentes do Estado, do mercado e da sociedade, bem como entre eles mesmos, remonta no caso brasileiro ao Estado monárquico absolutista português que nos deu origem e direção. Sobre isso, há muitos trabalhos relevantes publicados no Brasil, dos quais importa aqui destacar os de DaMatta (2020), Schwarcz (2019), Schwartzman (2015) e Souza Neto (2020), dentre muitos outros.

Desta maneira, a ideia de um poder centralizado de cunho ou pretensão absolutista nunca deixou de estar presente no Brasil, mesmo após a separação formal entre Estado e Igreja, a qual veio junto com a separação formal entre poderes Executivo, Judiciário e Legislativo após a instauração da República em 1889. Esse aspecto é reforçado pelo fato de que a própria República foi aqui implantada por um pacto entre elites, tendo sido promulgada por um poder militar com apoio da burguesia capitalista emergente e aquiescência da antiga nobreza imperial. Não houve no Brasil nenhuma ruptura institucional dramática, ou evento de amplitude e aderência social que pudesse fundar uma ordem política nova ou oposta à ordem escravocrata que sempre esteve na base de nossa formação histórica.

Por esta razão, jamais se consolidou no país um processo histórico intenso de *republicanização*, entendido aqui como aquele por meio do qual um país e sua nação buscam se aproximar de uma forma de organização política do Estado que visa (e prevê) a repartição e o equilíbrio do poder entre seus cidadãos e organizações. Tampouco se instalou aqui um processo denso de *democratização*, entendido como forma de organização política da sociedade por meio da qual opiniões, vontades e interesses diversos podem ser agregados, manifestos, respeitados e representados, e os conflitos podem ser disciplinados, regrados e periodicamente equacionados.

O autoritarismo, portanto, amalgamou-se como traço distintivo da cultura política senhorial brasileira, tendo sido relativizado em momentos de republicanização e democratização do Estado, tais como durante o 2º governo Vargas, o governo JK, o momento constituinte que antecedeu e culminou com a CF-1988 e, sob contradições abertas até 2016, viveu seus melhores dias. Mas ele também foi reforçado nos momentos de autoritarismo explícito, vivenciados pela política brasileira durante a ditadura Vargas, a ditadura militar e durante os governos Temer e Bolsonaro.

A história política e institucional brasileira pode ser, desta maneira, resumida como uma sequência desequilibrada de espasmos democráticos, combinados com dominância autoritária ao longo da maior parte do tempo. Uma boa ilustração dessa nossa condição pode vir da história do nosso parlamento. O parlamento brasileiro já foi fechado ou dissolvido 18 vezes, seis vezes depois da Proclamação da República. Na primeira de todas, ainda em 1823, ocorreu seis meses depois de ter sido instituído por "incomodar os mandatários do poder". Dom Pedro I dissolveu a assembleia, mandou prender e exilar deputados e criou um grupo para executar a principal missão daquele momento: redigir a primeira Constituição brasileira (1824). Outras 11 vezes se deram por ordem de Dom Pedro II, sempre que os embates escalavam a um grau considerado elevado demais para o imperador. Depois da Proclamação da República, em outros seis momentos, o Parlamento teve seus poderes cerceados: inicialmente pelo primeiro presidente militar, o Marechal Deodoro da Fonseca, poucos meses depois de sua eleição, por não "suportar esse Congresso". Duas vezes com Getúlio Vargas, em 1930 e 1937, e outras três vezes na ditadura militar (1964/1985), para conter "agrupamentos de contrarrevolucionários", combater "ideologias contrárias às tradições do nosso povo" e para refrear a "ditadura da minoria" (Câmara dos Deputados, 2018).

Indo além, é possível dizer que o autoritarismo tem sido escamoteado por alguns como algo inerente às estruturas socialmente desiguais engendradas pelo capitalismo. Entretanto, é preciso entender que há países capitalistas com alta desigualdade, como o Brasil, e há outros, em que a desigualdade é muito mais baixa. A própria intensidade da desigualdade depende da história, das instituições e dos marcos jurídicos criados em cada país para lidar com o conflito distributivo. Disso se depreende que a construção de uma sociedade igualitária é conquista de populações que atacam os espaços de privilégio e defendem a igualdade como valor moral e social (Prado, 2022). Uma via possível nesse sentido é desenvolver processos de republicanização e democratização no país.

A *republicanização* do Estado exige, entre outras coisas, o máximo possível de transparência dos processos decisórios e dos resultados intermediários e finais dos atos de governo e das políticas públicas de forma geral. Conferindo-se visibilidade e publicidade às arenas decisórias, aos atores e interesses envolvidos em cada caso, bem como aos processos institucionais (formais e informais) por meio dos quais as decisões cruciais da República são tomadas, equilibra-se mais e melhor a distribuição desigual de recursos de poder de cada ator e produzem-se resultados, simultaneamente, mais legítimos do ponto de vista político e mais aderentes às realidades locais, permitindo que eles se tornem perenes ao longo do tempo. Este é um dos principais campos de atuação republicana contra a visão moralista e punitivista de combate à corrupção no país.

Por sua vez, a *democratização* do Estado exige, no mínimo, formas mais efetivas de controle social público sobre os três poderes (Executivo, Legislativo, Judiciário), Ministério Público e sobre os meios de comunicação (públicos e privados), ao mesmo tempo que uma reforma política que implique de fato em maior representatividade da imensa diversidade e heterogeneidade da população e seus problemas, anseios e necessidades no parlamento. Mas para além dos aperfeiçoamentos necessários nos fundamentos e mecanismos da democracia representativa, é preciso também fazer avançar a efetividade das instituições e mecanismos da democracia participativa (por meio dos conselhos, conferências, audiências, ouvidorias, fóruns, grupos de trabalho etc.) e da democracia deliberativa (por meio dos referendos, plebiscitos, iniciativas populares etc.).

Com relação ao *sistema representativo*, trata-se de instaurar medidas para uma reforma político-partidária que implique maior convergência e aderência entre representação parlamentar e representados, bem como maior alinhamento ideológico e programático entre partidos e eleitores. Neste campo, o financiamento público exclusivo das campanhas eleitorais é primordial.

Já com relação ao *sistema participativo*, trata-se de plantar medidas que impliquem maior institucionalização, ativação e responsividade dos conselhos, conferências, audiências e ouvidorias públicas, fóruns de discussão e grupos de trabalho na interface entre Estado, políticas públicas e sociedade civil. Tais instâncias podem e precisam avançar qualitativamente como espaços de deliberação sobre questões estratégicas e diretrizes de políticas públicas.

Por fim, com relação ao *sistema deliberativo*, trata-se de adotar medidas que impliquem maior disseminação, uso e responsabilização dos instrumentos e mecanismos diretos de democratização das decisões coletivas, tais como o referendo, o plebiscito e as proposições legislativas de iniciativa popular. Esta ampliação da prerrogativa de convocação de plebiscitos, referendos e consultas populares deve incorporar também a introdução do mecanismo de veto popular, de modo a ratificar a soberania popular como espaço decisório cotidiano e de última instância em torno de questões cruciais para a sociedade brasileira.

O Burocratismo: aos amigos, tudo; aos inimigos, a lei!

Sobre o *burocratismo*, há também vasta literatura acadêmica no pensamento social brasileiro, a partir do qual reforçamos aqui os clássicos de Sérgio Buarque de Holanda (1995) e Raimundo Faoro (2000). Como dito na introdução, neste nosso trabalho o burocratismo deve ser entendido como a dimensão institucional do autoritarismo, pois remete-nos à tradição histórica brasileira de origem ibérica, por meio da qual as relações econômicas e sociais entre partes autônomas (indivíduos, famílias, empresas) vão sendo convertidas em regramentos formais e códigos de conduta sujeitos a sanções de vários tipos e níveis pelo poder instituído.

Esse longo processo de normatização, positivação das leis ou burocratização que se vai espraiando por praticamente todas as dimensões da vida coletiva, numa sociedade dominada pela lógica capitalista, também toma conta do próprio Estado, tanto internamente como em suas relações com o mercado e a sociedade da qual faz parte.

Mas ao contrário do que seria de se esperar numa sociedade que gradativamente almeja republicanizar e democratizar as relações intraestatais e entre segmentos do Estado, do mercado e da sociedade, tais códigos de conduta e legislações impostas não se aplicam igualmente a todas as partes envolvidas. Nesse aspecto é que o burocratismo estabelece seus ritmos, perfis e dinâmicas vinculadas a condições pelas quais os diversos atores e segmentos sociais aceitam se submeter para acessar bens e serviços públicos. Por detrás de tais hierarquias e assimetrias de poder também se escondem práticas patrimoniais, privatistas, oligárquicas e seletivas, enfim, pequenos e grandes atos de corrupção público-privados que filtram os acessos e favorecimentos às políticas públicas, dificultando ou mantendo na berlinda a inclusão de segmentos imensos de população e de micro, pequenas e médias empresas a bens e serviços de índole pública.

Na prática, o que se observa é um excesso de formalismos, legalismos, controles burocráticos e muitas etapas intermediárias que se estabelecem entre a maioria das micro, pequenas e médias empresas e a população em suas relações entre si e com agentes públicos, ao mesmo tempo que níveis variados de informalismos e acessos privilegiados aos tomadores de decisões de todos os tipos e lugares sociais. É neste interstício que deve ser compreendido e buscado o fenômeno da corrupção público-privada.

De saída, ela não se confunde com a concepção neoliberal da corrupção, pois esta criminaliza a política, legitima a adoção de leis, procedimentos e jurisprudências de exceção, prega a entrega do patrimônio público e dos serviços essenciais para o controle das grandes empresas privadas. Este caminho antidemocrático e antirrepublicano leva, ao contrário da visão simplista e punitivista, ao máximo de corrupção. Isto porque a corrupção não diz respeito exclusivamente ao Estado e à dimensão política do poder, mas sim às relações espúrias que se estabelecem entre interesses privados / privatistas e o Estado / esfera pública. Dito assim, a corrupção não é importante apenas na explicação da formação do Estado nacional, mas está também vinculada aos problemas do autoritarismo, do burocratismo e da desigualdade, na medida em que tais problemas são historicamente (re)produzidos e mantidos pela corrupção do poder público que é praticada para satisfazer interesses privados. Desta maneira, a luta contra a corrupção deve ser concebida de modo subordinado ao aprofundamento do caráter democrático e republicano do Estado brasileiro, e não em antagonismo a ele.

Por fim, é preciso dizer que há, no aparato estatal brasileiro, muita hierarquia formal e pouco comando efetivo, na esteira do que emerge a hipertrofia da cultura de controles formais e informais sobre o planejamento, a implementação, a gestão e a participação social nas políticas públicas. Minimiza-se, portanto, todo o potencial e poder de um Estado supostamente pensado para se organizar e agir consoante com os princípios republicanos, estes assentados na máxima equidade e transparência dos processos decisórios, voltados ao interesse geral e ao bem comum, e procedimentos democráticos, esses responsáveis pela ampliação e diversificação da participação social, da representação política e da deliberação coletiva acerca das questões-chaves da sociedade que atravessam os processos decisórios.

Desnecessário dizer que tais objetivos públicos e de Estado passam pela *desmercantilização* da política como negócio. O conflito entre aqueles que querem dominar e concentrar riquezas e aqueles que buscam a liberdade e a igualdade está no centro da disputa pelo poder. Uma república democrática é exatamente aquela que se apoia ativamente na vontade – livre e plural – das maiorias e subordina os órgãos do Estado, inclusive os aparelhos de justiça e coerção, à garantia dos direitos e deveres formados democraticamente. A defesa da República e da Democracia deve estar sempre acompanhada da vigília contra os poderes corporativos e arbitrários, o privatismo e os privilégios, pois estes se voltam historicamente contra as classes trabalhadoras, os setores populares, os progressistas e a esquerda política.

Dito isso, a questão de fundo é que a Constituição Federal não foi capaz de institucionalizar, em uma dinâmica democrática, as disputas entre os dois projetos políticos majoritários e antagônicos presentes na sociedade brasileira. De um lado, coloca-se novamente em pauta – por setores conservadores, agentes políticos, parcelas importantes da própria burocracia, do empresariado e da mídia oligopolizada – o caminho neoliberal, de orientação antinacional, privatista e individualista, e que desde 2016 vem promovendo retrocessos institucionais em áreas críticas da regulação econômica, social e política do país.

De outro lado, permanece como possibilidade – defendida por setores do campo progressista, dentro e fora das estruturas de governo – a via da expansão ou universalização integral dos direitos humanos, econômicos, sociais, civis, culturais e ambientais, tais quais os promulgados – e apenas parcialmente efetivados – pela Constituição. Em particular, é preciso ter claro que as bases materiais e as condições políticas para a efetivação de tais direitos precisam ser reconstruídas no país para a sua real consecução.

Na dinâmica neoliberal, atores econômicos buscam a captura das instituições de representação política do Estado, de modo a viabilizar a transformação de seus interesses em decisões públicas, com vistas a favorecer os interesses empresariais. Um jogo desequilibrado, que induz a um cenário em que, por suas influências, grandes grupos empresariais controlam mecanismos da dinâmica democrática, exercendo uma dominação onde o interesse geral da população perde expressão, tanto em termos econômicos quanto de cidadania.

Sendo assim, a retomada de um projeto democrático de desenvolvimento para o país, ora em curso, passa necessariamente pela construção de novos marcos civilizatórios, envolvendo não apenas as esferas do poder executivo e as políticas públicas, mas integrando a totalidade das instituições do Estado nesse percurso.

O fiscalismo para os pobres e o rentismo para os ricos: lições do austericídio e da financeirização da economia e da privatização das finanças públicas no Brasil

Uma das razões pelas quais é infrutífero tentar identificar virtudes ou acertos nas propostas recorrentes de reformas administrativas de índole liberal é que todas elas partem de diagnósticos equivocados acerca da natureza e formas de funcionamento dos Estados contemporâneos. Em síntese, tais propostas se perfilam a uma visão liberal-conservadora do mundo e por isso sugerem medidas que visam, essencialmente, à redução do peso e papéis do setor público em suas relações com a sociedade e com o mercado. A sua ênfase recai, quase que exclusivamente, sobre a dimensão fiscal do problema, como se de mais eficiência (o mantra de fazer mais com menos recursos disponíveis) fosse possível obter, automaticamente, mais eficácia e efetividade da ação estatal.

A ampliação ou melhoria do desempenho institucional do setor público se converte, portanto, numa promessa irrealizável do mero corte de gastos e de pessoal, objetivo esse indisfarçável da PEC 32/2020 e suas congêneres.[3]

Desta maneira, as políticas de austeridade tratam as finanças públicas e o orçamento público como sendo similares às finanças domésticas e ao orçamento familiar, de modo que ambos, setor público e famílias, deveriam operar segundo o preceito do orçamento sempre equilibrado ou superavitário. Por esta razão, na visão liberal, reformas da previdência e administrativas seriam fundamentais, pois ao apontar para uma redução do gasto público, transmitiriam ao mercado e agentes econômicos a sensação de solvabilidade e confiança na gestão da dívida pública. Medidas de austeridade seriam, portanto, o instrumento e a solução para restaurar a confiança empresarial e, com isso, estabelecer fundamentos para o crescimento econômico.

Essa relação entre austeridade governamental e confiança dos investidores é um mantra constante nos discursos correntes, o que tem levado governos a implementar reformas e políticas contracionistas – acompanhadas de recessão, estagnação ou mesmo deflação – em todo o globo. Considerar que o orçamento público funciona como o doméstico é uma abordagem simplista como também equivocada, ao não considerar que os governos, diferentemente de famílias e empresas, podem, por exemplo, incrementar ou reduzir suas receitas por meio de alterações nos tributos. Ademais, não leva em conta que uma parte dos gastos públicos retorna para os governos sob a forma de impostos, e que estes mesmos gastos, pelo volume e qualidade, podem agir favoravelmente sobre a atividade econômica de modo a ampliar a própria base arrecadatória. Famílias e empresas, por fim, ao contrário dos governos, não emitem moeda e nem títulos públicos, bem como não controlam a taxa de juros sobre suas dívidas, como faz o Banco Central.

Basicamente por essas razões, a equiparação entre setor público e finanças domésticas é falaciosa, e seu objetivo é tão somente limitar o papel e a

[3] A Proposta de Emenda Constitucional 32 de 2020 altera disposições sobre servidores, empregados públicos e organização administrativa. A Proposta altera 27 trechos da Constituição e introduz 87 novos, sendo quatro artigos inteiros. As principais medidas tratam da contratação, da remuneração e do desligamento de pessoal, válidas para quem ingressar no setor público após a aprovação das mudanças. Para críticas contundentes a essa proposta, ver os trabalhos organizados por Marques e Cardoso Jr. (2022) e Cardoso Jr (2022).

importância da política fiscal para o crescimento ou a atenuação de efeitos negativos dos ciclos econômicos. É importante fixar: as restrições ao gasto público no Brasil, um país que emite sua própria moeda e cujo governo é credor internacional, são autoimpostas pela legislação que sempre se pode alterar. O dinheiro do governo, portanto, não acabou nem acabará, mas as regras fiscais brasileiras, excessivamente rígidas, o impedem de gastar num momento em que a economia, depois de vários anos de crise, ainda não logrou recuperar o nível de renda de 2014.

Mas felizmente já vão se avolumando opiniões contrárias ao *austericídio* como ideia e prática dominantes no mundo. Economistas estrangeiros de grande influência internacional (tal como Ben Bernanke, 2019), e mesmo alguns brasileiros de formação liberal (como André Lara Resende, 2017) vêm afirmando que essa crença na austeridade como fim em si mesma está assentada em suposições teórica e empiricamente equivocadas. Da mesma maneira, em livros recentes como o organizado por Cardoso Jr. e Marques (2022), evidências e estatísticas disponíveis mostram que países que seguem o receituário da austeridade crescem menos e/ou superam mais tardiamente situações de crise econômica. Ao contrário, países que adotam políticas econômicas que combinam virtuosamente o gasto público (gastos correntes e investimentos) com incentivos corretos, segurança jurídica e perspectiva econômica positiva, conseguem mobilizar complementarmente os investimentos privados no sentido de um crescimento econômico mais elevado e sustentável.

No caso brasileiro, apesar dos índices de confiança empresarial terem crescido desde a deposição de Dilma, da aprovação da Emenda Constitucional 95/2016 referente ao teto de gastos, das reformas trabalhista e previdenciária e da eleição de Bolsonaro à Presidência em 2018, os índices reais de atividade econômica e da produção industrial permaneceram estagnados ou declinantes desde 2016, bem antes, portanto, da crise pandêmica (sanitária, econômica e social) deflagrada em 2020 e aprofundada pelo governo findo em 2022. Por isso, nada assegura que reformas administrativas liberal-conservadoras, todas centradas em redução de direitos e redução de entregas de bens e serviços à população, em arrocho salarial e em demissões diretas de servidores (e indiretas de trabalhadores cujas rendas dependem dos gastos daqueles) melhorem este quadro. Pelo contrário, devem agravá-lo, ou na melhor das hipóteses instaurar a estagnação com retrocesso social e concentração da renda como o novo normal brasileiro.

Neste particular, é preciso explicar que finanças públicas *sustentáveis* são algo diverso de finanças públicas *estéreis*. Finanças sustentáveis são aquelas assentadas em gastos primários responsáveis por políticas públicas, cujos efeitos agregados (e respectivos multiplicadores) tendem a ser positivos na medida em que geram emprego, renda, lucros e tributos ao longo do ciclo econômico. Seus determinantes são de ordem social, econômica e política. Já as finanças estéreis são aquelas de natureza e/ou destinação financeira, cujos multiplicadores são negativos e seus efeitos agregados contribuem para a ampliação do desemprego, pobreza e concentração de renda. Seus determinantes são autônomos, endógenos, não baseados em fatores reais da economia. Daí que o problema não é o tamanho do déficit ou da dívida pública em si, mas apenas a sua composição e forma de financiamento ao longo do tempo. Evidentemente, a composição e a forma de financiamento da dívida federal brasileira são ruins, pois assentadas na lógica de valorização financeira dos seus fluxos e estoques.

Todos os dados oficiais disponíveis mostram haver um grande comprometimento anual de recursos públicos destinados ao gerenciamento (leia-se: garantia de liquidez e solvabilidade) da dívida pública federal brasileira. Significa que a captura da gestão da dívida pública pela lógica das finanças especulativas continua sendo um dos principais entraves ao crescimento econômico e um constrangimento inaceitável ao cumprimento dos direitos sociais no país. Não por outra razão, chamamos de *austericídio* ao conjunto de pressupostos ideológicos e diretrizes de política macroeconômica que conformam um arranjo institucional de gestão da área econômica do governo que, além de possuir precária fundamentação teórica e histórica, produz resultados opostos aos desejados, com enormes e negativas repercussões sobre a capacidade de crescimento, geração de empregos e distribuição de renda e riqueza numa sociedade, tal qual a brasileira, já marcada estruturalmente por imensas heterogeneidades, desigualdades e necessidades de várias ordens.

Em suma, os processos aqui narrados vão então institucionalizando o fenômeno da financeirização da dívida pública federal e privatização/privilegiamento da sua gestão pelas autoridades monetária e fiscal do país. Tais fenômenos promovem, em função do arranjo normativo em consolidação, bloqueios e limites superiores ao gasto fiscal primário de natureza real, justamente o gasto que é responsável pelo custeio de todas as despesas correntes, tanto as intermediárias/administrativas, como as finalísticas destinadas à implementação efetiva das políticas públicas federais em todas as áreas de atuação governamental. Simultaneamente, consolidam-se regramentos que representam tanto a flexibilização sem limite superior, como a blindagem política (inclusive para fins criminais) do gasto público financeiro, cujos principais beneficiários são as instituições financeiras (bancos, corretoras, seguradoras), fundos de investimento e demais agentes econômicos de grande porte, inclusive estrangeiros com atuação no país (Cardoso Jr., 2022).

Diante disso, fruto da indignação propositiva com a qual se reconstroem as sociedades e seus países, torna-se imperativo deslocar a alienação e a resignação impostas pela teoria ruim e por práticas nefastas de política econômica, substituindo-as por uma orientação geral capaz de levar o Brasil a processos consistentes e decididos de *desfinanceirização* e *desprivatização* das suas finanças públicas.

O Privatismo: vícios privados, prejuízos públicos![4]

O *privatismo* é uma questão bem investigada a partir da análise de proposições contidas na PEC 32/2020 que versam sobre a intervenção do Estado no domínio econômico, a saber: acréscimo ao art. 37-A (para incluir a iniciativa privada na execução de serviços públicos) e acréscimo aos § 6º e §7º do art. 173 (para limitar a atuação do Estado no mercado e eliminar a estabilidade no emprego em empresas públicas e similares) da Constituição de 1988.

Uma análise mais amiúde desses dispositivos propostos pela PEC 32/2020 revela, indubitavelmente, tratar-se de peça que visa à instauração de poderes quase absolutos do mercado sobre o Estado, do dinheiro sobre a política, da esfera e lógica privadas sobre a esfera e lógica públicas. É claro que dessa proposta de (re)desenho constitucional para pior, que pretende priorizar, na formulação, implementação e gestão das políticas públicas, o domínio de uma

[4] Este tópico é uma versão reelaborada de "A atuação do Estado no domínio econômico depois da PEC 32/2020: vícios privados, prejuízos públicos", de autoria de Gilberto Bercovici e José Celso Cardoso Jr., publicado no Congresso em Foco em 26 de junho de 2021.

visão economicista e microeconômica de curto prazo, sobre uma visão holística e macrossocial de longo prazo, não se pode esperar nada promissor para as capacidades governativas de condução futura do país.

Isto é, não há referências claras ao desenvolvimento da nação como objetivo último de tal reforma, mas tão somente entendimento de que a consolidação e a valorização capitalista de mercados autorregulados poderiam engendrar algum tipo de "desenvolvimento". Este, em termos do neoliberalismo em voga, significa coisas como maximização das rentabilidades empresariais de curto prazo, crescimento microeconômico eficiente dos empreendimentos etc. Ora, de diversas maneiras já foi demonstrado que o somatório de empreendimentos empresariais eficientes e rentáveis do ponto de vista microeconômico não é garantia (na verdade, não há evidência empírica alguma) de resultados agregados (mesmo que setoriais) eficazes ou efetivos do ponto de vista macroeconômico, ainda mais se olhados tais resultados sob a ótica dos empregos, rendas e tributos gerados para os demais agentes envolvidos nesse tipo de regime e processo de acumulação de capital em bases estritamente privadas e sob dominância financeira.

Como se sabe, o papel do Estado no domínio econômico é alvo de inúmeros debates no Brasil. Adeptos de um Estado regulador, ou *mínimo*, costumam se contrapor com os defensores de um Estado *desenvolvimentista*. No entanto, uma análise histórica da estrutura administrativa brasileira revela que a CF-1988 recebera um modelo de Estado estruturado sob a ditadura militar (1964-1985), ou seja, o Estado reformado pelo Plano de Ação Econômica do Governo (PAEG, 1964-1967), cujas concepções de *eficiência empresarial* e de *privilégio do setor privado* já estão presentes cerca de trinta anos antes da reforma gerencial da década de 1990.

O discurso oficial do regime militar já era o da ortodoxia econômica. As próprias constituições outorgadas pelos militares, em 1967 e em 1969, chegaram, não à toa, a incorporar o chamado *princípio da subsidiariedade*, cuja concepção é entender o Estado como complementar, subalterno à iniciativa privada. O Decreto-Lei 200/1967, pioneiro na exigência da gestão empresarial dos órgãos administrativos, vai sobreviver à ditadura militar e continuará em vigor mesmo sob a Constituição de 1988, tendo sido reforçado pela reforma administrativa gerencialista do governo FHC e, depois, ressuscitada pela PEC 32/2020.

Ocorre que, mundo afora, com a consolidação dos Estados desenvolvimentistas, as constituições do século XX incorporaram em seus textos o conflito existente entre as forças sociais, buscando abranger toda uma série de direitos e matérias. Apesar disso, as relações entre o direito constitucional e o direito administrativo são ainda difíceis. Enquanto o direito constitucional avançou, o direito administrativo continuou preso aos princípios liberais do século XIX, entendendo o Estado como inimigo. Por isso, a necessidade de construção de um *direito administrativo dinâmico*, a serviço da concretização dos direitos fundamentais e da constituição, é cada vez mais importante.

Na contramão disso, a proposta de incluir um artigo 37-A na Constituição de 1988 vai muito além da péssima técnica legislativa. A intenção da PEC 32/2020 é instituir a permissão para que os entes da Federação (União, Estados, Distrito Federal e Municípios) firmem "instrumentos de cooperação com órgãos e entidades, públicos e privados, para a execução de serviços públicos, inclusive com o compartilhamento de estrutura física e a utilização de recursos humanos de particulares, com ou sem contrapartida financeira". Em resumo, trata-se da *terceirização geral* da Administração Pública. Mas ora, o regime dos serviços públicos está previsto no artigo 175 da Constituição, que determina serem eles atividades que devem ser obrigatória e diretamente prestadas pelo Poder Público. Se não forem prestadas pelo Estado, só o podem ser mediante concessão ou permissão e sempre precedidas de licitação. Ao prestar serviço público, o Estado, ou quem atue em seu nome por meio de concessão ou permissão, está obrigado a acatar o interesse social como métrica e destino de suas ações.

Outra aberração da PEC 32/2020 está na tentativa de incluir dois novos parágrafos ao artigo 173 da Constituição, que trata da atuação direta do Estado no domínio econômico. O novo – e pior – artigo 173, §6º prevê que: "É vedado ao Estado instituir medidas que gerem reservas de mercado que beneficiem agentes econômicos privados, empresas públicas ou sociedade de economia mista ou que impeçam a adoção de novos modelos favoráveis à livre concorrência, exceto nas hipóteses expressamente previstas nesta Constituição". Ou seja, trata-se do fim definitivo do fomento público, pois seria possível a qualquer agente privado (nacional ou estrangeiro) acionar o Poder Judiciário contra a concessão, por exemplo, de linhas especiais de crédito, ou financiamento de projetos por parte dos bancos públicos como BNDES,

Banco do Brasil, Caixa Econômica Federal, Banco do Nordeste e Banco da Amazônia, como sendo medidas de "reserva de mercado".

As implicações desse processo são perniciosas para a dinâmica de crescimento econômico, bem como para as condições de reprodução social da população. Esse arranjo institucional que se está querendo impor ao Brasil é passível de contestação teórica e empírica, razão pela qual é importante desnudar as suas implicações e apontar alternativas críveis para redesenhar a referida institucionalidade com vistas à promoção de um desempenho econômico e social mais condizente com o potencial e anseios de crescimento e de inclusão social do país.

Daí que a nossa proposta reafirma o fato de que para lutar por um Estado moderno e serviços públicos de qualidade no Brasil, é preciso ter claro que em todas as experiências internacionais exitosas de desenvolvimento é possível constatar o papel fundamental do ente estatal como produtor direto, indutor e regulador das atividades econômicas para que essas cumpram, além dos seus objetivos microeconômicos precípuos, objetivos macroeconômicos de inovação e inclusão produtiva e de elevação e homogeneização social das condições de vida da população residente em território nacional.

Sendo o Brasil um país de dimensões continentais e com uma população estimada, em 2022, na casa dos 203 milhões de habitantes, trata-se, sem dúvida, de um enorme desafio político e econômico a provisão (quantitativa e qualitativamente) adequada de bens e serviços à totalidade da população residente no país. Daí não só a necessidade, mas inclusive a urgência, de iniciativas governamentais que não se restrinjam à mera gestão (ainda que eficiente) das políticas e programas já existentes de infraestrutura econômica, social e urbana. Trata-se, na verdade, da necessidade e urgência de iniciativas mobilizadoras das capacidades estatais e instrumentos governamentais à disposição dos governos e a serviço do desenvolvimento nacional.

Tais considerações sugerem a necessidade de repensar as bases e a estrutura do Estado brasileiro, sem deixar de levar em consideração a questão recolocada na atualidade acerca da prevalência das instituições democráticas sobre o mercado e a independência política do Estado em relação ao poder econômico privado, ou seja, a necessidade de o Estado ser dotado de uma sólida base de poder econômico próprio.

O corporativismo predatório: farinha pouca, meu pirão primeiro!

O *corporativismo* é comumente definido como um sistema de representação, tramitação e implementação de interesses coletivos específicos junto ao poder público instituído. Não cabe aqui discorrer sobre suas variantes histórico-institucionais, ou seja, se corporativismo estatal (organizado e tutelado pelo Estado), se corporativismo societal (animado e sustentado pelo pluralismo de interesses presentes na sociedade), bem como as combinações e derivações observadas empiricamente de ambos os modelos principais ao longo do tempo.[5]

Para os interesses desse capítulo, basta dizer que o corporativismo se firmou, na história do capitalismo contemporâneo (basicamente após a Segunda Guerra Mundial), como uma forma politicamente legítima e relativamente eficaz de explicitação de atores e interesses e de canalização e resolução de conflitos, tanto na relação entre setores públicos e privados, como internamente ao setor público. No caso do setor público, isso se deu em função da grande diversidade de áreas de atuação estatal, burocracias e arenas decisórias, interesses e processos institucionais envolvidos.

Mas em ambos os casos, para além das decisões de Estado emanadas das regras tradicionais da democracia representativa, o corporativismo (via atividades formais e informais de *lobby*, *advocacy* etc.) veio a ser considerado também uma forma – complementar e mais direta, ainda que menos regulada – de manifestação, negociação e intermediação de interesses organizados, *corporativamente*, visando influenciar e moldar processos decisórios em âmbitos governamentais.

Até aqui, então, nada demais, apenas as coisas como efetivamente são e funcionam nas sociedades capitalistas contemporâneas. Mas o problema começa quando, saindo da discussão formal e abstrata sobre conceitos e categorias de análise, chegamos ao chão da política como ela é. E ela é dominada, no Brasil e alhures, por grupos e corporações mais poderosos e privilegiados que outros. Essa hierarquia e assimetria de poder e de recursos (econômicos e sim-

---

5 Além das definições e referências bibliográficas presentes nos verbetes sobre corporativismo que constam do Dicionário de Políticas Públicas, editado por Geraldo Di Giovanni e Marco Aurélio Nogueira (Editora Unesp, 3ª edição, 2018), e do Dicionário do Pensamento Social do Século XX, este editado por William Outhwaite e Tom Bottomore (Editora Zahar, 1996), veja-se um dos clássicos sobre o assunto em Schmitter (1974).

bólicos) distorce a legalidade, a legitimidade e os resultados concretos obtidos pelos diversos grupos organizados da sociedade (públicos e privados) que se relacionam corporativamente com o Estado. Este, por sua vez, acolhe, tramita e implementa diferenciadamente decisões e políticas públicas, mais em favor de uns que de outros grupos sociais.

Nesse sentido, sempre e quando o Estado age apenas como canal de transmissão dos interesses mais fortes e bem representados em seus circuitos decisórios, ele colabora para sacralizar as desigualdades econômicas e sociais presentes na sociedade, e também a reforçar a assimetria de recursos e o poder (formal) de voto e (informal) de veto dos atores mais influentes. Ao fim e ao cabo, é a própria política em regimes formalmente democráticos que vai perdendo potência transformadora, já que por meio do *corporativismo predatório* vão-se consumando posições de poder dos grupos já privilegiados e fragilizando-se as posições de atores com menos recursos e vozes menos potentes na sociedade e no interior dos governos.

Pode-se dizer que o mesmo fenômeno acontece nas relações intraestatais, onde determinadas elites burocráticas conseguem não apenas impor e manter seus próprios privilégios de classe, como por meio disso afastar a sua atuação dos interesses e necessidades verdadeiramente nacionais. Que isso seja a regra das corporações privadas já o sabemos, mas que tal comportamento seja a tônica de burocracias corporativas sobrerepresentadas no seio do setor público, é um péssimo sinal de esvaziamento substantivo do republicanismo e da democracia em nosso país.

Um bom exemplo disso diz respeito aos privilégios remuneratórios que capitaneiam as ações de determinadas organizações públicas e seus sindicatos e associações de servidores. Ainda que sejam justas e legítimas algumas das reivindicações em curso por recomposição salarial, nada justifica privilegiamentos remuneratórios seletivos concedidos para um subconjunto de carreiras públicas que já são, por sinal, as mais privilegiadas do ponto de vista salarial e institucional.

No Poder Executivo, o *hub* das remunerações mais altas encontra-se no Ministério das Relações Exteriores e em órgãos que cumprem funções indelegáveis de Estado, tais como Militares de altas patentes das Forças Armadas, Política Federal e Polícia Civil, Advocacia Geral da União e Receita Federal do

Brasil. No Poder Legislativo, ele é dividido entre a Câmara dos Deputados, o Senado e o Tribunal de Contas da União; e no Poder Judiciário, entre Ministério Público da União e os Tribunais Regionais e Superiores – notadamente, os Tribunais Regionais do Trabalho.

Em outros termos, a elite salarial do funcionalismo público federal é composta, fundamentalmente, por procuradores, desembargadores, juízes, dirigentes do serviço público federal, deputados, senadores, diplomatas, ministros e secretários de ministérios. Dessa forma, se o objetivo for de fato enfrentar as distorções salariais no setor público, o trabalho deveria começar por aí. Para tanto, o efetivo cumprimento do teto remuneratório, por exemplo, dispensa qualquer mudança na Constituição, uma vez que já está inscrito em seu artigo 37 – isto é, poderia ser feito por legislação ordinária infraconstitucional.

Já em linha oposta à esta tendência recente de dispersão das remunerações no interior do setor público, é preciso ter claro que durante o segundo mandato presidencial de Lula (2007 a 2010) houve esforços no sentido de se conferir maior racionalidade e equidade remuneratória a diversas carreiras públicas da administração federal. A substituição de inúmeras formas de pagamento por meio de auxílios e benefícios pecuniários pelo pagamento de vencimentos por meio de subsídio foi um avanço nessa direção e impactou positivamente as remunerações e o desempenho institucional de uma gama ampla de carreiras, organizações e servidores públicos.

Desde 2015, no entanto, vem acontecendo movimento inverso, por meio do qual organizações e carreiras mais poderosas no interior do Estado vêm tentando e conseguindo driblar a lógica do vencimento básico por subsídio bem como o próprio teto remuneratório constitucional. Desta feita, a fragmentação remuneratória com heterogeneização da atuação de organizações e carreiras dentro do aparato estatal contribui para a perda de organicidade entre servidores, reinstitui conflitos distributivos indesejáveis no âmbito público e faz piorar o desempenho setorial e agregado do Estado, com consequências deletérias, ao fim e ao cabo, para a própria economia e sociedade nacional.

Desta maneira, uma das formas de se mitigar ou combater o *corporativismo predatório* no seio do setor público consiste em relembrar e reforçar o caráter público tanto da configuração burocrática como da atuação estatal, conforme o quadro a seguir.

Quadro 1. Perfil e Lógica Pública X Perfil e Lógica Privada.

Perfil e Lógica Pública da burocracia e ação estatal	Perfil e Lógica Privada das empresas e ação corporativa
1. Vocação 2. Altruísmo 3. Atender o coletivo: prestação serviços 4. Visão de longo prazo 5. Perspectiva macro 6. Valor social / cidadania 7. Perspectiva não monetária	1. Necessidade 2. Autointeresse 3. Atender o indivíduo: venda mercantil 4. Visão de curto/médio prazo 5. Perspectiva micro/meso 6. Valor econômico / lucro 7. Perspectiva monetária

Fonte: Elaboração dos autores.

Vemos que há diferenças importantes entre os setores público (Estado) e privado (mercado) no que diz respeito à essência, objetivos gerais e formas de atuação de cada uma dessas esferas da vida contemporânea. Tais diferenças ajudam a entender melhor o espaço e atribuições de Estado e mercado em suas relações entre si e de cada uma dessas instâncias diante dos mundos econômico, social e político. Desta maneira, perceber e entender as diferentes perspectivas e especificidades de atuação entre ambos nos ajuda também a nos situarmos melhor em relação às nossas próprias preferências e opções de atuação profissional. Embora de forma bastante simples e esquemática, o quadro 1 lista algumas das principais diferenças.

De modo geral, a atuação das pessoas no setor privado está ancorada em imperativos de necessidade de sobrevivência e auto interesse, cujo principal objetivo é atender aos desejos e necessidades dos indivíduos mediante a venda de bens e serviços de caráter mercantil, seja diretamente como pessoa física (autoemprego, trabalho por conta própria), seja através de empresas formais ou informais (pessoas jurídicas). Além disso, é importante entender que no setor privado, por razões ligadas à lógica interna do sistema capitalista, as empresas e as pessoas que produzem para o mercado são induzidas a priorizar o curto/médio prazo, adotar perspectivas micro/mesoeconômicas e visar a acumulação de valor econômico na forma de lucro monetário.

Por sua vez, a atuação no setor público deve, idealmente, estar motivada por atributos pessoais ligados à vocação à esfera pública, altruísmo e desejo de prestar serviços à população como forma de viabilizar ou aperfeiçoar o atendimento estatal/público à coletividade. Além disso, trabalhar para o Estado – mas sempre a serviço da sociedade – implica em entender que este é o principal ente, criado historicamente pela humanidade, que pode e deve pautar e orientar a sua atuação a partir de uma visão de longo prazo para o desenvolvimento nacional, tendo as perspectivas macroeconômica, macrossocial e territorial como guias, bem como a produção de valor social de sentido não monetário como paradigma.

Considerações finais

No nível macro de abstração aqui proposto, tem-se a máxima de que o Estado, suas organizações, políticas e servidores públicos são agentes e noções sem as quais debater valores normativos, como desenvolvimento, inclusão e progresso, perdem o sentido. Se é verdade que existem falhas de governo a merecer um olhar atento sobre problemas como patronagem, captura, corrupção, ineficiência etc., também é certo haver falhas de mercado tão ou mais graves do ponto de vista da construção de trajetórias nacionais de desenvolvimento que impliquem soberania, democracia, inclusão e equidade, sustentabilidade ambiental, produtiva, humana etc.

Neste sentido, ao invés de contrapor modelos abstratos, é preciso caminhar em direção à uma institucionalidade sinérgica entre Estado, mercado, sociedade – e seus respectivos princípios estruturantes: autoridade, interesses e solidariedade –, tal que o desenvolvimento possa ser um resultado meritório, consensual e duradouro dos recursos, das energias e das capacidades instaladas e criadas nesse tempo/espaço específico da história. Para tanto, o Estado, suas organizações, políticas e servidores públicos precisam sair da prateleira dos problemas, em relação aos quais são sempre identificados e responsabilizados, para adentrar a seara dos recursos, dos instrumentos e das soluções para o país se alinhar a trajetórias de desenvolvimento e progresso exitosos e continuados. Na era dos Estados nacionais, a autoridade pública e suas capacidades foram protagonistas, não coadjuvantes, nas trajetórias de êxito coletivo.

Neste sentido, tendo em tela o caso brasileiro, a alternativa consiste em lançar mão de três ideias-força, de cujo resgate teórico-histórico se poderia partir para avançar tanto na crítica aos formatos e conteúdos atualmente dominantes na esfera estatal, como – indo além – avançar também na reafirmação ou proposição de novos princípios, diretrizes, estratégias e táticas de ação (coletiva, contínua e cumulativa) que nos permitam conduzir a situação para um patamar qualitativamente superior de entendimento, organização e funcionamento do Estado nacional para as novas gerações de brasileiros e brasileiras, ainda no século XXI. São elas:

- **Projeto de país**: o desenvolvimento nacional é o carro-chefe da ação do Estado, ou seja, o Estado não existe para si próprio, mas como veículo para o desenvolvimento da nação. Nesse sentido, fortalecer as dimensões do planejamento estratégico público, da gestão participativa e do controle social – estratégias essas de organização e funcionamento do Estado – é condição necessária para que possamos dar um salto de qualidade ainda no século XXI no Brasil.
- **Capacidade de governo**: a necessidade de uma reforma do Estado de natureza republicana, que traga mais transparência aos processos decisórios, no trato da coisa pública de modo geral, é condição inescapável para redirecionar a ação governamental para as necessidades vitais da população.
- **Governabilidade**: por fim, mas não menos importante, a revalorização da política e da democracia, pois não há como fazer uma mudança dessa envergadura sem a participação bem-informada da maioria da população. A democracia não é apenas um valor em si, mas também um método de governo, por meio do qual as vontades da maioria da população se manifestam, eleitoral e periodicamente. Mas para além da democracia representativa em crise, há elementos de uma democracia participativa – e mesmo deliberativa – que pressionam por mais e melhores espaços de existência e funcionamento.

Senão pelo resto, detalhar alguns processos que alinham Estado, burocracia pública e desenvolvimento socioeconômico foi também um dos objetivos centrais deste capítulo.

Referências

BERNANKE, B. *Monetary policy in a new era*. *In*: BLANCHARD, O.; SUMMERS, L. H. (Ed.). Revolution or evolution? Rethinking macroeconomic policy after the great recession. Cambridge, United States: MIT Press, 2019.

CÂMARA DOS DEPUTADOS. Parlamento brasileiro foi fechado ou dissolvido 18 vezes. Disponível em: https://www.camara.leg.br/noticias/545319-parlamento-brasileiro-foi-fechado-ou-dissolvido-18-vezes/. Acesso em 03 jul. 2023.

CARDOSO JR. J. C. *Dominância Financeira e Privatização das Finanças Públicas no Brasil: arranjo normativo e nefastas implicações ao desenvolvimento nacional.* In: CARDOSO JR., J. C.; MARQUES, R. (orgs.). Dominância Financeira e Privatização das Finanças Públicas no Brasil. Brasília: Fonacate, 2022.

CARDOSO JR., J. C.; MARQUES, R. (orgs.). *Dominância Financeira e Privatização das Finanças Públicas no Brasil.* Brasília: Fonacate, 2022.

DAMATTA, R. (Org.). *Você sabe com quem está falando? Estudos sobre o autoritarismo brasileiro.* Rio de Janeiro: Rocco, 2020.

DI GIOVANNI, G. e NOGUEIRA, M. A. (editores). *Dicionário de Políticas Públicas.* São Paulo: Ed. Unesp, 3ª edição, 2018).

FAORO, R. (Org.). *Os donos do poder*: formação do patronato político brasileiro. Rio de Janeiro: Globo, 2000.

FUNDO MONETÁRIO INTERNACIONAL. *Perspectivas Econômicas:* as Américas. Política fiscal durante uma pandemia: Como foi o desempenho da América Latina e Caribe? Outubro, 2020.

HOLANDA, S. B. de. (Org.). *Raízes do Brasil.* Rio de Janeiro: José Olympio, 1995.

PINEDA, Emilio; PESSINO, Carola; RASTELETTI, Alejandro. Política e gestão fiscal durante a pandemia e a pós-pandemia na América Latina e Caribe. Banco Interamericano de Desenvolvimento. Maio, 2020. Disponível em: https://blogs.iadb.org/gestion-fiscal/pt-br/politica-e-gestao-fiscal-durante-a-pandemia-e-a-pos-pandemia-na-america-latina-e-caribe/.

PRADOf, *A Cultura do Privilégio e sua Imperativa Superação pela Cultura da Igualdade.* Resumo Executivo. Grupo temporário de estudos. Instituto Lula, no prelo.

OUTHWAITE, W. e BOTTOMORE, T. (editores). *Dicionário do Pensamento Social do Século XX. São Paulo: Ed. Zahar, 1996.*

RESENDE, A. L. (Org.). *Juros, moeda e ortodoxia: teorias monetárias e controvérsias políticas.* 1. ed. São Paulo: Portfolio-Penguin, 2017.

SCHMITTER, Philippe. *Still the Century of Corporatism?* The Review of Politics, v. 36, n. 1, p. 85-131, 1974.

SCHWARCZ, L. M. (Org.). *Sobre o autoritarismo brasileiro.* São Paulo: Cia das Letras, 2019.

SCHWARTZMAN, S. (Org.). *Bases do autoritarismo brasileiro.* Campinas: Ed. Unicamp, 2015.

SOUZA NETO, C. P. (Org.). *Democracia em crise no Brasil: valores constitucionais, antagonismo político e dinâmica institucional.* São Paulo: Contracorrente, 2020.

Dilemas entre controle e autonomia de gestão: alternativas e possibilidades de superação[1]

Roberto Rocha C. Pires e José Celso Cardoso Jr.

Introdução

É possível conciliar autonomia relativa do Estado com escrutínio contínuo de suas ações? Um dos desafios centrais para as democracias contemporâneas é equacionar o dilema entre o controle da atuação do Estado e a expansão da capacidade de ação e resolução de problemas por parte de suas burocracias. Se por um lado a imposição de controles sobre o poder administrativo de agentes burocráticos, encarregados de implementar políticas públicas e decisões políticas, é um dos pilares do Estado democrático de direito, por outro lado o excesso de controles limita a capacidade de ação destes agentes na concretização de políticas públicas e direitos importantes para o bem-estar da sociedade (Pires, 2009).

No Brasil atual, as tensões e dilemas entre controle e gestão vêm adquirindo centralidade e demandando crescente atenção pública. A década de 2000 foi palco de duas transformações importantes no que diz respeito à organização e ao funcionamento do Estado, as quais agudizaram tais tensões.

---

1 Este capítulo foi originalmente publicado como: CARDOSO JR., J. C.; PIRES, R. R. Dilemas entre Controle e Autonomia de Gestão: alternativas e possibilidades de superação. In: CARDOSO JR., J. C.; PIRES, R. R. (orgs.). *Gestão Pública e Desenvolvimento*. Brasília: Ipea, 2011.

A primeira delas foi a consolidação das instituições e organizações vinculadas ao exercício da função de controle da atuação do Estado – via controle interno ou mediante o controle externo e social. A segunda transformação diz respeito à retomada do papel do Estado como indutor e promotor direto do desenvolvimento econômico e social: seja pela expansão do investimento e do crédito, retomada do financiamento público para infraestrutura e apoio à atividade econômica, seja pela ampliação e fortalecimento das políticas sociais. Neste capítulo, descrevem-se brevemente: *i*) a emergência destas duas transformações; *ii*) as tensões e questões colocadas pela sua coocorrência – a experiência contemporânea do dilema entre controle e gestão; e *iii*) as possibilidades e alternativas que se apresentam atualmente para a superação deste dilema, com vistas ao aprimoramento contínuo da atuação estatal.

A encruzilhada dos anos 2000: entre o (neo)desenvolvimentismo e o aumento do controle sobre a atuação do Estado

A primeira transformação notável na configuração do Estado brasileiro nas décadas de 1990 e 2000 foi a consolidação, e consequente fortalecimento, das instituições responsáveis pelo exercício da função de controle da atuação do Estado. A Constituição de 1988 (CF/88) abrigou o princípio de controle da burocracia como um elemento indissociável do Estado de direito democrático. Ela forneceu a base jurídico-normativa para o fortalecimento organizacional e das capacidades institucionais dos órgãos de controle interno – como a Controladoria-Geral da União (CGU) – e de controle externo – como o Ministério Público (MP), o Poder Judiciário e o Poder Legislativo, por meio do Tribunal de Contas da União (TCU) –, e também para a emergência e consolidação de instituições participativas (como conselhos, conferências, comissões e fóruns) que viabilizam o controle social.

O sistema de controle interno do Executivo federal, apesar de existir desde 1967,[2] somente passa a ter capacidade política e institucional de auditar e fiscalizar de forma efetiva a gestão de políticas públicas (fiscalização contá-

[1] Em 1967 foi criado o modelo das Cisets, as secretarias de controle interno nos ministérios (ver Olivieri, 2010).

bil, financeira, operacional e patrimonial) a partir da década de 1990. Neste período, o controle interno se consolidou, principalmente, por meio de duas mudanças institucionais. Primeiro, a criação da Secretaria Federal de Controle Interno (SFC) em 1994, sua descentralização territorial, e posterior integração, em 2003, à Controladoria-Geral da União (CGU), órgão ligado diretamente à Presidência da República com capacidade de supervisão ministerial, elevando-se o *status* político-institucional do controle interno, anteriormente subordinado à Secretaria do Tesouro Nacional (STN), no Ministério da Fazenda. Segundo, a recomposição de quadros de pessoal, por meio de sucessivos concursos públicos, e o fortalecimento das carreiras da área de finanças e controle culminaram em maior envolvimento e capacidade de interferência destes quadros e instituições no planejamento e gestão orçamentária (Sistema Integrado de Administração Financeira – Siafi, Sistema de Informações Gerenciais de Planejamento – Sigplan etc.) (Olivieri, 2010).

No que tange ao controle externo, principalmente aquele exercido pelo TCU, observa-se também a partir da Constituição de 1988 o seu fortalecimento institucional. Primeiro, a influência do Executivo na escolha de seu corpo dirigente foi bastante reduzida – do monopólio do recrutamento para a indicação de apenas um terço dos ministros, parte destes devendo ser recrutada a partir do quadro de auditores do próprio TCU e também do MP. Uma segunda mudança importante diz respeito à maior autonomização do TCU em relação ao Congresso Nacional. Apesar de reafirmar o seu papel de órgão "auxiliar", a Constituição de 1988 garante ao TCU a administração de seu próprio orçamento, corpo próprio de funcionários em regime estatutário, e competência para definir regimento interno e lei orgânica que organiza o funcionamento e atividades do órgão. Em terceiro lugar, além de sua autonomia gerencial, figura entre as competências constitucionais privativas do TCU a realização de inspeções e auditorias, apreciação e julgamento de contas, e a aplicação de sanções e determinação de correções de irregularidades em atos e contratos do Poder Executivo (Teixeira, 2010).[3]

Por fim, com relação ao controle social, o terceiro pilar do "sistema" de controles sobre a atuação do Estado, observa-se também que os últimos 20

---

2 Como indicativo dessa autonomização do TCU em relação ao Congresso Nacional, Teixeira (2010) indica que, em 2009, quase 70% das fiscalizações e auditorias do TCU foram de iniciativa própria, contra aproximadamente 30% demandadas pelo Congresso.

anos consolidaram e institucionalizaram no Brasil um autêntico subsistema participativo, que envolve formas normativas, organizacionais e institucionais desenhadas estruturalmente para se promover a participação dos cidadãos nas decisões sobre políticas (Sá e Silva, Lopez e Pires, 2010). Tal sistema envolve as chamadas instituições participativas, incluindo os conselhos gestores de políticas públicas e conferências nos três níveis de governo, as experiências de orçamento participativo, assim como outras formas institucionais de participação. Tendo vivido uma expressiva disseminação desde que suas bases foram lançadas na CF/88, estas instituições têm hoje inegável importância na realidade dos governos (Avritzer, 2010).[4] Ademais, têm sido integradas ao processo de concepção, execução e controle de políticas públicas de forma cada vez mais orgânica, por meio da estruturação de sistemas que articulam instâncias locais, estaduais e nacionais. Tal como apontado por Lopez (2010), a incorporação de mecanismos de controle social na gestão pública, calcados na implementação de canais institucionalizados de participação e vocalização de demandas por parte dos cidadãos, tem sido crescente, acumulando-se gradativamente desde os governos Fernando Henrique Cardoso (FHC) e apresentando avanços exponenciais nos dois governos Lula da Silva. Embora ainda haja carência de avaliações sistemáticas sobre a efetividade das instituições participativas como instâncias de controle da atuação do Estado, o autor destaca o potencial inovador que a incorporação de novos grupos e atores sociais na gestão pode produzir, em termos de impactos no processo de redefinição das prioridades da agenda e de acompanhamento das políticas públicas. Este processo decorreria da inclusão de perspectivas sociais, concepções cognitivas e valorativas alternativas e competidoras daquelas tradicionalmente cristalizadas na visão de mundo dos burocratas ou do governo no poder.

Dessa forma, constituiu-se no Brasil recente um aparato institucional com múltiplos pontos e capacidades de controle sobre a atuação do Estado e suas bu-

---

[3] Na gestão 2005-2008, por exemplo, municípios com mais de 100 mil habitantes possuíam, em média, nada menos que 19 conselhos (Pires e Vaz, 2010). Em algumas áreas, como saúde, assistência social e direitos da criança e do adolescente, mais de 80% dos municípios no país possuem conselhos. Em outras áreas, como política urbana, meio ambiente e educação, verifica-se também ampla disseminação destas instituições.

rocracias. Além disso, em conjunção com a efetivação do desiderato constitucional de democratizar e republicanizar o aparato estatal brasileiro, marcado pelo autoritarismo do período anterior, também contribuiu, para o fortalecimento do controle, uma agenda de política econômica que se tornou hegemônica nos anos 1990, baseada no controle da inflação, na promoção do ajuste e da responsabilidade fiscal, e na reforma do aparato administrativo voltada para o corte de gastos, aumento de eficiência no setor público e combate à corrupção. A partir desta conjunção de fatores, é possível dizer que se acelerou o controle dos gastos públicos, propiciando maior vigilância da atuação do Estado por parte da sociedade e de órgãos do próprio aparato estatal. Em função destes esforços, conforme apontado por pesquisa de âmbito nacional realizada em 2008 e 2009 pela Universidade Federal de Minas Gerais (UFMG, 2010) em conjunto com o Instituto Vox Populi, cerca de 75% dos brasileiros reconhece que cresceu nos últimos anos "a apuração dos casos de corrupção que antes ficavam escondidos", sendo reconhecida também pelos entrevistados atuação positiva de órgãos governamentais na investigação e punição dos culpados.

Paralelamente à consolidação desses sistemas de controle sobre a atuação da burocracia federal (controles interno, externo e social), uma segunda transformação marcou a (re)configuração e atuação do Estado na última década: a retomada do papel de indução e promoção direta do desenvolvimento econômico e social. Consolidada a percepção do fracasso e das limitações das reformas neoliberais da década de 1990, a busca pela reconstituição do protagonismo do Estado – de suas capacidades e instrumentos de planejamento, regulação e intervenção no domínio econômico e social – caracterizou os anos recentes (Cardoso Jr., Linhares e Pinto, 2010). Assim, observou-se, no caso brasileiro, crescimento notório, por um lado, do investimento público, da atuação mais coordenada das empresas estatais, e do crédito público para o setor privado e, por outro lado, expansão significativa das políticas sociais, com ampliação do acesso a direitos e benefícios sociais, elevação do gasto púbico nesta área e aumentos reais do salário mínimo. Em contraposição à década de 1980, e principalmente à de 1990, nas quais recaía ênfase sobre a redução do gasto e do aparato estatal, os anos 2000 observaram a retomada de estratégias (neo)desenvolvimentistas, calçadas na maior presença e atuação do Estado em matérias econômicas e sociais.

Poder-se-ia argumentar que essa segunda onda de transformações foi viabilizada no Brasil tendo por base um cenário econômico externo predominantemente favorável (exceção feita ao biênio 2008-2009, por conta da crise econômica internacional). Entretanto, seria incorreto desconsiderar o papel algo mais ativo do próprio Estado nacional, o qual, por meio de orientações políticas de governo mais decididas e expansionistas nos domínios da economia e da proteção social, foi capaz de efetivamente colocar a taxa de crescimento anual real do produto interno bruto (PIB) em patamar mais elevado e sustentável que o observado, *grosso modo*, ao longo das décadas de 1980 e 1990. Não menos importante, este fenômeno conseguiu compatibilizar, ao menos no período recente (2004 a 2010), a retomada do crescimento econômico com o aumento da ocupação em geral, e do emprego formal em particular, além de ter se verificado elevação salarial para praticamente todas as categorias ocupacionais, e queda em ritmo lento, mas persistente, dos indicadores de pobreza e desigualdade – tudo isso com manutenção da estabilidade monetária em um regime de baixa inflação.

Sob tais condições, recolocaram-se na pauta governamental duas situações interessantes, porém contraditórias, a saber: primeiro, a redescoberta acerca das potencialidades intrínsecas do Estado como organizador – e mesmo indutor – de soluções para os grandes e graves problemas nacionais (notadamente, como dito acima: nível e sustentabilidade das taxas de crescimento econômico, da ocupação e da remuneração da força de trabalho; combate à pobreza e à desigualdade salarial; manutenção da estabilização monetária etc.); e segundo, a constatação acerca das dificuldades e limitações dos aparelhos constituídos do Estado para fazer avançar tanto a racionalização de procedimentos cotidianos de gestão governamental, quanto o ritmo e a direção das transformações em curso, tais quais as apontadas acima. Em outras palavras: em presença de contextos externo e interno favoráveis à retomada e manutenção do crescimento econômico em nível e ritmo mais elevados, o Estado brasileiro parece ter levado para perto do limite suas capacidades e instrumentos atualmente instalados/constituídos, de modo a animar e estimular o prolongamento desta fase auspiciosa de crescimento.

"Fricções" entre controle e gestão

A coocorrência dessas duas transformações recentes constitui um cenário um tanto quanto original na experiência republicana brasileira: a operação de instituições fortes e consolidadas encarregadas de fiscalizar e controlar o Estado no contexto da ampliação de sua atuação, seja do seu aparato administrativo ou do seu gasto. A "hipertrofia" das capacidades institucionais do controle associada ao novo ímpeto desenvolvimentista tem provocado "fricções" importantes entre, por um lado, a necessidade de implementar e efetivar ações e políticas públicas voltadas para o desenvolvimento socioeconômico e, por outro, o controle da legalidade e probidade destas iniciativas.

Em reação a essa suposta hipertrofia do controle, acumulam-se clamores pela necessidade de um equilíbrio entre o estrito cumprimento das complexas (e muitas vezes contraditórias e incompletas) normas que regulam o serviço público e o atendimento de demandas da sociedade por melhores condições de vida – a exemplo dos casos de paralisação de serviços públicos, como atendimento à saúde, em virtude de irregularidades formais em sua gestão. Situações como esta têm provocado questionamentos em relação a possíveis excessos, registrados na Constituição, no repúdio à ampla discricionariedade de que gozava o Executivo durante o regime autoritário, o que teria gerado rigidez e uniformização incompatíveis com a diversidade de papéis estabelecidos pela própria Carta Magna para o Estado brasileiro.

Assim, à medida que o Estado tem recuperado sua capacidade e legitimidade para atuar de forma a guiar o processo de desenvolvimento nacional, o concomitante fortalecimento dos mecanismos de controle sobre sua atuação culmina no cerceamento à ação administrativa e em restrições às prerrogativas do Poder Executivo para dispor sobre assuntos relativos à sua organização e atuação. Exemplo ilustrativo deste processo é que, somente em 2009, das 219 obras públicas fiscalizadas pelo Tribunal de Contas da União (TCU), 19% foram classificadas com "indícios de irregularidades com recomendação de paralisação" e outras 22 obras (10%) tiveram indicação de "indícios de irregularidades com retenção parcial dos recursos"; outras obras (46%), ainda, tiveram a identificação de "indícios de irregularidades considerados sanáveis". Apenas as obras correspondentes aos 15% restantes não foram objeto de ressalva pelos auditores (Teixeira, 2010).

Estes números apontam o elevado grau de escrutínio ao qual se submete a ação da burocracia federal, fato que, apesar de demonstrar o amadurecimento institucional da democracia brasileira, indica as dificuldades e obstáculos interpostos à execução e concretização de políticas e ações de interesse público.

Assim, é possível dizer que se vive um momento de crescente questionamento das percepções que ditaram a agenda em relação ao controle, e de busca e formação de um novo consenso sobre a relação entre controle e gestão de políticas públicas. Desde o início da década de 1990 predominou a visão da necessidade de fortalecimento dos órgãos de controle, suas competências e capacidades, com vistas ao combate à corrupção, ao ajuste fiscal e à estabilização monetária. Atualmente, percebe-se que este processo de fortalecimento da atuação dos órgãos de controle tem gerado distorções e consequências possivelmente perversas e não antevistas. Observa-se o adensamento de uma percepção de que o controle não pode ser um fim em si mesmo, mas sim um elemento do processo de aperfeiçoamento contínuo da atuação do Estado. Este novo consenso tem colocado a necessidade de serem exploradas alternativas que aproximem e compatibilizem a função de controle às esferas do planejamento, da gestão e da implementação de políticas públicas.

Alternativas para a superação do dilema

No campo das alternativas para a superação dos dilemas entre controle e gestão, percebem-se atualmente duas principais direções de reformas.

Planejamento como elemento de articulação e coordenação entre gestão e controle

Planejamento governamental, gestão pública e controle constituem dimensões cruciais e inseparáveis da atuação dos Estados contemporâneos. Embora tal afirmação pareça óbvia ou senso comum, a experiência brasileira dos séculos XX e XXI tem sido marcada pela estruturação e desenvolvimento desequilibrado das relações entre estas dimensões.

Em um primeiro momento, a partir da década de 1930, o Estado brasileiro, fortemente orientado pela missão de transformar as estruturas econômicas e sociais da nação por meio da industrialização, dedicou-se à montagem de estruturas ou sistemas de planejamento governamental por meio dos quais a missão desenvolvimentista poderia superar o atraso e enfrentar as restrições financeiras e tecnológicas que dominavam o cenário de um país periférico como o Brasil. No entanto, o sentido de urgência associado à tarefa desenvolvimentista fez com que o aparato de planejamento, ainda que precário e insuficiente, se organizasse e avançasse de modo mais rápido que a própria estruturação dos demais aparelhos estratégicos do Estado, em especial aqueles destinados à gestão pública propriamente dita – por exemplo, sistemas vinculados à estruturação e gerenciamento da burocracia, bem como das funções de orçamentação, implementação, monitoramento, avaliação e controle das ações de governo.

Assim, em boa parte do século XX, a construção do Estado brasileiro foi marcada pela primazia do planejamento frente à gestão, decorrente do contexto histórico que impunha a corrida contra o tempo no longo e difícil processo de desenvolvimento nacional (Cardoso Jr., 2010). Consequentemente, a estruturação das instituições necessárias à consolidação e desenvolvimento da administração pública e do controle cotidiano do Estado, atividades tão necessárias quanto as de planejamento para o processo de desenvolvimento das nações, padeceu de grande atavismo, a despeito das iniciativas deflagradas por Getúlio Vargas, com o Departamento Administrativo do Serviço Público (Dasp), pelos militares, por meio do Plano de Ação Eonômica do Governo (Paeg), e mesmo pelas inovações da Constituição de1988.

Um novo momento se configura a partir da década de 1990, quando a primazia se inverte, em contexto de dominância liberal, tanto ideológica como econômica e política, no qual ocorre o esgotamento e desmonte das instituições de planejamento governamental constituídas de 1930 a 1980 (Cardoso Jr., 2010). Nos anos 1990, alinhada ao pacote mais geral de recomendações emanadas do Consenso de Washington, surge e ganha força uma agenda de reforma do Estado que tem na primazia do controle do gasto e da gestão pública sobre o planejamento um dos seus traços mais evidentes. Em lugar, portanto, de sofisticar e aperfeiçoar as instituições de planejamento (isto é, suas instâncias, organizações, instrumentos e procedimentos), reduz-se tal função a algo meramente técnico-operacional, destituído de sentido estratégico (Cardoso Jr., 2010). O planejamento, neste período, passa a ser compreendido apenas como processo por meio do qual são compatibilizadas as ações a serem realizadas com os limites orçamentários previstos.

Essa intensa vinculação do modelo atual de planejamento ao orçamento tem duas implicações sérias: *i*) a redução da discussão substantiva e estratégica sobre políticas públicas e ações governamentais a um mero exercício de classificação financeiro-orçamentária; e *ii*) a falta de adequado tratamento a questões cruciais, nem sempre de ordem financeira, para a materialização (implementação) dos objetivos contidos nos planos, as quais frequentemente envolvem a superação de desafios e restrições de caráter legal, ambiental, ou até mesmo de capacidade institucional dos órgãos executores.

Em suma, nesse novo cenário, as agendas de gestão e controle das ações e dos gastos públicos, voltadas fortemente para a racionalização de procedimentos relativos ao gerenciamento da burocracia e das funções de orçamentação e contabilidade, passaram a dominar o debate, a teoria e a prática da reforma do Estado no Brasil. Alastrou-se a percepção de que a partir da mera busca por eficiência (fazer mais com menos) seria possível chegar à eficácia e à efetividade das políticas públicas, isto é, seria possível o desenvolvimento de ações governamentais coordenadas e capazes de enfrentar as causas dos problemas sociais, econômicos, ambientais e culturais do país.

Em face desse contexto, considera-se que a retomada qualificada da função de planejamento possa contribuir para a mitigação das tensões entre controle e gestão no Brasil. Tal retomada envolve a reinvenção do planejamento para além de sua dimensão formalista de gerenciamento físico-financeiro de médio prazo, tal como na atual estrutura do Plano Plurianual (PPA). Trata-se de um processo de reconstrução contemporânea que dote o planejamento da função de organizar a ação do Estado e as suas capacidades para viabilização do desenvolvimento em um contexto democrático, envolvendo fundamentalmente a orquestração das diversas atividades e papéis deste (com destaque para a implementação e execução de ações, avaliação e controle etc.) e de outros atores sociais para o cumprimento de sua missão. Um planejamento dotado de tais características pode estabelecer uma arquitetura institucional capaz de minimizar conflitos e impasses, e reequilibrar os instrumentos de gestão/implementação e de controle para o sucesso das políticas públicas. No intuito de cumprir tal função, a atividade de planejamento deve se imbuir de discussões sobre as condições objetivas e institucionais necessárias para a concretização bem-sucedida dos objetivos propostos, envolvendo aspectos tão diferenciados como: superação de deficiências técnico-institucionais; melhoria de qualidade de projetos; viabilização do envolvimento da sociedade (tanto na formulação quanto no monitoramento); flexibilização de procedimentos e da aplicação de recursos levando em consideração as complexidades e particularidades de casos especiais; e, por fim, redução da insegurança jurídica dos processos de contratação.

Assim, um campo frutífero de alternativas para a superação dos dilemas entre controle e gestão se abre na reflexão sobre a retomada do planejamento governamental e suas possíveis relações com a gestão e o controle das políticas públicas. Tratado de forma separada em boa parte de nossa história recente, o trinômio "planejamento, gestão e controle" necessita agora ser colocado em nova perspectiva e em novo patamar de importância pelos que pensam o Estado brasileiro e as reformas de que necessita para o cumprimento de sua missão supostamente civilizatória. Atualmente, reforça-se a percepção de que cabe ao Estado não apenas fazer as coisas que já faz de modo melhor e mais eficiente (o que por si só não é nada trivial), mas sim, como em outros momentos históricos, induzir, fomentar ou mesmo produzir as condições objetivas para a transformação das estruturas econômicas e sociais do país frente ao histórico de heterogeneidades, desigualdades e injustiças que ainda marcam a nação brasileira. Para tal, torna-se imprescindível a readequação do trinômio "planejamento, gestão e controle", e consequentemente da articulação e coordenação de ações do Estado, com vistas a reequilibrar e ressignificar as dimensões do planejamento governamental, da gestão pública e do controle, equiparando-as enquanto elementos necessários para a reconstrução de um Estado orientado ao desenvolvimento nacional. Assim, mais do que promover aperfeiçoamentos legais relativos aos diversos marcos institucionais que regulam a operacionalização cotidiana das políticas públicas, a realização do trinômio requer, sobretudo, a estimulação e a difusão de novas técnicas, instrumentos e práticas de planejamento, além de sua integração com as dimensões da gestão e do controle das políticas e ações governamentais.

"Novas" modalidades de controle

Outra frente promissora a ser explorada para o equacionamento das tensões entre controle e gestão diz respeito às práticas adotadas pelos órgãos controladores. Atualmente, observa-se no Brasil a evolução de mecanismos e procedimentos preventivos e educativo-capacitadores que complementam (ou gradualmente substituem) as tradicionais práticas fiscalizatório-repressoras. Estas novas práticas têm apontado para resultados positivos no sentido da produção de informações e conhecimento, por parte da atividade do controle, que sejam úteis e diretamente aplicáveis ao aprimoramento do planejamento, gestão e implementação de políticas públicas. Trata-se de uma percepção sobre o controle que o distancia da mera noção de "verificar", ou "confrontar com o rol", e o aproxima da condição de instrumento para o processo decisório, avaliação e aperfeiçoamento de ações governamentais (conforme observa Vasconcelos). É certo que este movimento é ainda incipiente e envolve certo grau de experimentalismo, mas algumas experiências nesta direção vêm sendo gestadas tanto no âmbito do controle interno, pela CGU, quanto do controle externo, pelo TCU.[5] A observação do funcionamento e do resultado destas experiências pode ser fonte de inspiração para a reformulação da relação entre controle e gestão.

Na última década, a função de controle interno exercido prioritariamente pela CGU se estruturou basicamente a partir de dois principais pilares: os programas e ações de fiscalização e repressão, e iniciativas focadas na prevenção da corrupção. Desde sua criação, o sistema de controle interno no governo federal consolidou gradualmente suas funções e capacidades de fiscalização e repressão. Entre as ações nesta área destaca-se o programa de fiscalização da execução de recursos federais transferidos aos municípios mediante sorteio público (totalizando 1.751 municípios de pequeno e médio porte) e fiscalização de recursos aplicados pelos estados, que conjuntamente já somam, desde 2003, 18,5 bilhões de reais de recursos públicos federais fiscalizados.[6]

---

4 Em declarações por ocasião de sua posse, em dezembro de 2010, o novo presidente do TCU afirmou a relevância do papel preventivo das auditorias do órgão e do potencial de parcerias com o Poder Executivo no municiamento de seus órgãos com informações importantes para o aprimoramento das políticas públicas, com o objetivo maior de evitar gastos indevidos e perdas irrecuperáveis.

5 Além desse programa, outras iniciativas importantes se inserem nessa linha de atuação fiscalizatório-repressiva, como os esforços de acompanhamento e fiscalização das ações do

Mais recentemente, e recebendo menor atenção pública, a CGU e sua Secretaria de Prevenção da Corrupção e Informações Estratégicas têm desenvolvido estratégias inovadoras voltadas para prevenção da corrupção, incremento da transparência, ampliação do controle social e capacitação de gestores públicos e da sociedade civil. No campo do incremento da transparência, destaca-se o Portal da Transparência,[7] o qual concentra informações detalhadas sobre a execução de programas do governo federal, transferências para estados e municípios (com um total de recursos de aproximadamente 5 trilhões de reais), além de dados sobre a situação funcional de servidores e gestores públicos. Na área de prevenção de irregularidades, foi criado, em 2008, o Observatório da Despesa Pública (ODP), ferramenta apoiada em tecnologia da informação de ponta que reúne bancos de dados, como uma espécie de "malha fina", com a finalidade de identificar situações que possam constituir irregularidades, a fim de evitar sua ocorrência. Finalmente, na área de capacitação, o órgão tem implementado programas voltados para capacitação de cidadãos e de organizações da sociedade civil, como o Programa Olho Vivo no Dinheiro Público, entre outros,[8] assim como programas voltados para a capacitação de gestores

---

Programa de Aceleração do Crescimento (PAC) em todo o país, iniciados em 2008, e de avaliação do cumprimento das metas previstas no Plano Plurianual (PPA), a par de operações especiais e apuração de denúncias encaminhadas por outros órgãos e por cidadãos. Complementando o eixo de atuação fiscalizatória com a devida execução de punições, nos últimos seis anos registraram-se mais de 25 mil sindicâncias e processos administrativos disciplinares, que resultaram na demissão do serviço público de 2.398 servidores públicos estatutários e 3.973 contratados pelo regime celetista.

6 Desde sua criação, contabilizam-se mais de 1,4 milhão de visitas. O portal abriga, também, o Cadastro Nacional de Empresas Inidôneas e Suspensas (Ceis), com 1.671 registros.

7 Programa Olho Vivo no Dinheiro Público, em 2008, para capacitação de cidadãos, alunos e professores para acompanhar a atuação do setor público (abrangendo 1.353 municípios brasileiros, mais de 33 mil cidadãos capacitados, além de 743.891 alunos e 23.705 professores nas atividades voltadas ao público infanto-juvenil, e concursos culturais e de desenho e redação). Também em 2008 ocorreu o lançamento do *site* infantil Criança Cidadã – Portalzinho da CGU, que tem por objetivo mostrar às crianças a importância do exercício do controle social e de zelar por tudo o que é público, bem como de estimular nos pequenos os valores da ética e da cidadania, além do Projeto Um por Todos e Todos por Um! – Pela ética e cidadania, desenvolvido em parceria com o Instituto Cultural Maurício de Sousa. Finalmente, a Escola Virtual da CGU, criada em 2009, tem servido como um instrumento de promoção da cidadania, integridade pública e prevenção da corrupção por meio de mecanismos e técnicas de educação a distância, contando, até o momento, com mais de 11 mil participantes.

públicos, como o Programa de Fortalecimento da Gestão Pública, instituído em 2006, envolvendo o sorteio público de municípios e estados para capacitação e treinamento nos procedimentos legais e gerenciais envolvidos na aplicação de recursos públicos federais, beneficiando 613 municípios em nove estados, totalizando 3.601 servidores capacitados presencialmente.[9] Medidas desta natureza apontam possibilidades relevantes para a reflexão de como a função de controle interno pode cumprir simultaneamente a sua missão republicana de controle do poder e a sua missão governativa de contribuir para a melhoria da gestão cotidiana e das políticas públicas.

Do lado do controle externo, algumas experiências promissoras também são visíveis. Destaca-se o caso das auditorias operacionais conduzidas pelo TCU, tal como previsto no Artigo 71 da Constituição. Diferentemente das auditorias de natureza contábil, financeira, orçamentária e patrimonial, nas quais se verifica a conformidade entre os atos normativos e as previsões legais (controle de legalidade contábil-financeira), a modalidade de auditoria operacional tem caráter mais analítico-argumentativo e enfoca o desempenho de atividades, projetos e programas de governo, com a finalidade de avaliar os seus resultados e promover o aperfeiçoamento da gestão pública. Outra diferença fundamental diz respeito a que auditorias operacionais dão origem a recomendações, que são encaminhadas aos órgãos fiscalizados, e não determinações, como nos casos das auditorias contábil-financeiras.[10] Cabe aos gestores desenvolverem as propostas que deverão responder às recomendações formuladas, a fim de se aprimorarem o desempenho e a efetividade de seus programas e projetos. Vasconcelos destaca a experiência da auditoria operacional realizada pelo TCU nos hospitais universitários, a qual resultou em um amplo diagnóstico sobre tais entidades, em diversos estados do país, e em recomendações sobre a melhoria de sua gestão e funcionamento. Segundo o autor, poucos meses após a conclusão da auditoria, o diagnóstico produzido,

---

[8] Posteriormente, em 2008, o Programa de Fortalecimento da Gestão Pública teve seu escopo ampliado para incorporar as seguintes ações: *i*) capacitação de agentes públicos; ii) distribuição de bibliografia técnica; e iii) fortalecimento da capacidade institucional dos aparatos de controle interno no país, contando, atualmente, com 576 municípios atendidos e capacitações realizadas para mais de 6 mil servidores públicos.

[9] Vasconcelos (capítulo 11 deste volume) traça um quadro comparativo destacando as semelhanças e diferenças entre as modalidades de auditoria que competem ao TCU.

assim como as recomendações oferecidas, teria servido como subsídio relevante para a formulação do Programa Nacional de Reestruturação dos Hospitais Universitários Federais (REHUF) e subsequentes atos normativos para reforma destas entidades. Assim, em alguma medida, as auditorias operacionais preservam dois elementos essenciais ao bom funcionamento da administração pública: o monitoramento e escrutínio contínuo das ações de gestores, gerando informações sobre possíveis aprimoramentos em suas ações; e a preservação da autonomia do gestor público na formulação de respostas aos problemas apontados e no desenvolvimento de soluções para a melhoria do desempenho de sua atuação.

A exploração das possibilidades de aproximação e sinergias entre controle e gestão certamente requer maior experimentação no desenvolvimento de ferramentas e modalidades de controle que exibam poder de fiscalização e avaliação, mas que não sejam hostis e redutoras da capacidade de ação dos órgãos executores de políticas públicas. Nesse sentido, se se quiser entender como controle e gestão se combinam para o aprimoramento da atuação estatal, fica evidente a necessidade de mais estudos que examinem as minúcias das diferentes técnicas, procedimentos e modalidades de controle e os seus respectivos impactos (positivos ou negativos) sobre a administração pública.

Considerações finais

Adensa-se no debate público atual a crítica e a percepção de que o controle do Estado é indispensável, porém não pode ser um fim em si mesmo e não pode constituir obstáculo instransponível para que o Estado realize sua missão de transformar e desenvolver socioeconomicamente o país. Nesse contexto, as alternativas e possibilidades de reconciliação entre as importantes e desejáveis funções de planejamento, gestão e controle de políticas públicas devem ganhar maior centralidade e se tornar alvo de formulações, debates e propostas de reforma do Estado brasileiro. As propostas aqui discutidas e as experiências já em curso nesta direção, tanto no campo do planejamento quanto da renovação da função *controle*, prenunciam caminhos que podem vir a se tornar soluções institucionais consolidadas para as correntes tensões impostas pelo duplo processo de aprofundamento da democracia e aceleração do desenvolvimento no Brasil.

Referências

AVRITZER, L. O papel da participação nas políticas sociais do governo federal. *In:* SÁ E SILVA, F.; LOPEZ, F.; PIRES, R. (Eds.). *Estado, instituições e democracia:* democracia. Brasília: Instituto de Pesquisa Econômica Aplicada (IPEA), vol. 2, 2010.

CARDOSO JÚNIOR, J. C. Planejamento governamental e gestão pública no Brasil: elementos para ressignificar o debate e capacitar o Estado. *In:* CARDOSO JÚNIOR, J. C.; PINTO, E.; LINHARES, P. (Eds.) *Estado, instituições e democracia:* desenvolvimento. Brasília: IPEA, vol. 3, 2010.

CARDOSO JÚNIOR, J. C.; PINTO, E.; LINHARES, P. O Estado brasileiro e o desenvolvimento nacional. *In:* CARDOSO JÚNIOR, J. C.; PINTO, E.; LINHARES, P. (Eds.). *Estado, instituições e democracia:* desenvolvimento. Brasília: IPEA, vol. 3, 2010.

LOPEZ, F. *Accountability* e controle social na administração pública federal. *In:* SÁ E SILVA, F.; LOPEZ, F.; PIRES, R. (Eds.). *Estado, instituições e democracia:* democracia. Brasília: IPEA, vol. 2, 2010.

OLIVIERI, C. A construção institucional do sistema de controle interno do executivo federal brasileiro. *In:* CUNHA, A.; MEDEIROS, B.; AQUINO, L. (Eds.). *Estado, instituições e democracia:* República. Brasília: IPEA, vol. 1, 2010.

PIRES, R. Burocracia, discricionariedade e democracia: alternativas para o dilema entre controle do poder administrativo e capacidade de implementação. *Cadernos de Gestão Pública e Cidadania,* Fundação Getúlio Vargas (FGV), vol. 14, n. 54, p. 141-180, jan./jun. 2009.

PIRES, R.; VAZ, A. Participação faz diferença? Uma avaliação das características e efeitos da institucionalização da participação nos municípios brasileiros. *In:* AVRITZER, L. (Org.). *A dinâmica da participação social no Brasil.* São Paulo: Cortez, 2010.

SÁ E SILVA, F.; LOPEZ, F.; PIRES, R. A Democracia no Desenvolvimento e o Desenvolvimento da Democracia. *In:* SÁ E SILVA, F.; LOPEZ, F.; PIRES, R. (Eds.) *Estado, instituições e democracia:* democracia. Brasília: IPEA, vol. 2, 2010.

TEIXEIRA, M. A. Tribunal de Contas da União: trajetória institucional e desafios contemporâneos. *In:* CUNHA, A.; MEDEIROS, B.; AQUINO, L. (Eds.) *Estado, instituições e democracia:* República. Brasília: IPEA, vol. 1, 2010.

UNIVERSIDADE FDERAL DE MINAS GERAIS (UFMG). *Relatório do Projeto Corrupção, Democracia e Interesse Público.* Filgueiras, F. (Org.). Centro de Referência do Interesse Público, Faculdade de Filosofia e Ciências Humanas. 2010, 204 p.

Gestão, implementação, monitoramento e participação social no ciclo/circuito de políticas públicas:

momento situacional e diretrizes programáticas para 2023/2026[1]

José Celso Cardoso Jr.

Introdução

Este relatório visa fornecer subsídios estratégicos para o processo de transição governamental em curso após a vitória de Lula nas eleições presidenciais de 2022. O documento ancora-se em uma sistematização preliminar de informações sobre o momento situacional das condições de gestão, implementação, monitoramento e participação social no ciclo/circuito das políticas públicas prioritárias ao futuro governo. Espera-se que elas possam ofertar informações qualificadas para rápida tomada de decisão dos novos dirigentes públicos e políticos.

Associação dos Funcionários do IPEA (AFIPEA), Associação Nacional dos Especialistas em Políticas Públicas e Gestão Governamental (ANESP), Associação Nacional dos Servidores da Carreira de Planejamento e Orçamento (ASSECOR) e Fórum Nacional Permanente de Carreiras Típicas de Estado (FONACATE), consorciadas, articuladas e integradas, estão produzindo docu-

---

[1] Este capítulo foi originalmente publicado como: CARDOSO JR., J. C. Gestão, Implementação, Monitoramento e Participação Social no Ciclo/Circuito de Políticas Públicas: momento situacional e diretrizes programáticas para 2023/2026. In: CARDOSO JR., J. C.; SILVA, E. G. (orgs.). *Memórias da Transição 2022/2023: contribuições da Afipea ao processo de governar*. Brasília: Afipea, 2023.

mentos complementares e que deverão compor um mosaico sincronizado de propostas de redesenho fiscal, de estrutura e de operacionalização do Estado, além de demandas setoriais.

Momento situacional do Estado no Brasil

> *O Brasil não é um terreno aberto onde nós pretendemos construir coisas para o nosso povo. Nós temos é que desconstruir muita coisa.*
>
> Jair Bolsonaro

Em seus mal escritos e mal lidos discursos de vitória e de posse, Bolsonaro afirmou que honraria e respeitaria a Constituição Federal de 1988, pois já em seu primeiro ano de (des)governo, o que vinha sendo a morte lenta da CF-1988, rapidamente tomou a forma de morte súbita. É bem verdade que muito contribuíram para tanto a postura vendida da grande mídia, a placitude e a tibieza do Supremo Tribunal Federal (STF), suposto guardião da Constituição, e o protagonismo do Legislativo comandado por Rodrigo Maia, que conseguiu articular ampla maioria parlamentar em torno de si e das propostas liberal-fundamentalistas de Paulo Guedes.

Mesmo assim, em termos mais substantivos, apenas conseguiram aprovar, em 2019, a Reforma da Previdência, de caráter excludente, pois logo em 2020 o país seria vítima da maior crise sanitária de sua história, causada pela pandemia mundial do novo coronavírus (Covid-19), crise essa que se viu reforçada e prolongada em território nacional em função da postura negacionista e histriônica do governo Bolsonaro. Com isso, às crises econômica, social, política e institucional que já estavam em curso naquele momento, somaram-se os efeitos econômicos e sociais catastróficos da própria crise pandêmica que, a bem da verdade, ainda não foi totalmente superada no país.

Nestes termos, tanto a aprovação da Reforma da Previdência em 2019 como as propostas que gravitam em torno da Reforma Administrativa e demais intentos reducionistas do peso e papel do Estado no Brasil, visam representar o golpe final no lento, gradual e sempre inseguro processo histórico de institucionalização da república, da democracia e do desenvolvimento no país.

E isso se deve, basicamente, ao fato de que a premissa de todas as reformas está errada dos pontos de vista teórico e histórico[2].

A premissa liberal-fundamentalista afirma que o gasto público real (mas nada contra o gasto financeiro!) seria a fonte de todos os males nacionais. Sob o mantra de que o Estado brasileiro gasta muito e gasta mal se esconde a razão de fundo e o objetivo último de toda e qualquer medida desse (des)governo desde o princípio. Apesar do discurso oficial gastar saliva, power point e milhões de reais em emendas secretas plantadas, sobretudo para a base parlamentar governista no Congresso Nacional, o fato é que são pífias ou inexistentes as preocupações com o desempenho governamental (setorial ou agregado) ou com a melhoria das condições de vida da população brasileira, esta, aliás, vista ou como inimigo interno ou como empecilho à acumulação de capital – acumulação financeira, desde logo, pois é a única que prescinde do consumo e bem-estar real da população para se realizar.

Nesse sentido, é preciso ter claro que o que esteve em jogo no contexto nacional ao longo de todo o mandato Bolsonaro/Guedes não são, simplesmente, reformas paramétricas a ajustar, ao gosto liberal, a estrutura e o modo de funcionamento do Estado brasileiro em suas relações com os mercados e com imensos segmentos de populações aqui residentes. Tratava-se, desde logo, de um amplo conjunto de diretrizes ideológicas e medidas governamentais a tentar transformar radicalmente, estruturalmente, qualitativamente, enfim, de maneira paradigmática, a natureza e o funcionamento do Estado em suas relações com a sociedade e com os mercados capitalistas atuantes em território nacional.

Diferentemente das ondas anteriores de reformas econômicas ou administrativas vivenciadas pelo país, tratava-se agora de uma transformação sem precedentes na história republicana brasileira. Sintetizada por meio do texto original da PEC 32/2020, tal reforma do Estado se caracterizava por ser, ao mesmo tempo, **abrangente** (no sentido de que envolveria e afetaria praticamente todas as grandes e principais áreas de atuação governamental), **profunda** (no sentido de que promoveria modificações paradigmáticas, e não apenas paramétricas, nos modos de funcionar das respectivas áreas) e **veloz** (no sen-

[2] Para a crítica teórica e histórica acerca da fundamentação liberal, ver os artigos da série Mais Brasil ou Austericídio? Disponíveis em http://afipeasindical.org.br/austericidio/

tido de que pretendia se processar em ritmo tal que setores oposicionistas e mesmo analistas especializados mal conseguissem acompanhar o sentido mais geral das mudanças em curso). Essas três características, por sua vez, apenas se explicam pelo contexto e **estado de exceção** a que estiveram submetidas as instituições, os poderes, a grande mídia, a política, a economia e a própria sociedade (des)organizada desde o golpe parlamentar-judicial-midiático implementado no Brasil em 2016, cujos traços fundamentais foram todos reforçados com a eleição de Bolsonaro em 2018.

É somente em função disso que se pode entender a ousadia (e até aqui, o sucesso relativo) do projeto liberal-fundamentalista em seguir implementando, sem maiores resistências ou desavenças, a sua agenda disruptiva, entendida em dupla chave de análise. Em primeiro lugar, a atual agenda liberal é disruptiva em relação ao passado, pois em termos históricos, frente à própria trajetória brasileira, diferentemente das ondas anteriores de reformas econômicas e administrativas, e a despeito das enormes diferenças entre elas, não há no projeto liberal-fundamentalista qualquer perspectiva de construção nacional ou de fortalecimento do Estado para este fim. Isto é, não há referências claras ao desenvolvimento da nação como objetivo último de suas reformas, mas tão somente entendimento de que a consolidação e a valorização capitalista de mercados autorregulados poderia engendrar algum tipo de "desenvolvimento", que em termos do liberalismo econômico em voga significa coisas como maximização das rentabilidades empresariais de curto prazo, crescimento microeconômico eficiente dos empreendimentos etc.

Em segundo lugar, a agenda liberal atual é também disruptiva em relação ao futuro, pois ao pretender alterar de forma estrutural o modo pelo qual a classe trabalhadora deve doravante se comportar e agir para se inserir e sobreviver nos mundos do trabalho e da proteção social, vale dizer, baseada em condições e circunstâncias estritamente individuais e tremendamente assimétricas ou desiguais para tanto, a dita agenda promete promover mudanças paradigmáticas – para pior – nas formas de sociabilização básica entre as pessoas, em todas as fases de suas vidas, e em suas capacidades e possibilidades de sustentação e reprodução das condições mínimas de sobrevivência ao longo do tempo, com reforço sem precedentes do individualismo como forma predominante de conduta e do consumismo como forma predominante de realização pessoal.

Pois para viabilizar tal projeto em sua envergadura, há, portanto, ao menos sete dimensões a serem destacadas para entender melhor o processo em curso de desmonte do Estado brasileiro e da própria CF-1988, a saber: 1. Subalternidade externa; 2. Inversão e reversão do Estado democrático de direito; 3. Privatização do setor produtivo estatal; 4. Privatização de políticas públicas rentáveis; 5. Privatização das finanças públicas; 6. Assédio institucional no setor público; 7. Reforma administrativa: a) redução de estruturas, carreiras e cargos, b) redução de remunerações e do gasto global com pessoal, c) avaliação de desempenho para demissão, e d) cerceamento das formas de organização, financiamento e atuação sindical[3].

Momento situacional das políticas públicas federais no Brasil

Para além das grandes linhas de desmonte do Estado e do processo de desenvolvimento no Brasil engendradas pelo governo Bolsonaro/Guedes, há que se situar o estado geral das políticas públicas que emanam do governo federal. Para tanto, o quadro 1 busca resumir o momento situacional das principais áreas programáticas permanentes de *atuação governamental* a partir das principais dimensões administrativas/estruturantes por meio das quais as políticas públicas realmente se implementam[4].

---

3 Como uma exposição detalhada acerca de cada uma dessas sete dimensões do desmonte do Estado e do desenvolvimento no Brasil extrapola os objetivos desse relatório, remetemos os interessados para o texto completo de CARDOSO JR., J. C. Brasil Rumo à Catástrofe: desmonte do Estado e condições para superação da crise. In: COSTA, M. A. N. (org.). *Qual o Caminho do Brasil? Instituições, Cultura e Política no século XXI***.** Curitiba: Appris, 2021.

4 Resumidamente, o conceito/critério de *áreas permanentes de atuação governamental programática* refere-se àqueles campos de ação/intervenção estatal que, social e historicamente, foram sendo construídos e definidos como perenes ou inescapáveis aos Estados nacionais contemporâneos, seja em função dos passivos nacionais em cada caso concreto, seja em função dos grandes desafios dessas sociedades/civilizações no século XXI. No caso brasileiro, é adequado considerar, preliminarmente, as seguintes áreas de atuação governamental programática, as quais podem ser apresentadas e correlacionadas em pelo menos três níveis de agregação/desagregação, a saber:
Nível macro: a) Governabilidade e governança institucional; b) Soberania, defesa, segurança e território; c) Infraestrutura econômica, social e urbana; d) Produção, inovação e proteção ambiental; e) Proteção e promoção social, direitos e oportunidades;

Quadro 1. Matriz de Transformações Recentes na Administração Pública Federal: dimensões relevantes e áreas programáticas de atuação estatal. Brasil em 2022

Dimensões Relevantes	Proteção Social, Direitos e Oportunidades	Infraestrutura Econômica, Sociale Urbana	Inovação, Produção eProteção Ambiental	Soberania, Defesa e Território
1. Estrutura, Organização e Marcos Legais	Rebaixamento organizacional e estratégico, com sobreposição e embaralhamento de funções. Profusão legislativa e novas institucionalidades restritivas de direitos, com apagamento das pautas identitárias.	Privatizações desordenadas, antieconômicas, antissociais e antinacionais. Desmantelamento do Setor ProdutivoEstatal e consequente perda de densidade industrial e tecnológica para o conjunto da economia. Deslocamento dos centros decisóriospara agentes não estatais e não nacionais. Exacerbação dos conflitos regulatórios e fragilização dos investimentos.	Rebaixamento organizacional e estratégico, com sobreposição e embaralhamento de funções. Redirecionamento das decisões e políticas públicas no sentido da lógica empresarial e antiambiental. Reforço da visão de curto prazo, microeconômica e centrada apenas na rentabilidade monetária, em detrimento da visão demédio e longo prazo, meso e macroeconômica e centrada no valor social agregado das políticas públicas.	Rebaixamento e desprestígio internacionalno concerto das nações. Sobredimensionamento daparticipação militar nas decisões políticas e na gestão pública. Crise federativa e esvaziamento político dosestados. Arranjos de planejamento,gestão, monitoramento e participação débeis ou inexistentes.
2. Seleção e formação de pessoal	Não reposição e decomposição dos quadrosburocráticos técnicos vinculados ao RJU. Grande ocupação da máquina pública com quadros ideológicos de origem militar e evangélica. Congelamento remuneratório como formade gestão e ajuste fiscal, exceção feita aos quadros militares.	Não reposição e decomposição dos quadros burocráticos técnicos vinculados ao RJU. Grande ocupação da máquina pública com quadros ideológicos de origem militar e evangélica. Congelamento remuneratório como forma de gestão e ajuste fiscal, exceção feita aos quadros militares.	Não reposição e decomposição dos quadros burocráticos técnicos vinculados aoRJU. Grande ocupação da máquina pública com quadros ideológicos deorigem militar e evangélica. Congelamento remuneratório como forma de gestão e ajuste fiscal, exceção feita aos quadros militares.	Não reposição e decomposição dos quadrosburocráticos técnicos vinculados ao RJU. Grande ocupação da máquina pública com quadros ideológicos deorigem militar e evangélica. Congelamento remuneratório como formade gestão e ajuste fiscal, exceção feita aos quadros militares.

Nível Meso: refere-se à desagregação do nível macro segundo a composição ministerial ideal e programaticamente desejada ou politicamente negociada. Nesse nível, repare que uma futura e renovada organização ministerial não precisa (na verdade, nem deveria) estar referenciada apenas setorialmente; e

Nível Micro: refere-se à desagregação do nível meso de acordo com os recortes/prioridades de políticas públicas e respectivos programas governamentais (temáticos ou não) de cada pasta ministerial.

Dimensões Relevantes	Proteção Social, Direitos e Oportunidades	Infraestrutura Econômica, Sociale Urbana	Inovação, Produção eProteção Ambiental	Soberania, Defesa e Território
2. Seleção e formação de pessoal	Assédio institucional comométodo de governo. Grande rotatividade, heterogeneidades e desigualdades na composição e desempenhoda força de trabalho.	Assédio institucional como método de governo. Grande rotatividade, heterogeneidades e desigualdades na composição e desempenho da força de trabalho.	Assédio institucional como método de governo. Grande rotatividade, heterogeneidades e desigualdades na composição e desempenho da força de trabalho.	Assédio institucional como método de governo. Grande rotatividade, heterogeneidades e desigualdades na composição e desempenhoda força de trabalho.
3. Interfaces socioestatais	Extinção ou debilitamento de praticamente todos os conselhos nacionais de políticas públicas setoriais. Bloqueio ou anulação doscanais de participação social, tais como conferências nacionais, grupos de trabalho, fórunsde discussão etc. Criminalização de movimentos sociais e de lideranças indígenas, rurais, urbanas e sindicais, com aumento de casos de violência direta, violência política e até mesmo assassinatos sem investigações adequadas nem repressão ou proteção oficial do Estado. Não ativação ou silenciamento dos instrumentos constitucionais de democracia direta, tais como consultas populares,plebiscitos e referendos.	Extinção ou debilitamento de praticamente todosos conselhos nacionais de políticas públicas setoriais. Bloqueio ou anulação dos canais de participação social, tais como conferências nacionais, grupos de trabalho, fóruns de discussão etc. Não ativação ou silenciamento dos instrumentos constitucionais de democracia direta, tais como consultas populares, plebiscitos e referendos. Grande blindagem tecnocrática em torno das empresas estatais e setores econômicos com osquais o governo mantinha interesses cruzados.	Extinção ou debilitamento de praticamente todos os conselhos nacionais depolíticas públicas setoriais. Bloqueio ou anulação dos canais de participação social, tais como conferências nacionais, grupos de trabalho, fóruns de discussão etc. Criminalização de movimentos sociais e de lideranças indígenas, ambientais e sindicais, com aumento de casos de violência direta, violência política e até mesmo assassinatos sem investigações adequadas nem repressão ou proteção oficial do Estado. Não ativação ou silenciamento dos instrumentos constitucionais de democracia direta, taiscomo consultas populares, plebiscitos e referendos.	Extinção ou debilitamento de praticamente todos os conselhos nacionais de políticas públicas setoriais. Bloqueio ou anulação doscanais de participação social, tais como conferências nacionais, grupos de trabalho, fórunsde discussão etc. Não ativação ou silenciamento dos instrumentos constitucionais de democracia direta, tais como consultas populares,plebiscitos e referendos. Aumento do desprestígio eda vulnerabilidade internacional, com enfraquecimento das relações externas e ameaças à soberania nacional.
4. Interfaces federativas	Alta primazia do poder executivo federal no que tange aos temas do financiamento público e arranjos de implementaçãoetc. Enfraquecimento dos elosfederativos em torno das principais políticas setoriais.	Alta primazia do poder executivo federal no que tangeaos temas do financiamento público e arranjos de implementação etc. Enfraquecimento dos elos federativos em torno das principais políticas setoriais.	Baixo grau de institucionalização interfederativa com trajetórias erráticas na construção de políticas públicas setoriais. Alta primazia do poder executivo federal no que tange aos temas do financiamento público e arranjos de implementação etc.	Alta primazia do poder executivo federal no que tange aos temas do financiamento público e arranjos de implementaçãoetc. Enfraquecimento dos elosfederativos em torno das principais políticas setoriais.

Dimensões Relevantes	Proteção Social, Direitos e Oportunidades	Infraestrutura Econômica, Sociale Urbana	Inovação, Produção eProteção Ambiental	Soberania, Defesa e Território
4. Interfaces federativas	Reforço de tendências autoritárias, fiscalistas e privatistas no que tange aostemas do financiamento público, gestão compartilhada, monitoramento, avaliação e participação social. Aumento da heterogeneidade estrutural edas desigualdades de acessoe cobertura, com rebaixamento da qualidade e da tempestividade das políticas públicas.	Reforço de tendências autoritárias, fiscalistas e privatistas no que tange aos temas do financiamento público, gestão compartilhada, monitoramento, avaliação e participação social. Aumento da heterogeneidade estrutural e das desigualdades de acesso e cobertura, com rebaixamento da qualidade e da tempestividade das políticas públicas	Reforço de tendências autoritárias, fiscalistas e privatistas no que tange aos temas do financiamento público, gestão compartilhada, monitoramento, avaliação e participação social. Aumento da heterogeneidade estrutural e das desigualdades de acesso e cobertura, com rebaixamento daqualidade e da tempestividade das políticas públicas	Sistemas de planejamento e gestão pouco articulados do ponto de vista federativo. Aumento da heterogeneidade estruturale das desigualdades de acesso e cobertura, com rebaixamento da qualidadee da tempestividade das políticas públicas.
5. Interfaces entre poderes	Ainda grande poder de agenda e de implementação por parte do Poder Executivo. Tendência recente e episódios de judicialização e excesso de controles burocráticos (CGU e TCU). Embates legislativos e fragmentação ou enrijecimento orçamentáriopela via das emendas impositivas e de relator.	Ainda grande poder de agenda e de implementação por parte do Poder Executivo. Tendência recente e episódios de judicialização e excesso de controles burocráticos (CGU e TCU). Embates legislativos e fragmentação ou enrijecimento orçamentário pela via das emendas impositivas e de relator.	Ainda grande poder deagenda e de implementação por parte do Poder Executivo. Tendência recente e episódios de judicialização e excesso de controles burocráticos (CGU e TCU). Embates legislativos e fragmentação ou enrijecimento orçamentário pela via das emendas impositivas e de relator.	Ainda grande poder de agenda e de implementação por partedo Poder Executivo. Tendência recente e episódios de judicializaçãoe excesso de controles burocráticos (CGU e TCU). Embates legislativos e fragmentação ou enrijecimento orçamentário pela via dasemendas impositivas e de relator.
6. Financiamento e gastos	Negação constitucional e desfinanciamento do OSS / CF-1988 colocam em risco a universalidade, integralidade, gratuidade e tempestividade das políticassetoriais. Gastos orçamentários redistributivos das políticassetoriais não compensam o caráter regressivo e concentrador de renda do financiamento público.	Sanha privatista e lógica do acionista reduzem peso e papel estratégico dasestatais como investidoras diretas e indutoras do investimento privado. Financiamento de longo prazo para infraestruturas críticas permanecedependente do Estado. Parcerias Público-Privadas se convertem em mecanismo de apropriação espúria de recursos públicos	Baixo nível de institucionalização depolíticas setoriais de cunho industrial, ambiental e de comércio exterior. Ausência ou precariedade das fontes de financiamento público. Ausência ou precariedade dos diagnósticos setoriais exacerbam conflitos políticos intersetoriais, dificultando soluções de natureza cooperativa.	Perda de densidade estratégica e de financiamento adequado da política externa. Peso político desproporcional dos setores militares distorce ou impede decisões públicas que visam compatibilizar defesa da soberania nacional, proteção territorial e ambiental do país, mitigação de conflitos internos e readequação institucional do Ministério da Defesa e

Dimensões Relevantes	Proteção Social, Direitos e Oportunidades	Infraestrutura Econômica, Sociale Urbana	Inovação, Produção eProteção Ambiental	Soberania, Defesa e Território
6. Financiamento e gastos	Financeirização e gasto tributário exacerbados aprofundam o perfil estagnacionista e concentrador de renda dasfinanças sociais.	por parte de grandes empresas privadas (já privilegiadas e corruptoras das relações Estado-Mercado). Regras fiscais anacrônicas impedem ampliação dos investimentos governamentais discricionários	Peso político desproporcional do agronegócio distorce ou impede decisões públicas que visam compatibilizar crescimento econômico, sustentabilidade ou mitigação ambiental e modernização tecnológica de setores atrelados à economia do conhecimento.	respectivas prioridades militares, as quais por sinal passam longe da militarização da gestão pública e da sacralização de privilégios orçamentários da casta militar. Crise federativa segue enredada nas artimanhas da guerra fiscal e nas práticas de centralização tributária de âmbito federal, depauperando a capacidade fiscal dos entes subnacionais e reforçando a dependência dos mesmos frente a transferências da União
7. Planejamento,regulação, gestão e controle Obs: as atividades de coordenação, articulação, monitoramento e avaliação são aqui consideradas subfunções da função planejamento governamental.	Perda de relevância e de densidade institucional doPPA e respectivos planos setoriais. Alinhamento débil e insuficiente entre PPAs epolíticas setoriais prioritárias. Gestão e regulação da áreasocial em fragilização institucional. Peso institucional e políticodisfuncional da função controle, com ênfase interveniente e criminalizadora da ação estatal finalística.	Perda de relevância e de densidade institucional do PPA e respectivos planos setoriais. Alinhamento débil e insuficiente entre PPAs e políticas setoriais prioritárias. Peso institucional e político disfuncionalda função controle, com ênfase interveniente e criminalizadora da ação estatal finalística. Modelo regulatório das "agências" em questionamento.	Perda de relevância e de densidade institucional do PPA erespectivos planos setoriais. Alinhamento débil e insuficiente entre PPAs e políticas setoriais prioritárias. Peso institucional e político disfuncional da função controle, com ênfase interveniente e criminalizadora da ação estatal finalística. Incipiência e pequena densidade regulatória, orçamentária e institucional do planejamento setorial.	Perda de relevância e de densidade institucional doPPA e respectivos planos setoriais. Alinhamento débil e insuficiente entre PPAs epolíticas setoriais prioritárias. Peso institucional e político disfuncional da função controle, com ênfase interveniente e criminalizadora da ação estatal finalística. Insulamento burocrático das corporações militar ediplomática. Ausência de centralidadepolítica das questões regionais e territoriais.
8. Tensões estruturais das políticas públicas	Universalização X Privatização	Universalização X Acumulação	Institucionalização X Compensação	Institucionalização X Desorganização

Fonte: Elaboração dos autores.

Não menos importante, há que se destacar, por meio do quadro 2, um retrato situacional das *dimensões administrativas/estruturantes* que são relevantes ou inescapáveis para a própria implementação das políticas públicas brasileiras de âmbito federal no Brasil.

Quadro 2. Principais tendências, significados e tensões estruturais das dimensões relevantes de análise para implementação e gestão de políticas públicas federais

	Questão 1 TENDÊNCIAS RECENTES:	Questão 2 SENTIDOS E SIGNIFICADOS	Questão 3 TENSÕES ESTRUTURAIS
Dimensões relevantes para implementação e gestão de políticas públicas federais	Que peso e papel parecem ter desempenhado cada uma das dimensões relevantes no processo de transformações da administração pública federal brasileira no período recente?	Olhando tal comportamento retrospectivamente, é possível identificar um sentido geral ou coerente das dimensões em questão no que toca ao aperfeiçoamento da capacidade de governar do Estado brasileiro? Sim, não e por quê.	Em relação a cada uma das dimensões, qual é a tensão estrutural ou fundamental em pauta? E qual parece ser a sua situação atual e perspectivas a curto, médio e longo prazos?
Estrutura organizacional	Crescimento expressivo da estrutura organizacional, sobretudo desde 1995, reflexo da ampliação das demandas sociais desde a redemocratização, e da complexificação e alargamento temático da agenda do desenvolvimento nacional desde a CF-1988. Durante o governo Bolsonaro, houve tentativa de reduzir a estrutura organizacional através de privatizações e desmontes forçados de áreas de atuação programáticas ainda necessárias ao desenvolvimento nacional.	Há um sentido inequívoco de crescimento horizontal da estrutura organizacional entre 1995 e 2014, mas com sobreposições e lacunas em atribuições institucionais específicas, além de grande heterogeneidade em termos deeficiência, eficácia e efetividade da ação governamental. Já durante o governo Bolsonaro, houve reforma/redução da estrutura organizacional sem incremento da capacidade de governar e de implementar políticas públicas, cuja tríade (eficiência, eficácia e efetividade) da ação pública deteriorou-se rapidamente	Como compatibilizar amplitude e complexidade atuais da agenda de desenvolvimento (inclusivo, sustentável, soberano e democrático) com ideários e proposições de Estado mínimo (em termos de estrutura organizacional e funções precípuas) no Brasil contemporâneo? Não sendo isso possível, qual o tamanho (em termos de composição e papéis) do Estado necessário aos desafios e lacunas do desenvolvimento nacional brasileiro já a meados do século XXI?
Ocupação no setor público	Tendências gerais entre 2003 e 2014 implicaram em: fortalecimento das atividades de finanças, fiscalização e controle; autonomia gerencial em órgãos da administração indireta; mesas de negociação para a gestão de pessoal; reabertura de concursos para servidores temporários e permanentes; substituição de pessoal ocupado em atividades-fim via RJU; recomposição de remuneração para carreiras de Estado. Durante o governo Bolsonaro, por outro lado, houve redução de pessoal, congelamento remuneratório, assédio institucional generalizado e proposta (PEC 32/2020) de reforma administrativa, esta de caráter e intenções autoritárias, fiscalistas e privatistas.	Tendências gerais entre 2003 e 2014 apontavam para: (i) recomposição quantitativa e profissionalização de quadros em áreas estratégicas do desenvolvimento nacional, e (ii) equilíbrio macroeconômico em termos dos gastos com pessoal, frente a agregados como o PIB, a arrecadação tributária e a massa salarial do setor privado. Já durante o governo Bolsonaro, houve retrocessos em todas as tendências anteriores, com aumento da precarização laboral e da fragmentação institucional da burocracia pública.	Como adequar os formatos de seleção e formação de quadros permanentes com perfis alinhados à natureza da ocupação pública e ao cumprimento das exigências institucionais do Estado, considerando, ademais, os desafios e lacunas do desenvolvimento nacional brasileiro já a meados do século XXI?

	Questão 1 TENDÊNCIAS RECENTES:	Questão 2 SENTIDOS E SIGNIFICADOS	Questão 3 TENSÕES ESTRUTURAIS
Ocupação de cargos comissionados	Crescimento expressivo da estrutura de cargos de confiança, sobretudo entre 1995 e 2014, reflexo da ampliação das necessidades de governabilidade e governança no presidencialismo de coalização brasileiro. Posteriormente, várias tentativas foram feitas para redução e ou profissionalização desses cargos, culminando, no governo Bolsonaro, com imensa e inadequada militarização e evangelização (ou deslaicização) da gestão pública, com piora notória do desempenho institucional e da transparência decisória.	Tendências gerais entre 2003 e 2014 apontavam, algo contraditoriamente, para: (i) profissionalização dos ocupantes e das atribuições institucionais dos cargos comissionados de alto escalão (DAS 4, 5 e 6), e (ii) grande rotatividade e permeabilidade político-sindical-partidária nas indicações e ocupações superiores. Durante o governo Bolsonaro, houve imensa e inadequada militarização e evangelização (ou deslaicização) da gestão pública, com piora notória do desempenho institucional e da transparência decisória.	Como instaurar e cultivar uma cultura republicana e democrática de profissionalização e aprimoramento contínuo de desempenho institucional nos três níveis federativos e também nos três grandes poderes da República? Como promover rápida e eficaz tarefa de desmilitarização e (re) laicização da gestão pública, nomeando prioritariamente servidores experientes e comprometidos para uma rápida e eficaz retomada das funções de planificação, orçamentação, gestão, participação e controle das políticas e organizações públicas, várias delas hoje em estado administrativo deplorável?
Planejamento governamental Obs: as atividades de coordenação, articulação, monitoramento e avaliação são aqui consideradas subfunções da função planejamento governamental.	Tendências gerais entre 2003 e 2015 implicaram tentativas, geralmente frustradas, de: fortalecimento institucional do PPA; elaboração ocasional de planos nacionais e regionais de longo prazo; insuficiente retomada setorial de planos de médio prazo; em todos os casos com aprimoramentos metodológicos de pouca envergadura ou perenidade. Esse quadro já débil e complexo da função planejamento foi agravado durante o governo Bolsonaro, com esvaziamento completo do PPA e suas estruturas, funções e burocracia correlatas, colimando com a PEC 188 que previa a extinção do PPA	Houve iniciativas governamentais para aperfeiçoamentos normativos, metodológicos e institucionais da função planejamento, mas não suficientes para fazer esta função se equipar (em termos políticos e institucionais) a outras funções indelegáveis de Estado, tais como as de arrecadação, orçamentação, fiscalização e controle interno. Já durante o governo Bolsonaro, houve retrocesso e degradação institucional abrangente, profunda e veloz da função planejamento	Como recuperar os muitos anos de desmonte das instituições, instrumentos e da própria cultura de planejamento público no Brasil, dada a crença atual e aparentemente dominante: (i) na suposta superioridade do mercado em promover o desenvolvimento, mesmo considerando aspectos críticos da globalização econômica e da geopolítica internacional; (ii) na impossibilidade prática de organizar um sistema de planejamento aderente às necessidades contemporâneas do Estado e do desenvolvimento nacional?
Finanças públicas e gasto financeiro	Financeirização e privatização das finanças públicas no Brasil, com crescimento expressivo do gasto financeiro na composição do gasto público total, sobretudo desde 1995, como reflexo, principalmente, da estratégia de estabilização monetária	Como contrapartida do gasto financeiro elevado na composição do gasto público total, observa-se esterilização não desprezível de recursos em todo o período analisado e baixa capacidade do gasto público real em dinamizar o lado real da economia.	Dado que a manutenção do tripé macroeconômico da estabilização monetária gera como efeito colateral indesejado uma dinâmica de crescimento de baixa potência e intensidade, como migrar desse arranjo institucional-financeiro para outro

	Questão 1 TENDÊNCIAS RECENTES:	Questão 2 SENTIDOS E SIGNIFICADOS	Questão 3 TENSÕES ESTRUTURAIS
Finanças públicas e gasto financeiro	adotada desde o Plano Real, com juros altos, câmbio valorizado e geração de superávits fiscais primários generosos em todos os anos entre 2002 e 2014. Já durante o governo Bolsonaro, sob égide da EC 95/2016 do teto de gastos e demais regramentos infraconstitucionais (tipo orçamento impositivo e orçamento secreto etc.) de enrijecimento e criminalização dos gastos reais primários, ao mesmo tempo que de blindagem jurídica e legitimação macroeconômica dos gastos financeiros, houve tendências claras de esterilização do potencial produtivo dos gastos públicos reais, com reflexos nas baixas taxas de crescimento econômico e piora distributiva de motivação financeira.	A consequência mais perversa decorrente da manutenção do tripé da estabilização monetária por longo período é a transformação estrutural da matriz produtiva nacional, no sentido da desindustrialização, reprimarização e desnacionalização de ativos. Hiperconcentração de renda agora exacerbada pelos fenômenos da financeirização e privatização das finanças públicas nacionais.	mais favorável ao crescimento econômico com distribuição de renda, sem colocar em risco a estabilidade relativa da moeda nacional, bem como a capacidade e a sustentabilidade intertemporal de endividamento e de financiamento público? Para tanto, em que direção redesenhar as atuais regras fiscais anacrônicas e paralisantes da ação pública, ao mesmo tempo que se promove a desfinanceirização e a desprivatização das finanças públicas brasileiras?
Finanças públicas e gastos reais	Crescimento dos gastos reais (consumo do governo e investimento público) altamente dependente da elasticidade da arrecadação tributária frente ao ritmo e intensidade do crescimento econômico. Com isso, o crescimento do gasto público real entre 2003 e 2013 deu-se com aumento mais que proporcional da arrecadação e sem criação de novos tributos ou aumento de alíquotas daqueles já existentes. Por isso, o aumento dos gastos reais do governo (consumo e investimentos) aconteceu sem desequilíbrio macroeconômico severo até 2014. Já desde sobretudo a EC 95/2016 e demais regramentos fiscais infraconstitucionais, houve tendência clara de esterilização do potencial produtivo dos gastos públicos reais, com reflexos nas baixas taxas de crescimento econômico e piora distributiva de motivação financeira.	Dada a estrutura regressiva da tributação no Brasil, o crescimento econômico que engendra expansão da arrecadação e concomitante expansão dos gastos reais do governo (consumo e investimentos) é na verdade fator de concentração funcional e pessoal da renda, pois a tributação incide, proporcionalmente, mais sobre: (i) os setores reais da acumulação que os financeiros; e (ii) os segmentos relativamente mais pobres da população e da ocupação que os mais ricos. Tudo somado, restringe-se, estruturalmente, o impacto potencial redistributivo do gasto público real do governo, tanto sobre regiões do país como sobre suas respectivas populações.	Dada a primazia política do tripé macroeconômico para a estabilização monetária (sobre outras alternativas certamente existentes) e a dinâmica estrutural de baixo crescimento e alta concentração de renda que ele engendra, como promover uma reforma tributária que seja, ao mesmo tempo, progressiva na arrecadação e redistributiva nos gastos?

	Questão 1 TENDÊNCIAS RECENTES:	Questão 2 SENTIDOS E SIGNIFICADOS	Questão 3 TENSÕES ESTRUTURAIS
Marcos regulatórios	Coexistência de distintos modelos de política e gestão na agenda de governo. Iniciativas de aprimoramento do ambiente institucional procuraram atingir objetivos em diversas frentes, conjugando metas sociais, promoção da concorrência, defesa da soberania, estímulos aos investimentos públicos e privados. Podem ser citados, entre outros, os novos arcabouços legais dos setores elétrico (2004) e de saneamento básico (2007); as simplificações nos processos de regularização fundiária urbana (2009); a Política Nacional de Resíduos Sólidos (2010); a Política Nacional de Mobilidade Urbana (2012); o regime de produção e exploração do Pré-Sal (2012); a nova Lei de Portos (2013). A esses marcos somam-se outras iniciativas, como a criação de um regime diferenciado de licitação e contratações (RDC), a consolidação das carreiras das agências reguladoras, a criação de empresas de planejamento e pesquisa nas áreas energética (Empresa de Pesquisa Energética – EPE) e de logística (Empresa de Planejamento e Logística – EPL), além da implantação de uma carreira transversal de analistas de infraestrutura. A partir do governo Bolsonaro, por sua vez, há um desmonte abrangente, profundo e veloz das tendências e institucionalidades anteriores.	No estágio posterior às reformas gerencialistas, a partir de 2003 e particularmente de 2007 a 2015, viu-se a adoção pelo governo federal de um perfil mais intervencionista, no plano da agenda programática central, dissociando-se, assim, da heurística do Estado regulador convencional e das reformas de Estado dos anos 1990. Esse novo impulso priorizou também o fortalecimento da discussão sobre governança e capacidades estatais num momento em que a própria discussão sobre o desenvolvimento nacional retornava à pauta de discussões e de ação do Estado. A partir do governo Bolsonaro, por sua vez, há um desmonte abrangente, profundo e veloz das tendências e institucionalidades anteriores	Dada a tradição burocrática do país, como engendrar arranjos institucionais de regulação estatal e planejamento governamental que busquem e alcancem adequação e complementaridade entre recursos disponíveis, estruturas de governança e distintas formas de relacionamento, articulação e coordenação de setores e políticas públicas???
Interfaces federativas nos consórcios públicos municipais.	A articulação de municípios brasileiros por meio da formação de consórcios é um dos traços característicos do federalismo brasileiro no século XXI. Trata-se de fenômeno novo, que apenas ganhou expressão após a CF-1988, tornando-se mais	Esse arranjo não é neutro em relação às consequências transformadoras que ele é capaz de induzir no âmbito das relações sociais e da atuação da administração pública. Uma federação cooperativa descentralizada fomenta a inovação na administração	Consórcios Públicos Intermunicipais não são um ente da federação; são um arranjo institucional específico para lidar com: (i) a elevada fragmentação territorial por efeito do acelerado processo de

	Questão 1 TENDÊNCIAS RECENTES:	Questão 2 SENTIDOS E SIGNIFICADOS	Questão 3 TENSÕES ESTRUTURAIS
Interfaces federativas nos consórcios públicos municipais.	relevante a partir dos anos 2000, a partir da Lei 11.107 de2005; conhecida como Lei dos Consórcios Públicos. Mais recentemente, esse modelo congelou-se em termos inovativos e institucionais, à espera quiçá de uma nova e promissora rodada de descentralização e autonomização federativa.	pública, o protagonismo da sociedade civil, bem como a promoção de maior equidade no acesso aos serviços públicos entre cidadãos localizados em diferentes jurisdições. Não obstante, durante o governo Bolsonaro, houve enfraquecimento dos elos federativos em torno das principais políticas setoriais, com seus sistemas de planejamento e gestão pouco articulados do ponto de vista federativo.	divisão municipal; e (ii) a falta de escala na execução e provimento de políticas e serviços públicos. Assim, como compatibilizar os efeitos potencialmente benéficos dos Consórcios com os dilemas estruturais do federalismo brasileiro?
Interfaces participativas no âmbito federal	Sobretudo entre 2003 e 2013, o ímpeto participativo implicou na criação ou ampliação de muitos canais de relacionamento direto entre Estado e Sociedade. Conselhos e Conferências de políticas públicas, audiências, fóruns, ouvidorias e outros instrumentos alargaram as interfaces sócio-estatais e suscitaram a ideia de um sistema (e de uma política nacional) de Somocrático-participativo de políticas públicas. Já durante o governo Bolsonaro, houve claro retrocesso participativo e desmonte dos principais instrumentos e mecanismos de inter-relacionamento Estado / Sociedade.	Dificuldades de integração com as estruturas burocráticas existentes levaram a dificuldades de institucionalização. Adicionalmente, a produção das lógicas de representação gerou desigualdades entre o perfil de representados e representantes, muito embora em menor grau do que nos espaços legislativos. Por fim, a grande incógnita sobre a efetividade desses espaços vem deslegitimando iniciativas concretas e experimentais nesse campo.	Como aprimorar e avançar na institucionalização e gestão das interfaces sócio- estatais, levando em consideração o fechamento dos espaços participativos durante o governo Bolsonaro, em antagonismo com as tendências prévias, que se manifestavam em expansão setorial e burocratização da participação social, além da explicitação de imensa heterogeneidade e complexidade das tentativas de promoção de articulação e de busca por transversalidades?
Controle interno da União	Nos últimos quinze anos, o controle interno passou por expressivas transformações, em especial no âmbito do Poder Executivo Federal. Cabe destacar: (i) a extinção das Cisets (Secretarias de Controle Interno situadas dentro de cada Ministério) e (ii) a Lei 10.683/2003 que consolidou a criação da Controladoria-Geral da União (CGU), tal qual uma unidade ministerial – na verdade, situada acima dos demais Ministérios, por vincular-se diretamente à Presidência da República –,	Desde 2003, houve mudança da lógica de funcionamento do controle, passando de um modelo descentralizado e pulverizado, para outro, centralizado em uma unidade externa aos órgãos setoriais, de forma a compor um sistema de controle. Houve expressiva ampliação das responsabilidades e do alcance de atuação do controle interno federal, com expressiva reorganização de sua lógica de funcionamento e dos modos de desenvolvimento de suas atividades precípuas, a saber: prevenção, detecção e punição da corrupção.	Dada a velocidade e intensidade com que a função controle interno foi- se institucionalizando e empoderando-se no Brasil, *vis-à-vis* outras funções tecnopolíticas importantes de governo (tais como a arrecadação tributária, o planejamento e a gestão pública, a orçamentação e a participação social), como doravante reequilibrar o seu peso relativo, dentro dos processos de prevenção, detecção e punição da corrupção, ao mesmo tempo em que preserva e aprimora

	Questão 1 TENDÊNCIAS RECENTES:	Questão 2 SENTIDOS E SIGNIFICADOS	Questão 3 TENSÕES ESTRUTURAIS
Controle interno da União	integrando em um corpo único a Secretaria Federal de Controle Interno (SFC), a Corregedoria-Geral da União (CRG) e a Ouvidoria-Geral da União (OGU). Esse desenho foi recentemente refeito sem que a primazia da função controle sobre as funções de planificação e gestão pública tenha sido redesenhada rumo a um modelo mais integrado no sentido de maior eficácia e efetividade da ação pública.	Peso institucional e político disfuncional da função controle, com ênfase interveniente e criminalizadora da ação estatal finalística.	os objetivos republicanos e democráticos de mais e melhor transparência, responsabilização e controle social público dos atos e intenções de governo?

Fonte: Elaboração dos autores.

Indo além, é também possível ilustrar um pouco mais detalhadamente, por meio do quadro 3, a situação atual das mesmas grandes áreas de atuação governamental programática a partir das *tensões fundamentais* em cada caso concreto.

Quadro 3. Grandes áreas programáticas de atuação estatal e as suas macrotensões estruturais

Grandes Áreas de Atuação Estatal	Tensão Estrutural Dominante	Significado Geral
Proteção Social, Direitos e Oportunidades	Universalização X Privatização	Desde a CF-1988, setores rentáveis das políticas sociais (notadamente: previdência, saúde, educação, cultura, esportes, trabalho e segurança pública) convivem com constrangimentos tecnopolíticos à universalização de fato de seus principais programas, e paulatinamente se observa o crescimento normativo, regulatório e ideológico na provisão dessas políticas sob a égide privada. Por sua vez, as chamadas políticas sociais de nova geração (direitos humanos e de cidadania para públicos e situações específicas), depois de uma fase de institucionalização promissora até 2014, encontram-se material e ideologicamenteem retração no âmbito federal brasileiro.
Infraestrutura Econômica, Social e Urbana	Universalização X Acumulação	Desde 2003, esforços governamentais no sentido da ampliação da cobertura e doacesso das populações pobres e vulneráveis aos bens e serviços típicos da modernidade (tais como energia, modais de transporte, mobilidade urbana, telecomunicações, acesso digital, saneamento básico e moradia digna), tem convivido com: dilemas do perfil de atuação estatal (se meramente regulador outambém produtor direto; se meramente incentivador ou tambémpromotor direto de inovações), e com exigências cada vez mais elevadas dos entes empresariais privados em termos de rentabilidade mínima e sustentabilidade financeira e intertemporal dos empreendimentos dessa natureza.

Grandes Áreas de Atuação Estatal	Tensão Estrutural Dominante	Significado Geral
Inovação, Produção e Proteção Ambiental	Institucionalização X Compensação	Desde a CF-1988, primeiro pelo choque externo provocado pela abertura comercial e financeira desde o governo Collor, depois, pelo choque interno causado pela engenharia financeira de estabilização monetária desde o governo FHC e, finalmente, pelo acirramento da concorrência externa decorrente da globalização comercial (efeito China) e financeira (bolhas especulativas indexadas em dólar) ao longo dos governos Lula e Dilma, o fato é que os setores nacionais de produção (sobretudo industrial), de inovação (de processos e produtos ao longo das cadeias produtivas) e de proteção e mitigação ambiental, tem-se ressentido de políticas públicas mais robustas para o enfrentamento dos imensos problemas e desafios a elas colocados. Já durante o governo Bolsonaro, a um vetor tímido, lento e pouco estruturado de institucionalização de políticas públicas nos campos da produção de bens e serviços, da inovação de processos produtivos e de produtos finais, e da proteção e mitigação ambiental, sobressaem medidas apenas de natureza compensatória, de efeitos limitados ou deletérios, tanto setorial como temporalmente, incapazes de alterar para melhor a estrutura e a dinâmica produtiva em espaço nacional, ou mesmo de neutralizar os efeitos nefastos que emanam da estrutura e dinâmica capitalista predatória dominante em curso.
Soberania, Defesa eTerritório	Institucionalização X Desorganização	Depois de muitos anos relegadas a níveis secundários de importância, houve – mormente entre 2003 e 2013 – tentativas de melhor institucionalização das áreas e políticas públicas de soberania, defesa e território. Foram tentativas governamentais no sentido de: (i) reorientar a diplomacia brasileira rumo a uma postura ativa e altiva no cenário internacional; (ii) reequipar as forças armadas e atualizar a estratégia e a política nacional de defesa; e (iii) reinstaurar instituições, fluxo de recursos, capacidades estatais e governativas, sob o manto de uma nova política nacional de desenvolvimento regional no Brasil. Não obstante, durante o governo Bolsonaro, o processo de institucionalização acima mencionado foi quase todo paralisado ou revertido, a complexidade em si desses temas e áreas de políticas, aliada à baixa primazia que historicamente tiveram e continuaram a ter na conformação das agendas prioritárias, fazem comque descontinuidades e desorganizações institucionais de várias ordens (de diretrizes estratégicas à alocação orçamentária) sejam a regra mais que a exceçãonos três casos.

Fonte: Elaboração dos autores.

Desempenho das políticas públicas federais no Brasil

É possível dizer que existem duas abordagens gerais para pensarmos o problema da gestão do desempenho em burocracias públicas, as quais estabelecem diferentes formas de combinação entre elementos de *controle/consistência* e de *flexibilidade/criatividade.*

Princípio da otimização

A primeira delas se orienta pelo "*princípio da otimização*" e se ancora na presunção da separação entre os momentos e as instâncias de decisão, execução e avaliação de ações desempenhadas por burocracias (i.e., separação entre meios e fins). Nesse sentido, a tarefade gestão do desempenho envolve o estabelecimento de mecanismos e sistemas de avaliação de forma apartada dos contextos substantivos da execução das tarefas (decisões, comportamentos e práticas em cada situação concreta ou caso específico). Esses sistemas, em geral, são constituídos por procedimentos formais, como indicadores e metas quantitativas, os quais servem como parâmetro externo, e supostamente objetivo, para o julgamento do sucesso ou fracasso das ações empreendidas. O objetivo central desses sistemas é promover maior eficiência, por meio da minimização de custos e aumento de produtividade na realização de um conjunto restrito de objetivos-resultados.

Essa abordagem geral tem, infelizmente, se consolidado, por meio da disseminação de modelos de gestão de organizações do setor público de cunho "gerencialista" (ou inspirados no movimento da nova gestão pública). O modelo gerencialista se tornou um dos mantras da reforma do setor público por todo o mundo nos anos 1980 e 1990. No contexto da alegada falência do Estado, da precária atuação de burocracias nas décadas anteriores e do descontentamento generalizado com a atuação dos governos, a abordagem gerencialista trouxe para o centro do debate a preocupação com o desempenho do setor público. Com seu foco em resultados e na otimização do orçamento público, prometeu a melhoria na eficiência e responsividade de burocracias por meio da estruturação de sistemas de incentivos que levariam burocratas (*agents*) a cumprir as metas estipuladas por formuladores de políticas públicas, representantes políticos e cidadãos (*principals*) na provisão de bens e serviços públicos. Buscando superar erros do passado, como a ênfase no controle de processos tal como feito por procedimentos legais e administrativos, a proposta gerencialista se inspira em certa cultura do setor privado e envolve basicamente a instituição de metas e indicadores de resultados para a mensuração do desempenho de organizações e seus funcionários, com forte ênfase em incentivos de base pecuniária, tais como sistemas de gratificação por desempenho. Sob esse modelo, organizações do setor público devem enfocar um conjunto de metas de desempenho que possam ser definidas de forma específica, quantificável e mensurável.

Cada burocrata na organização deve cumprir uma parte do objetivo geral. Supervisores monitoram constantemente o desempenho de seus burocratas em termos da consecução dessas metas, tendo como referência indicadores quantitativos de resultados. De forma a administrar corretamente os incentivos, gestores distribuem gratificações nos salários apenas dos funcionários que satisfizerem periodicamente as metas. A adoção desses mecanismos de avaliação baseados na aferição de produtividade com base em metas quantitativas e no estabelecimento de relações entre o cumprimento dessas metas e recompensas pecuniárias (remuneração variável) tem sido amplamente adotada nas mais variadas áreas de atuação governamental ao redor do mundo, em maior ou menor grau. As experiências variam do monitoramento de metas básicas relativas aos produtos mais imediatos dessas organizações à implantação de sofisticados sistemas de informação que associam esses indicadores a bases de dados diversas sobre a situação de trabalhadores e empresas nas diversas regiões do país.

Avaliações da implementação de reformas gerencialistas ao redor do mundo têm apontado para resultados paradoxais. Por um lado, existem evidências em relação ao aumento de produtividade. Estudos já demonstraram aumento de produtividade nos serviços de saúde na Grã-Bretanha como resultado da introdução de mecanismos de remuneração baseado no desempenho individual.

Por exemplo, a produtividade de dentistas, medida pelo número de pacientes tratados, aumentou 26% em comparação com a gestão do serviço público via contratos de remuneração fixa. Até mesmo no caso da inspeção do trabalho no Brasil, a introdução de sistemas de gratificação por desempenho a partir de 1998, e sua intensificação a partir de 2004, acarretaram maior produtividade dos auditores-fiscais na formalização de trabalhadores, ainda que durante o período não tenha ocorrido variações significativas no contingente de auditores-fiscais e no número de empresas fiscalizadas.

Por outro lado, aumentos de produtividade em relação a alguns indicadores específicos também têm sido acompanhados pela constatação de problemas relativos à manutenção de níveis satisfatórios de motivação, envolvimento e comprometimento por parte dos servidores. Por exemplo, os mesmos estudos sobre profissionais de saúde e dentistas no setor público britânico apontaram que sistemas de gratificação por desempenho envolvendo incentivos pecuniários podem até contribuir para o aumento de produtividade, mas, em geral, acarretam perdas significativas da motivação intrínseca desses profissionais – isto é, a motivação derivada de valores, compromissos e senso de missão em relação ao trabalho, em oposição à motivação extrínseca baseada em recompensas não substantivamente associadas à realização do trabalho, como o dinheiro.

Além disso, outra linha de problemas identificados com reformas gerencialistas diz respeito às distorções provocadas pelos sistemas de incentivos implementados. Um volume considerável de estudos tem chamado atenção para os efeitos disfuncionais de medidas de desempenho quantitativas e pré-definidas. Primeiro, a definição de metas de desempenho específicas e quantificáveis provoca necessariamente excessivo reducionismo daquilo que se espera ser competência do Estado e de suas burocracias. O estabelecimento de metas tende a limitar e concentrar as ações realizadas por organizações em torno de alvos ou pontos bem específicos, reduzindo a capacidade de funcionários de perceber e abordar problemas de forma mais ampla.

Por exemplo, a promoção da saúde mental envolve mais do que a redução do número de hospitalizações psiquiátricas; ou a qualidade de um sistema de educação envolve mais do que preparar alunos para pontuar e serem aprovados em provas; e a satisfação de um funcionário envolve mais do que a adequação de seu nível de remuneração. Além da questão do reducionismo provocada pela pré-determinação e especificação dos resultados a serem alcançados, a mensuração e aferição quantitativa destes resultados frequentemente fazem com que burocratas encontrem formas de converter as atividades que normalmente estão habituadas a fazer nos produtos e metas almejados pelos seus supervisores. Um exemplo disso é um programa do serviço de imigração norte-americana, na primeira década dos anos 2000, o qual, embora tenha sido desenhado e autorizado pelo Congresso especificamente para focar apenas nos imigrantes com ordem de deportação em execução e suspeitos de crimes e terrorismo, acabou por encarcerar uma vasta maioria de imigrantes ilegais sem ficha criminal, dos quais caberia deportação para apenas uma minoria dos casos. Sob pressão para "bater" metas de detenção e demonstrar desempenho para seus superiores, agentes de imigração começaram a "atirar" nos alvos mais fáceis.

Em outro exemplo, pesquisas sobre médicos na Inglaterra e nos Estados Unidos revelaram que esses profissionais desenvolvem práticas de "maquiagem" de números quando no preenchimento de formulários e relatórios para aferição de produtividade. Outros exemplos são indicativos da "contabilidade criativa" que se estabelece no registro de atividades realizadas por parte de funcionários em sistemas de mensuração de desempenho. Resultados supostamente indesejáveis podem ser facilmente codificados em termos de resultados almejados, por exemplo, a redução do tempo de permanência em listas de espera por meio da criação de listas de espera para entrada na lista de espera, ou a transfiguração de registros de trens ou ônibus atrasados em registros de avaria ou manutenção em percurso, ou ainda, como acontece nas organizações policiais, a subclassificação de crimes sérios em violações da lei de menor importância ou o registro de homicídios em locais distintos dos lugares onde aconteceram, tendo em vista a melhoria dos indicadores de um determinado distrito policial. Essas situações revelam que sistemas de gestão de desempenho desse tipo não são imunes à manipulação do processo de mensuração e à manipulação dos produtos organizacionais, em ambos os casos promovendo comportamentos disfuncionais do ponto de vista da efetividade das ações realizadas por burocracias públicas.

Em suma, é possível perceber que um conjunto amplo e diverso de evidências têm apontado para os efeitos colaterais dos sistemas de avaliação de desempenho baseados no modelo gerencialista. Após mais de quatro décadas, até mesmo os analistas simpatizantes já reconheceram que reformas inspiradas na abordagem gerencialista têm falhado em concretizar as expectativas de uma administração pública mais eficaz, eficiente e efetiva

Princípio da reflexividade

Uma segunda abordagem para a questão da gestão do desempenho, a qual se orienta pelo "*princípio da reflexividade*", diferencia-se da abordagem anterior ao rejeitar a separaçãoentre decisões, execução e avaliação e enfatizar a necessidade de o desempenho ser avaliado de forma contextualizada (julgamento substantivo), como atividade embutida nopróprio contexto de realização das atividades (i.e., interação meios e fins).

Além disso, a abordagem reflexiva também rejeita os pressupostos simplificadores do comportamento humano nos quais se baseiam sistemas de incentivo para o desempenho, tal como proposto pela abordagem gerencialista –

i.e. percepção de que indivíduos (ou grupos e organizações) são motivados, fundamentalmente, pelo desejo de obter recompensas (como dinheiro ou status) e evitar sanções. Assim, nessa segunda abordagem, a tarefa de gestão do desempenho envolve o estabelecimento de rotinas que possibilitem aos agentes envolvidos a reflexão e revisão contínua das atividades e ações burocráticas, de modo que o monitoramento do desempenho seja, em si, parte de um processo – contínuo, coletivo e cumulativo – mais amplo de *aprendizagem* e *inovação institucional.*

As reformas associadas ao modelo "experimentalista" têm materializado esses princípios e oferecido inspirações para experimentos de gestão de burocracias públicas e de superação de algumas das limitações do modelo gerencialista. O modelo experimentalista (ou *Experimentalist Governance* – EG) emergiu como uma crítica por parte de seus proponentes (C. Sabel, J. Zeitlin, M. Dorf, e W. Simon, entre outros) à insustentabilidade empírica do arcabouço econômico-racional que está no cerne da proposta gerencialista, mais precisamente os pressupostos sobre as relações *agent-principal.*

Com inspiração no institucionalismo econômico da teoria da escolha racional, a *abordagem gerencialista* em geral separa os momentos de concepção/decisão das ações associados com sua execução, pressupondo a existência de *principals* (sejam eles atores da sociedade civil, partidos políticos, ou representantes eleitos) que saibam tudo o que precisa ser feito para a solução de problemas coletivos. Supostamente, esses *principals* estão aptos a traduzir objetivos coletivos em metas de desempenho detalhadas – por exemplo, um aumento de 50% na formalização do trabalho, uma redução de 20% na evasão escolar etc.

Em contraposição, os proponentes da *abordagem experimentalista* defendem que *principals* com tal conhecimento robusto e panorâmico não existem nas comunidades políticas reais, muito menos um consenso inquestionável sobre quem deveria desempenhar tal papel diretivo. Portanto, segundo esses autores, *o problema da reforma do setor público não se resume apenas à definição de metas de desempenho e do respectivo sistema de incentivos, mas sim envolve a construção de processos de inovação e aprendizado* – contínuos, coletivos e cumulativos – *por meio dos quais os atores envolvidos interajam, descubram, e aprendam conjuntamente aquilo que precisa ser feito e a melhor forma possível de executá-lo* (Sabel, 2004, 2005).

Assim, de acordo com esse modelo de gestão, a solução requer instituições experimentalistas "que reconheçam o caráter provisório de suas metas e que institucionalizem a aprendizagem social por meio do questionamento recorrente da adequação entre os fins e os meios disponíveis, e por meio da revisão periódica de suas normas e estruturas à luz das respostas obtidas" (Sabel, 2004, p. 4). Instituições experimentalistas demonstram a atitude de constante detecção e correção de erros nos níveis operacionais da organização, ajustando, na sequência, as estruturas superiores para a generalização de sucessos e aprimoramento do sistema de aprendizado a partir de erros. Por meio de *ajustes reflexivos* constantes, os proponentes da abordagem experimentalista argumentam que burocracias públicas podem, simultaneamente:

- expandir suas capacidades para solução de problemas complexos por meio da adaptação rápida às condições externas em constante mudança e da possibilidadede customização de suas ações a diversas clientelas; e
- incrementar a prestação de contas por parte de burocratas aos seus supervisores e ao público, por meio de explicações situacionais sobre suas decisões e conduta em cada caso e justificações de possíveis desvios em relação aos protocolos estabelecidos.

Ao rever essas explicações, superiores diretos (e até mesmo órgãos de controle) podem detectar erros de conduta e considerar como corrigi-los, no que tange aos casos específicos, assim como aos procedimentos mais gerais que regulam e organizam o programa. Por meio desses processos, organizações "experimentalistas" aprendem como aprimorar sua atuação ao mesmo tempo em que monitoram a atuação de seus funcionários e, assim, o mesmo processo que possibilita a adaptação de ações e serviços às variadas circunstâncias, o torna também suscetível ao controle e direcionamento gerencial.

Recentes avanços por parte de instituições experimentalistas vêm sendo registrados em diferentes países assim como em diferentes áreas do serviço público. Essas experiências oferecem exemplos bem concretos de sistemas de avaliação do desempenho baseados no princípio da reflexividade, voltados para a superação dos problemas e distorções causados por reformas baseadas no princípio da otimização. Em geral, as avaliações de experiências que visaram concretizar sistemas baseados no princípio da reflexividade têm apontado para algumas vantagens potenciais em relação à abordagem gerencialista tradicional, a saber:

- A primeira vantagem diz respeito à possibilidade de aferição e monitoramento de resultados de grande relevância que muitas vezes não se apresentam de forma necessariamente mensurável (traduzíveis em indicadores numéricos) – e por isso frequentemente negligenciados no modelo anterior – por meio da instituição de mecanismos para constante detecção e correção de erros baseados em explicações situacionais e justificativas por parte de burocratas (comissões de avaliação interna, revisão por pares etc.).
- A segunda vantagem, decorrente diretamente da instituição dos mecanismos descritos acima, diz respeito à inserção do monitoramento do desempenho nos contextos substantivos de realização de tarefas e atividades. Em contraposição à pré-especificação dos resultados a serem produzidos, tal como faz o modelo gerencialista, o modelo experimentalista cria condições para a compreensão mais contextualizada e sistêmica das características de cada situação-problema a ser enfrentada.
- A terceira vantagem diz respeito à substituição de uma lógica de controle e auditagem do desempenho de burocratas, sustentada na desconfiança generalizada em relação ao comprometimento e senso de missão dos funcionários (isto é, na ausência de incentivos extrínsecos ao trabalho, há tendência à baixa produtividade e envolvimento), pela confiança no profissionalismo do corpo técnico e na profissionalização como elemento de controle da conduta e de aprendizagem para lidar com o dinamismo e complexidade dos problemas.

Mecanismos de revisão qualitativa do desempenho, em contraposição a sistemas de aferição de resultados quantitativos, criam relacionamentos diferentes entre funcionários na linha de frente e os supervisores ou centros administrativos. Ao invés de serem objeto da aferição de metas numéricas pré-determinadas, os profissionais passam a ser participantes ativos na reconstrução de metas, procedimentos e estratégias de fiscalização, com base nos resultados advindos de suas operações.

Um resumo de ambas as abordagens pode ser visto no quadro 4, a seguir.

Quadro 4. Síntese das duas abordagens sobre avaliação de desempenho em burocracias complexas

Abordagens	"Burocracia Otimizadora"	"Burocracia Reflexiva"
Ênfase	Eficiência estática, foco na minimização de custos e aumento de produtividade.	Aprendizado e revisão contínua, foco na qualidade, impacto e sustentabilidade das ações para solução de problemas.
Caráter das metas e objetivos	Pré-determinado; Singular; Foco em metas específicas (priorização), gerando reducionismo e miopia.	Provisório e sob constante revisão; Atenção para inter-relações entre múltiplos objetivos (natureza complexa dos problemas).
Relação entre avaliação de desempenho e execução de tarefas	Avaliação externa, objetivo formal.	Avaliação inserida, contextual e substantiva.
Relação entre "linha de frente" e centro administrativo	Individual (solitária) e avaliativa, com base em parâmetros e indicadores específicos; dois resultados possíveis: conformidade ou desvio.	Deliberativa (grupo), envolvendo processos de justificação (explicação de condutas e dos resultados produzidos a partir da experiência concreta de implementação).
Relação com incertezas ou "o inesperado"	Tendência a tratar o novo e o inesperado como se fossem variações de rotinas pré-estabelecidas (enquadramento categórico) ou exceções.	Ocorrências inesperadas são constantemente problematizadas para detecção de problemas e correção de erros; difusão de inovações.

Fonte: Pires (2010: p. 18).

Nesse sentido, os experimentos em andamento sugerem que a indução de melhor desempenho pode estar mais associada à valorização da autonomia de burocratas para inovar e aprender a partir da reflexão sobre suas próprias práticas (justificação) do que à criação de incentivos formais e pressões por maior produtividade em um conjunto restritode resultados desejados. Por óbvio, a *profissionalização da burocracia* (assentada nos fundamentos da: i) estabilidade funcional dos servidores nos cargos públicos, ii) remuneração adequada e previsível ao longo do ciclo laboral, iii) qualificação elevada e capacitação permanente no âmbito das funções precípuas dos respectivos cargos eorganizações, iv) cooperação no tocante aos processos e ambientes de trabalho, e v) liberdade de organização e autonomia de atuação sindical), são condições necessárias para o exercício (ou o experimentalismo) da autonomia burocrática com responsabilidadee engajamento, e fontes primárias da aprendizagem e da inovação institucional como essência do *modelos reflexivos de gestão de pessoas e do desempenho* no âmbito público.

Além disso, fica claro que aquilo que tem sido proposto pelo atual governo como única e exclusiva solução para os problemas a serem enfrentados pela reforma administrativa – foco na competição e vinculação da remuneração variável ou recompensas financeiras com o atingimento de metas individuais e quantificáveis – está longe de esgotar as possibilidades existentes de abordagem aos desafios de tornar a administração pública mais inovadora, efetiva e sustentável

Desempenho é resultado de reflexividade, criatividade e flexibilidade na gestão de pessoas

Uma vez perscrutados o contexto mais geral dos dois grandes modelos de gestão de desempenho, é possível agora mergulhar numa discussão atinente aos sentidos e implicações do desempenho nos modelos dominantes e alternativos disponíveis no debate internacional.

A ideia é reforçar, de modo propositivo, a necessidade e a oportunidade de deslocar o debate público a um patamar mais elevado de discussão acerca de modelos de índole reflexiva do desempenho individual e institucional, como parte de uma compreensão mais acurada acerca dos determinantes e das formas de organização e funcionamento do Estado e da administração pública de modo geral.

Recuperamos aqui a definição geral na qual desempenho diz respeito ao comportamento intencional e deliberado, seja de indivíduos ou de organizações. Nesse sentido, é possível distinguir quatro perspectivas sobre o desempenho, quando pensamos tal fenômeno a partir de duas dimensões relativas a sua qualidade: i) a qualidade das ações realizadas; e ii) a qualidade daquilo que foi alcançado por meio dessas ações (resultados).

Quadro 5. Relações entre processos de trabalho e resultados finais para avaliação do desempenho.

	Qualidade dos resultadosNão	**Qualidade dos resultadosSim**
Qualidade das ações / processos Não	(D1) Não há julgamento sobre qualidade do desempenho	(D3) Desempenho como avaliação dos resultados
Qualidade das ações / processosSim	(D2) Desempenho como competência / capacidade	(D4) Desempenho como a produção de resultados sustentáveis

Fonte: Dooren, Bouckaert & Halligan (2010), apud Pires (2010: p. 09).

No quadro acima, no primeiro quadrante temos a perspectiva na qual a qualidade das ações e de suas realizações não importa, isto é, atividades são desenvolvidas independentemente de avaliações sobre o seu grau de sucesso ou insucesso (D1). No segundo quadrante, temos a perspectiva que se centra na qualidade dos processos e não na qualidade dos seus resultados e realizações (D2). Nessa perspectiva, o desempenho é concebido como competência ou capacidade, tal como enfatizado por modelos tradicionais de controle burocrático-procedimental. No terceiro quadrante, a ênfase recai sobre a qualidade dos resultados sem igual atenção para as ações empreendidas ou processos mobilizados (D3). Nesse caso, desempenho passa a ser definido como a obtenção de resultados e não como a capacidade das organizações e de seus agentes, tal como enfatizado pelos modelos de raiz gerencialista (*New Public Management* – NPM). Finalmente, quando o desempenho é concebido como atenção tanto à qualidade das ações como à qualidade dos resultados (D4), temos a perspectiva do "*desempenho como sustentabilidade*" (ou dos "resultados sustentáveis"), isto é, aquela que procura iluminar em uma organização a sua *capacidade reflexiva para desempenhar e sua habilidade em converter tal capacidade em resultados (produtos e impactos) sustentáveis ao longo do tempo*, chamando atenção para possíveis resultados disfuncionais.

É essa noção de desempenho, sintetizada pela ideia de "*resultados sustentáveis*", a que aqui nos interessa, pois nos permite romper com a limitação das perspectivas anteriores. Cada vez mais, organizações tem se defrontado com a necessidade de pensar o seu desempenho não apenas como capacidade – isto é, a mobilização dos *inputs* necessários e a construção e desenho de processos de trabalho – e não apenas como produtividade e eficiência – entendidas como relações fixas entre os *inputs* disponíveis e produtosproduzidos de forma padronizada. Organizações nos mais diversos setores têm sido forçadas a refletir sobre o seu desempenho em moldes mais amplos, os quais priorizam a produção de soluções (produtos) adequadas para produzir impactos (mudanças no ambiente social e produtivo) em contextos diferenciados e que tenham também a capacidade de perdurar ao longo do tempo (sustentabilidade).

Pensar desempenho nesses moldes requer, por sua vez, reflexões mais criativas sobre as relações entre processos de trabalho (recursos, procedimentos e formas de atuação) e produtos. Isto é, não se trata nem apenas de controlar processos e nem apenas de controlar resultados, mas sim de explorar como variações em processos, em função de adaptações às circunstâncias de atuação das burocracias e seus agentes, se articulam com a realização de produtos e soluções mais adequadas para cada situação. Para além do estabelecimento de métricas baseadas em relações fixas entre insumos e produtos – as quais nos permitem classificar organizações em termos de sua eficiência e produtividade – o que a perspectiva de desempenho que enfatiza resultados sustentáveis sugere é que a produção de impacto, e a sustentabilidade dos produtos que os geram, requer maior flexibilidade e adaptabilidade por parte dos processos. Trata-se, fundamentalmente, de um *processo contínuo, coletivo e cumulativo de aprendizado e inovação*, no qual as relações entre diferentes processos de trabalho e seus respectivos resultados, em cada contexto específico, estão sempre em foco.

Como consequência dessa perspectiva, a questão fundamental que se coloca é como conciliar, por um lado, maior flexibilidade, adaptabilidade e customização de processos – elementos essenciais para a promoção do *aprendizado* e *inovação* – com as necessidades de controle e direcionamento por parte de supervisores, e de prestação de contas para o público externo, por outro lado, na produção de ações que tenham o maiorpotencial de impacto e sustentabilidade na realidade social e econômica.

Esse é, por sua vez, um dos desafios centrais e perenes para a gestão de burocracias: *equacionar o dilema entre o controle da atuação de seus funcionários e a flexibilidade, criatividade e expansão de suas capacidades (reflexivas) necessárias para a resolução de problemas nos momentos de provisão de serviços, implementação de políticas públicas e regulação de atividades econômicas.* Se por um lado, ampla flexibilidade, adaptabilidade e criatividade na ponta geram inconsistências na atuação da organização e minam as possibilidades de produção de objetivos e políticas institucionais; por outro lado, mecanismos de controle, padronização e indução de motivação frequentemente minam a construção e a mobilização de capacidades e criatividades necessárias para o desenvolvimento de soluções que produzam impacto e mudança de práticas e comportamentos em cada contexto específico.

É possível conciliar *controle/consistência* com *flexibilidade/criatividade* na gestão de burocracias públicas. Por meio de quais processos e práticas gerenciais, servidores e dirigentes públicos podem equilibrar essas dimensões? Essa é a questão central do debate sobre desempenho institucional e desempenho individual no âmbito público.

Gestão de pessoas no âmbito federal brasileiro

No Brasil, o regime jurídico dos servidores públicos civis (RJU) consiste em um conjunto de regras de direito público que trata dos meios de acessibilidade aos cargos públicos, da investidura em cargo efetivo e em comissão, das nomeações para funções de confiança, dos deveres e direitos dos servidores, da promoção e respectivos critérios, do sistema remuneratório, das penalidades e sua aplicação, do processo administrativo e da aposentadoria.

Desta feita, o emprego público tende a ser não apenas um emprego de qualidade e dignidade elevadas no espectro total de ocupações em uma sociedade emergente como a brasileira, como ainda se reveste de atribuições e competências algo distintas daquelas que prevalecem no mundo das contratações privadas. De um lado, sendo o Estado o empregador em primeira instância, há obviamente a necessidade de que se cumpram todos os requisitos legais e morais mínimos à contratação e manutenção desses empregos sob sua custódia e gestão. Requisitos esses que dizem respeito, basicamente, às condições gerais de *uso* (jornada padrão), *remuneração* (vencimentos equânimes), *proteção* (saúde, segurança e seguridade nas fases ativa e pós-laboral), *representação* (sindicalização e demais direitos consagrados pela OIT) e *acesso à justiça* contra arbitrariedades porventura cometidas pelo Estado-empregador.

De outro lado, há distinções claras relativamente aos empregos do setor privado, dada a natureza pública dessas ocupações que se dão a mando do Estado e a serviço da coletividade, cujo objetivo último não é a produção de lucro, mas sim a produção de bem- estar social. Neste sentido, há pelo menos cinco fundamentos históricos da ocupação, também responsáveis, em última instância, pelo bom desempenho institucional agregado no setor público, presentes em maior ou menor medida nos Estados nacionais contemporâneos, que precisam ser levados em consideração para uma boa estrutura de governança e por incentivos corretos à produtividade e a um desempenho institucional satisfatório ao longo do tempo. São eles:

- *estabilidade na ocupação*, idealmente conquistada por critérios meritocráticos em ambiente geral de homogeneidade econômica, republicanismo político e democracia social, visando a proteção contra arbitrariedades – inclusive político- partidárias – cometidas pelo Estado-empregador;

- *remuneração adequada e previsível* ao longo do ciclo laboral;
- *qualificação elevada e capacitação permanente* no âmbito das funções precípuasdos respectivos cargos e organizações;
- *cooperação* – ao invés da competição – interpessoal e intra/interorganizações como critério de atuação e método primordial de trabalho no setor público.
- *liberdade de organização e autonomia de atuação sindical*, no que tange tanto às formas de (auto)organização e funcionamento dessas entidades, como no que se refere às formas de representação, financiamento e prestação de contas junto aos próprios servidores e à sociedade de modo geral.

A estabilidade funcional dos servidores nos cargos públicos

Começando pelo tema da *estabilidade na ocupação*, é preciso ter claro que ela remonta a uma época na qual os Estados nacionais, ainda em formação, precisaram, para sua própria existência e perpetuação (isto é, consolidação interna e legitimação externa) transitar da situação de recrutamento mercenário e esporádico para uma situação de recrutamento, remuneração, capacitação e cooperação junto ao seu corpo funcional. Este, gradativamente, foi deixando de estar submetido exclusivamente às ordens feudais e reais, para assumir, crescentemente, funções estatais permanentes e previsíveis, em tarefas ligadas às chamadas funções inerentes dos Estados capitalistas modernos e contemporâneos, conforme quadro a seguir.

Quadro 6. Atributos intrínsecos da ocupação para desempenho institucional adequado do setor público e seus contrários de natureza liberal-gerencialista

Fundamentos Históricos dos Estados Nacionais	Burocracias Especializadas	Atributos Intrínsecos para desempenho institucional adequado	Receituário Liberal Gerencialista
Monopólio da representação externa	Diplomacia	• Estabilidade e proteção contra arbitrariedades. • Remuneração adequada e previsível. • Qualificação elevada e capacitação permanente. • Cooperação interpessoal e intra/interorganizacional.	• Flexibilidade quantitativa por meio da possibilidade de demissão. • Remuneração flexível e bônus por desempenho. • Responsabilização individual pela capacitação e progressão. • Competição interpessoal e concorrência intra/interorganizacional.

Fundamentos Históricos dos Estados Nacionais	Burocracias Especializadas	Atributos Intrínsecos para desempenho institucional adequado	Receituário Liberal Gerencialista
Monopólio do uso da força física	Forças Armadas, Forças Policiais, Poder Judiciário	• Estabilidade. • Remuneração. • Qualificação. • Cooperação.	• Flexibilidade quantitativa. • Remuneração flexível. • Responsabilização individual. • Competição interpessoal.
Monopólio da formulação e implementação das leis	Parlamento: classe política e burocracia parlamentar	• Estabilidade. • Remuneração. • Qualificação. • Cooperação.	• Flexibilidade quantitativa. • Remuneração flexível. • Responsabilização individual. • Competição interpessoal.
Monopólio da implementação e gestão da moeda	Burocracia econômica: emissão e gestão monetária e funções derivadas	• Estabilidade. • Remuneração. • Qualificação. • Cooperação.	• Flexibilidade quantitativa. • Remuneração flexível. • Responsabilização individual. • Competição interpessoal.
Monopólio da tributação / arrecadação	Fisco: fiscalização, arrecadação e funções derivadas, como orçamentação, planejamento, gestão, controle.	• Estabilidade. • Remuneração. • Qualificação. • Cooperação.	• Flexibilidade quantitativa. • Remuneração flexível. • Responsabilização individual. • Competição interpessoal.

Fonte: Elaboração própria.

Tais funções, estruturantes dos Estados modernos, e posteriormente outras funções derivadas de novas áreas de atuação governamental na modernidade, estão todas dotadas desse mesmo atributo original e essencial, qual seja, o da indispensabilidade da estabilidade do corpo funcional do Estado como forma de garantia da provisão permanente e previsível das respectivas funções junto ao próprio ente estatal, nos territórios sob suas jurisdições e suas populações. No Brasil, consolidou-se a estabilidade do servidor público com a Lei 2.924, de 1915. Constitucionalmente, a estabilidade foi recepcionada em 1934, e de lá para cá tem sido mantida em todas as Constituições, até na de 1988, ainda formalmente vigente.

O inverso disso, ou seja, o receituário liberal-gerencialista em defesa da flexibilidade quantitativa como norma geral, por meio da possibilidade de contratações e demissões rápidas e fáceis no setor público, insere os princípios da rotatividade e da insegurança radical não apenas para os servidores, que pessoalmente apostaram no emprego público como estratégia e trajetória de realização profissional, como também introduz a insegurança na sociedade e no mercado, pelas dúvidas e incertezas que a rotatividade e a insegurança acarretam à capacidade do Estado em manter a provisão de bens e serviços públicos de forma permanente e previsível ao longo do tempo. Portanto, permanência e previsibilidade são duas características fundamentais das políticas públicas e da própria razão de existência e legitimação política do Estado, algo que apenas pode estar assegurado por meio da manutenção da estabilidade e da proteção do seu corpo funcional, além de outros fatores.

Diante do exposto, entende-se melhor porque é que a ocupação no setor público veio, historicamente, adotando e assumindo a forma meritocrática como critério fundamental de seleção e acesso, mediante concursos públicos e sob a guarida de um regime estatutário e jurídico único (RJU), como no caso brasileiro desde a CF-1988. Sabemos, não obstante, que o critério weberiano-meritocrático de seleção de quadros permanentes e bem capacitados (dos pontos de vista técnico, emocional e moral) para o Estado depende de condições objetivas ainda longe das realmente vigentes no Brasil, quais sejam: ambiente geral de homogeneidade socioeconômica, republicanismo político e democracia social.

De todo modo, mesmo operando em condições adversas, o critério meritocrático aplicado ao setor público evita, justamente, que sob qualquer tipo de comando tirânico ou despótico (ainda que "esclarecido"!), se produza qualquer tipo de partidarização ou aparelhamento absoluto do Estado. No caso brasileiro, sob as regras vigentes desde a CF- 1988, há garantia total de pluralidade de formações, vocações e até mesmo de afiliações políticas, partidárias e ideológicas dentro do Estado nacional, bem como garantia plena do exercício de funções movidas pelo interesse público universal e sob controle tanto estatal-burocrático (Lei 8.112/1990 e controles interno e externo dos atos e procedimentos de servidores e organizações) como controle social direto, por meio, por exemplo, da Lei de Acesso a Informações (LAI).

Além dessas leis, no campo da transparência e do combate à corrupção, destaque deve ser dado ao empoderamento dos órgãos de fiscalização e controle, que ganharam autonomia operacional, e a uma legislação recente sem a qual seria impossível identificar, denunciar e punir assaltos aos cofres públicos, assim como realizar operações especiais como todas aquelas articuladas entre Ministério Público Federal, Justiça Federal e Polícia Federal. Estão entre essas leis, todas incorporadas ao ordenamento jurídico nos últimos anos, as seguintes: i) Lei da Transparência (Lei Complementar 131/2009, conhecida como Lei Capiberibe); ii) Lei de Captação de Sufrágio, que aceita a evidência do dolo para efeito de cassação de registro e de mandato (Lei 12.034/2009); iii) Lei da Ficha Limpa (Lei Complementar 135/2010); iv) Atualização da Lei de Combate à Lavagem de Dinheiro (Lei 12.683/2011); v) Lei de Conflito de Interesses (Lei 12.813/2013); vi) Lei de Responsabilização da Pessoa Jurídica, ou Lei Anticorrupção (Lei 12.846/2013); vii) Lei da Delação Premiada, ou a lei que trata de Organizações Criminosas (Lei 12.850/2013); e viii) Emenda Constitucional do voto aberto na cassação de mandatos e apreciação de vetos (EC 76/2013).

Ou seja, nos regramentos já existentes para delimitação da ocupação no serviço público, estão previstas possibilidades de avaliação e de monitoramento da atividade do agente público, além da aplicação de um amplo rol de sanções administrativo-disciplinares, que podem culminar com a expulsão de servidores estatutários da administração pública federal, em amplo espectro. Por sua vez, a Lei 8.112, de 11 de dezembro de 1990, define em seu art. 3º o termo "cargo público": trata-se do conjunto de atribuições e responsabilidades previstas na estrutura organizacional a que está circunscrito e que devem ser observadas pelo servidor. As penas administrativas previstas na mesma Lei são as seguintes: advertência, suspensão, demissão, cassação de aposentadoria ou de disponibilidade, e destituição de cargo em comissão ou de função comissionada.

Em suma, a estabilidade do servidor no cargo para o qual ingressou via concurso público não é uma condição absoluta, e é um direito fixado no arranjo jurídico brasileiro. Um direito, uma prerrogativa que busca a preservação no tempo das próprias funções de Estado e a proteção do servidor contra o arbítrio político indevido. A estabilidade visa, antes de tudo, o interesse público. Neste sentido, ao falarmos do tema emprego público, estamos na realidade falando de parcela não desprezível de postos de trabalho criados por decisão e demanda política do Estado, com vistas tanto ao desempenho institucional condizente do poder público, como visando ao incremento de uma das capacidades estatais fundamentais na contemporaneidade para a colocação em operação, pelo território nacional, de políticas públicas de vários tipos e abrangências.

Remuneração adequada e previsível ao longo do ciclo laboral

A *remuneração adequada e previsível* no tempo é condição de segurança financeira e deestabilidade emocional dos servidores, fatores necessários a qualquer pessoa inserida em uma relação de trabalho que apenas existe e se realiza em função do Estado, em favor da coletividade e em caráter permanente. Desta maneira, ela precisa ser adequada e previsível não apenas para que o servidor goze de segurança financeira e estabilidade emocional no desempenho de suas funções, dificultando ao máximo que ele possa sofrer qualquer tipo de assédio moral, captura externa, tentativa de extorsão ou qualquer outro tipo de corrupção, como que ele tenha que de suas funções precípuas se dispersar, prejudicando com isso o seu desempenho profissional no cargo público e, por extensão, o desempenho institucional satisfatório da sua organização junto à população.

É claro que tais fatores são também importantes para as relações capital-trabalho no mundo dos negócios, razão pela qual o processo histórico de regulação social do trabalho incorporou tais temas na defesa de contratos por tempo indeterminado, remunerações mínimas garantidas, pletora de benefícios e direitos laborais e sociais, negociações coletivas, direito de greve, acesso à justiça etc. Porém, diferentemente da ocupação no setor público, as ocupações no setor privado, mesmo aquelas contratadas sob o amparo das leis de proteção laboral e social ainda vigentes, estão mais fortemente sujeitas aos ciclos econômicos, discricionariedades e – por vezes – arbitrariedades dos empregadores. No mundo dos negócios, reinam – infelizmente de modo quase naturalizado nas sociedades capitalistas contemporâneas, sobretudo naquelas subdesenvolvidas como a brasileira – relações assimétricas e muitas vezes desumanas de poder, razão pela qual a regulação pública (externa e coercitiva) exercida pelo Estado, por meio do sistema de justiça, sobre as relações capital-trabalho, é tão necessária, ainda que insuficiente, para mitigar ou contra arrestar as tendências abusivas, predatórias ou socialmente injustas que em geral as caracterizam.

Já no âmbito estatal, lugar por excelência da esfera pública, as relações laborais não são do tipo capital-trabalho, são relações estatutariamente assentadas no pressuposto da igualdade formal e real entre indivíduos e destes com o Estado-empregador, ente que representa a própria sociedade coletivizada. Nem por isso, como se sabe, prescindem de praticamente os mesmos direitos e deveres consagrados ao emprego assalariado típico, e também de semelhantes aparatos burocráticos de justiça, defesa e garantia de direitos em suas relações com o Estado-empregador.

Diante do exposto, fica clara a razão pela qual a proposta liberal-gerencialista de transformar a remuneração (fixa, adequada e previsível) do servidor público em uma remuneração flexível, contendo uma parte fixa mínima e outra variável, remunerada na forma de bônus extra por desempenho individual, afronta os princípios supracitados da segurança financeira e da estabilidade emocional. Uma vez implementadas no setor público, propostas de remuneração flexível tenderão a fazer aumentar – *ao invés de diminuir!* – a insegurança financeira e a instabilidade emocional dos servidores afetados, deixando-os mais expostos a vivenciarem situações de assédio moral, captura externa, tentativas de extorsão ou qualquer outro tipo de corrupção ativa ou passiva no desempenho de suas funções. Deste modo, ao invés de estimular um maior e melhor desempenho individual, ou incrementar a produtividade própria ou organizacional medidas dessa natureza tenderão, na verdade, a acirrar a competição interna e a deteriorar as condições pessoais e coletivas de sanidade e salubridade no ambiente de trabalho.

No setor público, pela simples razão de que critérios privados ou meramente técnicos não podem ser transpostos automaticamente para o setor público, o aumento da competição laboral interna, ainda que possa redundar em maiores indicadores de produtividade individual, raramente significará melhores condições de sanidade e salubridade em locais de trabalho que primam pela cooperação como fundamento da ação coletiva, nem tampouco significará maior eficiência, eficácia ou efetividade da ação pública de modo geral.

Metodologicamente, dadas as imensas diferenças qualitativas que existem entre as funções de natureza pública (cuja razão última é de índole sociopolítica) e as de motivação privada (cuja razão última é de índole econômica, mais facilmente quantificável e mensurável), e sendo dificílimo identificar e isolar as variáveis relevantes mínimas necessárias ao cômputo da produtividade (individual ou agregada) no setor público, conclui-se que *as propostas liberais-gerencialistas são, como um todo, incompatíveis com a essência pública do Estado e suas necessidades de planejamento, gestão e administração.*

Qualificação elevada e capacitação permanente

Da mesma maneira que a remuneração, também no caso da *qualificação* e da *capacitação*, as propostas liberais-gerencialistas aparecem como insatisfatórias e contraproducentes ao bom desempenho pessoal e agregado do setor público. No setor público, devido tanto à amplitude de temas ou novas e inescapáveis áreas programáticas de atuação governamental, como à complexidade destas em contextos de heterogeneização global e acirramentos nacionais e regionais crescentes, qualificação elevada desde o início nas carreiras e processo contínuo de capacitação pessoal e organizacional são exigências do mundo atual aos Estados nacionais soberanos.

Ambas as exigências – *qualificação elevada desde o início nas carreiras e processo contínuo de capacitação pessoal e organizacional* – colocam desafios imensos às políticas públicas de pessoal e sugerem atrelamento de fases e tratamento orgânico aos novos servidores desde a seleção por concurso, trilhas de capacitação e alocação funcional que combinem as vocações e interesses individuais com as exigências organizacionais de profissionalização da função pública, passando ainda pelas dimensões da progressão na carreira, da remuneração adequada e previsível em cada nível, dos critérios e condições de acompanhamento e avaliação, até o momento da aposentação.

Tal política de pessoal no setor público, porque abrangente e complexa, apenas pode ser realizada sob a égide de *abordagens reflexivas* (e porque não dizer, holísticas), visando formar servidores críticos e conscientes da realidade brasileira em suas diversas dimensões. O *aumento de produtividade e a melhoria de desempenho institucional agregado do setor público será resultado desse trabalho custoso e demorado de profissionalização da burocracia pública*. Algo muito distinto da lógica liberal-gerencialista que prima pela oferta de incentivos (e punições) individuais à capacitação do servidor, induzindo-o a um processo de especialização acrítica e a uma lógica concorrencial nefasta de progressão funcional na carreira.

Cooperação – ao invés da competição – como método de trabalho no setor público

Por fim, mas não menos importante, a *cooperação* interpessoal e intra/interorganizações emerge como corolário dos atributos e fundamentos anteriores, colocando-se – ao invés da competição – como critério substancial de atuação da administração pública e método primordial de gestão do trabalho no setor público. No setor privado, a competição, disfarçada de cooperação, é incentivada por meio de penalidades e estímulos individuais pecuniários (mas não só) no ambiente de trabalho, em função da facilidade relativa com a qual se pode individualizar o cálculo privado da produtividade e os custos e ganhos monetários por trabalhador.

No setor público, ao contrário, a operação de individualização das entregas (bens e serviços) voltadas direta e indiretamente para a coletividade é tarefa metodologicamente difícil, ao mesmo tempo que política e socialmente indesejável, simplesmente pelo fato de que a função-objetivo do setor público não é produzir valor econômico na forma de lucro, mas sim gerar valor social, cidadania e bem-estar de forma equânime e sustentável ao conjunto da população por todo o território nacional. Por esta e outras razões, portanto, a *cooperação* (ao invés da competição) é que deveria ser incentivada e valorizada no setor público, local e ator por excelência da expressão coletiva a serviço do universal concreto.

Tudo somado, este é o escopo necessário para uma discussão qualificada acerca do *ciclo laboral no setor público* e suas relações com os temas e objetivos da produtividade e do desempenho institucional do Estado brasileiro no século XXI.[15] Em outras palavras, o *aumento de produtividade e a melhoria de desempenho institucional agregado do setor público será resultado desse trabalho custoso, mas necessário, de profissionalização da burocracia pública ao longo do tempo, para a qual importa, sobremaneira, a estabilidade funcional dos servidores nos respectivos cargos públicos*. Não há, portanto, choque de gestão, reforma fiscal ou reforma administrativa contrária ao interesse público que supere ou substitua o acima indicado.

Considerações finais

Neste primeiro relatório geral sobre o tema, procuramos apresentar o estado atual da discussão bem como das reais condições sob as quais vem operando no Brasil as suas principais políticas públicas de âmbito federal. Ademais, avançamos também sobre a caracterização de situação acerca das dimensões de organização da burocracia e sua gestão de desempenho, dos aspectos indispensáveis para a compreensão acerca das possibilidades e desafios do novo ciclo de desenvolvimento do país.

No próximo relatório, pretendemos avançar e detalhar proposições e diretrizes mais concretas sobre gestão, implementação, monitoramento e participação social no ciclo/circuito de políticas públicas, bem como sobre gestão de pessoas no setor público federal brasileiro.

Assédio institucional, crime de responsabilidade e defesa da democracia:

caracterização e implicações do governo Bolsonaro para o setor público brasileiro[1]

José Celso Cardoso Jr. e Frederico A. Barbosa da Silva

Introdução

Data de 10 de abril de 1950 a Lei 1.079, que define os **crimes de responsabilidade** e regula o respectivo processo de julgamento do presidente da República e ministros de Estado. Esses crimes, "ainda quando simplesmente tentados, são passíveis da pena de perda do cargo, com inabilitação, até cinco anos, para o exercício de qualquer função pública, imposta pelo Senado Federal nos processos contra o Presidente da República ou Ministros de Estado, contra os Ministros do Supremo Tribunal Federal ou contra o Procurador Geral da República."

No seu Art. 4º estão definidos como crimes de responsabilidade os atos do presidente da República que atentarem contra a Constituição Federal, especialmente contra: i) a existência da União; ii) o livre exercício do Poder Legislativo, do Poder Judiciário e dos poderes constitucionais dos Estados; iii) o exercício dos direitos políticos, individuais e sociais; iv) a segurança interna do país; v) **a probidade na administração**; vi) a lei orçamentária; vii) a guarda

1 Este capítulo foi originalmente publicado, com variações, como: CARDOSO JR., J. C.; SILVA, F. B. Assédio Institucional no Setor Público e o Processo de Desconstrução da Democracia e do Republicanismo no Brasil de Bolsonaro. In: CARDOSO JR., J. C.; SILVA, F. B.; AGUIAR, M. F.; SANDIM, T. L. (orgs.). *Assédio Institucional no Brasil: avanço do autoritarismo e desconstrução do Estado*. Brasília: Afipea, Eduepb, 2022.

e o legal emprego dos dinheiros públicos; viii) o cumprimento das decisões judiciárias (Constituição, artigo 89).

Para fins deste capítulo, é necessário especificar os crimes contra a probidade na administração pública, contidos no Cap. V, Art. 9º da referida Lei, a saber: i) omitir ou retardar dolosamente a publicação das leis e resoluções do Poder Legislativo ou dos atos do Poder Executivo; ii) não prestar ao Congresso Nacional dentro de sessenta dias após a abertura da sessão legislativa, as contas relativas ao exercício anterior; iii) *não tornar efetiva a responsabilidade dos seus subordinados, quando manifesta em delitos funcionais ou na prática de atos contrários à Constituição*; iv) expedir ordens ou fazer requisição de forma contrária às disposições expressas da Constituição; v) infringir no provimento dos cargos públicos, as normas legais; vi) *usar de violência ou ameaça contra funcionário público para coagi-lo a proceder ilegalmente, bem como utilizar-se de suborno ou de qualquer outra forma de corrupção para o mesmo fim*; vi) *proceder de modo incompatível com a dignidade, a honra e o decoro do cargo.*

Sem querer aqui praticar nenhum tipo de exegese do texto da Lei, é possível perceber, facilmente, que no mínimo os itens iii, vi e vii acima listados possuem grande aderência a fatos e falas que foram, ao longo de todo o governo Bolsonaro (2019 a 2022), associados e classificados como práticas de **assédio institucional** contra servidores, organizações e políticas públicas federais no Brasil (cf. Cardoso Jr. et al., 2022).

Assim sendo, este capítulo procura, para além dessa breve introdução geral (seção 1), definir e caracterizar o fenômeno do assédio institucional no setor público brasileiro (seção 2), bem como apontar para algumas implicações públicas decorrentes dessa prática, sempre que aplicada como método sistemático ou recorrente de governo (seção 3), concluindo com considerações que, primeiro, confirmam a tese de que tais crimes podem ou devem ser configurados como crimes de responsabilidade nos termos da Lei 1.079/1950 e, segundo, que a própria Lei poderia ou deveria ser acrescida de ao menos um item a mais em seu Cap. V, Art. 9º, de modo a abarcar também a prática do assédio institucional contra as organizações e políticas públicas que emanam da ou se amparam na Constituição Federal vigente no Brasil (seção 4).

O assédio institucional no setor público federal brasileiro

Este texto trata do fenômeno do assédio institucional no setor público brasileiro, mormente em âmbito federal, tanto como categoria sociológica e jurídica nova, quanto como processo histórico concreto por meio do qual princípios, valores e fundamentos reais da democracia e do republicanismo estiveram em dissolução no Brasil desde o golpe de Estado aplicado contra a presidenta Dilma Rousseff em 2016, mas sobretudo durante o governo Bolsonaro entre 2019 e 2022.

Para entender a essência e implicações públicas desse fenômeno perturbador da realidade política e institucional brasileira em anos recentes, é necessário situá-lo num contexto mais largo, no qual as transformações institucionais recentes se caracterizaram por serem, ao mesmo tempo: i) *abrangentes*, no sentido de que envolveram e afetaram praticamente todas as grandes e principais áreas de atuação governamental; ii) *profundas*, ao promoverem modificações paradigmáticas, e não apenas paramétricas, nos modos de funcionar das respectivas áreas; e iii) *velozes*, pois foram se processando em ritmo tal que setores oposicionistas e mesmo analistas especializados mal conseguiam acompanhar o sentido mais radical ou perverso das mudanças em curso.

Adicionalmente, havia três movimentos discursivos por meio dos quais o assédio institucional se operacionalizava na prática: i) um *liberalismo econômico radical*, que preconizava a desconstrução das instituições públicas e acusava a ineficiência e o corporativismo da administração em nome do discurso da austeridade fiscal; ii) a *desconstrução deliberada das institucionalidades e das organizações públicas* por embaralhamento, fragmentação e ressignificação de competências institucionais, bem como a administração das instituições por atores que lhes eram oponentes ou que mantinham valores e discursos antagônicos a elas; e iii) a gramática da política como *guerra híbrida contra o inimigo*, a qual se caracterizava por uma lógica baseada na ideia de que a política se move pela presença de amigos e inimigos, sendo que os últimos devem ser isolados, derrotados e sua reputação (ou seja, sua legitimidade) destruída.

Todas essas características se explicam pelo *modus operandi* do governo Bolsonaro, a que estavam constrangidas as instituições republicanas e democráticas. É somente em função disso que se pode entender a ousadia e o sucesso relativo do projeto liberal-autoritário em tentar implementar, sem maiores resistências ou desavenças, a sua agenda disruptiva, entendida em dupla chave de análise.

Em primeiro lugar, a agenda liberal-autoritária é disruptiva em relação à trajetória histórica de construção do Estado social e das instituições brasileiras que se alinham com os preceitos da Constituição de 1988. Não cabiam até então projetos de desconstrução de direitos sociais, dos direitos transgeracionais ou difusos (onde se situam os direitos ao desenvolvimento sustentável e à proteção do meio ambiente), ou da agenda de reconhecimento e valorização de "grupos minoritários". Em segundo lugar, a agenda liberal-autoritária é também disruptiva em relação ao futuro da democracia, ao rebaixar expectativas de participação social e de proteção das condições institucionais que são responsáveis por garantirem alguma redistribuição de renda, riqueza, poder e a própria qualidade de vida das comunidades.

Desta maneira, intimamente relacionado com os processos de reversão e inversão do Estado republicano e democrático de direito no país, o assédio institucional no setor público brasileiro surge como esse fenômeno novo e perturbador no cenário recente. Em outras palavras, para ser justo, é preciso dizer que ele já existia dentro do setor público, mas a novidade é que o assédio institucional ganhou *escala*, *método* e *funcionalidade* inusitadas com o advento do governo Bolsonaro.

Ele, então, passou a possuir uma vertente organizacional e outra moral, mas em ambos os casos, tratava-se da forma dominante de relacionamento entre distintas instâncias ou organizações hierárquicas em cada poder da União e nível da federação. E dentro de cada poder e nível federativo ou organizacional, entre chefias e subordinados, caracterizando, neste caso, o fenômeno típico do assédio moral, que obviamente não é exclusividade do setor público.

Com relação ao assédio moral tradicional (individual ou coletivo), este pode ser considerado uma prática originária e comum no setor privado, uma pressão (vale dizer: uma exploração) dos modelos organizacionais hierárquicos em busca por desempenho e produtividade máximos no ambiente de trabalho. A concorrência interpessoal, levada ao extremo pela ameaça permanente do desemprego ou do rebaixamento salarial, e a pressão por maiores indicadores de rentabilidade empresarial, são os principais motivadores desse tipo de assédio no setor privado.

No setor público, o *assédio institucional de expressão moral* também se caracteriza por ameaças físicas e psicológicas, cerceamentos, constrangimentos, desautorizações, desqualificações e perseguições, geralmente observadas entre chefes e subordinados (mas não só!) nas estruturas hierárquicas de determinadas organizações públicas, redundando em diversas formas de adoecimento pessoal, perda de capacidade laboral e, portanto, mau desempenho profissional no âmbito das respectivas funções públicas.

Por sua vez, o *assédio institucional de natureza organizacional* caracteriza-se por um conjunto de discursos, falas e posicionamentos públicos, bem como imposições normativas e práticas administrativas, realizado ou emanado, direta ou indiretamente, por dirigentes e gestores públicos localizados em posições hierárquicas superiores. Esta prática implica em recorrentes ameaças, cerceamentos, constrangimentos, desautorizações, desqualificações e deslegitimações contra determinadas organizações públicas e suas missões institucionais e funções precípuas.

Isto posto, para além das definições acima, o fenômeno também foi empiricamente documentado por organizações da sociedade civil, que criaram ferramentas específicas para monitorar, sob ângulos complementares, a proliferação de casos de assédio institucional, intimidação, censura e fomento à violência pelo governo Bolsonaro, revelando o quadro de deterioração da democracia no Brasil.

O **Assediômetro** foi um dos mecanismos que, entre 2019 e 2022, buscou caracterizar e quantificar o problema. Criado pela Associação dos Servidores do IPEA e Sindicato Nacional dos Servidores do IPEA (Afipea-Sindical), esta ferramenta computou cerca de 1.500 notícias de assédio institucional, sendo que meio ambiente, cultura, educação e ciência e tecnologia foram as áreas com mais queixas e denúncias dentre os servidores públicos.[2]

Outro instrumento para o monitoramento de ataques à transparência e aos direitos civis e políticos garantidos na Constituição brasileira e em diversas convenções e tratados internacionais é o **GPS do Espaço Cívico**, produzido pelo Instituto Igarapé, e que em apenas um ano de existência contabilizou em 2021 mais de 800 casos de intimidação e assédio em todo país.[3] *Fake news* e

---

2 A Afipea-Sindical considerou necessário um destaque especial ao tema, carregando em seu site (http://afipeasindical.org.br/assedio-institucional-no-setor-publico/) um conjunto – representativo, mas não exaustivo – de casos de assédio institucional, visando organizar tais registros documentais, relatos fáticos de situações dessa natureza, interpretações e proposições condizentes com a gravidade do fenômeno e suas nefastas consequências para o Estado brasileiro, seu corpo funcional e a administração pública cotidiana.

3 Ver em https://igarape.org.br/temas/espaco-civico/gps-do-espaco-civico/. O avanço de governos populistas e autoritários em diversos países nos últimos anos acentuou o número

campanhas de desinformação também tiveram representação expressiva, com cerca de 100 ameaças. Outros ataques observados foram abuso de poder e violação de direitos civis e políticos, com muitos casos reportados principalmente contra grupos mais vulneráveis, dentre os quais povos indígenas, a comunidade LGBTQIA+, a população negra e mulheres.

Nesta mesma linha há também a **Agenda de Emergência**, desenvolvida pelo Centro de Análise da Liberdade e do Autoritarismo (LAUT), que busca identificar eventos de intimidação, censura e fomento à violência cometidos pelo Estado brasileiro, tanto aqueles com grande repercussão como outros que passaram despercebidos em nosso cotidiano, mas que indicavam riscos à liberdade e à democracia no contexto político conflagrado do governo Bolsonaro.[4]

Tudo somado, o fato desses instrumentos terem aparecido de forma simultânea e independentes umas das outras, mas colocando holofotes sobre o mesmo tipo de problema, é indício de que o assédio institucional havia deixado de ser algo esporádico ou acidental, como no passado, para se tornar algo patológico, uma prática cotidiana e intencional para desconstruir o Estado nacional.

Alguns exemplos de assédio organizacional foram eloquentes ao longo do governo Bolsonaro, sobretudo contra Universidades e Institutos Federais, Anvisa, Ancine, BNDES, CNPq, Capes, Finep, Fiocruz, Funai, IBGE, Ibama, Icmbio, Inpe, Inep, IPEA e até mesmo contra organizações e carreiras do chamado núcleo administrativo de Estado, representado pelo Fórum Nacional Permanente das Carreiras Típicas de Estado (Fonacate), tais como: Fiscalização Agropecuária, Tributária e das Relações de Trabalho; Arrecadação, Finanças e Controle; Gestão Pública; Comércio Exterior; Segurança Pública;

---

de ameaças ao espaço cívico – essa camada entre o Estado, os negócios e a família, na qual os cidadãos se organizam, debatem e agem. Ao longo de 2021 e 2022, o Instituto Igarapé mapeou as principais estratégias de fechamento do espaço cívico, bem como as respostas institucionais e ações de resistência apresentadas por grupos da sociedade civil para conter os retrocessos, por meio do acompanhamento diário de veículos de imprensa. Os achados foram publicados em análises trimestrais, totalizando 8 boletins GPS do Espaço Cívico, disponíveis em seu site.

[4] Ver em https://laut.org.br/agenda-de-emergencia/. Esta é uma ferramenta desenvolvida pelo LAUT para catalogar atos e comportamentos de autoridades estatais que podem trazer risco à liberdade e à democracia no Brasil. Nas fichas de cada evento há informações sobre o contexto do ato, com fontes de referência, as ligações do ato com outros eventos catalogados, além de algumas indicações de leitura sobre os temas envolvidos.

Diplomacia; Advocacia Pública; Defensoria Pública; Regulação; Política Monetária; Inteligência de Estado; Pesquisa Aplicada, Planejamento e Orçamento Federal; Magistratura e o Ministério Público.

Em praticamente todas as organizações e carreiras públicas citadas acima, situações variadas de assédio institucional se fizeram presentes, conformando um cenário, ao mesmo tempo, de avanço do autoritarismo e de desconstrução do Estado nacional, as quais podem ser exemplificadas pelo quadro 1, produzido pelo LAUT.

Quadro 1. Manifestações autoritárias de assédio institucional no setor público

Manifestação Autoritária	Descrição
Redução de controle e/ou centralização	Esvaziamento de mecanismos de transparência, fragilização da distribuição de poderes, concentração de poder decisório e enfraquecimento de mecanismos de fiscalização que constituem o regime democrático constitucional
Violação da autonomia institucional	Atos de comprometimento da função institucional por seus próprios membros ou por meio de ingerências externas, a partir de posições político-ideológicas, interesses partidários ou cultura personalista
Combate a inimigos	Medidas de cunho político-ideológico que alimentam uma lógica de combate a 'inimigos'. Por meio delas, atores afirmam sua identidade por antagonismo e evocam imagens de ameaça externa
Ataque a pluralismo e minorias	Medidas que contrapõem o ideal da liberdade na diferença, coagem minorias à conformação com a maioria ou com posição vista como da maioria. Provocam a legitimação da discriminação ou relativizam proteções e direitos garantidos sob o regime do pluralismo
Legitimação da violência e do vigilantismo	Apoio à truculência, a ações arbitrárias e de violência física, por meio de justificativas que tendem a normalizar o exercício de poder antidemocrático, baseado na autoridade ou pelas próprias mãos.

Fonte: LAUT. Ver em https://laut.org.br/agenda-de-emergencia/.

Ademais, enquadram-se também nessa nova categoria sociológica e jurídica, as reiteradas, infelizes e preconceituosas declarações do próprio ex-presidente da República e alguns dos seus principais ministros, nomeadamente: Paulo Guedes (Economia), Damares Alves (Família e Direitos Humanos), Abraham

Weintraub (Educação), Ricardo Salles (Meio Ambiente), Ernesto Araújo (Relações Exteriores), Augusto Heleno (GSI) etc. Como exemplo, destaquem-se as ilações acerca dos supostos "parasitismo" e "esquerdismo" inerentes aos servidores públicos, que são funcionários sob comando do Estado, mas a serviço da sociedade brasileira, incluindo os próprios detratores. Esses ataques repetiram-se de forma sistemática ao longo de todo o mandato presidencial de Bolsonaro, e visavam, claramente, criar um clima de animosidade da população e dos financiadores e avalistas deste governo contra os servidores, suas organizações e políticas públicas, de modo a facilitar a imposição, obviamente não negociada, de um conjunto de reformas, notadamente a reforma administrativa sugerida pela PEC 32/2020, de caráter reducionista, persecutória e criminalizadora da própria ação estatal (cf. Cardoso Jr., 2022).

Pouca gente notou, mas há uma correlação imensa entre a proposta de reforma trabalhista para o setor público brasileiro, embutida na PEC 32/2020 e propagandeada como inovação na gestão de recursos humanos, e o fenômeno do assédio institucional. Por esta razão, se aprovada, essa reforma administrativa iria constitucionalizar o *assédio institucional como método de governo.*

Dentre outras aberrações jurídicas, a PEC 32/2020 previa o fim do RJU para novos ingressantes, com o que, na prática, todos os atuais servidores passariam a pertencer a cargos e carreiras em extinção. Desta feita, a estabilidade estaria preservada apenas àqueles novos funcionários que ingressassem nos chamados cargos típicos de Estado, os quais tampouco estavam bem definidos na PEC, reforçando a ideia de que esse conceito já está, em si mesmo, ultrapassado. Com o fim da estabilidade funcional dos servidores, exacerbar-se-iam problemas notórios de assédio moral, sexual e institucional contra funcionários(as) e organizações, riscos de fragmentação e descontinuidade das políticas públicas de caráter permanente, além de aumento da incerteza da população e dos empresários com relação à qualidade, tempestividade e cobertura social e territorial das entregas de bens e serviços por parte do Estado.

Esta situação foi apreendida em dois dos capítulos do livro organizado por Cardoso Jr. et al, 2022. No capítulo escrito por Carla Borges e Michelle Morais de Sá e Silva, "Clima autoritário em plena democracia: percepções da burocracia federal", a pesquisa envolveu 95 entrevistados de diversas carreiras federais, trabalhando em distintos órgãos. Sem serem perguntados especificamente sobre situações de assédio, os participantes voluntariaram informações que permitem traçar não apenas a presença do assédio institucional em vários órgãos federais, como também a existência de um *clima de medo* que transborda do ambiente institucional e é coletivamente vivenciado pelos servidores do poder executivo federal.

Ao se analisarem os elementos constitutivos do clima de medo que paira sobre a administração federal, identificaram-se os seguintes aspectos: perseguição sistemática; piora progressiva; desconfiança e precarização; servidores barrados; censura e autocensura; violência disfarçada; desmaterialização, paralisia e erosão orçamentária. Neste processo, as consequências identificadas são inúmeras e profundas: desmonte de políticas públicas; frustração e desmotivação; busca de refúgio e de invisibilidade; e adoecimento, conforme o quadro a seguir.

Quadro 2. Clima de medo e assédio institucional no setor público brasileiro

Ao se analisarem os elementos constitutivos do clima de medo que paira sobre a administração federal, identificaram-se os seguintes elementos:	**Neste processo, as consequências identificadas são inúmeras e profundas:**
Perseguição sistemática; Piora progressiva; Desconfiança e precarização; Servidores barrados; Censura e autocensura; Violência disfarçada; Desmaterialização, paralisia e erosão orçamentária.	i. Desmonte de políticas públicas; ii. Frustração e desmotivação; iii. Busca de refúgio e de invisibilidade; iv. Adoecimento.

Fonte: Carla Borges e Michelle Morais de Sá e Silva, apud Cardoso Jr. et al (2022).

Por sua vez, no capítulo escrito por Gabriela Spanghero Lotta, Iana Alves de Lima, João Paschoal Pedote, Mariana Costa Silveira, Michelle Fernandez, Olívia Landi Corrales Guaranha, "Burocracia na mira do governo: os mecanismos de opressão operados para moldar a burocracia", tendo como base entrevistas com 154 servidores e análise de fontes secundárias em relação a diferentes organizações/órgãos públicos federais, foram identificados quatro principais tipos de ações opressoras do governo contra os servidores públicos: ações coletivas formais e informais e ações individuais formais e informais.

As consequências dessas investidas foram percebidas no curto prazo com o adoecimento e desmotivação dos servidores e, certamente, acarretarão graves prejuízos sociais no longo prazo. As práticas opressivas têm implicações graves sobre: i) a qualidade de vida individual dos servidores e ii) seu trabalho e atividades.

Quadro 3. Resumo dos mecanismos de opressão em função da natureza e escala da prática do assédio institucional no setor público federal brasileiro

Mecanismos/ Escala	Individual	Coletiva
Formal	• Processos Administrativos Disciplinares (PAD) • Exonerações/afastamentos repentinos e injustificados • Impedimento de nomeações • Impedimento ou incentivo a licenças, transferências ou outras medidas relacionadas à gestão de pessoas	• Proibição de registro de processos e acesso a sistemas de informação (ex SEI) • Estabelecimento de instâncias revisoras adicionais • Redução orçamentária ou impedimento na execução de recursos • Rearranjo de equipes
Informal	• Perfilamento e intimidação de servidores com posicionamento político desalinhado ao governo • Exclusão de reuniões de trabalho • Supressão de informações • Proibição da participação em eventos externos • Modificar informalmente as atribuições • Dificultar ou proibir a comunicação com pares ou atores externos • Constrangimentos, ofensas e humilhações • Ameaças de PAD ou exoneração • Ataque à reputação	• Pronunciamentos oficiais atacando os servidores • Sobrecarga de trabalho • Frequência da rotatividade das chefias que paralisa/ dificulta as atividades • Desrespeito à memória institucional • Atuação em desconformidade com normativas • Reorganização do espaço físico • Acentuação da violência de gênero

Fonte: Gabriela Spanghero Lotta, Iana Alves de Lima, João Paschoal Pedote, Mariana Costa Silveira, Michelle Fernandez, Olívia Landi Corrales Guaranha, apud Cardoso Jr. et al (2022).

Implicações do assédio institucional como método de governo

Como descrito e definido acima, o assédio institucional foi um recurso integrante, sistemático e regular das práticas cotidianas do governo Bolsonaro direcionadas à desconstrução do Estado. É neste sentido que ele pode ser considerado um *método de governo*, cuja escala ampliada de situações – vide gráficos 1 e 2 abaixo – demonstra que o fenômeno deixou de ser algo esporádico ou acidental, como no passado, para se tornar algo patológico, uma prática intencional com objetivos claramente definidos, a saber: i) *desorganizar* – para reorientar pelo e para o mercado – a atuação estatal; ii) *deslegitimar* as políticas públicas sob a égide da CF-1988; e iii) por fim, mas não menos importante, *desqualificar* os próprios servidores públicos, mormente os estatutários, sob guarida do RJU criado na CF-1988.

Gráfico 1. Casos recorrentes de assédio institucional no setor público brasileiro[5]
Órgãos singulares assediados

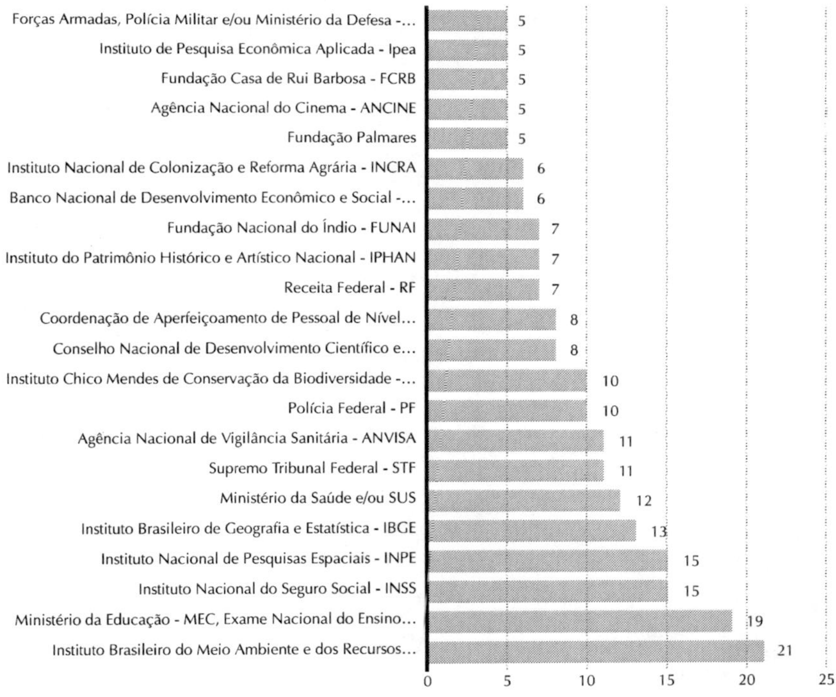

Fonte: Imprensa Brasileira e Redes Sociais. Elaboração Assediômetro, Afipea-Sindical.

[5] Dados coletados até 22 de fevereiro de 2022. A categoria "outros" envolve situações tais como: ministérios, sindicalismo, cidadãos, comunicação, auditores fiscais, proteção a dados pessoais etc. Nesse gráfico estão agrupadas, em sua maior parte, situações de assédio que caracterizam categorias assediadas pelos atuais dirigentes políticos do governo.

Gráfico 2. Casos recorrentes de assédio institucional no setor público brasileiro.[6]
República e democracia

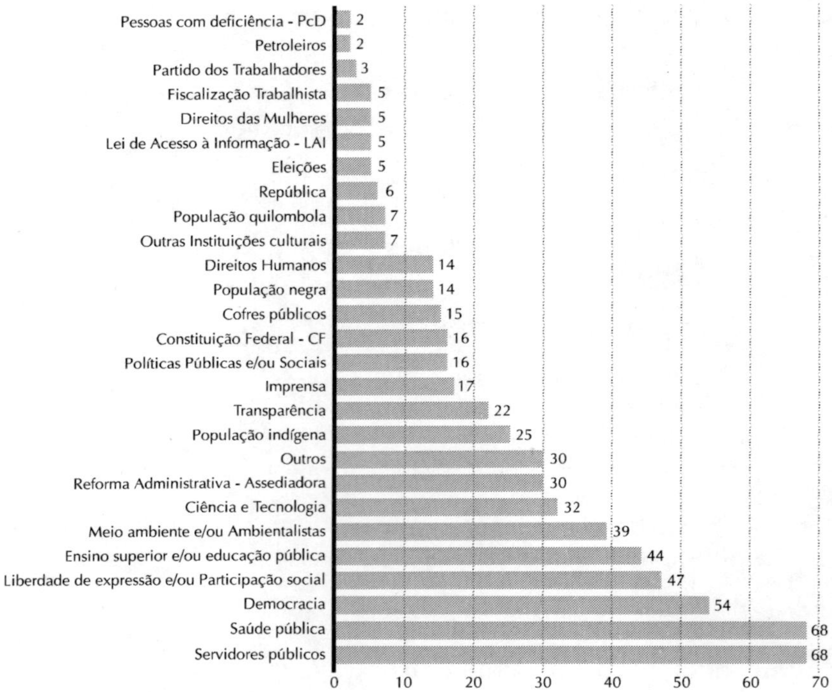

Fonte: Imprensa Brasileira e Redes Sociais. Elaboração Assediômetro, Afipea-Sindical.

Os dados acima mostram que o assédio institucional é uma prática deliberada que desorganiza os vínculos institucionais, atacando saberes constituídos, pessoas, práticas e objetivos, com a finalidade muitas vezes explícita de degradar as condições de trabalho e a normalidade institucional. Mais grave, porém, são as possibilidades de que esses movimentos desorganizem as instituições republicanas que garantem processos democráticos e direitos substantivos, ou seja, os direitos individuais, coletivos e sociais, todos fundamentais ao país. Nesse caso, estaremos diante do assédio institucional como método de ação política, tal qual exemplificado no quadro 4.

[6] Idem nota anterior.

Quadro 4. Assédio institucional como ação política

	Liberalismo (mercado acima de tudo)	**Embaralhamento (desorganização institucional)**	**Guerra cultural (assédio em sentido estrito)**
IBAMA ICMBIO	Meio ambiente como recurso redutível a valores de mercado; Orientação para o desenvolvimento sustentável valorado economicamente.	Desconstrução da estrutura de fiscalização e regulação de atividades. Desconstrução do sistema de proteção. Iniciativas de reformas infralegais ao arrepio da discussão pública. Preenchimento de cargos sem respeito ao perfil técnico e experiência para a atuação nas divisões técnico-ambientais. Retaliação às operações relacionadas a crimes ambientais e consequente insegurança às equipes em campo.	Exonerações e ameaças ao comando da fiscalização ambiental. Assédio e criação de contexto de silenciamento dos agentes ambientais. Depreciação do trabalho da fiscalização ambiental e exposição dos fiscais a riscos de violência por parte de transgressores da lei. Imposição de metas excessivas por produtividade. Uso de trabalho remoto sem adequação às capacidades dos trabalhadores e limitações exigidas pela legislação trabalhista.
FUNDO AMAZÔNIA	-	Paralização que resultou em não recebimento de investimentos que poderiam ser utilizados na preservação da floresta. Extinção do comitê gestor do Fundo.	Exigência de comprovação de que não têm relação com partidos políticos e sindicatos pelas ONGs que recebem doações do fundo, o que se expressa como forma de ataque político aos implementadores das políticas.
INSS	Exigências de produtividade sem a observância da legislação e das boas práticas gerenciais.	Depreciação da administração por falta de reposição de pessoal, falhas de gestão e nos serviços digitais. Substituição de funcionários experientes sem uso de critérios técnicos.	-
SUS	Orientação desequilibrada pró operadoras de planos de saúde e redes privadas no setor. Redução dos recursos como consequência do teto de gastos.	Desmobilização de recursos humanos com expertise na administração do SUS. Distribuição de cargos entre atores sem experiência com a lógica do SUS.	Disseminação da ideia de que saúde pública não funciona. Minimização da pandemia, com sobrecarga do sistema de saúde. Descumprimento de regras da OMS e pressão para uso indiscriminado de medicamentos sem eficácia comprovada.

	Liberalismo (mercado acima de tudo)	Embaralhamento (desorganização institucional)	Guerra cultural (assédio em sentido estrito)
IBGE	Corte no orçamento para a realização do Censo 2020.	Delegação de responsabilidades que não constam de sua missão institucional.	Divulgação de informações falsas atribuídas à instituição. Descredibilização de pesquisas e indicadores da instituição.
FIOCRUZ	-	Interferência na direção. Pressão para apoio e divulgação do tratamento de Covid-19 com uso de cloroquina e hidroxicloroquina sem comprovação científica.	Divulgação de informações falsas sobre a instituição. Violação da liberdade de expressão e da divulgação de resultados de pesquisa. Ataques a pesquisadores da instituição.
INCRA	Flexibilização da legislação sobre terras públicas, facilitando a legalização de terras invadidas.	Fragilização da estrutura fiscalizatória. Defasagem em relação à sua missão institucional, estrutura operacional, número de servidores e orçamento.	Violação da liberdade de expressão e direito de servidores de participação em debates públicos.
BNDES	-	Ausência de definições claras sobre os papéis do banco em estratégias de desenvolvimento, que são as funções da instituição.	Uso de auditoria com finalidades políticas. Ataque sistemático à credibilidade da estatal.
CNPQ CAPES	Manifestação somente em favor da pesquisa que tem interesse de "mercado".	Centralização de decisões. Esvaziamento da importância das duas agências na atuação no fomento à ciência. Cortes e mudanças no sistema para concessão de bolsas de pesquisa. Administração por parte de críticos e oponentes.	Críticas levianas ao fomento e ao papel das ciências humanas no processo de produção de conhecimento.
INPE	-	Exoneração do diretor e remanejamento de coordenadora por divulgarem dados técnicos de forma rotineira, mas em discordância com as opiniões políticas do governo central. Esvaziamento do papel institucional. Mudanças na estrutura da gestão que contradizem o regimento interno.	Contestação e desqualificação de dados da instituição.
INEP	-	Instabilidade institucional decorrente do comportamento aleatório e desinformado com relação a procedimentos e políticas consolidadas por parte dos dirigentes.	Ataques sistemáticos às rotinas e procedimentos que garantem a credibilidade da atuação da instituição.

	Liberalismo (mercado acima de tudo)	Embaralhamento (desorganização institucional)	Guerra cultural (assédio em sentido estrito)
FINEP	Tentativa de limitação da produção científica e financiamento de projetos às pesquisas aplicadas, que proporcionam lucros imediatos.	Criação de ambiente de insegurança jurídica e distanciamento de uma lógica que prioriza projetos de Estado para a área de Ciência e Tecnologia. Tentativa de desqualificação da missão do órgão com propostas de remanejamento de atribuições e junção à outras instituições.	
SETOR CULTURAL	Associação da cultura com turismo. Cultura como mercado de bens. Uso de bens históricos e ambientais para trazer recursos por meio de turismo colocando o valor cultural em risco.	Desmembramento de funções e redução de recursos. Administração por parte de críticos, oponentes ou conflitos de interesses. Reformas infralegais sem discussão pública para as simplificações de normas relativas à proteção do patrimônio natural, histórico e cultural. Orientação crítica à gestão institucional, incluindo no caso da FCP, publicações com relativização de temas como escravidão e racismo no Brasil. Ainda na FCP houve destratação pública do movimento negro em contradição com as atribuições institucionais.	Ataque aos artistas. Ataque aos princípios da diversidade e interculturalidade aos quais o Brasil já aderiu internacionalmente. Ressignificação e redução do escopo das políticas públicas do setor cultural. Reprodução de discursos que afastam e discriminam minorias políticas e exaltam valores antidemocráticos. Publicação de textos contra Zumbi dos Palmares pela instituição.
ANCINE	**Paralisação** das políticas e não execução de recursos vinculados ao orçamento para fundo do audiovisual.	Afastamento de práticas de consulta e escuta dos agentes do cinema e do audiovisual.	Ameaça de privatização ou extinção caso não aceite "filtros" ideológicos.
FUNAI	Recursos de territórios indígenas a serem explorados comercialmente.	Tentativas de transferência da fundação para órgãos que têm funções que colidem com interesses dos povos indígenas. Redução de recursos institucionais.	Crítica aos direitos indígenas constitucionalizados. Proposição de políticas integracionistas. Ataque aos povos indígenas e a seus modos de vida. Administração institucional por adversários políticos. Restrições fiscais e ataque aos servidores.
SERPRO DATAPREV	Inclusão no programa de privatizações.	Fechamento de unidades.	Discurso de que os serviços têm preços muito altos sem levantamento de quanto custam os mesmos serviços em empresas privadas.

Fonte: Imprensa Brasileira e Redes Sociais. Elaboração Assediômetro, Afipea-Sindical.

O assédio institucional como um tipo de ação política – ou método de governo – anula práticas consagradas pelas instituições da ciência, pelos saberes e conhecimentos organizacionais que correspondem às necessidades do serviço público e do interesse geral. Nada a opor ao fato trivial e saudável de crítica às instituições. Elas podem e devem ser criticadas, é corriqueiro que as instituições aprendam e se aperfeiçoem com a crítica. As ciências, os saberes e o aprendizado organizacional presumem exatamente essa possibilidade.

Todavia, algo profundamente diferente acontece quando os métodos de crítica são desleais, visando o conflito e a desorganização. É quando o assédio institucional deliberado é realizado com intenções políticas. Não se trata mais de suscitar o enfretamento de questões colocadas por uma história comum, no sentido de que ela segue orientações institucionais acumulativas, originadas no pacto constitucional, especialmente desde a Constituição Federal de 1988, que é o contexto valorativo e de princípios no qual nos movimentamos. É também evidente que a Constituição pode ser alterada, há regras para tal. Entretanto, há limites fortes para a desconstrução de valores republicanos e democráticos substantivos, como a inclusão equitativa, a proteção ambiental e o desenvolvimento social.

Desta maneira, não são poucos os que ganham com a desorganização das capacidades de ação institucional e coletiva do Estado nacional, da sua forma republicana e do modelo político democrático. A desconstrução de direitos, os erros sequenciais de administração e as dificuldades de coordenação propositiva de ações de governo, inclusive para deliberação de agendas de políticas públicas, denotam que as transgressões retóricas excedem o papel do argumento persuasivo, natural do jogo democrático.

É difícil reconhecer, por exemplo, de forma clara, quais as proposições de políticas públicas do governo Bolsonaro. Aliás, aquelas políticas estruturantes, que têm impacto nas regras e no funcionamento do conjunto das instituições, portanto aquelas que seriam consideradas fulcrais, não foram fundamentadas. Outras, como a reforma da previdência, dependeram do processamento tecnopolítico do Congresso Nacional, dada a precariedade – técnica e política – das proposições apresentadas pelo Executivo.

O que se conhece das proposições de políticas são, na verdade, pastiches de argumentos e justificativas, com o uso de noções alusivas e simplificadoras por parte do núcleo técnico e de rompantes de frases incoerentes, uma mistura de argumentos genéricos e caricaturais, ataques pessoais e institucionais pelo núcleo político-ideológico incrustrado no poder. É bem verdade que esse conjunto de proposições, aparentemente incoerente, deve ser levado a sério. Mas na medida que o governo foi avançando, foi possível reconstruir o sentido geral das suas ações, como veremos a seguir.

Argumentos de: i) *mercadorização* de bens e serviços públicos, ii) *minimização* do papel dos direitos sociais, iii) *flexibilização* de direitos trabalhistas, iv) *desconstrução* de proteções ambientais, v) *ataques* à agenda positiva da equidade na proteção aos direitos de gênero, étnico-raciais e povos tradicionais etc. foram a tônica dos discursos e atos de poder.

Dessa maneira, pode-se vislumbrar pelo menos dois níveis de argumentos: do lado técnico-ideológico, aparece a crise e a austeridade fiscal, fazendo as vezes de justificativa, de mantra que organiza os ataques às políticas públicas de proteção e desenvolvimento, políticas que exigem despesas de custeio e investimentos planejados. Em outro nível, os ataques desconexos e aparentemente incoerentes, têm uma gramática de desmobilização técnica, política e institucional.

Nossa hipótese, então, é que o assédio institucional como política de governo se nutria dessa dupla face. De um lado, liberalismo retórico e despropositado; de outro, ação e – porque não – violência simbólica recorrente, visando a degradar as condições materiais, morais e institucionais da ação pública. A síntese da dupla face foi a cultura política do assédio institucional sistemático e dos ataques simbólicos aos inimigos como método e prática de poder.

O governo Bolsonaro, portanto, caracterizou-se pela *desmaterialização da política* em seu sentido mais substantivo. Atuou fundamentalmente em uma frente de diversionismo político, que chamamos de guerra cultural. Sua disposição em relação às políticas públicas passava pela desmaterialização dos problemas setoriais, revelando dificuldades imensas – inclusive retóricas – de reconhecimento de lógicas políticas setoriais específicas que não podiam ser agrupadas em linguagem da economia formalista mais reducionista. A ideia generalizante de mercado dava a tônica, não existindo problemas quando não podiam ser agrupados em classificações econômicas gerais, isto é, abordagens apenas economicistas. A desmaterialização implicava a criação imaginária de inimigos, a insistência em teorias econômicas sem lastro empírico e explicações simplificadas e estáticas de problemas por natureza complexos e dinâmicos de políticas públicas. Tudo, sem solução.

O assédio institucional cumpriu ali um papel decisivo, ao ser capaz de capturar e delimitar os termos do debate, legitimando e deslegitimando atores, impedindo sua ação coletiva ordenada. O esforço para separar projeto político e econômico das práticas de violência simbólica que o favorecem foi quase sempre imenso e infrutífero. E assim, o assédio como estratégia política e método de governo, ganhava potência e eficácia.

Considerações finais

Em condições de normalidade republicana e democrática, as regras jurídicas regulam as relações conflituais e transformam as instituições, criando legitimidades e solidariedades, além de limites jurídicos e constitucionais a atos e indícios relacionados ao assédio institucional. Evidentemente, a esfera do direito, em suas diferentes formas, acomoda valores políticos antagônicos e legítimos, bem como a própria moralidade pública.

Neste sentido, o assédio institucional decorre das dificuldades de negociar – legitimamente – ideias, valores, projetos societais e institucionais, comportamentos e linhas de ação, desdobrando-se em processos de desconhecimento, não reconhecimento e destruição da legitimidade do adversário político. Talvez, o problema central dos pontos de vista republicano e democrático, seja exatamente a destruição das possibilidades de construção de sujeitos, atores sociais e da normalidade ou segurança relativa ao funcionamento das instituições que têm estruturas e objetivos delimitados, jurídica e politicamente.

Se o assédio moral é estudado há muito tempo e é objeto de forte regulação jurídica, o assédio institucional, por sua vez, embora não seja um fenômeno inédito, ainda é objeto de pouco interesse analítico e interpretativo. Como existe um descasamento estrutural entre política, direito como legalidade e Constituição, há também uma ampla zona de opacidade na atuação do Poder Executivo, suas escolhas, ascendência sobre a administração e de ambos com os princípios impressos na Constituição. Essas relações têm que ser constantemente reinterpretadas, sendo que os limites nem sempre estão positivados ou visibilizados nos códigos estabelecidos, exigindo a mobilização de múltiplos valores e atores políticos e morais.

Dessa maneira, as evidências trazidas neste texto reforçam a tese de que o que estava também em jogo durante o governo Bolsonaro era o apagar de memórias e a recontagem da história oficial segundo a visão de mundo então instalada no poder. Nesse sentido, este texto pode ser entendido, ao mesmo tempo, como registro teórico e empírico acerca do assédio institucional, mas também como comprovação fática dos malfeitos e crimes de dito (des)governo contra a administração pública federal, servidores públicos e contra a população em geral. Trata-se, portanto, de um texto-denúncia, que torna público e notório os processos concretos – e algumas de suas mais graves consequências e implicações – por meio dos quais o bolsonarismo – e a extrema direita que o engendra – precisam ser barrados. Barrados nas urnas, nas ruas, nas casas e nas organizações, sob o risco de, em conseguindo fazer avançar seus métodos fascistas e objetivos de destruição, colocar em perigo a tênue unidade social e territorial brasileira, bem como em modo irreversível as chances de enfrentamento coerente e eficaz das mazelas que costumam deixar pelo caminho.

Portanto, para reverter tal quadro de desconstrução, há uma questão de extrema relevância a ser trazida à baila: é a ideia de que garantir direitos, promover a proteção institucional do Estado e a proteção e inclusão social de sua população são objetivos não apenas plausíveis, mas também condições necessárias a qualquer projeto nacional civilizatório. Visto este movimento em perspectiva histórica, percebe-se que a civilização ocidental constituiu um conjunto de parâmetros fundamentais de convívio e sociabilidade, em torno dos quais se organizaram certos direitos civis, políticos e sociais, balizadores da condição humana moderna. Condensados na ideia forte de cidadania, o acesso ao conjunto de direitos passara a operar como critério de demarcação para a inclusão ou exclusão populacional em cada país ou região; portanto, como critério adicional de demarcação para aferir-se o grau de desenvolvimento nacional em cada caso concreto.

Em suma, inclusão e proteção são elementos constitutivos cruciais para estratégias e trajetórias de desenvolvimento com maior equidade. A expansão e a consolidação dos direitos civis, políticos e sociais, reunidos sob a ideia de cidadania, devem, portanto, orientar os caminhos da republicanização e da democratização do Estado em nosso país. O processo mencionado requer participação e engajamento do poder público em todas as suas esferas e dimensões, bem como da sociedade civil e setores produtivos. Nem todas são questões exatamente novas, mas todas são igualmente urgentes.

Em suma, o assédio institucional no setor público brasileiro, tal como definido e caracterizado neste texto e contexto, é o conceito, o mote e a expressão por nós utilizada para caracterizar esse processo virulento e insidioso de avanço simultâneo: i) do liberalismo fundamentalista (vale dizer: antinacional, antipopular e antidesenvolvimento) e do autoritarismo que necessariamente o acompanha; ii) dos ataques diuturnos ao que ainda resta da CF-1988; e iii) ao fim e ao cabo, da desconstrução do Estado nacional, suas organizações, institucionalidades, políticas e servidores públicos.

É nesse sentido que as informações aqui trazidas confirmam a tese de que tais crimes podem ou devem ser configurados como *crimes de responsabilidade* nos termos da Lei 1.079/1950 e, indo além, de que a própria Lei poderia ou deveria ser acrescida de ao menos um item a mais em seu Cap. V, Art. 9º, de modo a abarcar também a prática do *assédio institucional* contra as organizações e políticas públicas que emanam da ou se amparam na Constituição Federal vigente no Brasil.

Dessa maneira, sem que se afronte o raio tecnicamente normal e politicamente legítimo de discricionariedade necessário ao processo de governar de qualquer mandato presidencial eleito de forma democrática por eleições limpas e seguras, o legislador e a própria população e servidores públicos teriam garantias jurídicas e institucionais mais claras e poderosas para barrar ataques e criminalizar políticos e dirigentes que venham a atentar contra o Estado de Direito e a Ordem Constitucional em curso.

Referências

BORGES, C.; SÁ E SILVA, M. M. *Clima Autoritário em Plena Democracia: percepções da burocracia federal.* In: CARDOSO JR., J. C.; BARBOSA DA SILVA, F.; AGUIAR, M. F.; SANDIM, T. L. (orgs). *Assédio Institucional no Brasil: avanço do autoritarismo e desconstrução do Estado.* Brasília: Afipea-Sindical, 2022.

CARDOSO JR., J. C.; BARBOSA DA SILVA, F.; AGUIAR, M. F.; SANDIM, T. L. (orgs). *Assédio Institucional no Brasil: avanço do autoritarismo e desconstrução do Estado.* Brasília: Afipea-Sindical, 2022.

LOTTA, G. S.; LIMA, I. A.; PEDOTE, J. P.; SILVEIRA, M. C.; FERNANDEZ, M.; GUARANHA, O. L. *Burocracia na Mira do Governo: os mecanismos de opressão operados para moldar a burocracia*. In: CARDOSO JR., J. C.; BARBOSA DA SILVA, F.; AGUIAR, M. F.; SANDIM, T. L. (orgs). *Assédio Institucional no Brasil: avanço do autoritarismo e desconstrução do Estado.* Brasília: Afipea-Sindical, 2022.

Muitas transições: o difícil caminho da reconstrução institucional no Brasil[1]

José Celso Cardoso Jr.

Introdução

Após longo e tormentoso período de intenções autoritárias, negação de direitos e outros atentados à CF-1988, mormente o desmonte de organizações e políticas públicas federais, chegou ao fim no Brasil o governo Bolsonaro, Guedes e cia. Infelizmente, no entanto, o malogro desse desgoverno não foi apenas eleitoral. Ao fim desse tenebroso período, constata-se, como consequência direta da tentativa de destruição dos aparatos e institucionalidades de Estado, imensa fragilização político-institucional e um quase colapso das condições econômicas e sociais de vida para imensos contingentes populacionais e regiões do país.

Assim, diante desse quadro de terra arrasada é que desafios insanos se colocam para o recém-eleito governo Lula (2023/2026). Para enfrentá-los, praticamente tudo, em âmbito estatal, precisará passar ou por processos profundos e céleres de recriação ou reconstrução, ou por processos igualmente profundos e céleres de inovação e experimentalismo institucional. Dentre esses, refiro-

---

1 Este capítulo foi originalmente publicado como: CARDOSO JR., J. C. Muitas Transições: o difícil caminho da reconstrução institucional no Brasil. In: CARDOSO JR., J. C.; SILVA, E. G. (orgs.). *Memórias da Transição 2022/2023: contribuições da Afipea ao processo de governar*. Brasília: Afipea, 2023.

-me aqui à – cada vez mais imperiosa – necessidade de se conferir centralidade política à *reconstrução institucional do Estado*, sem o que o próprio processo de governar estará em risco no governo Lula.

Nesse sentido, esse texto busca recuperar, na seção 2, alguns traços notórios do processo recente de desmonte do Estado no país, chamando atenção, na seção 3, para alguns dos aspectos necessários ao processo ora em curso de tentativa de reconstrução institucional. Essa breve introdução e as considerações finais completam o texto.

O governo Bolsonaro e o desmonte da CF-1988 e do seu projeto de Estado e de desenvolvimento nacional

No Brasil, o tempo todo parece que convivemos com alguma necessidade de reformar profundamente as bases institucionais (vale dizer: estrutura organizacional e formas de funcionamento) do Estado nacional, mormente em nível federal. É como se a CF-1988 não houvesse criado ou sugerido, ela mesma, bases institucionais razoavelmente adequadas para uma transformação orgânica e positiva do Estado brasileiro e de sua administração pública.

Pois justamente no momento em que a CF-1988 se viu mais vilipendiada pelo transcurso do governo Bolsonaro, é que é preciso dizer que sim, ela o fez. E o fez no sentido da republicanização dos aparatos estatais, da democratização e descentralização das relações de poder entre o ente estatal e a sociedade civil e comunidades da política, do fortalecimento das capacidades estatais fundamentais (isto é: monopólios estatais clássicos sobre a moeda, a tributação, a fabricação de leis, a representação externa e sobre o uso controlado da força). Além do fortalecimento de instrumentos governamentais para uma boa atuação pública, tais como o planejamento governamental e o orçamento público via Plano Plurianual (PPA), Lei de Diretrizes Orçamentárias (LDO) e Lei Orçamentária Anual (LOA), o investimento indutor do desenvolvimento por meio dos bancos e fundos públicos, das empresas e demais agências estatais, e por fim, mas não menos importante, das funções típicas da gestão pública e do controle estatal e social sobre atos de governo e procedimentos administrativos que se realizam por meio de um leque amplo, complexo e dinâmico de políticas públicas, situadas, ademais, em contexto federativo nada trivial.

É claro que nesses mais de 30 anos de vigência, talvez seja possível estabelecer ao menos três momentos, por meio dos quais um processo contínuo e cumulativo de desmonte da CF-1988 e do próprio projeto de Estado e de desenvolvimento nacional vem se desenrolando no país – vide tabela 1.[2]

Tabela 1. CF-1988-2022 e total de Emendas Constitucionais por mandato presidencial

Momentos Constitucionais	Mandatos Presidenciais	Nº das emendas	Total 1988-2022
Momento 1: Contestação e Acomodação	1988 – 1989: José Sarney	-	0
	1990 – 1992: F. Collor de Mello	EC 1 - EC 2	2
	1993 – 1994: Itamar Franco	EC 3 - EC 4 + ECR 1 - ECR 6	8
	1995 – 1998: FHC-1	EC 5 - EC 20	16
	1999 – 2002: FHC-2	EC 21 - EC 39	19
			45
Momento 2: Acomodação e Conciliação	2003 – 2006: Lula-1	EC 40 - EC 53	14
	2007 – 2010: Lula-2	EC 54 - EC 67	14
	2011 – 2014: Dilma-1	EC 68 - EC 84	17
			45
Momento 3: Golpe e Desconstrução	2015 – 2016: Dilma-2	EC 85 - EC 95	11
	2016 – 2018: Temer	EC 96 - EC 99	4
	2019 – 2022: Bolsonaro	EC 100 - EC 128	23
			38
Total 1988-2022			**128**

Fonte: Elaboração do autor.

Grosso modo, entre 1988 e 2002 teria vigorado um momento de *contestação e acomodação* do pacto constitucional original. Depois de o governo Sarney ter-se colocado publicamente contra a CF-1988 recém-promulgada, o conturbado governo Collor de Mello buscou contestá-la abertamente, sem, contudo, ter tido êxito em suas tentativas de reformas. Após seu *impeachment* em 1992, o país vivenciou sob o governo provisório de Itamar Franco um

[2] Para um detalhamento adicional desse ponto, ver Cardoso Jr. (2018).

período de acomodação geral, pois a despeito da revisão constitucional havida em 1993, o que estava em jogo era a transição política para as próximas eleições, que haveria de se dar em 1994.

Durante os dois mandatos de FHC houve novamente um período forte de contestação e reformas constitucionais de grande monta, sobretudo entre 1995 e 1998. O ímpeto dessas se arrefeceu ao longo do segundo mandato (1999 a 2002), tanto em função das crises econômica e social em curso, como também por causa da aglutinação de forças políticas de oposição ao governo, que conseguiram barrar ou adiar votações importantes ao projeto liberal de reformas constitucionais. Desta forma, apesar das 45 Emendas Constitucionais aprovadas em seus primeiros 14 anos de vigência democrática, a maioria das quais com caráter claramente contrário ao espírito original das leis, pode-se dizer que houve também certa acomodação de princípios e diretrizes constitucionais relevantes aos pactos sociais e políticos de então.

Por sua vez, entre 2003 e 2014, teria havido um momento que poderíamos chamar de *acomodação e conciliação* relativamente à CF-1988 e propostas de reformas. Durante os dois primeiros mandatos presidenciais de Lula da Silva (2003 a 2010, mas sobretudo no segundo) e ainda durante o primeiro mandato de Dilma Rousseff (2011 a 2014), a despeito de outras 45 Emendas Constitucionais aprovadas, quase todas elas fruto de embates políticos e ideológicos de monta, de modo que nem todas possuíam sentido contrário ao espírito original das leis, houve também esforços institucionais no sentido de acomodar e implementar dispositivos constitucionais importantes, bem como conciliar a discussão de temas controversos e mesmo postergar a aprovação de medidas contrárias ao ideário menos liberal dos governos de então.

Por fim, entre 2015 e 2022, já em contexto de crises econômica e política abertas, cujo desfecho institucional foi a destituição de Dilma Rousseff em 2016 e a tomada de poder pelo consórcio liberal-conservador formado por toda a oposição parlamentar de então, e também por parte expressiva da coalizão de apoio (de centro e de direita) reeleita em 2014, conforma-se um momento que veio caracterizando-se como sendo de *golpe e desconstrução* abrangente, profunda e veloz dos fundamentos basilares da CF-1988. Nesse período, outras 38 Emendas Constitucionais foram aprovadas, sendo 15 entre 2015 e 2018 e 23 entre 2019 e 2022, totalizando 128 emendas no total desde o início.

Com relação ao terceiro e pior dos momentos acima sumarizados, ele se caracterizou por ter sido, ao mesmo tempo: i) *abrangente*, no sentido de que envolveu e afetou praticamente todas as grandes e principais áreas de atuação governamental; ii) *profundo*, já que promoveu modificações paradigmáticas, e não apenas paramétricas, nos modos de funcionar das respectivas áreas; e iii) *veloz*, pois se processou em ritmo tal que setores oposicionistas e mesmo analistas especializados mal conseguiam acompanhar o sentido mais geral das mudanças em curso.

Essas três características, por sua vez, apenas se explicam pelo contexto e estado de exceção a que foram submetidas as instituições republicanas e democráticas, a grande mídia, a política, a economia e a própria sociedade (des)organizada desde o golpe parlamentar-judicial-militar-midiático implementado no Brasil entre 2016 e 2022. É somente em função disso que se pode entender a ousadia (e até aqui, o sucesso relativo) do projeto liberal-fundamentalista em seguir implementando, sem maiores resistências ou desavenças, a sua agenda disruptiva, entendida em dupla chave de análise.[3]

Em primeiro lugar, a agenda liberal-autoritária é disruptiva em relação ao passado, pois em termos históricos, não há no projeto liberal-fundamentalista qualquer perspectiva de construção nacional ou de fortalecimento do Estado para este fim. Isto é, não há referências claras ao desenvolvimento da nação como objetivo último de suas reformas, mas tão somente entendimento de que a consolidação e a valorização capitalista de mercados autorregulados poderia engendrar algum tipo de "desenvolvimento". Este, em termos do liberalismo econômico em voga, significa coisas como maximização das rentabilidades empresariais de curto prazo, crescimento microeconômico eficiente dos empreendimentos etc.[4]

---

[3] Em particular, ver os livros organizados por Cardoso Jr. ainda em 2019 (2019a e 2019b) que já anunciavam o processo de desmonte institucional do Estado que, iniciado em 2016, viria a se aprofundar entre 2019 e 2022.

[4] Ora, de diversas maneiras já foi demonstrado que o somatório de empreendimentos empresariais eficientes e rentáveis do ponto de vista microeconômico não é garantia (na verdade, não há evidência empírica alguma) de que engendrarão resultados agregados (mesmo que setoriais) eficazes ou efetivos do ponto de vista macroeconômico, ainda mais se olhados tais resultados sob a ótica dos empregos, rendas e tributos gerados para os demais agentes econômicos envolvidos nesse tipo de regime e processo de acumulação de capital em bases estritamente privadas.

Em segundo lugar, a agenda liberal-autoritária é também disruptiva em relação ao futuro, pois pretende alterar de forma estrutural o modo pelo qual a classe trabalhadora deve doravante se comportar e agir para se inserir e sobreviver nos mundos do trabalho e da proteção social. Esta agenda pretende impor condições e circunstâncias estritamente individuais e tremendamente assimétricas ou desiguais para tanto. Ela promete promover mudanças paradigmáticas – para pior – nas formas de sociabilização básica entre as pessoas, em todas as fases de suas vidas, e em suas capacidades e possibilidades de sustentação e reprodução das condições mínimas de sobrevivência ao longo do tempo. Com isso, haverá um reforço sem precedentes do individualismo como forma predominante de conduta e do consumismo como forma predominante de realização pessoal.

Pois para viabilizar tal projeto em sua envergadura, há, portanto, ao menos sete dimensões a serem destacadas para entender melhor a amplitude do processo de desmonte do Estado brasileiro e da própria CF-1988, que começou a ser implementado a partir do golpe de 2016 e que contou com grande envergadura até 2022, a saber: i) subalternidade externa; ii) inversão e reversão do estado democrático de direito; iii) assédio institucional no setor público; iv) privatização do setor produtivo estatal; v) privatização de políticas públicas rentáveis; vi) privatização das finanças públicas; e vii) reforma administrativa: a) redução de estruturas, carreiras e cargos, b) redução de remunerações e do gasto global com pessoal, c) avaliação de desempenho para demissão, e d) cerceamento das formas de organização, financiamento e atuação sindical.[5]

Mas isso tudo apenas se fez possível em função das situações (formais e informais) de excepcionalidade de medidas e criminalização de direitos e atores sociais que foram produzidas desde 2015 (com o aguçamento da ingovernabilidade já durante o primeiro ano do segundo mandato de Dilma) e, com maior ênfase, desde o golpe em 2016 e a eleição de Bolsonaro em 2018, a partir de quando os blocos conservadores no comando dos três poderes da República, mais Ministério Público, Tribunais de Contas, Polícia Federal, grande mídia corporativa e grande empresariado nacional e internacional, financeiro e financeirizado, valendo-se da anomia, alienação, desinformação, cooptação, desalento e/ou resignação social em curso, conseguiram pautar e sancionar

[5] Para uma análise detalhada de cada um desses aspectos, ver Cardoso Jr. (2021) e o livro organizado por Cardoso Jr., Babosa da Silva, Aguiar e Sandim (2022).

mais 38 outras Emendas Constitucionais e algumas tantas reformas infraconstitucionais abertamente contrárias ao pacto social e político forjado – e em lenta, gradual e insegura desintegração – desde a CF-1988.

Em suma, dada a quantidade total de Emendas Constitucionais já aprovadas e seu perfil majoritariamente contrário ao espírito original da CF-1988, é possível afirmar que, mais de trinta anos depois, o Brasil possui hoje, na prática, uma Constituição Federal *desfigurada*, sem, no entanto, ter vivenciado, para tanto, uma outra Assembleia Constituinte assentada na soberania popular. E a questão é que, para além de seu tempo formal de vigência, a CF-1988 foi importante porque sob suas regras gerais o país instituiu e tentou implementar (não sem resistências de toda ordem, várias delas infelizmente exitosas), um amplo conjunto de direitos civis, políticos, sociais e econômicos.

Por exemplo, grande parte da (ainda que pífia) melhoria distributiva havida entre 1995 e 2015, deveu-se aos esforços de implementação de dispositivos constitucionais atrelados às políticas sociais em suas diversas áreas de atuação, tais como: previdência e assistência social, trabalho e renda, educação e saúde, dentre outras. Tal resultado distributivo, é bom que se diga, ocorreu pelo lado do gasto público, e foi contrabalançado por tendências concentradoras advindas tanto da estrutura tributária regressiva como da primazia do gasto financeiro sobre o gasto real, ambos os aspectos, ou presentes na CF-1988 desde o início, ou posteriormente nela sacramentados por meio de Emendas Constitucionais que pioraram aspectos já problemáticos do texto constitucional nesses temas ligados à ordem tributária, econômica e financeira.[6]

Por outro lado, a CF-1988 também buscou reorganizar aparatos estatais em diversos campos de atuação, promovendo uma verdadeira reforma administrativa em termos de reestruturação e modos de funcionamento da máquina pública. São exemplos disso os regramentos postos em operação (também aqui de forma diferenciada no tempo e muitas vezes contraditória entre si) nas áreas do direito econômico e financeiro, da arrecadação tributária, da orçamentação e gastos públicos, do planejamento e gestão governamental, da participação social e controles estatais, além dos aspectos formais relativos ao funcionamento e (des)equilíbrio entre poderes (Executivo, Legislativo e Judi-

---

[6] As dimensões rentista e fiscalista do gasto público federal brasileiro podem ser vistas em maior profundidade no livro organizado por Marques e Cardoso Jr. (2022).

ciário, com o Ministério Público tendo nascido e se fortalecido desde então...) e entre entes federados.

Desta maneira, dada sua abrangência e profundidade temática, a CF-1988 nunca foi consensual no país, razão pela qual desde sua promulgação a sociedade brasileira vem se dividindo entre aqueles que simplesmente querem derrogá-la, visando instaurar uma ordem constitucional majoritariamente liberal-conservadora, e aqueles que desejam ou mantê-la em seus traços fundamentais, ou fazê-la avançar em termos sociais, econômicos, políticos etc., num sentido de maior controle estatal sobre a economia e maior congraçamento tanto populacional quanto territorial.[7]

A questão de fundo, portanto, é que desde a promulgação da CF-1988, há, no Brasil, grosso modo, dois projetos políticos antagônicos em disputa no debate corrente. De um lado, coloca-se novamente em pauta, com a eleição de Lula da Silva para um terceiro mandato presidencial, a via da expansão ou universalização integral dos direitos civis, políticos e sociais, tais quais os promulgados pela CF-1988. Embora essa vertente política raramente tenha tido força política suficiente no cenário nacional, ela permanece como possibilidade real defendida por setores do campo progressista, dentro e fora das estruturas de governo. Todavia, é preciso ter claro que as bases materiais e as condições políticas hoje vigentes para a efetivação de tais direitos estão ainda mui distantes das mínimas necessárias à sua consecução.

De outro lado, por sua vez, há setores conservadores da sociedade, comunidades da política (partidos, sindicatos e outras agremiações) e da própria burocracia, além da mídia e do empresariado (nacional e estrangeiro) que defendem o caminho da economia liberal, de orientação privatista e individualista, e que entre 2016 e 2022 conseguiu impor uma agenda abrangente, profunda e veloz de retrocessos institucionais em áreas críticas da regulação econômica, social e política do país.

Tanto isso é verdade que em todas as áreas setoriais investigadas pelos grupos de trabalho durante a transição de governo ocorrida nos meses de novembro e dezembro de 2022, constataram-se processos abrangentes, profundos

---

7 Para um balanço acerca dos dilemas e disjuntivas críticas derivadas da CF-1988 em seus 30 anos de vigência, ver o livro organizado por Cardoso Jr. (2018).

e velozes de desconstrução institucional.[8] As consequências foram bastante perniciosas não apenas no que se refere às estruturas organizacionais e formas consagradas de funcionamento dos aparatos de Estado, mas sobretudo no que respeita à efetivação de direitos e políticas públicas de modo geral. Ao fim e ao cabo, é a própria população brasileira, em especial a parcela mais vulnerável alijada ou à margem dos circuitos de produção, consumo e bem-estar propiciados pelos mercados monetarizados da economia, a que mais vem sofrendo com a ausência ou precarização dos serviços públicos na ponta.

Essa mesma situação de desorganização interna da máquina estatal e de ineficácia externa da ação pública também se viu presente no âmbito da Presidência da República, cujas secretarias e funções precípuas do hoje chamado Centro de Governo (CdG) são (ou deveriam ser) responsáveis não apenas pela produção e manutenção da governabilidade política em alto nível, mas também pela produção e aperfeiçoamento de capacidade governativa ao nível da coordenação estratégica e federativa das ações de governo e suas prioridades programáticas.

Pois também essa importante instância decisória foi desorganizada ao longo do governo Bolsonaro, rebaixando a capacidade de comando geral da Presidência sobre as suas próprias prioridades programáticas, reduzindo o grau de coerência (em termos de eficiência, eficácia e efetividade) intragovernamental e afetando negativamente o desempenho institucional agregado do setor público federal, notadamente em termos das entregas efetivas de bens e serviços à população.

Desta maneira, qualquer que seja a nova estrutura de ministérios e secretarias, o terceiro governo Lula partirá de uma base normativa, fiscal, organizacional e burocrática bastante confusa e desalinhada internamente. Assim, a principal tarefa de início será recuperar a capacidade governativa que foi destroçada ao longo dos últimos anos. Isso é condição necessária para conseguir colocar em movimento – de modo rápido e eficaz – as novas políticas e prioridades governamentais no menor intervalo de tempo possível.

Para exemplificar, veja-se pela tabela 2 e gráficos 1 a 4, como aproximação ao complexo e multifacetado tema do desempenho institucional agregado do setor público federal brasileiro, que uma visão de conjunto dos quatro últimos

---

8 Ver, a respeito, o Relatório Final Síntese da Transição de Governo (2022).

governos (Lula, Dilma, Temer e Bolsonaro) conformam um processo de perda de densidade, entre os governos Lula e Dilma, e de verdadeiro desmonte, na passagem dos governos Lula para Temer e Bolsonaro, no que diz respeito à tríade República, Democracia e Desenvolvimento.

Tabela 2. Comparativo entre desempenhos gerais dos governos Lula, Dilma, Temer e Bolsonaro, em termos dos processos de republicanização, democratização e desenvolvimento no Brasil

	Lula	Dilma	Temer	Bolsonaro
1. República:				
1.1 Transparência dos processos decisórios.	2	1	0	0
1.2 Transparência dos resultados intermediários e finais dos atos de governo e das políticas públicas.	2	2	1	0
1.3 Controle social sobre os 3 poderes (Executivo, Legislativo e Judiciário).	1	1	1	1
1.4 Controle social sobre os meios de comunicação públicos e privados.	1	1	0	0
	50,0%	**41,6%**	**16,6%**	**8,3%**
2. Democracia:				
2.1 Democracia representativa (parlamento, congresso nacional).	2	1	1	1
2.2 Democracia participativa (conselhos, conferências, audiências, ouvidorias, fóruns, grupos de trabalho).	3	2	1	1
2.3 Democracia deliberativa (referendos, plebiscitos, iniciativas populares).	2	1	1	1
2.4 Assédio Institucional no Setor Público Federal (sinal invertido)	3	2	1	0
	83,3%	**50,0%**	**33,3%**	**25,0%**
3. Desenvolvimento:				
3.1 Inserção internacional soberana.	3	2	1	0
3.2 Macroeconomia do desenvolvimento: crescimento, estabilidade, emprego e distribuição de renda.	3	2	0	0
3.3 Estrutura tecnoprodutiva avançada e regionalmente integrada.	2	2	1	0
3.4 Infraestrutura econômica (energia, transportes, comunicações), social e urbana (moradia, saneamento, mobilidade).	2	2	1	1
3.5 Sustentabilidade, produtiva, ambiental e humana.	2	1	1	0
3.6 Proteção social, garantia de direitos e geração de oportunidades.	3	3	2	0

	Lula	Dilma	Temer	Bolsonaro
3.7 Fortalecimento do Estado, das instituições republicanas e da democracia.	2	1	1	0
	80,9%	61,9%	33,3%	4,7%
Totais	33	24	13	05
% sobre total	73,3%	53,3%	28,8%	11,1%

Fonte: Elaboração própria. Nota: 0 = desempenho péssimo; 1 = desempenho ruim; 2 = desempenho médio; 3 = desempenho satisfatório.

Tendo como critério de análise os processos de longo prazo relacionados à republicanização, democratização e desenvolvimento do Estado, da sociedade e da economia brasileira, trata-se aqui de sintetizar uma avaliação preliminar de desempenho governamental que pontua entre 0 (= desempenho péssimo), a 1 (= desempenho ruim), 2 (= desempenho médio) e 3 (= desempenho satisfatório) a atuação dos quatro últimos governos findos no Brasil.[9]

Enquanto as dimensões *republicana* (cuja pontuação agregada dessa dimensão passa de 6 para 5 entre os governos Lula e Dilma e de 2 para apenas 1 entre os governos Temer e Bolsonaro), *democrática* (cuja pontuação passa de 10 para 6 entre os governos Lula e Dilma, e de 4 para 3 entre os governos Temer e Bolsonaro) vão se enfraquecendo nas passagens de um governo a outro, a dimensão do *desenvolvimento* sofre um abalo (de 17 para 13 pontos) entre os governos Lula e Dilma, e um colapso (de 17 para 7 e 1 pontos, respectivamente) na comparação entre os governos Lula/Temer e Lula/Bolsonaro.

Evidentemente, trata-se de uma avaliação aproximada, que usa como parâmetros de pontuação alguns critérios importantes (porém não exaustivos) da configuração de Estados nacionais republicanos, democráticos e desenvolvidos, cujos critérios podem ser mais bem visualizados por meio dos gráficos abaixo. Ainda como alerta metodológico, embora a pontuação aplicada de cada quesito a cada governo reflita uma leitura/interpretação pessoal de natureza retrospectiva acerca dos governos findos de Lula, Dilma, Temer e Bolsonaro, pareceu-nos importante essa confrontação com vistas ao esforço comparativo inicial aqui sugerido.[10]

---

9 Os valores plotados no quadro e gráficos representam a média simples das notas emitidas por um conjunto de especialistas consultados especificamente para este fim.

10 Vide nota anterior.

Comparativo entre desempenhos gerais dos governos Lula, Dilma, Temer e Bolsonaro, em termos dos processos de republicanização, democratização e desenvolvimento do Estado, da sociedade e da economia brasileira

Gráfico 1. Comparativo governos Lula, Dilma Temer e Bolsonaro

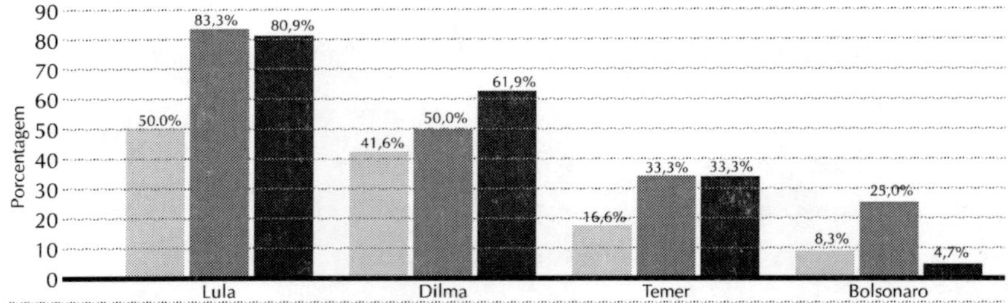

	Lula	Dilma	Temer	Bolsonaro
República	50,0%	41,6%	16,6%	8,3%
Democracia	83,3%	50,0%	33,3%	25,0%
Desenvolvimento	80,9%	61,9%	33,3%	4,7%

Gráfico 2. Comparativo dimensão desenvolvimento

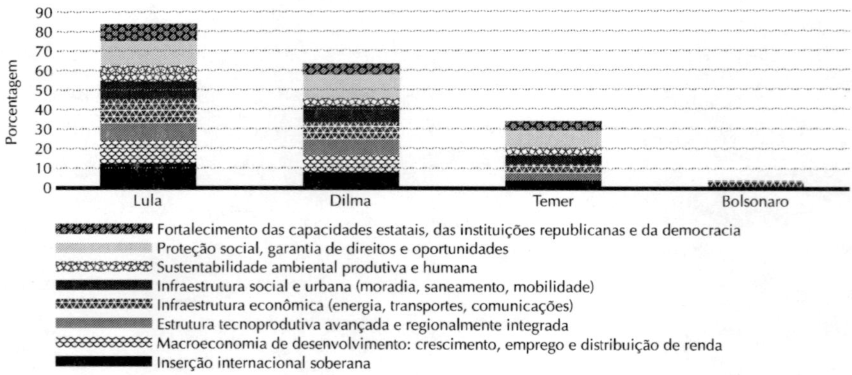

Gráfico 3. Comparativo dimensão republicana

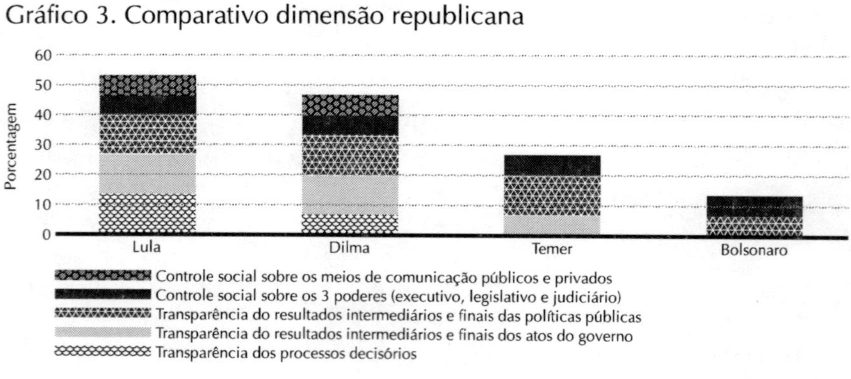

Gráfico 4. Comparativo dimensão democrática

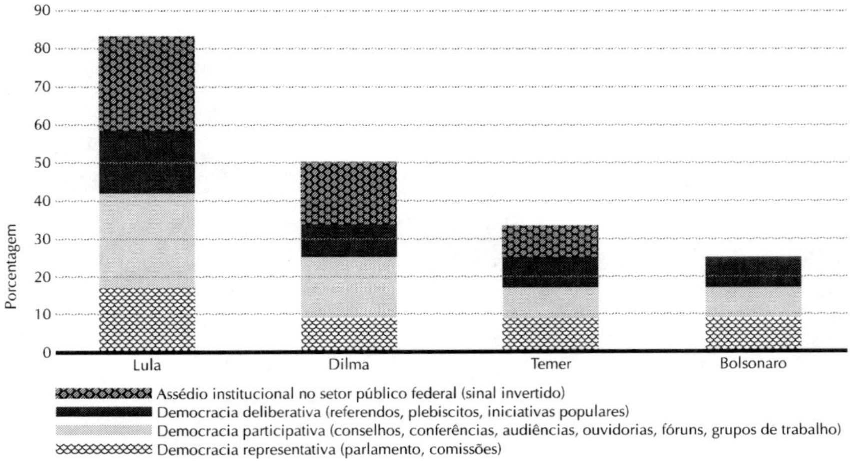

Do desmonte à reconstrução institucional do Estado no Brasil

É deste cenário desolador que se deve partir para o repensar acerca do peso e papel do Estado nacional (e da função pública) na contemporaneidade, sobretudo em suas interrelações com os mundos econômico, político, social e ambiental em franca deterioração nos dias que correm.

Para tanto, a nossa proposta consiste em lançar mão de três ideias-força, de cujo resgate se poderia partir para avançar tanto na crítica aos formatos e conteúdos atualmente dominantes na esfera estatal, como – indo além – avançar também na reafirmação ou proposição de novos princípios, diretrizes, estratégias e táticas de ação (coletiva, contínua e cumulativa) que nos permitam conduzir a situação a um patamar qualitativamente superior de entendimento, organização e funcionamento do Estado nacional para as novas gerações de brasileiros e brasileiras, ainda no século XXI.

As três ideias-força para a tarefa aqui proposta são as seguintes, inspiradas nas obras essenciais de Matus (1996), Dror (1999) e Cardoso Jr. (2011, 2015 e 2020), as quais podem ser resumidas pelas figuras 1 e 2 relativas, respectivamente, ao Triângulo de Governo de Carlos Matus e ao Triângulo do Estado Necessário de Cardoso Jr., a saber:

Figura 1. Estado necessário: projeto de desenvolvimento nacional, governabilidade sistêmica, governaça colaborativa

Fonte: elaborado pelo autor.

i) **Projeto de país**: o desenvolvimento nacional é o carro-chefe da ação do Estado, ou seja, o Estado não existe para si próprio, mas como veículo para o desenvolvimento da nação. Nesse sentido, fortalecer as dimensões do planejamento estratégico público, da gestão participativa e do controle social – estratégias essas de organização e funcionamento do Estado – é condição necessária para que possamos dar um salto de qualidade ainda no século XXI no Brasil.

ii) **Capacidade de governo / governança**: a necessidade de uma reforma do Estado de natureza republicana, que traga mais transparência aos processos decisórios, no trato da coisa pública de modo geral, é condição inescapável para redirecionar a ação governamental para as necessidades vitais da população.

iii) **Governabilidade**: por fim, mas não menos importante, a revalorização da política e da democracia: não há como fazer uma mudança dessa envergadura sem a participação bem informada da maioria da população. A democracia não é apenas um valor em si, mas também um método de governo, por meio do qual as vontades da maioria da população se manifestam, eleitoral e periodicamente. Mas para além da democracia representativa em crise, há elementos de uma democracia participativa – e mesmo deliberativa – que pressionam por mais e melhores espaços de existência e funcionamento.

Desta maneira, entendemos que a única forma de combater – e quiçá superar – o processo recente de desmonte institucional no país passa por uma reforma do Estado e da administração pública que esteja ancorada em medidas efetivas (leia-se: contínuas, coletivas e cumulativas) de republicanização e de democratização das relações intraestatais e entre o ente estatal e os agentes e setores do mercado e da sociedade, tais quais exemplificadas pelas imagens abaixo.

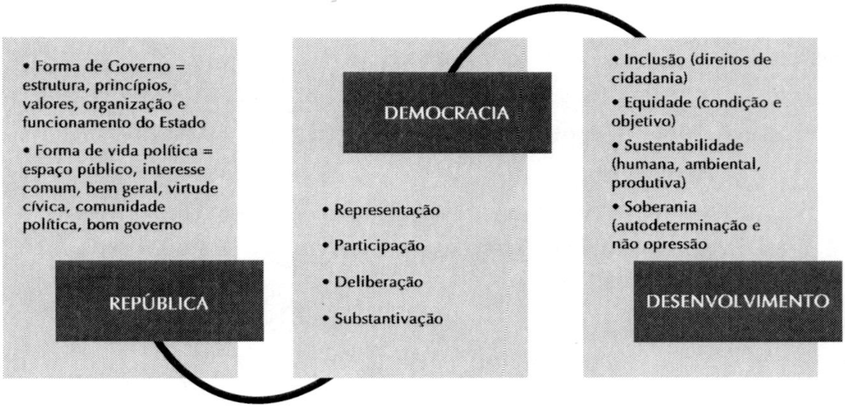

Fonte: elaborado pelo autor.

Princípios gerais a orientar a reforma do Estado brasileiro (de natureza republicana, democrática e desenvolvimentista) pará o século XXI

+ REPÚBLICA esfera pública, interesse geral, bem comum	• + **transparência:** • dos processos decisórios • dos resultados intermediários e finais dos atos de governo e das políticas públicas • + **controle social:** • sobre os 3 poderes (executivo, legislativo, judiciário • sobre os meios de comunicação (públicos e privados)
+ DEMOCRACIA representação, participação, deliberação, e controle social	• + representatividade: reforma política • + participação: conselhos, conferências, audiências, ouvidorias, fóruns, grupos de trabalho • + deliberação: referendos, plebiscitos, iniciativas populares • + esfera pública: controle social
+ DESENVOLVIMENTO Estado capaz e pró-ativo	• inserção internacional soberana • macroeconomia do desenvolvimento: crescimento, estabilidade, emprego e distribuição de renda • estrutura tecnoprodutiva avançada e regionalmente integrada • infraestrutura econômica (energia, transportes, comunicações), social e urbana (moradia, saneamento, mobilidade) • sustentabilidade produtiva, ambiental e humana • proteção social, garantia de direitos e geração de oportunidades • fortalecimento do Estado, das instituições republicanas e da democracia

Fonte: elaborado pelo autor.

A republicanização do Estado exige, entre outras coisas, o máximo possível de transparência dos processos decisórios e dos resultados intermediários e finais dos atos de governo e das políticas públicas de forma geral. Conferindo-se visibilidade e publicidade às arenas decisórias, aos atores e interesses envolvidos em cada caso, bem como aos processos institucionais (formais e informais) por meio dos quais as decisões cruciais da República são tomadas, equilibra-se mais e melhor a distribuição desigual de recursos de poder de cada ator e produzem-se resultados, simultaneamente, mais legítimos do ponto de vista político e mais aderentes à realidade e perenes ao longo do tempo.[11]

Por sua vez, a democratização do Estado exige, no mínimo, formas mais efetivas de controle social público sobre os três poderes (Executivo, Legislativo, Judiciário), Ministério Público e sobre os meios de comunicação (públicos e privados), ao mesmo tempo que uma reforma política que implique de fato em maior representatividade da imensa diversidade e heterogeneidade da população e seus problemas, anseios e necessidades no parlamento. Mas para além dos aperfeiçoamentos necessários nos fundamentos e mecanismos da democracia representativa, é preciso também fazer avançar a efetividade das instituições e mecanismos da democracia participativa (por meio dos conselhos, conferências, audiências, ouvidorias, fóruns, grupos de trabalho etc.) e da democracia deliberativa (por meio dos referendos, plebiscitos, iniciativas populares etc.).[12]

---

[11] Para um aprofundamento desses temas, ver o livro organizado por Cunha, Medeiros e Aquino (2010).

[12] Com relação ao *sistema representativo*, medidas para uma reforma político-partidária que impliquem maior convergência entre representação parlamentar e representados, bem como maior alinhamento ideológico e programático entre partidos e eleitores. Neste campo, o financiamento público exclusivo das campanhas eleitorais é primordial. Já com relação ao *sistema participativo*, medidas que impliquem maior institucionalização, ativação e responsividade dos conselhos, conferências, audiências e ouvidorias públicas, fóruns de discussão e grupos de trabalho na interface entre Estado, políticas públicas e sociedade civil. Tais instâncias podem e precisam avançar qualitativamente como espaços de deliberação sobre questões estratégicas e diretrizes de políticas públicas. Enfim, com relação ao *sistema deliberativo*, medidas que impliquem maior disseminação, uso e responsabilização dos instrumentos e mecanismos diretos de democratização das decisões coletivas, tais como o referendo, o plebiscito e as proposições legislativas de iniciativa popular. Esta ampliação da prerrogativa de convocação de plebiscitos, referendos e consultas populares deve incorporar também a introdução do veto popular, de modo a ratificar a soberania popular como espaço decisório cotidiano e de última instância em torno de questões cruciais para a sociedade brasileira. Para um aprofundamento desses temas, ver o livro organizado por Sá e Silva, Lopez e Pires (2010).

Por fim, se é verdade que o desenvolvimento brasileiro no século XXI deve ser capaz de promover, de forma republicana e democrática: i) inserção internacional soberana; ii) macroeconomia do desenvolvimento: crescimento, estabilidade, emprego e distribuição de renda; iii) estrutura tecnoprodutiva avançada e regionalmente integrada; iv) infraestrutura econômica (energia, transportes, comunicações), social e urbana (moradia, saneamento, mobilidade); v) sustentabilidade, produtiva, ambiental e humana; vi) proteção social, garantia de direitos e geração de oportunidades; e vii) fortalecimento do Estado, das instituições republicanas e da democracia,[13] então o desenho organizacional do Estado brasileiro deve possuir tantas áreas de atuação programáticas e carreiras públicas (do tipo estratégicas/finalísticas e transversais/estruturantes dos macroprocessos administrativos das políticas públicas) quanto as necessárias para enfrentar os grandes desafios da contemporaneidade – vide figura 2 abaixo.

Figura 2. Estado necessário: organizações estatais, carreiras públicas e desenvolvimento nacional

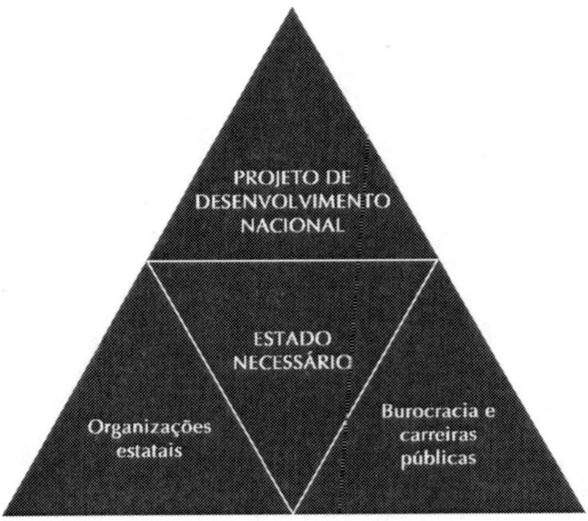

Fonte: elaborado pelo autor.

O conceito/critério de áreas permanentes de atuação governamental programática refere-se àqueles campos de ação/intervenção estatal que, social e historicamente, foram sendo construídos e definidos como perenes ou ines-

[13] Para um aprofundamento desses temas, ver o livro organizado por Pinto, Cardoso Jr, e Linhares (2010).

capáveis aos Estados nacionais contemporâneos, seja em função dos passivos nacionais em cada caso concreto, seja em função dos grandes desafios dessas sociedades/civilizações no século XXI.

Por sua vez, consideramos institucionalmente necessárias ao desenvolvimento nacional e ao bom funcionamento da máquina pública, todas as atividades estratégicas *finalísticas* que permitam a implementação das políticas públicas indicadas na CF/1988, bem como todas as atividades transversais *estruturantes* dos macroprocessos administrativos correlatos ao funcionamento constitucional adequado dos Poderes da República (Executivo, Legislativo e Judiciário).

Dessa maneira, ao mesmo tempo em que se supera a indefinição jurídico-conceitual acerca dos termos "essencial", "típico" ou "exclusivo" de Estado, caminha-se para uma definição mais ampla e bem fundamentada, que condiz com a natureza inescapavelmente pública – vale dizer, universal, integral e gratuita – da ação estatal, a única que tecnicamente justifica e politicamente legitima a sua razão de ser e agir. Tal compreensão é ainda mais válida no contexto da dominância financeira do modo de produção, acumulação e exclusão capitalista, que é, sabidamente, incapaz de promover os objetivos fundamentais acima enunciados se não houver a atuação de um Estado republicano e democrático de direito, tal qual o sugerido pela CF/1988.

Em síntese, trata-se de recuperar – ideal e programaticamente – a mais importante das inovações possíveis à construção de uma administração pública profissional e condizente com os grandes desafios acima enunciados. Para tanto, cabe relembrar a essência da reforma administrativa contida na CF-1988, mas apenas parcial e precariamente implementada. Além do estabelecimento do concurso público como forma principal de ingresso em cargos públicos e do Regime Jurídico Único (RJU) como normativo principal de regulação desses, há cinco fundamentos que precisam ser levados em consideração para uma boa estrutura de governança e por incentivos corretos à produtividade e ao desempenho institucional satisfatório ao longo do tempo.

São eles: i) estabilidade na ocupação, idealmente conquistada por critérios meritocráticos em ambiente geral de homogeneidade econômica, republicanismo político e democracia social, visando a proteção contra arbitrariedades – inclusive político-partidárias – cometidas pelo Estado-empregador; ii) remuneração adequada, isonômica e previsível ao longo do ciclo laboral; iii) escolaridade e qualificação elevadas desde a entrada e capacitação permanente no âmbito das funções precípuas dos respectivos cargos e organizações; iv) cooperação – ao invés da competição – interpessoal e intra/interorganizações como critério de atuação e método primordial de trabalho no setor público; e v) liberdade de organização e autonomia de atuação sindical.[14]

Uma vez que se entenda serem os serviços públicos altamente intensivos em recursos humanos, percebe-se a relevância de estruturas administrativas e inovações centradas em gestão de pessoas e no desempenho institucional agregado do setor público. Isso porque as evidências disponíveis demonstram a relevância das organizações e carreiras públicas para qualquer projeto de desenvolvimento que ainda se almeje ao Brasil neste século XXI.

Desmontar tais capacidades em nome de um fundamentalismo liberal iria, nos termos da PEC 32/2020 da reforma administrativa Bolsonaro/Guedes, destruir o potencial transformador que a sociedade brasileira construiu por meio do Estado ao longo dos anos de vigência constitucional democrática, como comprometer as chances de emancipação e desenvolvimento social de sua população – sobretudo a mais vulnerável – justamente num contexto econômico (nacional e internacional) marcado por enorme complexificação e exclusão, frente às quais soluções aparentemente rápidas e fáceis se mostram, de saída, fadadas ao fracasso.

Considerações finais

É importante lembrar que o arranjo institucional de políticas públicas que vigorou no Brasil no período entre 2004 e 2014 revela ao menos duas coisas importantes sobre a relação entre Estado e desenvolvimento na contemporaneidade, quais sejam:

- a complexificação do desenvolvimento exige uma atuação programática do Estado em âmbitos da economia, da sociedade e do meio ambiente que vão muito além do simples manejo da política macroeconômica; e
- a despeito disso, o arranjo vigente nesse período mostrou que o Estado é capaz de organizar a sua atuação de modo minimamente planejado e coordenado, com intencionalidade e direcionalidade estratégica. A imple-

14 Para um detalhamento desses pontos, ver o livro organizado por Marques e Cardoso Jr. (2021).

mentação conjunta e simultânea de diversas políticas públicas, consistentes e persistentes no tempo e no espaço nacional, ademais informadas por um projeto de crescimento econômico, foi capaz de produzir, como resultado agregado, uma combinação virtuosa entre crescimento da renda per capita e decrescimento do índice de Gini, que mede a desigualdade de renda no interior do mundo do trabalho – vide gráfico 5.

Gráfico 5. Combinação virtuosa entre crescimento do PIB per capita e redução do índice de Gini

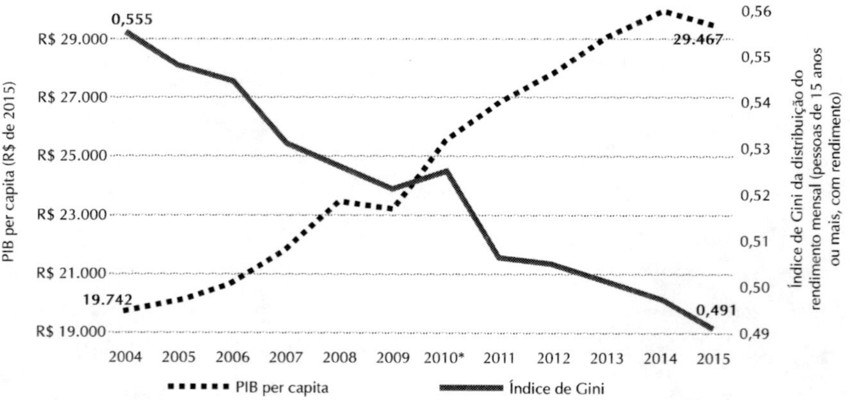

Fonte: IBGE, Contas Nacionais, Pesquisa Nacional por Amostra de Domicílios e Censo Demográfico. Elaboração própria.

Note-se que esse resultado – desejável em qualquer projeto de desenvolvimento nacional, mas historicamente raro e difícil de ser obtido por obra apenas das forças de mercado – fez-se possível, no caso brasileiro recente (entre 2004 e 2014), em função de uma combinação politicamente deliberada de fatores, dentre os quais vale destacar:

- programas de estímulo e indução do crescimento econômico, por meio da reativação do crédito pessoal para consumo e do crédito empresarial produtivo em dimensões e condições adequadas, recuperação do investimento público por meio dos fundos e bancos públicos, bem como das empresas estatais estratégicas etc.; e
- programas ativos de estruturação e fortalecimento do mercado consumidor doméstico, associados a programas de expansão e fortalecimento

do gasto social relacionado à educação pública e ao tripé da seguridade social, vale dizer: saúde pública (SUS), previdência pública (INSS) e assistência social (BPC, segurança alimentar e transferências diretas de renda monetária à população mais pobre e vulnerável por meio do programa bolsa-família).

Tudo isso, é bom que se diga, com crescimento modesto da ocupação e do gasto com pessoal no setor público nacional. A rota de profissionalização das políticas públicas e dos seus servidores explica, juntamente com o aumento dos dispêndios globais (orçamentários e extraorçamentários) na implementação finalística das políticas prioritárias, o significativo aumento de cobertura social e de acesso da população e empresas ao rol de bens e serviços públicos pelo país. Explica, igualmente, os ganhos de produtividade, eficiência, eficácia e efetividade a eles relacionados.

Assim, indicamos abaixo algumas diretrizes gerais para avançarmos no detalhamento adequado a uma reforma estatal de matriz reflexiva e de índole republicana e democrática, voltada para um serviço público efetivo e de qualidade, condição *sine qua non* para o próprio desenvolvimento nacional em suas dimensões geopolítica, econômica, social, ambiental e institucional. São elas:

1. Nova Comissão da Verdade, ou o nome mais adequado que seja, para apurar e julgar crimes do governo Bolsonaro.
2. Despolitização das FFAA e Polícias, Desmilitarilização e Relaicização da Gestão Pública.
3. Revogação das principais medidas legislativas aprovadas desde 2016, por terem sido formuladas e implementadas em contexto hoje sabidamente ilegal, imoral e ilegítimo, além de possuírem caráter antipopular, antinacional e antidesenvolvimento.
4. (Re)ativação das capacidades estatais de planejamento governamental e de coordenação estratégica (inter e intrassetorial, territorial e social) das políticas públicas nacionais e dos investimentos público-privados. Neste particular, é preciso compatibilizar a sustentabilidade empresarial de longo prazo com a função social pública das estatais, já que a eficiência microeconômica de curto prazo não pode estar acima da eficácia macroeconômica e da efetividade social nos médio e longo prazos.

5. Reestatização e criação de novas empresas estatais estratégicas e/ou empresas mistas de controle público, visando a retomada do poder decisório sobre políticas fundamentais ao crescimento econômico e ao desenvolvimento nacional.
6. Reforma Tributária/Fiscal progressiva na arrecadação e redistributiva nos gastos públicos. Desfinanceirização da Dívida Pública Federal. Revisão das Regras Fiscais e Monetárias vigentes (teto de gastos, regra de ouro, superávit primário e relação STN-BC) para uma nova e melhor e mais efetiva governança orçamentária, vale dizer: orçamentação, alocação, monitoramento, avaliação e prospecção dos gastos públicos.
7. Inovação e Gestão Pública Democrático-Participativa: governo digital, dimensionamento, planejamento e profissionalização da força de trabalho, monitoramento, avaliação e gestão do desempenho institucional e das competências profissionais.
8. Relações de Trabalho no Setor Público: regulamentação dos direitos e condições de negociação coletiva e greve no setor público nacional. Medidas de profissionalização e valorização da ocupação no (e do) serviço público, tais que uma verdadeira política de recursos humanos para o setor público brasileiro – que leve em consideração de modo articulado e orgânico as etapas de seleção, capacitação, alocação, remuneração, progressão e aposentação – esteja ancorada e inspirada pelos valores e princípios da república, da democracia e do desenvolvimento nacional.
9. Criação da Consolidação das Leis Sociais (CLS), Revisão Progressista da Consolidação das Leis do Trabalho (CLT) e do Regime Jurídico Único (RJU).
10. (Re)adequação do peso e papel institucional dos Controles Burocráticos (interno e externo) do Estado e (Re)institucionalização da Participação Social como método de governo. Medidas para conferir mais e melhor transparência dos processos decisórios intragovernamentais e nas relações entre entes estatais e privados, bem como sobre resultados intermediários e finais dos atos de governo e das políticas públicas de modo geral. Este é um dos principais campos de atuação republicana contra a visão moralista e punitivista de combate à corrupção no país. Medidas para estimular mais participação social e melhor controle público sobre os poderes da União

(Executivo, Legislativo, Judiciário) e Ministério Público, nos três níveis da federação. O empoderamento social no âmbito de conselhos e outras instâncias de compartilhamento de poder no âmbito dos três poderes constitucionais (e Ministério Público) é condição fundamental para o reequilíbrio de poder e valorização da esfera pública no país.

11. Regulação e desconcentração econômica dos veículos de mídia, mais democratização e melhor controle social sobre os meios de comunicação (públicos e privados) em operação no país. Sem uma mídia plural e ativa, responsável por mais e melhores informações ao conjunto da população e tomadores de decisões, a democracia não pode se realizar plenamente.

12. Refundação do modelo político-partidário representativo e (re)institucionalização de modelos democráticos de cunho participativo e deliberativo para a manifestação pública de interesses coletivos, arbitragem e resolução de conflitos em arenas e processos democráticos, além de legitimação política das decisões acordadas. Para tanto, são necessárias medidas para uma reforma político-partidária que impliquem maior convergência entre representação parlamentar e representados, bem como maior alinhamento ideológico e programático entre partidos e eleitores. Neste campo, o financiamento público exclusivo e a baixo custo das campanhas eleitorais é primordial.

13. Refundação do Sistema de Justiça, com controle social público, transparência dos processos decisórios e substituição dos mandatos vitalícios por mandatos fixos, ainda que longos e estáveis. Neste âmbito, combate aos privilégios, injustiças e à corrupção, mas cientes de que a concepção neoliberal que tem sido predominante no Brasil criminaliza a política, legitima a adoção de leis, procedimentos e jurisprudências de exceção, prega a entrega do patrimônio público e dos serviços essenciais para o controle das grandes empresas privadas. Nesse campo, é preciso ter claro que a corrupção não diz respeito especificamente ao Estado e à dimensão política do poder, mas sim às relações espúrias que se estabelecem entre interesses privados/privatistas e o Estado/esfera pública. Desta maneira, a luta contra a corrupção deve ser concebida de modo subordinado ao aprofundamento do caráter democrático e republicano do Estado brasileiro. Por isso, é preciso proteger os processos de formação da soberania popular, da represen-

tação democrática e da opinião pública, frente ao domínio e à corrupção dos grandes interesses empresariais.

Em suma, com o conjunto de reformas sugeridas acima, o Estado nacional pode recuperar poder e centralidade em virtude de sua capacidade *sui generis* de mediar os diferentes interesses presentes na comunidade política para a construção de um referencial universalizante que se projeta no futuro. A história das nações desenvolvidas – e também das subdesenvolvidas – mostra que as capacidades e os instrumentos de que dispõe o Estado para regular o mercado, mediar a participação da sociedade na condução dos assuntos públicos e moldar o desenvolvimento têm importância decisiva em suas trajetórias de afirmação e construção nacional.

Neste campo, as lições históricas são inúmeras e inequívocas: quando as forças progressistas passam pelo poder sem mudar a estrutura do Estado, elas ficam permanentemente expostas aos riscos de serem capturadas por ondas autoritárias, conservadoras e neoliberais. O enfrentamento contra tais destituições sistemáticas deve se dar pela reconstrução de ideias e forças sociais que visem ancorar o Estado em novas bases, assentadas no aprofundamento permanente da soberania popular, na defesa diuturna da vontade geral da população, no combate sem tréguas às desigualdades de toda ordem e na busca incessante pela formação de uma opinião pública livre e plural, sem descuidar de manter e aprofundar os direitos de cidadania conquistados em 1988. Só assim poderemos enfrentar os sobressaltos e rupturas institucionais que, de tempos em tempos, colocam o país nas mãos de governos ilegítimos, ilegais e impopulares.

Referências

CARDOSO JR., J. C. (Org.). *A Reinvenção do Planejamento Governamental no Brasil.* Brasília: IPEA, 2011.

CARDOSO JR. J. C. (Org.). *Planejamento Brasil Século XXI: inovação institucional e refundação administrativa.* Brasília: IPEA, 2015.

CARDOSO JR., J. C. (Org.). *A Constituição Golpeada (1988-2018).* São Paulo: Fundação Perseu Abramo, 2018.

CARDOSO JR., J. C. *Desmonte do Estado no Governo Bolsonaro: menos república, menos democracia e menos desenvolvimento.* IN: AZEVEDO, J. S. G.; POCHMANN, M. (Orgs.). Brasil: incertezas e submissão. São Paulo: Fundação Perseu Abramo, 2019.

CARDOSO JR., J. C. (Org.). *Desmonte do Estado e subdesenvolvimento: riscos e desafios para as organizações e as políticas públicas federais.* Brasília: Afipea; Arca, 2019a.

CARDOSO JR., J. C. (Org.). *Mitos liberais acerca do Estado brasileiro e bases para um serviço público de qualidade.* Brasília: Afipea-Sindical; São Paulo: Quanta, 2019b.

CARDOSO JR., J. C. *Planejamento Governamental para Céticos: evidências históricas e teóricas no Brasil.* São Paulo: Ed. Quanta, 2020.

CARDOSO JR., J. C. Brasil *Rumo à Catástrofe: desmonte do Estado e condições para superação da crise.* IN: COSTA, M. A. N. (Org.). Qual o Caminho do Brasil? Instituições, cultura e política no século XXI. Curitiba: Appris, 2021.

CARDOSO JR., J. C. (Org.). *Reforma Administrativa Bolsonaro/Guedes: autoritarismo, fiscalismo, privatismo.* Brasília: Afipea; Arca, 2021.

CARDOSO JR., J. C.; BARBOSA DA SILVA, F. *Assédio Institucional como Método de Governo: definições, caracterizações e implicações para o setor público federal brasileiro.* IN: AVRITZER, L.; KERCHE, F.; MARONA, M. (Orgs.). Governo Bolsonaro: retrocesso democrático e degradação política. Belo Horizonte: Autêntica, 2021.

CARDOSO JR., J. C.; BARBOSA DA SILVA, F.; AGUIAR, M. F.; SANDIM, T. L. (Orgs.). *Assédio Institucional no Brasil: avanço do autoritarismo e desconstrução do Estado.* Brasília: Afipea, 2022.

CUNHA, A. S.; MEDEIROS, B. A.; AQUINO, L. M. (Orgs.). *Estado, Instituições e Democracia: república.* Brasília: IPEA, 2010.

DROR, Y. A *Capacidade para Governar: informe ao Clube de Roma.* São Paulo: Fundap, 1999.

GABINETE DE TRANSIÇÃO GOVERNAMENTAL 2022. *Relatório Final.* Brasília, dezembro de 2022.

MARQUES, R.; CARDOSO JUNIOR, J. C. (Orgs.). *Rumo ao Estado necessário: críticas à proposta de governo para a reforma administrativa e alternativas para um Brasil republicano, democrático e desenvolvido.* Brasília: Fonacate; Servir Brasil, 2021.

MARQUES, R.; CARDOSO JUNIOR, J. C. (Orgs.). *Dominância Financeira e Privatização das Finanças Públicas no Brasil.* Brasília: Fonacate; Servir Brasil, 2022.

MATUS, C. *Política, Planejamento e Governo.* Brasília: IPEA, 1996.

PINTO, E. C.; CARDOSO JR., J. C.; LINHARES, P. T. (Orgs.). *Estado, Instituições e Democracia: desenvolvimento.* Brasília: IPEA, 2010.

SÁ E SILVA, F.; LOPEZ, F. G.; PIRES, R. R. (Orgs.). *Estado, Instituições e Democracia: democracia.* Brasília: IPEA, 2010.

Parte IV
Entrevistas e palestras

ENTREVISTA

Cenários e desafios para o planejamento governamental[1]

José Celso Cardoso Jr.

FJP: *Agradeço formalmente a disponibilidade do Prof. José Celso e contextualizo que esta é uma entrevista que iremos utilizar na 1ª edição da revista Campo de Públicas: Conexões e Experiências. Por isso temos aqui conosco a Marina Malta, que tem construído este processo da revista. Hoje iremos conversar sobre o tema Cenários e Desafios para o Planejamento Governamental. Já algum tempo temos falado um pouco sobre o declínio e a necessidade da retomada da agenda governamental no Brasil. Que elementos você destacaria na construção histórica do planejamento no Estado brasileiro, quais as promessas foram cumpridas e como chegamos no estágio de perda de centralidade dessa agenda?*

Agradeço o convite e oportunidade e parabenizo a iniciativa de criação e recriação da revista no âmbito da FJP, um instrumento importante de registro histórico, mas também de referência para o debate público sobre temas que são muito caros para nossa formação teórica, para nossa formação histórica. E esse tema do planejamento, em particular, é muito relevante justamente pelo fato de que nós estamos vivendo uma crise de proporções alarmantes no Brasil.

---

1 Entrevista concedida a Matheus Arcelo F. Silva, pela Escola de Governo da Fundação João Pinheiro de Minas Gerais, com suporte de Marina Malta Araújo Pessoa (EG/FJP), no dia 01 de julho de 2021 para o relançamento da Revista Campo de Públicas, V. 1, N. 1 (2022): Edição Especial sobre Planejamento - ISSN: 2764-6009.

Justamente em momentos de crises profundas como estas que estamos vivendo, porque não se trata apenas de uma crise econômica, mas uma crise social imensa, uma crise sanitária jamais vista na história brasileira, justamente nestes momentos é que o Estado, e por meio do planejamento governamental, se torna mais relevante: para organizar de maneira menos traumática ou mais racional o processo de enfrentamento da crise, o processo de saída e de superação da crise. Então parabenizo e faço votos de que a revista tenha longos anos pela frente.

Bom, o que é o *planejamento governamental*, entendido como uma função intrínseca, indelegável do Estado. O planejamento é um processo técnico-político. Um processo dotado de instrumentos técnicos, instrumentos de produção de diagnósticos, de explicação situacional das realidades econômicas, sociais, ambientais etc. Mas também é um processo de natureza política, ou seja, ele exige um comprometimento dos dirigentes políticos, dos dirigentes públicos, no sentido de entender a relevância desta função estatal, desta função pública, desta função governamental, para conferir a ela uma centralidade capaz de transformar este instrumento em um instrumento de gestão, em um instrumento útil, de organização, de racionalização da ação do Estado e de prospecção acerca das trajetórias e das estratégias de crescimento e de desenvolvimento, ou de enfrentamento da crise, como mencionei no início.

No caso brasileiro, o planejamento data de muitos anos, seguindo uma trajetória e uma tendência de estruturação institucional que vem desde os anos 30 do século XX. Já tem, portanto, quase 100 anos de experiência histórica, passando por altos e baixos ao longo do período. O seu período de estruturação histórica inicial, que começa nos anos 1930, se aprofunda no pós-guerra nos anos 1950 e 1960, com a criação de estruturas governamentais específicas de planejamento. O Ipea, por exemplo, que foi criado nos anos 1960, e várias entidades de planejamento ao nível dos estados da federação, são criados na mesma época, vários instrumentos de planejamento são desenvolvidos e aperfeiçoados ao longo desse período e desse processo, como técnicas de prospecção, de construção de cenários, de formulação de políticas e de programas de intervenção, de orçamentação e financiamento de projetos. Então, esse período todo compreende basicamente 50 anos, dos anos 1930, com aprofundamento importante nos anos 1950 e 1960, com uma prática bastante exitosa do ponto de vista dos objetivos previstos ou perseguidos pelos planos dos anos 1960 e 1970, ainda que em um contexto autoritário no caso brasileiro, mas exitoso do ponto de vista da realização de objetivos planejados previamente. Esse processo vai até o final dos anos 1970, começo dos anos 1980. É um processo largo que eu chamo de *institucionalização da função planejamento* no Brasil.

A partir dos anos 1980, com a guinada ideológica que o mundo observa, vivencia nesta época, de uma fase centrada na relevância do Estado como agente e promotor do desenvolvimento, um período que vem desde o pós-guerra até os anos 1980, essa fase é substituída por um período de Estado mínimo, de ideologia neoliberal, que obviamente torna o Estado apequenado para essa mega tarefa da criação das condições do desenvolvimento. E por meio deste apequenamento do Estado, o enfraquecimento das capacidades estatais de condução dos projetos de desenvolvimento, ocorre também o desmonte da própria função planejamento, já que o Estado mínimo apregoa a desnecessidade do Estado, a desnecessidade do planejamento como guia para o desenvolvimento econômico e social nacional. Então, essa fase de declínio do planejamento, é observada no mundo todo neste período que vai dos anos 1980 até praticamente o começo dos anos 2000, portanto 20 ou até mais de 20 anos em alguns casos, acometendo inclusive o Brasil. Ocorre que no caso brasileiro, esse período de declínio do protagonismo do Estado, de emergência de uma ideologia liberal e, portanto, de desmonte da função de planejamento, coincide com a redemocratização do Brasil, processo que culmina com a Constituição de 1988, que por sua vez é dotada de uma série de elementos que exigem o protagonismo do Estado, uma série de elementos que apontam para um projeto de desenvolvimento.

A Constituição de 1988 é chamada de *constituição dirigente* por isso, porque ela busca dirigir um projeto de desenvolvimento, e cria, portanto, instrumentos que seriam em tese necessários, ainda que não suficientes, para esta tarefa. Dentre estes instrumentos, a CF de 1988 cria os instrumentos de planejamento governamental: o Plano Plurianual (PPA), a Lei de Diretrizes Orçamentárias (LDO) e a Lei Orçamentária Anual (LOA) são instrumentos criados em 1988 pela Constituição para organizar o processo de planejamento, em um *contexto democrático*, já que isto é reflexo do processo de redemocratização no país, e em um contexto de maior participação da sociedade nas decisões políticas da nação e dos governos etc.

Então há, no caso brasileiro, sobretudo ao longo dos anos 1990 e 2000, um grande embate em torno da função planejamento, em torno da visão de Estado, em torno da visão de futuro e de desenvolvimento. De um lado, a ideologia liberal, que fora dominante no mundo e na América Latina ganha força no Brasil. Os governos eleitos nos anos 1990 no Brasil são governos alinhados à ideologia liberal de Estado mínimo e à desnecessidade de planejamento e isto ajuda a explicar um pouco o deslocamento da função planejamento para uma função considerada mais técnica ou operacional da gestão pública, já que a gestão passa a ser considerada pela ideologia liberal como a fonte de solução ou a fonte de resolução dos problemas do Estado. Então, a reforma gerencialista dos anos 1990 com o governo Fernando Henrique é claramente uma reforma que busca deslocar o peso e a atuação do Estado para uma condição de Estado mínimo. E com isso a própria função planejamento e o PPA, que era seu principal instrumento, passam a ser minimizados, subalternizados em relação às funções da gestão pública, onde se concentra a ênfase da reforma gerencialista, e as funções do próprio orçamento. A função orçamentação pública, que é uma função também intrínseca do Estado, passa a predominar sobre a função planejamento governamental.

Então, no caso brasileiro, os instrumentos que haviam sido criados em 1988 para o planejamento acabam sendo reféns dessa ideologia liberal e por isso acabam sendo convertidos em instrumentos da gestão e do orçamento, e não o contrário, como apregoa a boa teoria do planejamento e que pressupõe a ideia de planejamento como um processo que antecede e orienta a ação pública. Logo, o orçamento e a própria gestão pública deveriam ser, elas sim, subsidiárias, complementares, operacionais do planejamento. O que acaba acontecendo no Brasil é o contrário, é o planejamento que acaba servindo como um instrumento técnico e operacional do orçamento e da gestão. Isso subverte a lógica teórica e histórica do planejamento. Ou seja, o conteúdo estratégico do planejamento acaba sendo esvaziado de sentido. No seu lugar emerge um conteúdo tecnicista, economicista, muito vinculado à ideia de finanças públicas equilibradas, de orçamento equilibrado, que são ideias do pensamento econômico neoliberal. Que são ideias que apequenam a capacidade do Estado, apequenam o horizonte de ação do Estado.

Nos anos 2000 temos uma terceira fase neste processo histórico, que é uma fase de recuperação das capacidades do Estado como ator relevante do desenvolvimento e com isso a recuperação do próprio planejamento governamental. Vários planos setoriais são deflagrados neste momento, há uma tentativa de recuperar a capacidade de investimento do Estado e isso só é possível por meio da recuperação do planejamento de médio e longo prazos. Isto está muito claro nos documentos setoriais desta primeira década de 2000, na área de energia, petróleo, comunicação, mineração, direitos humanos, educação, saúde etc., quando é possível listar muitos documentos setoriais que jogam luz sobre o futuro, sobre a necessidade de romper com a visão neoliberal do Estado mínimo e com as amarras orçamentárias e de gestão pública que haviam aprisionado a capacidade do Estado de se projetar para frente, de redirecionar a ação para um projeto de desenvolvimento.

Isso encontra muita aderência no que acaba acontecendo nos anos 2000, nesta primeira década. Há obviamente um movimento que é contraditório, em termos de sucessos e fracassos desta tentativa. Há sucessos muito claros no sentido de reconverter o próprio PPA, o plano plurianual, em um instrumento central do planejamento e da organização da ação do Estado. Mas isso encontra muitos limites, no sentido de romper com normativos que haviam sido criados já nesta época e que aprisionavam as finanças públicas à visão curto-prazista, liberal do ponto de vista econômico. Isso acaba limitando a capacidade de recuperação da função planejamento.

Esse processo vai seguindo até o golpe de 2016, quando há uma reversão completa da estruturação da função planejamento que havia então se buscado recuperar no início dos anos 2000. Essa reversão inaugura uma quarta fase da história institucional do planejamento no Brasil. Do ponto de vista não só federal, pois também há rebatimentos em estados e municípios, esta quarta fase que a gente está vivendo hoje, data de 2016 para cá, e está composta basicamente por três elementos. Um conjunto de mudanças paradigmáticas da forma de organizar e fazer funcionar o Estado. Mudanças que eu chamo de *abrangentes*, *profundas* e *velozes*. Estas são as três características deste período recente.

São mudanças *abrangentes* porque perpassam várias áreas da ação governamental. Não é algo restrito apenas à dimensão econômica, de gestão de política econômica, ou de gestão de alguma política setorial específica. Pelo contrário, busca-se reinstaurar uma lógica e uma visão neoliberal para a condução do Estado, neste caso não só para condução das ações do Estado, mas também uma visão neoliberal, e, portanto, reducionista da capacidade de ação do Estado e do planejamento, uma visão de reorganização da estrutura estatal e das suas formas de relação com o mercado e com a sociedade.

São mudanças *profundas*, em segundo lugar, porque como eu disse buscam não apenas alterar mecanismos instrumentais de funcionamento do Estado, mas sim a própria essência de seu funcionamento, deslocando o Estado da sua centralidade estratégica e colocando no lugar os agentes de mercado: a lógica capitalista de acumulação como guia da ação do Estado.

Por fim, em terceiro lugar, são mudanças muito *rápidas*, que vêm acontecendo de 2016 para cá por meio de uma estratégia de aprovação célere, de modo até autoritária, sem debate público adequado, sem embasamento teórico-histórico adequado. Vão acontecendo através de medidas constitucionais e infraconstitucionais que alteram completamente o desenho do Estado e muito fortemente seus próprios instrumentos em uma linha contrária, praticamente oposta à que havia sido concebida na própria Constituição de 1988. Uma linha de reduzir o raio de ação e a própria capacidade de atuação do Estado, colocando no lugar – como eu disse – estímulos, sinais e instrumentos de mercado.

É nesta quarta fase que a gente se encontra. Em meio agora à maior crise econômica, social, sanitária que talvez o Brasil tenha vivido desde o seu início como República. Essa crise encontra o Estado descapacitado para atuar contra a crise, para atuar de modo mais planejado, prospectivo, orgânico, integral, sistêmico. Tudo em nome de uma ideologia liberal, reducionista do peso e da atuação do Estado, que como já mencionamos não encontra aderência, respaldo, nem teórico, muito menos histórico, na experiência recente dos países. Basta ver que, do ponto de vista internacional, justamente para enfrentar o acúmulo de crises que estamos vivendo no mundo todo, os Estados nacionais romperam com esse paradigma neoliberal. Recuperaram capacidade do Estado por meio do planejamento para enfrentar a crise. E o Brasil está indo na contramão desde movimento.

Este é o quadro histórico-institucional mais geral.

FJP: *Há pouco mais de meia década o país tem vivenciado diversos processos de fricção institucional e, mais recentemente, um ataque mais aberto ao estado democrático de direito e à Constituição Federal de 1988. Como você vê a relação entre planejamento, democracia constitucional e capacidades estatais?*

Para responder esta pergunta, é preciso entender que em 1988, por ocasião da Constituição Federal, se configurou uma tentativa de tornar o planejamento um processo permanente, contínuo, dinâmico dentro do Estado. Se buscou institucionalizar a função planejamento em um contexto democrático. É o que representa a Constituição de 1988. Isto porque o planejamento que era conhecido até então, do surgimento e desenvolvimento do planeamento – da década de 1930 até 1980 – é de natureza muito econômica, até mesmo economicista, e discricionária. Portanto, é um planejamento autoritário, ainda que vigente em contextos democráticos. Não era necessário que os governos fossem abertamente ou assumidamente autoritários, como aconteceu no Brasil no regime militar, para que o planejamento tivesse essa índole autoritária: impositiva, discricionária etc. Veja que o próprio planejamento realizado durante o período de Juscelino Kubistchek, em um contexto democrático, é um planejamento altamente discricionário, economicista, impositivo e, portanto, isto caracteriza o planejamento como autoritário: sem participação da sociedade e sem se preocupar muito com os transbordamentos negativos decorrentes desta intervenção predominantemente econômica. As questões ambientais, por exemplo, não faziam parte do planejamento. Mesmo as questões sociais eram entendidas como questões subalternas à economia. Supunha-se à época que a solução da questão econômica resolveria a questão do emprego e, portanto, a questão social.

Passados vários anos de implementação de projetos de crescimento econômico, se começou a ver que o planejamento com estas características não era suficiente para produzir desenvolvimento. Surge naquela época o debate sobre o fato de que crescimento econômico é uma coisa e desenvolvimento é outra. Ainda que o primeiro seja necessário, não era suficiente para alcançar o segundo. E o planejamento tinha muita responsabilidade em relação a isso. Então, os anos 1980, que foram anos de crise do Estado, de crise do planejamento, de emergência de uma ideologia liberal, são por outro lado, no caso brasileiro, um período de redemocratização da sociedade. Portanto, um período de re-emergência de temas e atores sociais que estavam ausentes do debate público durante a ditadura. Então surgem ou renascem os sindicatos, os partidos políticos, as organizações não governamentais. Surgem trabalhos que buscavam chamar atenção para a necessidade de repensar o Estado de um modo menos patrimonialista, menos distanciado da população, menos centralizado em Brasília. Esse debate todo da redemocratização e da republicanização do Estado, contamina (no bom sentido) o debate constituinte e isso acaba se revertendo no desenho que estes instrumentos de planejamento, de ação do Estado, acabaram tendo na Constituição. Estes instrumentos são concebidos para reduzir o raio de discricionariedade, de autoritarismo, de imposição autocrática via planejamento em relação ao mercado e em relação à sociedade. Então o planejamento deixa de ser uma função externa, coercitiva, discricionária, a cargo dos governos de ocasião, e passa a ser um processo de gestão, um processo contínuo.

Por isso [o planejamento] está previsto para ser executado constitucionalmente, portanto obrigatoriamente, a cada quatro anos pelos governos que se elegem. O primeiro ano de governo é destinado a transformar o seu projeto eleitoral de governo em um plano de ação. E o último ano do plano anual, que coincide com o primeiro ano de mandato do governo subsequente, é uma tentativa de criar um processo contínuo, sem rupturas drásticas, entre um processo de planejamento e outro, ainda que seja possível e legítimo observar mudanças de reorientação, de prioridades, de alocação de recursos etc. de um governo para outro. Isso é parte da democracia e o PPA não deveria ser uma peça autocrática que enquadrasse e engessasse os governos eleitos. Pelo contrário, deveria ser um instrumento por meio do qual os governos eleitos realizariam os seus planos programáticos. O PPA foi, portanto, um instrumento criado para conviver com a democracia. Era o formato de planejamento, desenhado, vislumbrado à época, que faria esta conexão entre plano de governo eleito periodicamente e capacidade de implementação do plano pelo governo eleito de modo não autocrático, não impositivo, mas negociado, democrático.

Por que eu me refiro a planejamento democrático? Porque ele não é elaborado e implementado só pelo poder executivo. Ele exige uma tramitação legislativa. Isto é, exige-se que o plano, uma vez elaborado pelo executivo, seja apresentado ao parlamento: no caso do governo federal ao Congresso Nacional; no caso dos estados às Assembleias Legislativas; e até mesmo no caso dos municípios às Câmaras de Vereadores. Ou seja, o planejamento é submetido ao poder legislativo em cada nível da federação para que seja submetido ao crivo da democracia representativa. Deputados e vereadores eleitos são quem, em nome do povo, ajustariam e validariam, no final das contas, o plano. Este era o desenho teórico concebido em 1988 para garantir não só participação democrática e popular no planejamento, mas também para garantir legitimidade política para a sua implementação. Assim, uma vez que o PPA tivesse passado pelo parlamento, ele teria recebido a chancela do arranjo político institucional-democrático concebido em 1988. A partir deste momento da aprovação legislativa do PPA, os governantes teriam seus planos de governo referendados democraticamente pelo parlamento e, portanto, estariam autorizados a implementá-los, cumprindo o que estivesse previsto no plano.

Então vejam, o PPA é um instrumento cuja aposta teórica, normativa e institucional era de promover justamente esta *virtuose* entre planejamento e democracia, rompendo com uma ideia que havia até então – e que continua presente hoje – de que só é possível fazer planejamento com governos autoritários ou totalitários. Estava, a partir deste momento, demonstrada a possibilidade de criar instrumentos capazes de estabelecer a ação do Estado em contextos democráticos de governança, em alternância de poder. A engenharia pensada era muito sofisticada.

O que eu acho que deu certo e o que deu errado neste período, dos anos 1990 para cá? Como eu disse, este instrumental, esta concepção, foi colocada à prova, porque não se conferiu à função planejamento a centralidade política necessária para a sua realização plena. Quando eu menciono a falta de centralidade, eu me refiro ao fato de que os governos dos anos 1990, de índole neoliberal, não acreditaram na função planejamento. Aliás eles não acreditavam no Estado como instrumento necessário ao desenvolvimento. Compartilhava-se a ideia dominante à época, fora e também dentro do Brasil, de que o mercado resolveria o problema do crescimento econômico e do desenvolvimento e ao Estado caberia atuar apenas subsidiariamente, complementarmente ao mercado.

Essa visão política dominante à época conflitava com o desenho institucional concebido na Constituição. Não à toa, desde a Constituição para cá, o que se vivencia no Brasil é um conflito muito intenso entre os defensores dessa visão liberal, que estão novamente no poder agora, com os defensores de uma visão mais centrada no Estado ou mais desenvolvimentista, no sentido clássico do termo. Visão esta, para a qual, o Estado e o planejamento são fundamentais.

Então, na verdade, não é que o planejamento está fadado ao fracasso na democracia. Muito pelo contrário, ele demonstrou ser um instrumento potente e capaz de conciliar estas duas coisas – *desenvolvimento* e *democracia* – porque justamente no momento histórico em que isto foi colocado em ação, isto é, na primeira década de 2000, houve resultados muito expressivos do ponto de vista da entrega de bens e serviços da população; do ponto de vista de resultados econômicos e sociais neste período. Basta dar um número para exemplificar. Veja que nesta década, entre 2004 e 2014, é o primeiro período em toda a história brasileira em que se verificou uma combinação virtuosa entre crescimento da renda per capta e decrescimento do índice de Gini. Isto é, foi possível, por meio do planejamento e do protagonismo do Estado, combinar dois fenômenos, dois resultados, que são buscados por todos os países que visam superar o subdesenvolvimento ou atingir patamares superiores de desenvolvimento. Quais são estes resultados? Uma combinação de crescimento da renda das pessoas, em todas as faixas de renda, com a redução das desigualdades econômicas, sociais, regionais etc. Isso efetivamente foi obtido no Brasil, nesse período em que a constituição se fez mais presente como instrumento e como guia de ação do Estado. Demonstrou-se, empiricamente, portanto, a possibilidade de se combinar *planejamento* com *democracia* e *desenvolvimento*. Entendendo o planejamento, evidentemente, como uma das capacidades estatais relevantes para o desenvolvimento.

Empiricamente, também ficou demonstrado de 2015 para cá, que o liberalismo não é capaz de fazer isso. O advento do neoliberalismo, de 2015 para cá, demonstrou que sem o Estado o mercado não é capaz de, sozinho, resolver o problema do crescimento, do emprego, do rumo estratégico do país. O país está à deriva. Então, o desmonte das capacidades do Estado, dentre estas, do planejamento governamental, estão na raiz da explicação do fracasso do projeto liberal-conservador que está em curso no Brasil. Historicamente, portanto, fica demonstrada a potencialidade do arranjo teórico institucional que estava previsto na Constituição de 1988, já que houve dois momentos contrafactuais importantes para explicar isso: os anos 1990 e novamente agora, com o predomínio do neoliberalismo, o Brasil patinou em todos os indicadores econômicos sociais. E foi justamente o momento em que o planejamento teve menos centralidade política e programática. E, ao contrário, no período em que isso aconteceu, foi quando os resultados foram os mais expressivos da nossa história recente. Então eu acho que fica demonstrada a virtuosidade do arranjo que se pensou em 1988, que infelizmente não foi complementado na sua totalidade.

FJP: *Neste exato momento 5570 municípios estão preparando seus planos plurianuais. Como você vê o papel do município no planejamento governamental? O que viemos fazendo corretamente e o que precisamos mudar nesse âmbito?*

Essa é uma excelente pergunta, porque ela não tem ainda uma resposta. O que eu quero dizer é que minha resposta pode ser um tanto contrária ao senso comum, ou à visão que está em construção de modo dominante no Brasil. A Constituição de 1988, mais uma vez, é um marco importante nessa questão. Ela buscou descentralizar poder, recursos e atribuições para os entes federados. Ela tentou descentralizar a responsabilização dos estados e municípios em políticas públicas. Na segurança pública, no âmbito dos estados; na educação, saúde e assistência social, no âmbito dos municípios. Ao mesmo tempo, para isso, fez uma espécie de reforma tributária, descentralizando, criando impostos para os âmbitos estadual e municipal, e descentralizando poder tributário. Criou inclusive fundos de participação dos estados e dos municípios. Ou seja, junto com a descentralização de atribuições, a Constituição também promoveu a descentralização tributária e, portanto, também a descentralização de poder político, já que agora os prefeitos todos seriam eleitos pelo voto popular e teriam a missão de produzir os seus próprios planos municipais, para realizar os seus projetos específicos de desenvolvimento local.

Eu acho que isso não deu certo. Apesar do desenho teórico institucional ser interessante, na linha da descentralização de poder, atribuições e recursos, que seriam realmente necessários para fortalecer a federação brasileira, na prática isso não deu tão certo quanto pensado. Em parte, pelos motivos que já discutimos, decorrentes da falta de centralidade política do planejamento, que foi observada também no nível estadual e municipal, com proeminência sobretudo do orçamento sobre o planejamento e sobre a própria gestão pública. Mas em parte porque no nível subnacional há problemas muito mais graves a serem enfrentados. Ou, dito de outra maneira, há necessidade de estruturação de capacidades estatais municipais, e também dos estados, muito mais complexas e grandes do que no nível federal. Em Brasília, poucos servidores são necessários para elaborar as diretrizes gerais que serão implementadas nos estados e municípios por meio das políticas públicas. Temos ainda esta tradição de alta centralização do poder decisório no governo federal, de comando, inclusive em termos de transferência de recursos, do nível federal para os demais. Como ainda existe essa proeminência muito grande do nível federal para os outros níveis, é muito mais fácil fazer bem-feito no nível federal. Mas quem tem que implementar as políticas são os estados e municípios. Então, as capacidades estatais necessárias para os municípios implementarem as políticas públicas não estavam desenvolvidas, sequer tinham sido criadas a contento quando a Constituição foi aprovada. Esse vem sendo um processo muito lento, inseguro, contraditório, não terminado ao longo desses trinta e tantos anos de Constituição. De modo muito concreto, há uma imensa heterogeneidade municipal em termos de capacidade de formulação de políticas e implementação. Tais problemas de baixa capacidade no nível municipal convivem ainda com problemas históricos, arcaicos, do Brasil. O patrimonialismo, o nepotismo, o clientelismo estão muito mais presentes no município do que nos estados e na união.

Eu mencionei aqui pelo menos três níveis de problemas que dificultam muito o bom desempenho dos municípios do ponto de vista do planejamento e da execução das políticas. A questão da centralidade política-institucional do planejamento, que vem dos três níveis, mas no nível municipal é muito claro, a ponto de que neste nível os prefeitos contratam escritórios de contabilidade especializados para elaborar o PPA. Ou seja, quantos são os municípios brasileiros hoje que possuem recursos para produzir seus próprios PPAs? Pouquíssimos. A maior parte contrata de fora, de consultoria ou escritórios de contabilidade.

A baixa centralidade política repercute em um segundo nível de problemas, as baixas capacidades estatais no nível municipal. Não há funcionários permanentes, estáveis, de carreira, vigora ainda em muitos municípios uma lógica patrimonial-oligárquica de ocupação dos cargos públicos. Baixa capacidade de gestão, de planejamento, com pouco acúmulo, muita cópia do governo federal. E um terceiro nível de problemas são estes atávicos da sociedade brasileira, do Estado brasileiro, que estão mais presentes no nível municipal.

Há um quarto aspecto importante para mencionar. Os municípios efetivamente têm menos capacidade tributária e orçamentário-financeira própria do que os estados e a união. Ou seja, o raio de manobra tributária e fiscal dos municípios é muito menor. Eles dependem muito das transferências da união. Veja que temos 5.570 municípios. Destes, dois terços pelo menos recebem mais recursos da União e dos sistemas de proteção social que vêm da união do que de sua capacidade própria de criação de tributos. Embora os municípios possam criar impostos próprios, eles não conseguem implementar. Eles mal conseguem aumentar a alíquota de IPTU, que é um imposto municipal importante. Então, quer dizer, eles são muito dependentes do ponto de vista orçamentário-financeiro da União; mais do que dos estados.

Então estes quatro problemas são muito pesados para transferir para os municípios a responsabilidade por produzir bons PPAs, mais ainda por implementá-los. Por isso eu vou dizer algo que vai totalmente contra a corrente dominante no assunto. Em função destes problemas, que para mim são estruturantes da fragilidade das administrações municipais, e que para serem enfrentados exigiriam não só um longo período de tempo, mas também uma compreensão de todos os níveis da federação sobre a necessidade de enfrentar estes problemas – para capacitar de um modo melhor, vale dizer, política, tributária e institucionalmente os municípios – a tarefa dos municípios em relação ao PPA acaba sendo inócua. Tem muito mais chance de dar errado do que de dar certo. Essa é a realidade, infelizmente.

O que eu acho é que era preciso retirar dos municípios a responsabilidade por fazer os próprios PPAs. Mas não porque eu considere que os municípios sejam incapazes de fazer. E talvez retirar os enfraqueça mais ainda na relação federativa. Ocorre que, para de fato a construção do PPA municipal ser algo que faça sentido para o município, para a microrregião, que dialogue com o plano dos estados, com o plano federal, é preciso enfrentar esses quatro problemas, que são condição necessária, mas não serão resolvidos do dia para a noite. A gente então está em uma espiral negativa em relação a este assunto que dificulta sua solução. Ou seja, quanto mais se insiste que os municípios realizem seus PPAs próprios, mais se reforçam os quatro problemas.

Então, o meu argumento é que estes quatro problemas têm uma magnitude tão pesada ainda para os municípios que faz com o que o PPA, que deveria ser instrumento de oxigenação das municipalidades e articulação com os estados e entre os municípios, acaba sendo só uma peça burocrática que precisa ser cumprida para satisfazer os tribunais de conta. Então o planejamento não serve para nada, não funciona, não importa, essas coisas todas que vão virando verdade nas mesas de bares, o que piora a situação do planejamento municipal.

Para concluir, não é que eu sou contra, sou super a favor dos municípios fazerem bem-feito os seus PPAs. Mas não vão fazer, se estes problemas não forem resolvidos ao longo do tempo. Isto é condição necessária para o planejamento municipal se tornar objetivo, crível, confiável. E obviamente, para finalizar este assunto, não dá para ter planejamento municipal desconectado do planejamento microrregional, do planejamento que os estados deveriam promover e das orientações mais gerais de um suposto planejamento nacional. Essas coisas têm que estar conectadas do ponto de vista territorial e setorial. Senão fica uma esquizofrenia que é o que a gente efetivamente tem hoje.

FJP: *O planejamento central muitas vezes se mostrou incapaz de lidar com a complexidade da realidade social. Você já trouxe alguns elementos sobre isso. Como um aprofundamento, como você vê o planejamento vis-à-vis à descentralização horizontal e vertical, neste caso, o federalismo, no Estado brasileiro?*

Os mesmos quatro problemas que eu mencionei para os municípios, guardadas as proporções, também estão presentes nos estados. Obviamente, é preciso qualificar caso a caso. Você tem estados onde tudo está mais organizado e estados que são praticamente iguais aos municípios em termos de capacidades. O que eu acho é que o Brasil tinha que assumir uma tarefa, que tem que começar de cima, do nível federal, de criar um sistema nacional de planejamento. Em uma futura revisão da Constituição ou quando uma nova coalizão política progressista, que tenha clareza destes problemas, assumir o governo, precisa partir para a tentativa de normatizar e normalizar este sistema.

Bom, um *sistema nacional de planejamento* tem que ser capaz de realizar uma série de funções e tarefas. A primeira delas é a de promover, de produzir de fato, com a participação da sociedade, com interlocução com o congresso, de modo dinâmico, participativo, democrático, enfim, produzir uma visão de desenvolvimento, uma visão de futuro. Quer dizer, não dá para começar a fazer planejamento, criar regra de como tem que funcionar o monitoramento, fazer a prestação de contas, se não tiver uma visão de como fazer tudo isso. O planejamento não é um fim em si mesmo. O planejamento é um instrumento que governos têm à disposição para orientar sua ação estratégica. E a estratégia é sempre uma ação para o futuro, uma ação para a frente.

O nível federal é que é responsável por isso, por criar a visão de futuro, por pactuar as grandes diretrizes de transformação da nossa sociedade. O que o Brasil quer ser ainda no século XXI? A gente quer ser um país minimamente civilizado? Então temos que enfrentar a desigualdade, combater a pobreza, preservar o meio ambiente, valorizar a democracia, os direitos humanos. Não é difícil de definir os grandes objetivos nacionais, aparentemente. Achávamos que isso estava claro. Ou seja, o nível federal tem que ser responsável por isso. Não por detalhe de quem faz o quê, quando, onde. Isso quem faz são os estados e os municípios, que é onde a vida se realiza. Onde a vida acontece? É nos municípios. Então realmente é aí que tem que estar o trabalho de empoderamento da sociedade, do planejamento, da gestão, tudo isso tem que estar no nível municipal. Não adianta estar no nível federal se não tem repercussão para baixo. A união não faz nada, não resolve nada. Ela tem que ser responsável por dar o rumo, criar os princípios, os objetivos nacionais, as condições materiais mínimas e simbólicas que levam o país ao desenvolvimento.

Isso é, ou deveria ser, o planejamento no nível federal. Os governos deveriam se suceder aperfeiçoando esse processo de projeção da imagem desejada do desenvolvimento no futuro. É isso que a China faz, nos tais planos quinquenais, que projetam o país de cinco em cinco anos para os próximos cinquenta anos. Se não fizer isso não sai do lugar. Só para exemplificar isso. Nos anos 1980, o Brasil era muito mais vanguarda e desenvolvido do ponto de vista do crescimento, da integração, da população, do que a China. Com 30 anos eles vão passar os Estados Unidos. Já passaram o Brasil, todo mundo, e estão disputando com os Estados Unidos. Por quê? Porque fazem planejamento de longo prazo. Isso quem faz é a cúpula mesmo, não tem jeito. É o nível federal que faz isso.

Bom, do ponto de vista vertical e horizontal. O planejamento tem que seguir pelo menos quatro atributos ou dimensões, que precisam ser valorizadas para frente. Primeiro é a coordenação. A coordenação é uma subfunção do planejamento. E por coordenação eu me refiro à *coordenação intragovernamental*, que é o que dá coesão e coerência, e a *coordenação interinstitucional*, tanto setorial quanto territorial. Esta coordenação precisa ser construída, política e tecnicamente. É o Matus quem explica bem isso. O Carlos Matus. O triângulo de governo do Carlos Matus é isso. Em cima do triângulo você tem o plano de governo. E você tem dois níveis de coordenação necessários. Um que ele chama de governabilidade e outro que ele chama de governança. O primeiro é a dimensão político-institucional, a pactuação que é necessária fazer com a sociedade, por meio do Congresso, e diretamente, por meio de instrumentos de democracia participativa e deliberativa. Estamos longe de realizar. O outro pé é a coordenação intra e intergovernamental. Intra, que é com o governo e inter que é a federativa. Ambas precisam ser construídas. Sem isso não tem planejamento, o planejamento não se efetiva. Sem isso o planejamento é só um livro bonito na estante. Mas o planejamento não é um livro bonito na estante, é um processo técnico-político de implementação de determinadas ações do Estado.

Além da coordenação entendida nesses dois níveis, tem mais alguns atributos. Outra coisa importante é a *participação social*, ou seja, a democracia como método de governo. O planejamento não pode ser uma coisa autocrática, uma coisa externa e coercitiva à sociedade, uma peça impositiva junto à sociedade ou ao mercado. Porque não dá certo. Já se demonstrou historicamente. Porque gera tanta externalidade negativa que anula os benefícios de uma suposta intervenção pública qualquer. Veja Belo Monte, Itaipu ou qualquer projeto de intervenção feito de modo autocrático, autoritário, de fora para dentro, de cima para baixo. Está fadado ao fracasso. A palavra-chave aqui é legitimidade. Então o plano como projeto e o planejamento como processo só se efetivam de fato, só criam raízes, só geram externalidades positivas se tiverem sido feitos não para a sociedade, mas com a sociedade. Ou seja, é preciso ter *aderência social* e *legitimidade política*.

Então os atores envolvidos em qualquer intervenção precisam ser chamados ao planejamento. Não adianta fazer como em Brumadinho, que derruba tudo, mata um monte de gente, e aí monta uma intervenção que não só não indeniza as famílias, o que é uma tragédia, como não traz ninguém para dialogar. Fica tudo ali, de novo, aquele planejamento impositivo. Vai dar errado. Não vai ser uma solução sustentável. E quando a gente fala sustentável são em três níveis. Não só sustentável do ponto de vista ambiental, mas sustentável do ponto de vista humano. E sustentável do ponto de vista produtivo, que é o que essas pessoas querem. Voltar a produzir, viver do trabalho, da própria renda. Elas não querem viver em um hotel no resto da vida, lá em Mariana, recebendo renda da Vale do Rio Doce. Nenhuma daquelas pessoas quer isso. Então, a democracia tem que ser levada a sério. Não é só um princípio teórico da teoria política. Ela é um método de governo. É uma forma de fazer as coisas.

Então, coordenação política. Democracia é um segundo fundamento. Estou falando do futuro. E em terceiro lugar, e por fim, tem que ter clareza sobre qual é o peso e o papel do Estado, de modo geral, nisso tudo. Porque o planejamento pode ser feito, tudo isso que eu falei pode ser feito por um Estado mínimo. Pode ser feito para o mercado implementar. Só que a gente sabe, pela história mundial, que o capitalismo, quer dizer, os arranjos econômicos em que o mercado domina as ações do Estado, são lugares que geram muitas externalidades negativas. O meio ambiente está destroçado, a sociedade paupérrima, superexploração do trabalho, um monte de problemas. Vai continuar sendo capitalismo, então tudo bem. Mas tem que ter clareza sobre a necessidade de um Estado forte, ativo e capaz. O Estado tem que ser forte, para impor, inclusive contra interesses particulares, um interesse geral. É disso que se trata né? Estado é poder. E poder é violência. Em vários níveis. Tanto simbólica como real. Então o Estado tem que ser forte para isso, para poder impor, contra interesses particulares, poderes gerais. O Estado brasileiro é forte. Só que ele faz o contrário. Ele é forte para impor interesses particulares sobre interesses gerais.

Nós precisamos do contrário disso. Ele tem que ser ativo. Além de forte, ter capacidade, tem que ser ativo. Não é um Estado só reativo aos problemas. Senão, acontece Brumadinho, corre atrás. Pandemia, deixa quieto. Não é um Estado passivo, reativo. É um Estado ativo. Ele sabe o que ele quer e corre atrás. Ele tem instrumentos. Ele não tem só *capacidades estatais* clássicas: capacidades políticas, administrativas, financeiras, tributárias, legislativas ou o poder constitucional. Ele tem também *instrumentos*. Aí não dá para ser ideológico. Instrumento é empresa estatal. Não dá para defender privatização quando o mundo todo está fazendo o contrário. Tem que ter estatal. Estatal em setor estratégico é um instrumento de ação e de transformação. De ação do Estado e de transformação da realidade que nenhum país sério do mundo abre mão. Então tem que ter estatal, tem que ter poder tributário, tem que taxar os ricos.

Tem que ser ativo. Ativo é isso. E ativo é planejamento, claro. Planejamento proativo e propositivo. Que quer transformar, que quer enfrentar problemas. E o planejamento que estamos executando aí é um planejamento passivo-reativo, *orçamenteiro*, ridículo. Não leva ninguém a lugar nenhum. E por fim, além de forte e ativo, capaz, que é o que eu já falei.

Então é isso. Tem muito para ser feito. É possível fazer muito mais do que tem sido feito. Agora, falta clareza da classe política, dos próprios gestores públicos, dos dirigentes. E falta *centralidade política* para essa função ganhar, realmente, o espaço e o poder que ela poderia, deveria ter para ser crível, para ser uma função relevante dentro da estrutura do Estado, dentro da administração pública.

FJP: *Além dos processos político-institucionais vividos, vivenciamos atualmente a maior ameaça à saúde pública dos últimos anos, a pandemia da Covid-19. Mas esta parece não ser a única crise de proporções catastróficas que promete o século XXI. Que lições podemos tirar das duas primeiras décadas deste século? Por quais elementos fundamentais uma agenda de retomada do planejamento passaria?*

Algumas coisas sobre isso eu já comentei. Esta última resposta antecipa algumas questões por onde seguir. Que características deve ter o planejamento para ser reempoderado, institucionalmente e politicamente. Agora, veja só. A pandemia deixou muito claro, no mundo inteiro, que "deixar como está para ver como é que fica" é a pior coisa que pode ser feita. Ou seja, ela deixou muito claro as fragilidades da sociedade e dos Estados contemporâneos. Fragilidade da sociedade, por motivos óbvios, por motivos não só humanos ou biológicos. Quer dizer, nós somos suscetíveis a viroses que nos matam. E isso está fora do controle, aparentemente. E muito além disso, não só está fora do controle estrito dos países, das pessoas, como é produzido pelo modo de produção que está aí. Está muito claro hoje, pelos estudos que foram feitos, que essa pandemia, como outras que virão, são resultado desta catástrofe ambiental-social que nós vivemos. Que é produzida por esse modo de produção de índole capitalista predatório, de superexploração do trabalho e do meio ambiente. Isto é a senha para o fim da humanidade. Então a pandemia, se for levado a sério o estudo sobre causas e consequências da pandemia, fica muito claro isso, o tamanho da fragilidade da sociedade e também dos Estados frente a estes processos catastróficos engendrados pelo modo de produção capitalista, do ponto de vista ambiental e do ponto de vista social e humano. Acho que essa é a primeira coisa superimportante.

Mas não só a sociedade é frágil, também se demonstrou a fragilidade do Estado. E a necessidade dos Estados nacionais de serem reempoderados para esta tarefa de enfrentar crises contingentes, crises que estão sempre acontecendo. Porque a história da humanidade é de dor e sofrimento. É uma história permanente de crises. A normalidade é a exceção, não é a regra. Então se crise, instabilidade, se tudo isso é a regra – isso que estou falando meio brincando tem fundamento na teoria do caos, na física, na teoria econômica heterodoxa, que a *instabilidade é a regra*, na própria teoria política que fala das instabilidades institucionais como a regra.

Isso antepõe dois paradigmas muito diferentes na ciência. Um que é esse, do equilíbrio, da normalidade. Que é o paradigma dominante, em que tudo que destoa disso é considerado exceção. E outro paradigma que considera as crises como a regra. A instabilidade como a regra. Nessa perspectiva teórica, que é mais, eu acho, aderente à realidade, é óbvio o peso e papel do Estado, entendido o como aquele espaço de relacionamento dinâmico da sociedade onde as soluções coletivas têm lugar. É assim que eu vejo o Estado. Ele não é um ente externo e coercitivo à sociedade, à economia. Ele é parte disso tudo, mas é justamente o ente, ou o espaço institucional, como eu prefiro dizer, por onde os problemas e as soluções, mas sobretudo as soluções coletivas podem se realizar. Porque se não tem Estado é aquela coisa do Hobbes. É a guerra de todos contra todos. É uma hiperfragmentação, aquela ideia de indivíduos isolados lutando pela própria sobrevivência. É isso que é a sociedade sem o Estado. Por isso que ele nasce junto com a própria sociedade, do ponto de vista teórico, histórico. Porque ele é a construção dos humanos mais avançada e conhecida até hoje para dar conta de problemas coletivos. Proteção, né? Proteção e repressão. Tudo é dialética. De um lado é proteção, de outro é repressão também.

Bom, feito este parênteses, entendendo que eu estou chamando atenção para o fato de que a pandemia desnudou, deixou muito claro algo que já estava presente na literatura, nesta vertente da literatura, que considera o processo histórico da humanidade um processo contraditório, não linear, não determinístico, um processo inerentemente conflitivo, de idas e vindas, altos e baixos, avanços e retrocessos. Ou seja, onde a instabilidade e as crises são a regra. Tendo isto como paradigma, como referência normativa, disto deriva a necessidade imperativa de estruturar o Estado. Então, o Estado necessariamente tem que ser forte, ativo e capaz, porque ele precisa dar conta de normalizar, de tentar gerar um mínimo de previsibilidade, de minimizar os riscos, as incertezas que fazem parte da história da humanidade em si mesma.

Esse que eu acho que é o ponto difícil de transmitir para as pessoas. Não é questão de ser contra ou a favor do Estado. Estado mínimo contra mercado. Isto é uma bobagem completa dos liberais. Porque os liberais acham que o mundo viveria em um equilíbrio estrutural, permanente, de longo prazo, se não houvesse nada. Se fosse todo mundo, cada um por si e Deus por todos. O que é uma sandice completa do ponto de vista filosófico. Entendendo que a normalidade é o caos, o Estado é uma derivação necessária. A pandemia faz isso, se você for ler a literatura dos filósofos que estão discutindo o mundo pós-pandemia, os caras estão chamando atenção para o fato de que o Estado é inescapável, é necessário e tem que fazer e ser muito mais do que ele é e faz hoje, para garantir alguma longevidade adicional para a humanidade. O negócio é nesse nível. Ponto final.

PALESTRA

Finanças públicas brasileiras e a idolatria ao dinheiro[1]

José Celso Cardoso Jr.

Bom dia a todos e todas, bem-vindos e bem-vindas, eu queria muito agradecer o convite dos colegas do Observatório, Luciano, do próprio Guilherme e dizer que é uma honra imensa compartilhar uma mesa, com uma fala dessas do Guilherme. Desde que eu entrei no Ipea, Guilherme sempre foi uma referência intelectual e ética incontestável para mim e para vários da minha geração de ingressantes no instituto, então é um momento de muita felicidade, muita alegria poder ainda continuar compartilhando com ele esses momentos, mesmo depois da sua aposentadoria do instituto, frente a esses temas, esses trabalhos, esses problemas.

Bom, evidentemente eu não tenho a menor condição de fazer uma fala do mesmo quilate da do Guilherme né, que foi da bíblia para a constituição, do ano zero ao ano 2000, tudo em apenas 40 minutos, então eu vou tentar fazer uma fala um pouco complementar, mais de cunho conceitual e histórica, focada evidentemente no caso brasileiro, à luz da inserção que o país tem no sistema capitalista global. Para tanto eu não vou apresentar *power point* com gráficos, números e

[1] Trecho extraído de Delgado, G. & Cardoso Jr., J.C. *Finanças Públicas Brasileiras e a Idolatria do Dinheiro.* In: Lula, Edla. Sobre Economia, Ecologia e Questão Agrária. São Leopoldo-RS: Casa Leiria, 2021. Coleção Diálogos em Construção OLMA, Proposta dialógica para tratar temas contemporâneos e superar a intolerância.

nada disso, como talvez vocês pudessem esperar de alguém que vem do Ipea, e que massacra os números todos os dias tentando demonstrar o indemonstrável né, então eu vou ficar no plano mais conceitual e histórico, mas de todo modo, para os interessados nos números propriamente ditos, eu recomendo fortemente a leitura desse documento que se chama "Austeridade e Retrocesso". Foi um documento produzido a várias mãos, por economistas, mas não apenas economistas, e já tem um ou dois anos, já estão produzindo o segundo volume desse documento que é de linguagem bastante acessível sobre a questão fiscal brasileira, e sobretudo sobre os equívocos não só conceituais, mas também empíricos e históricos da política de *austericídio* que está em curso no Brasil, sobretudo desde o golpe de 2016 para cá (2022).

Então, esse é um documento que está disponível na internet, pode ser baixado gratuitamente e acho que é uma boa referência para o nosso debate. Bom, e além dele eu vou usar elementos que estão presentes nesse livro que eu trouxe para ser distribuído, também é um livro que está disponível gratuitamente pelo site da Fundação Perseu Abramo e que foi lançado essa semana que se chama *Planejamento Governamental e Finanças Públicas no Brasil Contemporâneo*. É uma abordagem feita também por economistas heterodoxos, funcionários do tesouro inclusive, funcionários do BNDES, eu mesmo do Ipea, colegas da esplanada como um todo aqui, e que possuem uma experiência concreta de trabalho ligada aos temas das finanças públicas e uma visão teórica e histórica diferente da visão convencional que a gente tá sendo obrigado a engolir todo santo dia por meio desse monopólio da informação ao qual estamos submetidos no Brasil. Então também é um documento que vem em boa hora.

Bom, eu acho que é muito oportuno esse documento que o Guilherme mencionou que foi lançado pelo Vaticano essa semana e que coloca num plano superior para aquela instituição o tema das finanças e o tema do financiamento internacional, porque isso mostra como organizações de peso começam a fazer frente a esse problema, em âmbito mundial, e eu espero que esse assunto passe também a ocupar debates como esse que estamos fazendo aqui, de modo que as instituições que estão direta ou indiretamente ligadas a esse assunto possam acessar e oferecer uma visão crítica alternativa à visão dominante hegemônica que está em curso sobre esse tema.

Isso pelo fato simples de que nós estamos vivendo uma era de *primazia absoluta do dinheiro* e da valorização fictícia do dinheiro como organizadora da sociabilidade humana em última instância, como se fosse possível derivar da lógica de valorização do capital uma lógica de valorização das relações humanas, pois são coisas completamente incongruentes, incompatíveis entre si. E isso já foi demonstrado historicamente desde a origem da moeda e sobretudo desde a difusão mundial do capitalismo como modo dominante de organização e das pessoas frente a condições de reprodução social e econômica. Então não é à toa que Karl Polanyi, autor desse brilhante livro chamado *A grande transformação*, volta a ser lido, porque ele há praticamente um século atrás já havia vislumbrado a completa inconsistência desse modelo de funcionamento e organização do sistema econômico para fins de sobrevivência da própria espécie humana.

Ou seja, a *mercadorização da terra, do trabalho e do próprio dinheiro* como fins em última instância das preocupações, das organizações e dos países e dos governos, o que é mais inacreditável, dos próprios governos, leva inevitavelmente ao colapso das próprias condições de sustentabilidade e sobrevivência do planeta como um todo e da espécie humana na face da terra. Então nós estamos vivendo novamente nesse século XXI essa *primazia da mercadoria* sobre as razões mais humanas de existência.

Então um pouco entrando nesse grande tema que eu queria fazer alguns comentários. A primeira coisa que eu acho que é importante, puxando aqui o próprio gancho que o Guilherme nos trouxe, é lembrar o seguinte: que nós estamos vivendo essa fase de *idolatria do dinheiro* que está ancorada numa construção ideológica muito bem-sucedida por sinal, segundo a qual o lado real da economia deve servir ao lado financeiro e não o contrário. No fundo essa é a grande arquitetura política e ideológica que veio sendo montada ao longo de todo o século XX, sobretudo nos últimos 30 anos, e que se encontra agora no seu ápice. E esse processo, essa situação segundo a qual são as pessoas que devem trabalhar pro dinheiro e não o contrário, ela foi sendo naturalizada por meio de alguns mitos que estão muito presentes no dia a dia das nossas conversas de bar, de família, de WhatsApp etc.

Enfim, são muitas coisas que a gente poderia mencionar a esse respeito, mas eu vou me ater a apenas duas questões. A primeira é o mito de que apenas o setor privado pode se endividar e isso é benéfico para o sistema, enquanto o setor público não pode se endividar, a menos que o faça por meio da transferência de recursos reais para a conta financeira por meio da qual se pagam juros ao próprio capital, que é algo que o Guilherme mencionou quando falou de Brasil. Esse mito está fortemente ancorado numa hegemonia da teoria econômica, da teoria neoclássica que domina a formação de base dos economistas, que domina a pós-graduação, que domina as concessões de financiamento para pesquisa etc., e ela tem a ver basicamente com o seguinte argumento: a ideia é de que deve vigorar para o setor público uma lógica de economia doméstica, ou a famosa teoria da dona de casa, ou seja, "famílias consideradas individualmente, elas não podem gastar mais do que ganham", essa máxima que faz todo o sentido para a nossa discussão doméstica, ela não faz nenhum sentido do ponto de vista macroeconômico, sobretudo quando a gente leva em consideração as diferenças qualitativas entre a economia doméstica e a economia do setor público, e eu tento me explicar um pouco mais sobre isso.

Veja, do ponto de vista estritamente individual ou familiar há um limite muito claro, muito estabelecido para a capacidade de endividamento das nossas ações. Vejam, se queremos nós como família comprar uma casa e não temos os recursos todos disponíveis, o que fazemos? Vamos ao banco e tentamos financiamento, ou seja, nós tentamos antecipar um poder de compra que nós não temos hoje para poder realizar um gasto que está acima das nossas condições no presente momento. Isso é feito pelo banco e aceito pela instituição financeira, por quê? Porque ele exige garantias de pagamento, então todos os nossos ativos são colocados à disposição do banco como garantia daquele empréstimo, e além disso esse empréstimo é conferido de acordo com o tempo de duração que não pode extrapolar a expectativa de vida de quem toma o empréstimo, isto é, você não faz um empréstimo de financiamento imobiliário para pagar em mais de 100 anos porque os dados supõem que você não vai viver o suficiente para poder diferir o pagamento mensal daquilo em mais de 100 anos porque você não vai viver aquilo tudo. Então, a garantia prévia e o horizonte curto de refinanciamento daquele imóvel são as duas grandes condições para se conferir uma antecipação de poder de compra, ou seja, para se permitir um endividamento familiar.

Ok, quando eu salto da unidade familiar para uma empresa, nós já vemos que a empresa tem condições de fazer um salto maior, ela tem condições de buscar um endividamento maior do que aquela garantida pela própria composição de ativos que ela possui. A empresa, ao buscar expandir o seu negócio, ela vai ao banco ou vai ao mercado de capitais e oferece garantias que ela tem, o seu próprio patrimônio, mas não só o seu patrimônio acumulado até o momento, ela oferece também o seu patrimônio futuro, ou seja, aquilo que ela espera ganhar com o investimento novo que ainda nem existe. Então não é só mais uma antecipação de poder de compra que o banco transfere para a empresa, é também uma antecipação de ganho futuro esperado com aquele investimento que ela vai desempenhar, já não é mais nem a renda da família, nem a renda do trabalho que ancora a possibilidade do endividamento das empresas; é a receita corrente das empresas e mais aquilo que ela espera ganhar, ou seja, o seu lucro ou parte do seu lucro que ela espera ganhar com aquele empreendimento. E o horizonte temporal de financiamento da empresa também é muito maior do que a expectativa de vida dos seus donos, então a empresa pode conseguir um financiamento de longo prazo para além dos 100 anos, por exemplo, ela pode conseguir um horizonte de financiamento que se refinancia ao longo do tempo por mais do que a expectativa de vida do próprio proprietário, ou seja, o critério temporal aqui leva em consideração a expectativa de vida da empesa, do negócio, e não do dono do negócio. Isso já alarga a possibilidade de endividamento para muito além daquilo que está presente nas famílias. Então aqui a gente já está falando, em termos capitalistas, de uma economia que é uma economia intrinsicamente de endividamento, ou seja, o crescimento do capitalismo dos países ou das empresas ao longo dos últimos 200, 300 anos, mas sobretudo no século XX, do século XX para cá, é um crescimento exponencial muito superior às taxas de crescimento históricas da economia internacional, da economia de qualquer lugar ao longo dos séculos, pelo fato de que se institucionalizou nessa economia uma forma de antecipar poder de compra, de antecipar capacidade de endividamento, sem a qual essas empresas jamais poderiam desempenhar trajetórias de crescimento como as que efetivamente conseguiram trilhar nos últimos tempos. Então, a essência do sistema, do ponto de vista de mercados capitalistas é uma essência de endividamento, ou seja, a dívida faz parte do negócio desde que ela seja financiável ao longo do tempo pela capacidade do sistema de, ao crescer, realizar o lucro necessário para pagar o financiamento que foi feito. Então por isso que o capitalismo é um sistema que para ser virtuoso ele depende de crescer sempre e mais, ele depende, portanto, de uma trajetória expansiva ao infinito, isso é que é a essência do sistema em última instância.

Agora, quando a gente dá o salto para o setor público a gente vê que a elasticidade, ou seja, a capacidade de levar essa lógica adiante é ainda muito maior, sobretudo para países que têm moeda própria, que têm *soberania monetária*, emitem o seu próprio dinheiro, como o Brasil o faz. Esse horizonte de endividamento é ainda maior, porque oferece como garantias algo que está além dos patrimônios individuais, que é o patrimônio do próprio país, é o aquífero guarani, é o pré-sal, é a capacidade produtiva da sua população, é a amazônia azul e verde, é tudo mais que existe no país como ativo econômico, em última instância, de potencial econômico. Oferece, como horizonte temporal, um prazo não determinado, porque a rigor uma empresa você até pode vislumbrar uma trajetória de nascimento, desenvolvimento e morte, e fim da empresa, embora a lógica atual das grandes corporações também jogue isso pro infinito. Mas no caso dos Estados Nacionais tais como nós os conhecemos hoje, não existe um horizonte temporal pré-definido; é óbvio que países também acabam como nós estamos vendo no Oriente Médio, como a gente vê na África, como a gente vai começar a ver na América Latina muito provavelmente nesse século XXI. Mas o fato é que não existe predeterminação para esse horizonte, então o financiamento pode se dar também ao infinito, esse é que é o ponto, ou seja, o endividamento que está na gênesis, na origem do motor da economia capitalista, ele também se aplica à própria lógica do setor público. É claro que esse endividamento tem limites em termos não só de capacidade de financiamento ao longo do tempo, porque depende também de que a economia cresça, gere por sua vez tributos que viabilizam o financiamento intertemporal desse endividamento, como tem limites ligados à composição desse endividamento, e esse é que é o ponto que eu acho importante reter dessa conversa toda.

Ou seja, do ponto de vista conceitual não há problema algum com o endividamento em si, nem das famílias, nem das empresas e muito menos dos estados nacionais. A questão toda é a composição desse endividamento, se ele está baseado em transformação produtiva, ou seja, em transformação socioeconômica produtiva que ao longo do tempo gera sua própria capacidade de ser refinanciado, ser pago, ser amortizado, ou se ele está ancorado numa lógica de esterilização dessa capacidade produtiva, que é o caso que a gente vive, no Brasil, uma lógica de *financeirização da riqueza*.

Então vejam, o primeiro mito é esse de que o mercado ou as empresas podem se endividar porque isso faz bem para a lógica microeconômica, alavanca o crescimento, é inovação, é potencialidade, é rentabilidade etc., e o setor público não pode seguir a mesma lógica porque isso é pecado, em última instância desloca recursos produtivos. Enfim, pela lógica da dona de casa, pela lógica da economia doméstica, isso é inconcebível. Então o primeiro mito que a gente vive é esse, é ter naturalizado ao longo do tempo a ideia de que o setor público não pode gastar mais do que arrecada do ponto de visto real, e isso é uma falácia, porque não há nenhuma experiência histórica do século XX para cá em que o desenvolvimento dos países de capitalismo organizado tenha se dado sem a presença ativa e importante do Estado e sem que esse Estado tenha exercido produtivamente essa prerrogativa de se endividar para financiar o próprio desenvolvimento. Então a questão não é se endividar ou não, é como se endividar, e de que maneira encaminhar essa estrutura de financiamento.

Bom, o segundo mito que há em torno dessa questão é a ideia de que a moeda é neutra, o que é uma bobagem completa, mas que continua sendo o grande mote dos economistas tradicionais, que dominam os altos cargos da administração pública etc., de dizer que a moeda não tem efeitos reais sobre a economia. Portanto, sob esta lógica da moeda neutra, entre outras muitas implicações, não faz diferença se o governo usa o seu recurso, o seu superávit primário, para investir na infraestrutura ou se usa para pagar juros da dívida pública. Mas isso é uma bobagem completa, porque evidentemente que o governo usa o seu recurso, o seu superávit primário, para investir em políticas sociais, para investir em infraestrutura, ou seja, para converter a potencialidade, os recursos reais da economia, em capacidade produtiva, em expansão de empregos, geração de renda, melhoria das condições de vida etc. e tal.

Isso tem um impacto real, direto, visível, explícito, sobre a economia, sobre a sociedade, sobre as capacidades de mobilização das energias civilizatórias do Brasil e tudo o mais. Se o Estado faz isso, por outro lado, alocando parte deste superávit para esterilizar essa capacidade na forma de remuneração rentista, de remuneração de juros, cujos detentores são pouquíssimos empresários e o próprio governo em última instância, isso faz toda a diferença pro resultado final que ele tá produzindo. Então a moeda não só não é neutra do ponto de vista teórico mais geral, como ela faz toda a diferença em relação ao uso que se possa fazer desse recurso. Então não é indiferente pro resultado final o uso que se faz do recurso que se tem, isso é de uma obviedade que até nós, que não somos economistas, entendemos. Bom, então o que acontece é que nós estamos assentados sobre esse outro mito que é o de que todas as decisões políticas que estão sendo tomadas já há muito tempo, que estão sendo tomadas em prol da eficiência microeconômica, gerarão como resultado agregado a melhor situação possível em termos do bem-estar coletivo, e isso é uma falácia completa, tem a ver com o fato de que as decisões microeconômicas, os somatórios das decisões microeconômicas dos agente, não necessariamente conduzirão o sistema como um todo para uma situação de máximo bem-estar.

A Petrobras é o caso evidente disso, ou seja, na medida em que você converte uma empresa com o tamanho, o peso, a importância da Petrobras, numa empresa que se move no mercado numa lógica estritamente microeconômica, ou seja, de rentabilidade, de maximização da sua própria rentabilidade empresarial para atender justamente esse mito de que se ela vai bem o país vai bem, você está incorrendo nesse problema da falácia da composição, porque as decisões que ela vai tomar são as decisões que maximizam a sua rentabilidade própria e quem se beneficiará disso são os seus diretores e acionistas. Isso não se reverte necessariamente num bem estar coletivo, haja visto que o preço da gasolina subiu 15 vezes em 7 dias, porque a política que foi adotada desde 2016 é uma política que prioriza as decisões microeconômicas. A mesma lógica vale por exemplo para a Sabesp em São Paulo, que foi privatizada e que na medida em que todo mundo economizava água por conta da crise hídrica, a Sabesp tinha prejuízos na bolsa de valores. Por que? Porque o consumo tinha diminuído, logo a conta das pessoas tinha diminuído, então isso era ruim para a empresa, para a lógica empresarial, mas era completamente racional e benéfico pro conjunto da população.

Então vejam, esse é um outro mito importante que a gente precisa enfrentar quando discute as questões das finanças e da moeda de um modo geral, porque ela tem uma implicação concreta para o dia a dia das nossas vidas. À medida que a gente defende sempre a lógica empresarial ou a lógica da eficiência, já que ninguém é contra a eficiência, ninguém é contra economizar luz e água, só que a questão é que a lógica microeconômica, no agregado, não necessariamente gera resultados sociais benéficos, mas isso foi sendo vendido ideologicamente como uma verdade absoluta do mundo da economia e dos economistas, uma verdade ligada quase ao estado da natureza, é assim que as coisas são e funcionam.

Então, nós estamos submetidos a uma lógica de dupla face, pela qual a gente é obrigado a defender a eficiência microeconômica como se disso resultasse o bem-estar coletivo, e isso é um erro. Nós estamos submetidos a uma outra lógica falaciosa de que só quem pode se endividar é o setor privado porque é ele que gera a riqueza nacional. O setor público só pode se endividar na medida em que for para pagar os juros que remuneram o capital. Ambas as armadilhas estão ligadas à hegemonia do dinheiro, na forma pela qual o dinheiro se tornou esse *boi zebu* do capitalismo contemporâneo. Então, o combate à idolatria do dinheiro tem que levar em consideração os aspectos reais que tem a ver com as desmontagens desses mitos, ou dessas falácias, ou seja, nem tudo que é benéfico do ponto de vista microeconômico vai servir ao bem-estar coletivo, e isso passa por entender como o dinheiro se transformou nesse *totem* absoluto, no rei de todas as coisas, como isso converteu a humanidade em uma mera máquina de reprodução de dinheiro, as pessoas, as empresas, os próprios governos, que iludidos por essa própria lógica, trabalham para a valorização fictícia do dinheiro e não o contrário.

Bom, só para finalizar eu também queria falar um pouco de Brasil, já que o tema estava ligado a esse aspecto. Então vejam, o Brasil está completamente enredado nesses dois mitos, a ponto de o governo Bolsonaro agir cegamente na direção de mobilizar todas as suas capacidades e as suas decisões para alimentar essa dupla falácia: i) a da eficiência microeconômica que vai garantir o melhor resultado agregado; e ii) a de que o ajuste do lado real da economia, das contas públicas, vai garantir também melhores resultados por si próprios.

Mundo afora, essa dupla falácia comanda as ações e as decisões dos governos, e sobretudo no Brasil no contexto atual, isso coloca o país numa trajetória catastrófica, é uma trajetória de semiestagnação ou de estagnação secular da renda, é uma trajetória em que a sustentação desse modelo depende de duas coisas, basicamente: i) repressão e criminalização dos movimentos e das pessoas que se opõem a esse modelo, com o que há um processo de apartação completa desses grupos em relação à esfera da política como aquela da resolução possível dos conflitos; e ii) há, portanto, uma hipertecnificação do discurso, uma suposta cientifização das decisões como se essas coisas fossem algo meramente técnico, de manual.

Assim, eu acho que a superação dessa situação depende de uma volta aos fundamentos, ela depende de uma recuperação dos espaços de discussão como esses que estão voltando a aparecer agora, já se multiplicando novamente no país desde o golpe de 2016, sobretudo, mas que precisam ser intensificados cada vez mais de modo a que não só essas falácias que estão colocadas possam ser desmentidas e denunciadas, como possa haver por meio desses fóruns, ainda que microssociais, uma volta à nossa capacidade política de organização coletiva.

É uma saída que vai demorar um bom tempo para ser encontrada, na medida em que ela depende da criação de um *ator coletivo* que ainda não existe na nossa sociedade, ou melhor, ele existe evidentemente, mas ele não está ainda ciente de si nem ciente da gravidade do problema que está colocado e da gravidade ou da complexidade da articulação política e social ainda necessária para enfrentar e superar essa crise, que não é uma crise de conjuntura e não é uma crise fiscal, não é uma crise de curto prazo, não é uma crise que sequer se resolverá com as eleições de outubro de 2022.

Então é um trabalho de base que precisa voltar a ser feito, como já se fez no país em outros momentos, com resultados agregados positivos, diga-se de passagem, mas que é árduo e muito longo no tempo. Então a gente precisa ter clareza disso, porque não é algo que se resolverá com a eleição de qualquer que seja o candidato, e não é algo que se resolverá de cima para baixo, ou seja, da simples mudança dos cargos de alto escalão do governo. É claro que isso ajuda, mas a solução na verdade passa por uma reorganização política e social da base da sociedade brasileira, algo que ainda está muito distante de estar claro no horizonte. Então, enfim, eu acho que é uma abordagem pessimista, eu reconheço, mas nesse momento me parece necessária para que possamos em conta a real dimensão do problema que temos pela frente a ser enfrentado.

PALESTRA

Democratização do orçamento público[2]

José Celso Cardoso Jr.

CLP: *Eu já passo, então, a palavra ao sr. José Celso Cardoso Junior, doutor em Economia, técnico de Planejamento e Pesquisado Instituto de Pesquisa Econômica Aplicada (IPEA) e atual presidente da Associação dos Funcionários do IPEA (AFIPEA-Sindical).*

Boa tarde a todos, a todas e a todes. Sejam todos bem-vindos e bem-vindas. Eu queria inicialmente agradecer o convite ao deputado Padre João e agora à deputada Erika Kokay. Cumprimento e parabenizo esta Comissão por trazer a esta sessão um tema atual e de muita relevância. Quero dizer da complexidade, evidentemente, de discutir isso à luz do arcabouço fiscal e normativo que nós temos no Brasil.

A minha abordagem vai ser complementar à abordagem das colegas. A minha premissa é de que a introdução da participação social no orçamento depende de uma revisão muito ampla, profunda e inclusive teórica, acerca do arcabouço de finanças públicas que nós temos no país.

Vejam, a economia brasileira – o mundo das finanças públicas no Brasil – está enredada num arcabouço de finanças públicas ultrapassado, teórica e historicamente. Esse arcabouço prima por criminalizar o gasto público real, porque parte de um princípio equivocado de que o governo não pode gastar ou de que o governo não tem dinheiro para gastar. Ambas as premissas são

2 Palestra proferida na Comissão de Legislação Participativa da CÂMARA DOS DEPUTADOS em 23 de novembro de 2022.

equivocadas. O problema do Brasil não é, nunca foi e provavelmente não será falta de recursos, mas sim, falta de regras fiscais adequadas ao manejo dos recursos públicos numa perspectiva desenvolvimentista, e numa perspectiva republicana e democrática, evidentemente.

O nosso arcabouço fiscal está ancorado na ideia de que o gasto público real é pernicioso, mas o gasto financeiro não; ou numa ideia de que o gasto que mobiliza os direitos sociais – políticas públicas que transferem renda e que alavancam a própria economia – é um gasto pernicioso do ponto de vista macroeconômico. Ora, não há nada mais equivocado, do ponto de vista macroeconômico, do que essa premissa.

O arcabouço fiscal brasileiro, além disso, veio se consolidando na base de um binômio terrível, que é o binômio da *dominância financeira* e da *privatização das finanças públicas*. A dominância financeira tem a ver com o fato de que toda a legislação que vem sendo montada no Brasil em torno desse tema, desde a Lei de Responsabilidade Fiscal, para não ir muito longe, ou seja, desde o ano 2000 para cá, é uma legislação que, como eu disse, criminaliza o gasto público real, que é o gasto que estimula a economia, que transfere renda para a sociedade e para os territórios, mas ao mesmo tempo, essa mesma legislação flexibiliza o gasto financeiro, blinda o gasto financeiro de qualquer restrição, inclusive blinda do ponto de vista dos ilícitos, que crescentemente vão tomando conta do manejo desse lado do gasto público.

Então, a financeirização da economia como um todo e da própria dívida pública brasileira mostra que o nosso problema não é de falta de recursos, mas de lógica de alocação dos recursos, em que o normativo que vem sendo construído, por um lado, criminaliza o gasto que seria importante para mover a economia e, por outro lado, blinda e protege o gasto financeiro improdutivo.

Ocorre que esse arranjo – e dele fazem parte a Lei de Responsabilidade Fiscal e a Emenda 95/2016 do teto de gastos, além de uma série de outros normativos que temos em curso – esteriliza os recursos reais, que são favoráveis ao crescimento, ao mesmo tempo em que protege determinados segmentos minoritários e privilegiados da economia.

Por isso, essa lógica da dominância financeira acaba, por sua vez, favorecendo uma espécie de apropriação privada das finanças públicas. Eu quero com isso dizer o seguinte: apesar de a estrutura tributária brasileira ser regressiva, ou seja, os pobres ou os mais pobres pagam proporcionalmente mais impostos do que os mais ricos – o que já é terrível! –, há o fato de que quase todos os segmentos e atores da economia de alguma maneira contribuem para a composição do fundo público; eles pagam impostos diretos e indiretos de alguma maneira.

No entanto, uma vez que esse fundo público se constitui como arrecadação tributária primária do governo, essa lógica que penaliza as transferências pelo lado real, ao mesmo tempo em que favorece, blinda, protege e valoriza o gasto financeiro, ela faz com que haja uma espécie de transmutação do fundo do público do lado real para o lado financeiro, que por si só é estéril do ponto de vista macroeconômico.

Então, na medida em que o orçamento vai tendo que se deslocar do financiamento produtivo ou do financiamento dos direitos sociais para o financiamento ou para a rolagem da própria dívida pública, estão se esterilizando recursos favoráveis ao crescimento da economia, ao mesmo tempo em que se favorece um determinado segmento da economia que é formado pelos grandes rentistas em operação na economia brasileira – os grandes bancos, os grandes fundos de pensão, as grandes corretoras, os grandes aplicadores de títulos públicos, e por aí vai.

Isso promove o que chamamos de *privatização das finanças públicas*, porque o fundo público arrecadado pelo conjunto da sociedade é transferido, de modo concentrado, por meio de canais e de formas financeiras de valorização, para poucos e privilegiados agentes da economia. Isso gera para o conjunto da economia uma situação terrível do ponto de vista macroeconômico e sacramenta uma economia de baixo crescimento, porque o que é o lado indutor do crescimento econômico pela mão do Estado está preso, está amarrado a esse conjunto de regras fiscais anacrônicas – como a regra de ouro, o teto de gastos, o superávit primário etc.

Então, isso gera uma tendência "estagnacionista" de longo prazo para a economia brasileira, ao mesmo tempo em que a lógica de financeirização da dívida sugere o aguçamento do quadro de concentração de renda na sociedade brasileira. Portanto, para além da concentração primária da renda no Brasil, que já é das piores do mundo, sobrepõe-se uma concentração adicional promovida pelo próprio Estado por meio dessa lógica predatória das finanças públicas, por meio dessa lógica privatista que está por trás do arranjo normativo institucional e macroeconômico das finanças públicas.

Então, nós temos dois fenômenos que precisamos ser capazes de combater para podermos pensar em participação efetiva das pessoas no orçamento: o *fiscalismo* e o *rentismo*. O fiscalismo é essa ideologia que contaminou as cabeças, inclusive várias delas muito brilhantes, de economistas que se renderam a esse mantra liberal de que o Estado está proibido de gastar, porque acham que as finanças públicas ou as finanças do Estado são equivalentes às finanças domésticas – algo que é um completo contrassenso do ponto de vista econômico e teórico.

E a lógica rentista que é essa valorização dos fluxos financeiros pela própria mão do Estado. Então, se por um lado o Estado busca descentralizar recursos, transferir renda para os mais pobres e para as regiões mais pobres por meio de um conjunto de políticas públicas sociais, ambientais, culturais etc., por outro lado, ele está concentrando renda, na medida em que essa lógica de finanças públicas, que é pouco conhecida e discutida pela sociedade, favorece, na verdade, poucos e privilegiados agentes de mercado.

Essa dupla característica das nossas finanças, o rentismo de um lado e o fiscalismo de outro, precisa ser combatida do ponto de vista teórico e do ponto de vista político. Afinal de contas, não há experiência internacional conhecida no mundo que tenha prescindido do Estado ou do seu papel ativo no campo do exercício das suas capacidades fiscais para se desenvolver, para enfrentar os seus problemas macroeconômicos, sociais, ambientais, culturais etc.

Eu quero com isso sugerir a necessidade de uma revisão muito profunda desse arcabouço normativo institucional e cultural de finanças públicas no Brasil, que passa pela extinção da Regra de Ouro, que está na Constituição e que é algo completamente anacrônico, pela revisão da Lei de Responsabilidade Fiscal, que penaliza o gasto, por exemplo, com os servidores, ao mesmo tempo em que não impõe limite ao gasto destinado ao pagamento de juros da dívida, por exemplo.

Há um terceiro ponto: a revisão da lógica do Superávit Primário como uma lógica de satisfação dos interesses de mercado, porque, na verdade, uma dívida pública ou um gasto público representam receitas do setor privado. Quando o Estado gasta ao transferir renda, seja para empresas, seja para famílias, ele está transformando o credor desse gasto num possuidor de um ativo financeiro ou de um ativo real. Isso significa dizer que a contrapartida de uma situação fiscal deficitária é uma situação de superávit privado, ou seja, o mercado deveria agradecer ao Estado por gastar! É claro que existem limites a esse tipo de situação, dados pela ocupação dos recursos produtivos etc. Há um ponto a partir do qual, de fato, um excesso de gasto público dessa natureza pode se converter em inflação e outros desequilíbrios.

Porém, essa não é a situação brasileira. Nós estamos vivendo há vários anos um regime de semiestagnação econômica, de ociosidade gritante das cadeias produtivas, de desemprego em taxas muito elevadas, de renda muito baixa da população. Logo, há um espaço possível e necessário de ser ocupado pelo gasto público que se converteria, do ponto de vista macroeconômico, em receita para o setor privado.

E isso, obviamente, é um fator de estímulo ao crescimento, e não de desestimulo. É preciso entender que o gasto público não só estimula como complementa o gasto privado. Essa é a verdade empírica, histórica, da relação entre finanças públicas e desenvolvimento em todos os países capitalistas do mundo. Achar que os países capitalistas desenvolvidos se desenvolveram produzindo superávit primário é um desconhecimento absurdo da história mundial capitalista. Brasília, mesmo, jamais teria sido construída por essa lógica do superávit primário; inúmeras outras obras de suma importância jamais teriam sido feitas por uma lógica de superávit primário, ou seja, é impossível avançar para o tema da participação no orçamento, se não mudarmos a nossa compreensão de finanças e da relação das finanças com o desenvolvimento.

Então, é necessária a revisão da Regra de Ouro, da Lei de Responsabilidade Fiscal, do mantra do Superávit Primário, e é necessária a eliminação urgente da Lei do Teto de Gastos, evidentemente. Isso não existe em lugar nenhum do mundo, essa é uma restrição absurda não só do ponto de vista normativo, mas também do ponto de vista teórico, do ponto de vista empírico, que representa a completa esterilização da capacidade do Estado de agir e de fazer coisas que precisam ser feitas, e por aí vai.

Para finalizar, é preciso fazer uma revisão também de um dispositivo da Constituição que impede que o Banco Central, ou seja, a autoridade monetária, financie, por meio de emissão, o Tesouro. Isso foi feito na pandemia. A tal da PEC do Orçamento de Guerra foi isso, foi uma autorização para a autoridade monetária financiar o Tesouro, para, por meio disso, poder pagar o benefício assistencial, o Auxílio Emergencial.

Ora, se isso foi feito naquela condição de adversidade sanitária, social e econômica, por que não se fazer isso nesse contexto de necessidade de reconstrução do país que nós estamos vivendo? É como se nós estivéssemos numa guerra, sem um inimigo externo. Nós estamos vivendo uma situação no Brasil que requer uma mudança de paradigma e uma mudança de postura do governo, da sociedade, do Congresso em relação a essa temática, ou seja, a relação das finanças com o desenvolvimento.

E, por fim, quero tratar do orçamento participativo. O orçamento participativo, nesse contexto que eu estou sugerindo, ganha uma importância adicional ao de simplesmente formalizar canais burocráticos de participação da sociedade na definição das prioridades da alocação. Ele ganha um peso estratégico diferenciado e importante na medida em que passa a ser um componente possível e necessário para contestar justamente os dois pilares da lógica atual vigente, ou seja, o fiscalismo e o rentismo. Nós precisamos de participação no orçamento, inclusive para isso, para demonstrar que é possível e necessário inverter as prioridades e fazer com que as finanças se voltem para o desenvolvimento da sociedade e do país, em vez de a sociedade viver em função de gerar superávits primários, que favorecem apenas privilegiados setores da economia.

Eu acho que o orçamento participativo tem diante de si um desafio adicional àqueles tradicionais em termos da sua operacionalização. Quer dizer, sempre foi e continuará sendo difícil pensar concretamente como introduzir a participação no ciclo orçamentário. Isso continua sendo um desafio, mas é um desafio possível de ser enfrentado, quando percebemos que o ciclo orçamentário é composto por etapas específicas, com naturezas específicas e que, para cada momento desse ciclo, cabe um tipo de participação. Se pensarmos dessa maneira, talvez consigamos encaixar interfaces de participação mais efetivas.

Essa é a parte fácil. O que é mais complexo é justamente fazer com que essa participação no orçamento seja qualificada por uma perspectiva transformadora do arranjo institucional, macroeconômico e normativo de finanças públicas, no sentido de contestar a dominância financeira, a privatização das finanças, ou seja, o fiscalismo e o rentismo, que estão incrustados nessa lógica esterilizante da capacidade do Estado de agir.

Eu acho que é um pouco essa, vamos dizer, a concepção mais estratégica geral que eu traria para o debate, para avançarmos um pouco na operacionalização da participação no orçamento.

Obrigado.

Posfácio

Planejamento e projeto nacional

Jackson De Toni

Após mais de trinta anos da Constituição Federal de 1988, já podemos saber o que deu certo e o que deu errado no nosso sistema de planejamento federal. A experiência de oito Planos Plurianuais permite dizer, com certeza, que o modo de planejar precisa ser reinventado e reconfigurado à luz dos grandes problemas sociais que assolam o país. Precisamos alongar o horizonte de planejamento, incluir cenários de longo prazo e estudos prospectivos sérios e sistemáticos que possam alimentar os *insights* sobre metas, objetivos e visões de futuro. Isso porque o planejamento de médio prazo, a cada quatro anos, sofre de uma terrível inércia institucional e cognitiva em muitos ministérios ou áreas de políticas públicas, apenas repetindo velhas fórmulas e mantendo uma grande desconexão com o mundo real de um país-continente.

O planejamento governamental, por outro lado, deve ser participativo, coordenador, sistêmico e ousado, vinculando-se, evidentemente, ao debate de como e por que construir um projeto nacional. Pode-se ver, como os estudiosos do tema já apontam, que a possibilidade de um "projeto nacional" é uma não questão para boa parte das elites econômicas e culturais. Boa parte delas, situadas entre as mais desqualificadas do planeta, já abandonaram toda perspectiva de desenvolvimento autônomo e independente do país. Mas ocorre que uma política nacional de desenvolvimento é a única saída para que o Brasil tenha algum protagonismo nos novos ciclos mundiais de avanço tecnológico e modelos produtivos, em especial os intensivos em investimentos públicos em inovação, pesquisa e desenvolvimento. O Estado nacional deve induzir setores estratégicos, por exemplo, em energias renováveis, segurança alimentar e sanitária, soluções de transformação digital para empresas, inovação social para os grandes *gaps* sociais e assim por diante.

O desenvolvimento social, econômico, político não é obra solitária de um salvador da pátria, seja onde estiver no campo ideológico, mas de um esforço coletivo, institucional e até geracional, na melhoria dos instrumentos de gestão estratégica, entre eles a capacidade estatal matriz, aquela que suporta todas as demais: a capacidade de planejamento governamental. O Brasil, como dizia Celso Furtado, é uma nação cuja construção foi interrompida. Nosso modelo econômico disfuncional baseado na extração de commodities agrícolas e minerais, tomou o lugar da industrialização na consolidação do mercado interno. Na sequência, a hipertrofia do sistema financeiro, que canaliza boa parte da renda nacional, registra os maiores lucros do planeta. Mesmo a industrialização do pós-guerra, suportada por crédito público diferenciado e infraestruturas físicas instaladas, se concentrou em apenas quatro estados (SP, MG, RJ e RS), gerando uma estrutura que acentuou as desigualdades regionais de renda. O Estado nacional, por sua vez, teve sua capacidade de investimento colapsada pela combinação do peso da dívida pública, da má gestão e da perda de arrecadação pela sonegação endêmica. Esse modelo é incapaz de gerar empregos na quantidade e qualidade necessárias para uma nação que já superou a marca de duzentos milhões de habitantes. Pergunta-se, então, o mercado deixado à sua própria sorte terá condições de – como pensam alguns – criar estratégias ou engendrar trajetórias para solucionar tal estado de coisas?

A resposta é não! Só o Estado pode coordenar um novo projeto nacional hegemônico, tecnicamente viável e politicamente sustentável. Nenhum governo pode ser melhor que a importância dos problemas que seleciona para enfrentar e sua capacidade de processar e resolvê-los, isto é, o teto de qualidade é determinado pela qualidade do sistema de planejamento. Mas a capacidade técnica só existe mediada pela política, já que o plano não é uma lista de prioridades, nem mesmo um texto cheio de objetivos, metas e dotações orçamentárias. Um plano que seja instrumento de um projeto nacional é, no fundo, um grande pacto nacional destinado a estabelecer uma hegemonia duradoura para uma visão de futuro consistente e condizente com as características e necessidades do país. Uma visão mobilizadora da sociedade, capaz de engajar diferentes, heterogêneos e conflitantes setores e grupos sociais.

É por isso que esse planejamento, pensado como capacidade estatal, requer uma nova burocracia púbica, qualificada, comprometida e engajada com o processo de transformação das instituições, dos processos de gestão e do modo como a máquina pública funciona. A necessária qualificação e universalização de serviços públicos, entre outros desafios, também depende de um eficiente sistema de planejamento, entendendo que os sistemas de gestão, monitoramento, avaliação e coordenação são subsistemas conectados e interdependentes.

Nesse sentido, é preciso lembrar que o Brasil tem oportunidades únicas no cenário internacional. O centro hegemônico mundial está se deslocando para uma configuração multipolar, centrada em experiências notáveis de crescimento acelerado. Novos blocos econômicos, alianças comerciais e de investimento e parcerias reforçam a necessidade de reconstrução do sistema de planejamento nacional. As crises de 2008, a recente pandemia, o quadro de incerteza crescente no xadrez geopolítico mundial etc. justificam – agora no cenário externo – um esforço deliberado, persistente e substantivo na direção do planejamento governamental, democrático, participativo e integrador.

Afinal, o planejamento não é só uma técnica ou metodologia, a aplicação de uma ferramenta de gerenciamento de equipes ou de um protocolo predefinido. Planejar no setor público implica, supõe e demanda, ao mesmo tempo, um extraordinário otimismo lúcido sobre o futuro, um engajamento pessoal do servidor e um enorme comprometimento com o protagonismo estatal para enfrentar os graves problemas e demandas da sociedade. Planejar, afinal, não é fazer planos, é mudar o *mindset*, nossos modelos mentais.

Notas Biográficas

Frederico Barbosa é doutor em Sociologia pela Universidade de Brasília (UnB) e técnico de planejamento e pesquisa na Diretoria de Estudos e Políticas Sociais (Disoc) do Instituto de Planejamento e Pesquisa (Ipea).

Gilberto Maringoni é professor de Relações Internacionais da Universidade Federal do ABC (UFABC) e coordenador do Observatório de Política Externa Brasileira (Opeb) da mesma instituição.

Jackson De Toni é doutor em Ciência Política pela Universidade de Brasília (UnB). Mestre em Planejamento Urbano e Regional pela Universidade Federal do Rio Grande do Sul. Graduado em Economia pela Pontifícia Universidade Católica do Rio Grande do Sul.

José Celso Cardoso Jr. é doutor em economia pelo Instituto de Economia da Universidade Estadual de Campinas (IE-Unicamp). Pesquisador do Ipea desde 1997, atua em temas ligados ao mundo do trabalho e proteção social no Brasil; Estado, planejamento e gestão pública. Ocupou vários cargos de direção no governo federal durante governos de Lula e Dilma. Atualmente ocupa o cargo de Secretário de Gestão de Pessoas no Ministério da Gestão e Inovação em Serviços Públicos.

José Flávio Albernaz Mundim é graduado em Engenharia Civil (1986) e Filosofia (2003) pela Universidade de Brasília. É servidor público federal desde 1991. Atua no Tribunal Superior do Trabalho (TST) como Coordenador de Qualidade de Serviços de TIC e Secretário de Tecnologia da Informação e Comunicação Substituto. Mestre em Governança e Desenvolvimento pela ENAP 2020.

Leandro Freitas Couto é doutor em Relações Internacionais pela Universidade de Brasília (UnB), é Analista de Planejamento e Orçamento. Atualmente é Diretor de Acompanhamento da Execução Orçamentária na Secretaria de Relações Institucionais da Presidência da República.

Rafael Neto é mestre em Políticas Públicas e Desenvolvimento pelo Ipea, possui graduação em Administração pela Universidade de Brasília (2006). É analista de planejamento e orçamento do governo federal.

Roberto Rocha C. Pires é doutor em Políticas Públicas pelo Massachusetts Institute of Technology (MIT). Mestre em Ciência Política pela Universidade Federal de Minas Gerais (UFMG) e graduado em Administração Pública pela Fundação João Pinheiro. É professor de doutorado profissional em Políticas Públicas e do Mestrado Profissional em Governança e Desenvolvimento na Escola Nacional de Administração Pública (ENAP) e professor de mestrado profissional em Administração Pública no Instituto Brasileiro de Ensino, Desenvolvimento e Pesquisa (IDP).

Ronaldo Coutinho Garcia é sociólogo pela Universidade Federal de Minas Gerais (UFMG) com pós-gradução pelo Instituto de Economia da Unicamp. É técnico de Planejamento e Pesquisa do Ipea. No governo federal ocupou cargos na Secretaria de Planejamento da Presidência da República, na Casa Civil, na Secretaria do Conselho de Desenvolvimento Econômico e Social da Presidência da República, nos ministérios da Agricultura, do Desenvolvimento Agrário (INCRA) e do Desenvolvimento Social; e no Distrito Federal trabalhou nas secretarias de Governo e de Planejamento.

Tatiana Lemos Sandim é doutora em Administração Pública e Governo pela Fundação Getúlio Vargas de São Paulo (FGV/SP). Nesta instituição, é pesquisadora do Centro de Estudos em Administração Pública e Governo.